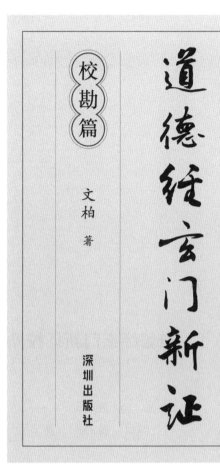

校勘篇

道德经玄门新证

文柏 著

深圳出版社

图书在版编目（CIP）数据

道德经玄门新证 . 校勘篇 / 文柏著 . -- 深圳 : 深圳出版社 , 2024. 12. -- ISBN 978-7-5507-4027-3

Ⅰ . B223.15

中国国家版本馆 CIP 数据核字第 2024PJ8845 号

道德经玄门新证校勘篇

DAODEJING XUANMEN XINZHENG JIAOKAN PIAN

出 品 人　聂雄前
责任编辑　韩海彬　雷　阳
责任校对　万妮霞
责任技编　郑　欢
封面设计　刘　凛

出版发行　深圳出版社
地　　址　深圳市彩田南路海天综合大厦 （518033）
网　　址　www.htph.com.cn
订购电话　0755-83460239（邮购、团购）
设计制作　深圳市知行格致文化传播有限公司
印　　刷　中华商务联合印刷（广东）有限公司
开　　本　889mm×1194mm　1/16
印　　张　38
字　　数　689 千字
版　　次　2024 年 12 月第 1 版
印　　次　2024 年 12 月第 1 次
定　　价　398.00 元

序言暨文本导读

逝去化春秋，依稀存至人；史记老与庄，惚恍未全真。
闻道副墨子，幡然信撄宁；遮诠同疑始，守中登列星。

老聃纂五卷，自然出复命；庄周寓七篇，朝彻入大定。
祖本遭修辍，传本纷纷病；内篇赘外杂，招惹庸儒悴。

刮垢累世讹，玄览觉有情；新证任传灯，证量普光明。
十年建玄门，庄心印老心；辛苦甘校勘，内学互厘清。

　　历代治学老庄内典可谓汗牛充栋，逡巡诸家，郭象和成玄英特为显出，两家以传本则是存有合流的注疏《庄子》，后世学术贤达但凡同修老庄，几乎无可不涉猎，每每有所拣择其发明。成玄英转用先贤"本末"树其"重玄"之论，下愚非敢曲从，而成氏所论《庄子》内七篇乃为圆明之整体，倒是符应其自称的"亦颇有心迹指归"。与此一脉关联的，20世纪80年代初，刘笑敢慧眼独具，已然有之学术贡献，卓越之处，在其《庄子哲学及其演变》一书中，以扎实的学术论辩，进一步地确证了《庄子》内七篇无疑是庄周本人的作品，而外篇乃至杂篇，则是庄周门人或后学所为。

　　之所以于序言之际，竟然是发散的首为讨论《庄子》而不是直抵《老子》归乎正宗予以阐发，于下愚来说，于同道来说，因之同病，这或有助于极大地刺激研究道家内典的历史积习，有助于汗颜学术裂漏，进而发心精进：《老子》祖本流出，以错杂的传抄本流转，后世学者研究其文本乃至阐发其究竟的义理，几乎就是一笔似是而实非的糊涂账，或是因成相袭而转述旧章而了无新义，或是苟发自信新说而少有裨益于将来，盲人摸象，攀缘轨解；而散见的大量的每有涉及老庄的学术论题，则是随意地乃至武断地从其内典之中抽离出不相应的文本，主观地加以整顿和拼接，进而自圆其说，已然成为自不觉知的顽疾，学术风气竟然如此地颓堕而不振；尤其是研究《庄子》，则是有过之而无不及，更是坐进所谓的文化"浪漫"，乃尔学术研究滥觞。下愚无意多方指摘，唯有对症转为自治己病。

　　如果说哲学是人类思想的精华，那么其精华的先决，无疑地，则是人类之成为人类有之特质的独觉，基于"始疑"进而能够"疑始"，即以"否定"的意义可以给出生命的意义，"上诉真宰，安顿命在"，转为建构人类的"思想"。秉承"始疑"进而"疑始"，结合下愚十年来既有的研究成果，接下来可以具体地以举例来诠释老庄的内典。于拙著的校勘篇，于此序言部分，所为诠释老庄的文本意在效用接引，全面地深度地辨析两家，进而旁及需要辨析先秦诸子的别家，则是解析篇的重要任务。

　　便于有序地展开论述，必为先行上诉《老子》，这将有助于开宗明义地揭示庄周内学之根本义，直捷破解《庄子》内七篇文本的深密底层逻辑，因此，需要先为抄录笔者业已厘定的《老子》祖本于全本构成其核心要义的篇章：

属于《道经》部分的，于全本的是作玄门建构的，构成是偏转分证"道体"的总分证章的，即生成了第二十三章的"真信"道章（按，于祖本的是作玄门建构的，基于构成轴对称"镜伴"的能成立"自相即他相；他相即自相"，具足主观能动的"正遍知"，进而能等觉和能等持的分证总分证章的：即是有之作为轴枢的第十六章的"观复"道章，既偏转从"人择"的"域界"此"相位"予以遮诠"位相"，进而有所建构"认识论"的"本体论"；即是有之作为轴枢的第二十七章的"善法"道章，既偏转从"域界"的"人择"此"相位"予以遮诠"位相"，进而有所建构"本体论"的"认识论"），其全章的文本如下（按，凡是下文之中，有所引用老庄的文本，加"〔〕"号的，皆是笔者校勘文本所厘定，出于不无必要从而补出；"……"号表示三字以上残缺；"□"号表示无法辨识的字）：

孔德之容，惟道是从。

惚兮恍兮，〔守于〕"中"，〔也而〕有象兮；

恍兮惚兮，〔守于〕"中"，〔也而〕有物兮；

幽兮冥兮，〔守于〕"中"，〔也而〕有情兮。

其"情"甚真，其"中"有信：

自今及古，其名不去，以顺众父。吾知众父之然也以此。

其一，要而言之，分证所遮诠的"〔守于〕'中'"，以生命的觉者当机，基于禅定"大定"总持的能同构客体和主体（按，以具足"正遍知"，则是有所应成"古之善为士者，以'〔一〕'知古始；是谓：《道纪》"，以及有所应成是以老子吾当机的"今之善为士者，〔以'一'知古始〕，必非弱玄达，深不可识；是以为之颂……"，遮诠能创觉"天地创世纪"以及能创觉"道"之"创生万物"，换言之，则是有所总持于构成"《道纪》"的"两者同出，异名同谓；玄之又玄，众妙之门"，进而揭示能创觉高维时空与四维时空能成立互为让渡的宇宙"实相"，以最一般的意义，则反映出能认知"互无"与"互有"能成立互为让渡：而所等价的，能给出遮诠的，即反映出所能受觉"惚兮恍兮"和"恍兮惚兮"乃至主客体同构的"幽兮冥兮"与所能受觉"〔也而〕有象兮"和"〔也而〕有物兮"乃至主客体同构的"〔也而〕有情兮"能成立互为让渡；与此能构成照应的，即为有所遮诠

"互无，欲以观其妙；互有，欲以观其所徼"），即反映出是以禅定的"观复"（按，等价于禅定的"玄览"），有所能受觉"致极虚，守极笃"（按，以"形式因"，内在的基于以"极限"作推导：有所不限于总持了意义"互无"的"无有入于无间"与意义"互有"的"大成若缺，大盈若冲"能成立互为让渡；于全本的是作玄门建构的，与之匹对，亦是总持了意义"互无"的"随而不见其后，迎而不见其首"与意义"互有"的〔天地有域〕，夫唯弗盈"能成立互为让渡）且能受觉"没身不殆"（按，以"质料因"，内在的基于以"极限"作推导：有所不限于总持了意义"互无"的"天下之至柔，驰骋于天下之至坚"与意义"互有"的"其用不蔽，其用不穷"能成立互为让渡；于全本的是作玄门建构的，与之匹对，亦是总持了意义"互无"的"是谓：惚恍"与意义"互有"的"是以能蔽〔也〕而〔能〕新成"能成立互为让渡。复次，基于能受觉"没身不殆"，同场的，对应从"互"范畴作追问，还有着偏转以"质料因"的"道"与"万物"从"复命"范畴追问宇宙"实相"，亦是总持了意义"互无"之"道"与意义"互有"之"万物"能成立互为让渡，也即"弱也者〔强〕，道之用"之"天下之物：生于无"构成是于客体的"道生一"且构成是于主体的"负阴抱阳"与"反也者〔返〕，道之动"之"天下之物：生于有"构成是于客体的"一生二，二生三，三生万物"且构成是于主体的"冲气以为和"能成立互为让渡）（按，这里不展开给出完全意义的解析，因之内容绵密而浩繁，请读者渐进阅读全书，有所次第地给出通释）。

对应老聃所抉择的构成胜义的"〔守于〕'中'"，以及对应老聃所抉择的归宗"孔德之容，惟道是从"，乃至对应老聃所判摄的"其'情'甚真，其'中'有信：自今及古，其名不去，以顺众父。吾知众父之然也以此"，同为从生命的觉者出发，出于独觉的"疑始"，于庄周以《庄子》内七篇的第六篇，转为以"真人"出场能给出勘验"疑始"，予以阐发生命的意义，则是通汇地撰出了"《大宗师》"：

基于老聃的"〔守于〕'中'"的能同构客体和主体（按，以哲学的意义，可谓之乃是成立了无为法的"一元论"），庄周有所解构，则是宗领的首为阐发了"庸讵知吾所谓天之非人乎？所谓人之非天乎"，之后再分别地予以阐发（按，关涉的文本，因之任务所限故而不予辨析，也就不予抄录）；基于老聃所判摄的"其'情'甚真，其'中'有信：……"，以及基于老聃所抉择的"孔德之容，惟道是从"，庄周有所解构，则是宗领的首为阐发了"知天之所为，知人之所为，至矣。知天之所为者，天而生也；知人知所为者，以其知之所知……其所在者特未定也"，之后再分别地予以阐发（按，关涉的文本，因之任务所限故而不予辨析，也就不予抄录）。

顺为指出，老子所阐发的"中"范畴包括后世戛然不传的"互"范畴（按，可以指出的，至传本的《周易》，已是不知"互"卦而讹作"恒"卦，与"咸"卦不相交通矣。而且，其爻辞也就随之被顶戴了，另充"合文"。又按，简言之："中"范畴是观察"黄道"即"日相"的产物，以世间法重在了然"物候"；"互"范畴是观察"天文"即"月相"的产物，以世间法重在明了"天象"。又，笔者业已厘定的确然能通释的上博简的《互先》，全部的校勘成果，已写在拙著的校勘篇的"观复"道章之中，既构成实证），实则乃为华夏文化的核心范畴，据意志"绝地天通"集权"巫王一体"作观察，早见的周文王遗诏周武王，以《保训》（清华简的校勘成果）已是在再训命后嗣守于"中"。文脉相续，传至"真人"的老聃，以"巫史一体"而证果，顺应有所创觉了宇宙"实相"，则是导出了胜义谛的"中"范畴（包括等价的"互"范畴），给出了最为一般规定性的内在规定性；换言之，至"果地成熟"的老子，以"副墨之子"的文言道所能呈现的，则是升格了"中"范畴，与之相应地，是等持了以之建构本体论的"互"范畴和"复命"范畴与以之建构认识论的"域"范畴。相涉的，则可以进而指出，孔子于"中"范畴已是不了义矣，至附会是子思所撰写的《中庸》，所为阐发义理，已是有如"兑水的牛乳"，愈发地不了义，从而滑向义理减质，沦为基于经验理性的贯彻实用主义的庸俗的教义。

其二，对应老聃所遮诠的能受觉"惚兮恍兮"与"恍兮惚兮"乃至主客体同构的能受觉"幽兮冥兮"（按，合之三者，可谓构成"互无，欲以观其妙"的"其妙"，而主体的"观"则可谓构成〔守于〕中"。关联的，同理，合之"〔也而〕有象兮""〔也而〕有物兮""〔也而〕有情兮"三者，可谓构成"互有，欲以观其所徼"的"其所徼"，而主体的"欲"则可谓构成主观能动的感与应是互为耦合的"欲者，情之应也"），兼及对应老聃所遮诠的"象帝之先（按，是由'两者同出'导出。关涉的，而'天地之根'则是由'玄之又玄'导出）；吾不知其谁之子"（按，于全本的是作玄门建构的，基于"互"范畴偏转从"还灭"的方向作追问，即对文遮诠"随而不见其后，迎而不见其首；是谓：惚恍”）以及“道（按，是由'异名同谓'导出。关涉的，而'玄牝之门'则是由'众妙之门'导出）；冲〔而用〕，用之有弗盈”（按，于全本的是作玄门建构的，基于“复命”范畴偏转从“还灭”的方向作追问，即对文遮诠“反也者〔返〕，道之动；弱也者〔强〕，道之用。天下之物：生于有；生于无”），于庄周以《庄子》内七篇的第七篇《应帝王》，则是撰出了该篇的不限于最后三章（按，可以另为指出的，也就不限于还可以了然庄周何以还会写出“天根游于殷阳”这一章）：

简言之，是对应呈现高维时空的“惚兮恍兮”与“恍兮惚兮”的，庄周有所解构，则是以全篇之终章，创制了“南海之帝为儵（按，即化用了'恍兮'），北海之帝为忽（按，即化用了'惚兮'），中央之地为混沌（按，照应首篇，因之基于既已'图南'矣，故而则是先言'南海之帝为儵'）。儵与忽时（！）相与遇于混沌之地，混沌待之甚善（按，此整句，则是对应于老聃所遮诠的'孰能浊以静，将徐清；孰能安以重，将徐生'，乃为揭示'天创世纪'的前夜，必将创生世纪的曙光：于全本的是作玄门建构的，既对文'有状混成，先天地生；独立不改，寥兮寂兮'）。儵与忽谋报混沌之德（按，预示着基于深在的'不道'的'反也者〔返〕，道之动；弱也者〔强〕，道之用'，相应地以称'德'而具有生命价值的意义，从而有之构成'虽然，有患'的'其名为撄宁'），曰：'人皆有七窍以视听吸食，此独无有，尝试凿之。'（按，构成了此在的'成'也者'毁'）日凿一窍，七日而混沌死（按，简言之，其后果则是招致了'有所待'的'不知知，病'的'多闻数穷'，或说招致了'前识者，道之华也而愚之首；夫礼者，忠信之薄也而乱之首'，或说招致了'大道废，智慧出；有仁义，有大伪'，故而，则是转为归宗'不若守于中'，亦为归宗构成胜义的'孔德之容，惟道是从'，若为勘验于生命的觉者，则是对治而应成的有所'绝巧弃利；绝智弃辨；绝伪弃虑'，导归'少私寡欲；视素保朴；无学无尤'）”。十年辛苦建构玄门，下愚于庄周，转为得其内典之密钥，通汇之际，为之惊倒，用志钦服！

简言之，是对应“幽兮冥兮”的（按，可以给出交代的，即对文“〔以'一'知古始〕，必非弱玄达，深不可识”，亦为对文“没身不殆”，以“视素”的意义则是显义于“吾是以知无为之有益；无为之〔有〕益，天下希能及之”），庄周有所解构，则是创制了谕旨的“列子”邀请具足神通的“郑

七

有巫咸曰季咸"的，较量于宗门的能见道的"壶子"：较量以"杜德机"，较量以"善吾机"，较量以"衡气机"，乃至较量以"为弟迷"（按，简言之，以谕旨即对文《逍遥游》的惠子和庄子的实性之"大樗"之辩，基于物我同构的能觉知"道通为一"，直指"不天斤斧，物无害者，无所可用，安所困苦哉"，即印证了老子的以"寡欲"而应成"有之以为利"，构成了有所觉知自性无欲乃为大利）和"为波流"（按，简言之，以谕旨即对文《逍遥游》的惠子和庄子的空性之"大瓠"之辩，基于物我同构的能觉知"道通为一"，直指"则夫子犹有蓬之心也夫"，即印证了老子的以"少私"而应成"无之以为用"，构成了有所觉知自性无私乃为大用），则未见道的"巫咸"遂被"已灭矣"。

复次，由是，此际当机的列子，则是有所进阶"……，已外生矣，而后能朝彻；……"，证果矣，故而，则是归于"守于'中'"，换言之，庄周则是深密地创制了"然后列子自以为未始学而归（按，兼及的，还有所谕旨'出于户，以知天下；不窥于牖，〔已〕知天道：其出也弥远，其知〔也〕弥少；〔其知天道〕〔也而〕〔知无事〕，〔其知无事〕〔也而〕〔知天下〕'，以及与之结构性的构成对文的，亦有所谕旨'为学者，日益〔而〕〔日损〕；为道者，日损〔而〕〔日益〕：〔是故〕〔或益之〕〔也而〕或损之；以至〔知无事〕，〔知无事〕也〔而〕无为而无以为'），三年不出（按，兼及的，还有所谕旨'是故圣人：弗行而知；弗见而〔明〕；弗为而成'，同理，亦有所谕旨'取天下也互无事；及其〔有事〕，有事也又不足以取天下'），为其妻爨（按，兼及的，还有所谕旨'天地之间，其犹橐籥；虚而不屈，动而愈出'），食豕如食人（按，兼及的，还有所谕旨'天地不仁，以万物为刍狗；圣人不仁，以百姓为刍狗'），于事无与亲（按，兼及的，基于有所'朝彻'，则是谕旨从而消解了'天下皆知善，〔善之为善也〕不善已'），雕琢复朴（按，兼及的，基于有所'朝彻'，则是谕旨从而消解了'天下皆知〔美〕，美之为美也恶已'），块然独以其形立（按，兼及的，还有所谕旨应成'互德'能'玄同'于'互道'，即为具足'玄德'：同构了'挫其锐；解其纷；和其光；同其尘'和'方而不割；廉而不刺；光而不眺；〔置〕而不绁'其两者。从而消解了'大小之辩'，归为'道通为一'）（按，要之，可谓已然具足了自性'少私寡欲；视素保朴；无学无尤'）。纷而封哉（按，兼及的，还有所谕旨应成'大直若屈；大巧若拙；大盛若〔诎〕；大

赢若绌'），'一'以是终（按，要之，基于'守于中'，可谓有若'昔之
得一者'，已然具足了归宗'孔德之容，惟道是从'）"（按，所为对应的，
于《逍遥游》篇的，则是呈现了彼时有所好道学道的列子，反映为"夫列
子御风而行，泠然善也，旬有五日而后反（返）；彼于致福者，未数数然
也。此虽免乎行，犹有所待者也。若夫乘天地之正，而御六气之辩，以游无
穷者，彼且恶乎待哉！故曰：圣人无名，神人无功，至人无己"。按，需要
指出，这里的遮诠"御风而行"乃是谕旨禅定的功力，列子达到了可以入定
"旬有五日"，我等切莫执迷神话而错会了庄周的本来意义。按，需要指出
的："圣人无名"则是转为分证于"尧让天下于许由"，有之写作两段的此
章，与之对应的，还有写作能给出勘验的篇章；"神人无功"则是转为分证
于"肩吾问于连叔"，有之写作三段的此章，与之对应的，还有写作能给出
勘验的篇章；"至人无己"则是转为分证于"惠子谓庄子"，有之写作两段
的此章，与之对应的，还有写作能给出勘验的篇章）。

　　其三，对应老聃所遮诠的生成了四维时空的能受觉"〔也而〕有象兮"
（按，可以给出交代的，于全本的是作玄门建构的，以"形式因"是偏转从
"流转"的方向作追问的，即对文"〔天地有域〕，夫唯弗盈"，亦对文"绵
绵兮，若存"，亦对文"大成若缺，大盈若冲"，有所显义"吾〔为之名〕，
强名之曰：大；'大，曰：逝；逝，曰：远；远，曰：返'"，即对文"大方
无隅；大器曼成；大音希声；大象无形"）和"〔也而〕有物兮"（按，可以
给出交代的，于全本的是作玄门建构的，以"质料因"是偏转从"流转"的
方向作追问的，即对文"是以能蔽〔也〕而〔能〕新成"，亦对文"用之不
堇"，亦对文"其用不蔽，其用不穷"，有所显义"吾未知其名，强字之曰：
道；〔道〕，可以为天下〔之物〕〔之〕母"，即对文"道隐无名；夫唯道，
善始且善成"）乃至主客体同构的能受觉"〔也而〕有情兮"（按，可以给出
交代的，于全本的是作玄门建构的，基于有所能受觉"没身不殆"，即对文
"〔今之〕〔能〕保此道者，〔其〕不欲尚盈"：以能觉知"互有"之"抱朴"
其意义，则是显义于"'趮胜寒；静胜热'，〔吾是以知清静〕；清静，可以
为天下正"，指向自性"寡欲"，既谕旨自性"无有所得"，从而自性"无
尤"；关联的，以能觉知"互无"之"视素"其意义，则是显义于"吾是以
知无为之有益；无为之〔有〕益，天下希能及之"，指向自性"少私"，既
谕旨自性"无分别智"，从而自性"无学"），于庄周以《庄子》内七篇的

九

第一篇《逍遥游》，则是次第地撰出了该篇的前三章：

简言之，对应"〔也而〕有象兮"和"〔也而〕有物兮"的，兼及应之"强名之曰：大"，庄周有所解构，则是创制了"北冥有鱼（按，以意义于动态的'大，曰：逝；逝，曰：远；远，曰：返'，即对文'南海之帝为儵'，内在的有着'反也者返'的构成有若莫比乌斯环带的'曲则全；枉则正'的意蕴，互为对象周流变化从而互为化名。顺为指出：是针对遮诠'洼则盈；蔽则新'的，简言之，庄周则是创制了譬喻于'大舟'与'芥'草的文本；同理，是针对遮诠'少则得；多则惑'的，简言之，庄周则是创制了譬喻于'蜩与学鸠笑之曰'等的文本），其名为鲲。鲲之大，不知其几千里也。化而为鸟，其名为鹏。鹏之背，不知其几千里也。怒而飞，其翼若垂天之云。是鸟也，海运则将徙于南冥（按，以意义于动态的'大，曰：逝；逝，曰：远；远，曰：返'，简言之，即成立了是能成立互为让渡的以'化而为鸟，其名为鹏'对文'北海之帝为忽'）。〔北冥〕、南冥者，天池也（按，以意义于'孰能浊以静，将徐清；孰能安以重，将徐生'，即对文'中央之地为混沌'。按，文本的北冥、南冥，乃为互化的大'象'；文本的鱼、鲲、鹏，乃为互化的大'物'）"。十年辛苦建构玄门，下愚于庄周，转为得其内典之密钥，通汇之际，为之惊倒，用志钦服！

复次，进而意义于"天大；地大；道大；人亦大"（按，显然的，已是约义于"大，曰：逝"，内在的是以"极限"作推导，等持了无穷大和无穷下，即可判为"无有入于无间"，亦已是约义于动态的"大，曰：逝；逝，曰：远；远，曰：返"），庄周有所解构，则是深密地创制了"《齐谐》者，志怪也。《谐》之言曰：'鹏之徙于南冥也：水击三千里（按，对文：野马也），抟扶摇而上者九万里（按，对文：尘埃也），去以六月息者也（按，对文：生物之以息相吹也）（按，全句对文：天之苍苍）；野马也，尘埃也，生物之以息相吹也（按，全句对文：其正色邪）。天之苍苍，其正色邪，其远而无所至极邪（按，对文：鹏之徙于南冥也）？其视下也（按，对文：天之苍苍，其正色邪），亦若是则已矣（按，对文：其远而无所至极邪）'……而彭祖乃今以久特闻，众人匹之，不亦悲乎"。

复次，对应于"〔也而〕有情兮"，以主体的有所能等觉和能等持于客体与主体，从而有所构成"自相即他相；他相即自相"，庄周有所解构，则是深密地创制了"汤之问棘也是已（按，亦是针对能见道的而语默的大巫之

'棘'而有所谕旨'昔之得一者……'，而商'汤'已是格降一等，未能见道，还有所意志以天下为己任；换言之，于能感通'道通为一'的'棘'而言，已是消解了边见的'小大之辨'）：'穷发之北，有冥海者，天池也。有鱼焉，其广数千里，未有知其修者，其名为鲲。有鸟焉，其名为鹏，背若太山，翼若垂天之云，抟扶摇羊角而上者九万里，绝云气，负青天，然后图南，且适南冥也……'此小大之辨也"（按，由是，消解了下愚长久以来挥之不去的疑问：何以庄周会不惜费辞，重复地描写"鲲鹏之志"？！行文至此，得以确知其然，而且确知其所以然矣）。

顺为指出，追踪庄周于首篇的《逍遥游》篇何以会接着写出"故夫知效一官，行比一乡，德合一君而征一国者，其自视也，亦若此矣（按，这即商'汤'的'行状'，已然不若史称的仍举禅让制的唐'尧'矣）。而宋容子犹然笑之……夫列子御风而行……（按，比于语默的'棘'，则是异化出了'犹有未树'的宋荣子，以及异化出了'犹有所待'的列子）。故曰：圣人无名，神人无功，至人无己"这一章，以及围绕着总摄的"圣人无名，神人无功，至人无己"予以阐发，再为写出殿后的三章，这里可以先行给出至为简明扼要的交代。

笔者有所推定，庄周是将老聃的以下的文本（按，笔者有之推测，庄周所见到的文本，大约已然是有若帛书甲本的传抄本的文本了），不限于以下的十章，加以融会贯通，取精用宏，进而创制了上述的文本（按，乃至绵密地创制了与之构成互为能给出勘验的分布于其他几章的许多文本。按，不限于此章，以研究《庄子》内七篇为专著，在《道德经玄门新证解析篇》中，已有全面地详尽地予以阐发，可以给出广为信服的交代，于本书的序言部分，则免于赘述）：

审察庄周所创制的文本，由此可知，基于已经总持了前述的"真信"道章的文本，已为根柢于"孔德之容，惟道是从"，接下来的，则是以《德经》的"互德"章的文本和"归道"章的文本且以《道经》的"善法"道章的文本为宗领，进而集合了《道经》的"全归"道章、"无割"道章、"从事"道章、"静重"道章、"互明"道章、"建德"道章、"大制"道章的全部文本（按，帛书甲、乙本的诸章排序，即如是），予以了为我庄周所化用的至极深度的解构。

行文至此，不无必要的，还须另为交代庄周至为深密的"行状"，结合诵读其书，想见其人，笔者有之不吝新异的推定，庄周修习"本尊"，生命的历程当中是确然有之至高的两尊的：早岁以儒生的学子是必为"尚贤"的，则是树孔丘为"本尊"，允称最能契心而深刻于孔子的精神，孔子之门生乃至后学，恐怕无出其右者，从颜回的身上可以看到庄周的年轻品格；中岁以道徒子而安身立命，则是树老聃为"本尊"，典型的，乃尔以学道特为精进的列子为表法，则是证果的谕旨，俨然意志以四果的"阿罗汉"为归趣。

转换来说，某种程度上，庄周《庄子》内七篇，可以视作是其自传。庄周修习"本尊"，直抵堂奥的能闻道于两家，至自立门户，阐扬唯其能发明的实相"撄宁"，相应的，则是分别地有所扬弃了所修习"本尊"的终极归趣：

于孔子所高蹈的"有为而有以为"的世间法，只是更加深刻了亲情之下的天然人伦，之外则别无所求矣，转换来说，可以概括为，此在的"上诉真宰，安顿命在"，则是有所自觉"为善无近名，为恶无近刑；缘〔任〕督以为经：可以保身，可以全生，可以养亲，可以尽年"，有所自觉地应成"体尽无穷，而游无朕；尽其所受乎天而无见得，亦虚而已：无为名尸，无为谋府，无为任事，无为知主"。

于老子所抉择的"无为而无以为"的出世间法，命在幡然淆乱的"五浊恶世"，庄周是至为孤绝的，视孔子的"大同世界"能周济"小康之家"固然虚妄，视老子的"复命"于"功遂〔犹事成〕，事成也而百姓曰：我自然"的自在自为的"小邦寡民"亦并不能认可，因之庄周深以为，诉求究竟"深根固柢，长生久视"，乃尔毕竟无法逃脱此在的"其所待者特未定也"！故而，此在的"上诉真宰，安顿命在"，若以究竟"朝彻"而能登假的列子为精神皈依，则是以至于"纷而封哉，一以是终"为归宿，亦是以至于"至人之用心若镜，不将不迎，应而不藏，故胜物而不伤"为自适。

笔者结合综合研究秦汉时期不少关涉老子的史料，不限于如《史记》记载的等史料，兼及结合校勘《道德经》所形成的全部成果，原则上，以自忖的一家之言另有推测：

大概率地，在老聃迟至高年纂就《道德经》之后的较短时间内，甚至不超过三年五载，时在周景王执政（前545—前520年）的最晚期，老聃遂自然终老而羽化归道。《道德经》成书之后，可想而知的，周景王必然地自视之乃是周守藏室至为重要的文化典籍，故而，只会恩准该典籍在天子内廷范围内予以密传。周景王昏聩于天子传位，亦重蹈祖宗时期就发生过的国祸，埋下了子嗣抢夺大位的作乱：或拥戴嫡出的王子姬猛，乃至拥戴同母的王子姬匄，或拥戴庶出的王子姬朝，所依附的政治势力都角逐了进来，不惜国祚殆尽而互为征讨，最终以败北的"王子姬朝奔楚"而暂且收场。因是，周守藏室的包括《亘先》《道德经》《周易》在内的等众多文化典籍，伴随"王子姬朝奔楚"，遂发生了重大的文化事件，也就流出了周天子的内廷，首先的是秘密传抄于楚国以及秦国之地，然后就渐次地沦为了外传（按，上述出于笔者自忖的亦不过是一家之言的推测，绝非无稽之谈，据此倒是可以增益释疑历史上长期悬置的诸多文化谜团，限于目下首要的任务，此不赘，待机缘成熟，笔者将以专文尝试答辩）。

基于以上的推测，从历史上发生过的重大的政治乃至文化事件作追索，进而聚焦，转向具体地追索后世的传抄者是如何传抄祖本的老子《道德经》的，相应地进而探明传抄过程中存在着哪些隐秘的历史原委，笔者有幸立足于当代，文化遗珍多有复出，每每有所资粮"二重证据"，助益辩证难免存疑的是以传抄本呈现的《道德经》文本，加之基于十年来既有的可以得到充分验证的全部研究成果，倒是可以首为给出确凿的推定：

祖本的老子《道德经》以孤本流出之际，于政治动荡的乱世，老子亲自作五卷本编纂的《道德经》简册，转辗之中旋即就遭致了简册散裂；换言之，所未料的，后世传抄《道德经》，极大概率地，乃是以孤本的"修辍"本向后初传。

溯及是以孤本向后初传老子祖本《道德经》的"修辍"本，追索其传抄者是如何修辍已然发生简册散裂的于祖本是作玄门建构的全本的，或说追索其传抄者是如何武断地裂解了已不知原本是作玄门建构的老子祖本的，进而追索后来的传抄者是如何再有更动以"修辍"本为底本的传抄本的全本结构的，以及改写相应的底本其文本内容的，辨明其隐秘的历史原委，则是安排在了下两节，将会简明扼要地给出交代，至于详为辨析，则是落实到了全本的诸章，结合校勘全本的文本再为给出交代。于本节，则是先为还原出祖本的老子《道德经》八十章是如何全然地作玄门建构的，这将有助于读者能够从整体上快速且深入地把握祖本全本的玄门密义。另为指出，便于要而不烦地有助于校勘和解析全本的文本，兼及助益读者熟记《道德经》，笔者于全本八十章皆尽其能够收摄主旨地赋予了章名。交代如下：

其一

老子是以五卷本编纂全本《道德经》（作玄门建构）

老子编纂的《道德经》其玄门结构示意图（之一）

（基于禅定"大定"总持的守于"中"，既基于能等觉和能等持）

全本《道德经》之【宗纲】，既纂成第一卷（共四章）：

《道经》	《德经》
第一章"互道"章	第一章"互德"章
第二章"复德"章	第二章"归道"章
【以《道经》纂成第一、第二卷】	【以《德经》纂成第一卷、第二卷】
既为	既为
《道经》第一卷（共二十章）：	《德经》第一卷（共十八章）：
自第三章"象帝"道章	自第三章"孔德"德章
至第二十二章"弱益"道章	至第二十章"微明"德章
既为	既为
《道经》第二卷（共十八章）：	《德经》第二卷（共二十章）：
自第二十三章"真信"道章	自第二十一章"进道"德章
至第四十章"执道"道章	至第四十章"齐同"德章

老子编纂的《道德经》其玄门结构示意图（之二）

（基于禅定"大定"总持的守于"中"，既基于能等觉和能等持）

《道经》之分证【道性】：

第四章中轴"守中"道章	第七章中轴"上善"道章

第三章上半轴"象帝"道章　　　　　第六章上半轴"知互"道章

第五章下半轴"神谷"道章　　　　　第八章下半轴"遂退"道章

第九章宗领的"玄览"道章

第十章物相的"利用"道章

第十一章人相之左"伏心"道章　　第十二章人相之右"祛身"道章

《道经》之分证【道体】：

第二十三章玄门总轴"真信"道章

进而分出等持的两章

第十六章玄门轴枢"观复"道章　　第二十七章玄门轴枢"善法"道章

其左半玄门：　　　　　　　　其左半玄门：

第十四章中轴"自然"道章　　　　第二十五章中轴"从事"道章

第十三章上半轴"始纪"道章　　　第二十四章上半轴"全归"道章

第十五章下半轴"母成"道章　　　第二十六章下半轴"无割"道章

其右半玄门：　　　　　　　　其右半玄门：

第十八章中轴"返成"道章　　　　第二十九章中轴"建德"道章

第十七上半轴"反动"道章　　　　第二十八章上半轴"互明"道章

第十九章下半轴"复命"道章　　　第三十章下半轴"大制"道章

【互道】之趋势性规律：　　　　【互道】之随机性规律：

第二十一章中轴"损益"道章　　　第三十六章总象之"泛成"道章

第二十章上半轴"强损"道章　　　第三十七章左象之"隐利"道章

第二十二章下半轴"弱益"道章　　第三十八章右象之"藏用"道章

对治异化的人之道之【觌华，非道】：

第三十一章"静重"道章

进而对治异化的人之道之【人类战争】：

第三十二章左前"善果"道章　　　第三十三章右前"军争"道章

第三十四章左后"知止"道章　　　第三十五章右后"自胜"道章

应成应然的圣人之道之【孔德之容，惟道是从】：

关锁《道经》全本

第三十九章"御德"道章　　　　　　第四十章"执道"道章

老子编纂的《道德经》其玄门结构示意图（之三）

（基于禅定"大定"总持的守于"中"，既基于能等觉和能等持）

《德经》之分证【德性】：

总分证的第三章"孔德"德章

进而有之分证总分证章：

第五章左轴"视素"德章

第六章右轴"保朴"德章

第七章左轴"少私"德章

第八章右轴"寡欲"德章

第九章左轴"无学"德章

第十章右轴"无尤"德章

【互德】之趋势性规律：

第十六章中轴"修正"德章

第十五章上半轴"非道"德章

第十七章下半轴"不道"德章

《德经》之分证【德体】：

总分证的第四章"从道"德章

进而有之分证总分证章：

第十一章左轴"互心"德章

第十二章右轴"玄德"德章

第十三章左轴"袭互"德章

第十四章右轴"执生"德章

【互德】之随机性规律：

第十八章总象之"玄同"德章

第十九章左象之"天均"德章

第二十章右象之"微明"德章

《德经》之【功夫论】：

总持的中轴第二十九章"三宝"德章并中轴第三十章"配天"德章

进而等持的有之

构成轴对称"镜伴"的分证【功夫论】：

其左半玄门：

第二十一章左轴"进道"德章

第二十二章右轴"立德"德章

第二十三章左轴"啬备"德章

第二十四章右轴"用人"德章

第二十五章左轴"蓄人"德章

第二十六章右轴"取下"德章

第二十七章左轴"善始"德章

第二十八章右轴"善终"德章

其右半玄门：

第三十一章左轴"大隐"德章

第三十二章右轴"病己"德章

第三十三章左轴"舍恃"德章

第三十四章右轴"畏自"德章

第三十五章左轴"天网"德章

第三十六章右轴"大匠"德章

第三十七章左轴"善恕"德章

第三十八章右轴"善生"德章

应成实然的圣人之道之【孔德之容，惟道是从】：

关锁《德经》全本

第三十九章"自在"德章　　　　　　第四十章"齐同"德章

其二

《道德经》总目录

（转向解构《道德经玄门新证校勘篇》的《道经》目录）

【宗纲】

第一章"互道"章

（按，有所对应"归道"章，亦对应"真信"道章）

第二章"复德"章

（按，有所对应"互德"章，亦对应"御德"道章和"执道"道章）

【道性】

以守于"中"的具足"正遍知"反映出能创觉【宇宙"实相"】：

第三章上半轴"象帝"道章

第四章中轴"守中"道章

第五章下半轴"神谷"道章

以守于"中"的具足"正遍知"反映出能认知【实相"自然"】：

第六章上半轴"知互"道章

第七章中轴"上善"道章

第八章下半轴"遂退"道章

以守于"中"的具足"正遍知"反映出能内证【生命"自性"】：

第九章宗领的"玄览"道章

（按，有所对应"观复"道章和"善法"道章。有所对应的还有："守中"道章和"上善"道章；"御德"道章和"执道"道章；"孔德"德章和"从道"德章；"自在"德章和"齐同"德章）

以守于"中"的具足"正遍知"反映出能对治【生命"自性"】：

第十章物相的"利用"道章

第十一章人相之左"伏心"道章

第十二章人相之右"祛身"道章

【道体】

以守于"中"的具足"正遍知"建构总分证【道体】的玄门总轴：

第二十三章"真信"道章

进而有之建构分证总分证【道体】的玄门轴枢（之一）：

第十六章"观复"道章

（按，还有所对应"守中"道章和"上善"道章）

其左半玄门，构成轴对称"镜伴"的能互为显义：

第十三章上半轴"始纪"道章

（按，还有所对应"象帝"道章和"神谷"道章）

第十四章中轴"自然"道章

（按，还有所对应"守中"道章，以及"从事"道章）

第十五章下半轴"母成"道章

（按，还有所对应"象帝"道章和"神谷"道章）

其右半玄门，构成轴对称"镜伴"的能互为显义：

第十七章上半轴"反动"道章

（按，有所对应"象帝"道章和"神谷"道章，以及"始纪"道章）

第十八章中轴"返成"道章

（按，有所对应"守中"道章，以及"自然"道章和"建德"道章）

第十九章下半轴"复命"道章

（按，有所对应"象帝"道章和"神谷"道章，以及"母成"道章）

【互道】之趋势性规律（之一）：

第二十章上半轴"强损"道章

第二十一章中轴"损益"道章

第二十二章下半轴"弱益"道章

进而有之建构分证总分证【道体】的玄门轴枢（之二）：

第二十七章"善法"道章

（按，还有所对应"守中"道章和"上善"道章）

其左半玄门，构成轴对称"镜伴"的能互为显义：

第二十四章上半轴"全归"道章

（按，有所对应"始纪"道章）

第二十五章中轴"从事"道章

（按，有所对应"自然"道章）

第二十六章下半轴"无割"道章

（按，有所对应"母成"道章）

其右半玄门，构成轴对称"镜伴"的能互为显义：

第二十八章上半轴"互明"道章

（按，有所对应"反动"道章，以及"全归"道章）

第二十九章中轴"建德"道章

（按，有所对应"返成"道章，以及"从事"道章）

第三十章下半轴"大制"道章

（按，有所对应"复命"道章，以及"无割"道章）

对治人之道，既是对治异化的【觌华，非道】：

第三十一章"静重"道章

对治人之道，既是对治异化的【人类战争】：

第三十二章左前"善果"道章

（按，有所对应"藏用"道章）

第三十三章右前"军争"道章

（按，有所对应"藏用"道章，以及"善果"道章）

第三十四章左后"知止"道章

（按，有所对应"隐利"道章）

第三十五章右后"自胜"道章

（按，有所对应"玄览"道章，以及"知止"道章）

【互道】之随机性规律（之二）：

第三十六章总象之"泛成"道章

分证总象，构成轴对称"镜伴"的能互为显义：

第三十七章左象之"隐利"道章

第三十八章右象之"藏用"道章

应然的圣人之道同构于天之道，既是应成【孔德之容，惟道是从】，构成轴对称"镜伴"的能互为显义：

第三十九章"御德"道章

第四十章"执道"道章

《道德经》总目录

（转向解构《道德经玄门新证校勘篇》的《德经》目录）

【宗纲】

第一章"互德"章

（按，有所对应"复德"章，还有所对应"自然"道章以及"从事"道章）

第二章"归道"章

（按，有所对应"互道"章，还有所不限于对应"祛身"道章）

【德性】之总分证章：

第三章"孔德"德章

（按，有所对应"御德"道章，以及"自在"德章）

【德体】之总分证章：

第四章"从道"德章

（按，有所对应"执道"道章，以及"齐同"德章）

分证总分证之【德性】：

第五章"视素"德章

（按，有所对应"始纪"道章和"反动"道章）

第六章"保朴"德章

（按，有所对应"母成"道章和"复命"道章）

第七章"少私"德章

（按，有所对应"伏心"道章和"祛身"道章）

第八章"寡欲"德章

（按，有所对应"伏心"道章和"祛身"道章）

第九章"无学"德章

（按，有所对应"守中"道章和"玄览"道章）

第十章"无尤"德章

（按，有所对应"守中"道章和"玄览"道章）

分证总分证之【德体】：

第十一章左前"互心"德章

（按，有所对应"自然"道章，以及"全归"道章）

第十二章左后"玄德"德章

（按，有所对应"从事"道章，以及"无割"道章）

第十三章右前"袭互"德章

（按，有所对应"返成"道章，以及"互明"道章）

第十四章右后"执生"德章

（按，有所对应"建德"道章，以及"大制"道章）

【互德】之趋势性规律（之一）：

第十五章上半轴"非道"德章

（按，基于同构了"互道"与"互德"，有所对应"强损"道章）

第十六章中轴"修正"德章

（按，基于同构了"互道"与"互德"，有所对应"损益"道章）

第十七章下半轴"不道"德章

（按，基于同构了"互道"与"互德"，有所对应"弱益"道章）

【互德】之随机性规律（之二）：

第十八章总象之"玄同"德章

（按，基于同构了"互道"与"互德"，有所对应"泛成"道章）

分证总象，构成轴对称"镜伴"的能互为显义：

第十九章左象之"天均"德章

（按，基于同构了"互道"与"互德"，有所对应"隐利"道章）

第二十章右象之"微明"德章

（按，基于同构了"互道"与"互德"，有所对应"藏用"道章）

【功夫论】

（按，构成其宗纲的，要而言之，因之所以然，从而成立其然：其"俭"，是由同构的"损益"之道和"修正"之德所导出；其"慈"，是由同构的"泛成"之道和"玄同"之德所导出；其"不为天下先"，是由同构的"上善，若水几于道：〔若水几于道〕〔也而〕'居善地；心善渊；予善天'"和"〔圣〕人〔之〕道，法自然：〔法自然〕〔也而〕'法地；法道；法天'"所导出）

总持【功夫论】的宗纲，构成轴对称"镜伴"的能互为显义：

第二十九章"三宝"德章

第三十章"配天"德章

其左半玄门，勘验所总持的【功夫论】（之一）：

进而再分出左半门，构成轴对称"镜伴"的能互为显义：

第二十一章"进道"德章

第二十二章"立德"德章

第二十三章"啬备"德章

第二十四章"用人"德章

进而再分出右半门，构成轴对称"镜伴"的能互为显义：

第二十五章"蓄人"德章

第二十六章"取下"德章

第二十七章"善始"德章

第二十八章"善终"德章

其右半玄门，勘验所总持的【功夫论】（之二）：

进而再分出左半门，构成轴对称"镜伴"的能互为显义：

第三十一章"大隐"德章

（按，还有所对应"进道"德章）

第三十二章"病己"德章

（按，还有所对应"立德"德章）

第三十三章"舍恃"德章

（按，还有所对应"啬备"德章）

第三十四章"畏自"德章

（按，还有所对应"用人"德章）

进而再分出右半门，构成轴对称"镜伴"的能互为显义：

第三十五章"天网"德章

（按，还有所对应"蓄人"德章）

第三十六章"大匠"德章

（按，还有所对应"取下"德章）

第三十七章"善恕"德章

（按，还有所对应"善始"德章）

第三十八章"善生"德章

（按，还有所对应"善终"德章）

实然的圣人之道同构于天之道，既是应成【孔德之容，惟道是从】，构成轴对称"镜伴"的能互为显义：

第三十九章"自在"德章

（按，亦有所对应"御德"道章和"孔德"德章，以及"复德"章）

第四十章"齐同"德章

（按，亦有所对应"执道"道章和"从道"德章，以及"复德"章）

肆

　　基于先已全面地从两个不同向度地导出了上一节的内容，故而也就得以综括地有所把握祖本的玄门密义，能够了然祖本的老子《道德经》八十章是如何作玄门建构的，能够了然老子是如何作五卷本编纂全本《道德经》其诸章的。那么接下来，必为秉承深刻地理解老子，是特质的有之居于守于"中"的从而具足主观能动的"正遍知"，有之以文言道有所呈现了"生成形式结构是生成文本内容的生成形式结构"且"生成文本内容是生成形式结构的生成文本内容"，具有若能呈露数学意义的以"矩阵"建模的文化意味，则可以转向具体地追索祖本流出之后的文牍底事了。

　　据既有的全部校勘成果能先为导出的，笔者已有推定，祖本的《道德经》从周天子的内廷流出之际，旋即遭致了是作五卷本编纂全本的祖本发生了简册散裂，之后，所未料的，则是以孤本的"修辍"本向后初传。因是，也就有之转向了必为追索"修辍"本的传抄者是如何修辍彼时发生了简册散裂的祖本的，或说是如何修辍既有的底本的。大略地说来，据已辨明了的文牍底事作总结，无疑地，主要存在着以下几个方面的历史事实：

　　其一，效应上是构成协同渐进的，亦因为笔者还自有主张，深在地亦自觉地能基于以玄门建构为归导，事实上早已自觉地集合了六个颇具校勘价值的传抄本，绵密地加以对勘诸章的文本，久久用功，详为校勘经文（按，即集合了以下六个传抄本：王弼本；傅奕本；北大汉简本；帛书乙本；帛书甲本；三组文本的楚简本。又按，何以如是自我主张？只是筛选出了这六个传抄本加以对勘，容后详述因由，此不赘）。因是，笔者进而有所能够追溯至祖本，能够追溯至发生简册散裂的是孤本的祖本全本，进而不难发现：

　　一者，于彼时的，从祖本的《道经》的第一卷，因由发生简册散裂，于卷尾的，遂游离出了两块竹简，便于行文简约：其中的一块简称"A块竹简"（按，已知的，笔者已然还原出了其于祖本的章序，即这共三章："反动"道章；"返成"道章；"复命"道章）；其中的一块简称"B块竹简"（按，已知的，笔者已然还原出了其于祖本的章序，即这共三章："强损"道章；"损益"道章；"弱益"道章）。

　　二者，于彼时的，从祖本的《德经》的第一卷，因由发生简册散裂，于卷首的，遂游离出了一块竹简，便于行文简约，此块简称"C块竹简"（按，已知的，笔者已然还原出了其于祖本的章序，即这共两章："孔德"德章；"从道"德章）。

其二，简言之，亦因是，笔者进而有所能够追索至孤本的"修辍"本，能够追索其传抄者是如何修辍祖本的，或说是如何修辍既有的底本的，亦进而不难发现：

一者，彼时的"修辍"本的传抄者，出于自忖的所能理解既有的底本，加之迫于时局动荡不安，无暇详究，故而（按，涉及修辍者，散见于相关的诸章，笔者还有深度的追索，此不赘）：主观地将已然游离出来的"A块竹简"予以编列在了祖本的《德经》的第一卷，于今所能见到的进而能够推定的，即予以编列在了其卷首；主观地将已然游离出来的"B块竹简"予以编列在了祖本的《德经》的第二卷，于今所能见到的进而能够推定的，即予以编列在了其卷尾。

补充来说，除去客观上的诱因，应该还有着主观上的诱因，笔者进而还有之合理的推测，简言之：

之一，彼时的修辍者，结合对照"A块竹简"的全部文本，不排除还参看了"视素"德章和"保朴"德章的文本，还参看了"无学"德章和"无尤"德章的文本，因之类同的亦有所语涉"无有"、六个言及"大"，语涉"知天下"与"知天道"和"为学者"与"为道者"，以及语涉"昔之得'一'者"。故而，则是自主文本可以构成关联，相应地也就将"A块竹简"如上所述的予以了编列。

之二，彼时的修辍者，结合对照"B块竹简"的全部文本，不排除还参看了"善恕"德章和"善生"德章的文本，尤其是还参看了"齐同"德章的文本，因之类同的亦有所语涉"圣人无积：既以为人，己愈有；既以予人，己愈多"，以及语涉"天之道，利而不害；圣人之道（按，或是'天下之道'），为而不争"，故而，则是自主文本可以构成关联，相应地也就将"B块竹简"如上所述的予以了编列。

二者，复次，故而：将已然游离出来的"B块竹简"的每章之中还有产生的坠简，集合于一处（按，笔者有之合理的推测：于彼时，因之其传抄者面对这些散落出来的坠简，已不甚了然其确切地本然的归属，出于稳妥起见，故而如此处置，以待将来详究），暂且予以编列在了已然游离出来的"A块竹简"之中，于今所能见到的进而能够推定的，即予以编列在了其中之一章，写入了"复命"道章的文本之中（按，时移世易，以文牍底事而隐没，后世的传抄者已不知其事矣。举例来说，能见于帛书甲本的，除去其本章固有的能够明显辨别出来的文本，则是归集了这些以坠简而产生的文本：属于"弱益"道章的文本的，既有之"天下之所恶，唯孤寡不穀，而王公以自名也"；属于"损益"道章的文本的，既有之"物或损之〔而益，益〕之而损"；属于"强损"道章的文本的，既有之"古人〔之所教〕，〔亦〕夕议而教人。故强良者不得死，我〔将〕以为学父"。按，不无感慨，下愚何其有幸，受益于此宗文牍底事，早在将近二十年前就得以初步确知：于老子祖本，属于道论的"A块竹简"与"B块竹简"必为作前后编连）。

三者，复次，故而：构成结构性的互为易位的，则是将本属于祖本的《德经》的第一卷其卷首的竹简，此块已然游离出来的"C块竹简"，予以编列在了祖本的《道经》的第一卷其卷尾，于今所能见到的进而能够推定的，且合于事理的，既为顶戴了于祖本的本属于"A块竹简"的位置（按，时移世易，以文牍底事而隐没，后世的传抄者已全然不知其事矣）。

其三，简言之，亦因是，笔者进而有所能够追索以孤本的"修辍"本是如何进而向后初传的，也即，进而得以追索向后传抄全本的文本是如何渐次地发生流变的，以及进而得以追索全本的章序是如何渐次地再有被更动的，亦进而不难发现：

一者，据20世纪70年代初考古出土的帛书甲、乙本能够得到可靠性验证的（按，其中的甲本，不排除早于秦始皇嬴政时期，无疑地是早于汉初），以同源的底本，其底本的传抄者，已是再为更动了全本的章序，具体来说，即反映出：

之一，基于乃是源出于孤本的"修辍"本的底本，已是将底本的第一卷予以裁分，是将其中的"互道"章和"复德"章予以了析出。同时，是将底本的《道经》的第一卷和第二卷加以了混编。因是，也就演变出了是呈现整然一体的文本，即变成于今所能见到的是写为全本的《道经》。

复次，基于乃是源出于孤本的"修辍"本的底本，已是将底本的第一卷予以裁分，是将其中的"互德"章和"归道"章予以了析出。同时，是将底本的《德经》的第一卷和第二卷加以了混编。因是，也就演变出了是呈现整然一体的文本，即变成于今所能见到的是写为全本的《德经》。

补充来说，诱因于泥古帛书甲、乙本皆是《德经》抄写在前而《道经》

抄写在后，若是今后学界还执着于必为明定《道经》与《德经》两者之间孰前孰后，那就真是堕入了学术迂腐。因为，基于生命的觉者守于"中"的从而具足主观能动的"正遍知"，相应地有所能够生成文言道的《道经》和《德经》，特质的乃是有所具足能等觉和能等持的从而能给出文本，也即，特质的既为有所构成轴对称"镜伴"的能成立结构性的"自相即他相；他相即自相"，亦是意义于有所能够呈现出互为"相位"且互为"位相"。

之二，基于乃是源出于孤本的"修辑"本的底本，已是将底本的《道经》的第二卷的倒数第二章，即今厘定的"御德"道章，将其以章序前置（按，笔者推测，不排除彼时的传抄者意在入世致用，兼及趋奉人主，故而更动了章序：以文牍底事而隐没的，从而呈现为已是接续在了"互道"章和"复德"章之后），则是写作了已是全本的《道经》的第三章。

复次，简言之，彼时的传抄者，已是将祖本的即今厘定的"孔德"德章，出于自主地所能理解，武断地裁分成前后相续的两章，写作了已是全本的《道经》之两章。至此，以文牍底事而隐没，后世的传抄者已是全然不知于老子之际于祖本的乃是共八十章，故而，传抄本的《道德经》遂以后来流变出的共八十一章而滥觞。

复次，简言之，彼时的传抄者，已是将祖本的"自在"德章和"齐同"德章，出于自己的所能理解，以章序前置，能见于帛书甲、乙本的，则是接续的写在了见于传本的"取下"德章之后，也即写在了"三宝"德章之前。

复次，简言之，于今来看，彼时的不限于一个传抄者，诱因和动机不尽相同，渐进的，还更动了"静重"道章的章序，还更动了"自然"道章的章序（按，特为需要指出的，于该章之所以会加以更动章序，大概率地乃是彼时的"修辑"本的传抄者所为，因之意在经义连贯地能够有所照应到自主编入的"C块简册"的全部文本）。不止于此，于《德经》部分多发的，还更动了"保朴"德章的章序，还更动了"执生"德章的章序，还更动了《德经》的乃是建构"功夫论"的诸章的章序（按，此不赘，请读者转为延伸阅读全书的相关各章，有所详为交代）。

二者，大体来说，不同于帛书甲、乙本的，不限于王弼本以及与之相近的傅奕本，可以追溯至同源的底本，不难发现，彼时的传抄者，基于自己所能理解的全本《道德经》的经义，出于自主"善本"，互为易位的，则是将其底本的"自在"德章和"齐同"德章之两章，以章序整体地下移，也即将其底本的"强损"道章、"损益"道章、"弱益"道章之三章，以章序整体地上移。因是，自魏晋以降，历时一千七百多年之久（直至帛书甲、乙本，以及楚简本，还可以算上北大汉简本，因之"地不爱宝"从而问世，于客观上至当代，才提供了可能，可以切实地有助于学术界追溯老子祖本，扫除种种谬误），暂且不谈主观上有之复杂的原因，仅从客观上来看，阈限于后向的所谓"善本"，也就直捷地强化了后来的传抄者势必更加全然不知，于传抄本的《德经》部分，历史上竟然有之出于孤本的"修辍"本的有所编列游离出来的"B块竹简"以及编列"A块竹简"的文牍底事。

伍

自老子是作五卷本编纂的祖本的《道德经》从周天子的内廷流出，转为以孤本的"修辍"本向后初传，自兹以降，祖本固有的于全本是作玄门建构的文本结构渐进地再有武断地被更动。困于既有的文本"痼疾"，因此从客观、主观上的也就随之带来了多重的不良后果，历经不少于两千三百年之久，立足于当代，结合笔者既有的全部研究成果，能够予以深入地审察其后果，则是显而易见的：

一者，先秦时期，治学《道德经》，能够真正契合老子之胜义，从而通达老子所抉择的无为法的，除去历史上根本就无法获知的发心遁世的修道者，仅据文献可以确切地考证出来的，不由不感叹，仅庄子一人而已。至若司马迁不了义的加以合传的韩非子，仅据下愚一孔之见，其精神世界、其思想动机早已悬隔于老子，严格地说来，韩非子不过是巧借了《喻老》和《解老》（按，于今所能见到的韩非子所引用的老子文本，已是其传抄本的面貌，多有讹谬，已不尽然是其初本所引用的文本），深藏师心自用，不惮于强解乃至谬解《老子》的文本，写出了投名状：意在取悦强秦，亦颇能翻用道家主旨以资图谋霸业；意在趁机贩卖法家私货，助益事功天下一统。

二者，老子祖本《道德经》固有的玄门密义，被动于历史上出于武断地一再地有所更动了全本的章序，以文牍底事而招致隐没，因是，客观上也就导致了，后世的传抄者（按，需要另为指出的，尤以当今的学者最为突出）难免地会不自觉地比附孔子之于《论语》，想当然地也就认定老子之于《道德经》亦是语录体的文本，亦是经由门生或后学历经了近百年的时间才集结出来的产物（按，需要另为指出的，当今更有不少学术上不自知已然滑向了"贡高我慢"的论家，竟然武断地判定，《老子》一书并非出于一人，而是来源于经历了历史性的集体性的共同创作，进而再集结出来的产物。不止于此，还有海外的汉学家，经过一番自主的考证，竟然煞有介事地得出结论：《老子》，不但晚出于《论语》，而且是《庄子》之后的产物。国内学界颇有引以为同调者。笔者严重怀疑，此公包括同调的诸公是否真正地领会了《老子》和《庄子》，是否真正地梳理出了内学之两家其究竟的内学义趣）。

三者，老子祖本乃是以孤本的"修辍"本向后初传，后世已是全然不知，故而，自兹以降，也就难免地会出现传抄者有所自主"善本"，这已成为了通病。集合不同时期的自矜成就的"善本"，予以对勘其文本，可以见出"善本"反而是渐渐地减损了能称其"善"，换言之，构成通病的，是愈发地流变了底本的文本，去之祖本已是谬误丛生：

之一，通病之典型，阈限于已是不自觉地以孤章理解经义（按，同病的，亦若后世解读《论语》的诸篇以及进而解读诸篇的各章，亦堕入了思想僵化、视野狭窄：后世之浅见者所不能尽知的，孔子的门人或后学，着实颇为聪慧，进而能为善巧，于诸篇有所集结出诸章，乃是尽其可能地予以贯彻了"举一隅"而"以三隅反（返）"，也即，出于需要阐发不同的诸篇其主旨，有所聚焦其主旨的从而集结出诸章，则是乃尔力求地做到了，分别地能从信、解、行、证上融通诸章之义理，使之臻于主旨，达乎效应"受用"），加之已习惯于以"顺读"作理解，因此而成为病因，几乎遍及全本八十章，广泛地存在着武断地改写祖本的文本其行文语序，所带来的后果，势必致使祖本的经义顿亏。

之二，通病之典型，分布于全本的不少于二十章，若为溯及早期的同源的底本，既已隐秘的存有几乎都是堕入不了义的作夹注，传抄窜并，后世的传抄者几乎不知其事，因此而成为病因，传抄者少有能辨别出夹注，经校勘予以剔除。换言之，受制于已然固化了的而不知还存有作夹注的文本，也就导致了历代的传抄者必将堕入强解经义，攀缘轨解，以求自圆其说。

之三，通病之典型，因之出于自主"善本"，自孤本的"修辍"本以降，后世的传抄者进而还有自主地修订文本，尤为突出的，已是遍及诸章，或是每每的有所增入文言虚词，或是每每的有所删除文言虚词，因此而成为痼疾，也就产生出了实则是句读谬误的文本，以致歧义祖本的经义。

陆

面对读者朋友，应该有所总结是如何具体地写就《道德经玄门新证校勘篇》的，接下来的，则是转向侧重于梳理出，是如何全面地厘定于祖本的每一章文本，还需要给出相关的校勘说明，交代如下：

其一，任务于需要尽可能多地查阅堪称浩繁的历经传抄尚能留存下来的各种文本的《老子》，进而收集具有较高校勘价值的文本，笔者长期以来已经有所累积构成基础性的功课。这期间，因之受益于高明的研究成果（按，受益于高明《帛书老子校注》，中华书局，1996 年出版），笔者赖以节省出了许多宝贵的时间，少去了许多的辛勤钩沉古籍。此际心存感念，下愚致敬其学术功德，诚如其在《帛书老子校注》序中所阐明的，笔者观点从之，特为转抄其序言之中的论及其他传抄本的（除去考古出土的帛书甲、乙本）内容：

《老子》传本数量虽多，但溯本求源，主要是由以上所述四种辗转流传（按，指称前述的四种本子：历经翻刻的王弼本；后来已是名存实亡的严遵本；实则托名的河上公本；有所勘合异本的傅奕本），其中又以王弼、河上公二本为盛。王注本文笔晓畅，流传在文人学者与士大夫阶层（按，高明于前文针对王弼本已指出，"……今传王本出自武英殿聚珍版丛书，底本是明万历张之象刻本，参校《永乐大典》与《经典释文》而刊定"）；河上公注本通俗简要，流行于道流学子与平民百姓之间（按，高明于前文针对河上公本已指出，"……书中讹误尤多，不仅非汉人所为，而且晚于王弼"。笔者赞同此说）。自玄宗开元御注本出，始创异本勘合之风，玄宗御注本即依违王弼、河上之间。此后各家注释《老子》，无不选择"善本"，"善本"来源无非效法御注，即异本勘合，择善而取，美其名曰"校定"。傅奕校定之《古本老子》即其中之一例（按，高明于前文针对傅奕本已指出，"……今据帛书《老子》校勘，此书虽保存一些《老子》旧文，但已被后人改动甚多，书中讹谬尤甚……多半是因傅奕'考覆众本，勘数其字'所造成，经文多与王弼本相近"）。唐宋以后，各种版本辗转传抄，彼此承讹袭谬，互相篡改，结果经文内容皆同流合一，大同小异，区别仅限于行文脱句或虚词用字。阅读今本《老子》，虽明知其误，却无法覆证。故仅依今本校勘，绝对找不出任何问题。

其二，出于力求就正于"近古存真"的文本，笔者亦是转向了详加对勘考古出土的《老子》的文本，换言之，若为尽可能地能得以厘清上述的诸传抄本所出现的文本谬误，这就理所当然地成了必为。较之高明先生，彼时只能看到帛书甲、乙本，笔者是幸运的，竟然还可以看到晚出的楚简本，进而还可以看到晚出的北大汉简本。因是，基于笔者先觉的已经有所了然，于老子之际无疑地乃是以五卷本编纂祖本的《道德经》，于老子之际的全本具体地是如何作玄门建构的，可谓已了然其玄门密义，故而，遂能牢牢地基于以玄门建构归导，集合了六个不同历史时期的传抄本，再为精进，久久用功，详加对勘文本。

具体来说，于笔者，则是集合了这六个不同历史时期的传抄本，进而深入到诸章，分段地分别录出其文本，细化到逐句逐字，予以绵密地对勘文本：

一者，是集合了王弼本（按，所使用的是中华书局 2011 年出版的文本，即楼宇烈校释的王弼《老子道德经注》）；

二者，是集合了傅奕本（按，所使用的是上海涵芬楼影印《道藏》的文本，即傅奕的《道德经古本》篇）；

三者，是集合了北大汉简本（按，所使用的是上海古籍出版社 2012 年出版的文本，即北京大学出土文献研究所出品的《北京大学藏西汉竹简（贰）》）；

四者、五者，是集合了帛书甲本和帛书乙本（按，所使用的是文物出版社 1976 年出版的文本，即马王堆汉墓帛书整理小组的《马王堆汉墓帛书老子》）；

六者，是集合了由三组文本构成的楚简本（按，所使用的是文物出版社 2002 年出版的文本，即湖北荆门博物馆的《郭店楚墓竹简·老子甲本、乙本、丙本》）。

其三，根本上的，更是得益于乃是深在的基于以玄门建构为归导，故而笔者校勘《道德经》之际，也就获得了无比巨大的校勘效用。换言之，在汇集了这六个文本加以对勘文本的基础之上，笔者竟然还可以确切地借助于祖本本然地就构成对文的文本，每每能够还原出于祖本的文本，甚至还能从猜想的进而补出了文本，是能够给出充分验证的，补出了于对勘的诸传抄本早已全然缺失了的文本，相应地，也就得以彻底地厘清了对勘的诸传抄本所存在的传抄谬误。

若为梳理校勘《道德经》全本的文本所获得的全部成果，笔者无意违心而故作自谦：可以坦诚相告，下愚自觉地负起了重大的文化使命，已然"复命"了至为重要的文化典籍，完成了华夏子孙今后能够真正地得以弘扬其"文化自信"的第一个步骤；至于若为自我评定绩效，亦可以坦诚相告，学术成果无疑是极其重大的，因之"复命"之后的老子《道德经》，其文化影响力必将会广为深远地沾溉于世界各地的芸芸众生。笔者乐见广泛地再为研究先秦"子学"，于本世纪于全球的各个国家，必将会广泛地成为显学。

从拙著《道德经玄门新证校勘篇》出发，仅仅以举例来说，聚焦于已然固化的诸如历代谬传不疑的写作"上善若水""道法自然""功遂身退""天长地久""贵大患若身""使民不盗""盗贼多有"乃至"盗夸""无为而无不为""治大国若烹小鲜""和大怨，必有余怨"等的遍及全本的数量众多的文本，于今皆被覆证。

转换来说，基于《道德经玄门新证校勘篇》已然彻底地厘定了祖本八十章的每一章的文本，加之至为重要的，同时地还原出了老子祖本是如何作玄门建构的，故而，亦可以说，拙著为学界今后研究先秦"子学"，为学术新锐致力于研究《老子》，是实效地还原出了老子的"源代码"。既为"复命"了老子的"源代码"，以其构成是全人类的思想精华，必将启示困境于文明化的人类社会仍然需要反思人之成为人。

笔者写就的《道德经玄门新证校勘篇》，具足实效地还原出了老子祖本的《道德经》，或说《老子》，既为"复命"了老子的"源代码"，无疑地，这是属于全世界的文化"公器"，非是某者的专属。至于笔者同时写就的《道德经玄门新证解析篇》，已经是不限于还原出"源代码"，而是进而不敢懈怠，转向了还有所自主地开发"源代码"，转向了还有所旁及地需要研究先秦"子学"。结合逐章地解析已然厘定的全本的《道德经》其文本，全过程之中，出于不无必要，笔者还开展了不限于以下的研究工作：

其一，落实于"真信"道章的，出于必为抉择清楚至为重要的"中"范畴其内在规定性，笔者还有所全面地辨析儒家自命的《中庸》，予以了必要的批判。因为，于儒家来说，已是构成事实不争的，早已滑向了庸俗化的诠释"中"，长期的不良的文化后果，竟然遮蔽了构成华夏文化核心范畴之一的"中"范畴的精神高致。

其二，落实于"修正"德章的，出于必为辨别清楚两家皆为有所倡导"修身"，进而可以达乎"齐家，治国，平天下"，辨别清楚各自究竟的根柢，或说底层逻辑，笔者还有所全面地解析儒家自命的《大学》，予以了必要的批判。因是，或可消释学术界浮泛的不明就里的予以融通儒与道的"修身"之辩。

其三，落实于不限于"善果"道章的，出于需要厘清老子之"兵法"与孙子之"兵法"其相互关系，笔者相应地，基于必为抉择出两家之核心要义，还解析了《孙子兵法》。因是，互为助益的：这将有助于能够真切地理解老子对治异化的人类战争，从而加深理解老子的是偏向从"守"的方面所抉择出的"兵法"；这将有助于能够真切地理解孙子的"庙算"，针对构成其兵法内核的"虚实"与"形"和"奇（jī）正"与"势"这两组的四对范畴，抉择出其上升到老子"道"本体的根本义，从而加深理解孙子的是偏向从"攻"的方面所抉择出的"兵法"。

其四，落实于拙著《道德经玄门新证解析篇》的，是结合解析业已厘定的老子祖本《道德经》，进而意义完整地亦有解析先于《道德经》问世的《亘先》，以及亦有解析庄周的《庄子》内七篇。

捌

能够写就进而先行出版《道德经玄门新证校勘篇》，绝非是下愚一己之能力所能遂愿，拙著能够有幸问世，显然还饱含着四方大德的无量功德和再在加持。能够铭记于序言的，那是必为借以表达感恩，致以诚挚地鸣谢：

感谢陈亮先生，感谢张勇先生，感谢应劲勇先生，感谢尹刚先生，感谢谭荔女士，你们所给予的各种帮助，已然化作是可以增益华夏文化力量的功德布施。

感谢编辑雷阳女士、万妮霞女士、莫秀明女士、叶果女士方家，以及练世鹏先生，感谢责任编辑韩海彬先生方家，尤其感谢深圳出版社总编辑聂雄前先生方家，同时的，还要感谢欧阳林先生，尤其还要感谢李燕南教授女士方家，你们甘为人梯的各种帮助，已然化作是可以增益华夏文化力量的功德布施。

还要感谢我的亲情大家庭，多年以来，是你们担起了许多我本就应该尽责的家庭事务，让我可以一门深入地笔耕不辍。惟愿这不敢偷懒的文化成果，能够汇报给母亲大人，您的慈爱和尊尊教导，是我最大地精神力量。

下愚有志于汲古钩沉先秦老庄内典，奈何自性粗鄙，而且实则孤陋寡闻，所为敢于尚能新证，转为检讨得以"复命"了道家内典，下愚唯恐挂一漏万，恳请大德不吝赐教！

文柏
甲辰龙年国庆期间于深圳

目录

道经

德经

道经

《道经》第一章"互道"章

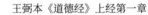

王弼本《道德经》上经第一章

道之可道，也可道之道非互道；

名之可名，也可名之名非互名。

无，名万物之始；有，名万物之母。

互无，欲以观其妙；互有，欲以观其所徼。

两者同出，异名同谓；玄之又玄，众妙之门。

【校勘经文】

【一】甲，王本传本和傅奕本，皆是作"道可道，非常道；名可名，非常名"（按，检索王注，有注"可道之道，可名之名，指事造形，非其常也。故不可道，不可名也"。按，《韩非子·解老》引文是写作"道之可道，非常道也"，亦存有"之"字。若为构成前后语义贯通，且不违文理，比于前项的"道之可道"，那么后项则应该写作"可道之道"；也即，若为能够满足句义完足，则应该写作"道之可道，也可道之道非互〔常〕道"）。

北大汉简本作"道可道，非恒道殹（按，笔者推测，此'殹'字应该是作夹注的残留）；名可名（命），非恒名也"。

帛书甲本作"道，可道也，非恒道也；名，可名也，非恒名也"。帛书乙本作"道，可道也，〔非恒道也〕；〔名，可名也〕，〔非〕恒名也"（按，从校勘的必须先为指出，经笔者厘定，于祖本的全本的文本之中，特质的，但凡出现使用"也"字，皆是作为关联虚词来加以使用，绝无一

道德经玄门新证

校勘篇

二

例是当作判断虚词来加以使用。早期的至楚简本，以及向后的至帛书甲、乙本，往往是不了义的比附于底本的有"也"字，进而增入"也"字，转为皆是当作判断虚词来加以使用，以帛书甲、乙本最为突显。至王本，出于自主"善本"，则是将底本的全本的文本之中，凡有使用的"也"字，武断地予以了裁夺）。

以玄门建构为归导，先为导出，《道德经玄门新证校勘篇》有之新证，厘定祖本的文本，并句读作"道〔之〕可道，也〔可道〕〔之〕〔道〕非亙道；名〔之〕可名，也〔可名〕〔之〕〔名〕非亙名"。

乙，按，从校勘的可以先为指出，出于因应汉文帝刘恒而避名讳，王本于底本的则是以"常"易之"恒"字（按，《韩非子·解老》引文之中的写作"常"字，应该是后来传抄的从"恒"字改出）。所对应的，见于北大汉简本、帛书甲本、帛书乙本的，于底本的皆是写作"恒"字，而能见于早期的楚简本甲、乙、丙三组文本的，皆是写作"亙"字。还需指出，汉初以降，后世传抄《道德经》全本的文本，出于因应帝王而避名讳，涉及是对应汉代的刘邦、刘盈、刘恒、刘启、刘弗陵，这五位帝王的，渐次地分别的则是以"国"易之"邦"字，以"满"易之"盈"字，以"常"易之"恒"字，以"开"易之"启"字，以"不"易之"弗"字。

按，校勘全本《道德经》的文本，针对文本之中分别的或是写作"恒"字，或是写作"亙"字，学术界已成共识，居然隶定是"恒"字，而且观念固化，认定其意义是"不变的规律性的长久"。笔者不得不指出，这难免不是一种学术上的武断，失之治学严谨，更是减损了最为宝贵的，必为担当学术批判。

从校勘的可以直接指出，以《道德经》全本的经义作约束，以必不悖于经义且合于文理为原则，梳理全本的凡是涉及使用"常""恒""亙"字的文本，辨析所取字，笔者厘定于祖本语义切要地皆应作"亙"字；换言之，后来流变改作"恒"字，进而改作"常"字，于字、音、义相较于祖本旧有的"亙"字已是全非，根本的不共。

根据《道德经》全本的经义作追索，可知老子全面地建构其无为法，"亙"字已然成为极为重要的是能够彰显其无为法的范畴之一（按，为便于校勘文本，这里可以先为导出：一者，是从认识论的本体论作抉择的，构成结构性的是予以对等成立的，以"形式因"则是成立了"互"范畴，以"质料因"则是成立了"复命"范畴。二者，是从本体论的认识论作抉择的，则是成立了"域"范畴，以统一场的实相"此在"从而得以同构了"天、地、道、人"之"四大"。三者，能总持前面两者的，则是成立了基于禅定"大定"总持的"中"范畴，其内在规定性，是以生命的觉者当机，反映出先决的是已然具足了主观能动的"正遍知"，继而体现为，是主客体同构地有所具足了能等觉和能等持，既为构成轴对称"镜伴"的能呈现出"自相即他相；他相即自相"。四者，所为追问宇宙"实相"，转向基于始基的乃是构成纯粹先验的范畴"一"，从最一般规定性作发问，相应地有所对治边见的认知，则是对等地成立了"无"和"有"范畴，而相应地有所应成是守于"中"的是主客体同构地能认知"实相"，则是对等的转为成立了"互无"和"互有"范畴），特质的有之内在规定性（按，这里暂且不展开给出全面的系统的解析，有待读者通读拙著的《校勘篇》和《道德经玄门新证解析篇》，方可深解其胜义）：

之一，是构成本体论的具有"实相"意义的，以"形式因"能作追索的，即意义构成轴对称"镜伴"的能成立"互为让渡"（按，若为构成胜义，则是反映出有所能认知"互无"与"互有"能成立互为让渡，便于能够理解其胜义，可以格义于出于佛法的遮诠"妙有真空"既为遮诠"真空妙有"；而以"互道"作总持，则是显义于作为《道德经》宗纲的"两者同出，异名同谓；玄之又玄，众妙之门"，以及相应地以"归道"作勘验，则是显义于作为当机者的"昔之得'一'者"且以此在的"其致之〔'中'之'域'〕也谓"从而构成了是具足"在场"的能给出勘验，从而给出了能受觉是"互无"与"互有"能成立互为让渡的宇宙"实相"）；

之二，是构成认识论的具有实相"自然"意义的，有所构成是既对治而应成的，即意义从应然出发从而目的于达成实然的构成轴对称"镜伴"的能成立"转还"或"转化"（按，若为构成胜义，反映出乃是基于守于"中"的从而同构了主体和客体的有所能认知宇宙"实相"，进而构成了是能认知实相"自然"，因是，则是构成一般意义的亦从"有"与"无"等价的转为从"得"与"失"作追问，相应地有所揭示生命主体之"同于道"的"有德"与"不同于道"的"无德"；而以转还的"复德"以及以"互德"作总持，简言之，则是显义于作为《道德经》宗纲的"'居无为之事；行不言之教'；'万物〔自化〕也而弗〔欲〕作；〔万物自宾〕也而弗志〔于〕〔能〕为；〔万物自定〕也而弗〔得以〕居'"，既为有所应成"上〔之〕德，无为而无以为"，以及比德于道的既为有所应成"侯王，得'一'以为正"）。

按，笔者所厘定的能见于楚简本的文本的"亘"（按，音同"赓"字）字，以老子全本的文本约义，不可不了义的隶定是"亘"（读 gèn 或 xuān）字，乃至错谬地隶定是"恒"字。需要指出的，于老子的已是以之作为无为法的范畴来使用的"亘"字，其语义甚古：甲骨文，象形字，其本义，取象天文的月相周期性的构成虚之朔与实之望互为让渡，或是相应地构成亏之月与盈之月互为让渡（按，顺为指出，与之构成文化同源的，引得历史早期的《诗经·小雅·天保》，于彼时，正确的应是写作"如月之亘，如日之升"，其"亘"字不当写作于今所见到的"恒"字）。

与之构成关联的，亦可以先为指出，要之，同样的已是作为范畴来使用的"中"字，其语义亦甚古：甲骨文，象形字，其本义，取象天文的日相，渐进地是以工具性的日晷辅助观测日相，有所观测黄道围绕赤道周期性的构成往复更替，目的感知年度之内物候规律性的构成阴（弱）与阳（强）互为转化（按，而转为从老子所建构的无为法作追索，那么构成是对应禅定"大定"总持地守于"中"的：以"亘"范畴，以"形式因"，则是完备了同构地分形和递归，构成了是主客体同构地受觉"致极虚，守极笃"；而所等价的，以"复命"范畴，以"质料因"，则是相应地综括为"道生一；一生二，二生三，三生万物"，构成了是主客体同构地受觉"没身不殆"）。

丙，按，基于既有的辨析，于祖本的全本乃是构成义理贯通的，笔者通览全本《道德经》的文本，其中涉及二十章，一一厘定了凡是使用到"亘"字的文本，扫除了长久以来研究老子文本所存在的学术积弊，由此，于祖本是构成无为法的其本有之义理遂得以精神复出（按，从校勘的可以先为指出，要之，但凡于全本的文本之中出现了使用"亘"字，必是根底生命的觉者已具足证"实相"，相应地立足于"果地"有所转向"因地"，进而周延地予以阐发无为法）：

其一，能见于"内观"道章的，于祖本语义切要地应是作"营魄抱一，能亘毋离"〔按，基于当机者是禅定"大定"总持地守于"中"的具足能等觉和能等持，构成主客体同构地，则以"实相"意义的"互无"，即亦对文"神谷"道章的"神谷不死（按，即对文'营魄抱一'）；是谓：玄牝（按，即对文'能互毋离'）"〕。与之构成关联的，"抟气致柔，能若婴儿"，构成主客体同构地，则以"实相"意义的"互有"，即亦对文"神谷"道章的"绵绵兮，若存（按，即对文'抟气致柔'）；用之不堇（按，即对文'能若婴儿'）"。

其二，能见于"观复"道章的，于祖本句义贯通且经义完足的应是作"互，曰：复命（按，即对文'天门启阖，能若为雌'）（按，即对文'善法'道章的'中之域有四大'，即对文'明白四达，能毋以为'）；知互，曰：明（按，即对文'涤除玄览，能毋有疵'）（按，即对文'中之域人居焉'，即对文'爱民栝域，能毋以智'）"。还有，应是作"不知互，妄；妄作，凶（按，能给出验证的，即对文'贵富而骄，自遗〔罪〕；金玉盈室，莫能守'，亦对文'人宠辱，若惊；贵身，若大患'，以及对文'得之若惊，失之若惊，〔或何惊〕？〔贵身〕，及亡身，或何患？'，亦对文'甚爱必大废；厚藏必多亡'，既为应成有所能认知'天之道：功遂；身退也载'，以要义的乃是有所能认知'复命'实相，既反映为'万物并作，吾以观复：天下之物云云，各复其堇；各复其堇，曰：静；是谓：复命'）"，以及应是作"知互，〔乃〕容；容，乃公；公，乃全（按，即对文'〔圣人之能成其私〕，〔能成其私〕〔也〕以其无私、〔无欲〕，〔是以〕能成其私'）"；"全，乃天〔地〕；天〔地〕，乃道；道，乃〔一〕（按，即对文'天地之能长且久，〔能长且久〕〔也〕以其不自生，〔是以〕能长〔且〕〔久〕'）"（按，即亦对文"天大；地大；道大；人亦大"）。

其三，能见于"互明"道章的，于祖本句义贯通且经义完足的应是作"是以圣人：互善述物，物无弃物；互善述人，人无弃人。是谓：妙要（按，构成互为显义地，以'妙要'之义即转为对文'大制'道章的'是以圣人：去泰；去甚；去奢'。于此，则还可以顺为指出：构成义理一贯地，以'曳明'之义即转为对文'大制'道章的'是以圣人；无为，故无败；无执，故无失'）"（按，构成"互映对称成就"的，即亦对文乃是有所应成的"天地不仁，以万物为刍狗；圣人不仁，以百姓为刍狗"）。

其四，能见于"建德"道章的，于祖本句义贯通且经义完足的应是作

"知其雄，守其雌，为天下溪；为天下溪，互德不离；互德不离，复归于婴儿。知其白，守其黥，为天下式；为天下式，互德不忒；互德不忒，复归于〔有道〕。知其〔上〕，守其〔下〕，为天下浴；为天下浴，互德乃足；互德乃足，复归于朴"（按，基于归宗"孔德之容，惟道是从"，构成"互映对称成就"的，于全本的是作玄门建构的：之一，构成结构性的分别相与对应的，即对文"上士闻道，董能行于其'中'"的有之"《建言》有之"的文本，即对文"'明道若李；进道若退；遗道若颣'；'太白若黥；质真若輶'；'上德若谷；建德若〔窬〕；广德若足'"；之二，构成结构性的分别相与对应的，即亦对文"是故圣人之言正言，若反〔也〕云曰：受邦之垢，是谓：社稷之主；天下人之所恶，唯孤、寡、不穀，而王公以自名；受邦之不祥，是谓：天下之王"）。

其五，能见于"泛成"道章的，于祖本句义贯通且经义完足的应是作"道；泛兮，其可左右：万物归焉而弗为主，则〔之〕互〔无名〕，也可名于小（按，构成比德于道的，即对文意义'玄同'的'挫其锐；解其纷；和其光；同其尘'）；万物归焉而弗为主，〔则之名之朴〕，〔也〕可名于大（按，构成比德于道的，即对文意义'玄同'的'方而不割；廉而不刺；光而不眺；〔置〕而不绁'）（按，即亦对文'道，互无名，〔名之朴〕：侯王若能守之〔互无名〕，万物将自化；〔侯王若能守之〕名之朴，〔万物将自定〕'）。圣人之能成大，〔能成大〕也以其不为大，是以能成大（按，于全本的是作玄门建构的，即对文'玄同'德章的'〔是〕故：〔圣人之道〕〔乃〕为天下贵'）"。

其六，能见于"御德"道章的，于祖本句义贯通且经义完足的应是作"互使民无私，无欲（按，即对文'不上贤，使民不争'）（按，即亦对文'少私寡欲'，亦对文'绝巧弃利，民利百倍'；转向社会性的实践，即亦对文'使民十百人之器毋用，有车舟无所乘之'）；（按，以彼时的行文通例，于此处于祖本的，是省略了'互'字）使〔民〕知不智，弗为而已（按，即对文'不贵〔资〕，使民不〔觋〕'）（按，即亦对文'视素保朴'，亦对文'绝智弃辨，〔民〕无觋测'；转向社会性的实践，即亦对文'〔使民不智毋觋测〕，复结绳而用之'）；（按，以彼时的行文通例，于此处于祖本的，是省略了'互'字）〔使民〕为无为，则〔之〕无不治（按，即对文'不现可欲，使民不乱'）（按，即亦对文'无学无尤'，亦对文

‘绝伪弃虑，民复慈孝’；转向社会性的实践，即亦对文‘使民重死〔毋〕远徙，有甲兵无所陈之’）”。

其七，能见于“执道”道章的，于祖本句义贯通且经义完足的应是作“道，亘无名，〔名之朴〕：侯王若能守之〔亘无名〕，万物将自化（按，构成比德于道的，即亦对文‘万物〔自化〕也而弗〔欲〕作’，即亦对文应成‘玄德’的‘生而弗有’）；〔侯王若能守之〕名之朴，〔万物将自定〕（按，构成比德于道的，即亦对文‘〔万物自定〕也而弗〔得以〕居’，即亦对文应成‘玄德’的‘长而弗宰’）。〔万物将自〕化而欲作，吾将正之以亘无为，夫亦将知足以静；万物将自定〔而欲居〕，吾将正之以无以为，〔夫亦将〕〔知止〕〔以无事〕（按，构成比德于道的，即亦对文‘〔万物自宾〕也而弗志〔于〕〔能〕为’，即亦对文应成‘玄德’的‘为而弗恃’）”。

其八，能见于“寡欲”德章的，于祖本句义贯通且经义完足的应是作“知足之为足，〔知止之为足〕；此亘足矣（按，构成‘互映对称成就’的，于全本的是作玄门建构的，即对文‘少私’德章的‘是故知足不辱，知止不殆；可以长久’）”。

其九，能见于“无尤”德章的，于祖本句义贯通且经义完足的应是作“取天下也亘无事；及其〔有事〕，有事也又不足以取天下（按，构成‘互映对称成就’的，于全本的是作玄门建构的，即对文‘无学’德章的‘是以圣人：弗行而知；弗见而〔明〕；弗为而成’）”。

其十，能见于“亘心”德章的，于祖本句义贯通且经义完足的应是作“圣人亘无心，〔也〕以百姓之心为心（按，于全本的是作玄门建构的，即对文‘从道’德章的‘我之心也愚人，无所归’）”。

其十一，能见于“玄德”德章的，于祖本句义贯通且经义完足的应是作“道之尊也〔而〕德之贵：夫莫之爵，也而亘自然”（按，于全本的是作玄门建构的，基于归宗“孔德之容，惟道是从”，反映出乃是生命的觉者有所能认知实相“自然”，构成比德于道的即同构了主体的实相“我自然”和客体的实相“天地自然”，由此，转为从社会性的实践作抉择，即亦对文“〔圣〕人〔之〕道，法自然：〔法自然〕〔也而〕‘法地；法道；法天’”，进而转为从社会性的实践能给出勘验的，即亦对文是“为无为”的“弗能为，能辅万物之自然”）。

其十二，能见于"袭瓦"德章的，于祖本句义贯通且经义完足的应是作"天下〔之〕无〔也以〕始；天下〔之〕有〔也〕以母：既得其〔子之〕母，以知其子〔之始〕；既知其子〔之始〕，复守其〔子之〕母。闭其门，塞其兑，终身不堇；启其门，塞其事，终身不来：'见小，曰：明；守柔，曰：〔能〕强'，'用其光，复归其明；〔终其身〕，毋遗身殃'，是谓：袭瓦（按，于全本的是作玄门建构的，即对文'从道'德章的'我独顽〔也〕似俚，贵食母'）"。

其十三，能见于"天均"德章的，于祖本句义贯通且经义完足的应是作"〔有道〕之邦，吾知其然也以正：以〔瓦〕无事〔而〕取天下；夫用兵以奇〔也〕〔以正〕"〔按，于全本的是作玄门建构的，简言之，以要义的：转为有所予以验证"取天下也瓦无事；及其〔有事〕，有事也又不足以取天下"；转为有所予以验证"以道佐人主者，不欲以兵强于天下：其事好还（xuán）；师之所居，荆棘生之"〕。

其十四，能见于"立德"德章的，于祖本句义贯通且经义完足的应是作"今之善为道者：非以明〔明〕民，〔民〕也将以愚〔愚〕之；民之难治也〔以其知〕，〔知〕也以其智（按，于全本的是作玄门建构的，以要义的，即转为对文'是以圣人，被褐而怀玉'）。故以智知邦，邦之〔觋〕；不以智知邦，邦之福：知此两者〔乃〕楷（jiē）杙（shì），亦楷杙瓦知，此谓立德（按，于全本的是作玄门建构的，以要义的，即转为对文'知不知，上；不知知，病。圣人之不病，〔不病〕也以其病病，是以不病'）。立德，深矣远矣，〔亦楷杙与物返道〕；与物返道矣，乃至大顺（按，于全本的是作玄门建构的，即对文'进道'德章的文本……古之〔善为士〕者不谓'〔若之〕美可以言市，求以得；〔若之〕尊行可以贺人，有罪以免'，〔而谓〕'〔进道〕为天下贵'）"。

其十五，能见于"啬备"德章的，于祖本句义贯通且经义完足的应是作"事天治人，莫若啬；夫唯啬，是以早备，是谓：重积德。'重积德，则无不克；无不克，则莫〔不〕知其瓦（按，于楚简本乙组的，即写作瓦字！）；莫〔不〕知其瓦，可以有域'，有域，〔可以〕有母，可以长久（按，于全本的是作玄门建构的，进而即予以分证'功夫论'的'三宝'的，即转为对文其中的'一曰：俭'的'夫〔有其〕俭，故能广'，以及进而是'则〔之〕能成事长'）。是谓：深根固柢〔之道〕；〔是谓〕：长生久视之道"。

其十六，能见于"蓄人"德章的，于祖本句义贯通且经义完足的应是作"大邦下，流小邦，天下之牝：牝互以静，〔牝〕胜牡，为其静也为下；故或下以取，或下而取。〔大邦下〕，〔流小邦〕，天下之交：故大邦以下，则取小邦；小邦以下，则取于大邦。大邦不过欲，兼蓄人；小邦不过欲，入蓄人：夫皆得其欲，则大邦宜为下"（按，于全本的是作玄门建构的，从社会性的实践进而能给出验证的，即对文"建德"道章的全部文本）。

其十七，能见于"善终"德章的，于祖本句义贯通且经义完足的应是作"人之从事互于其成事，且成也败之；临事之纪'慎终若始'，则〔之〕无败事"（按，于全本的是作玄门建构的，基于两者内在的是以"慎终若始"为共核，即构成对文"善始"德章的"'夫轻诺必寡信，是以圣人：不为大，故终〔于〕能成大'；'〔夫〕多易必多难，是以圣人：犹难之，故终于〔能〕无难'"）。

其十八，能见于"大匠"德章的，于祖本句义贯通且经义完足的应是作"若民互不畏死，且不畏死，奈何以杀惧之；若民互必畏死，且必畏死，则互有〔大匠〕司杀（按，于全本的是作玄门建构的，即对文'民之不畏畏，则大畏将至：毋〔自〕狭其所居，毋〔自〕压其所生；夫唯无〔所畏〕，是以无〔大畏〕'）。孰敢而为畸者，〔则互有大匠司杀〕，若何〔代大匠〕将得而杀之？夫代〔大匠〕司杀，是代大匠斫；夫代大匠斫者，则希有不伤其手（按，于全本的是作玄门建构的，即对文'畏自'德章的文本：是以圣人：'自知〔也〕而不自见；自爱〔也〕而不自贵'，去彼而取此）"。

其十九，能见于"善恕"德章的，于祖本句义贯通且经义完足的应是作"夫天〔之〕道无亲，〔也而〕善互予人（按，于全本的是作玄门建构的，即对文'天网'德章的'天网恢恢，疏而不失'，既是因之：天之道：'不言而善应；繟然而善谋。不争而善成；不召而善来'）"。

其二十，涉及厘定"互"字，延及的还有辨析对勘的传抄本因之有所取义"恒"字，进而是将楚简本的亦是于祖本旧有的"迵"字篡改作了"常"字，能见于"不道"德章的，于祖本句义贯通且经义完足的应是作"含德之厚者，比于赤子；〔比于赤子〕，骨弱筋柔而捉固：情之至，也

〔而〕未知牝牡之合而朘怒；和之至，也〔而〕终日号而不嗄。'〔知之〕情〔之至〕，曰：迵；知〔之〕和〔之至〕，曰：明'；'益生，曰：祥；心使气，曰：〔能〕强'。物壮即老，是谓：不道；不道，早已"（按，还需指出，至帛书甲、乙本，乃至王本和傅奕本，于底本的已是由楚简本甲组的"迵"字篡改作了"常"字）。

丁，按，从校勘的还需指出，是从本体论的认体论作追问的（按，即为基于守于"中"的是从"域界"的"人择"作追问），从无为法出发，老子则是予以了双向的"俱遣"：涉及追索当机者具有"能指"的"能知"和"所指"的"所知"，则是从"实相"意义的给出了遮诠"吾未知其名，强字之曰：道；〔道〕，可以为天下〔之物〕〔之〕母"，以及遮诠"吾为之名，强〔名之〕曰：大；'大，曰：逝；逝，曰：远；远，曰：返'"。而在"互道"章，需要予以着重阐发的，是从认识论的本体论作追问的（按，即为基于守于"中"的是从"人择"的"域界"作追问），则是以构成"实相"意义的从而给出了判别：是以边见所能认知的"〔可道之道〕"（也即对等的能从客体的以"道〔之〕可道"所给定）和"〔可名之名〕"（也即对等的能从主体的以"名〔之〕可名"所给定）（按，基底的乃是以呈现四维时空的"域界"作为认知背景，从而给定），与是以禅定"大定"总持地守于"中"的所能认知的"互道"（也即对等的能从客体的所给定）和"互名"（也即对等的能从主体的所给定）（基底的乃是以生命的觉者以老子当机，有所创觉了是高维时空与四维时空能成立互为让渡的宇宙"实相"，从而有所给定），两者以"非"的定义能给出判别的，则是本质的不同。

按，将笔者业已厘定的文本与对勘的诸传抄本的文本对勘，转为追溯至早期的同源的底本，不难发现，彼时的传抄者，已不甚了然祖本的经义，加之不自知的已是堕入了边见的认知，或说已是堕入了"见知障"，故而，出于自己的所能理解，则是自主地节略地改写了祖本的文本，裁夺了两处的"〔之〕"字，还有，对应于底本两处本有的"也"字，诱因被错误地判作是作为判断虚词来使用，故而比附地还增入了"也"字，不止于此，还将于祖本的本有的"〔可道〕〔之〕〔道〕"以及"〔可名〕〔之〕〔名〕"予以了裁夺（按，不排除于底本之际，其中的"〔可道〕"与"〔可名〕"是以重文号写出，因之字迹残损，从而成了诱因），所改出的文本，已是有乖祖本的经义。

　　按，下愚不敏，有所请教泥古不化的方家：面对同时地判称"道，可道也"以及判称"非恒道也"，如何能够消解"以子之矛攻子之盾"？换言之，帛书甲、乙本的皆存有六个"也"字，还可以笃定皆是祖本旧有吗？跟进的还有所请教：面对同时地判称"恒无欲也"以及判称"恒有欲也"，若能成立所给出的判称，两种决绝不共的"欲"集于一命，试问，是如何互为不冲突地能做到当下"此在"的？非妄语耶？老子所遮诠的"欲以观"与"守于'中'"，两者之间是否构成关联，以及何以能够构成关联，若从"考据癖"再出发还有可能给出正解吗？

　　戊，笔者在序言之中已经指出，老子亲自编纂《道德经》全本的文本，于彼时的是作五卷本编纂，其中的首卷构成了《道德经》全本的宗纲，也即，特质的是将"互道"章、"复德"章、"互德"章、"归道"章四章集合抄写在了首卷。首卷既是构成了宗纲，则其文本必然地皆应该是从具有最一般规定性上予以发问，进而给出判摄，笔者结合辨析这四章的文本，可以给出有效的验证：

　　其一，基于守于"中"的是以"互道"章给出判摄，简言之，即遮诠"道〔之〕可道（按，即对文遮诠'天下皆知〔美〕'），也〔可道〕〔之〕〔道〕非互道（按，即对文遮诠'美之为美也恶已'）；名〔之〕可名（按，即对文遮诠'天下皆知善'），也〔可名〕〔之〕〔名〕非互名（按，即对文遮诠'〔善之为善〕〔也〕不善已'）"。

　　基于守于"中"的是以"互德"章给出判摄，简言之，即遮诠"上德〔之〕〔有德〕，〔有德〕〔也以其〕不失德，是以有德；下德〔之〕〔无德〕，〔无德〕〔也以其〕失德，是以无德"（按，即对文遮诠"夫唯弗〔得以〕居，是以弗去"）。还有，转为对应所抉择的应成"上〔之〕德，无为而无以为"，构成"互映对称成就"的，以要义的，即对文遮诠"是以圣人：居无为之事；行不言之教"。

　　其二，基于守于"中"的是以"复德"章给出判摄，简言之，即遮诠"天下皆知〔美〕（按，即亦对文遮诠'前识者'，亦构成对文遮诠'道〔之〕可道'），美之为美也恶已（按，即亦对文遮诠'道之华也而愚之首'，亦构成对文遮诠'〔可道〕〔之〕〔道〕非互道'）；天下皆知善（按，即亦对文遮诠'夫礼者'，亦构成对文遮诠'名〔之〕可名'），

〔善之为善〕〔也〕不善已（按，即亦对文遮诠'忠信之薄也而乱之首'，亦构成对文遮诠'〔可名〕〔之〕〔名〕非互名'）"。

基于守于"中"的是以"归道"章给出判摄，简言之，即遮诠"昔之得'一'者：天，……；地，……；神，……；谷，……；侯王，……"（按，即对文遮诠是基于'以〔一〕知古始'的是以《道纪》作总持地"两者同出，异名同谓；玄之又玄，众妙之门"，亦对文遮诠"互无，欲以观其妙；互有，欲以观其徼"，转为深在的乃是有所抉择于"互，曰：复命；知互，曰：明"），以及遮诠"其致之〔'中'之'域'〕也谓：天，……；地，……；神，……；谷，……；侯王，……"（按，即对文遮诠"无，名万物之始；有，名万物之母"，以及构成延义的，则是有所对文"万物自化也而弗欲作；万物自宾也而弗志于能为；万物自定也而弗得以居"，转为深在的乃是有所抉择于"'中'〔之〕'域'有四大；'中'〔之〕'域'人居焉"）。

【二】甲，王本传本和傅奕本，皆是作"无名，天地之始；有名，万物之母"（按，检索王注，有注"凡有皆始于无，故未形无名之时，则为万物之始"，可知于其初本的应是作"万物"，而不作"天地"）。

北大汉简本、帛书甲本、帛书乙本，皆是作"无名，万物之始也；有名，万物之母也"。

以玄门建构为归导，先为导出，《道德经玄门新证校勘篇》，厘定祖本的文本，并句读作"无，名万物之始；有，名万物之母"。

乙，历来句读和解析此经句，分歧多有，直至当今，学界仍无定论而莫衷一是。《道德经玄门新证校勘篇》是以何依据作判读的？基于前面既有的校勘，进而还有补充的辨析，要之：

一者，对治经验理性的智慧思辨的边见的能认知（能指）和所认知（所指），既为有所对治"道〔之〕可道"以及"名〔之〕可名"，既为有所对治"〔可道之道〕"以及"〔可名之名〕"，进而转为有所发问，则是基于最一般规定性的范畴"无"和"有"，相应地还有给出遮诠"无，名万物之始；有，名万物之母"；应成有所能创觉宇宙"实相"，既为有所应成称名"互道"以及"互名"，进而转为有所发问，亦是基于以老子当机以禅定"大定"总持地守于"中"的能创觉宇宙"实相"，则是基于最一般规定性的范畴"互无"和"互有"，相应地还有给出遮诠"互无，欲以观其妙；互有，欲以观其所徼"。

二者，反思所能给定的范畴"无"和"有"（按，具有形式逻辑的最一般规定性：同一；排中；不矛盾）：反映出本质上乃是以呈现四维时空的"域界"为认知背景，相应地从"人择"的以边见的认知所成立〔按，转至"复德"章的，则是从社会性的实践经验出发，再作追问：基于内在的是以"极限"作推导的，则是给出了具有"实相"意义的判定："有，〔也〕无之相生；难，〔也〕易之相成；长（zhǎng），〔也〕尚之相刑；高，〔也〕下之相埕；音，〔也〕声之相和（huó）；先，〔也〕后之相堕"〕。反思所能给定的范畴"互无"和"互有"（按，是对基于经验理性的形式逻辑的扬弃，不可混同于出于有为法的谓之是具有了反思精神的"辩证法"，从而具有有如佛法的是出于"因明逻辑"的最一般规定性：是具足"比量"思维和"现量"直觉的实相"此在"）：反映出本质上是以老子能创觉是高维时空与四维时空能成立互为让渡的宇宙"实相"从而有所应成，而所等价的，即反映出乃是赋予了"实相"意义的有所能认知"互无"与"互有"能成立互为让渡；换言之，有所能认知宇宙"实相"（按，而所为对应的，既为可以称名"互道"以及等价的称名"互名"），构成是既对治而应成的，特质的则是前置的能以"互"范畴相应地再为约定范畴"无"和"有"。

三者，进一步来说，索解于从认识论的本体论相应地追问宇宙"实相"：对治边见的认知，反映出有所对应最一般规定性的范畴"无"和"有"，则是成立了有之当机者有所能认知"无，名万物之始"和"有，名万物之母"（按，基于边见的认知，从主体已是先验的有所认知物我同构：生成了"断灭见"的"断灭无"的"无"，且生成了"实有见"的"实性有"的"有"）；应成是禅定"大定"总持地守于"中"的以"欲以观"能认知宇宙"实相"，反映出有所对应最一般规定性的范畴"互无"和"互有"，相应地对治有所能认知"无，名万物之始"和"有，名万物之母"，构成是既对治而应成的，则有着对应于"始"转为是以"妙"能作追问（即物我同构地乃是赋予了"实相"意义的构成了能够表征"互无"：从"还灭"的方向所给定的非是"断灭见"的非是"断灭无"的"妙"，则是能够让渡到四维时空的"所徼"），则有着对应于"母"转为是以"所徼"能作追问（即物我同构地乃是赋予了"实相"意义的构成了能够表征"互有"：从"流转"的方向所给定的非是"实有见"的非是"实性有"的"所徼"，则是能够让渡到高维时空的"妙"），既构成是能认知"实相"的，即反映出生命的觉者有所能认知"互无"与"互有"能成立互为让渡。

【三】甲，王本和傅奕本，皆是作"此两者（按，对勘的，至该两本和北大汉简本，于底本的皆是增入了'此'字），同出而异名，同谓之玄（按，对勘的，至该两本，于底本的，则是自主判读，错谬地于前项增入了'而'字，于此项进而增入了'之玄'）；玄之又玄，众妙之门"。

北大汉简本作"此两者同出，异名同谓；玄之又（有）玄之（按，对勘的，至该本，其传抄者不了义的是增入了此'之'字），众妙（眇）之门"。

帛书甲本作"两者同出，异名同谓（胃）；玄之又（有）（按，对勘的，该本和北大汉简本，于底本的皆是作'有'字，结合从全本的经义作审察，于祖本语义切要地应是作'又'字。从校勘的可以给出验证，简言之，内在的是以'极限'作推导的，所等价的即构成了乃是高维时空的'奇点'，反映出即构成了'无有入于无间'，乃尔互为显义地，即构成对文'玄之又玄'）玄，众妙（眇）之〔门〕"。帛书乙本作"两者同出，异名同谓（胃）；玄之又玄，众妙（眇）之门"。

以玄门建构为归导，先为导出，《道德经玄门新证校勘篇》，厘定祖本的文本，并句读作"两者同出，异名同谓；玄之又玄，众妙之门"。

乙，按，笔者在序言之中已有指出，自老子祖本的《道德经》从周天子内廷流出，旋即就发生了简册散裂，之后则是以孤本的"修辑"本向下初传。困于既有的文本"痼疾"，导致后世已不知于祖本的老子编纂全本的文本和编撰各章的文本自有其特质，特质的是作"玄门建构"，相应地启造文本于全本的充遍的是以构成轴对称"镜伴"的文言作遮诠，因此而成为深层的诱因，也就引发了历世迁延传抄文本难免复杂交错地递变祖本的文本。对勘当今所能见到的包括考古出土的传抄本的文本，笔者发现，每章的文本都存在传抄出错，笔者从中归纳其成因，主要存在四个方面的传抄取向：

一者，不限于帛书甲、乙本，向上追溯，早期的能见于楚简本甲、乙、丙三组文本的，就已经多有存在抄引另章的经文夹注本章的经文，以传抄产生作夹注窜并。递延的各种传抄本，同病的皆是留存了诸多夹注，后世传抄，全部的夹注皆未能剔除。换言之，后来的传抄者，因之早已不知祖本全本的文本是作"玄门建构"，也就无能判别哪些是作夹注窜并，故而，先贤注疏文本若触及夹注，往往只能迂曲地强解经文，其结果势必造成层出不穷的歧义祖本的经义。

二者，后世传抄文本，出于自主"善本"，因应判读文本从而大量地增入了虚词，不了义的增入"也"字为最多，不止于此，兼及注经还有自主地新增夹注，证之帛书甲、乙本全本的文本，尤其明显。至王本，自主句式齐整，以四字句为偏好，则是武断地反向地大量地裁夺字词，尤其是将于底本的"也"字悉数裁夺，结果不良，往往横生"害经惑众"。

三者，于祖本的以行文通例，凡是以重文号写出的诸多文本，传抄之际多有被传抄者所忽略，既有客观原因的于底本之际就已经缺失，亦有主观原因的是自主地予以了节略或裁夺，致使全本频多地衍生出病句，有乖祖本的句义，乃至出离了祖本的经义。

四者，后世渐趋理性思辨，传抄者往往是不自觉地就堕入了"见知障"，最为典型的是已习惯于以"顺读"来理解文本，还兼及刻意强化自主地作顶针修辞：验之对勘的诸传抄本，已然成为通病，已是遍及全本的文本，大量地改动了祖本的行文语序，这必然会错乱祖本所独有的是以构成轴对称"镜伴"的文言作遮诠从而所形成的不可错位的行文语序。其不良后果，则是引发了进一步地遮蔽乃至违和祖本的经义。

丙，从校勘的可以直接指出，所遮诠的"两者同出，异名同谓；玄之又玄，众妙之门"，以胜义即构成了是"互道"的宗纲，于全本的是作玄门建构的，乃是以《道纪》作总持。基于生命的觉者能守于"中"，以《道纪》作总持，构成义理一贯地进而能够统摄于全本的文本的，相应地则是转为分别地予以建构了《建言》《贵言》以及《希言》，进而广为阐发"实相"义。

按，辨析王本的写作"此两者，同出而异名，同谓之玄"，或是拟议地修整作"两者同出异名，〔异名〕同谓之玄"，若以对文作验证，则不但"两者同出（而）异名"与"玄之又玄"是语义不相契合，而且"〔异名〕同谓之玄"与"众妙之门"亦是语义不相契合。显见的，因之本质上乃是阈限于仅以孤章的文本来理解经义，加之深在的已是固化了的已然习惯于以"顺读"来理解底本的文本，递变传抄至王本，出于意欲弥补文本之中的"两者"未能确知所指，故而，则是增入了"此"和"而"字，还将"异名"两字句读入了前句。还有，为了满足可以通读整句，则在"同谓"之后还增入了"之玄"两字。而所改写出来的该整句，仍旧是语焉不详，还横生了歧义祖本的经义。

转向校勘帛书甲、乙本和北大汉简本的文本，同为以对文作验证，则帛书乙本的文本可谓句义显豁，确然能胜任发明经义，兼及的亦能验证笔者所厘定的文本，解析如下：

其一，遮诠"两者"，即为对应遮诠"异名"，应成追问宇宙"实相"，皆是指向所遮诠的"互无"和"互有"；遮诠"同出"既为对应遮诠"同谓"，应成追问宇宙"实相"，皆是指向高维时空的"一"，所等价的乃是以高维时空的"奇点"从而构成了遮诠"同"（按，顺为指出：基于"形式因"，故而则是构成了遮诠"出"；基于"质料因"，故而则是构成了遮诠"谓"）。

其二，遮诠"两者同出"，是偏转从"形式因"的能追问宇宙"实相"：其"同出"，指向"状象的时空高维"，即"同出"于"象帝之先"；遮诠"两者同出"，于全本的是作玄门建构的，即指向遮诠"象帝之先；吾不知其谁之子"。

其三，遮诠"异名同谓"，是偏转从"质料因"的能追问宇宙"实相"：其"同谓"，指向"时空高维的状象"，即"同谓"于"道"；遮诠"异名同谓"，于全本的是作玄门建构的，即指向遮诠"道；冲而〔用〕，用之有弗盈"。

其四，有所继续追问"两者同出"，即进而转向追问宇宙演化，以"形式因"或说是以空间维度和时间维度的结构性关系作追问，则是指向所成立的结构性的"玄之又玄"（按，可以比于后世的数学以精密逻辑从空间几何作架构）。换言之，继续追问"两者同出"，反映出"互无"与"互有"乃是有之"形式因"的能成立互为让渡，于全本的是作玄门建构的，义理一贯地乃是对应于从道体的追问"天地创世纪"（按，是以构成轴对称"镜伴"的"始纪"道章和"母成"道章作遮诠，有所给出分证），而所为对应的则是给出了结构性的象的"全"范畴（按，以"域"范畴为统御，即等价的同构于"互"范畴），换言之，即象的"全"范畴亦同构地反映为是出自"玄之又玄"（按，内在的是以"极限"作推导的，即反映为有之构成"形式因"的是"还灭"的"无有入于无间"以及是"流转"的"大成若缺，大盈若冲"）。由此，进而可知，遮诠"两者同出"亦是以象的"全"范畴能够成立"同出"。

其五，有所继续追问"异名同谓"，即进而转向追问宇宙演化，以"质料因"或说是以"道"进而以"物创生"作追问，则是指向所成立的结构性的"众妙之门"（按，可以比于后世的数学以精密逻辑从数论作架构）。换言之，继续追问"异名同谓"，反映出"互无"与"互有"乃是有之"质料因"的能成立互为让渡，于全本的是作玄门建构的，义理一贯地乃是对应于从道体的追问"道"和"物创生"（按，是以构成轴对称"镜伴"的"反动"道章和"复命"道章作遮诠，有所给出分证），而所为对应的则是给出了结构性的数的"一"范畴（按，以"域"范畴为统御，即等价的同构于"复命"范畴），换言之，即数的"一"范畴亦同构地反映为是出自"众妙之门"（按，内在的是以"极限"作推导的，即反映为有之构成"质料因"的是"还灭"的"天下之至柔，驰骋于天下之至坚"以及是"流转"的"其用不蔽，其用不穷"）。由此，进而可知，遮诠"异名同谓"亦是以数的"一"范畴能够成立"同谓"。

其六，转换来说，既是"两者"能"同出"，那么以"互，曰：复命"的"互"范畴所能反映的，若为追问乃是构成高维时空的宇宙"实相"，则"互无"与"互有"能成立互为让渡，即是以"形式因"的构成了"两者同出"（按，内在的是以"极限"作推导的，即反映为有之"无有入于无间"；即以"形式因"反映为乃是"同出"于高维时空的"奇点"）。由此，进而可知，以"互"范畴作追问，则是构成了"两者同出"，则亦是构成了乃是高维时空的"玄之"（按，即对应空间义的"无有"）同构于"又玄"（按，即对应时间义的"无间"）。由此的，进而可知，追问"玄之又玄"，亦是以"形式因"的能以"互"范畴追问构成"天地创世纪"的宇宙演化，对应的则亦是构成了有所追问于"天地之根"。

其七，转换来说，既是"异名"能"同谓"，那么以"互，曰：复命"的"复命"范畴所能反映的，若为追问乃是构成高维时空的宇宙"实相"，则"互无"与"互有"能成立互为让渡，即是以"质料因"的构成了"异名同谓"（按，内在的是以"极限"作推导的，即反映为有之"道"的"天下之至柔，驰骋于天下之至坚"，反映出"互道"的运动状态乃是无量的随机的充遍的；即以"质料因"反映为乃是"同谓"于高维时空的"奇点"）。由此，进而可知，以"复命"范畴作追问，则是构成了"异名同谓"，则亦是构成了乃是高维时空的"众妙"能通达于"之门"之两边（按，索解老子特质的有所隐喻的遮诠"门"，构成要义的：乃是据具有"实相"意义的"'中'〔之〕'域'有四大；'中'〔之〕'域'人居焉"，相应地以"人择"的"域"范畴从而给出隐喻；也即，于其门"内"构成了"互无"，于其门"外"构成了"互有"）。由此的，进而可知，追问"众妙之门"，亦是以"质料因"的能以"复命"范畴追问构成"道"的"物创生"的宇宙演化，对应的则亦是构成了有所追问于"玄牝之门"。

其八，综上既有的解析，进而可知，于全本的是作玄门建构的：追问"两者同出"，即指向追问"象帝之先；吾不知其谁之子"（按，基于高维时空的同场，反映出有所受觉无量的随机的充遍的此在或"一"或"玄"，乃是偏转从"形式因"的能给定），而所同构的，转为追问"玄之又玄"，即指向追问"天地之根"；转换来说，而所同构的，即亦是构成从追问"象帝之先"进而转向追问"天地之根"（按，基于"互"范畴，亦是对应于从道体的追问构成"天地创世纪"的宇宙"实相"），故而，从"形式因"的所能反映，则"两者"的"互无"，意义于"缘起无自性以能成（按，即反映为'〔能长且久〕〔也〕以其不自生'）"，即偏转从"还灭"的方向反映为"神谷不死"，则"两者"的"互有"，意义于"无自性缘起以所成（按，即反映为'〔是以〕能长〔且〕〔久〕'）"，即偏转从"流转"的方向反映为"绵绵兮，若存"。

其九，综上既有的解析，进而可知，于全本的是作玄门建构的：追问"异名同谓"，即指向追问"道；冲而〔用〕，用之有弗盈"（按，基于高维时空的同场，反映出有所受觉无量的随机的充遍的此在或"一"或"玄"，乃是偏转从"质料因"的能给定），而所同构的，转为追问"众妙之门"，即指向追问"玄牝之门"；转换来说，而所同构的，即亦是构成从追问"道"进而转向追问"玄牝之门"（按，基于"复命"范畴，亦是对应于从道体的追问构成"道"的"物创生"的宇宙"实相"），故而，从"质料因"的所能反映，则"异名"的"互无"，意义于"道"的能成就（即反映为"生于无"：有着内在规定性"不生不灭"，能显义于"是谓：惚恍"），即偏转从"还灭"的方向反映为"是谓：玄牝"，则"异名"的"互有"，意义于"道"的所成就（即反映为"生于有"；有着内在规定性"亦生亦灭"，能显义于"是以能蔽〔也〕而〔能〕新成"），即偏转从"流转"的方向反映为"用之不堇"。

其十，综上既有的解析，进而可知，于全本的是作玄门建构的，亦为反映出了同场的当机者乃是基于禅定"大定"（守于"中"）总持地有所能够追问宇宙"实相"：

一者，故而，则是有所遮诠"互无，欲以观其妙"：构成对治于基于边见的有所认知"无，名万物之始"，进而反映出受觉宇宙"实相"，即对文遮诠"渊兮（按，即对文'互无'），似万物之宗（按，即对文'其妙'）"；亦指向于器世间的此"相位"以当机者能遮诠"位相"的，即对文遮诠"天地之间"的"虚而不屈"（按，即"虚"可以表征"互无"；即"不屈"可以表征"其妙"）。

二者，故而，则是有所遮诠"互有，欲以观其所徼"：构成对治于基于边见的有所认知"有，名万物之母"，进而反映出受觉宇宙"实相"，即对文遮诠"湛兮（按，即对文'互有'），似〔万物〕〔之〕域存（按，即对文'其所徼'）"；亦指向于器世间的此"相位"以当机者能遮诠"位相"的，即对文遮诠"其犹橐籥"的"动而愈出"（按，即"动"可以表征"互有"；即"愈出"可以表征"其所徼"）。

【四】甲，王本和傅奕本，皆是作"故常无欲，以观其妙；常有欲，以观其（按，检索王注，可知应作如是句读。按，对勘的，至该两本，出于以四字句为齐整，则是武断地裁夺了'所'字）徼"。

北大汉简本作"故恒无欲，以观其妙（眇）；恒有欲，以观其所侥"。

帛书甲本作"故恒无欲也，以观其妙（眇）；恒有欲也，以观其所噭"。帛书乙本作"故恒无欲也，〔以观其妙（眇）〕；恒又（按，笔者有之合理地推测，不排除是自主地出于需要修正既有的文本存在句义不通，则改作了'又'字，非是以借字写出'有'字）欲也，以观其所曒"。

以玄门建构为归导，先为导出，《道德经玄门新证校勘篇》，厘定祖本的文本，并句读作"互无，欲以观其妙；互有，欲以观其所徼"。

乙，按，对勘的，北大汉简本、帛书甲本、帛书乙本，皆是写作

"眇"字，还有，下顺的皆是写作"众眇"。笔者因之推测，于祖本的应是写作"眇"字，以经义作审察，应该是意义"越出了本能的视觉，对象之物已不可凭借本能的视觉而能目睹"，不可训作患眼病而丧失了视觉，亦不可训作是残疾的只存独眼。至王本和傅奕本，于两处皆是写作"妙"字（按，王注"妙者，微之极也"），兼及以其未违经义且便于今人能直了经义，笔者则是厘定作"妙"字，以及厘定作"众妙"。

按，帛书甲本是写作"嗷"字，而帛书乙本是写作"曒"字。作"嗷"字，以文本约义，于句义则是语义不通。作"曒"字，以文本约义，于句义则是未能语义切要。至王本和傅奕本，皆是写作"徼"字（按，王注"徼，归终也"）。作"徼"字，其于义胜，以文本约义，则是有着"互"的内在规定性，引得《尹文子·大道上》，有"故穷则徼终，徼终则返始"（按，于现今能给出诠释的，释义允当的可谓是"所徼"则返"妙"）。今校勘，笔者则是取"徼"字，以文本约义，进而厘定语义切要地应是作"所徼"。

按，对勘的诸传抄本，皆是存有"故"字，《道德经玄门新证校勘篇》作校勘，则是予以删除。两个因由：一者，所生成的文本也就形成了显豁的匹对，即"无"与"有"乃是对应于"互无"与"互有"；二者，遮诠"无"的与"有"的文本乃是对应于遮诠"互无"的与"互有"的文本，乃是共为对应于首句的文本，进而有所予以阐发。由此可知，此"故"字应是后来增入。

丙，按，从校勘的可以先为指出，于全本的是作玄门建构的，对应于是作为《道德经》宗纲的遮诠"互无，欲以观其妙；互有，欲以观其所徼"，亦是基于有所共为分证"两者同出，异名同谓；玄之又玄，众妙之门"：应之是偏转从道性的有所给出分证的，即对应于构成总分证章的"守中"道章（按，构成轴对称"镜伴"的是作玄门建构的，则是有之"象帝"道章和"神谷"道章，有所进而分证"守中"道章）；应之是偏转从道体的有所给出分证的，即对应于构成总分证章的"真信"道章（按，构成轴对称"镜伴"的是作玄门建构的，则是有之"观复"道章和"善法"道章，有所进而分证"真信"道章）。据此，进而可以索解此句的句义：

其一，索解"欲"，即反映出是以生命的觉者当机，具有基于禅定

"大定"总持的是主观能动的"觉有情"（按，于荀子，则是判为"欲，情之应也"）（而所能追索的，即反映为"其'情'甚真"，一般地可以指称是具有本体意义的"感应属性"）。索解"观"（觀），即反映出乃是根柢于"守于'中'"，进而反映出构成了禅定的"玄览"或禅定的"观复"（而所能追索的，即反映为"其'中'有信"，一般地可以指称是具有认知意义的"感知属性"）。遮诠"欲以观"，从当机的生命的觉者作追索，以基于禅定"大定"（守于"中"）总持地能受觉宇宙"实相"所反映，即以禅定的"观复"（亦为禅定的"玄览"），相应地反映出是主客体同构地能受觉"致极虚；守极笃"且能受觉"没身不殆"（按，而具有本体意义的，内在的即构成了以当机者能"守于'中'"的从而构成了是具足能"等觉"和能"等持"的能同构客体和主体）。

转换来说，索解"欲以观"，则是必为关联到在场的是作为当机者的主体，而以生命的觉者所能反映，即为反映出是主观能动的有之禅定"大定"（守于"中"）总持的是能同构客体和主体的有之能受觉和所受觉：

深在的始基的乃是基于"万物一系"，此在的乃是根柢于"感应属性"与"感知属性"实质上构成互为耦合，若以所谓的"唯物"与"唯心"作辨析，此结构性的二元乃是构成了互为"映射"或说互为"感与应"（按，具有本体意义的，可以极为概要地予以指出："感"深在地乃是"应"；"应"深在地乃是"感"），而以生命的觉者所能认知的"实相"约义，即为构成了有所能受觉是构成轴对称"镜伴"的呈现出"自相即他相；他相即自相"；换言之，于全本的是作玄门建构的，反映为有之当机者有所能受觉"幽兮冥兮；〔守于〕'中'；〔也而〕有情兮"，进而从主体以生命的觉者可判为"其'情'甚真，其'中'有信"。

其二，索解"其妙"（按，此"其"是指称"互无"，"妙"进而是对应"万物之始"的"始"）：乃是基于禅定的"〔守于〕'中'"，反映出是偏转从"还灭"的方向有所能受觉"惚兮恍兮"且能受觉"恍兮惚兮"（同场的是对应客体的所能给定），转为主客体同构的，乃是基于禅定的"〔守于〕'中'"，反映出是偏转从"还灭"的方向有所能受觉"幽兮冥兮"（同场的是对应主体的所能给定）。由此可知，遮诠"互无，欲以观其妙"，乃是基于禅定的"守于'中'"，亦反映出有所能受觉"虚而不屈"，亦指向有所能受觉"渊兮，似万物之宗（按，构成胜义地，溯及乃是立基于‘果地’的能证‘实相’，即反映出亦是有所能受觉‘惚兮恍兮’且能受觉‘恍兮惚兮’）”。

其三，索解“其所徼”（按，此“其”是指称“互有”，“所徼”进而是对应“万物之母”的“母”）：乃是基于禅定的〔守于〕‘中’”，反映出是偏转从“流转”的方向有所能受觉“〔也而〕有象兮”且能受觉“〔也而〕有物兮”（同场的是对应客体的所能给定），转为主客体同构地，乃是基于禅定的“〔守于〕‘中’”，反映出是偏转从“流转”的方向有所能受觉“〔也而〕有情兮”（同场的是对应主体的所能给定）。由此可知，遮诠“互有，欲以观其所徼”，乃是基于禅定的“守于‘中’”，亦反映出有所能受觉“动而愈出”，亦指向有所能受觉“湛兮，似〔万物〕〔之〕域存（按，构成胜义地，溯及乃是立基于‘果地’的能证‘实相’，即反映出亦是有所能受觉‘〔也而〕有象兮’且能受觉‘〔也而〕有物兮’）”。

《道经》第二章"复德"章

王弼本《道德经》上经第二章

天下皆知美，美之为美也恶已；天下皆知善，善之为善也不善已。

有，也无之相生；难，也易之相成：

长，也耑之相刑；高，也下之相埋；

音，也声之相和；先，也后之相堕。

是以圣人："居无为之事；行不言之教"；"万物自化也而弗欲作；万物自宾也而弗志于能为；万物自定也而弗得以居"。

夫唯弗得以居，是以弗去。

【校勘经文】

【一】甲，王本、傅奕本，皆是作"天下皆知美之为美，斯（按，对勘的，至该两本，于此处，是比附后项的有'斯'字进而增入）恶已。皆知善之为善，斯（按，对勘的，至该两本、北大汉简本、帛书乙本，于底本的皆是写作'斯'字，若追溯至底本之底本，大概率地是从'其'字自主地改出）不善已"。

北大汉简本作"天下皆知（智）美之为美，恶（亚）已；皆知（智）善之为善，斯不善已（矣）"。

帛书乙本作"天下皆知美之为美，恶（亚）已。皆知善，斯不善已

（矣）"（按，从校勘的需指出，于该本的全本的文本之中，但凡有所写作"亚"字，皆是"恶"的借字）。

帛书甲本作"天下皆知美（按，对勘的，至该本，于此处，是裁夺了'之'字）为美，恶已。皆知善，訾（按，对勘的，至该本，则是自主地将'其'或'斯'改作'訾'字，《玉篇》'訾，毁也'）不善已"。

楚简本甲组作"天下皆知（智）（按，从校勘的可以先为指出，祖本于此处，应该是有'美'字，是以重文号写出，早期的至该本已被裁夺了，亦不排除或是疏漏，后面跟进的校勘会给出验证）美之为美也（按，从校勘的可以先为指出，对勘的，早期的至该本，独有的还存有'也'字，乃为祖本旧有，后面跟进的校勘会给出验证），恶（亚）已。皆知（智）善，其（按，对勘的，至该本，独有的是写作'其'字，若追溯至底本，应该是将祖本的'〔善之为善也〕'，从自己所理解，武断地节略地改写作'其'字，后面跟进的校勘会给出验证）不善已"（按，于该组的全部的文本之中，但凡有所写作"智"字，是不区分地使用"智"和"知"字）。

以玄门建构为归导，先为导出，《道德经玄门新证校勘篇》有之新证，厘定祖本的文本，并句读作"天下皆知〔美〕，美之为美也恶已；天下皆知善，〔善之为善〕〔也〕不善已"。

乙，按，基于以玄门建构为归导，具体的还结合从全本的经义作审察，从校勘的可以直接指出：

其一，从认识论（即为构成了从"域界"的"人择"出发）追溯人之道的能知所知：相待客体，则是反映为产生了边见的"知美"与"恶已"（按，深在地乃是异化出了功利的"人之物"），相待主体，则是产生了边见的"知善"与"不善已"（按，深在地乃是异化出了自性情执的"命之使"，即功利的"物之人"），可以归结为乃是从人之道异化出了"不知互，妄"；转为从社会性的实践经验作追问，有所对治人之道的边见的认知，构成主客体同构的，内在的是以"极限"作推导的，则是有所能认知"实相"的反映为能认知"有，〔也〕无之相生"。

其二，从认识论（即为构成了从"域界"的"人择"出发）追溯人之道的能作所作：相待客体，则是反映为产生了异化的"美之为美"与"恶已"（按，深在地乃是异化出了愿力于"损不足而奉有余"的有所诉求于"人之物"），相待主体，则是反映为产生了异化的"〔善之为善〕"与"不善已"（按，深在地乃是异化出了"志于能为"的有所诉求"命之使"，即有所诉求于"物之人"），可以归结为乃是从人之道异化出了"妄作，凶"；转为从社会性的实践经验作追问，有所对治人之道的异化的认知"事成"，构成主客体同构的，内在的是以"极限"作推导的，则是有所能认知"实相"的反映为能认知"难，〔也〕易之相成"。

丙，按，基于以玄门建构为归导，具体的还结合从全本的文本作审察，接下来可以验证笔者所厘定的文本，以下给出有效的验证（至于详为解析，请读者转为参看拙著的《道德经玄门新证解析篇》）：

其一，于全本的乃是构成义理贯通的，对应从认识论的遮诠"天下皆知〔美〕，美之为美也恶已"（按，即对文从本体论的遮诠"道〔之〕可道，也〔可道之道〕非互道"，而转为是从道体的能给出分证的，即对文遮诠"道隐无名；夫唯道，善始且善成"，亦是对文基于遮诠"有状混成，先天地生"的进而遮诠"吾未知其名，强字之曰：道；〔道〕，可以为天下〔之物〕〔之〕母"），即对文从认识论的遮诠"前识者（按，即对文'天下皆知〔美〕'，亦对文'道〔之〕可道'），道之华也而愚之首（按，即对文'美之为美也恶已'，亦对文'也〔可道之道〕非互道'）"（按，而所为能消解异化，构成是"去彼而取此"的，即转为对文遮诠"居其实〔也〕而不居其华"，而构成义理一贯地，亦是构成了有所抉择"居无为之事"），还共为对文从实践论的有所遮诠"信言不美，美言不信（按，即对文'天下皆知〔美〕'）；〔信不足焉，焉有不信〕（按，即对文'美之为美也恶已'）"。

其二，于全本的乃是构成义理贯通的，对应从认识论的遮诠"天下皆知善，〔善之为善〕〔也〕不善已"（按，即对文从本体论的遮诠"名〔之〕可名，也〔可名之名〕非互名"，而转为是从道体的能给出分证的，即对文遮诠"大方无隅；大器曼成；大音希声；大象无形"，亦是对文基于遮诠"独立不改，寥兮寂兮"的进而遮诠"吾为之名，强〔名之〕曰：大；'大，曰：逝；逝，曰：远；远，曰：返'"），即对文从认识论的遮诠"夫礼者（按，即对文'天下皆知善'，亦对文'名〔之〕可名'），忠信之薄也而乱之首（按，即对文'〔善之为善〕〔也〕不善已'，亦对文'也〔可名之名〕非互名'）"（按，而所为能消解异化，构成是"去彼而取此"的，即转为对文遮诠"居其厚〔也〕而不居其薄"，而构成义理一贯地，则亦是构成了有所抉择"行不言之教"），还共为对文从实践论的有所遮诠"善者不多，多者不善（按，即对文'天下皆知善'）；〔善者不责，责者不善〕（按，即对文'〔善之为善〕〔也〕不善已'）"。

其三，于全本的乃是构成义理贯通的，简言之：

对应遮诠"道〔之〕可道，也〔可道之道〕非互道"，下顺的转为对应遮诠"天下皆知〔美〕，美之为美也恶已"，基于归宗"孔德之容，惟道是从"，构成是既对治而应成的能消解人之道的所异化，反映出能认知实相"自然"，能认知"复命"实相，能达成"人"与"道"和"物"全面的觉悟的"和解"，合之两者，则是进而转为对文遮诠有所应成"天地不仁，以万物为刍狗"；对应遮诠"名〔之〕可名，也〔可名之名〕非互名"，下顺的转为对应遮诠"天下皆知善，〔善之为善〕〔也〕不善已"，基于归宗"孔德之容，惟道是从"，构成是既对治而应成的能消解人之道的所异化，反映出能认知实相"自然"，能认知"复命"实相，能达成"人"与"道"和"物"全面的觉悟的"和解"，合之两者，则是进而转为对文遮诠有所应成"圣人不仁，以百姓为刍狗"。

【二】甲，王本作"故有无相生；难易相成；长短相较；高下相倾；音声相和；前后相随"（按，对勘的，至该本，出于以四字句为齐整，则是将底本的各项所存有的'之'字，武断地悉数裁夺，不自知地已沦为病句，显见的，无'之'字，已是有乖祖本的经义：遮蔽了祖本的文本其自有的特质，有之内在的是以"极限"作推导，从而据以揭示"实相"义）。

傅奕本作"故有，无之相生；难，易之相成；长，短之相形；高，下之相倾；音，声之相和；前，后之相随"。

北大汉简本作"故有，无之相生；难，易之相成；短，长之相刑（按，对勘的，至该本，据'型'字倒推，则是自主地作如此改写）；高，下之相倾；言，声之相和；先，后之相随"（按，对勘的，至该本、王本、傅奕本，面对既有的文本，出于修正病句，于同源的底本之际，则是自主地将各项的句尾所存有的'也'字，悉数裁夺）。

帛书甲、乙本，皆是作"有，无之相生也；难，易之相成也；长，短之相刑也；高，下之相盈也；音，声之相和也；先，后之相隋，恒也

（按，对勘的，只有该两本是存有'恒也'）"。

楚简本甲组作"有（又），无（亡）之相生也；难，惕之相成也；长，耑之相型也；高，下之相涅也；音，聖之相和也；先，后（後）之相堕也"（按，该本于此章的文本，其传抄者从自己所解思，特异地是写作"惕"和"聖"字。笔者推测：写作"惕"字，应该是自主地据"慎终若始"从而作改；写作"聖"字，应该是潜意识取向先王创制"礼乐和谐"从而作改。按，对勘的，至该本和帛书甲、乙本，则是皆存有"也"字。从校勘的可以先为指出，若追溯至早期的同源的底本，不难发现，已是不了义的将各项的句首所本有的"也"字，以"顺读"作理解，进而将其改写在了句尾，由此亦可知，彼时的传抄者已不甚了然祖本的句义）。

以玄门建构为归导，先为导出，《道德经玄门新证校勘篇》，厘定祖本的文本，有所补出"也"字，并句读作"有，〔也〕无之相生；难，〔也〕易之相成：长（zhǎng），〔也〕耑（duān）之相刑（xín）；高，〔也〕下之相堙（yīn）；音，〔也〕声之相和（huó）；先，〔也〕后之相堕（duò）"。

乙，按，楚简本甲组是写作"耑"字，笔者推测，于祖本的应是写作"耑"字（相应地，则"长"字应读作zhǎng）。"耑"者：《说文》"物初生之题也。上象生形，下象其根"（此后的文字演化，已有写作"端"字）；《增韵》"物之首也"。于其他的诸传抄本，皆是流变地改作"短"字，虽然不致有违祖本的经义，但是以文牍底事已然是灭失了祖本特定的文化语境。

楚简本是作"型"字。帛书甲、乙本以及北大汉简本，皆是作"刑"字。傅奕本则是流变地改作"形"字。王本则是流变地改作"较"字。于全本的是作玄门建构的，已知是对应遮诠"合抱之木，作于毫末"的，以对文即遮诠"长，〔也〕耑之相刑"，据此，今校勘厘定应是作"刑"字，其于义胜。

按，楚简本是作"堕"字，笔者推测，祖本旧有的乃是作"堕"字。至帛书甲、乙本，皆是讹作"隋"字。至其他诸传抄本，皆是讹作"随"（遀）字。于全本的是作玄门建构的，已知是对应遮诠"百仞之高，始于足下"的（按，"足下"即踏足，人登高是做双足的复踏，故而，于文本的则是有所言及"相堕"），以对文即遮诠"先，〔也〕后之相堕"，据此，今校勘厘定应是作"堕"字，其于义胜。又，进而可知，于祖本的文本：生与成，同韵；刑与埂，同韵；和（按，读"活"音）与堕，同韵。

王本、傅奕本、北大汉简本，皆是有"故"字，帛书甲、乙本以及楚简本，皆是无"故"字，结合上下文从文理作审察，不当有"故"字，今校勘予以删除。

按，王本、傅奕本、北大汉简本，皆是流变地改作"倾"字。帛书甲、乙本，皆是流变地改作"盈"字。楚简本甲组，是写作"浧"字。笔者推测，于祖本的应是作"湮"字。"埂"同"湮"字，本义"埋没，填塞"，引得《国语》有之"夷灶埂井"；引申义指称人工堆土山，引得《尉缭子》有之"地狭而人众者，则筑大埂以临之"。于全本的是作玄门建构的，已知是对应遮诠"九成之台，作于累土"的，以对文即遮诠"高，〔也〕下之相埂"，据此，今校勘厘定作"埂"字，其于义胜。

按，王本和傅奕本，皆是作"前"字（具有空间义），对勘的其他诸传抄本，皆是作"先"字（具有时间义）。结合从全本的文本作审察，作"先"字符应经义。

按，帛书甲、乙本皆存有"恒也"，而对勘的其他诸传抄本皆无"恒也"。从校勘的可以直接指出，这是早期的传抄者作夹注，以同源的底本所留存，而其夹注实则归谬。

丙，按，基于以玄门建构为归导，具体的还结合从全本的文本作审察，接下来可以验证笔者所厘定的文本，以下给出有效的验证：

其一，于全本的乃是构成义理贯通的，对应从认识论的遮诠"有，〔也〕无之相生；难，〔也〕易之相成……"，此整句（按，有所对治边见的认知，即对文从本体论的遮诠"无，名万物之始；有，名万物之母"），即对文从实践论的遮诠"〔知者不言，言者不知〕；知者不博，博者不知"。

还有，转为从社会性的实践能给出勘验的，对应遮诠"有，〔也〕无之相生；难，〔也〕易之相成"（基于内在的是以"极限"作推导），即对文遮诠"为大乎于其细（按，即对文'为之于其无有'），〔也〕图难乎于其易（按，即对文'〔也〕治之于其未乱'）；天下之大事作于细，〔也〕天下之难事作于易"（按，两者乃是以构成轴对称"镜伴"的文言作遮诠，因之内在的乃是基于以"慎终若始"为共核），以及对文遮诠"其脆也易判；其微也易散；其未兆也易谋；其安也易持（按，即对文'天下之大事作于细，〔也〕天下之难事作于易'）：为之于其无有，〔也〕治之于其未乱"（按，两者乃是以构成轴对称"镜伴"的文言作遮诠，因之内在的乃是基于以"慎终若始"为共核）。

还有，转为从社会性的实践能给出勘验的，对应遮诠"长，〔也〕耑之相刑；高，〔也〕下之相堙；音，〔也〕声之相和；先，〔也〕后之相堕"（基于内在的是以"极限"作推导），即对文遮诠"合抱之木，作于毫末（按，即对文'长，〔也〕耑之相刑'，亦对文'其脆也易判'）；九成之台，作于累土（按，即对文'高，〔也〕下之相堙'，亦对文'其微也易散'）；〔……，……〕（按，无疑地，于祖本的是必有此项，从校勘的笔者已有追溯，早于楚简本，于底本的就已经缺失了。是出于自忖的，笔者结合辨析所有关涉的文本，有所猜想出，于祖本的或是写作'〔奏乐之器，始于损益〕'，即对文'音，〔也〕声之相和'，亦对文'其未兆也易谋'）；百仞之高，始于足下（按，即对文'先，〔也〕后之相堕'，亦对文'其安也易持'）"。

其二，于全本的乃是构成义理贯通的，对应遮诠"无，名万物之始；有，名万物之母"，下顺的转为对应遮诠"有，〔也〕无之相生；难，〔也〕易之相成……"，此整句，基于归宗"孔德之容，惟道是从"，构成是既对治而应成的能消解人之道的所异化，反映出能认知实相"自然"，亦是能认知"复命"实相，能达成"人"与"道"和"物"全面的觉悟的"和解"，既为构成了有所应成"是以圣人：居无为之事；行不言之教"，则是进而转为对文遮诠有所应成"多闻数穷，不若守于'中'"。

【三】甲，王本传本作"是以圣人，处无为之事，行不言之教，万物作焉而不辞。生而不有，为而不恃，功成而弗居。夫唯弗居，是以不去"（按，检索王弼注，于"自然"道章的，则是有所引用本章的文本，写作"居无为之事，行不言之教，万物作焉而不为始"，据此亦可推定，于王本初本的文本应如此，句读亦如此）。

傅奕本作"是以圣人，处无为之事，行不言之教。万物作（按，与王本对勘，该本于此处，无'焉'字）而不为（按，对勘的，至该本和王本，皆是增入了'为'字）始，生而不有（按，对勘的，至该本和王本，皆是增入了此句，乃是作夹注窜并，后面还有跟进的校勘），为而不恃，功成不处。夫惟不处，是以不去"。

北大汉简本作"是以圣人，居无为之事，行不言之教。万物作而弗辞，为而弗侍（按，对勘的，该本同于帛书乙本，皆是作'侍'字，语义不当。至王本和傅奕本，则是进而皆改作'恃'字），成功而弗居。夫唯弗居，是以弗去"（按，对勘的，该本和王本传本，皆不作"始"而作"辞"字，若追溯至同源的底本，笔者推测，应是据上文的"行不言之教"对应其"言"字，进而自主地作了改动，后面还有跟进的辨析）。

帛书甲本作"是以圣（声）人，居无为之事，行〔不言之教，万物作而弗始〕也，为而弗志（按，对勘的，该本同于楚简本甲组，皆是作'志'字，笔者推定，乃为祖本旧有，后面还有跟进的校勘）也，成功而弗居也。夫唯弗居，是以弗去"。

帛书乙本作"是以圣人，居无为之事，行不言之教。万物昔而弗始，为而弗侍也，成功而弗居也。夫唯弗居，是以弗去"（按，该本之所以会写作"昔"字，笔者推测，大概率地是因为其传抄者认定，底本的"作"与"始"两者之间存在着前后语义不相应，故而则是自主地予以了修改。出于同样的原因，至北大汉简本，则是结合上文，进而将"始"字改作"辞"字。笔者厘定于祖本的应是写作"万物〔自化〕也而弗〔欲〕作"，后世传抄则是有所分别地篡改）。

楚简本甲组作"是以圣人，居无（亡）为之事，行不言之教。万物（勿）作而弗始也，为而弗志也，成而弗居。天唯弗居也，是以弗去也"（按，该本写作"天"而不作"夫"字，笔者推测，非是笔误，这是传抄者主观地所作篡改。按，对勘的，可以发现，于早期的同源的底本，彼时的传抄者，根据上文于每项是有"也"字，则是比附的于下文分别地亦改动了"也"字的位次。能见于该本和帛书甲、乙本的，传抄之际，还失之严谨，各有漏写"也"字。古人撰写文言文有所使用虚词，尤其涉及使用"也"字，跨越两千多年一直未得规范，今人整理古籍，不觉同病。仅举例从侧面反映唐代使用虚词的状况，可见一斑：有学生请教如何准确地使用虚词，韩愈也只是说，别无确切的指导，若能熟读先秦诸子，可以从中揣摩）。

以玄门建构为归导，先为导出，《道德经玄门新证校勘篇》有之新证，厘定祖本的文本，并句读作"是以圣人：'居无为之事；行不言之教'；'万物〔自化〕也而弗〔欲〕作；〔万物〕〔自宾〕也而弗志〔于〕〔能〕为；〔万物〕〔自定〕也而弗〔得以〕居'。夫唯弗〔得以〕居，是以弗去"。

乙，按，王本传本和傅奕本皆是写作"处"字，其他诸传抄本皆是写作"居"字，据改。至王本和傅奕本，皆存有"生而不有"，这是以底本的文本所留存，因之彼时的传抄者费解于"万物作而不为始"，故而有所作夹注，后世传抄窜并（按，而能追溯的，于早期的底本，能见于楚简本甲组的，已是写作"万物作而弗始也"，出于需要修正句义不通的病句，向后传抄的能见于王本初本和傅奕本的，传抄者则是增入了"为"字。转换来说，基于前面既有的校勘，于今得以了然，围绕底本的皆未知乃是篡改过的文本，后世的各个时期的传抄者，则是纷纷地各自作解，进而自主地予以修正病句，不止于此，乃至于还有传抄者进而予以作夹注）。

按，对勘诸传抄本的文本，经笔者整理，可以发现，于全本的文本之中，关联的所取词则是交错的各有不同：

其一，是在"复德"章的：见于王本和傅奕本的，皆是写作"功成"；见于帛书甲、乙本以及北大汉简本的，皆是写作"成功"；见于楚简本甲组的，是写作"成"。其二，是在"自然"道章的：见于王本和傅奕本的，皆是写作"功成事遂"；见于帛书甲、乙本以及北大汉简本的，皆是写作"成功遂事"；见于楚简本丙组的，是写作"成事遂功"，若是转为以回文写出，则可以写作"功遂事成"。其三，是在"遂退"道章的：见于王本、北大汉简本、帛书甲本、帛书乙本、楚简本甲组的，一致地皆是写作"功遂身退"；见于傅奕本的，则是以衍文的写作"成名功遂身退"。其四，是在"玄德"德章的，是对应主体的皆使用了"成"字：有之写作"道生之〔也〕而德蓄之，物形之〔也〕而器成之；是以万物尊道〔也〕而〔人〕贵德"。

基于既有的对勘，可以给出推定：一者，可以推定，不违祖本的只有"功遂"。二者，由此而循例，亦可以推定，同场的言及"功遂"即对应客体的有所指称，同场的言及"身退"即对应主体的有所指称。三者，由此而循例，亦可以推定，言及"功遂"即对应客体的有所指称，言及"事成"即对应主体的有所指称，进而可以推定，在"自然"道章，其中的文本合于义理的应是写作"功遂〔犹〕事成；〔事成〕〔也〕

而百姓曰：我自然"（按，回到该章，跟进的还有详为校勘，此不赘）。四者，由此而循例，还基于已知的，"弗居"乃是对应主体的有所指称，则可以进而推定，于本章，因之是对应客体的"万物"从而有所言及，故而，则只宜写作"遂"，或写作"功遂"，绝不应当写作"成""功成"或"成功"。换言之，可以判定，此述的既有的文本，大概率地就已经非是祖本的文本了。

按，王本以"弗"易之"不"字，出于因应汉昭帝刘弗陵而避名讳，故而有所改动。据其传本的全本的文本作审察，其文本之中仅出一例是写作"弗居"，是用了"弗"字。

按，基于以玄门建构为归导，具体的主要的还得益于对勘业已厘定的"执道"道章的文本，随之的也就得以补出了对勘的诸传抄本已然缺失了的字词。故而，笔者也就进而得以确切地厘定了本章的于祖本的文本（按，后面还有跟进的校勘，进而可以给出有效的验证），无疑地应是写作"万物〔自化〕也而弗〔欲〕作；〔万物〕〔自宾〕也而弗志〔于〕〔能〕为；〔万物〕〔自定〕也而弗〔得以〕居。夫唯弗〔得以〕居，是以弗去"。

将笔者业已厘定的文本与对勘的诸传抄本的文本对勘，转为追溯至早期的同源的底本，不难发现，不排除客观上于底本之际就已有字词残缺（按，笔者推测，于底本的其文本面貌，大致上应该是呈现为：万物〔□□〕也而弗欲作〔□□□□〕也而弗志〔□□〕为〔□□□□〕也而弗〔□□〕居夫唯弗〔□□□〕是以不去），还需指出，同期的接续抄写的文本（即于今已校勘过的"亙德"章的文本），经笔者校勘发现，连发的亦存在断断续续的残缺字词，因此也就成为客观上的诱因，加之彼时的传抄者已是无能了然祖本的经义，故而，则是从自己的所能理解（笔者推定，极大概率地还不排除乃是生吞活剥了"道隐无名；夫唯道，善始且善成"此文本），进而自主地节略地篡改了祖本的文本，显见的，能见于楚简本甲组的，所篡改出的文本已沦为了病句，审察整句的句义，于每项的，其语义上皆是左支右绌，不通于义理，有乖祖本的经义。

转换来说，一者，相待于客体，对应是能显义实相"自然"的遮诠"〔万物〕〔自宾〕"：以"亙无"的"亙无名"，亦是以"生于无"，即对文遮诠"万物〔自化〕"（按，即构成了万物有所"自化"，而以要义的，同场的深在的乃是遵循"泛成"之道）；以"互有"的"名之朴"，亦是以"生于有"，即对文遮诠"〔万物〕〔自定〕"（按，即构成了万物有所"自定"，而以要义的，同场的深在的乃是遵循"损益"之道）。

二者，相待于主体，对应遮诠"〔万物〕〔自宾〕"，因之生命的觉者有所能认知实相"自然"，能认知"复命"实相，故而有之比德于道的能感通于客体，从而达成了"人"与"道"和"物"全面的觉悟的"和解"，则有着遮诠"也而弗志〔于〕〔能〕为"（按，而写作"为而弗志也"，不但是于义理不明，而且还出现了语义混乱）；等持地有所转为对应遮诠"万物〔自化〕"，则有着遮诠"也而弗〔欲〕作"（按，而写作"万物作而弗始也"，不但于义理不通，而且还出现了语义混乱，因此而成为诱因，也就引发了后来的传抄者会多般修改文本，乃至作夹注）；还有，等持地有所转为对应遮诠"〔万物〕〔自定〕"，则有着遮诠"也而弗〔得以〕居"（按，而写作"成而弗居"，不但于义理不通，而且还出现了语义混乱。前面作校勘已有指出，能见于楚简本甲组的，转为能追溯至同源的底本的，因之彼时的传抄者乃是生吞活剥了"返成"道章的"善始且善成"文本，相应地有所移用。故而，至此，从校勘的进而可以指出，显见无疑地，乃是将"始"字植入了整句的第一项，乃是将"成"字植入了整句的第三项）。

三者，于祖本语义切要地应是写作"夫唯弗〔得以〕居，是以弗去"（按，写作"夫唯弗居"，以文理作审察，不难发现，"居"字是中性词，而于文本的，则是必有相应的前缀，不可浮泛地写作"弗居"）。

按，出于不无必要，接下来需要辨析"弗"字。"弗"字，甲骨文，象形字，取象用绳索束缚互为对称的两个弹性物，使其以应力产生互为贴服，本义从反向施加作用力目的于达成矫正；"弗"字，《说文》"挢也"，可引申指称是具有反向意义的予以导正，乃是归为"反也者返"或说"否定性的反转"。于全本的文本之中，既大量地使用了"弗"字，其意义必能从全本的经义得到索解：构成是既对治而应成的，深在的乃是归宗于"侯王，得'一'以为正"；进一步来说，构成义理一贯地，基于归宗"孔德之容，惟道是从"，则是转为有所应成"今之善为道者，执今之道，以御今之有〔德〕"，有所应成"故从事于德同道：得者同于得；失者同于失"，相应地，则是反映出比德于道的有所能感通于"反也者〔返〕，道之动；弱也者〔强〕，道之用"，既构成了有所应成"上士闻道，堇能行于其'中'"，既为有所同构了乃是构成"互道"的"明道若費；进道若退；夷道若纇"与乃是构成"互德"的"上德若谷；建德若〔窬〕；广德若足"。

从校勘的还需指出，老子启造《道德经》全本的文本，内在的乃是基于当机者是守于"中"的有所具足能等觉和能等持，特质的乃是以构成轴对称"镜伴"的文言予以"遮诠""实相"。故而，予以"遮诠""实相"的文本一般地也就形成了内蕴"否定之否定"或说"反也者返"的意义，加之还有所因应于既对治而应成，因此，启造文本则是大量地有所使用到了"不""弗""毋"以及"非"字。简言之，以要义的：有所使用"不"字，乃是具有"应然予以否定"的意义；有所使用"弗"字，乃是具有"否定性的反转"或是"应然予以导'正'"的意义；有所使用"毋"字，乃是具有"从反面的能予以导'正'，从而能回归于实然的正面"的意义；有所使用"非"字，乃是具有"应然予以判定是属于本质上的不同"的意义。后世传抄既有的文本，其传抄者大多未能审察这四个字的究竟意义，已经不知老子是具有严格意义的有所区别地来加以使用这四个字，故而，传抄者传抄之际，常常在这四个字之间已是不经意地予以互为替用，能见于对勘的诸传抄本的，散布于全本的文本之中的，已是呈现出了交错的频多地予以互为替用或者予以了顶戴，进而引发了不良的后果，往往致使祖本的经义顿亏。

丙，按，基于以玄门建构为归导，具体的还结合从全本的文本作审察，接下来予以验证笔者所厘定的文本，以下给出有效的验证（至于详为解析，请读者转为参看《道德经玄门新证解析篇》的内容）：

丙 -1. 其一，于全本的乃是构成义理贯通的，对应遮诠"是以圣人：'居无为之事；行不言之教'"，相与有应的，基于构成是既对治而应成的：

一者，以要义的即对文遮诠"天地不仁，以万物为刍狗；圣人不仁，以百姓为刍狗"（按，构成了亦是有所能够验证"万物〔自化〕也而弗〔欲〕作；〔万物〕〔自宾〕也而弗志〔于〕〔能〕为；〔万物〕〔自定〕也而弗〔得以〕居"，而转为以能谕旨"复命"实相的"刍狗"作索解，则是进而指向了能觉知"天之道：功遂；身退也载"，而构成互为显义地，既为"物壮即老，是谓：不道；不道，早已"），而构成等持地，即转为对文遮诠"多闻数穷，不若守于'中'"（按，构成了亦是有所能够验证"居无为之事；行不言之教"）。

二者，以要义的即对文遮诠"上善（按，内在的乃是基于归宗'孔德之容'，则是同构了'天地不仁'与'圣人不仁'），若水几于道（按，内在的乃是基于归宗'惟道是从'，则是同构了'以万物为刍狗'与'以百姓为刍狗'）"，以及进而遮诠"〔若水几于道〕〔也而〕'居善地；心善渊；予善天'"（按，构成了亦是有所能够验证"万物〔自化〕也而弗〔欲〕作；〔万物〕〔自宾〕也而弗志〔于〕〔能〕为；〔万物〕〔自定〕也而弗〔得以〕居"），而构成等持地，即转为对文遮诠"〔是谓〕〔圣人之有道〕：〔圣人之有道〕〔也而〕'言善信；政善治。事善能；动善时'"（按，构成了亦是有所能够验证"居无为之事；行不言之教"）。

其二，于全本的乃是构成义理贯通的，对应遮诠"是以圣人：'居无为之事；行不言之教'"，相与有应的，基于构成是既对治而应成的：

于全本的是作玄门建构的，进而所为阐发的，则是以下的该章关锁《道经》的全本，即转为以"御德"道章进而给出分证：一者，构成是能够验证"行不言之教"的，即对文遮诠"不上贤，使民不争；不贵〔资〕，使民不〔觊〕；不现可欲，使民不乱"；二者，构成是能够验证"居无为之事"的，即对文遮诠"互使民无私，无欲；使〔民〕知不智，弗为而已；〔使民〕为无为，则〔之〕无不治"；三者，合之两者，构成义理一贯地，构成亦是能够验证于当机的生命的觉者"圣人"其自身的，即对文遮诠"是以圣人之治：虚其心，实其腹；弱其志，强其骨"。

其三，于全本的乃是构成义理贯通的，对应遮诠"是以圣人：'居无为之事；行不言之教'"，相与有应的，基于构成是既对治而应成的：

亦是从社会性的实践能给出勘验的，构成是能够验证"居无为之事"的，即对文遮诠构成了"若始"的"味无味；事无事；为无为"；构成是能够验证"行不言之教"的，即对文遮诠构成了"慎终"的"欲不欲（按，即对文'味无味'），不贵难得之货（按，要之，构成比德于道的亦为有所能够验证'万物〔自化〕也而弗〔欲〕作'）；学不教（按，即对文'事无事'），〔不〕复众人之所过（按，要之，构成比德于道的亦为有所能够验证'〔万物〕〔自宾〕也而弗志〔于〕〔能〕为'）；弗能为

（按，即对文'为无为'），能辅万物之自然（按，要之，构成比德于道的亦为有所能够验证'〔万物〕〔自定〕也而弗〔得以〕居'）"。

丙－2. 其一，于全本的乃是构成义理贯通的，对应遮诠"是以圣人：'万物〔自化〕也而弗〔欲〕作；〔万物〕〔自宾〕也而弗志〔于〕〔能〕为；〔万物〕〔自定〕也而弗〔得以〕居'"，相与有应的，基于构成是既对治而应成的：

一者，反映出乃是内在的已达成了"人"与"道"和"物"全面的觉悟的"和解"，以要义的即亦对文遮诠"天地不仁，以万物为刍狗（按，即有所能够认知实相'天地自然'）；圣人不仁，以百姓为刍狗（按，即有所能够认知实相'我自然'）"。

二者，反映出乃是内在的已达成了"人"与"道"和"物"全面的觉悟的"和解"，以要义的即亦对文遮诠"上善（按，构成比德于道的既为同构了'天地不仁'和'圣人不仁'，亦是反映为应成的有之'〔圣〕人〔之〕道'），若水几于道（按，构成比德于道的既为同构了'以万物为刍狗'和'以百姓为刍狗'，亦是反映为应成的有之'法自然'）"，以及对文遮诠"〔若水几于道〕〔也而〕（按，应成的有之'〔法自然〕〔也而〕'）'居善地（按，构成义理一贯地，既为：法地）；心善渊（按，构成义理一贯地，既为：法道）；予善天（按，构成义理一贯地，既为：法天）'"，以及对文遮诠"〔是谓〕〔圣人之有道〕：〔圣人之有道〕也而'言善信；政善治。事善能；动善时'"（按，内在的乃是基于应成"侯王得'一'以为正"，亦为归宗"孔德之容，惟道是从"，是以之构成要义的，于全本的是作玄门建构的：之一，转为从社会性的实践是能给出启示的，分别地与之相对应的，即反映为"天之道：'不言而善应；繟然而善谋。不争而善成；不召而善来'"，从而归为"天网恢恢，疏而不失"，亦归为"夫天〔之〕道无亲，〔也而〕善互予人"；之二，亦是分别地与之相对应的，亦是构成了能够有所予以验证"是以圣人之言〔有道〕，〔以正也〕曰：'我好静，而民自正；我无为，而民自化。我无事，而民自福；我欲不欲，而民自朴'"）。

其二，于全本的乃是构成义理贯通的，对应遮诠"是以圣人：'万物〔自化〕也而弗〔欲作〕；〔万物〕〔自宾〕也而弗志〔于〕〔能〕为；〔万物〕〔自定〕也而弗〔得以〕居'"，相与有应的，基于构成是既对治而应成的：

于全本的是作玄门建构的，进而所为阐发的，则是以以下的该篇关锁《道经》的全本，即转为以"执道"道章进而给出分证：

一者，反映出乃是内在的已达成了"人"与"道"和"物"全面的觉悟的"和解"，构成了是有所能够验证"万物〔自化〕也而弗〔欲〕作"的，即对文遮诠"道，互无名，〔名之朴〕"的进而遮诠"侯王若能守之〔互无名〕，万物将自化"，而进而所为阐发的，即亦对文遮诠"〔万物将自〕化而欲作，吾将正之以互无为，夫亦将知足以静"。

二者，反映出乃是内在的已达成了"人"与"道"和"物"全面的觉悟的"和解"，构成了是有所能够验证"〔万物〕〔自宾〕也而弗志〔于〕〔能〕为"的，即对文遮诠"〔万物将自〕化而欲作，吾将正之以互无为，夫亦将知足以静；万物将自定〔而欲居〕，吾将正之以无以为，〔夫亦将〕〔知止以无事〕"。

三者，反映出乃是内在的已达成了"人"与"道"和"物"全面的觉悟的"和解"，构成了是有所能够验证"〔万物〕〔自定〕也而弗〔得以〕居"的，即对文遮诠"道，互无名，〔名之朴〕"的进而遮诠"〔侯王若能守之〕名之朴，〔万物将自定〕"，进而所为阐发的，即亦对文遮诠"万物将自定〔而欲居〕，吾将正之以无以为，〔夫亦将〕〔知止以无事〕"。

其三，于全本的乃是构成义理贯通的，对应遮诠"是以圣人：'万物〔自化〕也而弗〔欲〕作；〔万物〕〔自宾〕也而弗志〔于〕〔能〕为；〔万物〕〔自定〕也而弗〔得已〕居'"，相与有应的，内在的基于生命的觉者是主客体同构地有所能认知实相"我自然"和实相"天地自然"，于全本的是作玄门建构的：

一者，构成是有所能够验证"万物〔自化〕也而弗〔欲〕作"的，即亦对文遮诠"玄德"的遮诠"生而弗有"；

二者，构成是有所能够验证"〔万物〕〔自宾〕也而弗志〔于〕〔能〕为"的，即亦对文遮诠"玄德"的遮诠"为而弗恃"（按，另为需要指出的，笔者之所以能够厘定作"弗志〔于〕〔能〕为"，于补出了"〔于〕"字，乃是兼取了"军争"道章的有所写作"〔用兵〕弗美，美之是乐杀人；夫乐杀人，不可以得志于天下"。按，于笔者从猜想地补出了"〔自宾〕"，乃是兼取了"知止"道章的有所写作"道弗臣天地，〔天地〕唯蓁蓁；侯王若能守之，万物将自宾：天地相合，以逾甘露；民莫之命，天自均焉"。进一步来说，此在的"自宾"可以反映为乃是构成了具有"实相"意义的"自化"和"自定"）；

三者，构成是有所能够验证"〔万物〕〔自定〕也而弗〔得以〕居"的，即亦对文遮诠"玄德"的遮诠"长（zhǎng）而弗宰"（按，另为需要指出的，笔者之所以能够厘定作"弗〔得以〕居"，于补出了"〔得以〕"，乃是兼取了"善果"道章的有所写作"善〔用兵〕者，果而已：不以取强焉；果而弗得以居"。按，可以先为指出，构成是既对治而应成的，是以构成轴对称"镜伴"的文言作遮诠的，此句即构成对文"〔用兵〕弗美，美之是乐杀人；夫乐杀人，不可以得志于天下"。）（按，转为辨析构成"玄德"的文本，相与有应的：构成了"生"是对文"长"，两者是共为对文"为"；构成了"弗有"是对文"弗宰"，两者是共为对文"弗恃"）。按，还需指出，构成义理一贯地，下顺的是转为对应遮诠"夫唯弗〔得以〕居，是以弗去"的（按，皆是构成了《道德经》全本的宗纲之一部分文本，对应此句的，即对文"互德"章的遮诠"上德〔之〕〔有德〕，〔有德〕〔也以其〕不失德，是以有德；下德〔之〕〔无德〕，〔无德〕〔也以其〕失德，是以无德"，进而是能给出追索的，即反映为因之"〔上德之不失德，不失德也而以其同于道〕；〔下德之失德，失德也而以其不同于道〕，故失道〔也〕而失德，失德而后仁，失仁而后义，失义而后礼"，以及因之"上〔之〕德，无为而无以为；上〔之〕仁，〔有〕为而无以为；上〔之〕义，〔有〕为而有以为；上〔之〕礼，莫之则〔之〕，应也攘臂而扔之"），构成互为显义地，即亦构成对文遮诠"是谓：玄德。"

丁，转向仅仅是从文理上予以解构已然厘定了的文本，则还可以进而指出，简言之：

一者，内在的乃是基于生命的觉者已然同构了"互德"与"互道"，故而，则反映出是相待主体的从应成的有所抉择"居无为之事"，而以对文的既构成了，则反映出是相待客体的有所感通于"〔万物自宾〕"（相与有应的，则是等持了有所感通于"万物〔自化〕"和"〔万物自定〕"）；

二者，内在的乃是基于生命的觉者已然同构了"互德"与"互道"，故而，则反映出是相待主体的从对治的有所抉择"行不言之教"，而以对文的既构成了，则反映出是相待客体的有所觉知"〔也〕而弗志〔于〕〔能〕为"（相与有应的，则是等持了有所觉知"〔也〕而弗〔欲〕作"和"〔也〕而弗〔得以〕居"）。

《道经》第三章"象帝"道章

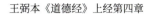

王弼本《道德经》上经第四章

象帝之先；吾不知其谁之子。

渊兮，似万物之宗；湛兮，似万物之域存。

道；冲而用，用之有弗盈。

【校勘经文】

【一】甲，王本、傅奕本、北大汉简本、帛书甲本、帛书乙本，文本类同的皆存有"挫其锐，解其纷；和其光，同其尘"。从校勘的可以直接指出，转为追溯至早期的同源的底本，这是彼时的传抄者于本章抄引了另章的经句夹注本章的经句，后世的传抄者皆不知乃是有之作夹注，故而传抄窜并。笔者于今作校勘将其删除。关涉的，请读者转为参看《德经》的"玄同"德章的相关校勘，这里免于赘述。

按，还需指出，汇集诸传抄本对勘，可以发现，散布于《道德经》全本的许多经章，于相同的经章的文本之中，每每存在夹注同出。从楚简本甲、乙、丙三组来看，彼时就已有夹注留存，由此可以推测，祖本流出以孤本的"修辍"本向后初传，早期的就已有作夹注。先贤治经《道德经》时，抄引另章的经句作夹注，以期契证经章之间有之以不同的经句互为发明经义。因之祖本乃是以孤本的"修辍"本向后初传，困于既有的文本"痼疾"，随之而来的也就导致了后世的传抄者已无可知晓。于祖本的，老子编纂全本的文本是基于从全本的作玄门建构，所启造的经句深在的是以构成轴对称"镜伴"的文言作遮诠。故而，随之而来的也就造成了，所作夹注实则皆难以充任先贤的本来用意，往往失之盲人摸象，乃至横生夹注窜并，倒是徒增"害经惑众"。

产生作夹注窜并，给后世治经《道德经》带来了正反两个方面的后果：论及遗害，徒增"害经惑众"，则是引发了观念固化的迂曲的强解经文；论及未料到的有利，笔者校勘全本的文本，竟然可以借助夹注，进而补出于原出经章就已然缺失的经句。历史的时移事隐，传抄者已不知先事有之作夹注，已是当作本然的经文，遂然窜并作传抄，祖本《道德经》全本共八十章，其中就有不少于二十章以文牍底事皆存在夹注窜并，《道德经玄门新证校勘篇》详为梳理夹注，迂回了于原出经章就已然缺失的经句，使之得以"少小离家老大回"，而余下的所作夹注，则是悉数删除。

顺为指出，颇有研究者，不但可以盘踞于泥古，而且还能兼顾思想西化，而针对判定于全本之中的多有存在夹注，则是一概地不予认可，进而激荡脑力，出乎奇谈，另生妙论：语句几近相同的文本出现在全本的不同的经章之中，是不足为怪的，乃是有若音乐家创作交响乐，出于意在强化调性，故而由之构成结构性的呈现"复调"。下愚惊叹之余，不得不指出，老子启造全本的文本，乃是极为严格地必为从不同的"相位"相应地给出不同的"位相"；比如，同时地描述一个人的头像，从正脸的"相位"所能给出的"位相"与从后脑的"相位"所能给出的"位相"，是绝对不相同的，转换来说，若为诉诸老子的文本，哪里会竟然"有漏"地给出"重言"。

【二】甲 -1. 王本传本作"道，冲而用之或不盈"（按，检索王注，有注"故冲而用之又复不盈"，可见于其初本的应该即如此）。傅奕本作"道，盅而用之又不满"。

北大汉简本作"道，冲而用之有弗盈"。帛书乙本（甲本此句已残脱）作"道，冲而用之有弗盈也"。

以玄门建构为归导，先为导出，《道德经玄门新证校勘篇》，厘定祖本的文本以及厘定祖本的行文语序，并句读作"道；冲而〔用〕，用之有弗盈"。

甲 -2. 按，基于以玄门建构为归导，具体的还结合对勘"反动"道章的文本，得以互为助益地厘定了各章的文本，简言之：

一者，对应遮诠"道"的"冲而〔用〕"，是以构成轴对称"镜伴"的文言作遮诠的：同场的是偏转从"质料因"作追问的，即对文遮诠"反也者〔返〕，道之动"；同场的是偏转从"形式因"作追问的，即对文遮诠"天下之物：生于有"。

二者，对应遮诠"道"的"用之有弗盈"，是以构成轴对称"镜伴"的文言作遮诠的：同场的是偏转从"质料因"作追问的，即对文遮诠"弱也者〔强〕，道之用"；同场的是偏转从"形式因"作追问的，即对文遮诠"天下之物：生于无"。

乙-1. 王本和傅奕本，皆是作"吾不知（按，对勘的，至该两本，以同源的底本，皆是无'其'字。若为追溯至同源的底本，可以指出，彼时的传抄者，因之先就认定于底本的文本其行文语序是正确的，故转为判定不当有'其'字，也就予以了裁夺）谁之子，象帝之先"。

北大汉简本作"吾不知（智）其谁（按，对勘的，该本同于帛书甲本，于此处，皆是无'之'字）子，象帝之先"。

帛书乙本（帛书甲本，是残缺了"其谁"两字，所异的是无"之"字）作"吾不知其谁之子也，象帝之先"。

乙-2. 按，从校勘的可以直接指出，北大汉简本和帛书乙本皆存有的"其"字，乃为祖本旧有，乃是有所指称"象帝之先"；换言之，以合于文理作推定，经句"象帝之先"，于祖本的无疑地应是写作整句的前项，而后世作传抄，则是武断地从行文语序上予以了改动（按，后面还有跟进的校勘，从全本的可以给出有效的验证）。

以玄门建构为归导，先为导出，《道德经玄门新证校勘篇》，厘定祖本的文本以及厘定祖本的行文语序，并句读作"象帝之先；吾不知其谁之子"。

【三】甲，王本和傅奕本，皆是作"渊兮，似万物之宗；湛兮，似或存"。

北大汉简本作"渊兮（旖。按，通假'兮'字），似（佁 yì）万物之宗；湛兮（旖），似（佁）或存"。

帛书乙本作"渊兮（呵），似（佁）万物之宗；湛兮（呵），似（佁）或存"。

帛书甲本作"渊（潚）兮（呵），似（始）万物之宗；〔湛兮（呵）似（？）〕或存"。

以玄门建构为归导，先为导出，《道德经玄门新证校勘篇》，厘定祖本的文本，并句读作"渊兮，似万物之宗；湛兮，似〔万物〕〔之〕域存"。

乙，按，基于既有的校勘，已知对应遮诠"湛兮，似〔万物〕〔之〕域存"，于全本的乃是构成义理贯通的，以对文即遮诠"互有，欲以观其所徼（按，构成对治而应成的，即对文'有，名万物之母'）"，转为是从能创觉"天地创世纪"作遮诠的，以生成了四维时空的宇宙"实相"所反映，构成亦是对文遮诠"其犹橐龠"的"动而愈出"的，以对文即遮诠"绵绵兮，若存；用之不堇"，相与有应的，亦是对文遮诠"〔天地有域〕（按，即对文'绵绵兮'，构成义理一贯地，亦对文'大成若缺'），夫唯不盈（按，即对文'若存'，构成义理一贯地，亦对文'大盈若冲'）；是以能蔽〔也〕而〔能〕新成（按，即对文'用之不堇'，构成义理一贯地，亦对文'其用不蔽，其用不穷'）"。

据此，无疑地还可以推定，既以构成轴对称"镜伴"的文言作遮诠的，则不当写作"似或存"，于祖本句义贯通且经义完足的应当是写作"似〔万物〕〔之〕域存"。基于上述既有的校勘，笔者进而还有推测，转为追溯至早期的同源的底本，于祖本的"〔万物〕〔之〕"三字，不排除彼时于底本的就已经缺失。亦不排除彼时的传抄者根据自己的所能理解，以为从全句作解读若是有此三字则于句义不通，故武断地予以了裁夺。因此而成病因，后世传抄而是将"似"与误认的"或"字予以了合用。显然，这不但于语义上是不相应，而且还不合于文理，后世的传抄者传抄之际皆未能详审（又，于《道德经》全本的文本之中，根本就找不出援例，能够佐证"似"与"或"字可以合用）。

从校勘的还需指出：若为索解"渊兮，似万物之宗"其"宗"，反映出乃是"宗"于既是构成高维时空的"道"和"象帝之先"，亦为"宗"于"有状混成，先天地生；独立不改，寥兮寂兮"；若为索解"湛兮，似〔万物〕〔之〕域存"其"域存"，反映出乃是"域存"于既是构成"天地创世纪"的"天地之根；是谓：玄牝之门"，亦为"域存"于"'中'〔之〕'域'有四大；'中'〔之〕'域'人居焉"。

【四】甲，对勘诸传本的文本，其行文语序是并同的：其首句，是写作"道，冲而用之有弗盈"；其尾句，是写作"吾不知其谁之子，象帝之先"。以玄门建构为归导，《道德经玄门新证校勘篇》厘定了于祖本的行文语序：其首句，应该是写作"象帝之先；吾不知其谁之子"；其尾句，应该是写作"道；冲而〔用〕，用之有弗盈"。

　　按，试问，彼时的传抄者何以会改动祖本原有的行文语序？推及其成因，应该是出于意在照应到"道〔之〕可道，也〔可道之道〕非互道；名〔之〕可名，也〔可名之名〕非互名"，后世的传抄者根据自己的所能解思，转为相与对应的作了改动：

　　出于照应到"道〔之〕可道，也〔可道之道〕非互道"，相与对应的则是将"道，冲而〔用〕，用之有弗盈"改写作了首句；出于照应到"名〔之〕可名，也〔可名之名〕非互名"，相与对应的则是将"吾不知其谁之子，象帝之先"改写作了尾句，还改动了该句内部的于祖本原有的行文语序。

　　乙，按，笔者从校勘的已有指出，老子启造《道德经》全本的文本，特质的是以构成轴对称"镜伴"的文言作遮诠，故而，若为追索于祖本的其文本，即可以转为根据既是构成轴对称"镜伴"的呈现出互为"相位"和互为"位相"的文本作归置：

　　一者，构成是互为匹对的：

　　对应遮诠"两者同出"，即对文遮诠"象帝之先；吾不知其谁之子"；对应遮诠"异名同谓"，即对文遮诠"道；冲而〔用〕，用之有弗盈"。还有，构成是互为匹对的：对应遮诠"玄之又玄"，即对文遮诠"天地之根"；对应遮诠"众妙之门"，即对文遮诠"玄牝之门"。

　　二者，构成是互为匹对的：

　　对应遮诠"象帝之先；吾不知其谁之子"，即对文遮诠"随而不见其后，迎而不见其首（按，即有之'其上不曒，其下不昧；是谓：无状之状，无物之象'）（按，即对文'象帝之先'）；是谓：惚恍（按，即有之'寻寻分，不可名；复归于无物'）（按，即对文'吾不知其谁之子'）"；

　　对应遮诠"道；冲而〔用〕，用之有弗盈"，即对文遮诠"反也者〔返〕（按，即对文'冲而〔用〕'），道之动；弱也者〔强〕（按，即对文'用之有弗盈'），道之用。天下之物：生于有（按，即对文'冲而〔用〕'）；生于无（按，即对文'用之有弗盈'）"。

　　三者，构成是互为匹对的：

　　对应遮诠"是谓：惚恍（按，亦可以指向'有状混成，先天地生'，归为高维时空的'奇点'）"，即转为对文遮诠"道（按，即等价于构成'形式因'的'象帝之先'）"（按，即对文遮诠"有状混成，先天地生"，进而转为对文遮诠"吾未知其名，强字之曰：道；〔道〕，可以为天下〔之物〕〔之〕母"），亦转为，是相应地有所构成对文遮诠"吾不知其谁之子"的，即构成对文遮诠"天下之物：生于有；生于无"；

对应遮诠"随而不见其后，迎而不见其首（按，亦可以指向'独立不改，寥兮寂兮'，归为高维时空的'奇点'）"，即转为对文遮诠"象帝之先（按，即等价于构成'质料因'的'道'）"（按，即对文遮诠"独立不改，寥兮寂兮"，进而转为对文遮诠"吾为之名，强〔名之〕曰：大；'大，曰：逝；逝，曰：远；远，曰：返'"），亦转为，是相应地有所构成对文遮诠"冲而〔用〕，用之有弗盈"的，即构成对文遮诠"反也者〔返〕，道之动；弱也者〔强〕，道之用"。

《道经》第四章"守中"道章

王弼本《道德经》上经第五章

天地不仁，以万物为刍狗；圣人不仁，以百姓为刍狗。

天地之间，其犹橐籥；虚而不屈，动而愈出。

多闻数穷，不若守于"中"。

【校勘经文】

【一】甲 -1. 王本、傅奕本、北大汉简本，皆是作"天地不仁，以万物为刍（刍）狗；圣人不仁，以百姓为刍（刍）狗"。

帛书乙本作"天地不仁，以万物为刍狗；圣（耶）人不仁，〔以〕百姓为刍狗"。

帛书甲本作"天地不仁，以万物为刍狗；圣（声）人不仁，以百姓（省）〔为〕〔刍狗〕"。

甲 -2. 王本作"天地之间，其犹橐籥乎？虚而不屈，动而愈出"。傅奕本作"天地之间，其犹橐籥乎？虚而不屈（诎），动而愈（俞）出"。

北大汉简本作"天地之间（閒），其犹橐籥乎（虖）？虚而不屈，动而愈（揄）出"。

帛书乙本作"天地之间，其犹（猷）橐籥与（舆）？虚而不屈〔湿（gǔ）〕，動而愈（俞）出"。

帛书甲本作"天地〔之〕间，〔其〕犹橐籥与（舆）？虚而不屈（湿），動〔踵（zhǒng）〕而愈（俞）出"。

楚简本甲组作"天地（陞）之间（勿），其犹（猷）橐（囝）籥

（橐）与（籥）？虚而不屈，動（遄）而愈出"（按，对勘的，该本只摘录了此句，没有抄录本章的首句和尾句）。

甲-3. 王本和傅奕本，皆是作"多言数穷，不若守（按，对勘的，至该两本，以四字句为齐整，于底本的则是皆裁夺了'于'字）中"。

北大汉简本、帛书甲本、帛书乙本，皆是作"多闻数穷，不若守于中"。

以玄门建构为归导，先为导出，《道德经玄门新证校勘篇》，厘定祖本的文本，并句读作"天地不仁，以万物为刍狗；圣人不仁，以百姓为刍狗。天地之间，其犹橐籥；虚而不屈，动而愈出。多闻数穷，不若守于'中'"。

乙，按，对勘的诸传抄本，语义类同的或是存有"乎"字，或是存有"與"字，该两个字是彼时的传抄者因应注经而增入，今校勘予以删除。老子遮诠宇宙"实相"，能够有所生成"文言道"，在"真信"道章，老子已有明定的判摄，基于生命的觉者是禅定"大定"总持地能"守于'中'"，则其能受觉和所受觉，必是具足了主观能动的"其'情'甚真，其'中'有信"，故而，于全本的乃是构成义理一贯地，至本章，则无来由有所需要设疑问进而设答。另为指出，校勘《道德经》全本的文本，凡涉及是后世因应注经以及因应句读进而自主增入的虚词，是比附于底本已有的诸如"焉、乎、哉、也、矣"等虚词从而增入的，笔者皆予以删除。

按，结合从全本的文本能够给出验证的，于祖本语义切要地应是写作广义的"多闻"，而不当写作狭义的"多言"。转换来说，则是可以转为见诸对治"多闻数穷"的文本，要之：

一者，出于对治的，则是有所遮诠"上士闻道，董能行于其'中'；中士闻道，若失〔道〕〔也而〕若无〔德〕；下士闻道，大笑之为道者"（按，而所为能追溯的，即反映为有所遮诠"前识者，道之华也而愚之首；夫礼者，忠信之薄也而乱之首"，以及有所遮诠"天下皆知〔美〕，美之为美也恶已；天下皆知善，〔善之为善〕〔也〕不善已"）。

二者，出于对治的，则是有所遮诠"不善人师善人，资善人，虽智乎大迷"（按，构成是既对治而应成的，则是有所遮诠"不上其师，不贵其资。是谓：妙要"）。

三者，出于对治的，则是有所遮诠"出于户，以知天下（按，即转为对文'为学者，日益〔而〕〔日损〕')"，而本质上则不过是"其出也弥远，其知〔也〕弥少（按，从本质上亦构成了对文'日益〔而〕〔日损〕'）"（按，构成是既对治而应成的，则是有所遮诠"不窥于牖，已知天道"，即转为对文"为道者，日损〔而〕〔日益〕"。同理的，相与对应的，对应"〔其知天道也而知无事〕，〔其知无事也而知天下〕"，从本质上亦构成了对文"日损〔而〕〔日益〕"），转换来说，构成互为显义的，以对治的则是有所遮诠"为学者，日益〔而〕〔日损〕（按，构成是既对治而应成的，则是对应遮诠'为道者，日损〔而〕〔日益〕'）"（按，合之两者，即对文有所遮诠的"是故〔或益〕之〔也而〕或损之；以至〔知无事〕，〔知无事〕也〔而〕无为而无以为"）。

四者，出于对治的，则是有所遮诠"知不知，上；不知知，病"（按，构成是既对治而应成的，则是有所遮诠的"圣人之不病，〔不病〕也以其病病，是以不病"）。

《道经》第五章"神谷"道章

王弼本《道德经》上经第六章

神谷不死；是谓：玄牝。

天地之根；是谓：玄牝之门。

绵绵兮，若存；用之不堇。

【校勘经文】

【一】甲 -1. 王本、傅奕本、北大汉简本，皆是作"谷神不死；是谓：玄牝"。

帛书甲本作"浴神〔不〕死；是谓（胃）：玄牝"。帛书乙本作"浴神不死；是谓（胃）：玄牝"。

甲 -2. 因为直接关涉到校勘本章的文本，以下先行录出对勘的诸传抄本皆是其"归道"章的文本：

王本和傅奕本，皆是作"昔之得'一'者：天，得'一'以清；地，得'一'以宁；神，得'一'以灵；谷，得'一'以盈；万物，得'一'以生；侯王，得'一'以为天下贞"。

北大汉简本作"昔得'一'者：天，得'一'以清（精）；地，得'一'以宁；神，得'一'以灵；谷，得'一'以盈；侯王，得'一'以为正"。

帛书乙本作"昔得'一'者：天，得'一'以清；地，得'一'以宁；神，得'一'以靈（霝）；浴，得'一'以盈；侯王，得'一'以为天下正"。

帛书甲本作"昔之得'一'者：天，得'一'以清；地，得〔'一'〕

以宁；神，得'一'以靈（需）；浴，得'一'以盈；候〔王〕，〔得'一'〕而以为正"。

以玄门建构为归导，先为导出，《道德经玄门新证校勘篇》，厘定祖本的文本，并句读作"神谷不死；是谓：玄牝"。

乙，按，对勘诸传抄本的文本，皆是写作"……得'一'以盈"，若根据相与对应的"盈"字从句义倒推，则语义切要地应是作"谷"字，不当写作具象的"浴"字。还有，结合从全本的文本作追索，亦能确证于祖本的不当写作具象的"浴"字。

不限于此，进而还可以确证，于祖本语义切要地应是写作"神谷不死"，于全本的乃是构成经义贯通的，已知：

对应遮诠"神谷不死；是谓：玄牝"（按，这是偏转从"还灭"的方向遮诠构成高维时空的宇宙"实相"），构成主客体同构地，以对文即遮诠禅定的"营魄抱一（按，即对文'神谷不死'。有之'神'是对应'营'，'谷'是对应'魄'：构成义理一贯地，可以显义于'其上不皦，其下不昧'的'是谓：无状之状，无物之象'，即对文'随而不见其后，迎而不见其首'），能互毋离（按，即对文'是谓：玄牝'，构成义理一贯地，可以显义于'寻寻兮，不可名'的'复归于无物'，即对文'是谓：惚恍'。按，'玄牝'，亦对应'道生一'的'负阴抱阳'）"，由此可知，则是共为对应构成《道德经》宗纲的基于"昔之得'一'者"的遮诠"神，得'一'以灵；谷，得'一'以盈"。

对应遮诠"绵绵兮，若存；用之不堇"（按，这是偏转从"流转"的方向遮诠构成四维时空的宇宙"实相"），构成主客体同构地，以对文即遮诠禅定的"抟气致柔〔按，即对文'绵绵兮，若存'。按，有之'绵绵兮'的'抟气'，即对应'神'之'营'；有之'若存'的'致柔'，即对应'谷'之'魄'：构成义理一贯地，可以显义于'〔天地有域〕，夫唯弗盈'），能若婴儿（按，即对文'用之不堇'，构成义理一贯地，可以显义于'是以能蔽〔也〕而〔能〕新成'。按，'用之不堇'，亦对应'一生二，二生三，三生万物'的'冲气以为和（huó）'〕"。由此可知，则是共为对应构成《道德经》宗纲的基于"昔之得'一'者"的遮诠"天，得'一'以清；地，得'一'以宁"。

【二】甲，王本传本作"玄牝之门，是谓：天地根"（按，检索王注，可知于其初本的应该是写作"天地之根")。

傅奕本、北大汉简本，皆是作"玄牝之门，是谓：天地之根"。帛书甲、乙本，皆是作"玄牝之门，是谓（胃）：天地之根"。

按，基于前面既有的校勘，进而可知，同场的等持地予以遮诠"神谷不死"和遮诠"绵绵兮，若存"，即相应地有所分证"天地之根"，亦是偏转从"形式因"的有所揭示"互无"与"互有"能成立互为让渡（按，同理，所等价的，同场的等持地予以遮诠"是谓：玄牝"和遮诠"用之不堇"，即相应地有所分证"是谓：玄牝之门"，亦是偏转从"质料因"的有所揭示"互无"与"互有"能成立互为让渡），因此，进而可以厘定，于祖本的以行文语序本然的应是写作"天地之根；是谓：玄牝之门"。

若为追溯至早期的同源的底本，亦不难发现，彼时的传抄者，已不甚了然祖本的经义，加之已习惯于以"顺读"作理解，出于照应前句的"是谓：玄牝"，则是武断地改动了祖本的行文语序，将"玄牝"与"玄牝之门"改作是前后接续，不止于此，应该还有其用意，以为经过此番改动，则"天地之根"与"绵绵兮，若存"亦能顺势构成是前后接续。

【三】甲，王本和傅奕本，皆是作"绵绵（按，对勘的，至该两本，出于以四字句为齐整，于此处，于底本的则是武断地裁夺了祖本的'兮'字）若存"。

北大汉简本作"绵乎（虖）（按，对勘的，至该本，于底本的则是不了义的有所混淆了'猗'和'虖'字）若存"。

帛书乙本作"绵绵（緜緜）兮（呵），其若存"（按，对勘的，帛书甲本所异的，无"其"字）。

基于前面既有的校勘，这里不赘述。《道德经玄门新证校勘篇》，厘定祖本的文本，应是写作"绵绵兮，若存"。

【四】甲 -1. 王本、傅奕本，皆是作"用之不勤"。帛书甲、乙本，皆是作"用之不堇"。北大汉简本作"用之不墐"。

甲 -2. 相关的能见于"返成"道章的：

王本作"上士闻道，勤而行之"；傅奕本作"……，而勤行之"；北大汉简本作"……，勤能行之"；帛书乙本（甲本此句已残缺）作"……，堇能行之"；楚简本乙组作"……，堇能行于其'中'"。

相关的能见于"袭亘"德章的：

王本和傅奕本，皆是作"……，终身不勤"；北大汉简本作"……，终身不僅"；帛书甲、乙本，皆是作"……，终身不堇"；楚简本乙组，则是作"……，终身不菳"。

乙，按，从校勘的可以推出，文本之中所使用到的"堇"字，其意义即指称"弱势"，是由"反也者〔返〕，道之动；弱也者〔强〕，道之用"所导出。所遮诠的"不堇"：若是针对客体作阐发的，其本质意义即归属"弱也者〔强〕"；若是针对主体作阐发的，其本质意义即归属"守柔，曰：〔能〕强"。

以玄门建构为归导，笔者厘定于祖本语义切要地应是作"用之不堇"。至王本和傅奕本，于底本的已是歧义祖本旧有的"堇"字，进而裁作"勤"字，不了义的取义是主观能动的"能够有所振作而无所懈怠"。

按，还需另为指出，能见于楚简本甲组的，彼时的传抄者，无意完整传抄"观复"道章的文本，出于自主地作夹注，故而仅是引用了"观复"道章的"万物方作"和"各复其堇"，相应地有所写出是兼及夹注的文本"万物（勿）方作，居以须复也。天道员员，各复其堇"。

按，综上既有的校勘，进而亦可以确知，乃是祖本旧有的，则是有之写作"各复其堇""用之不堇""堇能行于其'中'""终身不堇"，于诸句之中，皆是使用到了"堇"字。索解"堇"字于文本之中的其意义，进而亦可以确知，是构成胜义地，亦是具有"本体"意义的，乃是由"反也者〔返〕，道之动；弱也者〔强〕，道之用"所导出。据此，从校勘的还可以推定，无疑地，于祖本的《道德经》，于其全本的文本之中，并不会使用到"勤"字；换言之，后世有所改动祖本的文本，凡是有所使用到"勤"字，进而倡言"勤"，结合从全本的经义作审察，其意义实则无所根底，而且失之语义浮泛。

《道经》第六章 "知互" 道章

王弼本《道德经》上经第七章

天地之能长且久，能长且久也以其不自生，是以能长且久。

圣人之能成其私，能成其私也以其无私、无欲，是以能成其私。

是以圣人：退其身也而身先；外其身也而身存。

【校勘经文】

【一】甲 -1. 王本和傅奕本，皆是作 "天长地久。天地（按，对勘的，至该两本，于此处，于底本的是裁夺了'之'字）所以能长（按，对勘的，至该两本，于此处，于底本的是裁夺了'且'字）久者，以其不自生，故能长生（按，从校勘的可以先为指出，结合从全本的经义作审察，可知，从'以其不自生'是无法导出后世所篡改出的'故能长生'的，属于错误的判定，于义理是根本的不通。后面还有跟进的校勘，会给出进一步的辨析）"。

北大汉简本、帛书甲本、帛书乙本，皆是作 "天长地久。天地之所以能长且久者，以其不自生也，故能长生"（按，北大汉简本，是将此章的文本与上一章 "神谷" 道章的文本，合并抄写成了是作为一章的文本。按，帛书甲本，于 "能长且久" 是残脱了 "〔长〕" 字）。

甲 -2. 王本、傅奕本、北大汉简本，皆是作 "是以圣人：后（後）其身而身先；外其身而身存"。

帛书乙本作 "是以圣（耵）人：退其身而身先；外其身而身存

（先）"。帛书甲本作"是以圣（聲）人：退（芮）其身而身先；外其身而身存"。

甲 -3. 王本作"非以其无私耶（邪）？故能成其私"。傅奕本作"不以其无私耶（邪）？故能成其私"。北大汉简本作"不以其无私乎（虖）？故能成其私"。

帛书乙本作"不以其无私与（舆）？故能成其私"，帛书甲本作"不以其无〔私〕与（舆）？故能成其〔私〕"。

以玄门建构为归导，先为导出，《道德经玄门新证校勘篇》有之新证，厘定祖本的文本以及厘定祖本的行文语序，并句读作"天地之能长且久，〔能长且久〕〔也〕以其不自生，〔是以〕能长〔且〕〔久〕。〔圣人之能成其私〕，〔能成其私〕〔也〕以其无私、〔无欲〕，〔是以〕能成其私。是以圣人：退其身〔也〕而身先；外其身〔也〕而身存"。

乙 -1. 按，将笔者业已厘定的文本与对勘的诸传抄本的文本对勘，转为追溯至早期的同源的底本，不难发现，彼时的传抄者已不明经义，故而则是自作主张，兼及作夹注，相应地改写了祖本的文本。所改写出的文本，显见的，已是多有存在文本"硬伤"，不合于文理，乃至有违祖本的经义：

一者，是增入了"所以"和"者"字，是以兼及作夹注的面貌所能反映的，已是改写作"天地之所以能长且久者"。将之置于整句中，于今作审察，其效果至多是浮泛的废辞，无助阐明义理。

二者，是将祖本的首句之首项的"天地之能长且久"（按，于祖本之际，重出的"能长且久"，以文牍通例，应该是以重文号写出），节略地篡改作"天长地久"，其后果，不但衍生出了语义失之偏颇，而且还导致了整句的句义前后不通。

三者，是将祖本的首句之尾项的"〔是以〕能长〔且〕〔久〕"，武断地篡改作"故能长生"，已是错谬了祖本的句义。

四者，出于同病的，是将祖本的本作"〔圣人之能成其私〕（按，笔者推定，于祖本之际，重出的'能成其私'，以文牍通例，应该是以重文号写出），〔能成其私〕〔也〕以其无私、〔无欲〕，〔是以〕能成其私"，武断地篡改作"以其无私与？故能成其私"，所篡改出的文本，显见的是前言不搭后语，已沦为了病句，致使祖本的句义顿失。

乙-2. 按，基于以玄门建构为归导，还结合从全本的文本作审察，接下来可以验证笔者所厘定的文本，以下给出有效的验证（结合从全本的文本还有详为解析，请读者转为参看《道德经玄门新证解析篇》的相关内容）：

其一，于全本的乃是构成经义贯通的，对应偏转从"形式因"的有所等持地遮诠"神谷不死"以及遮诠"绵绵兮，若存"（按，对应客体的有所追问"天地之根"，相应的则是反映出有所能认知"互无"与"互有"乃是以"形式因"的能成立互为让渡），于全本的是作玄门建构的，转为基于当机者是从构成四维时空的器世间的此"相位"，以生命的觉者能够给出勘验的（亦是基于禅定"大定"总持地"守于'中'"，进而是构成能同构客体和主体地，相应地则是反映出有所能认知"互无"的"缘起无自性以能成"俱足"互有"的"无自性缘起以所成"），即反映为：

之一，同场的是对应客体的，则是有所能认知"天地之能长且久，〔能长且久〕〔也〕以其不自生，〔是以〕能长〔且〕久"（按，亦是基于有所能认知实相"自然"：即有之遮诠"〔能长且久〕〔也〕以其不自生"，构成了亦对文遮诠"神谷不死"；即有之遮诠"〔是以〕能长〔且〕久"，构成了亦对文遮诠"绵绵兮，若存"）；

之二，同场的是对应主体的，则是有所能认知"〔圣人之能成其私〕，〔能成其私〕〔也〕以其无私、〔无欲〕，〔是以〕能成其私"（按，所等价的，亦是基于有所能认知实相"自然"：即有之遮诠"〔也〕以其不自生"，构成了亦对文遮诠"〔也〕以其无私、〔无欲〕"；即有之遮诠"能长〔且〕〔久〕"，构成了亦对文遮诠"能成其私"）。

顺为指出，简言之，要之，构成义理一贯地，对应偏转从"质料因"的有所等持地遮诠"是谓：玄牝"以及遮诠"用之不堇"（按，对应客体的有所追问"玄牝之门"，相应地则是反映出有所能认知"互无"与"互有"乃是以"质料因"的能成立互为让渡），于全本的是作玄门建构的，转为基于是从构成四维时空的器世间的此"相位"，以生命的觉者能够给出勘验的，即反映为：

同场的亦是构成主客体同构地，相应地亦是构成物我同构地，具有"实相"意义的乃是以所遮诠的"刍狗"能作表征的，亦为基于生命的觉者有所能认知"复命"实相，则是反映出有所能认知"天之道：功遂；身退也载"。

其二，于全本的乃是构成经义贯通的，对应遮诠"天地之能长且久，〔能长且久〕〔也〕以其不自生，〔是以〕能长〔且〕〔久〕"（按，即对文"全，乃天〔地〕；天〔地〕，乃道；道，乃〔一〕"，亦对文"天大；地大；道大"），以及对应遮诠"〔圣人之能成其私〕，〔能成其私〕〔也〕以其无私、〔无欲〕，〔是以〕能成其私"（按，即对文"知互，〔乃〕容；容，乃公；公，乃全"："乃容"可以反映为既是应成"无私"，可验证于比德于道的有所应成"退其身〔也〕而身先"；"乃公"可以反映为既是应成"无欲"，可验证于比德于道的有所应成"外其身〔也〕而身存"。亦对文"人亦大"），于全本的是作玄门建构的，以对文即遮诠"知互，〔乃〕容；容，乃公；公，乃全"，以及以对文即遮诠"全，乃天〔地〕；天〔地〕，乃道；道，乃〔一〕"，进而以对文即亦遮诠"天大；地大；道大；人亦大"。

其三，于全本的乃是构成经义贯通的，对应遮诠"〔圣人之能成其私〕，〔能成其私〕〔也〕以其无私、〔无欲〕，〔是以〕能成其私"，转为是从社会性的实践相应地能给出验证的，以对文即遮诠"圣人无积：既以为人，己愈有（按，要之，可以反映为乃是有所应成'能成其私也以其无私'）；既以予人，己愈多（按，要之，可以反映为乃是有所应成'能成其私也以其〔无欲〕'）"。

其四，于全本的乃是构成经义贯通的，对应遮诠"是以圣人：退其身〔也〕而身先；外其身〔也〕而身存"，于全本的是作玄门建构的，转为是从社会性的实践相应地能给出验证的，以对文即遮诠"是以圣人：在民前也以身后之（按，要之，可以反映为乃是有所应成'退其身'），在民上也以言下之（按，要之，可以反映为乃是有所应成'外其身'）；民无害也其在民前（按，要之，可以反映为乃是有所应成'〔也〕而身先'，而构成义理一贯地，既为有所应成'受邦之垢；是谓：社稷之主'），民无厚也其在民上（按，要之，可以反映为乃是有所应成'〔也〕而身存'，而构成义理一贯地，既为有所应成'受邦之不祥；是谓：天下之王'）"。

还有，对应遮诠"是以圣人：退其身〔也〕而身先；外其身〔也〕而身存"，于全本的是作玄门建构的，以对文即遮诠"〔是谓〕〔圣人之有道〕：〔圣人之有道〕〔也而〕'言善信；政善治（按，即比德于道的有所应成"居善地"也而能"居下"）（按，而相应地能给出勘验的，以应成的即反映为"退其身〔也〕而身先"，即为有所应成"〔能成其私〕〔也〕以其无私"）。事善能；动善时（按，即比德于道的有所应成"予善天"也而能"不争"）（按，而相应地能给出勘验的，以应成的即反映为"外其身〔也〕而身存"，即为有所应成"〔能成其私〕〔也〕以其〔无欲〕"）'"。

乙-3. 按，王本作"后其身而身先"，其"后"字，而于帛书甲、乙本的皆是写作"退"字，今校勘从帛书本厘定应是作"退"字。又，构成是相应地进而作出分证的，结合对勘是作为中轴的"上善"道章的文本，亦能给出验证：因应比德于道的有所应成"居善地"也而能"居下"，相应地则是从主体的以能"退"给出勘验；因应比德于道的有所应成"予善天"也而能"不争"，相应的则是从主体的以能"外"给出勘验。

《道经》第七章"上善"道章

王弼本《道德经》上经第八章

水之善利万物，也而以其有静；有静也而居下而不争，众人之所恶。

上善，若水几于道：若水几于道也而"居善地；心善渊；予善天"。

是谓圣人之有道：圣人之有道也而"言善信；政善治。事善能；动善时"。

夫唯不争，故无尤。

【校勘经文】

【一】甲 -1. 王本作"上善若水。水善利万物而不争，居众人之所恶。故几于道"。

傅奕本作"上善若水。水善利万物而不争，居众人之所恶。故几于道矣"。

北大汉简本作"上善如水。水善利万物而有争，〔居〕众人之所恶。故几于道矣"。

帛书乙本作"上善如水。水善利万物而有争，居众人之所恶（亚）。故几于道矣"。

帛书甲本作"上善治水。水善利万物而有静，居众之所恶。故〔几于道矣〕"。

甲 -2. 帛书甲本，其尾句作"夫唯不静，故无尤"。对勘的其他诸传抄本，尾句之文本类同的皆是作"夫唯（按，傅奕本作'惟'字）不争，故无尤（按，傅奕本增入了'矣'字）"。

以玄门建构为归导，先为导出，《道德经玄门新证校勘篇》有之新证，厘定祖本的文本以及厘定祖本的行文语序，并句读作"水〔之〕善利万物，〔也〕而〔以其〕有静；〔有静〕〔也而〕居〔下〕〔而〕〔不〕争，众人之所恶。上善，若水几于道：〔若水几于道〕〔也而〕'居善地；心善渊；予善天'。〔是谓〕〔圣人之〕〔有道〕：〔圣人之有道〕〔也而〕'言善信；政善治。事善能；动善时'。夫唯不争，故无尤"。

乙-1. 按，将笔者业已厘定的文本与对勘的诸传抄本的文本对勘，转为追溯至早期的同源的底本，大体上可以推测出彼时的底本文本的面貌，主要的是阃限于以"顺读"作理解，已是传抄流变地改写作"上善若水，水善利万物而有静，居〔下〕〔而〕〔不〕争，众人之所恶。故几于道矣"，相应地，笔者也就得以有之合理地推定：

一者，彼时的传抄者改写文本之际，出于自主地实则其不知乃是错谬地句读，而且堕入了"着相"，则是将于祖本的或说其底本的"水〔之〕善利万物，〔也〕而〔以其〕有静，〔有静〕〔也而〕"这一段文本（按，于其底本，以彼时的行文通例，其中的〔有静〕，应该是以重文号写出），武断地节略地改写作了"水善利万物而有静"（按，殊不知，所改写出来的文本，已是有乖祖本的经义）；

二者，彼时的传抄者改写文本之际，出于自主地实则其不自知乃是错谬地句读，而且堕入了"着相"，则是将于祖本的或说其底本的"上善，若水几于道：〔若水几于道〕〔也而〕"这一段文本（按，同理，其中的"〔若水几于道〕"，亦应该是以重文号写出），武断地裁分成了不相衔接的两句，分别改写成了"上善若水"以及节略地改写成了"故几于道矣"（按，殊不知，所改写出来的文本，已是完全曲解了老子祖本的经义，后果不良，以致"害经惑众"）；

三者，彼时的传抄者改写文本之际，出于自主地实则其不自知乃是错谬地句读，而且堕入了"着相"，则是竟然将另句的，于祖本的或说其底本的"〔是谓圣人之有道〕：〔圣人之有道〕〔也而〕"这一段文本（按，同理，其中的"〔圣人之有道〕"，亦应该是以重文号写出），武断地予以了裁夺（按，亦不排除于彼时此述的该句就已经多有文字残损），相应地转为是将皆已离析出来的"居善地；心善渊；予善天"以及"言善信；政善治。事善能；动善时"，是分别有所归属的这两句，予以了归并，改写成了是作为一整句（按，传抄之际，如此的妄自作改地改写一整章的文本，同病的，还发生在诸如"进道"德章等等的多章：后果同样堪忧，一再地，以致"害经惑众"）。

四者，乃是以之为底本向后作传抄的，于此底本，已是写作了"居〔下〕〔而〕〔不〕争，众人之所恶"的文本，其中是连着写出的"〔下〕""〔而〕""〔不〕"此三字，极大概率地后现，应该是发生了字迹残损。

乙 -2. 因是，则可以进一步地向下作追索，基于以上既有的推定，无疑地进而还得以推定：

其一，至帛书甲本或其底本，传抄者已是自主地有所解思，因由先见的已是认同"有静"，故而反向地则是裁作"上善治水"：转为基于"上善治水"，加之已是认同底本的"有静"，相应地则是裁夺了底本的"争"字；一顺地，还将尾句生吞活剥地裁作"夫唯不静，故无尤"（按，转为将其底本的"争"篡改作了"静"字，因之传抄者有所自主地认定，乃是得益于"上善治水"）。

其二，至帛书乙本或其底本，传抄者已是自主地有所解思，基于底本的"上善若（如）水"，则是裁夺了底本的"静"字，只取底本的"争"字，改作"有争"。而其传抄者未及料到的，所作改动还横生了不能周延经义，冲突尾句的"夫唯不争，故无尤"。

其三，至北大汉简本，则是古近"杂交"的据其底本的文本照旧作传抄，其文本近同于帛书乙本的文本。

其四，至王本和傅奕本，各自据同源的底本，皆是传抄流变地写作"不争"。换言之，其底本的传抄者已是根据自己的所能解思，加之根据于尾句的是写作"不争"，从而从反向地推定全章的文本，则是自主地裁夺了于其底本的"有静"或"有争"，相应地改写作"不争"。

丙，若为方家能认同《道德经玄门新证校勘篇》所厘定的文本，还必须进一步地依据全本的文本给出可以信服的验证：

丙 -1. 其一，于全本的乃是构成经义贯通的，对应比德于道的遮诠"上善，若水几于道"（按，构成胜义地，即有所勘验能认知实相"自然"，以及有所能认知"复命"实相，亦是有所勘验应成归宗"孔德之容，惟道是从"），构成"互映对称成就"的，简言之，即反映为：

应成"上善"，反映出生命的觉者是从应然的有所同构了"天地不仁"和"圣人不仁"，亦是反映出相待客体和主体的皆能应成"上〔之〕德，无为而无以为"或说"行不言之教"，也即，转为构成了乃是有所能够自觉地实践"今之善为道者，执今之道，以御今之有〔德〕"，构成了既为有所应成"孔德之容"。

应成"若水几于道"，反映出生命的觉者是从实然的有所同构了实相"天地自然"的"以万物为刍狗"和实相"我自然"的"以百姓为刍狗"，亦是反映出相待客体和主体的皆能应成"侯王，得'一'以为正"或说"居无为之事"，也即，转为构成了乃是有所能够自觉地实践"故从事于德同道：得者同于得；失者同于失"，构成了既为有所应成"惟道是从"。

按，综上辨析，转为追溯至早期的同源的底本，则亦不难发现彼时的传抄者是如何改写祖本的文本的：

一者，因之已习惯于以"顺读"作理解，加之还以四字句为取向，则是裁出了句义未定的或说语焉不详的"上善若水"，目的以资衔接所改写出来的"水善利万物而有静"（按，因此而成为诱因，也就引发了后来的传抄者势必地会歧解经义，见于帛书甲本的，则是有所自主地改作"上善治水"。按，于全本的已然构成通病的，于其上一章的则是裁出了"天长地久"，于其下一章的则是裁出了"功遂身退"）。

二者，出于意在有助于理解经义，还硬性地改动了祖本的行文语序，是将于祖本的乃是双出的"若水几于道"裁为了单出，进而予以离析了出来，突兀地以行文语序置后，兼及作夹注从而改写作"故几于道矣"，而其效果实则堪忧，反致彻底地遮蔽了祖本的经义。

其二，于全本的乃是构成经义贯通的，对应比德于道的遮诠"上善（按，以要义的，乃是出于'水〔之〕善利万物'），若水几于道（按，以要义的，乃是出于'〔也〕而〔以其〕有静'）"，以及遮诠"〔若水几于道〕〔也而〕'居善地；心善渊；予善天'（按，以要义的，乃是出于'〔有静〕〔也而〕居〔下〕〔而〕〔不〕争，众人之所恶'）"，于全本的是作玄门建构的，以对文即遮诠"〔圣〕人〔之〕道，法自然：〔法自然〕〔也而〕'法地；法道；法天'"。可以先为指出，彼之两者，乃是有之构成结构性的互为匹对：

一者，简言之，既为应成"上善，若水几于道：〔若水几于道〕〔也而〕'……；……；……'"，即构成了有所能够勘验应成"〔圣〕人〔之〕道（按，即构成了意义'上善'），法自然（按，即构成了意义'若水几于道'）：〔法自然〕〔也而〕'……；……；……'"。

二者，内在的乃是有所对应遮诠"水〔之〕善利万物，〔也〕而〔以其〕有静"的，基于比德于道的能感通水"有静"，相应地则是有所应成"心善渊"，转换来说，即构成了有所能够勘验应成"法自然"的有之应成"法道"（按，这是偏转从"质料因"的所能给定）。

三者，内在的乃是有所对应遮诠"〔有静〕〔也而〕居〔下〕〔而〕〔不〕争，众人之所恶"的：之一，基于比德于道的能感通水"有静"也而能"居下"，相应地则是有所应成"居善地"（按，基于应成"居善地"，构成义理一贯地，则是进而有所应成"言善信；政善治"，相应地即以自性"无私"而"无为"从而构成了"上善"），转换来说，即构成了有所能够勘验应成"法自然"的有之应成"法地"（按，这是偏转从"形式因"的所能给定）；之二，基于比德于道的能感通水"有静"也而能"不争"，相应地则是有所应成"予善天"（按，基于应成"予善天"，构成义理一贯地，则是进而有所应成"事善能；动善时"，相应地即以自性"无欲"而"无以为"从而构成了"上善"），即构成了有所能够勘验应成"法自然"的有之应成"法天"（按，这是偏转从"形式因"的所能给定）。

按，因之直接关涉到需要同步地厘定本章的文本，笔者同步地亦厘定了"善法"道章的文本，有所校勘传抄流变地已是语义不通的写作"人法地；地法天；天法道；道法自然"。基于以玄门建构为归导，《道德经玄门新证校勘篇》有之新证，厘定了祖本的文本，并句读作"〔圣〕人〔之〕道，法自然：〔法自然〕〔也而〕'法地；法道；法天'（按，而转为是从社会性的实践能给出验证的，以对文即遮诠'弗能为，能辅万物之自然'，既为有所应成'为无为'。还有，于全本的乃是构成经义贯通的，亦是反映出有所能够觉知'道之尊也〔而〕德之贵：夫莫之爵，也而互自然'，既为构成物我同构地有所同构了实相'我自然'和实相'天地自然'）"。

丙-2. 之所以出于比德于道的能够有所认知"上善，若水几于道"，因之乃是基于当机者觉有情的能守于"中"，具足了是禅定"大定"总持地能认知实相"自然"，亦为乃是构成物我同构地能认知"复命"实相：

其一，应之是偏转从"质料因"的反映出能认知宇宙"实相"，则是反映出有所能认知"反也者〔返〕，道之动；弱也者〔强〕，道之用"，故而，构成义理一贯地，亦是反映出有所能认知"天下之至柔，驰骋于天下之至坚"。

其二，转向辨析是以"水"能表征"道"的遮诠"若水几于道"：既反映出了生命的觉者能感通水的运动形式特质能表征互道道动的运动形式特质，故而，有所能认知"水柔之胜坚"，即反映出能感通水可以表征"反也者〔返〕，道之动"；故而，有所能认知水"也〔而〕弱之胜强"，即反映出能感通水可以表征"弱也者〔强〕，道之用"。

其三，转向辨析是以"水"能表征"道"的遮诠"若水几于道"，可知乃尔亦是意在有所对治，对治人生命自身为"物欲"所异化从而异化认知"事成"（按，也即异化出了自性"有私"而"有为"和自性"有欲"而"有以为"，即表征为乃是异化出了"厌下"而"有争"：为"物欲"所异化从而异化认知"事成"，意志用强地愿力于"损不足而奉有余"）：

一者，故而，转为是反映出有所能感通于"水〔之〕善利万物，〔也〕而〔以其〕有静"的，即反映出有所能认知"天下〔之〕〔柔弱者〕莫柔弱于水，〔以其无以易之〕；以其无以易之，也而攻坚强者莫之能先"（按，于全本的乃是构成经义贯通的，构成比德于道的转为反映出生命的觉者有所能认知生命自身，或说能认知"复命"实相，则是反映出有所能认知"含德之厚者，比于赤子；〔比于赤子〕，骨弱筋柔而捉固：情之至，也〔而〕未知牝牡之合而朘怒；和之至，也〔而〕终日号而不嘎"）。

二者，故而，转为是反映出有所能感通于水"〔有静〕〔也而〕居〔下而〕〔不〕争，众人之所恶"的，即反映出有所能认知"水柔之胜坚，也〔而〕弱之胜强；天下〔人〕莫之弗知，也而莫之能行"（按，于全本的乃是构成经义贯通的，构成比德于道的转为反映出生命的觉者有所能认知生命自身，或说能认知"复命"实相，则是反映出有所能认知"'〔知之〕情〔之至〕，曰：週；知〔之〕和〔之至〕，曰：明'；'益生，曰：祥；心使气，曰：〔能〕强'"）。

道德经玄门新证 校勘篇

【二】甲，王本作"居善地；心善渊；予（与）善仁（按，对勘的，至该本：则是由'天'篡改作了'仁'字；笔者推测，亦不排除于底本之际就已经是写作了'人'字，进而是由'人'改作了'仁'字）。言善信；政（正）善治。事善能；动善时"。

傅奕本作"居善地；心善渊；予（与）善人（按，对勘的，至该本，笔者推测，不排除或是由'天'讹作了'人'字）。言善信；政善治。事善能；动善时"。

北大汉简本和帛书乙本，皆是作"居善地；心善渊；予善天。言善信；政（正）善治。事善能；动善时"。

帛书甲本作"〔居善地〕，心善渊（潚），予善信；政（正）善治，事善能，動（踵）善时"（按，对勘的，至该本：漏抄了前句的"予善天"其"天"字，漏抄了后句的"言善信"其"言善"两字，故而则是写作'予善信'；笔者另有推测，亦不排除，或是其传抄者认定，以全句乃是共有六项的均分成两组，故而，从主观地也就裁改成了"予善信"）。

以玄门建构为归导，先为导出，《道德经玄门新证校勘篇》有之新证，分别的厘定祖本的文本：一者，并句读作"上善，若水几于道：〔若水几于道〕〔也而〕'居善地；心善渊；予善天'"；二者，并句读作"〔是谓〕〔圣人之有道〕（按，以要义的，乃是出于'上善，若水几于道'）：〔圣人之有道〕〔也而〕（按，以要义的，乃是出于'〔若水几于道〕〔也而〕'）'言善信；政善治。事善能；动善时'（按，以要义的，乃是出于'居善地；心善渊；予善天'）"。

乙-1. 按，基于既有的校勘，进而还可以指出，于全本的是作玄门建构的，是构成对文遮诠"上善，若水几于道：〔若水几于道〕〔也而〕'居善地；心善渊；予善天'"的，即亦反映为，简言之：

转向对治从人之道异化出了最高阶的"有争"，有所抉择消解人类社会的"战争"，构成"互映对称成就"的，即对文"知止"道章的遮诠"〔侯王〕之在天下〔为天下〕卑（按，既为指归应成'不争'的'予善天'），〔犹〕道〔之与天地〕（按，既为指归应成'有静'的'心善渊'），也犹百浴之与江海（按，既为指归应成'居下'的'居善地'）"。

乙-2. 按，基于既有的校勘，进而还可以指出，于全本的是作玄门建构的，是构成对文遮诠"〔是谓〕〔圣人之有道〕：〔圣人之有道〕〔也而〕'言善信；政善治。事善能；动善时'"的，即反映为，简言之：

其一，以要义的，即对文是进而予以分证的遮诠"是以圣人（按，即对文'〔是谓〕〔圣人之有道〕：〔圣人之有道〕〔也而〕'）：退其身〔也〕而身先（按，即对文于基于'居下'从而应成'居善地'的转为应成'言善信；政善治'，既为构成了应成自性'无私'而'无为'）；外其身〔也〕而身存（按，即对文于基于'不争'从而应成'予善天'的转为应成'事善能；动善时'，既为构成了应成自性'无欲'而'无以为'）"。

其二，以要义的，即亦对文"天均"德章的遮诠"是以圣人之言〔有道〕，〔以正〕〔也〕曰（按，即对文：〔是谓〕〔圣人之有道〕：〔圣人之有道〕〔也而〕）：'我好静，而民自正（按，即对文：言善信。意义：无私）；我无为，而民自化（按，即对文：政善治。意义：无为）。我无事，而民自福（按，即对文：事善能。意义：无欲）；我欲不欲，而民自朴（按，即对文：动善时。意义：无以为）'"。

其三，以要义的，即亦对文"天网"德章的遮诠"天之道（按，构成义理一贯地：即对文'〔是谓〕〔圣人之有道〕：〔圣人之有道〕〔也而〕'；即对文'是以圣人之言〔有道〕，〔以正也〕曰'）：'不言而善应（按，构成义理一贯地：即对文'言善信'；即对文'我好静，而民自正'）；繟然而善谋（按，构成义理一贯地：即对文'政善治'；即对文'我无为，而民自化'）。不争而善成（按，构成义理一贯地：即对文'事善能'；即对文'我无事，而民自福'）；不召而善来（按，构成义理一贯地：即对文'动善时'；即对文'我欲不欲，而民自朴'）。"还有，进而以要义的，则是意义深在的归结为"天网恢恢，疏而不失（按，是从社会性的实践进而能给出启示的，即转为对文'善恕'德章的遮诠'夫天〔之〕道无亲，〔也而〕善互予人'）"。

《道经》第八章"遂退"道章

王弼本《道德经》上经第九章

持而盈之，不若其已；湍而群之，不可长保：

贵富而骄，自遗罪；金玉盈室，莫能守。

天之道：功遂；身退也载。

【校勘经文】

【一】甲 -1. 王本、傅奕本以及北大汉简本，皆是作"持（按，对勘的，至该三本，于底本的已是改作了'持'字，以其未违经义，且便于今人直了其语义，笔者今校勘从之，暂且不取乃是从楚简本隶定出来的'殖'字）而盈之，不若（如）其已"。

帛书乙本作"椬（zhì）（按，意义'拿着'）而盈之，不若其已"，帛书甲本作"椬而盈之，不〔若其已〕"（按，帛书本的整理者另有隶定：不宜作"椬"字，宜作"殖"字）。

楚简本甲组作"殖（枈）而盈（浧）之，不不若已（按，对勘的，该本于此处，抄写之际是出现了笔误）"（按，楚简的整理者隶定，该字从"木"，"之"声，宜作"殖"字，《广雅·释诂一》"殖，积也"。按，该字若据文本以水约义，则是有之"积蓄"之义）。

甲 -2. 王本作"揣而棁之，不可长保"（按，对勘的，傅奕本所异，不作"揣"而作"敪"字）。帛书乙本作"掬而允之，不可长葆也"。帛书甲本作"〔？而〕〔？〕之〔？〕之，〔不〕可长葆之"。北大汉简本作"桓（dòu）而允之，不可长葆"。楚简本甲组独有的是作"湍而群之，不可长保也"。

以玄门建构为归导，先为导出，《道德经玄门新证校勘篇》，主要的是根据楚简本的文本从而厘定祖本的文本，并句读作"持而盈之，不若其已；湍而群之，不可长保"。

乙，按，阐发生命的觉者是主客体同构的能同构"互道"与"互德"，能归宗"孔德之容，惟道是从"，能达成"人"与"道"和"物"全面的觉悟的"和解"，相应地则是有所遮诠"上善，若水几于道"，而已知的，能够构成"中介"的，乃是基于生命的觉者比德于道的能感通"水"的运动形式特质能表征"道"的运动形式特质，简言之：

一者，主体比德于道的能感通水"有静"，即反映出能同构主体和客体的既为应成"有静"，亦是既为应成"心善渊"。二者，主体比德于道的能感通水"有静"，亦是等价于主体比德于道的能感通水"居下"，以及能感通水"不争"，由此：反映出能同构主体和客体的既为应成"居下"，亦是既为应成"居善地"；反映出能同构主体和客体的既为应成"不争"，亦是既为应成"予善天"。

其一，综上辨析，进而可知，因应对治从主体的异化出"〔有静〕〔也而〕居〔下〕而〔不〕争，众人之所恶"，进而转向偏转对治从主体的异化出"厌下"（即反动于应成"居下"），构成义理一贯地，亦是立基于以主体能感通"水"的运动形式特质，进而相应地则是有所作对治：

基于主体能感通水"有静"的有所"居下"，则是转为可以从取水满溢能给出勘验。由此，应机的也就生成了有所遮诠"持而盈之，不若其已"；而相待的转为有所对治于主体，构成是既对治而应成的，转为对治是"反也者返"的从"居下"异化出"厌下"，相应地则是有所遮诠"贵富而骄（按，即对文'持而盈之'），自遗罪（按，即对文'不若其已'）"（按，偏转对治人之道异化出了"厌下"，即偏转对治人之道异化出了自性"有私"而"有为"）。

其二，综上辨析，进而可知，因应对治从主体的异化出"〔有静〕〔也而〕居〔下〕而〔不〕争，众人之所恶"，进而转向偏转对治从主体的异化出"有争"（即反动于应成"不争"），构成义理一贯地，亦是立基于以主体能感通"水"的运动形式特质，进而相应地则是有所作对治：

基于主体能感通水"有静"的有所"不争"，则是转为可以从汇水湍流能给出勘验。由此，应机的也就生成了有所遮诠"湍而群之，不可长保";而相待的转为有所对治于主体,构成是既对治而应成的,转为对治是"反也者返"的从"不争"异化出"有争",相应地则是有所遮诠"金玉盈室(按,即对文'湍而群之'),莫能守(按,即对文'不可长保')"(按,偏转对治人之道异化出了"有争",即偏转对治人之道异化出了自性"有欲"而"有以为")。

【二】甲,王本作"金玉盈室(满堂),莫之能守;富贵而骄,自遗其咎"(按,对勘的,傅奕本所异,是写作"满室")。

帛书乙本作"金玉〔盈〕室,莫之能守也;贵富而骄,自遗咎也"。帛书甲本作"金玉盈室,莫之守也;贵富而骄(驕),自遗咎也"。

北大汉简本作"金玉盈室,莫能守;富贵而骄,自遗咎"(按,从校勘的还需指出,通览北大汉简本全本的文本,结合对勘其他五种传抄本全本的文本,从中不难发现,该传抄本则是具有古近"杂交"的特质,换言之,可以推定,其传抄者于彼时,应该是获取了古近不同的多种底本,进而修订和编纂全本的文本,则是采取了予以"杂交"文本)。

楚简本甲组作"金玉盈(浧)室,莫能守也;贵富骄(福乔),自遗咎也"(按,对勘的,该本和帛书甲、乙本,用语一致地是写作"贵富",而不是写作"富贵")。

以玄门建构为归导,先为导出,《道德经玄门新证校勘篇》,厘定祖本的文本以及厘定祖本的行文语序,并句读作"贵富而骄,自遗罪;金玉盈室,莫能守"。

乙,按,对勘的诸传抄本,以行文语序,皆是将"金玉盈室,莫能守"写作前项,相应地则是将"贵富而骄,自遗咎"写作后项。转为追溯至早期的同源的底本,不难发现,彼时的传抄者,已不知祖本的文本乃尔有之结构性的互为匹对:

构成是既对治而应成的,对应遮诠"持而盈之,不若其已",以对文即遮诠"贵富而骄,自遗罪";对应遮诠"湍而群之,不可长保",以对文即遮诠"金玉盈室,莫能守"。

按,从校勘的还需指出,于全本的乃是构成经义贯通的:

其一,对应遮诠"贵富而骄,自遗罪",于全本的是作玄门建构的,还有着以对文乃尔构成结构性的互为匹对:

一者,以对文即遮诠"驰骋田腊,使人之心发狂(按,即转为对文

'名与身孰亲'，即转为对文'罪莫厚乎贪欲'）"，进而以对文即遮诠"人宠辱，若惊（按，即转为对文'甚爱必大废'）"，以及遮诠"得之若惊，失之若惊，〔或何惊〕？（按，即转为对文'故知足不辱'，即转为对文'知足之为足'）"。

二者，以对文即遮诠"名与身孰亲"，以及遮诠"罪莫厚乎贪欲"，进而以对文即遮诠"甚爱必大废（按，直指'贵富而骄，自遗罪'，即为异化出了'人宠辱，若惊'）"。

三者，以对文即遮诠"故知足不辱"，进而以对文即遮诠"知足之为足"（按，即偏转于分证自性"少私"）。

其二，对应遮诠"金玉盈室，莫能守"，于全本的是作玄门建构的，还有着以对文乃尔构成结构性的互为匹对：

一者，以对文即遮诠"难得之货，使人之行妨（按，即转为对文'身与货孰多'，即转为对文'祸莫大乎不知足'）"，进而以对文即遮诠"贵身，若大患（按，即转为对文'厚藏必多亡'）"，以及遮诠"〔贵身〕，及亡身，或何患？（按，即转为对文'知止不殆'，即转为对文'〔知止之为足〕'）"。

二者，以对文即遮诠"身与货孰多"，以及遮诠"祸莫大乎不知足"，进而以对文即遮诠"厚藏必多亡（按，直指'金玉盈室，莫能守'，即为异化出了'贵身，若大患'）"。

三者，以对文即遮诠"知止不殆"，进而以对文即遮诠"〔知止之为足〕"（按，即偏转于分证自性"寡欲"）。

按，从校勘的还需另为指出，构成义理一贯地，于全本的文本乃是构成关联的，对应遮诠"五色，使人之目盲；五味，使人之口爽；五音，使人之耳聋"：

一者，以对文即遮诠"得与亡孰病"，进而以对文即遮诠"咎莫险乎欲得"。

二者，所为追索（按，深在的乃是追索人为"物欲"所异化从而异化认知"事成"，异化出意志用强地愿力于"损不足而奉有余"），以对文即对应"非道"德章全章的文本（按，免于篇幅繁复，文本转抄从略），由此，则是转为以对文即遮诠"天下有道，却走马以粪；天下无道，戎马生于郊"（按，以异化的人之道所能反映，已是异化出了构成私有制社会的最高阶的"有争"，即异化出了人类社会的战争：付诸血腥的武力"用兵"，直捷满足于统治阶级"损不足而奉有余"）。

按，综上既有的校勘，笔者进而还得以厘定了于祖本的文本，语义切要地应是作"贵富而骄，自遗罪"，而不作"富贵而骄，自遗咎"。

【三】甲，王本作"功遂身退，天之道"。傅奕本作"成名功遂身退，天之道"。

北大汉简本、帛书甲乙本，皆是作"功遂身退，天之道也"。

帛书甲本作"功遂（述）身退（芮），天〔之道也〕"。楚简本甲组作"功（攻）遂（述）身退，天之道也"。

以玄门建构为归导，先为导出，《道德经玄门新证校勘篇》有之新证，厘定祖本的文本以及厘定祖本的行文语序，并句读作"天之道：功遂；身退也载"。

乙 -1. 按，将笔者业已厘定的文本与对勘的诸传抄本的文本对勘，转为追溯至早期的同源的底本，不难发现，彼时的传抄者已不知祖本全本的文本是作玄门建构，加之在句读上还出现误判，故而，则是自主地裁割了祖本的"身退也载"，相应地是将"也"字判读归入了前句，相应地是将"载"字判读归入了后句：于本章以尾句的，则是写成了"天之道，功遂身退也"；于下一章以首句的，则是写成了"载营魄抱一，能互毋离"。

按，于早期的同源的底本，已是写作了"天之道，功遂身退也"，再经传抄，还有流变，能见于楚简本甲组的，已是改写成了"功遂身退，天之道也"。若为推及其成因，笔者推测，乃是出于自主地以四字句为取向：于"知互"道章的，则是流变地裁出了"天长地久"；于"上善"道章的，则是流变地裁出了"上善若水"；于本章的，则是流变地裁出了"功遂身退"。

按，还需另为指出，面对于底本的已是写作"载营魄抱一"的文本，后世的传抄者，有所察觉该文本存在语义不当，其中的至帛书乙本的传抄者，出于意欲纠正语义不当，则是自主地将"载（载）"改成了"戴"字：有所曲成"戴营魄（祒）抱一"，则是训"戴"意义外赋，训"抱"意义内禀。

按，"载"者，《尔雅·释天》有通释："夏曰岁，商曰祀，周曰年，唐虞曰载"，由此可知，其语义甚古，本义指称黄道周变的"天时"，而以文本约义，即具有"天时"周变不住的意义，也即，具有"本体"意义的，则是有其内在规定性，意义"此在"。

乙-2. 按，从校勘的还可以先为指出，对应遮诠"天之道：功遂；身退也载"，于全本的是作玄门建构的，基于生命的觉者有所能认知"复命"实相，则是以对文，偏转从"质料因"的进而有所阐发具有"实相"意义的"刍狗"："刍狗"是"此在"的既为呈现出"用进"（按，既为构成了乃是具有"实相"意义的"功遂"）且既为呈现出"退废"（按，既为构成了乃是具有"实相"意义的"身退也载"）。

不止于此，转向对勘是偏转从道体的作出分证的文本，同为具有"实相"意义的，以对文即遮诠"万物并作，吾以观复（按，即对文追问'天之道'）：'天〔下之〕物雲雲，各复其菫（按，即对文'功遂'）；各复其菫，曰：静（按，即对文'身退也载'）'；是谓：复命"，不止于此，转向对勘基于构成物我同构的是偏转从生命本体作出分证的文本，同为具有"实相"意义的，以对文即遮诠"物壮即老，是谓：不道（按，即对文'功遂'，即亦对文'天〔下之〕物雲雲，各复其菫'）；不道，早已（按，即对文'身退也载'，亦对文'〔各复其菫〕，曰：静'）"。

《道经》第九章"玄览"道章

王弼本《道德经》上经第十章

营魄抱一，能互毋离；抟气致柔，能若婴儿。

涤除玄览，能毋有疵；天门启阖，能若为雌。

爱民栝域，能毋以智；明白四达，能毋以为。

【校勘经文】

【一】甲，王本传本作"载营魄抱一，能无离乎？抟（专）其致柔，能婴儿乎？涤除玄览，能无疵乎？爱民治国，能无知乎？天门启（开）阖，能无雌乎？明白四达，能无为乎"。

傅奕本作"载营魄抱（裹）一，能无离乎？抟（专）气致柔，能如婴儿乎？涤除玄览，能无疵乎？爱民治国，能无以知乎？天门启（开）阖，能为雌乎？明白四达，能无以为乎"。

北大汉简本作"载营（荧）魄抱一，能毋离乎（虖）？抟（槫）气致柔，能婴儿乎？修除玄鑑，能毋有疵乎（虖）？爱民栝域（沽国），能毋以智乎（虖）？天门启阖（闭），能为雌乎（虖）？明白四达，能毋以智乎（虖）"。

帛书乙本作"载（戴）营魄（袙）抱一，能毋离乎？抟（槫）气致（至）柔，能婴儿乎？修除玄蓝，能毋有疵乎？爱民栝域（國。按，此处写作'國'字，本字即'域'字），能毋以知乎？天门启阖，能为雌乎？明白四达，能毋以知乎"。

帛书甲本作"〔载营魄抱一，能毋离乎〕？〔抟（槫）气致柔〕，能婴儿乎？修除玄蓝，能毋疵乎？爱民〔栝域，能毋以智乎〕？〔天门启阖，能为雌乎〕？〔明白四达，能毋以智乎〕"。

以玄门建构为归导，先为导出，《道德经玄门新证校勘篇》有之新证，厘定祖本的文本以及厘定祖本的行文语序，并句读作"营魄抱一，能互毋离；抟气致柔，能若婴儿。涤除玄览，能毋有疵；天门启阖，能〔若〕为雌。爱民栝域，能毋以智；明白四达，能毋以为"。

乙，按，笔者校勘《道德经》全本的文本，每每特为留意王弼注经，事后总结全部的校勘成果，从中收获颇多。现今通行的王弼本只是其传本，相较其初本已有流变，其初本的全本的文本历经传抄已是多有被改动过，故而，则是特为留意其注经，进而对勘所引用的经句，从中多能还原出于其初本的经句。若为能够最大限度地厘定祖本的文本，原则上是需要力求就正于"近古存真"的文本的，有所关注王本初本也就成为必要，其所具备的校勘价值不啻考古出土的帛书甲、乙本以及楚简本。

乙 -1. 按，王本传本作"能毋（无）离乎"，王注"能常毋（无）离乎"，据其初本是存有"常"字，可以推定于其底本是有"恒"字，笔者结合从全本的经义作审察，进而可以推定于祖本是本有"互"字（后面还有跟进的校勘，将会给出有效的验证）。由此可知，傅奕本作"能毋（无。按，至该本和王本，于全章，凡涉'毋'字皆是改成了'无'字）离乎"，帛书乙本（甲本此句残缺）作"能毋离乎"，北大汉简本作"能毋离乎（虖）"，应该是于其底本的文本之中，皆是裁夺了"恒"字。

以玄门建构为归导，笔者厘定于祖本的应是作"能互毋离"。基于既有的校勘，已知对应遮诠"神谷不死；是谓：玄牝"，于全本的是作玄门建构的，转为从生命自身乃是以禅定的"玄览"能给出验证的，以对文即遮诠"营魄抱一（按，即对文'神谷不死'，构成义理一贯地，亦对文'道生一'），能互毋离（按，即对文'是谓：玄牝'，构成义理一贯地，亦对文'负阴抱阳'。按，遮诠'能互毋离'，所等价的，即反映出亦为'负阴抱阳'，内在的乃是'阴'与'阳'动态地有所构成了互为'转还'，故而，亦是能显义于'玄牝'）"。

按，从校勘的需要先为指出，于文本之中之所以会有所遮诠禅定的"玄览"，即意在显明，当机者有所具足主观能动的"反视"生命自身而作"内观"，既为是以觉有情的能守于"中"具足能等觉和能等持地有所内证"实相"。

按，辨析对勘的诸传抄本皆是将"载（载）"字〔于帛书乙本的，则是自主地改作了"戴（载）"字〕句读入了本章，在前面的"遂退"道章，关联的已给出了校勘，回到本章，不作繁复引述。以玄门建构为归导，《道德经玄门新证校勘篇》有之新证，则是将"载"字句读入前章：厘定于祖本的应是作"天之道：功遂；身退也载"；厘定于祖本的应是作"营魄抱一，能互毋离"。

乙-2. 按，王本传本作"抟（专）气致柔，能婴儿乎"，王注"能若婴儿之无所欲乎"。傅奕本作"抟（专）气致柔，能如婴儿乎"。帛书乙本作"抟（槫）气致（至）柔，能婴儿乎"（甲本只残存了后项的"能婴儿乎"）。北大汉简本作"抟（槫）气致柔，能婴儿乎（虖）"。

以玄门建构为归导，笔者厘定于祖本的应是作"抟气致柔，能若婴儿"。基于既有的校勘，已知对应遮诠"绵绵兮，若存；用之不堇"，于全本的是作玄门建构的，转为从生命自身乃是以禅定的"玄览"能给出验证的，以对文即遮诠"抟气致柔〔按，即对文'绵绵兮，若存'，构成义理一贯地，亦对文'冲气以为和（huó）'〕，能若婴儿（按，即对文'用之不堇'，构成义理一贯地，亦对文'一生二，二生三，三生万物'）"。

乙-3. 王本传本和傅奕本，皆是作"涤除玄览，能毋（无）疵乎"，王注"能不以物介其明，疵其神乎"。帛书乙本作"修除玄蓝，能毋有疵乎"。帛书甲本作"修除玄蓝，能毋疵乎"。北大汉简本作"修除玄鑑，能毋有疵乎（虖）"。

以玄门建构为归导，笔者厘定于祖本的应是作"涤除玄览，能毋有疵"。基于既有的校勘，已知对应遮诠"知互，曰：明"，于全本的是作玄门建构的，转为从生命自身乃是以禅定的"玄览"能给出验证的，以对文即遮诠"涤除玄览（按，即对文'知互'），能毋有疵（按，即对文'曰：明'）"（按，构成义理一贯地，亦对文"多闻数穷，不若守于'中'"）。

按，笔者有之推测，于帛书甲、乙本的应该是据彼时的常用字写作了"蓝"字，于北大汉简本于其底本的应该是据彼时的常用字写作了"鑑"字，分别替用了于其底本的"监"字（按，"监"字，会意字，笔者推测该字其最初的本义，应该是指事静水临〔临〕观。以文本约义，则是转为指事"反视"生命自身而作"内观"。据此，相应地笔者作校勘则是取王本的"涤"字，不取"修"字）。兼及现今活字习用，加之未违经义，今校勘则是据王本取"览"（覽）字。

乙 -4. 王本传本作"爱民治国，能无知乎"，王注"能毋（无）以智乎"。傅奕本作"爱民治国，能毋（无）以知乎"。帛书乙本（甲本此句残缺）作"爱民栝域（国），能毋以知乎"。北大汉简本作"爱民栝域（沽国），能毋以智乎（虖）"。

以玄门建构为归导，笔者厘定于祖本的应是作"爱民栝域，能毋以智"。基于既有的校勘，已知对应遮诠"'中'〔之〕'域'人居焉"，于全本的是作玄门建构的，转为从生命自身乃是以禅定的"玄览"能给出验证的，以对文即遮诠"爱民栝域，能毋以智"（按，即对文"'中'〔之〕'域'人居焉"，构成义理一贯地，亦对文"居无为之事；行不言之教"）。

按，于帛书乙本的是写作"栝国"，笔者结合从全本的经义作审察，推定于祖本的应是作"栝域"。"栝"字，会意字，本义指称树木多向度自发地能延生出柔韧的侧枝。遮诠"栝域"，可谓是乃尔"有域，〔可以〕有母，可以长久"：而转为能验证于"小邦寡民"的，即反映出，有所任运氏族部落自发地生息繁衍，有若树木能延生出侧枝，以地域性而随机地分布，从而则是分化出了氏族部落的"百姓"。对勘的诸传抄本皆是写作"國〔国〕"字，基于能以构成对文的"'中'〔之〕'域'有四大；'中'〔之〕'域'人居焉"约义，笔者推定于祖本的应是作"域"字。

另为指出，后世传抄，构成通病的，进而流变地错谬地改写作"治国"，不限于本章，已是涉及其他的经章：之一，经笔者厘定，于"天均"德章的，于祖本本有的乃是写作"〔有道〕之邦，吾知其然也以正：以〔互〕无事〔而〕取天下；夫用兵以奇〔也〕〔以正〕"，而不作不了义的"以正之邦（國）"，更不作错谬地"以正（政）治邦（國）"；之二，经笔者厘定，于"立德"德章的，于祖本本有的乃是写作"故以智知邦，邦之〔觌〕；不以智知邦，邦之福：知此两者〔乃〕楷（jiē）栻（shì），亦楷栻互知，此谓立德"，而不作错谬地"以智治邦（国），邦（国）之贼；不以智治邦（国），邦（国）之福"。

乙 -5. 王本传本作"天门启（开）阖，能无雌乎"，王注"言天门启（开）阖，能为雌乎"。傅奕本作"天门启（开）阖，能为雌乎"。帛书乙本（甲本此句残缺）作"天门启阖，能为雌乎"。北大汉简本作"天门启阖（闭），能为雌乎（虖）"。

以玄门建构为归导，笔者补出了对勘的诸传抄本已然缺失了的"若"字，厘定于祖本的应是作"天门启阖，能〔若〕为雌"。基于既有的校勘，已知对应遮诠"亙，曰：复命"，于全本的是作玄门建构的，转为从生命自身乃是以禅定的"玄览"能给出验证的，以对文即遮诠"天门启阖（按，即对文'亙'），能〔若〕为雌（按，即对文'曰：复命'）"（按，构成义理一贯地，亦对文"天地之能长且久，〔能长且久〕〔也〕以其不自生，是以能长〔且〕〔久〕"，亦对文"天之道：功遂；身退也载"）。

乙 -6. 王本传本作"明白四达，能无为乎"，王注"能毋（无）以为乎"。傅奕本作"明白四达，能毋（无）以为乎"。帛书乙本（甲本此句残缺）作"明白四达，能毋以知乎"（按，笔者有之推测，不排除其底本的传抄者是根据前项的"明白"，相应地递推后项的语义，故而则是裁作"能毋以知乎"）。北大汉简本作"明白四达，能毋以智乎（虖）"。

以玄门建构为归导，笔者厘定于祖本的应是作"明白四达，能毋以为"（按，是出于笔者自忖的，不排除于祖本的应是作"大"字而不作"达"字，备此一说）。基于既有的校勘，已知对应遮诠"'中'〔之〕'域'有四大"，于全本的是作玄门建构的，转为从生命自身乃是以禅定的"玄览"能给出验证的，以对文即遮诠"明白四达，能毋以为"（按，即对文"'中'〔之〕'域'有四大"，构成义理一贯地，亦对文"万物〔自化〕也而弗〔欲〕作；〔万物自宾〕也而弗志〔于〕〔能〕为；〔万物自定〕也而弗〔得以〕居"）。

丙，按，能见于对勘的诸传抄本的，已是并同的改动了祖本的行文语序。以玄门建构为归导，转为追溯至早期的同源的底本，可知彼时的传抄者已不甚了然祖本的经义，加之已习惯于以"顺读"作理解，出于意在照应到"涤除玄览，能毋有疵"，相应地则是自主地将"爱民栝域，能毋以智"以行文语序上移，将两者写作是前后接续。

以玄门建构为归导，基于既有的校勘，《道德经玄门新证校勘篇》还原出了于祖本的其行文语序，本然的应是写作"营魄抱一，能亙毋离；抟气致柔，能若婴儿。涤除玄览，能毋有疵（按，同场的，基于守于'中'的有所具足能等觉和能等持，则反映出：追索于'营魄抱一，能亙无离'，亦追索于'爱民栝域，能毋以智'）；天门启阖，能若为雌（按，同场的，基于守于'中'的有所具足能等觉和能等持，则反映出：追索于'抟气致柔，能若婴儿'，亦追索于'明白四达，能毋以为'）。爱民栝域，能毋以智；明白四达，能毋以为"。

【二】甲，对勘的诸传抄本，文本类同的皆是存有经句"生之，畜之（按，据此亦反映出，彼时的传抄者作夹注，引用文本之际可谓草率，未能审定于句义上是否存在不通，而是生吞活剥地照搬照抄）。'生而弗有；为而弗恃；长而弗宰'；是谓：玄德"。

按，从校勘的可以直接指出，这是作夹注的进而传抄窜并。转为追溯至早期的同源的底本，不难发现，彼时的传抄者，出于自主地意在能够有所发明本章的经义，则是不了义的引用了"玄德"德章的文本，于本章作夹注，今校勘笔者则是将其删除。

《道经》第十章"利用"道章

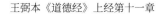

卅辐同毂，当其有；当其无，车之用。

埏埴为器，当其有；当其无，埴器之用。

凿牖为室，当其有；当其无，室之用。

故有之以为利；无之以为用。

【校勘经文】

【一】甲，王本、傅奕本、北大汉简本、帛书甲本、帛书乙本，于本章的，其行文语序并同，简言之，皆是写作"卅辐同毂（埏埴为器；凿牖为室），当其无，有车（埴器；室）之用"。

以玄门建构为归导，先为导出，《道德经玄门新证校勘篇》有之新证，还原出了于祖本的其行文语序，还原出了于祖本的其文本结构，于祖本的应是写作"卅辐同毂（埏埴为器；凿牖为室），〔当其〕有；当其无，车（埴器；室）之用"。

按，对勘诸传抄本的文本，转为追溯至早期的同源的底本，笔者有之推定，彼时的传抄者，传抄之际面对于底本的是写作"卅辐同毂（埏埴为器；凿牖为室）当其有当其无车（埴器；室）之用"的文本，显然已是陷入了无法准确领会其语义。

转换来说，后世的传抄者，已习惯于以"顺读"作理解，加之已是着意于言及"车（埴器；室）"的其"用"，故而，从主观上的也就产生了，认定底本的文本存在着语义不通，相应地也就自主地从而改写了底本的文本：则是将复用的"当其"两字裁为单出，还相应地是将"有"与

"无"两字前后的互为易位，武断地改写作"……，当其无，有车（埴器；室）之用"。彼时的传抄者未能察觉，所为裁改，潜在的就变成了只是狭义地从概念上来使用"有"字，只是强调"有（！）车（埴器；室）之用"；换言之，所为裁改，于全章的文本之中，不但是混乱地加以使用概念性的"有"和"无"（按，也就暴露出了并未理解改作前项的何谓"当其无"），而且已是与老子所抉择的乃是作为范畴来使用的"有"和"无"还形成了冲突（按，也就暴露出了并未理解尾句的何谓"有之以为利；无之以为用"），以致出离了祖本的经义。

　　按，索解本章的经义，反映出内在的乃是有所对治于构成是边见的认知（按，反映出乃是有所对治执着于"实有见"的"实性有"的"有"且执着于"断灭见"的"断灭无"的"无"），进而反映出亦是意在从认知价值的有所勘验"人"能认知为"物欲"所异化（按，从校勘的可以先为指出，亦是有所勘验能达成"人"与"道"和"物"全面的觉悟的"和解"，构成要义的，即反映出生命的觉者有所觉知：出于自性"无私"，既为成就根本之大"用"；出于自性"无欲"，既为成就根本之大"利"）；换言之，构成是既对治而应成的，基于以"人"此在相待"器成之"的"物"此在，则是转为从"人"是能够同构物我地有所能认知"实相"的相应地给出勘验：

　　其一，反映出当机者的"人"能认知"器成之"的"物"此在，乃是对等的以"实"空间的"有"与"虚"空间的"无"互为充任，即同场的乃是构成了结构性的既为"当其有"亦既为"当其无"。

　　其二，所等价的，转为是以能认知价值而反映的，反映出"人"能认知"器成之"的"物"此在，亦既是对等的以"当其有"的"有之以为利"的以"利"与以"当其无"的"无之以为用"的以"用"互为充任。

　　按，"当"者：《说文》"当，田相值也"，本义可训为实施"井田制"界分出了相邻的公田与私田，虽然耕地从形式上以权属是形成了界分，但是耕地从本质上但以地力相同实则乃是一体；以文本约义，可以指称是对等的互为充任。有所遮诠等持地"当其有"与"当其无"：反映出乃是有所对治基于边见的执着于或"有"以及或"无"；亦是反映出应成的有所能认知"实相"，即能等觉和能等持地有所认知，此在的"物"和"人"，其"有"与"无"乃是对等的互为充任。

【二】甲，王本和傅奕本，皆是作"三十辐共一毂"。帛书乙本（甲本此句残缺）以及北大汉简本，皆是作"卅辐同一毂"。

按，笔者推测，应该是底本的传抄者意在照应到"卅"字，则是多余地增入了"一"字，类比的即如不必说成"几个人围住一个我"，故而，《道德经玄门新证校勘篇》，厘定于祖本语义切要地应是作"卅辐同毂"。

乙–1. 王本和傅奕本，皆是作"埏埴以为器"。帛书甲本作"然埴为器"。帛书乙本作"埏埴而为器"。北大汉简本作"挺殖为器"。

按，简言之，《道德经玄门新证校勘篇》，厘定于祖本语义切要地应是作"埏埴为器"。

乙–2. 王本和傅奕本，皆是作"器之用"。帛书乙本（甲本此句残缺）作"埴器之用也"。北大汉简本作"殖器之用也"。

按，简言之，因之所言之"器"存在着质地的不同，故而，《道德经玄门新证校勘篇》，厘定于祖本语义切要地应是作"埴器之用"。

丙，王本和傅奕本，皆是作"凿户牖以为室"。帛书乙本（甲本此句残缺）以及北大汉简本，皆是作"凿户牖"。

按，先为导出，《道德经玄门新证校勘篇》，厘定于祖本语义切要地应是作"凿牖为室"。

按，"户"者，《说文》"半门为户"，故而则是有所形成了社会性共识的言称"门当户对"。据此，亦可以推定，传抄的写作只凿"半门"的"凿户"，无疑地必是出于无理的杜撰；换言之，以文本约义，于祖本合于文理的只可言称"凿牖"，故而，今校勘则是将"户"字删除。考释"牖"字：古昔所指称的"窗"，是专指开设在房屋顶上的"天窗"，而在墙壁上所开"凿"出的"窗扇"，则是称作"牖"。"牖"者，《说文》"穿壁以木为交窗"。亦能佐证于祖本的应是写作"凿牖为室"，引得《诗·召南·采蘋》，于其文本之中则是有之写作"于以奠之，宗室牖下"。

《道经》第十一章 "伏心" 道章

王弼本《道德经》上经第十二章

驰骋田腊，使人之心发狂；难得之货，使人之行妨。

五色，使人之目盲；五味，使人之口爽；五音，使人之耳聋。

是以圣人之治：为腹，不为目；去彼而取此。

【校勘经文】

【一】甲 -1. 帛书甲本作 "五色，使人目明；驰骋田腊，使人〔心发？〕；难得之货，使人之行方；五味，使人之口哨；五音，使人之耳聋"（按，对勘的，至该本，已是有所语义相反的写作 "目明" "〔心发？〕" "行方" "口哨"。由此可证，其传抄者或是其底本的传抄者已是错解了经义）。

帛书乙本作 "五色，使人目盲；驰骋田腊，使人心发狂；难得之货，使人之行妨（仿）；五味，使人之口爽；五音，使人之耳〔聋〕"。

北大汉简本作 "五色，令人（按，对勘的，可知该本与帛书甲、乙本，有着早期的同源的底本，而于底本之际，于此处就已经是漏抄了 '之' 字）目盲〔盳（wáng）〕；驰骋田猎（按，对勘的，同于傅奕本，皆是作 '田猎'），令人（按，同样的，于底本之际，于此处就已经是漏抄了 '之' 字）心发狂；难得之货，令人行方（按，对勘的，同于帛书甲本，皆是作 '行方'）；五味，令人口爽；五音，令人耳聋（按，该本的后三项，则是同于王本和傅奕本，皆是裁夺了祖本本有的 '之' 字，而能见于帛书甲、乙本的，皆是有'之'字。又，至该本，则是同于王本和傅奕本，皆是将祖本旧有的'使人'改作了'令人'，而能见于帛书甲、乙本的，皆是写作'使人'。由此亦可确证，北大汉简本存在文本'杂交'）"（按，对勘的，可知上述的三个传抄本其行文语序并同，由此转为追溯至早期的同源的底本，可知于底本之际，其行文语序即如此。转换来说，基于既有的校勘，若为追踪文牍底事，进而可知：一者，彼时的传抄者，在抄写文本之际，应该是出现了思绪掉举，不自觉的首先是抄写了"五色使人目盲"，旋即发现有误，则是对照其底本，进而转为继续抄写"驰骋田腊使人心发狂难得之货使人之行妨"；二者，相应地也就未予复抄"五色使人目盲"，转为继续抄出"五味使人之口爽五音使人之耳聋"）。

甲 -2. 王本作"五色，令人目盲；五音，令人耳聋；五味，令人口爽。驰骋畋猎，令人心发狂；难得之货，令人行妨"（按，对勘的，可知至该本和傅奕本，于同源的底本，彼时的传抄者，出于自主"善本"，以四字句为齐整，则是裁夺了底本之底本的于各项还存有的"之"字。从校勘的需指出，有无"之"字，于句义则是根本的不同）。

傅奕本作"五色，令人目盲；五音，令人耳聋；五味，令人口爽。驰骋田猎，令人心发狂；难得之货，令人行妨"（按，对勘的，可知至该本和王本，于同源的底本，彼时的传抄者，则是自主地修改了底本之底本的行文语序：一者，是将"五味，令人口爽；五音，令人耳聋"前置，与"五色，令人目盲"写作是并联的三项，不止于此，还将"五味，令人口爽"和"五音，令人耳聋"作前后易位。二者，下顺的则是另将"驰骋田猎，令人心发狂"与"难得之货，令人行妨"写作是并联的两项）。

以玄门建构为归导，先为导出，《道德经玄门新证校勘篇》，厘定祖本的文本以及厘定祖本的行文语序，并句读作"驰骋田腊，使人〔之〕心发狂；难得之货，使人之行妨。五色，使人〔之〕目盲；五味，使人之口爽；五音，使人之耳聋"。

乙，按，基于以玄门建构为归导，接下来可以验证笔者所厘定的文本，以及验证笔者所厘定的行文语序，以下给出有效的验证：

其一，对应遮诠"贵富而骄，自遗罪"，于全本的乃是构成经义贯通的，以对文即遮诠"驰骋田腊，使人〔之〕心发狂（按，深在的即异化出了自性'有私')"（按，即转为对文"名与身孰亲"，即转为对文"罪莫厚乎贪欲"），进而以对文即遮诠"人宠辱，若惊（按，深在的即异化出了自性'有为')"（按，即转为对文"甚爱必大废"），以及遮诠"得之若惊，失之若惊，〔或何惊〕？"（按，即转为对文"知足不辱"，即亦转为对文"知足之为足"：合之两者，则是转为有之"可以长久"构成对文"此互足矣"）。

对应遮诠"金玉盈室，莫能守"，于全本的乃是构成经义贯通的，以对文即遮诠"难得之货，使人之行妨（按，深在的即异化出了自性'有欲')"（按，即转为对文"身与货孰多"，即转为对文"祸莫大乎不知足"），进而以对文即遮诠"贵身，若大患（按，深在的即异化出了自性'有以为')"（按，即转为对文"厚藏必多亡"），以及遮诠"〔贵身〕，及亡身，或何患？"（按，即转为对文"知止不殆"，即亦转为对文"〔知止之为足〕"：合之两者，则是转为有之"可以长久"构成对文"此互足矣"）。

其二，构成义理一贯地形成关联的，对应遮诠"五色，使人〔之〕目盲；五味，使人之口爽；五音，使人之耳聋（按，即转向对治人生命自身为'物欲'所异化）"：

一者，以对文即遮诠"得与亡孰病"，进而以对文即遮诠"咎莫险乎欲得"。

二者，所为追索（按，深在的乃是追索人为"物欲"所异化从而异化认知"事成"，意志用强地愿力于"损不足而奉有余"），以对文即对应"非道"德章全章的文本，即遮诠"有知也使我挈：大道甚夷，人甚好解；行于大道，唯迆是畏。'服文采（按，对文：五色），厌饮食（按，对文：五味），带利剑（按，对文：五音）；朝甚涂（按，对文：使人之目盲），仓甚虚（按，对文：使人之口爽），田甚芜（按，对文：使人之耳聋）'，资货有余；是谓：'婏华；婏华，非道'"，由此的，则是转为以对文即遮诠"天下有道，却走马以粪；天下无道，戎马生于郊"（按，以异化的人之道所能反映，已是异化出了构成私有制社会的最高阶的"有争"，即异化出了人类社会的战争：付诸血腥的武力"用兵"，直捷满足于统治阶级"损不足而奉有余"）。

丙，按，综上既有的校勘，《道德经玄门新证校勘篇》也就得以厘定了于祖本的其行文语序，无疑地应是写作"五色，使人〔之〕目盲；五味，使人之口爽；五音，使人之耳聋"。还有，厘定了于祖本的应是写作"田腊"（见于帛书甲、乙本的）：而后向演进的，已是改作"田猎"（见于傅奕本和北大汉简本的），已是改作"畋猎"（见于王本的），虽然未违经义，但是难免的已渐失祖本的于彼时的语境。

按，从人生命自身的"口"作追问，则是相应地有所从饮食作追问，反映出本质上即追问人内在的最基本的生命性需求，以及追问生命性需求何以为"物欲"所异化（构成是既对治而应成的，则是转为遮诠"为腹"）。从人生命自身的"目"和"耳"作追问，则是相应地有所从衣着服饰和音乐文化作追问（以其具有典型的意义，则是以此表征社会性的需求：以衣着服饰可以明定社会性的阶级身份；以音乐文化可以宣示社会性的阶级统治），反映出本质上即追问人外在的最基本的社会性需求，以及追问社会性需求何以为"物欲"所异化（构成是既对治而应成的，则是转为遮诠"不为目"）。

【二】甲，王本、傅奕本，皆是作"是以圣人：为腹，不为目。故去彼取此"（按，对勘的：该两本于"互德"章的是一致地写作"故去彼取此"；于"畏自"德章的是一致地写作"故去彼取此"）。

北大汉简本作"是以圣人：为腹，不为目。故去彼（被）取此"（按，对勘的：该本于"互德"章的是写作"故去彼（被）取此"；于"畏自"德章的是写作"故去彼（被）取此"）。

帛书乙本作"是以圣（耵）人之治也，为腹而不为目。故去彼而取此"（按，对勘的：该本于"互德"章的是写作"故去彼（罢）而取此"；该本于"畏自"德章的是写作"故去彼（罢）而取此"。按，由此可知，独有该本是有"而"字）。

帛书甲本作"是以圣（声）人之治也，为腹，不〔为目〕。故去彼（罢）取（耳）此"（按，对勘的：该本于"互德"章的是写作"故去彼（皮）取此"；于"畏自"德章的是写作"故去彼（被）取此"）。

以玄门建构为归导，先为导出，《道德经玄门新证校勘篇》，厘定祖本的文本，并句读作"是以圣人之治：为腹，不为目；去彼而取此"。

乙，按，于全本的乃是构成经义贯通的，对应遮诠"是以圣人之治：为腹，不为目；去彼而取此"，简言之，以对文即遮诠"是以圣人之治：虚其心（按，即转为对文'美其服'，以及转为对文'邻邦相望'），实其腹（按，即转为对文'甘其食'，以及转为对文'鸡狗之声相闻'）；弱其志（按，即转为对文'乐其俗'，以及转为对文'民不相往来'），强其骨（按，即转为对文'安其居'，以及转为对文'〔民〕至老而死'）"。

《道经》第十二章"祛身"道章

王弼本《道德经》上经第十三章

人宠辱，若惊；贵身，若大患。

得之若惊，失之若惊，或何惊？贵身，及亡身，或何患？

故爱以身为天下，若可以寄天下矣；

贵为身于为天下，若可以讬天下矣。

【校勘经文】

【一】甲，先为指出，王本、傅奕本、帛书甲本、帛书乙本、北大汉简本、楚简本乙组，于文本之中文本类同的皆是存有作夹注。对勘诸传抄本涉及作夹注的文本，辨析如下：

甲-1.王本和傅奕本，皆是作"何谓宠辱若惊"，帛书乙本作"何谓（胃）宠（弄）辱若惊"，帛书甲本作"何（苛）谓（胃）宠（龙）辱若惊"（按，至这四个传抄本，于底本的皆是自主地增入了"若惊"两字）。楚简本乙组作"何（可）谓（胃）宠（憨）辱"，北大汉简本（按，同于楚简本乙组），亦作"何谓宠辱"（按，所不同的，该两个传抄本，皆是没有"若惊"两字）。

接下来的文本，王本和傅奕本，皆是作"宠为下"。帛书甲本作"宠（龙）之为下"，帛书乙本作"宠（弄）之为下也（按，对勘的，至该本还存有'也'字）"。北大汉简本作"宠为下；是谓：宠辱"，楚简本乙组作"宠（憨），为下也"（按，对勘的，该两个传抄本，皆是没有"之"字）。

按，综上既有的对勘，追溯所涉作夹注，转为追溯至早期的同源的底本，不难发现，彼时的传抄者有所作夹注，无疑地，乃是针对"宠辱"有所作夹注，而不是针对"宠辱若惊"有所作夹注。换言之，从早期的楚简本乙组可以清晰地反映出，于该本的，乃是据底本的文本照旧作传抄，有所写作"何谓宠辱？宠，为下也"。

因是，也就进而得以了然：至北大汉简本，则是自主地裁夺了"也"字，进而"画蛇添足"，还自主地添植了"是谓：宠辱"；至帛书甲、乙本，则是皆增入了"之"字，而于帛书甲本的，还裁夺了"也"字；至王本和傅奕本，出于自主"善本"，于底本的进而则是改作了"宠为下"。

按，祖本的"宠辱"两字，实则是偏义复词，即于"宠"有所复言以"辱"，即如同今人言及"质量"实则是言于"质"，亦如同今人言及"时间"实则是言于"时"。由此，也就进而得以了然，彼时的传抄者有所作夹注"何谓宠辱？宠，为下也"，即意在通过解释"宠"亦可以相应地解释"辱"。

甲-2. 王本和傅奕本，皆是作"得之若惊，失之若惊；是谓：宠辱若惊"。帛书乙本作"得之若惊，失之若惊；是谓（胃）：宠（弄）辱若惊"，帛书甲本作"得之若惊，失〔之〕若惊；是谓（胃）：宠（龙）辱若惊"。

北大汉简本作"得之若惊惊，失之若惊；是谓：宠辱若惊"（按，若与其他诸传抄本对勘，则可以反映出，该本已是将不同的文本予以了"杂交"：于前句，独有的是添植了"是谓：宠辱"；于此句，则是写作"是谓：宠辱若惊"）。

楚简本乙组作"得之若惊（缨），失（遊）之若惊（缨）；是谓（胃）：宠（憅）辱，惊（缨）"（按，对勘的，独有该本是没有"若"字）。

按，综上对勘文本，亦不难发现，彼时的传抄者针对祖本的"得之若惊，失之若惊，〔或何惊〕？"（按，这里的"之"字是指代上文的"宠辱"。按，从校勘的可以先为指出，笔者推测，亦不排除，于底本之底本之际，于祖本本有的'〔或何惊〕'以及相邻的'〔贵身〕'就已经缺失，因此而成为诱因，故而引发了彼时的传抄者有所作夹注），一顺地进而还有作夹注，乃是直接地以夹注而写作"是谓：宠辱，惊（缨）"。

因是，也就进而得以了然：后世传抄，至楚简本乙组，则是据底本的文本照旧作传抄，写作"得之若惊，失之若惊；是谓：宠辱，惊"；后世传抄，至其他诸传抄本，溯及同源的底本，于底本之际，则是进而增入了"若"字，写作"得之若惊，失之若惊；是谓：宠辱若惊"。

甲-3. 王本、傅奕本、北大汉简本，皆是作"何谓贵大患若身"。帛书甲、乙本，皆是作"何谓（胃）贵大患（按，甲本是写作桅）若身"。

楚简本乙组，只残存了"若身"两字，笔者结合对勘既有的文本，从而得以推定，于该本的应该是写作"〔何谓贵大患〕若身"。

接下来的文本，王本和北大汉简本，皆是作"吾所以有大患者，为吾有身。及吾无身，吾（按，对勘的，至该三个传抄本，出于自主'善本'，于底本的皆是增入了'吾'字，其后果，直捷地强化了作夹注传抄窜并）有何患"（按，对勘的，傅奕本所异，是作"苟吾无身，吾有何患乎？"。按，显见的，至该本，其传抄者面对既有的文本，出于自主地以为需要缜密语义，则是将"及"字改作了"苟"字）。

帛书甲、乙本，皆是作"吾所以有大患（按，甲本写作'桅'）者，为吾有身也（按，对勘的，至帛书甲、乙本，皆是增入了'也'字）。及吾无身，有何患（按，甲本是作'桅'）"。

楚简本乙组作"吾（虚）所以有（又）大患者，为吾有（又）身。及（返）吾亡（按，对勘的，至其他诸传抄本，以同源的底本，已是将祖本旧有的'亡'字篡改作'无'字，其后果，直捷地强化了作夹注传抄窜并）身，或（按，对勘的，至其他诸传抄本，以同源的底本，已是将祖本旧有的'或'字篡改作了'有'字，其后果，直捷地强化了作夹注窜抄窜并）何（可）〔患〕（按，此'患'字，是笔者结合对勘既有的文本，从而推定）"。

按，综上对勘文本，亦不难发现，彼时的传抄者还针对祖本的"〔贵身〕，及亡身，或何患"，一顺地进而还有作夹注，乃是直接地以作夹注而写作"何谓贵大患若身？吾所以有大患者，为吾有身"，不止于此，进而还自主地改写了底本的文本，增入了"吾"字，写作"及吾亡身，或何患"，武断地将所作夹注与底本的文本予以了"勾兑"。辨析所"勾兑"出来的文本，反映出其传抄者已是堕入了边见的认知，既执着于自性见的"实有见"的"自性有"，亦执着于自性见的"断灭见"的"断灭无"，换言之，所"勾兑"出来的文本，非但是出离了祖本的经义，而且还横生了"害经惑众"。

【二】甲，王本、傅奕本、北大汉简本，皆是作"宠辱若惊；贵大患若身"，帛书甲本作"宠（龍）辱若惊，贵大患（梡）若身"，帛书乙本作"宠（弄）辱若惊，贵大患若身"（按，对勘的，至上述的诸传抄本，以同源的底本，于底本之际，已是漏抄了于祖本本有的"人"字）。

楚简本乙组作"人宠（慭）辱若惊（缨）；贵大患若身"（按，检索楚简本乙组竹简影印原迹，是在"畏"字与"人"字之间以句读标记了一横短画：显见的，乃尔特为明示，此"人"字非是前章的尾句的终字，即前章的尾句应是读作"人之所畏，亦不可以不畏"。据此，也就得以确证，下顺的后章的首句应是读作"人宠辱，若惊"）。

以玄门建构为归导，先为导出，《道德经玄门新证校勘篇》，厘定祖本的文本，并句读作"人宠辱，若惊；贵身，若大患"。

乙，按，有研究者认为"缨"通假"撄"字，意义"扰乱、侵扰"（按，笔者附议，间接的能起到佐证的，于《庄子·大宗师》即有言及应成"撄宁"），以文本约义或可成立。关联的还有研究者认为"驚（惊）"本作"榮"字，奈何所给出的考证未免不是牵强附会，故而无可采信。笔者有之推测，于祖本的或是写作"缨"字，之所以后世传抄会改作"驚"字，不排除乃是出于意在照应到"使人之心发狂"的"心发狂"进而改出。以其未违经义，加之便于今人直了经义，《道德经玄门新证校勘篇》厘定于今可以改作"驚"字。

按，对勘诸传抄本的文本，皆是错谬地写作"贵大患，若身"，言违而理乖，后世传抄皆未能勘误。能见于早期的楚简本的，已是据底本的文本照旧作传抄。

从校勘的可以指出，"贵"者，本义指称构成生存性的资源具有稀缺性，具有高阶的价值；若是从认知价值作判定，则"贵"可以指称于土地、货币、人的生命存续，社会阶级利益的高阶既有，等等。"患"者，为忧虑为恐惧。"大患"者，人的生命意志本能的是愿力于生存而恐惧于死亡，故而恐惧"亡身"于人来说可谓是大恐惧，即称"大患"。于生命之"身"可以称之"贵身"，而于人之"大患"，有所恐惧"亡身"，显然的，不当称"贵"。

【三】甲，基于既有的校勘，《道德经玄门新证校勘篇》，进而得以补出了于对勘的诸传抄本已然缺失了的文本，厘定于祖本句义贯通且经义完足的应是作"得之若惊，失之若惊，〔或何惊〕（按，随之还原出了于祖本本有的文本，也就促成了是经义无间地能够构成对文'人宠辱，若惊'）？〔贵身〕，及亡身，或何患？（按，随之还原出了于祖本本有的文本，也就促成了是经义无间地能够构成对文'贵身，若大患'）"。

乙，按，出于须要验证笔者所厘定的文本，因之直接关涉本章的文本，在"遂退"道章和"伏心"道章，结合从全本的文本作审察，同步地先已给出了有效的验证，这里免于繁复引述，要之：

对应遮诠"得之若惊，失之若惊，〔或何惊〕"，于全本的是作玄门建构的，以对文即遮诠"知足不辱"，以及遮诠"知足之为足"（按，构成是既对治而应成的，若为追索异化出"人宠辱，若惊"，则反映出深在的乃是因之"甚爱必大废"，而转为溯及已是招致反噬生命自身，则亦反映为"贵富而骄，自遗罪"）；对应遮诠"〔贵身〕，及亡身，或何患"，于全本的是作玄门建构的，以对文即遮诠"知止不殆"，以及遮诠"〔知止之为足〕"（按，构成是既对治而应成的，若为追索异化出"〔贵身〕，若大患"，则反映出深在的乃是因之"厚藏必多亡"，而转为溯及已是招致反噬生命自身，则亦反映为"金玉盈室，莫能守"）。

【四】甲，王本传本作"故贵以身为天下，若可寄天下（按，检索王注，可知于其初本的应是写作'若可以托天下'）；爱以身为天下，若可托天下（按，检索王注，可知于其初本的应是写作'若可以寄天下'）"。

傅奕本作"故贵以身为天下者，则可以讬天下矣；爱以身为天下者，则可以寄天下矣"。

北大汉简本作"故贵以身为天下，若可以橐（按，通假'托'字）天下；爱以身为天下，若可以寄天下"。

帛书乙本作"故贵为身于为天下，若可以橐（按，通假'托'字）天下〔矣〕；爱以身为天下，若（女）可以寄天下矣"。

帛书甲本作"故贵为身于为天下，若可以托（迠）天下矣；爱以身为天下，若（女）可（何）以寄天下"。

楚简本乙组作"〔？？〕为天下，若可以讬（厇，整理者隶定是'讬'字。按，'讬'者，《说文》'寄也'）天下矣；爱（惡）以身为天下，若可以达天下矣"。

以玄门建构为归导，先为导出，《道德经玄门新证校勘篇》，厘定祖本的文本以及厘定祖本的行文语序，并句读作"故爱以身为天下，若可以寄天下矣；贵为身于为天下，若可以讬天下矣"。

乙，将笔者业已厘定的文本与对勘的诸传本的文本对勘，转为追溯至早期的同源的底本，不难发现，彼时的传抄者，已习惯于以"顺读"作理解，意在照应上文，故而是自主地改动了祖本的行文语序。

按，于全本的乃是构成经义贯通的，对应遮诠"故爱以身为天下，若可以寄天下矣"，于全本的是作玄门建构的，以对文即遮诠"是以大丈夫：'居其实〔也〕而不居其华'"，亦以对文即遮诠"故必高矣而以下为基"，以及以对文即遮诠"〔是故〕〔不〕致数誉，〔至〕无誉（按，相应地进而给出分证的，以要义的即反映为有之'我之心也愚人，无所归'）"。

于全本的乃是构成经义贯通的，对应遮诠"贵为身于为天下，若可以讬天下矣"，于全本的是作玄门建构的，以对文即遮诠"（是以大丈夫）：'居其厚〔也〕而不居其薄'"，亦是以对文即遮诠"必贵〔矣〕而以贱为本"，以及以对文即遮诠"是故不欲禄禄若玉，硌硌若石（按，相应地进而给出分证的，以要义的即反映为有之'我独顽〔也〕似俚，贵食母'）"。

按，基于既有的校勘，笔者进而厘定了于本章的文本所取字：一者，见于帛书乙本的，已是写作"寄"字。辨析该字的字义，有"寄寓"或"闭藏"之义，若以全本的经义作审察，可知该字未违经义，便于今人直了经义，今校勘从之。二者，辨析"托（按，通假'橐'字）"和"讬"字，既为构成是对文"寄"字，今校勘则是取"讬"字，其于义胜。

《道经》第十三章"始纪"道章

王弼本《道德经》上经第十四章

视之而弗见，名之曰：微；

听之而弗闻，名之曰：希；

搏之而弗得，名之曰：夷：

三者不可至计，故混而为"一"。

"一"者：

"其上不皦，其下不昧；是谓：无状之状，无物之象"；"寻寻兮，不可名；复归于无物"。

随而不见其后，迎而不见其首；是谓：惚恍。

古之善为士者，以"一"知古始；是谓：《道纪》。

【校勘经文】

【一】甲，王本和傅奕本，皆是作"视之不见，名曰：夷；听之不闻，名曰：希；搏之不（按，对勘的，至该两本，于各项皆是将祖本的'弗'字改作了'不'字。又，还裁夺了'而'字）得，名（按，对勘的，至该两本，于此处，皆是裁夺了'之'字）曰：微"。

北大汉简本作"视而弗见，命之曰：夷；听而弗闻，命之曰：希；搏而弗得，命之曰：微"。

帛书乙本作"视之而弗见，命之曰：微；听之而弗闻，命之曰：希；搏（mín）之而弗得，命之曰：夷"（按，对勘的，帛书甲本所异的，

"命"是作"名"字）。

以玄门建构为归导，先为导出，《道德经玄门新证校勘篇》，厘定祖本的文本以及厘定祖本的行文语序，并句读作"视之而弗见，名之曰：微；听之而弗闻，名之曰：希；捪之而弗得，名之曰：夷；……"。

按，见于王本、傅奕本、北大汉简本的，顺次地皆是抄作"夷""希""微"，所异的，见于帛书甲、乙本的，顺次地皆是抄作"微""希""夷"，何者是祖本旧有？

结合从全本的文本作审察，已知在"返成"道章的则是有之遮诠"明道若孛（按，即偏转从'还灭'的方向予以遮诠'可以为天下〔之物〕〔之〕母'的'道'，即显义'天下之物'是'生于无'）；进道若退（按，即从主体基于禅定'大定'总持地能守于'中'，相应地予以遮诠有所能认知'反也者〔返〕，道之动；弱也者〔强〕，道之用'）；夷道若额（按，即偏转从'流转'的方向予以遮诠'善始且善成'的'道'，即显义'天下之物'是'生于有'）"，于全本的乃是构成经义贯通的，故而亦可以据此相应地辨析本章的文本，笔者推定，以帛书甲、乙本的顺次为是。已知在"藏用"道章的亦有之遮诠"是谓：微明"，在"袭亘"德章的亦有之遮诠"'见小，曰：明；守柔，曰：〔能〕强'，'用其光，复归其明；〔终其身〕，毋遗身殃'；是谓：袭亘"。据此亦能佐证，"微"以及"小"可以与"明"匹对。

乙，王本和傅奕本，皆是作"此（按，对勘的，至该两本，皆是多余地增入了'此'字）三者不可致诘，故混而为'一'"。

北大汉简本作"三（参。按，先秦时期，'参'通假'叁'字）也，不可致计，故混（運）而为一。三（参）也，……"。

帛书甲本作"三者不可至计，故𢦏〔而为'一'〕。'一'者：……"。帛书乙本作"三者不可至计，故绲而为'一'。'一'者：……"。

以玄门建构为归导，先为导出，《道德经玄门新证校勘篇》，厘定祖本的文本，并句读作"……；……；……：三者不可至计，故混而为'一'。'一'者：……"。

按，于帛书甲、乙本的皆是写作"至计"，乃为祖本旧有，至北大汉简本则是改作"致计"，至王本和傅奕本则是改作"致诘"。结合从全本的经义作审察，基于禅定"大定"总持地有所追问宇宙"实相"，亦是基于内在的是以"极限"作推导，由此可知，于祖本语义切要地应是作"至计"。

按，因帛书甲、乙本所取字于今已是冷僻字，故而仍沿用王本的"混"字。基于禅定"大定"总持地有所追问宇宙"实相"，内在的亦是基于以"极限"作推导（反映出乃是因之"不可至计"），能够从主体予以遮诠"混"，相应地即指向构成高维时空的宇宙"实相"的"惚恍"。

按，王本和傅奕本皆缺无，而帛书甲、乙本皆是存有"'一'者"，北大汉简本则是误写作"参也"，"'一'者"，乃为祖本旧有，于祖本的文本之中是不可或缺的，据以补写。

【二】甲，王本作"其上不皦，其下不昧。绳（mǐn）绳（按，从校勘的可以先为指出，于祖本的应是写作'寻寻'，至该本和傅奕本，于底本的，则是以出于作夹注的意义连绵不断的'绳绳分'顶戴了本有的'寻寻分'。引得《诗经·国风·周南·螽斯》，有之'宜尔子孙，绳绳分'，彼时的传抄者自主地有所引用。按，对勘的，至该本，于此处已是裁夺了'分'字）不可名，复归于无物。是谓：无状之状，无物之象。是谓：惚恍"。

傅奕本作"其上之不皦，其下之不昧。绳绳分，不可名，复归于无物。是谓：无状之状，无物之象。是谓：芴芒"。

北大汉简本作"其上不杲，其下不没（按，追索其取字，可知于底本的，乃是分别的有所取象临界状态的日出和日落）。台台微微（按，笔者推测，于其底本的或是句读作'似微，似微'）不可命，复归于无物，是谓：无状之状，无物之象。是谓：没芒"。

帛书甲本作"其上不攸，其下不忽（按，对勘的，便于今人直了经义，笔者厘定文本的所取字，则是取王本的'皦'和'昧'字：索解该文本的语义，构成转文的，即显义于'先天地生'的'寥分寂分'）。寻寻分（呵），不可名也，复归于无物。是谓（胃）：无状之状，无物之〔象〕。〔是谓（胃）〕：〔沕望〕"。

帛书乙本作"其上不攸（谬），其下不忽。寻寻分（呵），不可命也（按，对勘的，至帛书甲、乙本，于底本的是不了义的增入了'也'字），复归于无物。是谓（胃）：无状之状，无物之象。是谓（胃）：沕望"。

乙，按，从校勘的可以直接指出，对应遮诠"寻寻分"，以转文即遮诠"绵绵兮",反映出同场的乃是共为对境构成"天地创世纪"的已然是呈现出四维时空的"〔天地有域〕,夫唯弗盈"。进而可知,于全本的是作玄门建构的,于"始纪"道章,则是偏转从"还灭"的方向有所追问构成"天地创世纪"的宇宙"实相"(按,于"母成"道章,则是偏转从"流转"的方向有所追问构成"天地创世纪"的宇宙"实相"):基于始基的"'一'者",等持地转为对应客体亦作出追问,偏转从"质料因"的遮诠"寻寻兮,不可名"即对应偏转从"形式因"的遮诠"其上不皦,其下不昧";同理的,进而遮诠"复归于无物"(按,以对文即转为予以遮诠"是谓:惚恍")即对应进而遮诠"是谓:无状之状,无物之象"(按,以对文即转为予以遮诠"随而不见其后,迎而不见其首")。

按,综上既有的校勘,转为追溯至早期的同源的底本,进而不难发现,彼时的传抄者已不甚了然经义,加之已习惯于以"顺读"作理解,故而,则是自主地改动了祖本的行文语序,能见于对勘的诸传抄本的,已是不了义的改写作"其上不皦(攸),其下不昧(忽)。寻寻兮,不可名,复归于无物。是谓:无状之状;无物之象。是谓:惚恍"。

以玄门建构为归导,《道德经玄门新证校勘篇》,厘定祖本的文本以及厘定祖本的行文语序,并句读作"'一'者:'其上不皦,其下不昧;是谓:无状之状,无物之象';'寻寻兮,不可名;复归于无物'"。

【三】甲-1. 对勘诸传抄本的文本,传抄流变地皆已是呈现行文语序并同的写作"是谓:无状之状,无物之象。是谓:惚恍"。

甲-2. 见于王本和傅奕本的,传抄流变地皆是写作"迎之不见其首,随之不见其後"(按,于今通行的,以简化字已是将'後'写作'后')。所不同的,见于帛书甲、乙本,以及北大汉简本的,皆是写作"随而不见其後,迎而不见其首"。

以玄门建构为归导,先为导出,《道德经玄门新证校勘篇》,厘定祖本的文本以及厘定祖本的行文语序,并句读作"随而不见其后,迎而不见其首;是谓:惚恍"。

乙,按,笔者结合从全本的文本作审察,厘定于祖本语义切要地应是写作如王本的"惚恍",于全本的乃是构成语义贯通的,即为构成对文"真信"道章的有所遮诠"惚兮恍兮"以及遮诠"恍兮惚兮"。能见于帛书乙本的,之所以会是写作"沕望",若为追溯至早期的底本,笔者推定，于底本之际，大概率地应该是彼时的传抄者自主地根据"从道"德章的文本进而改写了"始纪"道章的文本（按，与之关涉的，笔者业已厘定了"从道"德章的文本，于祖本语义切要地应是写作"望兮，其未央……"，以及应是写作"沕兮，其无止……"）。

按，于全本的乃是构成经义贯通的，对应遮诠"随而不见其后，迎而不见其首；是谓：惚恍"，于全本的是作玄门建构的，以对文即遮诠"象帝之先（按，即对文'随而不见其后，迎而不见其首'，即亦对文'大，曰：逝；逝，曰：远；远，曰：返'，构成义理一贯地，即亦对文'无有入于无间'）；吾不知其谁之子（按，即对文'是谓：惚恍'，即亦对文'〔道〕，可以为天下〔之物〕〔之〕母'，构成义理一贯地，即亦对文'天下之至柔，驰骋于天下之至坚'）"。

【四】甲、王本传本于本章的是写作"执古之道，以御今之有。能（按，检索王注，可知于其初本的应是写作'以'字）知古始；是谓：道纪"（按，于下一章的，其首句是写作"古之善为士者，微妙玄通，深不可识。夫唯不可识，故强为之容"）。

傅奕本于本章的是写作"执古之道，可（按，对勘的，至该本，出于意在修正病句，则是自主地增入了'可'字）以御今之有。能（按，对勘的，至该本和王本传本，于底本的出于意在修正病句，则是将'以'改作'能'字）知古始；是谓：道纪"（按，于下一章的，其首句是写作"古之善为道者，微妙玄通，深不可识。夫惟不可识，故强为之容，曰"）。

北大汉简本于本章的是写作"执古（按，对勘的，至该本、王本、傅奕本，于底本的出于意在照应到后项的'以知古始'，则是自主地将不自知乃是祖本本有的'今'改作了'古'字。所不同的，至帛书甲、乙本，则是据其底本的文本照旧作传抄，未作改动）之道，以御今之有。以知（智）古始（以）；是谓：道纪"（按，于下一章的，其首句是写作"古之〔善〕为士者，微眇玄达，深不可识。夫唯不可识，故强为之颂，曰"）。

帛书甲本于本章的是写作"执今之道，以御今之有。以知古始；是谓：道纪"（按，于下一章的，其首句是写作"〔古之善为道者，微眇玄达〕，深不可志。夫唯不可志，故强为之容，曰"）。

帛书乙本于本章的是写作"执今之道，以御今之有。以知古始；是谓：道纪"（按，于下一章的，其首句是写作"古之〔善〕为道者，微眇玄达，深不可志。夫唯不可志，故强为之容，曰"）。

楚简本甲组，于下一章的，其首句是写作"古之善为士者（按，对勘的，王本和北大汉简本同于该本，皆是作'士者'，而不作'道者'），必非弱（溺）玄达，深不可志；是以为之颂"（按，楚简本的整理者，根据于"长"字其前面存有句读的一短横，从而厘定是作"长古"。笔者意见，此"长"字应读入顺抄的前章的尾句，宜作"其事好长"。跟进的校勘，另请读者转为参看"善果"道章的相关校勘）。

以玄门建构为归导，先为导出，《道德经玄门新证校勘篇》有之新证，同步地厘定了于祖本本有的文本，既分别厘定了本然的是归属于"始纪"道章、"自然"道章、"母成"道章的文本：

其一，出于意在掇助校勘文本，先为作出必要的交代，笔者有所推测出文本，乃是出于孤本的"修辍"本其整理者所抄写的文本，彼时的其文本面貌大概率地应该是呈现为："古之善为士者以〔一〕知古始是谓道纪今之善为道者执今之道以御今之有〔德〕〔今之善为士者〕〔以一知古始〕必非弱（溺）玄达深不可识（志）是以为之颂"（按，笔者还有合理推测，于祖本的文本之中的"〔一〕"和"〔德〕"字，以及"〔今之善为士者〕"和"〔以一知古始〕"，大概率地于其整理文本或说修辍文本之际就已经发生了残损）。

其二，进而从校勘的可以先为指出，笔者所厘定的经句"古之善为士者，以'〔一〕'知古始；是谓：《道纪》"，乃是祖本的于"始纪"道章本有的经句，即构成了是其文本之中的作为尾句的经句。

其三，进而从校勘的可以先为指出，笔者所厘定的经句"今之善为道者，执今之道，以御今之有〔德〕"，乃是祖本的于"自然"道章本有的经句，即构成了是其文本之中的是作为尾句的经句（按，还未发生"修辍"祖本的文本之际，于祖本的，是作玄门建构的，其经章的章序即呈现为：构成上半轴的即"始纪"道章；构成中轴的即"自然"道章；构成下半轴的即"母成"道章）。

若为追踪此宗文牍底事，无疑地，于今已能确知，在孤本的"修辍"本之际，此经句，就已经是被其整理者错误地裁入了"母成"道章的文本之中，也即，传抄流变地进而就变成了是其文本之中的是作为首句的经句（按，再为追踪此宗文牍底事，后面还有跟进的校勘）。

不止于此，在孤本的"修辍"本之际，其整理者还相应地将"自然"道章从章序上予以了更动，即将自主认定的该章的文本接续地抄写在了"观复"道章的文本之后；换言之，经过此番更动，或说经过此番"修辍"，至此，祖本的经句"今之善为道者，执今之道，以御今之有〔德。按，于彼时的'修辍'本，此字先就已经缺失了〕"，随之的也就从祖本的"自然"道章的文本之中彻底地游离了出来，以文牍底事而隐秘，进而则是固化在了"母成"道章的文本之中。

因此而成为诱因，以孤本的"修辍"本向后初传，进而还有传抄流变地改写文本（按，后面还有跟进的校勘）：能见于楚简本甲组的，是写在"母成"道章的，于底本的则是自主地裁改成了"古之善为士者，必非溺玄达，深不可志；是以为之颂"；能见于帛书甲、乙本的，是写在"始纪"道章的，于底本的则是自主地裁改成了"执今之道，以御今之有。以知古始，是谓：道纪"（按，已是据后项的"道纪"进而有所逆改：裁夺了祖本本有的"今之善为道者"，不止于此，于此处，随之的也就顶戴了本然应有的"古之善为士者"），而构成关联的（！），是写在"母成"道章的，于底本的则是自主地裁改成了"古之善为道者，微眇玄达，深不可志。夫唯不可志，故强为之容，曰"。

其四，进而从校勘的可以先为指出，笔者所厘定的经句"今之善为士者，〔以'一'知古始〕，必非弱玄达，深不可识；是以为之颂：……"，乃是祖本的于"母成"道章本有的经句，即构成了是其文本之中的是作为首句的经句。

乙 -1. 因是，《道德经玄门新证校勘篇》厘定于祖本的应是写作"古之善为士者，以'〔一〕'知古始；是谓：《道纪》"，笔者于今，则是将其纳入了"始纪"道章的文本之中。一贯地，笔者还结合从全本的文本予以了审察，接下来可以给出有效的验证。

辨析该章的经义，构成"互映对称成就"的，反映出乃是当机者"吾"老子以"今之善为士者"有所能够验证"古之善为士者"（按，以当机者应机的作出遮诠，于构成是作出总分证的"真信"道章，既为能给出实证的，则是有所判摄："其'情'甚真；其'中'有信"），基于同为具足了禅定"大定"总持（守于"中"）地能受觉"致极虚；守极笃"且能受觉"没身不殆"，则构成了是主客体同构地同为能追问构成高维时空的宇宙"实相"，既反映出有所应成"古之善为士者，以'〔一〕'知古始（按，既为能受觉'随而不见其后，迎而不见其首'，也就构成了进而则是谕旨于'古始'）；是谓：《道纪》（按，既为能受觉'是谓：惚恍'，也就构成了进而则是谕旨于'是谓：《道纪》'）"（按，简言之，既为能给出实证的，则是有所判摄："自今及古，其名不去，以顺众父。吾知众父之然也以此"）：

其一，故而，有所应成"古之善为士者，以'〔一〕'知古始；是谓：《道纪》"：偏转从"还灭"的方向予以追问宇宙"实相"，以要义的，即反映出有所能受觉"随而不见其后，迎而不见其首；是谓：惚恍"，亦是反映出有所能受觉"象帝之先；吾不知其谁之子"。

其二，故而，有所应成"古之善为士者，以'〔一〕'知古始；是谓：《道纪》"：偏转从"还灭"的方向予以追问宇宙"实相"，以要义的，即反映出有所能受觉"反也者〔返〕，道之动；弱也者〔强〕，道之用。天下之物：生于有；生于无"，亦是反映出有所能受觉"道；冲而〔用〕，用之有弗盈"。

其三，故而，有所应成"古之善为士者，以'〔一〕'知古始；是谓：《道纪》"，即构成了有所总持乃是作为《道德经》宗纲的"两者同出，异名同谓；玄之又玄，众妙之门"。

乙-2. 因是，《道德经玄门新证校勘篇》厘定于祖本的应是写作"今之善为士者，〔以'一'知古始〕，必非弱玄达，深不可识；是以为之颂"，笔者于今，则是将其纳入了"母成"道章的文本之中。一贯地，笔者还结合从全本的文本予以了审察，接下来可以给出有效的验证。

辨析该章的经义，构成"互映对称成就"的，反映出乃是当机者"吾"老子以"今之善为士者"有所能够验证"古之善为士者"，基于同为具足了禅定"大定"总持（守于"中"）地能受觉"致极虚；守极笃"且能受觉"没身不殆"，则构成了是主客体同构地同为能追问构成"天地创世纪"的宇宙"实相"，既反映出有所应成"今之善为士者，〔以'一'知古始〕，必非弱玄达，深不可识（按，限于目前的任务，这里暂不展开解析，简言之，是总持'古始'的以转文，以要义的，则是给出了有所能受觉'孰能浊以静，将徐清；孰能安以重，将徐生'）；是以为之颂"：

其一，故而，有所应成"今之善为士者，〔以'一'知古始〕，必非弱玄达，深不可识；是以为之颂"：基于乃是有所对应于从道性的予以追问"天地之根"相应地转为从道体的予以追问"天地创世纪"，偏转从"流转"的方向予以追问宇宙"实相"，以要义的，即反映出不限于有所能受觉"〔天地有域〕，夫唯弗盈；是以能蔽〔也〕而〔能〕新成"。

其二，故而，有所应成"今之善为士者，〔以'一'知古始〕，必非弱玄达，深不可识；是以为之颂"：基于乃是有所对应于从道性的予以追问"玄牝之门"相应地转为从道体的予以追问"道"的"物创生"，偏转从"流转"的方向予以追问宇宙"实相"，以要义的，即反映出不限于有所能受觉"道生一；一生二，二生三，三生万物。负阴抱阳；冲气以为和"。

丙，基于既有的校勘，对勘诸传抄本的文本，转为追溯至早期的同源的底本，进而可知，以孤本的"修辍"本向后初传，再为传抄，乃尔呈现出复杂交错的还有裁改文本：

丙-1. 能见于帛书甲、乙本的，是写在"始纪"道章的，于底本的则是自主地裁改成了"执今之道，以御今之有（按，基于既有的后世已不知乃是源出于"修辍"本的文本，后来的传抄者，出于意在照应到后面言及的"道纪"，则是自主地逆改了文本，其结果，于此处，进而则是顶戴了本然应有的'古之善为士者'，不止于此，还裁夺了底本的'今之善为道者'）。以知古始；是谓：道纪"。至王本、傅奕本、北大汉简本，于底本的出于意在照应到"以知古始"，传抄流变地则是自主地进而将底本的"执今"裁作"执古"。

由此可知，因之呈现出，已是作为后项的"以知古始：是谓：道纪"与已是作为前项的"执今（古）之道，以御今之有"，两者之间乃是出自武断地拼接，显见的，所拼接出来的此整句在句义上，随之的也就产生了节节的前后不相照应，不仅不合于文理，而且还出离了祖本的经义。因此而成为诱因，至傅奕本，其传抄者面对既有的文本，因之有所察觉既有的文本存在着"硬伤"，出于意在修正病句，则是自主地增入了"可"字，进而写作"可以御今之有"，还有，则是自主地将"以"改成了"能"字，进而写作"能知古始"。

按，顺为指出，通览楚简本甲、乙、丙三组的文本，于今所能见到的，楚简本的传抄者，只是有选择地节录了全本《道德经》的部分章节的文本，乃至只是有选择地节录了部分章节其一部分的文本（三组的文本加总，不足全本的文本的五分之二）。若为予以释疑，笔者另有研判：结合通览构成重要考古成果的《郭店楚墓竹简》，加之聚焦其拥有者在身份上乃是儒家之"士"，兼及依据楚简本所呈现的既构成实证的文本，显明地可以反映出，其传抄者，亦既是作为在修的"闻道者"，兴趣于"士"自身，着意君子"立命"，不自觉已是有所阈限于儒家，以儒家之"君子尊德性而道问学"为正宗，故而，"闻道者"兴趣和着意之所涉，势必的乃是基于以儒家思想为正宗，从而有所取舍广为的"闻道"。换言之，从这个角度作追索，也就得以释疑，彼时的其传抄者但凡有所节录全本《道德经》的文本，无疑地，原则上也就只会节录关涉儒家思想的文本，看来是构成相与有应的文本（按，另为指出，亦不排除，既有的三组文本，乃是儒家之"士"在修的出于专项授业以课业而抄就的文本），亦反映出，其传抄者兴趣之所在，非是致力于必为传承道家内典，需要完备的予以抄录全本《道德经》的文本。

丙 -2. 至帛书甲、乙本，是写在"母成"道章的，于底本的已是进而裁作"古之〔善〕为道者，微眇玄达，深不可志。夫唯不可志，故强为之容，曰"。

至傅奕本，已是进而裁作"古之善为道者，微妙玄通，深不可识。夫惟不可识，故强为之容，曰"。

至王本，已是进而裁作"古之善为士者，微妙玄通，深不可识。夫唯不可识，故强为之容"。

至北大汉简本，已是进而裁作"古之〔善〕为士者，微眇玄达，深不可识。夫唯不可识，故强为之颂，曰"。

至楚简本甲组，已是进而裁作"古之善为士者，必非弱（溺）玄达（按，先为指出，该句乃为祖本旧有。对勘的，反映出后来的传抄者已无能理解其句义，至帛书甲、乙本，于底本的则是进而不了义地改作'微眇玄达'，其传抄者不自知，所为裁改已是出离了祖本的经义。转至'母成'道章，还有跟进的校勘），深不可识（志）；是以为之颂"。

按，基于既已追溯至孤本的"修辍"本，转为对勘诸传抄本的文本，可知后来的传抄者，因于"修辍"本所带来的文本"痼疾"而不觉，加之自陷望文生义，进而则是纷纷地滑向了"着相"于主体，及至抄写"母成"道章的文本，能见于对勘的诸传抄本的，相应地则是自主地将"古之善为士（道）者"裁入了"母成"道章的文本之中（按，从校勘的还需另为指出，自"修辍"本递后传抄，先秦以降，后世的乃至于当今学界一众的研究者，无不是主观上仍然"着相"于所谓的"高士"或"高道"，一贯地做足了道德教化的高头讲章，意志曲解"母成"道章其全章的文本，浑然不觉老子实则是在遮诠构成"天地创世纪"的宇宙"实相"）。

不止于此，至帛书甲、乙本，于底本的还有针对言及"深不可识"，进而是自主地添植了"夫唯不可识，故强为之容，曰"，随之的也就顶戴了祖本旧有的即见于楚简本甲组的文本"是以为之颂"（按，能见于北大汉简本的，具有古近"杂交"的特质，亦是写作"颂"字。老子之际，从"本体"意义的予以遮诠构成"天地创世纪"的宇宙"实相"，既为构成有所追问"象帝"，转向从文化背景作索解，则反映出既为有所祭祀构成"形而上"的"天地"。故而，相宜的则是使用"颂"字）。

丙 -3. 验证笔者业已厘定的于祖本本有的乃是属于"自然"道章的文本，验证经句"今之善为道者，执今之道，以御今之有〔德〕"，请读者转为参看"自然"道章的相关校勘，还有周延地详为给出验证，这里免于繁复引述。

至孤本的"修辍"本，其整理者已是将"自然"道章接续在了"观复"道章之后。试问，其整理者何以会更动祖本的章序？追究其动因，笔者推测，乃是出于自主地意在达成经章之间的经义能够前后贯通：应之修辍因之简册断裂而分离出来的"孔德"德章和"从道"德章，则是将其与"自然"道章改作前后章序接续；同步地，则是将"始纪"道章与"母成"道章亦改作前后章序接续。据此，无疑地可以得到确证，彼时的其整理者，已经不知老子编撰《道德经》全本共八十章的文本，乃是基于守于"中"的能等觉和能等持，相应地以结构性的"文言道"于全本的予以作玄门建构。若为深度的追索孤本的"修辍"本其整理者是如何修辍老子祖本的，前置的在序言部分已有详为梳理，这里不再赘述。

丁，笔者校勘《道德经》全本的文本，涉及有所需要句读"道纪""贵言""建言""希言"，于此四者，《道德经玄门新证校勘篇》皆是加注了书名号。读者不免生疑，其依据何在？答曰：老子示现本怀，出于愿力《道德经》能够经世致用，故而则是有所收摄全本的经旨，以祭祀所用的雅言，从整体上予以建构了构成"互映对称成就"的文言韵语。

【五】按，以下的这部分内容，乃是本章的写于《道德经玄门新证解析篇》的是其前言部分的内容，意在拁助读者能够从全本全面深入地审察笔者业已厘定的文本，前置的也就予以转抄在了《校勘篇》。

甲，是对应《道经》部分的是作为总分证章的"真信"道章的，则是转为等持地有之以轴枢的"观复"道章予以分证总分证章（按，构成核心要义的，则是判摄了"互，曰：复命；知互，曰：明"）：应之从道性的是偏转从"形式因"的有所追问宇宙"实相"，则相应地从道体的亦是偏转从"形式因"的有所追问宇宙"实相"。因是，构成其左半轴的，则是分证于作为中轴的"自然"道章，进而再分证于是构成轴对称"镜伴"的作为其上半轴的"始纪"道章和作为其下半轴的"母成"道章。具体来说：

其一，故而，以"始纪"道章从道体作出分证，是对应追问"象帝之先；吾不知其谁之子"的（按，是由总持的"两者同出"所导出），基于内在的同为是偏转从"形式因"相应地偏转以"互"范畴予以追问宇宙"实相"，则反映出，亦是同为的有所转向追问构成"状象的时空高维"的宇宙"实相"。

进一步来说，于"始纪"道章的，反映出乃是偏转从"还灭"的方向有所追问宇宙"实相"（按，即偏转从"互有"向"互无"的方向作追问）：从"互道"之道体相应地追问宇宙演化，内在的则是予以回答了"互有"与"互无"从"还灭"的方向能成立互为让渡，进而亦是予以回答了"互无"以"形式因"则是具有"缘起无自性以能成"的内在规定性，以及予以回答了"互无"以"质料因"则是具有"不生不灭"的内在规定性（按，即为对应遮诠"渊兮，似万物之宗"，进而对应遮诠"神谷不死；是谓：玄牝"，转为从道体作出分证，进而作出了回答）；相与有应的，构成要义的，则是基于禅定"大定"（守于"中"）总持地反映出有所能受觉"随而不见其后，迎而不见其首；是谓：惚恍"。

其二，故而，以"母成"道章从道体作出分证，是对应追问"天地之根"的（按，是由总持的"玄之又玄"所导出），基于内在的同为是偏转从"形式因"相应地偏转以"互"范畴予以追问宇宙"实相"，则反映出，亦是同为的有所转向追问构成"天地创世纪"的宇宙"实相"。

进一步来说，于"母成"道章的，反映出乃是偏转从"流转"的方向有所追问宇宙"实相"（按，即偏转从"互无"向"互有"的方向作追问）：从"互道"之道体相应地追问宇宙演化，内在的则是予以回答了"互无"与"互有"从"流转"的方向能成立互为让渡，进而亦是予以回答了"互有"以"形式因"则是具有"无自性缘起以所成"的内在规定性，以及予以回答了"互有"以"质料因"则是具有"亦生亦灭"的内在规定性（按，即为对应遮诠"湛兮，似〔万物〕〔之〕域存"，进而对应遮诠"绵绵兮，若存；用之不堇"，转为从道体作出分证，作出了回答）；相与有应的，构成要义的，则是基于禅定"大定"（守于"中"）总持地反映出有所能受觉"〔天地有域〕，夫唯弗盈；是以能蔽〔也〕而〔能〕新成"。

乙，是对应《道经》部分的是作为总分证章的"真信"道章的，则是转为等持地有之以轴枢的"观复"道章予以分证总分证章（按，构成核心要义的，则是判摄了"互，曰：复命；知互，曰：明"）：应之从道性的是偏转从"质料因"的有所追问宇宙"实相"，则相应地从道体的亦是偏转从"质料因"的有所追问宇宙"实相"。因是，构成其右半轴的，则是分证于作为中轴的"返成"道章，进而再分证于是构成轴对称"镜伴"的作为其上半轴的"反动"道章和作为其下半轴的"复命"道章。具体来说：

其一，故而，以"反动"道章从道体作出分证，是对应追问"道；冲而〔用〕，用之有弗盈"的（按，是由总持的"异名同谓"所导出），基于内在的同为是偏转从"质料因"相应地偏转以"复命"范畴予以追问宇宙"实相"，则反映出，亦是同为的有所转向追问构成"时空高维的状象"的宇宙"实相"。

进一步来说，于"反动"道章的，反映出乃是偏转从"还灭"的方向有所追问宇宙"实相"（按，即从"互有"向"互无"的方向作追问）：从"互道"之道体相应地追问宇宙演化，内在的则是予以回答了"道"的能成就俱足"道"的所成就；相与有应的，构成要义的，则是基于禅定"大定"（守于"中"）总持地反映出有所能受觉"反也者〔返〕，道之动；弱也者〔强〕，道之用。天下之物：生于有；生于无"。

其二，故而，以"复命"道章从道体作出分证，是对应追问"玄牝之门"的（按，是由总持的"众妙之门"所导出），基于内在的同为是偏转从"质料因"相应地偏转以"复命"范畴予以追问宇宙"实相"，则反映出，亦是同为的有所转向追问"道"的"物创生"。

　　进一步来说，于"复命"道章的，反映出乃是偏转从"流转"的方向有所追问宇宙"实相"，即为有所追问"道"的"物创生"（按，即从"互无"向"互有"的方向作追问）：构成能等觉和能等持地偏转对应遮诠"是谓：玄牝"的，相与有应的，内在的则亦是予以回答了"道"的能成就，反映出对应客体的则是有所能受觉"道生一"和对应主体的则是有所能受觉"负阴抱阳"（按，构成义理一贯地，基于意义于"返成"，意义于"互，曰：复命"，亦是转为有所显义于"弱也者〔强〕，道之用"，以及有所显义于"天下之物：生于无"）；是构成能等觉和能等持地偏转对应遮诠"用之不堇"的，相与有应的，内在的则亦是予以回答了"道"的所成就，基于同构地"物"与"人"有所呈现实相"此在"，以"复命"实相所能反映，反映出对应客体的则是有所能受觉"一生二，二生三，三生万物"和对应主体的则是有所能受觉"冲气以为和"（按，构成义理一贯地，基于意义于"返成"，意义于"互，曰：复命"，亦是转为有所显义于"反也者〔返〕，道之动"，以及有所显义于"天下之物：生于有"）。

《道经》第十四章"自然"道章

王弼本《道德经》上经第十七章

悠兮，其《贵言》有之：

功遂犹事成；事成也而百姓曰：我自然。

太上，知有之；其次，亲之誉之；其次，畏之；其下，侮之。

今之善为道者，执今之道，以御今之有德。

【校勘经文】

【一】甲，因之关涉于祖本的是本属于"自然"道章的文本，关联的在"始纪"道章，同步地从整体地已给出了校勘，回到本章，为免于繁复辨析，简言之：

其一，基于以玄门建构为归导，结合全面的对勘诸传抄本的文本，笔者历经转辗，有所追索祖本的文本，转为追溯至孤本的"修缀"本，《道德经玄门新证校勘篇》有之新证，同步地厘定了于祖本本有的乃尔有所归属于各章的经句，厘定于祖本的应是写作"今之善为道者，执今之道，以御今之有〔德〕"，至《道德经玄门新证校勘篇》，则是将其纳入了"自然"道章的文本之中，即构成了其文本之中的是作为尾句的经句。

其二，基于以玄门建构为归导，结合全面的对勘诸传抄本的文本，笔者历经转辗，有所追索祖本的文本，转为追溯至孤本的"修缀"本，《道德经玄门新证校勘篇》有之新证，还从整体地还原出了祖本《道德经》其全本的章序。其中涉及"自然"道章的，笔者还原出了其于祖本的章序，于全本的是作玄门建构的，厘定该章即构成中轴之章：构成其上半轴的则是"始纪"道章；构成其下半轴的则是"母成"道章。

其三，基于既有的校勘，进而还得以了然，于全本的是作玄门建构的，偏转从道体作追问，则是以"真信"道章作出总分证，所为对应的，分别的则是等持地以构成轴枢的"观复"道章和构成轴枢的"善法"道章作出分证总分证，进而所为对应的，分别的则是等持地以构成中轴的经章再作出分证，简言之：

一者，构成义理一贯地，内在的亦是基于当机的生命的觉者是以守于"中"的有所具足了能等觉和能等持（或说既为有所具足了"正遍知"），亦是基于以所判摄的必为归宗"孔德之容，惟道是从"为归导，从而予以启造构成"互映对称成就"的文本，故而：生成了有之中轴的"自然"道章即对应中轴的"返成"道章；生成了有之中轴的"自然"道章即对应中轴的"从事"道章。

二者，构成义理一贯地，内在的亦是基于当机的生命的觉者是以守于"中"的有所具足了能等觉和能等持（或说既为有所具足了"正遍知"），亦是基于以所判摄的必为归宗"孔德之容，惟道是从"为归导，从而予以启造构成"互映对称成就"的文本，故而：生成了有之中轴的"从事"道章即对应中轴的"建德"道章；生成了有之中轴的"返成"道章即对应中轴的"建德"道章。

乙，若为方家能够认同《道德经玄门新证校勘篇》业已厘定的文本，回到本章，一贯地，还须给出有效的验证（至于详为解析，请读者转为参看《道德经玄门新证解析篇》的相关内容）：

其一，构成是以中轴的"自然"道章予以分证轴枢的"观复"道章的，简言之，以文本所能反映：

一者，构成是进而相应地予以分证"互，曰：复命；知互，曰：明"的，义理一贯地转向验证生命的觉者基于禅定"大定"总持地即基于守于"中"的能同构客体和主体地有所觉知"复命"实相（按，要之，基于乃是从认识论的本体论作出追索的，即反映出生命的觉者是其足能等觉和能等持地有所觉知，同场的"在"是"在者"的"在"且同场的"在者"是"在"的"在者"，既构成轴对称"镜伴"的乃尔呈现出"自相即他相；他相即自相"；换言之，既具有了"实相"的意义或说"中道"的意义，以胜义地反映出乃是有所觉知于"互无"与"互有"能成立互为让渡，生命的觉者从而的则亦是有所觉知了自性的"互无"的缘起无自性以能成俱足自性的"互有"的无自性缘起以所成），因是，则有着偏转从"实然"的反映出是生命"此在"的有所觉知实相"自然"，既反映出有所遮诠"悠兮，其《贵言》〔有之〕（按，深在的亦是基于始基的既为总持《道纪》的有所应成'以〔一〕知古始'）：功遂〔犹〕事成；〔事成〕〔也〕而百姓曰：我自然"。

二者，构成是进而相应地予以分证"不知互，妄；妄作，凶"的，构成义理一贯地，转向追索异化的人之道（本质上已是阈限于边见的认知，既出于边见的认知也就生起了自性情执，以自性情执进而异化出为"物欲"所异化，从而渐次地异化认知"事成"），则有着偏转从非"实然"从异化的"非道"，相应地有所揭示人之道渐次地异化出"故失道〔也〕而失德"，构成是既对治而应成的，既反映出有所遮诠"太上，知有之；其次，亲〔之〕誉之；其次，畏之；其下，侮之"。

三者，构成是进而相应地予以分证"'知互，〔乃〕容；容，乃公；公，乃全'；'全，乃天〔地〕；天〔地〕，乃道；道，乃〔一〕'"的，构成义理一贯地，转向验证生命的觉者基于禅定"大定"总持地即基于守于"中"的能同构客体和主体地有所觉知"复命"实相，则有着偏转从"应然"的反映出是生命"此在"的有所觉知实相"自然"，亦为具有本质意义的既为能归宗"孔德之容，惟道是从"，构成是既对治而应成的，既反映出有所遮诠"今之善为道者（按，深在的亦是基于有所应成'以一知古始'，以生命的觉者当机，相应地有所予以勘验'……，……：自今及古，其名不去，以顺众父。吾知众父之然也以此'），执今之道，以御今之有〔德〕（按，深在的亦是基于有所应成'〔今之〕〔能〕保此道者，〔其〕不欲尚盈'，从而的，则是有所能够应成自性'无私'而'无为'和自性'无欲'而'无以为'）"。

其二，一者，于全本的乃是构成经义贯通的，对应遮诠"悠兮，其《贵言》〔有之〕：功遂〔犹〕事成；〔事成〕〔也〕而百姓曰：我自然"，于全本的是作玄门建构的，构成对文的，则是有之遮诠"〔旷兮〕，〔其〕《希言》〔有之〕（按，即对文'悠兮，其《贵言》〔有之〕'）：〔既而知乎〕天地'飘风不终朝；暴雨不终日'（按，即对文'功遂〔犹〕事成'），〔其致之〕〔天之道〕〔也谓〕：〔天地〕自然（按，即对文'〔事成〕〔也〕

而百姓曰：我自然'）"（按，从校勘的还需指出，基于既为有所能够同构客体和主体地同构了实相"天地自然"和实相"我自然"，构成义理一贯地，既反映出生命的觉者亦是有所同构了"互道"与"互德"，因是，相应地则亦反映出生命的觉者是能等觉和能等持地有所觉知"道之尊也〔而〕德之贵：夫莫之爵，也而互自然"）。

二者，于全本的乃是构成经义贯通的，对应遮诠"太上，知有之；其次，亲〔之〕誉之；其次，畏之；其下，侮之"，于全本的是作玄门建构的，因之相与有应的乃是有所予以分证"互德"章的文本，既为有所从胜义地予以追问"德性"（按，即反映出必为予以追问"上德〔之〕〔有德〕，〔有德〕〔也以其〕不失德，是以有德；下德〔之〕〔无德〕，〔无德〕〔也以其〕失德，是以无德"），内在的基于已是同构了主体与客体的有所觉知实相"自然"，故而，则是转为从认知意义的有所揭示人之道渐次地异化的走向"觊华"的"非道"，构成互为显义地，构成对文的，则是有之遮诠"上〔之〕德，无为而无以为（按，即对文'太上，知有之'）；上〔之〕仁，〔有〕为而无以为（按，即对文'其次，亲〔之〕誉之'）；上〔之〕义，〔有〕为而有以为（按，即对文'其次，畏之'）；上〔之〕礼，莫之则〔之〕，应也攘臂而扔之（按，即对文'其下，侮之'）"。

不止于此，因之若为上诉至具有"实相"意义的胜义，则反映出"互道"与"互德"既是构成轴对称"镜伴"的具有本质上的同一性，故而，于全本的乃是构成经义贯通的，转为对应于乃是以之作出分证的遮诠"故从事于德同道：得者同于得；失者同于失"，以及作出分证的遮诠"'同于道者，道亦乐得之；〔也而〕同于德者，德亦乐得之'；'不同于道者，道亦乐失之；〔也而〕不同于德者，德亦乐失之'"，于全本的是作玄门建构的，出于必为等持地予以追问"德性"，同为有所揭示人之道异化的走向"非道"，则是转为从本体意义的亦予以了追问"德性"，构成互为显义地，构成对文的，则是有之遮诠"〔上德之不失德〕，〔不失德〕〔也而〕〔以其同于道〕；〔下德之失德〕，〔失德〕〔也而〕〔以其〕〔不同于道〕，故失道〔也〕而失德，失德而后仁，失仁而后义，失义而后礼"。

三者，于全本的是作玄门建构的，基于欲为消解人之道异化的走向"非道"，相应地能"复命"于"实然"的实相"自然"，能达成"人"与

"道"和"物"全面的觉悟的"和解"，则有着转为从"应然"出发，相应地从社会性的实践作抉择，构成是既对治而应成的，则是抉择了必为归宗"孔德之容，惟道是从"，因是，构成"互映对称成就"的，是等持地予以抉择的，则是转为予以抉择了"今之善为道者，执今之道，以御今之有〔德〕"（按，既为有所意义于"孔德之容"），转为予以抉择了"故从事于德同道：得者同于得；失者同于失"（按，既为有所意义于"惟道是从"），合之所抉择出的两者，构成是以生命的觉者当机，内在的乃是有所同构了"互道"与"互德"，亦为构成"互映对称成就"的，以对文的则是反映出了"上士闻道，堇能行于其'中'；中士闻道，若失〔道〕〔也而〕若无〔德〕；下士闻道，大笑之为道者"，而相与有应的，则是生成了"是以《建言》有之：……；……；……"（为免于行文繁复，转抄文本从略），而转为应之必为付诸社会性的实践，进而则是予以抉择了"〔圣〕人〔之〕道，法自然：〔法自然〕〔也而〕'法地；法道；法天'"。

丙，综上既有的校勘文本，转为追溯至早期的同源的底本，进而可知，早于楚简本丙组，甚至是在"修辍"本初传之后，彼时的传抄者，于本章的进而还改动祖本的文本结构：

已是将祖本的本是写作首句的文本"悠兮，其《贵言》〔有之〕：功遂〔犹〕事成；〔事成〕〔也〕而百姓曰：我自然"以行文语序下移，改写作是本章的尾句；互为易位的，已是将文本"太上，知有之；其次，亲〔之〕誉之；其次，畏之；其下，侮之"以行文语序上移，改写作是本章的首句。若为辨析其成因，笔者推测，自孤本的"修辍"本向后初传，因之后来的传抄者就已经察觉到了，于底本的文本存在行文上的不合于文理，不免的，所阐发的经义则是未为尽义的出现了截断（按，因此而成为诱因，也就引发了彼时的传抄者进而欲为自主阐发经义，横生了有所作夹注。针对作夹注，后面还有跟进的校勘）。故而，出于意在能够弥合底本的文本存在行文上的不合于文理，传抄者则是自主地作出了上述的改动文本结构。

【二】甲，王本作"太上，下知有之；其次，亲而誉之；其次，畏之；其次，侮之"。

傅奕本作"太上，下知有之；其次，亲之；其次，誉之；其次，畏之；其次，侮之"。

北大汉简本作"太（大）上，下知（智）有之；其次，亲誉之；其次，畏之；其下，侮（母）之"。

帛书乙本作"太（大）上，下知有（又）〔之〕；其〔次〕，亲誉之；其次，畏之；其下，侮（母）之"。

帛书甲本作"太（大）上，下知有之；其次，亲誉之；其次，畏之；其下，侮（母）之"。

楚简本丙组作"太上，下知（智）有（又）之，其即（按，其因由见下文，则是将'次'改作'即'字）亲（新）誉之；其既（按，可知该本的传抄者，必是对参了近邻的'从道'德章的文本，从而自主经义，则是武断地将'次'改作'既'字）畏（愄）之，其即（按，其因由见上文，则是将'下'改作'即'字）侮（炙）之"。

以玄门建构为归导，先为导出，《道德经玄门新证校勘篇》，厘定祖本的文本，并句读作"太上，知有之；其次，亲〔之〕誉之；其次，畏之；其下，侮之"。

乙，按，对勘诸传抄本的文本，反映出于该句的首项，皆是存有"下"字，基于既有的校勘，可知这是底本的传抄者错解经义的增入，今校勘予以删除，厘定于祖本的应是写作"太上，知有之"。

追索于底本的何以会增入"下"字，反映出后世的传抄者已是错解了"太上"或"大上"，以为即有所指向"侯王""人主"或者"大人"，还自忖是能够与之构成对文的，则是指向"百姓"，故而，则是将底本的"知有之"妄改作了"下知有之"：以"下知"之"百姓"对文"上"之"有之"的"大上"或"太上"。已是歧义祖本的经义，典型的亦可见于王弼注经："'太上'，谓'大人'也。大人在上，故曰'太上'。"

【三】甲 -1. 王本作"悠（按，对勘的，结合从全本的经义作审察，于今宜写作'悠'字，其前字是'攸'字，或是上'攸'下'言'组字。而见于其他传抄本的，则是以借字的'猷'字写出）兮，其贵言"。

傅奕本作"猶兮，其贵言哉"。帛书乙本作"猶（猷）兮（呵），其贵言也"。帛书甲本作"〔猶（猷）兮（呵）〕，其贵言也"。北大汉简本作"猶乎（虖），其贵言"。楚简本丙组作"猶（猷）乎（唬），其贵言也"。

以玄门建构为归导，先为导出，《道德经玄门新证校勘篇》有之新证，厘定祖本的文本，于祖本语义切要地应是写作，并句读作"悠兮，其《贵言》〔有之〕：……"。

甲-2. 按，结合对勘"返成"道章的文本，根据对勘的诸传抄本一致地皆是写作"《建言》有之"，加之还已知，于全本的，所生成的文本乃是有之构成互为照应的存在同构，故而，笔者于本章则是据以补出了已然缺失了的"〔有之〕"两字（按，不限于此，后面还有跟进的详为校勘）。

乙-1. 王本作"功成事遂，而百姓皆谓：我自然"，傅奕本作"功成事遂（按，笔者有之合理地推定，追溯至早期的同源的底本，可知其传抄者，出于主从后句的句意，则是自主地将底本的如楚简本的'成事遂功'以'功'字前置，遂改成了'功成事遂'），百姓皆曰：我自然"。

北大汉简本作"成功遂事，百姓曰（按，该本和傅奕本同于楚简本，皆是写作'曰'字，乃为祖本旧有）：我自然"，帛书甲本作"成功遂事，而百姓（省）谓（胃）：我自然"，帛书乙本作"成功遂事（按，出于同样的原因，则是自主地将底本的'功遂事成'以'成'字前置，遂改成了'成功遂事'），而百姓谓（胃）：我自然"。

楚简本丙组作"成事遂（述）功（祀）（按，笔者推测，于祖本的应是写作'述'字，《说文》'循也'，以文本约义，即意义于'从道'，显义'万物并作'乃是由'神器'所派生。还有推测，于祖本的应是写作'祀'字，以文本约义，意义'神器'乃是有所示现于'万物并作'。出于便于今人直了经义，则是取'功遂'。按，出于同样的原因，则是自主地将底本的'功遂事成'以回文写出，遂改成了'成事遂功'），而百姓（眚）曰：我自然（肰）（按，于祖本的，应是写作该字，便于今人直了经义，则是取后来熟用的'然'字）也（按，对勘的，独有该本是存有'也'字）"。

以玄门建构为归导，先为导出，《道德经玄门新证校勘篇》有之新证，厘定祖本的文本，于祖本句义完足且语义且要地应是写作"功遂〔犹〕事成；〔事成〕〔也〕而百姓曰：我自然"。

乙-2. 按，应之在先的校勘文本之需要，关联的在"复德"章和"遂退"道章，已有据全本的文本从整体地给出了校勘，为免于繁复引述，简言之：是关涉"遂退"道章其文本的，已厘定于祖本的应是写作"天之道：功遂；身退也载"；是关涉"自然"道章其文本的，已先为导出，已厘定于祖本的应是写作"功遂〔犹〕事成；〔事成〕〔也〕而百姓曰：我自然"。

按，落实于本章的，还有着深细的作校勘。是出于自忖的或说深度的冥想，还必为结合从全本的经义作审察，进而对勘于全本的是构成对文的文本，笔者有之合理地推定：

一者，基于既有的校勘，进而可知，无疑地，于祖本之际，其文本面貌理当呈现为"悠（猷）兮其贵言〔有之〕功遂犹（猷）事成〔事成〕也而百姓曰我自然"（按，从校勘的还需进一步予以指出：一者，此"〔事成〕"两字，于彼时的，以文牍通例，应该亦是以重文号写出。二者，因之于两处的皆是以"猷"字写出文本，这也就成了诱因之一，从而引发了传抄者欲意予以节略地改写既有的文本）。

由此可知，后世的传抄者，因之已不甚了然祖本的经义，加之已是不自觉地就滑向了实则是错误地句读，还加之已习惯于以"顺读"来理解文本，故而，亦为构成通病的，出于自主地所能理解，则亦是予以节略地改写了底本的文本，遂改写成了"悠兮其贵言也（按，于此处：则是自主地实则是不当地增入了'也'字；随之则是武断地裁夺了'〔有之〕'两个字。目的在于有所照应到，亦是进而改写出来的'而百姓曰：我自然也'）。功遂（按，于此处，则是武断地裁夺了'〔犹〕'字）事成（按，于此处：则是自主地将双出的'事成'裁成了单出；则是武断地还裁夺了'也'字。偏好四字句，所为裁出的'功遂事成'，因之于彼时的，本就不是世俗所沿用的成语，随之的也就引发了，后世传抄再有各自欲为地予以修改此四字句），而百姓曰我自然也（按，于此处，则是转为增入了'也'字）"，显见的，所改写出来的文本，已是有乖祖本的经义。

二者，应之一贯地还须据构成对文的文本，必为多方向地予以验证所厘定的文本，因是，笔者同步地亦厘定了"从事"道章的文本（按，落实于该章的，还有着深细的作校勘，此不赘）。从校勘的可以先为指出，于祖本经义贯通且句义完足地应是写作"〔旷兮〕，〔其〕《希言》〔有之〕：〔既而知乎〕天地'飘风不终朝；暴雨不终日'；〔其致之〕〔天之道〕〔也谓〕：〔天地〕自然"（按，简言之，于全本的乃是构成经义贯通的，于全本的是作玄门建构的，同为对应该整句，还构成对文'强损'道章的"〔昔之〕人之所教，亦夕议而教人；我将以为教父：'木强则兢，柔弱居上；兵强则不胜，强大居下'；'强梁者，不得其死；〔好胜者，必遇其敌〕'"）。

【四】甲，王本传本作"信不足焉，有不信焉"（按，证之王弼作注"信不足焉，则有不信，此自然之道也"，可知至王弼，亦难免堕入了迂曲地强解文本）。傅奕本作"故信不足，焉有不信"。

北大汉简本、帛书乙本，皆是作"信不足，安有不信"。帛书甲本作"信不足，安（案）有不信"。楚简本丙组作"信不足，安有（又）不信"。

乙，按，结合从全本的经义作审察，转为追溯至早期的同源的底本，不难发现，彼时的传抄者出于意在进而阐发经义，则是引用了"齐同"德章的文本，于本章作夹注，后世传抄窜并，今校勘将其移除。另为指出，见于王本和北大汉简本的（而于帛书甲、乙本的，则皆未见），在"从事"道章的文本之中亦存有此经句，亦是于底本的以作夹注传抄窜并。

按，顺为指出，基于以玄门建构为归导，具体的还结合从全本的既有的文本，从整体地详为校勘文本，可以先为导出，《道德经玄门新证校勘篇》有之新证，已然厘定了"齐同"德章的文本，分别补出了于该章的文本之中早已缺失了的文本，于祖本句义贯通且经义完足地应是写作"〔知者不言，言者不知〕；知者不博，博者不知。信言不美，美言不信；〔信不足焉，焉有不信〕。善者不多，多者不善；〔善者不责，责者不善〕。圣人无积：既以为人，己愈有；既以予人，己愈多。天之道，利而不害；圣人之道，为而不争"。

今之善为士者，以"一"知古始，必非弱玄达，深不可识；

是以为之颂：

豫兮，若冬涉水；犹兮，若四邻畏恶。

俨兮，若客容；涣兮，若凌释。

屯兮，若朴；沌兮，若谷。

浑兮，若浊；澹兮，若海。

飂兮，若无止；飏兮，若无久。

孰能浊以静，将徐清；孰能安以重，将徐生。

天地有域，夫唯弗盈；是以能蔽也而能新成。

今之能保此道者，其不欲尚盈。

【校勘经文】

【一】甲，王本作"古之善为士者，微妙玄通，深不可识。夫唯不可识，故强为之容"。

傅奕本作"古之善为道者，微妙玄通，深不可识。夫唯（惟）不可识，故强为之容，曰"。

帛书乙本作"古之〔善〕为道者，微眇玄达，深不可识（志）。夫唯

道德经玄门新证 校勘篇

不可志，故强为之容，曰”。

帛书甲本作“〔古之善为道者，微眇玄达〕，深不可识（志）。夫唯不可志，故强为之容，曰”。

北大汉简本作“古之〔善〕为士者（按，对勘的，可知该本和王本同于楚简本甲组，皆是作‘士者’，而不作‘道者’。从校勘的已指出，该文本于祖本的是本属于‘始纪’道章的文本，传抄之际，被早期的传抄者自主地裁改成了是作为‘母成’道章的文本。还有，从校勘的已指出，是笔者所推测的，追溯至孤本的‘修辑’本，修辑文本之际，于本章，于祖本本有的‘〔今之善为士者〕，〔以一知古始〕’大概率就已经残缺了，以文牍底事而隐没），微眇玄达，深不可识。夫唯不可识，故强为之颂（按，从校勘的已指出，该本同于楚简本甲组，亦是写作乃为祖本旧有的‘颂’字），曰”。

楚简本甲组作“长（按，从校勘的已指出，因之出于不自知的句读有误，此‘长’字则是被下顺的读入了此句）古之善为士者，必非弱（溺）（按，对勘文本，可以反映出，自该本之后，后来的传抄者已不甚了然底本的文本语义，则是自主地改作‘微眇’，乃至改作‘微妙’。不止于此，后来的传抄者针对‘深不可识’，还自主地转为结合‘道者’，从而增入了‘夫唯不可识，故强为之容，曰’，相应地，也就顶戴了乃为祖本旧有的文本‘是以为之颂’）玄达，（按，从校勘的需指出，于祖本的，以行文通例，于此处则是省略了‘必’字）深不可识（志）；是以为之颂”。

乙，按，关联的在“始纪”道章，结合从全本的文本已有给出校勘，回到本章，为免于繁复引述，要之，基于以玄门建构为归导、《道德经玄门新证校勘篇》厘定祖本的文本，于本章的应是写作“今之善为士者，〔以‘一’知古始〕，必非弱玄达，深不可识；是以为之颂……”。

按，从校勘的还需指出，“必”者，《说文》“分极也”，以文本约义，应之遮诠构成“天地创世纪”的宇宙“实相”，因之内在的乃是基于以“极限”作推导，故而则是有所言及“分极”。遮诠“非弱”，若为索解其语义，即有所显义“质料因”的“道”，而构成胜义地，则是由“弱也者〔强〕，道之用”所导出。遮诠“必非弱玄达”，以对文即遮诠“幽兮”，若为索解其具有“实相”的意义，亦是从当机者能给出遮诠的，则是反映出有所能受觉“天下之至柔，驰骋于天下之至坚”〔按，同场的还有着遮诠"（必）深不可识"，以对文即遮诠"冥兮"，若为索解其具有"实相"的意义，亦是从当机者能给出遮诠的，则是反映出有所能受觉"无有入于无间"〕。

【二】甲，王本作"豫兮（焉），若冬涉川；犹兮，若畏四邻。俨兮，其若容；涣兮，若冰之将释"。

傅奕本作"豫兮，若冬涉川；犹（猶）兮，若畏四邻。俨〔兮〕，若容；涣〔兮〕，若冰将释"。

帛书乙本作"豫（与）兮（呵），其若冬涉水；猶（猷）兮（呵），其若畏四邻（哭）。俨（严）兮（呵），其若客；涣兮（呵），其若凌（淩）释（泽）"。

帛书甲本作"豫（与）兮（呵），其若冬〔涉水〕；〔猶（猷）兮（呵）〕，〔其若〕畏四（哭）；〔俨（严）〕兮（呵），其若客；涣兮〔呵〕，其若凌（淩）释（泽）"。

北大汉简本作"豫（就）乎（虖），其如冬涉水；猶乎（虖），其如畏四邻。俨（嚴）乎（虖），其如客；涣乎（虖），其如冰之释（泽）"。

楚简本甲组作"豫（夜。按，对勘的，以文本约义，王本的写作'豫'字语义切要，校勘从之）兮（虗），如（奴）冬涉川；猶（猷）兮（虗），其如（奴）畏（惧）四邻（哭）。俨（敢。按，对勘的，以文本约义，于祖本语义切要地宜写作'俨'字，而写作'敢'或'嚴'字，皆是借字）乎（虗），其如（奴）客；涣（觀）兮，其如（奴）释（怿）"。

乙－1. 按，王本和傅奕本同于楚简本甲组，皆是写作"川"字，帛书乙本（甲本残缺）以及北大汉简本，皆是写作"水"字。笔者推定，于祖本的应是写作"水"字。一者，"水"与"川"字形相似，抄经出于手迹，难免会产生误认误取。二者，传抄者已是错解了本章的经义，以为全然是在褒扬"古之善为士者"，故而不排除会倾向"川"字。三者，笔者另有推测，楚简本甲组的或是其底本的传抄者，亦博通《周易》，故而有所旁及其爻辞，取用常用的爻辞诸如"利（不利）涉大川"或"不可涉大川"。

按，对勘的诸传抄本皆是写作"四"字，高亨厘定应是作"恶"字〔《老子正诂》"'四'当作'恶'，形似而误，亚读为恶（第二，八，二十章等恶字，帛书乙本均作亚）。恶邻，凶恶之邻人"〕。兼及受之启发，笔者另有推测，于祖本语义切要且符应经义地应是写作"犹兮，若四邻畏〔恶〕"："〔恶〕"字于底本地应是写作借字的'亚'字，形似"四"字，故而传抄之际就被裁夺了；不止于此，彼时的传抄者还自主地改写了文本，武断地改作"若畏四邻"（按，若果如此，从社会常理给出推断，反证比邻的自己反而是四邻之所畏或所恶者，显见的，所改出的文本已是出离了祖本的经义）。因是，《道德经玄门新证校勘篇》厘定祖本的文本，应是写作"豫兮，若冬涉水；犹兮，若四邻畏〔恶〕"。

乙 -2. 按，对勘的其他诸传抄本皆是写作"客"字，王本独有的是写作"容"字（按，王弼注"凡此诸若，皆言其容象不可得而形名也"），笔者有之合理地推定，于祖本语义切要地应是写作"客容"。后世的传抄者已是执取于兴象遮诠"古之善为士者"，故而则是自主地裁夺了"容"字。因是，《道德经玄门新证校勘篇》厘定祖本的文本，应是写作"俨兮，若客容"。

按，见于王本的已是写作"涣兮，若冰之将释"，见于傅奕本的已是写作"涣若冰将释"，笔者推测，两者于底本的乃是兼存了作夹注的"冰（之）将释"，若据对文"涣兮"作审察，增入"冰（之）将"反而致使语义有失确当。见于北大汉简本的则是写作"涣乎（滹），其如冰之释（泽）"，具有古近"杂交"的特质。见于帛书甲、乙本的，皆是写作"涣呵，其若凌（淩）释（泽）"。见于楚简本甲组的则是写作"涣乎（滹），其若释（怿）"，其语义未尽周延。又，笔者推测，后世的传抄者因之已然"着相"于主体的"士者"，故而于诸项的皆是增入了"其"字，今校勘皆予以删除。因是，《道德经玄门新证校勘篇》厘定祖本的文本，应是写作"涣兮，若凌释"。

【三】甲，王本和傅奕本，皆是作"屯（敦）（按，先为交代，笔者作校勘，以文本约义，则是兼取楚简本甲组的'屯'字，进而厘定）兮（按，看齐历史早期的《诗经》其惯用字，于《道德经》全本，凡涉及校勘类同的虚词，笔者一律地皆是取'兮'字），其若朴；沌（旷）（按，以文本约义，兼及辨析对勘的诸抄传本的文本之中还存有的'沌'字，进而厘定）兮，其若谷；浑（混）（按，以文本约义，兼及辨析对勘的诸传本的文本之中还存有的'涽'字，相应地以通假字进而厘定）兮，其若浊"（按，对勘的，根据本章的经义作审察，可知该两本其行文语序符合祖本本有，而对勘的其他诸传抄本，于底本的已是不自知的改动了于祖本本有的行文语序）。

帛书乙本作“沌兮（呵），其若朴；浑〔湷（zhuāng）。按，该字通假‘浑’字〕兮（呵），其若浊；灌兮（呵），其若谷（浴）”。

帛书甲本作“〔沌〕兮（呵），其若樸（楃）；浑（湷）〔兮（呵）〕，〔其若浊〕；〔（灌）兮（呵）〕，〔其〕若谷（浴）”。

北大汉简本作“屯（杶）乎（虖），其如朴；沌乎（虖），其如浊；廣乎（虖），其如谷（浴）”。

楚简本甲组作“屯乎（㕑），其如（奴）朴；浑（坉。按，以文本约义，结合对勘文本，进而厘定于今宜写作‘浑’字）乎（㕑），其如（奴）浊”（按，与以上的诸传抄本对勘文本，可知于该本的是漏抄了“沌兮，其若谷”）。

乙，按，索解此文本，已知的乃是老子意在以之遮诠构成“天地创世纪”的宇宙“实相”，故而，若是据此约束语义，则可以转为拣择文本的所取字，《道德经玄门新证校勘篇》厘定祖本的文本，于祖本语义切要地应是写作“屯（zhūn）兮，若朴；沌（zhuàn）兮，若谷”〔按，古楚地今武汉区域内，早有地名是从河流“沌水”称名“沌（zhuàn）口”，文本之中的“沌”字宜从其读音〕。

按，对勘的诸传抄本，皆是存有呈现单出的“……，其若浊”，笔者结合从全本的经义作审察，进而由之推测，若果合于文理且符应祖本的经义，与之匹对的，于祖本的则必然还有着构成是对偶相出的经句。

及至校勘“从道”德章的文本，因之有所留心，笔者欣然发现，未料于王本于该章的文本之中，是以作夹注所遗存的，竟然还存有经句“澹（淡）兮，其若海；飂兮，若无止”，却缺失了于该章于祖本本有的“沕兮，其无止”〔按，对勘的：至帛书乙本，以作夹注所遗存的则是存有“沕呵，其若海”，还另存有“沕（望）呵，其无所止”；简言之，至帛书甲本，则是存有“忽呵，其若（？）”，还另存有“望呵，其若无所止”；简言之，至傅奕本，则是存有“淡兮，其若海；飘兮，似无所止”，却缺失了“沕兮，其无止”；简言之，至北大汉简本，已是讹作了“没旖，其如晦”，还另存有“芒旖，其无所止”。按，对勘文本，凡见到文本之中有所存有“所”字，于底本的皆是自主地增入〕，因缘历史上的此宗文牍底事，笔者得以补出了于本章已然缺失了的构成是对偶相出的经句。《道德经玄门新证校勘篇》厘定祖本的文本，于祖本句义完足地应是写作"浑兮，若浊；澹兮，若海"。

丙，综上既有的校勘，进而还得以推定，是以作夹注还留存于王本初本的"飂兮，若无止"此经句，无疑地，乃是本章的于祖本的文本所本有。构成义理一贯地，若果合于文理且符应祖本的经义，与之匹对的，于祖本的则必然还有着构成是对偶相出的经句。不限于对勘诸传抄本的文本，笔者还搜寻了所能见到的其他的各种传抄本的文本，皆未能找到。因之出于不无必要，基于以玄门建构为归导，加之必为结合从全本的经义作审察，笔者则是从猜想地予以补出了经句，补出了于本章已然缺失了的构成是对偶相出的经句，《道德经玄门新证校勘篇》有之新证，厘定祖本的文本，于祖本经义贯通且句义完足地应是写作"飂兮，若无止；〔飚兮，若无久〕"。

丁，基于既已厘定了于祖本的构成是"是以为之颂"的前半部分文本，还结合已知的，乃尔实质上是在遮诠构成"天地创世纪"的宇宙"实相"，那么接下来，从校勘的也就可以予以简明扼要地先为给出解析文本了（至于详为解析，请读者转为参看《道德经玄门新证解析篇》的相关内容）。

其一，老子有所兴象遮诠"豫兮，若冬涉水；犹兮，若四邻畏〔恶〕"，既反映出，内在的乃是偏转从"流转"的方向予以追问"古始"，亦是予以偏转追问"互有"，亦是予以偏转追问"天地创世纪"是何以从"形式因"的生成了三维的空间：

换言之，则是揭示了互道道动构成广义的有所呈现其运动形式特征（这是特征之一）：等持地予以遮诠"豫兮，若冬涉水"，即偏转从空间态的予以揭示了，宇宙运动是同场的发生了以质的物呈现出塌缩的"凝聚态"；等持地予以遮诠"犹兮，若四邻畏〔恶〕"，即偏转从空间态的予以揭示了，宇宙运动是同场的发生了以质的物呈现出发散的"逃逸态"。

转换来说，由高维时空的"其上不皦"让渡到生成四维时空的"天地创世纪"，反映出生成四维时空，乃是宇宙由混沌状态"孰能浊以静"以互反的向量发生了运动变化，即宇宙大爆炸是同场的发生了以"物"做相对运动，从空间态表征为是同场的发生了以质的物呈现出"凝聚态"和以质的物呈现出"逃逸态";也即，老子创觉"物"此在同场的以"互有"则是成立了空间态的质的物呈现出"凝聚态"和质的物呈现出"逃逸态"，亦即构成了有所创觉"互无"向"互有"能成立让渡，而所为对应的，亦即构成了有所创觉宇宙是何以生成了三维的空间（亦即构成了转为予以遮诠"将徐清"）。

再转换来说，这即偏转从构成高维时空的"孰能浊以静"或说"有状混成"，亦即从"古始"的宇宙混沌状态，相应地作出追问，予以揭示"天地创世纪"，而所为等价的，则是转为基于以物质生成为表征，遂然的可以以之标的宇宙天体运动，从而得以兴象遮诠，因是，也就得以揭示了何以会生成三维的空间，而所为对应的，即反映出，乃是以人当机对境"〔天地有域〕"，转为从此"相位"给出了具有"此在"意义的能受觉，既反映出了有所能受觉"天，得'一'以清";换言之，具有"实相"意义的，即揭示了宇宙是由高维时空的"先天地生"向着"将徐清"发生了演化，从而生成了三维的空间。

其二，老子有所兴象遮诠"俨兮，若客容；涣兮，若凌释"，既反映出，内在的乃是偏转从"流转"的方向予以追问"古始"，亦是予以偏转追问"互有"，亦是予以偏转追问"天地创世纪"是何以从"形式因"的生成了一维的时间：

换言之，则是揭示了互道道动构成广义的有所呈现其运动形式特征（这是特征之二）：等持地予以遮诠"俨兮，若客容"，即偏转从时间态的予以揭示了，宇宙运动是同场的发生了以质的物呈现出固化的"稳定态"；等持地予以遮诠"涣兮，若凌释"，即偏转从时间态的予以揭示了，宇宙运动是同场的发生了以质的物呈现出裂解的"突变态"。

转换来说，由高维时空的"其下不昧"让渡到生成四维时空的"天地创世纪"，反映出生成四维时空，乃是宇宙由混沌状态"孰能安以重"以互反的向量发生了运动变化，即宇宙大爆炸是同场的发生了以"物"做相对运动，从时间态表征为是同场的发生了以质的物呈现出"稳定态"和以质的物呈现出"突变态"；也即，老子创觉"物"此在同场的以"互有"则是成立了时间态的质的物呈现出"稳定态"和质的物呈现出"突变态"，亦即构成了有所创觉"互无"向"互有"能成立让渡，而所为对应的，亦即构成了有所创觉宇宙是何以生成了一维的时间（亦即是构成了转为予以遮诠"将徐生")。

再转换来说，这即偏转从构成高维时空的"孰能安以重"或说"独立不改"，亦即从"古始"的宇宙混沌状态，相应地作出追问，予以揭示"天地创世纪"，而所为等价的，则是转为基于以物质生成为表征，遂然可以以之标的宇宙天地运动，从而得以兴象遮诠，因是，也就得以揭示了何以会生成一维的时间，而所为对应的，即反映出，乃是以人当机对境"〔天地有域〕"，转为从此"相位"给出了具有"此在"意义的能受觉，既反映出了有所能受觉"地，得'一'以宁"；换言之，具有"实相"意义的，即揭示了宇宙是由高维时空的"寥兮寂兮"向着"将徐生"发生了演化，从而生成了一维时间。

其三，老子有所兴象遮诠"屯兮，若朴；沌兮，若谷"，既反映出，内在的乃是偏转从"还灭"的方向予以追问"古始"，亦是予以偏转追问"互无"，亦是予以偏转追问"天地创世纪"是何以从"形式因"的进而生成了是构成高维时空的宇宙"实相"（互为显义地，既为构成了是由"其上不皦"进而让渡到"无状之状"）：

换言之，则是揭示了互道道动构成广义的有所呈现其运动形式特征（这是特征之三）：等持地予以遮诠"屯兮，若朴"，内在的亦是以"极限"作推导的，即偏转从空间态的予以揭示了，宇宙运动是同场的发生了是构成高维时空的以质的物此在的呈现出"实性"；等持地予以遮诠"沌兮，若谷"，内在的亦是以"极限"作推导的，即偏转从空间态的予以揭示了，宇宙运动是同场的发生了是构成高维时空的以质的物此在的呈现出"空性"（按，构成义理一贯地，简言之，即转为对应有所能受觉"无状之状"，亦即转为反映出有所能受觉"神，得'一'以灵"）。

其四，老子有所兴象遮诠"浑兮，若浊；澹兮，若海"，既反映出，内在的乃是偏转从"还灭"的方向予以追问"古始"，亦是予以偏转追问"互无"，亦是予以偏转追问"天地创世纪"是何以从"形式因"的进而生成了是构成高维时空的宇宙"实相"（互为显义地，既为构成了是由"其下不昧"进而让渡到"无物之象"）：

换言之，则是揭示了互道道动构成广义的有所呈现其运动形式特征（这是特征之四）：等持地予以遮诠"浑兮，若浊"，内在的亦是以"极限"作推导的，即偏转从时间态的予以揭示了，宇宙运动是同场的发生了是构成高维时空的以质的物此在的呈现出"粒子性（即呈现出是粒子性的震荡）"；等持地予以遮诠"澹兮，若海"，内在的亦是以"极限"作推导的，即偏转从时间态的予以揭示了，宇宙运动是同场的发生了是构成高维时空的以质的物此在的呈现出"波动性（即呈现出是波动性的震荡）"（按，构成义理一贯地，简言之，则是转为对应有所能受觉"无物之象"，亦即转为反映出有所能受觉"谷，得'一'以盈"）。

按，综上既有的辨析，进而可知，基于既为揭示了互道道动有之五个运动形式特征（按，包括后面还有给出的第五个运动形式特征），则亦反映出，生命的觉者有所能够认知宇宙"实相"，相应地既构成了亦是有所能够认知"互无"与"互有"能成立互为让渡：

其一，兴象遮诠构成"天地创世纪"的乃是生成了四维时空的宇宙"实相"，等价的转为是以"物"此在作表征从而能给出遮诠的，亦是构成了进而偏转从"流转"的方向有所兴象遮诠"〔天地有域〕，夫唯弗盈；是以能蔽〔也〕而〔能〕新成"：

兴象遮诠构成"天地创世纪"的乃是生成了高维时空的宇宙"实相"，等价的转为是以"物"此在作表征从而能给出遮诠的，亦是构成了进而偏转从"还灭"的方向有所兴象遮诠"随而不见其后，迎而不见其首（按，即偏转从'形式因'的予以揭示了宇宙'实相'，反映出两者是构成能成立互为让渡的，即对文'〔天地有域〕，夫唯弗盈'）；是谓：惚恍（按，即偏转从'质料因'的予以揭示了宇宙'实相'，反映出两者是构成能成立互为让渡的，即对文'是以能蔽〔也〕而〔能〕新成'）"。

其二，兴象遮诠构成"天地创世纪"的宇宙"实相"，亦反映出，内在的是等持地还有所偏转从"还灭"的方向且偏转从"流转"的方向，同场的有之是从这两个方向的作出追问：

一者，即构成了进而的则是有所兴象遮诠"孰能浊以静，将徐清；孰能安以重，将徐生"（按，基于禅定"大定"总持地"守于'中'"，偏转对应客体的，以对文即遮诠"〔也而〕有象兮"，以及遮诠"〔也而〕有物兮"），于全本的是作玄门建构的，以对文即遮诠"有状混成，先天地生"，以及遮诠"独立不改，寥兮寂兮"（按，基于禅定"大定"总持地"守于'中'"，是偏转对应客体的，以对文即遮诠"惚兮恍兮"，以及遮诠"恍兮惚兮"）；

二者，还有，基于内在的亦是以"极限"作推导，进而以对文从"质料因"的即遮诠"吾未知其名，强字之曰：道；〔道〕，可以为天下〔之物〕〔之〕母"（按，基于禅定"大定"总持地"守于'中'"，是偏转对应客体的，以对文即遮诠"道隐无名；夫唯道，善始且善成"：构成义理一贯地，相应地即反映出"惚恍"与"是以能蔽〔也〕而〔能〕新成"则是构成了能成立互为让渡，换言之，既为偏转从"质料因"的能够反映出"互无"与"互有"能成立互为让渡），进而以对文从"形式因"的即遮诠"吾为之名，强〔名之〕曰：大；'大，曰：逝；逝，曰：远；远，曰：返'"（按，基于禅定"大定"总持地"守于'中'"，是偏转对应客体的，以对文即遮诠"大方无隅；大器曼成；大音希声；大象无形"：构成义理一贯地，相应地即反映出"随而不见其后，迎而不见其首"与"〔天地有域〕，夫唯弗盈"则是构成了能成立互为让渡，换言之，既为偏转从"形式因"的能够反映出"互无"与"互有"能成立互为让渡）。

其五，老子有所兴象遮诠"飂兮，若无止；〔飚兮，若无久〕"，既反映出，内在的乃是偏转从"还灭"的方向予以追问"古始"，亦是予以偏转追问能创生"天下之物"的"道"，亦是予以偏转追问"天地创世纪"是何以从"质料因"的生成了"天下神器"（互为显义地，既为构成了是由"寻寻兮，不可名"进而让渡到"复归于无物"）：

换言之，则是揭示了互道道动构成广义的有所呈现其运动形式特征（这是特征之五）：对应当机者是禅定"大定"总持地有所能受觉"寻寻兮，不可名；复归于无物"（按，而所对应的：偏转从"还灭"的方向作追问，以对文即遮诠"是谓：惚恍"；偏转从"流转"的方向作追问，以对文即遮诠"是以能蔽〔也〕而〔能〕新成"），内在的乃是转为有所追问于"道"，既相应地予以揭示了，于宇宙全域，互道道动乃是无量的随机的充遍的，而构成是从主体相应地能给出勘验的，则反映出亦是有所能受觉"天下之至柔，驰骋于天下之至坚"。

转换来说，亦是反映出，基于有所能受觉"反也者〔返〕，道之动；若也者〔强〕，道之用"，进而相应地还予以揭示了，于宇宙全域，此在的则是有着由"混沌"状态向着"协同"状态和"突变"状态发生演化（按，基于意义于"弱也者强"，则是有所遮诠"飂兮，若无止"），且有着由"协同"状态和"突变"状态向着"耗散"状态发生演化（按，基于意义于"强也者弱",则是有所遮诠"〔飈兮,若无久〕"):而转为等价的是以"〔神器之〕物"所能反映的,是以"物"此在作表征的,进而能给出勘验的,于"大制"道章以对文的则是有所遮诠"或行,或随(按,即显义是由'混沌'状态向着'协同'状态发生演化);或炅,或吹(按,即显义是由'混沌'状态向着'突变'状态发生演化)。或培,或堕(按,即显义是由'协同'状态向着'耗散'状态发生演化);或强,或剉(按,即显义是由'突变'状态向着'耗散'状态发生演化)"。

【四】甲,傅奕本作"孰能浊以澄,靖之而徐清;孰能安以久,動之而徐生"。北大汉简本作"孰能浊以静之,徐清;孰能安以動之,徐生"。

帛书乙本作"浊而静之,徐清;安(女)以重之,徐生",帛书甲本作"浊而静(情)之,徐(余)清;安(女)以重之,徐(余)生"(按,从校勘的可以先为指出,该两本皆是写作"重"字,乃为祖本旧有。反言之,若是作"動"字,该两本应是写作"踵"字,而楚简本甲组应是写作"遑"。至王本、傅奕本、北大汉简本,于底本的则是自主地据对文'静'想当然地将"重"改成了"動"字)。

楚简本甲组作"孰(竺)能浊以静(朿)者(按,从校勘的可以指出,至该本,因之'着相'主体的'士者',于底本的已是不了义的增入了'者'字),将徐(舍)清;孰(竺)能庀(pǐ。按,通假'比'字)以迋(zhù。按,意义'行止')者,将徐(舍)生"。

王本传本作"孰能浊以〔?〕,静之徐清;孰能安以久,動之徐生"(按,王注"夫晦以理,物则得明;浊以静,物则得清;安以动,物则得生,此自然之道也。孰能者,言其难也。徐者,详慎也",由此推测,于王本初本的应是写作"孰能浊以静者,徐清;孰能安以動者,徐生")。

以玄门建构为归导,具体的还结合不限于只是对勘"善法"道章的文本,亦对勘于全本的是构成对文的文本,《道德经玄门新证校勘篇》,厘定祖本的文本,于祖本语义切要地应是写作"孰能浊以静,将徐清;孰能安以重,将徐生"。

乙,按,从校勘的亦可以指出,于全本的乃是构成语义互为符应的,相应地则得以索解,以要义的:遮诠"浊"亦对文遮诠"混成",遮诠"静"亦对文遮诠"有状";遮诠"安"亦对文遮诠"不改",遮诠"重"亦对文遮诠"独立"。

【五】甲，王本和傅奕本，皆是作"保此道者不欲盈"。

帛书乙本作"保（葆）此道〔者不〕欲盈"，帛书甲本作"保（葆）此道者不欲盈"。

北大汉简本作"保（抱）此道者不欲盈"。楚简本甲组作"保此道者不欲（谷）尚（端）盈（呈）"。

以玄门建构为归导，先为导出，《道德经玄门新证校勘篇》有之新证，厘定祖本的文本，于祖本句义完足地应是写作"〔今之〕〔能〕保此道者，〔其〕不欲尚盈"。

乙，按，笔者既作出如是的校勘，其依据何在？接下来亦可以给出有效的验证，简言之：

于全本的是作玄门建构的，构成"互映对称成就"的，以对文即遮诠"今之善为道者（按，即对文'〔今之〕〔能〕保此道者'），执今之道，以御今之有〔德〕（按，即对文'〔其〕不欲尚盈'）"；

还有的，转为进而是能给出勘验的，以对文即遮诠"其在〔有〕道〔者〕（按，即对文'〔今之〕〔能〕保此道者'），〔有道〕也曰：赘行，有欲者弗居（按，即对文'跨者不若行'）（按，即比德于道的有所对治于异化出'贵富而骄，自遗罪'，亦对文'持而盈之，不若其已'）；余食，物或恶之（按，即对文'炊者不立〔馀〕'）（按，即比德于道的有所对治于异化出'金玉盈室，莫能守'，亦对文'湍而群之，不可长保'）（按，合之两者，即构成了共为对文'〔其〕不欲尚盈'）"。

【六】甲，王本作"夫唯不盈，故能蔽不新（按，对勘的，独有该本是存有'新'字）成"。

傅奕本作"夫唯（惟）不盈，是以能敝而不成"。北大汉简本作"夫唯不盈，是以能敝不成"。

帛书乙本作"是以能（襞）而不成"（按，对勘的，该本没有抄写构成前项的文本"夫唯不盈"）。帛书甲本作"夫唯不（按，对勘的诸传抄本，皆是写作'不'字，据全本的经义作审察，于祖本语义切要地应是写作'弗'字。之所以会是写作'不'字，于底本的已是据前句的'不欲盈'进而自主地有所改写）欲〔盈〕，〔是〕以能〔？？〕成"（按，据其存有"欲"字，从校勘的可以指出，显明的，已是基于承接前句相应地还改动了后句的文本）。

楚简本甲组，与以上的诸传抄本对勘文本，于此处则是没有抄写该文本。

以玄门建构为归导，先为导出，出于不无必要，是出于自忖的或说深度的冥想，加之结合必为全面地验证于是构成对文的文本，笔者补出了构成是前项的经句"〔天地有域〕"，《道德经玄门新证校勘篇》，厘定祖本的文本，于祖本经义贯通且句义完足地应是写作"〔天地有域〕，夫唯弗盈；是以能蔽〔也〕而〔能〕新成"。

乙，按，以孤本的"修辍"本向后初传，困于既有的文本"痼疾"而不觉，后世的传抄者，皆未能觉知本章的文本实则是在兴象遮诠构成"天地创世纪"的宇宙"实相"。故而，流弊所致，后世的传抄者，则是裁夺了"〔天地有域〕"（按，亦不排除，该文本于底本之际就早已经缺失了），不止于此，加之早已是堕入了边见的认知，出于既肯定了前项的"能蔽（敝）"，势必予以否定了后项的"能新成"；换言之，出于顺应褒扬"古之善为士（道）者"，后世的传抄者，则是自主地作出了实则是错谬地改写文本：出于意在照应到"保此道者不欲尚盈"，传抄流变地则是改写成了"夫唯不盈，是以能敝而不成（或是'能蔽不新成'）"，而所改写出来的文本，已是彻底地出离了祖本的经义。

丙-1. 按，一贯地，接下来，还须验证笔者所厘定的文本。于全本的乃是构成经义贯通的，具体的则是先行结合对勘"全归"道章的文本，相应地给出有效的验证：

简言之：则是有之"洼则盈；蔽则新"（按，是偏转从"质料因"的有所给出能觉知）与"〔天地有域〕，夫唯弗盈；是以能蔽〔也〕而〔能〕新成"，乃尔可以构成能互为显义（按，合之两者，即共为能够显义禅定"大定"总持地能受觉"没身不殆"）；则是有之"曲则全；枉则正"（按，是偏转从"形式因"的有所给出能觉知）与"随而不见其后，迎而不见其首；是谓：惚恍"，乃尔可以构成能互为显义（按，合之两者，即共为能够显义禅定"大定"总持地能受觉"致极虚；守极笃"）；则是有之"少则得；多则惑"（按，基于主客体同构地有所抉择了"故从事于德同道：得者同于得；失者同于失"，从而从主体的有所给出能觉知）与"〔今之〕〔能〕保此道者，〔其〕不欲尚盈"，乃尔可以构成能互为显义（按，构成比德于道的，合之两者，即共为能够显义所遮诠的"上士闻道，堇能行于其'中'"）。

丙-2. 按，不止于此，针对笔者所厘定的文本，结合从全本的文本作审察，进而亦可以给出有效的验证：

一者，是对应遮诠"〔天地有域〕，夫唯弗盈"的，于全本的是作玄门建构的，以对文即遮诠"大成若缺"，以及遮诠"大盈若冲"。还有，是对应遮诠"是以能蔽〔也〕而〔能〕新成"的，以对文即遮诠"其用不蔽"，以及遮诠"其用不穷"。

二者，是对应遮诠"〔天地有域〕，夫唯弗盈；是以能蔽〔也〕而〔能〕新成"的，于全本的乃是构成经义贯通的，以对文即遮诠"天地之间，其犹橐籥；虚而不屈，动而愈出"。

三者，是对应遮诠"〔天地有域〕，夫唯弗盈"的，于全本的是作玄门建构的，以对文即遮诠"绵绵兮（按，即对文'〔天地有域〕'），若存（按，即对文'夫唯弗盈'）"。还有，是对应遮诠"是以能蔽〔也〕而〔能〕新成"的，以对文即遮诠"用之不堇"。

四者，有所遮诠"〔天地有域〕，夫唯弗盈；是以能蔽〔也〕而〔能〕新成"，即构成了转为有所相承前项的文本，是总持地偏转从"流转"的方向予以兴象遮诠"天地创世纪"的文本：有所相承"孰能浊以静，将徐清（按，既是构成了呈现出'天地创世纪'：从而生成了'〔天地有域〕'的'天'；相与有应的，既为呈现出：天，得'一'以清）；孰能安以重，将徐生（按，既是构成了呈现出"天地创世纪"：从而生成了"'〔天地有域〕'的'地'；相与有应的，既为呈现出：地，得'一'以宁）"。

按，从校勘的还需指出，早期的传抄者还自主地改动了祖本的行文语序：已是将祖本的尾句"〔今之〕〔能〕保此道者，〔其〕不欲尚盈"以行文语序前置（按，传抄流变地则是改写成了"保此道者不欲尚盈"）；互为易位的，已是将祖本的前句"〔天地有域〕，夫唯弗盈；是以能蔽〔也〕而〔能〕新成"以行文语序后置，改作是本章的尾句（按，传抄流变地则是改写成了"夫唯不欲盈，是以能敝而不成"）。

丁，按，试问，楚简本甲组的传抄者，于本章为何并未抄写出"〔天地有域〕，夫唯弗盈；是以能蔽〔也〕而〔能〕新成"此文本？检索楚简本竹简影印原迹，见出在整片的竹简上是接续地抄出分别的是属于两章的文本，因此可以推定，非是简册遗失，亦非抄写遗漏。笔者进而有之推测：一者，应该是该本的或是其底本的传抄者，自主地有所裁定文本，将此经句裁入了下一章，认定此经句乃是该章其首句的文本，构成了是与"致极虚，守极笃"作行文的前后接续。二者，还因之已然着相于"古之善为士者"，故而，则是主从"士者"予以约束文本，则"保此道者不欲尚盈"也就被写作了是本章的尾句。

与之关涉的，笔者还有进一步地予以追索，检索楚简本甲组的竹简影印原迹，见出其传抄者是次第地节录了共三章的文本（按，笔者有之推测，反映出其传抄者出于秉持儒家之"尊德性而道问学"，集合了共三章的文本，相应地予以追摄"士"之"立命"）：

其一，起首的，则是抄录了"善法"道章其全章的文本（为免于行本繁复，转抄文本从略。按，因之关涉意义于实践"人法地；地法天；天法道；道法自然"，故而，相应地则是有所转向追摄"士"之"守于'中'"）。

其二，相接的，则是节录了"守中"道章的文本，从其文本之中只录出了"天地之间，其犹橐籥与？虚而不屈，动而愈出"此整句（按，笔者有之推测，因之于底本的，不但是惊世骇俗地写有"天地不仁，以万物为刍狗；圣人不仁，以百姓为刍狗"，而且是写有"多闻数穷，不若守于'中'"的还写有"多闻数穷"，因之这些文本已是抵牾了传抄者有所秉持儒家之"尊德性而道问学"，故而，传抄之际是有意识地就裁掉了这些有违己意的文本）。

其三，殿后的，则是未予抄录"观复"道章的文本，仅仅是以资作夹注的有所借用了文本之中的些许字词（按，其传抄者，或是其底本的传抄者，基于自主地所能理解经义，则是以作夹注的从而写出了"至虚，亙也；守中，笃也。万物方作，居以须复也。天道员员，各复其堇"，之外的，则是再无全然的抄写文本。若为推测其所为作夹注的目的，无外乎的，乃是出于专为追摄"人法地；地法天；天法道；道法之然"。此不赘，请读者参看接下来的下一章，还有详为的给出校勘）。

《道经》第十六章"观复"道章

王弼本《道德经》上经第十六章

致极虚；守极笃。

万物并作，吾以观复：

"天下之物雲雲，各复其堇；各复其堇，曰：静"；

是谓：复命。

互，曰：复命；知互，曰：明。

不知互，妄；妄作，凶。"知互，乃容；容，乃

公；公，乃全"；"全，乃天地；天地，乃道；道，

乃一"。

没身不殆。

【校勘经文】

【一】甲，王本传本作"致虚极；守静笃"（按，检索王注，有注"言致虚，物之极笃；守静，物之真正也"，难免牵强附会）。傅奕本作"致虚极；守静（靖）笃"。

北大汉简本作"致（至）虚极；积正笃（督）"。帛书甲本作"致（至）虚，极也；守情，表也"。帛书乙本作"致（至）虚，极也；守静，笃（督）也"。

楚简本甲组作"致（至）虚，互也；守中，笃（篤）也（按，篤、督、笃此三字通假，《尔雅·释诂》'笃，固也'，有'定、止'之义）"

道德经玄门新证 校勘篇

一三一

（按，该本未传抄全章的文本，仅以作夹注有所借用文本之中的字词）。

以玄门建构为归导，先为导出，《道德经玄门新证校勘篇》有之新证，厘定祖本的文本，于祖本的应是写作"致极虚；守极笃"。

乙，按，结合对勘诸传抄本的文本，还结合从全本的经义作审察，笔者有之合理地推测：

一者，至楚简本甲组，是出自其传抄者的另有所为：应之为有关的文本作夹注，则是借用了于底本的所存有的"致（至）极（亟）（按，于底本的，彼时的用字，应该是以通假字将'极'写作了'亟'字）虚"和"守极（亟）笃（箮）"，相应地予以写入了"亟也"和"守中也"（按，于全本的，凡窜并的作夹注，仅此一例尚能见地，逼近祖本的经义）；则是自主地予以裁并了两处的文本，进而写成了"至虚，亟也；守中，箮也（按，出于作夹注的若为语义完整，则应当写作'致极虚，亟也；守极箮，守中也'）"。

二者，至帛书甲本（于底本的已是同于楚简本甲组的文本），则是进而改成了"至虚，极（按，是将'亟'改作了'极'字）也；守情，表也（按，笔者有之推测，不排除其传抄者乃是'生吞活剥'了相涉《庄子·大宗师》的文本，据此，自主地有所阐发经义，进而篡改了底本的文本）"。及至帛书乙本，则是进而改成了"至虚，极也；守静（按，是据后文的'静'字从而改出，随之的也就顶戴了底本的'中'字），督也"。

三者，至北大汉简本，具有古近"杂交"的特质，则是进而改成了"至虚极；积正（按，出于意在进而阐发'守中'，则是自主地以转义地写出了'积正'，随之的也就顶戴了底本的'守中'）督"。

四者，面对既有的文本，至北大汉简本、傅奕本、王本，皆是裁夺了底本的"也"字〔按，据"致（至）虚"并不必然的就可以判定"极也"，已是沦为无效判定，还衍生了语义不明，故而，传抄者则是删除了"也"字。因之同病，一顺地亦删除了"笃（督）也"的"也"字〕。

按，遮诠当机者禅定"大定"（按，笔者解析文本有所指称是禅定"大定"，若为索解其意义，格义的亦可索解于《庄子·大宗师》之言及"真人"："且有真人而后有真知……"，"……其息深深"，"真人之息以踵，众人之息以喉"，"……天与人不相胜也，是之谓真人"，"……又况万物之所系而'一'化之所待乎！"）总持地有所能受觉"致极虚；

守极笃"且能受觉"没身（按，是此在的对应能受觉'致极虚'）不殆（按，是此在的对应能受觉'守极笃'）"，构成"互映对称成就"的，即反映出了，生命的觉者是主观能动的具足了能"守于'中'"，从而能等觉和能等持地有所同构了客体与主体（按，以胜义地，既为构成了生命的觉者有所应成"以'〔一〕'知古始"，称名《道纪》），内在的亦是以"极限"作推导的，从而反映出了有所创觉宇宙"实相"，而所等价的，则亦是反映出了有所觉知"复命"实相，有所觉知实相"自然"。

【二】甲 –1. 王本传本作"万物并作，吾以观复"（按，检索王注，有注"以虚静观其反复"，可证于其初本的应该是写作"吾以观其复"）。帛书甲、乙本，皆是作"万物旁作，吾以观其复也"。傅奕本和北大汉简本，皆是作"万物并作，吾以观其复"。

楚简本甲组作"万物方作，居以须复也"（按，该本未传抄全章的文本，仅以作夹注有所借用文本之中的字词）。

甲 –2. 按，笔者有之推测，后世传抄文本：至楚简本，其写作"方"字（按，"方"字：甲骨文，本义指称耕作的农具，转为指称农作物经过复耕从而得以"始"生，引申义则是指称构成政治统治的地域），乃为祖本旧有；至王本，则是由"方"训作"并"字（按，"并"字，指称事物是呈现协同的共在。以文本约义，则是具有实相"此在"的意义）；至帛书甲、乙本，则是由"方"训作"旁"字（按，"旁"字：甲骨文，本义指称四至之广域，后世则是转为指称是对应中央王权区域的广域之边域）。

按，有所遮诠"万物方作"，乃是意在阐发万物是呈现广域的生生不息，或说是具有"此在"意义的"复命"：

同场的偏转从"还灭"的方向予以追问于"道"，则有着遮诠"道生一"（按，内在的基于禅定"大定"总持地有所同构了主体与客体：是对应客体的所能给定）和遮诠"负阴抱阳"（按，简言之，是对应主体的所能给定），转向是以"复命"实相所呈现的，既为遮诠"各复其菫，曰：静"（按，构成义理一贯地，亦显义于所遮诠的"不道，早已"，以及所遮诠的"身退也载"）；

同场的偏转从"流转"的方向予以追问于物创生或说物衍存，则有着遮诠"一生二，二生三，三生万物"（按，内在的基于禅定"大定"总持

道德经玄门新证 校勘篇

一三三

地有所同构了主体与客体：对应客体的所能给定）和遮诠"冲气以为和"（按，简言之，是对应主体的所能给定），转向是以"复命"实相所呈现的，既为遮诠"天下之物云云，各复其堇"（按，构成义理一贯地，亦显义于所遮诠的"物壮即老，是谓：不道"，以及所遮诠的"功遂"）。

顺为指出，若为索解"万物方作，吾以观复"其义理，旁及的亦可以格义于先于老子《道德经》问世的《亘先》，据其文本亦能相应地推及义理，是写作：举天下之生，同也，〔也而〕〔同〕其"事"无不"复"：〔举〕天下之作，也无〔不〕许〔其〕极〔而〕无非其所；举天下之〔为〕，"〔也而能自为〕，也无不得其极而'果'遂：'……；……'"。

按，综上辨析，进而可知，同场的对境"万物"既能判称"并作"（或"方作"。便于今人直了经义，且未违经义，今校勘从王本，是写作'并作'），即反映出别别不同的此在之"物"乃是有着本质上的同一，即共为有着"复"的内在规定性，即共为有着"反也者返"的运动形式特征，也即，应之以意义于"复"作出遮诠，显见的，则是进而有所诉诸构成"形式因"的"亘"范畴和构成"质料因"的"复命"范畴。还有的，进而亦可知，同场的，应之以"人"以生命的觉者当机，对境此在之"物"予以勘验能受觉"实相"，基于此在之"在者"与"在"构成是本质上的同一，则反映出乃是以老子"吾"当机，应机的以禅定"大定"（守于"中"）总持地有所"吾以观复"。故而，由此亦可确知，于祖本的就不应该是写作"吾以观其复"（按，还不至于有违经义的，倒是可以写作"吾以其观复"），也即，此"其"字，无疑地应该是后来的传抄者出自着相而予以增入。因是，《道德经玄门新证校勘篇》厘定祖本的文本，于祖本语义切要地应是写作"万物并作，吾以观复（按，从校勘的可以先为指出，而所为等价的，禅定的此'观复'即为禅定的彼'玄览'）"。

乙-1. 王本作"夫物芸芸，各复归其根。归根，曰：静；是谓：复命"。傅奕本作"凡物芸芸，各归其根。归根，曰：静（靖）；静（靖），曰：复命"（按，后世传抄流变地另有取字从而是写作"芸芸"，反映出已是着相"物"外在的生长繁茂，已浅出了祖本的经义，未知于祖本的乃是意在追问此在之"物"其内在的生命动力）。

帛书甲本作"天物云云（云云），各复归于其〔根〕。静（情），是谓：复命"（按，于今来说，据文本的本义予以取字，则应该是写作"云雲"，换言之，不可混同于从简化字出发的予以写作"云云"。遮诠"雲雲"，即指称此在之"物"内在的因由阳气发动，从而呈现出了旺盛的生命力，构成互为显义地，即有之对文遮诠"物壮"的呈现"壮"）。

帛书乙本作"夫物魂魂，各复归于其根，曰：静。静，是谓：复命"（按，遮诠"魂魂"，则是指称内在的因由阳气衰退，从而将会导致生命归阴，显见的，已是意义相反的有别于遮诠"雲雲"）。

北大汉简本作"天物雲雲，各复归其根，曰：静。静，曰：复命"（按，同于帛书甲本，皆是写作"天物雲雲"）。

楚简本甲组，是以作夹注的还有保存文本，作"天道員員，各复其堇"（按，从校勘的可以指出：乃是借用了文本之中的"各复其堇"，据自主地所能理解，以夹注从而写出了"天道員員"；乃是借用了文本之中的"万物方作"，据自主地所能理解，以此夹注从而写出了"居以须复也"）。

以玄门建构为归导，具体的还结合对勘"反动"道章和"复命"道章的文本，《道德经玄门新证校勘篇》有之新证，厘定祖本的文本，并句读作"万物并作，吾以观复：'天〔下之〕物雲雲，各复其堇；〔各复其堇〕，曰：静'；是谓：复命"。

乙-2. 按，有所遮诠"天〔下之〕物雲雲"，以对文的即偏转遮诠"天下之物：生于有"（按，以对文的亦遮诠"一生二，二生三，三生万物"）；遮诠"曰：静"，以对文的即偏转遮诠"天下之物：生于无"（按，以对文的亦遮诠"道生一"）。辨析复用的有所遮诠"各复其堇"：索解其意义于"复"，以对文的即偏转遮诠"反也者〔返〕，道之动"（按，以对文的亦遮诠"冲气以为和"）；索解其意义于"堇"，以对文的即偏转遮诠"弱也者〔强〕，道之用"（按，以对文的亦遮诠"负阴抱阳"）。

按，于祖本的应是写作"天〔下之〕物雲雲"，而后世传抄，纷呈的已是有所流变：一者，至帛书甲本和北大汉简本，于底本的，则是改作"天物雲雲"。二者，至帛书乙本和王本，推测其成因，或是将"天"误认作是"夫"字，或是针对"天物"因之语焉不详，于底本的，则是改作"夫物"。三者，至傅奕本，针对"天物"因之语焉不详，则是改作"凡物"。四者，至楚简本甲组，有所写作"天道員員"，则是夹注者出于自解的独出；换言之，还有方家考证其用语，已有指出，于先秦乃至先秦以降的古籍之中未见援例。

　　按，于祖本的应是写作"各复其堇"，而后世传抄，纷呈的已是有所流变：追溯至早期的同源的底本，可知彼时的传抄者因之已是执取于具象的"物"存续和迭代，故而，则是据常识性的"落叶归根"，从而改写"堇"字易之以"根"字，还有的，出于需要满足语义能够前后无违，还增入了"归"和"于"字，能见于帛书甲、乙本的，则是裁作"各复归于其根"。

　　至帛书乙本，主从"各复归于其根"，加之还需弥合于整句的不致出现语义前后有违，则还增入了"静"字，进而改写作"曰：静；静，是谓：复命"。同时地，则是将祖本所复用的"各复其堇"，以替换的"各复归于其根"裁为了单出（按，楚简本除外，对勘的其他诸传抄本，于底本的出于"顺读"皆是裁为了单出）。至王本，出于需要周延句义，则是删除了于底本的"于"和"静"字，转为增入了"归根"，再为流变地，则是改写作"夫物芸芸，各复归其根。归根，曰：静；是谓：复命"，而所改写出来的文本，已是出离了祖本的经义。

　　【三】甲-1. 王本和傅奕本，皆是作"复命，曰：常；知常，曰：明"。帛书甲本、帛书乙本、北大汉简本，皆是作"复命，常也；知常，明也"。

　　甲-2. 按，从校勘的还须指出，因之后世的传抄者已是执取于具象的"物"存续和迭代，故而，随之的则是武断地裁改了于祖本本有的"各复其堇"，流变地改作"各复归于其根"。因此而成为诱因，下顺的则是将祖本本有的"亙"篡改作了"常"字。传抄者所不自觉知的，阈限于边见的认知，还从具象的来加以理解"复命"，从而取用"常"字（按，同病的，还出现在了"袭亙"德章和"不道"德章，亦是取用"常"字），则老子特为给定的"亙"范畴，也就随之的遭致淹没了，后果是极其恶劣的，以至于仍旧障碍着当今的学界，从来就无法得以整顿出老子所建构的构成其无为法的体系性范畴。

　　按，生命的觉者能创觉宇宙"实相"，成为其基底的既反映出有所觉知"亙无"与"亙有"能成立互为让渡，相与有应的，基于守于"中"的已然具足了能等觉和能等持，老子则是给定了这两者是构成轴对称"镜伴"的具有结构性的同构：

同场的偏转从"形式因"作出追问，从道体作分证，则是导出了"互"范畴（按，对应于是从道性作分证的，即是构成了有所追问于"天地之根"）；同场的偏转从"质料因"作出追问，从道体作分证，则是导出了"复命"范畴（按，对应于是从道性作分证的，即是构成了有所追问于"玄北之门"）。故而，于全本的是作玄门建构的，出于有所分证构成总分证的"真信"道章，于轴枢的"观复"道章，是等持地偏转从认识论的本体论作出遮诠的，则是给出了判摄："互，曰：复命；知互，曰：明"（按，出于有所分证构成总分证的"真信"道章，于轴枢的"善法"道章，是等持地偏转从本体论的认识论作出遮诠的，则是给出了判摄："'中'〔之〕'域'有四大；'中'〔之〕'域'人居焉"），而所述之文本，及至见于帛书甲、乙本的于底本的，则是不觉错谬地被改写成了"复命，常也；知常，明也"，而所改写出来的文本，已是彻底地出离了祖本的经义。

按，后世的传抄者，早已习惯于以"顺读"来理解文本，加之意在照应到"是谓：复命"，故而，则是以行文语序从整体上，不了义的予以改动了后句：见于帛书甲、乙本的，皆是改成了"复命，常也；知常，明也"；见于王本的，则是改成了"复命，曰：常；知常，曰：明"。

以玄门建构为归导，《道德经玄门新证校勘篇》有之新证，厘定祖本的文本以及厘定祖本的行文语序，并句读作"互，曰：复命；知互，曰：明"。

乙-1. 王本和傅奕本，皆是作"不知常，妄作凶"。北大汉简本作"不知常，妄（忘）作凶"。

帛书乙本作"不知常，妄（芒）；妄（芒）作，凶"。帛书甲本作"不知常，妄（㤽 huāng）；妄（㤽）作，凶"（按，对勘的，至王本、傅奕本、北大汉简本，自主以三字句为齐整，于底本的，已是将重出的"妄"字裁为了单出）。

以玄门建构为归导，具体的还结合从全本的经义作审察，《道德经玄门新证校勘篇》，厘定祖本的文本，于祖本句义完足地应是写作"不知互，妄；妄作，凶"。

乙-2. 按，于全本的乃是构成经义贯通的，有所遮诠"不知互，妄；妄作，凶"，以要义的，既是予以揭示了于人之道何以会产生出了异化，简言之：因之内在的乃是阈限于边见的认知，则是生起了意志自性情执的异化出了为"物欲"所异化，进而异化认知"事成"，从而的，则是异化出了自性"有私"而"有为"（按，既反映出了乃是出于"不知互，妄"）和自性"有欲"而"有以为"（按，既反映出了乃是出于"妄作，凶"）。

【四】甲，王本传本和傅奕本，皆是作"知常容，容乃公，公乃王（按，检索王注，有注'荡然公平，则乃至于无所不周普也'，据此推测，不排除于其初本的或是写作'公乃全'），王乃天（按，检索王注，有注'无所不周普，则乃至于同乎天也'，据此推测，不排除于其初本的或是写作'全乃天'），天乃道，道乃久。没身不殆"。

北大汉简本作"知（智）常，曰：容，容乃公，公乃王，王乃天，天乃道，道乃久，没而不殆"。

帛书乙本作"知常容，容乃公，公乃王，〔王乃〕天，天乃道，道乃〔？〕。没身不殆"。帛书甲本作"知常容，容乃公，公乃王，王乃天，天乃道，〔道乃？〕。没（沕）身不殆"。

乙，按，对勘诸传抄本的文本，反映出一致地皆是写作"公，乃王"以及写作"王，乃天"。从校勘的可以直接指出，结合从全本的经义作审察，无疑地，于祖本的应是作"全"字，而不作"王"字（按，后面还有跟进的校勘）。有研究者认为"王"是"全"的废字，笔者未敢认同。笔者另有推测，有所推测其成因，追溯至早期的同源的底本，应该是彼时的传抄者出于意在趋奉"人主"（按，构成关联的，在"善法"道章的，彼时的传抄者则是将"人亦大"篡改作了"王亦大"），故而自主地作出了篡改。

按，从校勘的还需指出，彼时的传抄者，还根据所篡改出的"王"字进而裁夺了"天地"的"地"字。应之欲意彰显"人主"是顺乎"天命"的从而能奉行"王道"（按，既构成了是以巫王为一体地从而有所专司"绝地天通"），下顺的还自主地改动了底本的文本。因是，也就构成了可以称誉于"王乃天；天乃道"，可以臆想于"道乃久，没身不殆"。转向辨析"道，乃久"。与之构成关联的，则是可以较量于"天地之能长且久"，由此可知，"久"字不可兼用于释义"道"。还有，因之互道道动乃是无量的随机的充遍的，可以验证于有所受觉"天下之至柔，驰骋于天下之至坚"。以"道"转为诉诸物，则是有所受觉"其用不蔽，其用不穷"。故而，以文本约义，于"道"只可以"一"释义，于祖本语义切要地应是写作"道，乃〔一〕"。

以玄门建构为归导，具体的还结合从全本的文本作审察，《道德经玄门新证校勘篇》有之新证，厘定祖本的文本，并句读作"'知互，〔乃〕容；容，乃公；公，乃全'；'全，乃天〔地〕；天〔地〕，乃道；道，乃〔一〕'。没身不殆"。

丙 -1. 按，"乃"字，《说文》"象，气之出难"，需指出，许慎训诂未为确当。"乃"字，会意字，本义指孕妇与体内的胎儿是自发地能够产生互为感应，因之是生命一体地本乎气息相通且血脉相连；引申义，指称出乎本质上是一体，则所呈现出的彼此之"象"，也就构成了是能互为的成为表征之"象"。因是，面对既有的文本，对于当今的读者来说，出于有助于直了其语义，则是可以自行于每项皆增入"知"字，加以扩充文本，予以改写作"'知互，乃〔知〕容；〔知〕容，乃〔知〕公；〔知〕公，乃〔知〕全'；'〔知〕全，乃〔知〕天地；〔知〕天地，乃〔知〕道；〔知〕道，乃〔知〕一'"。

按，基于生命的觉者是禅定"大定"（守于"中"）总持地有所具足了能等觉和能等持，应之是付诸具有"比量"的文言予以遮诠宇宙"实相"，随之的则是生成了有所构成互为"相位"且互为"位相"的文言范畴（按，则是构成轴对称"镜伴"的有所呈现出"自相即他相；他相即自相"），因是，具体的则是生成了意义于始基的"一"范畴（等价于"域"范畴），再以"一"范畴等持地对应于"道"范畴和"大"范畴：遮诠构成"天地创世纪"的宇宙"实相"，是偏转从"形式因"作出追问的，对应"一"的"大"，则有着转为同场的是以"互"范畴对应象的"全"范畴（按，对应于是从本体论的，转为是从认识论的亦能给定的，内在的亦是以"极限"作推导的，即为生成了有所遮诠"曲则全；枉则正"）；遮诠构成"天地创世纪"的宇宙"实相"，是偏转从"质料因"作出追问的，对应"一"的"道"，则有着转为同场的是以"复命"范畴对应数的"一"范畴（按，对应于是从本体论的，转为是从认识论的亦能给定的，内在的亦是以"极限"作推导的，即为生成了有所遮诠"洼则盈；蔽则新"）。

丙 -2. 一贯地，还须验证笔者所厘定的文本，结合从全本的验证于是构成对文的文本，以下给出有效的验证：

其一，对应遮诠"知互，〔乃〕容；容，乃公；公，乃全"，于全本的是作玄门建构的，以对文即遮诠"人亦大"，相应地，合之两者，以对文亦遮诠"〔圣人之能成其私〕，〔能成其私〕〔也〕以其无私、〔无欲〕，〔是以〕能成其私"（按，此"乃容"，可以反映为既是应成"无私"，可验证于比德于道的有所应成"退其身〔也〕而身先"；此"乃公"，可以反映为既是应成"〔无欲〕"，可验证于比德于道的有所应成"外其身〔也〕而身存"；此"乃全"，可以反映为既是生命的觉者有所应成"知互"，相应地能觉知自性的"互无"的缘起无自性以能成俱足自性的"互有"的无自性缘起以所成：意义深在的，则是出于生命的觉者有所觉知"知互，曰：明"，以及有所觉知"'中'之'域'人居焉"）。

其二，对应遮诠"全，乃天〔地〕；天〔地〕，乃道；道，乃〔一〕"，于全本的是作玄门建构的，以对文即遮诠"天大；地大；道大"，相应地，合之两者，以对文即遮诠"天地之能长且久，〔能长且久〕〔也〕以其不自生，〔是以〕能长〔且〕〔久〕"（按，出于有所创觉宇宙"实相"，构成要义的，即反映出生命的觉者有所觉知"互无"的缘起无自性以能成俱足"互有"的无自性缘起以所成：意义深在的，则是出于生命的觉者有所觉知"互，曰：复命"，以及有所觉知"'中'之'域'有四大"）。

【五】甲，集合《互先》与《道德经》横向的加以研究，下愚多有用功，因之两家之主义，其文化价值至为殊胜，颇能贡献研究先秦文化：据其主义，已然可以重构研究先秦文化的文化"坐标系"，由此进阶，必能激发学术研究再出发，必为饶益学界全面地重新诠释先秦"子学"，从而确证华夏文化"初乳"，进而感通华夏人文"初心"，真正筑基民族"文化自信"，为民族之未来，守正创新，贡献文化胜义。

追踪文化遗珍，问道先秦典籍，首为研究两家同为追问宇宙"实相"的经文文本，特为辨析两家所建构的体系性范畴，可以饶益再为校勘《道德经》和《互先》。当今学界主流论断，认为先秦的《互先》介于《道德经》与《庄子》之间，而笔者未敢认同，笔者另有推断，历史上《互先》问世应早于《道德经》问世。文化传承必有历史积淀，据典籍实证，具体辨析两者的经文文本，匹对的导出《互先》和《道德经》所涉及的已然构成本体论（"道论"）和认识论（"德论"）以及方法论（"作庸"或守于"中"的"功夫论")的体系性范畴，从文化脉络上作出梳理，可以清晰地反映出老子确乎是"接着说"。后向演进的，至老子，已是极大地发展和丰富了《互先》所建构的体系性范畴，即老子之本体论和认识论以及方法论，三者之间已是创造性地形成了呈现轴对称"镜伴"的是能等觉和能等持地互为架构或说互为同构，即其"三论"已然是具足了体系性的自洽、它洽和延洽。

乙-1. 转录《互先》的文本如下（按，笔者研判，底本的《互先》应该已有文本残缺，后世传抄，其实证的面貌，即今所见到的传抄于战国晚期的《互先》已非是祖本的全貌。未能满意当今学界所厘定的文本，笔者结合厘定《道德经》的文本，同步地亦校勘了《互先》的文本。先期的成果，笔者是将《互先》的文本作出了全新的句读：乃尔受益于基础性的校勘成果，笔者已然补出了于其祖本所省略的以及后世传抄所残缺的字词和语句。乐见这项成果能够有助于学界深入地达诂经文，免于"诳经"。校勘《互先》的文本，凡"〔〕"号内的文本皆是笔者所补出），下愚深知文责自负，诚请方家不吝赐教：

"互"先，无"有"：朴、清、虚；朴太朴、清太清、虚太虚。

〔朴、清、虚〕：〔"互"之生〕，自厌不自牣，"域"作；有"域"，焉有"气"；有"气"，焉有"有"；有"有"，焉有"始"；有"始"，焉有"往"。

〔朴太朴、清太清、虚太虚〕：〔先〕者，未有天、地，未有作行、出生，虚清为"一"；若寂水，梦梦清同，〔梦梦〕而未或明，〔清同而〕未或滋生。

"气"寔自生，"互"莫生"气"；"气"，寔自生，自作。"互"〔之生〕，"气"之生，不独有，与也"域"；"互"〔之生〕，焉生"域"者，同焉〔"气"之生〕。

〔"互"先，无"有"〕；混混不宁，求其所生："异生异，归生归；违生违，非生非"；"依生依"。〔"异生异，归生归；违生违；非生非"〕，〔故混混不宁〕，求欲自"复"；〔"依生依"〕，〔故求其所生〕，"复"生之。

"气"生、行：浊气，生地；清气，生天。"气"〔生、行〕：信神哉，〔混混不宁〕，〔求欲自"复"〕，雲雲相生；信〔神哉〕，〔求其所生〕，

〔“复”生之〕，〔行〕盈天、地。

天、地，同出而异性；〔同出〕因生，〔异性〕其所欲：业业天、地，〔混混不宁〕，〔求欲自“复”〕，〔云云相生〕，纷纷而“复”其所欲；明明天、〔地〕，〔求其所生〕，〔“复”生之〕，〔行盈天、地〕，行唯“复”以不废。

〔既而〕知〔“互”先〕，既而〔广〕思不〔突〕：〔既而知焉〕，“有”出于“域”，“生”出于“有”，“音”出于“生”，“言”出于“音”，“名”出于“言”，“事”出于“名”；〔既而广思焉〕，“域”非“域”无谓“域”，“有”非“有”无谓“有”，“生”非“生”无谓“生”，“音”非“音”无谓“音”，“言”非“言”无谓“言”，“名”非“名”无谓“名”，“事”非“事”无谓“事”。

祥宜利主采物，出于作，作焉有“事”，不作〔焉〕无“事”；〔也〕与天、〔地〕之“事”，〔天、地〕自作为“事”：用以不可废也。〔祥宜利主〕凡多采物，先树有善，有治，无乱；有人〔有求〕〔凡多采物〕，焉有不善，〔有不治〕，乱出于人。

〔祥宜利主凡多采物，先树有善，有治，无乱〕；〔也而〕〔“事”出于“名”〕，〔既而知焉〕：先有中，焉有外（按，因“域”先）；先有小，焉有大（按，因“有”先）；先有柔，焉有刚（按，因“生”先）；先有圆，焉有方（按，因“音”先）；先有晦，焉有明（按，因“言”先）；先有短，焉有长（按，因“名”先）。

天、〔地〕道既载（按，能立“依生依”）；唯“一”以犹“一”，唯“复”以犹“复”（按，能立“异生异，归生归；违生违，非生非”）：“互”〔之生〕，“气”之生；因“言”〔先〕，〔因〕“名”先。

诸“有”殆，亡“言”之后者，校比焉（按，即校比“天、〔地〕道既载”，可以追索至“依生依”）：举天下之名，〔人〕所属习，以不可改也；举天下之作，〔人〕强诸“果”。天下之大作，其冥蒙不自，〔校比焉〕（按，即校比“唯‘一’以犹‘一’，唯‘复’以犹‘复’”，可以追索至“异生异，归生归；违生违，非生非”）：〔祥宜利主采物〕，若作“庸”，有“果”与不“果”，两者不废；举天下之为，〔祥宜利主采物，若作“庸”〕，也无舍，也无与，也而能自为也。

举天下之生，同也，〔也而〕〔同〕其“事”无不“复”：〔举〕天下之作，也无〔不〕许〔其〕极〔而〕无非其所；举天下之〔为〕，"〔也而能自为〕，也无不得其极而'果'遂：'〔若作〕庸，或得之，〔也无舍〕；〔若作〕庸，或失之，〔也无与〕'"。

举天下之名，〔也而〕〔"名"非"名"无谓"名"〕，无有废者；〔也〕与天下之明王、明君、明士，〔祥宜利主采物，若作〕"庸"，有求而不予？

乙 -2. 其一，匹对的予以导出两家所涉及本体论（或说是涉及"道论"）的体系性范畴，限于目前，笔者只是从文本上作出了一般性的梳理（至于详为解析，请读者转为参看《道德经玄门新证解析篇》的内容）。

《亘先》的"'亘'先"：其"亘"范畴，可对应于老子的"亘"范畴；其"'亘'先"，可对应于老子所遮诠的"象帝之先"，亦可对应于老子所遮诠的"有状混成，先天地生；独立不改，寥兮寂兮"。

《亘先》的"有'域'"：其"域"范畴，可对应于老子的"域"范畴；其"有'域'"，可对应于老子所遮诠的"'中'〔之〕'域'有四大；'中'〔之〕'域'人居焉"。

《亘先》的"〔朴、清、虚〕：〔'亘'之生〕，自厌不自牣，'域'作……（按，出于节省篇幅，转抄文本从略）"，构成是偏转从"流转"的方向予以追问宇宙"实相"的，转为是以追问"天地创世纪"所能反映的，可对应于老子所遮诠的"孰能浊以静，将徐清；孰能安以重，将徐生"。

《亘先》的"〔朴太朴、清太清、虚太虚〕：〔先〕者，未有天、地，未有作行、出生"，构成是偏转从"还灭"的方向予以追问宇宙"古始"的混沌状态的，可对应于老子所遮诠的"今之善为士者，〔以'一'知古始〕，必非弱玄达，深不可识"；

还有，《亘先》的"虚清为'一'"，是以当机者能受觉高维时空的宇宙"实相"所能反映的，可对应于老子所遮诠的"'一'者……"和"……不可至计，故混而为'一'"（按，出于节省篇幅，转抄文本从略）；

还有，《亘先》的"若寂水，梦梦清同，〔梦梦〕而未或明，〔清同而〕未或滋生"，所同构地，是以当机者基于禅定"大定"（守于"中"）总持地有所遮诠宇宙"实相"所能反映的，可对应于老子所遮诠的能受觉"致极虚；守极笃"且能受觉"没身不殆"。

《亘先》的"'亘'先，无'有'"，其"无'有'"，据"亘"范畴作出约束，可对应于老子的"亘无"范畴，既构成了进而的则是有所遮诠"亘无，欲以观其妙"；有所同构地，《亘先》的"有'气'"，焉有'有'"，其"有'有'"，据"亘"范畴作出约束，可对应于老子的"亘有"范畴，既构成了进而的则是有所遮诠"亘有，欲以观其所徼"。

《亘先》的"有'域'，焉有'气'"，其"气"范畴，可对应于老子的"道"范畴，亦可对应于老子所遮诠的"道；冲而〔用〕，用之有弗盈"；有所同构地，《亘先》的"有'气'，焉有'有'"，其"气"范畴，还可对应于老子所遮诠的"冲气以为和"。

《亘先》的"有'有'，焉有'始'"，其"始"范畴，可对应于老子的"始"范畴，构成是出于追问宇宙"实相"，进而转为予以追问"天地之根；是谓：玄牝之门"的，是偏转从"还灭"的方向作出追问的，可对应于老子所遮诠的"神谷不死；是谓：玄牝"。

《亘先》的"有'始'，焉有'往'"，其"往"范畴，可对应于老子的"母"范畴，构成是出于追问宇宙"实相"，进而转为予以追问"天地之根；是谓：玄牝之门"的（内在的既是有所予以揭示了：生命的觉者有所觉知"亘无"与"亘有"是能成立互为让渡的），是偏转从"流转"的方向作出追问的，可对应于老子所遮诠的"绵绵兮，若存；用之不堇"。

《亘先》的"'气'寔自生，'亘'莫生'气'；'气'，寔自生，自作。'亘'〔之生〕，'气'之生，不独有，与也'域'；'亘'〔之生〕，焉生'域'者，同焉〔'气'之生〕"，构成是予以追问宇宙"实相"的，基于当机者禅定"大定"（守于"中"）总持地是主客体同构地有所创觉宇宙"实相"（按，指向禅定的"观复"或是等价的"玄览"：显义于能受觉"致极虚；守极笃"且能受觉"没身不殆"），可对应于老子所遮诠的"天地之根；是谓：玄牝之门"，以及所遮诠的"渊兮，似万物之宗；湛兮，似〔万物〕〔之〕域存"，亦可对应于老子所遮诠的"天地之间，其犹橐籥；虚而不屈，动而愈出"。

《亘先》的"〔'亘'先，无'有'〕；混混不宁，求其所生：'异生异，归生归（按，基于'一'与'复'，其本意义：同构地分形；同构地递归）；违生违，非生非（按，基于'犹一'与'犹复'，其本意义：分形的对立；递归的统一）'（按，至老子，转向了是以'形式因'来加以定义宇宙演化：是等持地从'还灭'的和'流转'的两个方向予以追问）；'依生依（按，基于'天、〔地〕道既载'，其本意义：是构成互为转化的相依缘起）'（按，至老子，转向了是以'质料因'来加以定义宇宙演化：是等持地从'还灭'的和'流转'的两个方向予以追问）。……求欲自'复'；……'复'生之（按，出于节省篇幅，转抄文本从略）"，基于构成了乃是从最一般的规定性上予以追问宇宙"实相"，内在的亦是基于当机的生命的觉者总持守于"中"的有所创觉了宇宙演化的宇宙"实相"，可对应于老子所遮诠的乃是构成《道德经》宗纲的文本，即对应于有所总持地"两者同出，异名同谓；玄之又玄，众妙之门"。

《互先》的"天、〔地〕道既载；唯'一'以犹'一'，唯'复'以犹'复'"：

一者，其"一"范畴，可对应于老子的"一"范畴；其"犹'一'"，可对应于老子所遮诠的"随而不见其后，迎而不见其首"和所遮诠的"〔天地有域〕，夫唯弗盈"，若为有所揭示两者乃是构成了是能成立互为让渡的，还可对应于老子所遮诠的"天下之物：生于有；生于无"。

二者，其"复"范畴，可对应于老子的"复命"范畴；其"犹'复'"，可对应于老子所遮诠的"是谓：惚恍"和所遮诠的"是以能蔽〔也〕而〔能〕新成"，若为有所揭示两者乃是构成了是能成立互为让渡的，还可对应于老子所遮诠的"反也者〔返〕，道之动；弱也者〔强〕，道之用"。

三者，"天、〔地〕道既载，唯'一'以犹'一'，唯'复'以犹'复'"（包括可勘验的有所转为对应于"……〔也〕与天、〔地〕之'事'，〔天、地〕自作为'事'：用以不可赓也"），构成是从意义于"实然"的予以勘验有所觉知"天、〔地〕道既载"，基于当机者总持守于"中"的有所创觉了宇宙"实相"，亦可对应于老子所判摄的"互，曰：复命；知互，曰：明"。

构成经义贯通的，于《互先》的，之所以还要予以阐明"'互'〔之生〕，'气'之生；因'言'〔先〕，〔因〕'名'先"（包括可勘验的有所转为对应于"'互'先，无'有'：朴、清、虚；朴太朴、清太清、虚太虚"），构成是以生命的觉者当机，以具有"比量"的文言给出遮诠宇宙"实相"的，可对应于老子所遮诠的"道〔之〕可道，也〔可道〕〔之〕

〔道〕非亘道；名〔之〕可名，也〔可名〕〔之〕〔名〕非亘名"，亦可对应于老子所遮诠的"吾未知其名，强字之曰：道；〔道〕，可以为天下〔之物〕〔之〕母"，以及老子所遮诠的"吾为之名，强〔名之〕曰：大；'大，曰：逝；逝，曰：远；远，曰：返'"。

按，另为指出，若为辨析《亘先》的文本：则其"朴"，亦可指代"地"（亦可指代"浊气"）；则其"清"，亦可指代"天"（亦可指代"清气"）；则其"虚"，亦可指代"气"（亦可指代"一"的道）。

《亘先》的接下来的两大段文本"'气'生、行：……（按，出于节省篇幅，转抄文本从略）"和"天、地，同出而异性：……（按，出于节省篇幅，转抄文本从略）"，构成是以生命的觉者当机，于器世间此相位，转为是主客体同构地能给出勘验的，有所创觉了构成"天地创世纪"的宇宙"实相"，可对应于老子所遮诠的"昔之得'一'者：天，得'一'以清；地，得'一'以宁；神，得'一'以灵；谷，得'一'以盈；侯王，得'一'以为正"。

其二，匹对的予以导出两家所涉及认识论（或说是涉及"德论"）的体系性范畴，限于目前，笔者只是从文本上作出了一般性的梳理：

《亘先》的接下来的一大段文本"〔既而〕知〔'亘'先〕，既而〔廣〕思不〔突〕：……；……（按，出于节省篇幅，转抄文本从略）"，构成是以生命的觉者具足了主观能动的能给出勘验的，出于有所觉知了，或说有所反思了，是主客体同构地有所具有了"实相"的意义，从而可对应于构成《道德经》宗纲的，是写于"复德"章、"亘德"章、"归道"章的乃是构成互为显义的文本（按，文本繁多，故转抄文本从略）；亦可对应于老子所遮诠的"多闻数穷，不若守于'中'"，亦可对应于老子所遮诠的"上士闻道，堇能行于其'中'；中士闻道，若失〔道〕〔也而〕若无〔德〕；下士闻道，大笑之为道者"。

《亘先》的接下来的两大段文本"祥宜利主采物，出于作……（按，出于节省篇幅，转抄文本从略）"，以及"……〔既而知焉〕：先有中，焉有外；……（按，出于节省篇幅，转抄文本从略）"，构成是生命的觉者是主客体同构地有所觉知了实相"自然"，有所觉知了"复命"实相，若为比德于道的予以格义其核心意义，则可对应于老子所抉择的是出于同构地"损益"之道和"修正"之德（按，出于节省篇幅，转抄文本从略）。

按，《亘先》所给出的关于主客体皆被赋予了的"事"范畴，以及还有给出的是出于意义于"采物"的"自作'事'"，至老子之际，已是有所赋予了具有"实相"意义上的演进：本质同构地是对应客体的，则是给出了遮诠"功遂"，本质同构地是对应主体的，则是给出了遮诠"事成"；合之两者，有所呈现出乃是具有"实然"意味的，即有所等持地，形成了有所遮诠"悠兮，其《贵言》有之：功遂〔犹〕事成；〔事成〕〔也〕而百姓曰：我自然"，形成了有所遮诠"〔旷兮〕，〔其〕《希言》〔有之〕：〔既而知乎〕天地'飘风不终朝；暴雨不终日'，〔其致之〕〔天之道〕〔也谓〕：〔天地〕自然"。

其三，匹对的予以导出两家所涉及方法论（或说是涉及"功夫论"）的体系性范畴，限于目前，笔者只是从文本上作出了一般性的梳理：

《亘先》的接下来的一大段文本"诸'有'殆，亡'言'之后者，校比焉：……（按，出于节省篇幅，转抄文本从略）"：若为予以追溯是从"实然"的反映出能觉知"自作'事'"，构成是有所出于应成圣人之道的，可不限于对应于老子所判摄的"知亘，曰：明"；而转为构成是有所对治异化的人之道的，相应地有所予以揭示了于人之道何以会产生了异化，简言之，可不限于对应于老子所遮诠的"不知亘，妄；妄作，凶"。

《亘先》的最后的两大段文本"举天下之生，同也，〔也而〕〔同〕其'事'无不'复'……（按，出于节省篇幅，转抄文本从略）"，以及"举天下之名……〔也〕与天下之明王、明君、明士……（按，出于节省篇幅，转抄文本从略）"，构成基于生命的觉者已然觉知了实相"自然"，转为比德于道的有所自觉的应成实践"也而能自为"的，可对应于老子所抉择的归宗"孔德之容，惟道是从"，相与有应的有之等持地，亦可对应于老子所抉择的"故从事于德同道：得者同于得；失者同于失"，以及所抉择的"今之善为道者，执今之道，以御今之有〔德〕"。

《亘先》的"……而'果'遂：'〔若作〕庸，或得之，〔也无舍〕；〔若作〕庸，或失之，〔也无与〕'"：

一者，其"庸"范畴，意义于若是从生命的觉者出发，则是必为自觉的能"用"之以"中"，因是，则可对应于老子的"中"范畴；因是，其"作'庸'"，则可对应于老子所遮诠的"多闻数穷，不若守于'中'"。

二者，其"果"范畴，比于是出于"有人〔有求〕〔凡多采物〕"的从而诉诸"〔人〕强诸果",构成是有所对治从人之道异化出了意志用强地愿力于"损不足以奉有余",从而异化出了最高阶的意志于"有争",从狭义地则可对应于老子所遮诠的"善〔用兵〕者,果而已;不以取强焉;果而弗得以居";

其"果"范畴,基于应成"自作'事'",构成是出于应成圣人之道的有所应成"也而能自为"的,从广义的以"实然"的则可对应于老子所抉择的"自然"范畴,以及则可不限于对应于老子所遮诠的"道之尊也〔而〕德之贵;夫莫之爵,也而互自然"。

《互先》的"举天下之为,〔祥宜利主采物,若作'庸'〕,也无舍,也无与,也而能自为也":

其"若作'庸'",既构成了乃是有所同构了"互道"和"互德"的,则可对应于老子所遮诠的"是以圣人:'居无为之事;行不言之教';'万物〔自化〕〔也〕而弗〔欲〕作;万物〔自宾〕〔也〕而弗志〔于〕〔能〕为;万物〔自定〕〔也〕而弗〔得以〕居'",亦可对应于老子所遮诠的"上德〔之〕〔有德〕,〔有德〕〔也以其〕不失德,是以有德";因是,构成是从当机的生命的觉者出发,进而的则是有所具足了"也无舍,也无与,也而能自为也",则可对应于老子所遮诠的"上〔之〕德,无为而无以为"。

《互先》的"〔也〕与天下之明王、明君、明士"(按,在老子这里,则是从应成的赋予了生命的觉者乃是"大丈夫"),构成是以生命的觉者当机,应机的有所入世对治人之道,从"应然"的予以抉择出必为实践圣人之道能同构于天之道,既为构成了有所应成天下有道,因是,则反映出:

应成"明",基于有所应成"若作'庸'",从而也就构成了则是有所应成"也而能自为",因是,则可对应于老子所抉择的构成是应成圣人之道的有所应成"上〔之〕德,无为而无以为";

阐发生命的觉者应成自性能"明",构成是能够予以验证"是以圣人:居无为之事;行不言之教"的,因是,则还可对应于老子所遮诠的能应成自性"少私寡欲;视素保朴;无学无尤";

转换来说,可知《互先》是有其宗旨的,意在劝进生命的觉者是可以成就"明王、明君、明士"的,构成是既对治而应成的,可比于成就"大丈夫"。因是，构成总持地，则还可对应于老子所遮诠的"'前识者，道之华也而愚之首；夫礼者，忠信之薄也而乱之首'，是以大丈夫：'居其实〔也〕而不居其华；居其厚〔也〕而不居其薄'，去彼而取此"。

乙 -3. 远古华夏，确然人文垂象；慧命先知，有若恒星璀璨。基于既有的横向的已梳理了文本，综括两家之主义，无疑地也就得以推定了先秦"子学"之两家，确然的是有之文脉相续的，既为实证了先知的《互先》之"古之善为士者"有所传灯于后觉的《道德经》之"今之善为士者"；进一步来说，老子绝非亘古独出，应许博综先知，经纬华夏文化。

老子是集大成者，有所创觉了构成"天地创世纪"的宇宙"实相"；老子是生命的觉者，有所揭示了万物"复命"是实然的呈现广域的实相"自然"；老子是人间的"两足尊"，有所示现本怀，故而则是从应然的抉择了必为应成守于"中"，既为有所建构了同构地"互道"与"互德"，从而创制了构成文言道的《道德经》。老子著书《道德经》，慈心之所向，乃是愿力于人类社会代嗣"复命"能够达成"深根固柢；长生久视"，亦为期许人类社会能够自在自为地安住于此在的广域的"小邦寡民"；既构成是以胜义能显扬生命意义的，则是有所启示于可以具足意义最高人格的"大丈夫"，若为诉诸天下有道，则必为应成归宗"孔德之容，惟道是从"，则是必为应成守于"中"，也即于器世间天下，若为生命自觉的能达成"人"与"道"和"物"全面的觉悟的"和解"，则是必为应成实践"〔圣〕人〔之〕道，法自然：〔法自然〕〔也而〕'法地；法道；法天'"。

【六】甲，按，这是《道德经玄门新证解析篇》的"观复"道章的前言部分的内容，意在帮助读者能够全面地深入地理解老子所建构的构成体系性的内学范畴，则是予以了转抄。

研究老子《道德经》，还需广为拓宽文化视野，总揽东西方文化加以诉诸人文本源的思想互鉴，还需特为聚焦是从不同地域发展出来的作为"人类思想精华"的哲学建树，横向加以再比较和再研究。互鉴东西方两系的文化建树，若能从格义的再作研究，有针对性地辨析西方哲学的重要哲学范畴，这必将会有助于辨析老子所建构的构成体系性的内学范畴。故而，笔者则是追溯称名文化轴心时代的古希腊时期的西方古典哲学，进而追踪其后项的重要的哲学演进，出于目下任务之需要，于此的则是特为的予以举出了亚里士多德、康德、黑格尔、维特根斯坦、海德格尔，这几位哲学巨擘，收摄其哲学主旨，概要地作出了梳理。

乙 -1. 人类追问宇宙"实相"，因之必为是从最一般的规定性上作出发问，故而则是转向了予以追问"存在"，追问其最本质上的意义是什么或不是什么。已被区分为东西方文化的两系，东方的作为内学的"无为法"与西方的作为哲学的"有为法"，因之皆是出于人类"惊异"于"存在"从而作出发问，则其在本质上实无不同：皆是必为追问客体与主体，必为追问物与人之"存在"，既构成了，乃是有所追索"存在"之"真理"，相应地，则是必为追问终极的"形而上"和此在的"形而下"。

其一，探源西方古典哲学，首推探源巴门尼德的基于纯粹始基的"一"的"存在"，从"存在"出发，也就进而可以转向追踪西方的全部哲学发展史了。进一步来说，西方哲学之演进，本质上即围绕着柏拉图的基于从"存在"所演变出的"理念"，相应地作出意义不同的哲学诠释：一般来说，因应"有为法"的从"理念"上作出追问，予以追问客体则是成立了本体论，予以追问主体则是成立了认识论，予以追问社会性的实践则是成立了方法论，而能成立哲学的"三论"，内在的则是以先决承诺的乃是出于先天经验的形式"逻辑"为统一，从而相应地，则是予以建构了构成体系性的哲学范畴。

相续的有所传灯于柏拉图的，则是有之集古典哲学之大成者的亚里士多德。秉承"吾爱吾师，吾更爱真理"，不满足于先验的"理念"，溯及本质意义的仍然需要追索"真理"，则其哲学新诠释已是有所集大成的自觉，即自觉"物理之后"的"存在"或说"有"，还需要在上述的"三论"之间从先验的形式"逻辑"上能够达成自洽、它洽和延洽；换言之，追索"真理"出乎"爱智"，主体地人主观能动的能"爱"取终极普遍之"智"，亚氏则是以先决承诺的先验的形式"逻辑"为统御，相应地统一了历史以往的为数众多的古典哲学建树，以集大成者从而建构了构成体系性的哲学范畴。基于所建构的构成体系性的哲学范畴，于"物理之后"的"存在"或说"有"还必为从第一义作出追问，应之则是转向从因果律上作出追问（出于需要判别随机的偶然性从而确立普遍的必然性），亚氏特质的还建构了"四因论"，即同场的还必为同时地予以追问"形式因""质料因""动力因"以及"目的因"。

若为梳理亚氏所建构的"四因论"，以要义的，则可以分别的概括为：一者，其"质料因"，以哲学的意义，即需要诉诸"事物所由产生的，并在事物内部始终存在着的那东西"（按，简言之，有所来源于以泰勒斯为首的米利都学派以及留基伯和德谟克利特的"原子论"：从具象的不定型的"水"到抽象的"原子"，即作为万物之本，而所强调的，都是具有"质料"的始基作用）。二者，其"形式因"，以哲学的意义，即是需要诉诸事物的"原型亦即表达出本质的定义"（按，简言之，有所来源于毕达哥拉斯学派的"数"和柏拉图的"理念"：作为万物之本，而所强调的，都是具有抽象的"通式"的定性作用）。三者，其"动力因"，以哲学的意义，即需要诉诸"那个使被动者运动的事物，引起变化者变化的事物"（按，简言之，有所来源于赫拉克利特的"火"和恩培多克勒的"爱憎说"：作为万物之本，而以"火"所强调的，则是强调其善变化的动力作用；作为万物之本，而以"爱憎"所强调的，则是强调其以动力可以划分为，同时存在着排斥的和吸引的动力作用）。四者，其"目的因"，以哲学的意义，即需要诉诸事物"最善的终结"，而若为能够称得上是"最善的终结"，则是必当具有能称作"终极关怀"的生命意义（按，简言之，则是可以追溯到巴门尼德的"存在"和阿那克萨歌拉的"理性"：基于既是出于"万物一系"的有所呈现了"存在"，故而，则亦是构成了可以经验的因果，则亦是具有了普遍的同一性；基于既是出于能够有所予以验证秩序的"理性"，故而，则亦是能以价值之"善"来安排万物了，则亦是具有了趋向性，或说具有了生命的愿力）。补充来说，相应地，亚氏有所回顾古希腊自然哲学的哲学建树，则是总结道："人们似乎都在寻找我在《物理学》中指明的诸原因，我们再也没有找到过其他原因。但是，他们的研究是模糊的；又有些像是说到了，又像全没说到。"

其二，伟大的康德创造性地建构了其哲学大厦，而作为康德哲学大厦的核心构件，康德则是首先予以构造出了"先天综合判断如何可能"。因是之哲学构造，从而的，也就动摇了柏拉图的构成其"形而上"的先验的"理念"。不止于此，康德从追问宇宙"本体"再出发，具有批判性的是从"认知"上的还揭示出了具有哲学意义的"二律背反"，从而的，也就破缺了亚里士多德的长期占据着古典哲学其主轴之上的形式"逻辑"体系（根据人能认知对象从而建构了的，则有着三大基本规律：同一律；矛盾律；排中律）。康德作为觉省的批判者，则是从认识论上为后世奠基了多端可能的哲学新转向；康德其具有批判性的哲学建树已然成为西方古典哲学的分水岭：

康德秉承追问真理，意在调和所面临的构成互为矛盾冲突的唯理论（典型如沃尔夫，认为理性的真理是具有可靠的逻辑体系）和经验论（典型如休谟，认为经验的知识究竟不可知，即休谟从根本上则是否定了因果律，乃至于否定了具有实体性），而构成关联的，因此的还必为进而需要追问，理论与实践相结合是何以能够构成验证真理的，由此发轫从而作出批判，康德则是转为予以明晰了因果律是如何能成立的（本质上的亦是根据自己所揭示出的"二律背反"有所深入地批判了亚氏的"四因论"），既回答了真理与知识的关系：从哲学意义上能作出追索的，予以回答了客体与主体或说客观与主观的相互关系，予以回答了先天与后天或说先验与经验的相互关系，予以回答了从感性直观让渡到感性认知再让渡到理性思辨如何可能；换言之，亦是予以回答了知识向真理让渡如何可能。

若为追索康德的"先天综合判断如何可能"其密钥（潜在的亦是构成了，乃是有所追索知识向真理让渡如何可能），则是需要梳理所涉及先天与后天的综合判断和分析判断的相互关系：

一者，亚里士多德有所判称"真理是观念和对象的符合"，然而到了康德这里，则是作出了义理根本不同的批判，因之，诉诸由追问真理进而转向再为追问知识，康德则是新为发现了具有普遍性的知识结构；换言之，因是，康德从而的也就建构了自己的全新的认识论，是以普遍性的知识结构所能反映的，主观与客观实则是构成互为反映，这既成为主体的具有主观能动性，也即真理既作为知识的普遍性（等价实证科学的判称可靠性），于本质上的实则是：对象符合观念，而不是观念符合对象；或者也可以给出这样的表述，客观是主观的客观，且主观是客观的主观，两者实则是构成了互为耦合的呈露，既构成了从而是从主体地，予以确立了是以主观能动性从而产生了知识的观念（这也就成为康德哲学的是具有形而上意义的是不可知的"物自体"之张本）。

二者，深度的广为的予以追索真理既作为知识的普遍性，能从业已建立起来的数学知识，以及自然科学知识，乃至于能从历往的形而上学知识作出反思的，康德进而的还给出了明确的批判：一切综合判断的特点是能够增加人的知识，一切分析判断的特点就是不能增加人的知识；还有，分析命题具有必然性且都是先天的，而综合命题只具有偶然性，且后天经验的综合命题亦具有偶然性。换言之，真理既作为知识的普遍性，至康德，则是以其全新的认识论作出了回答，本质的是以"先天综合判断"从而得到了确立。

康德其生命的一期，以哲学意义所能隐喻的：肉体是留在了"有为法"，从而指向"物自体"；精神是皈依了"无为法"，从而愿力于自在自为。康德以哲学救赎慧命，允然服膺其终生自铭，以文言文译出的即写作"有二事焉，恒然于心；敬之畏之，日醒日甚：外乎者，如璀璨星穹；内乎者，犹道德律令"（按，钱坤强所译）。其自铭的"外乎者，如璀璨星穹"，隐喻着是从先验的绝对普遍的上帝的权杖之下，康德得以解放了实证科学，赋予了理性思辨可以从"先天综合判断"归宿实证科学，而同时地，基于针对理性思辨和感性直观还作出了双向的批判，转为是必然的还须要予以回应终极的"形而上"，康德还赋予了不可知的"物自体"；换言之，能够涵盖康德其哲学的"三大"批判的（即构成其哲学典型的《纯粹理性批判》《实践理性批判》《判断力批判》），构成其最核心的旨趣，乃是有所抉择了上帝归上帝，科学归科学，哲学（人）归哲学（人），彼此构成是历史性的互为"展开"。其自铭的"内乎者，犹道德律令"，隐喻着人之成为人，则其意志自由应许归宿"绝对律令"（本质的则是服从于人格神的"上帝"），因为，从自我是能够觉醒"崇高"的，即生命之最高意义在于他律之"幸福"服从于自律之"道德"（本质的则是于人的精神世界，深在的有所映射了终极的"物自体"）。

收摄康德其具有批判性的哲学内核，探底其哲学大厦的基石（可以指出，实则的乃是构成了是从主体地以主观能动性从而有所映射了终极的"物自体"），不难发现，乃是立基于最为根本的是从认识论的有所抉择出了人的主观能动性（深在的，亦为宿因"二律背反"）：感性直观，是不可思辨的，是不可言说的，是不可理解的，是可感知的，是真实的（不必惊讶，其究竟的义趣，倒是可以格义于大乘佛法的是从"因明"逻辑所抉择出来的直觉之"现量"）；理性思辨，是可思辨的，是可言说的，是可理解的，是不可感知的，是不真实的（不必惊讶，其究竟的义趣，倒是可以格义于大乘佛法的是从"因明"逻辑所抉择出来的思维之"比量"）。

其三，睿智如黑格尔，暗自的早有称许"密涅瓦之猫头鹰乘恃黄昏起飞"，因是而自奋。黑格尔因是而自奋，固然是凭借了智慧之雄强，有所追溯历往的哲学建树，以要义的，实则的乃是将柏拉图的先验的"理念"，以及康德的不可知的"物自体"作出了改造，置换成了其独自高标的"绝对理念"。以"绝对理念"作为"公设"亦作为"开端"，全面地发起哲学进阶，黑格尔则是在"存在"的"纯无"即"纯有"与"存在"的"纯思"之间，作出了宏富的哲学建构：通过超越对"概念"的知性理解，消解矛盾的"自在"与"自为"，从而也就可以达成统一的"自在自为"了，亦是转为有所建构了其自以为傲的能构成其哲学逻辑的"辩证法"体系；因是，也就可以是具有逻辑性的得以实现了，能将"全体的自由性"与"环节的必然性"统一了起来，亦是具有历史性的能够逼近其"绝对理念"了，从而也就可以达成了"自在自为"，也就是，为达成了黑格尔的是"思存同一"的具有"真理"意义的哲学。

不得不指出，面对黑格尔的"绝对理念"，仍然需要予以再追问。因为，实质于已然是陷在了全面异化了的人类社会所需要的，是必为诉诸人之成为人的人类历史，而绝非只是所能获得的是从思想观念上所投射出来的人类历史；换言之，若据现实的此在的是呈现生命活泼的社会性劳动实践作检验，则黑格尔的"绝对理念"不过是建立在构成体系性的"概念"之上作自我运动罢了，即表征为，"概念"的内涵与外延乃是作出了矛盾运动的互为转化：

据其"辩证法"与"形而上学"既构成了"合流"所能反映，其实质，正是凭借着概念自身的由"抽象的同一性"（抽象的普遍性）可以让渡到"具体的同一性"（具体的普遍性）的矛盾运动来展现"最高原因的基本原理"。换言之，所谓的黑格尔的哲学逻辑的"辩证法"体系（本质的是以反思"思维与存在的关系"从而成立），其全部的意义，实则是唯有臣服于先决承诺的"绝对理念"，予以作出哲学诠释，故而亦可以这样来说，贯穿"辩证法"体系的其"正题、反题、合题"的辩证内核（阐发出自黑格尔的"辩证法"，至恩格斯，有所哲学进阶，则是代为提炼出了三大基本规律：对立统一；量变质变；否定之否定），也只不过是阈限在了是从思维所能构造出来的语义哲学，完成了逻辑性的自洽、它洽和延洽。

再换言之，若是据东方的佛法的"因明"逻辑予以格义其哲学内核，不会有意外，亦可以有趣地发现，黑格尔可以据其哲学逻辑的"辩证法"体系，可以据其语义哲学回答佛法的"比量"，却无法回答佛法的"现量"。因为，若是必为追问"现量"，于黑格尔，只会是堕入自我默许的神秘主义。亦可说，"密涅瓦之猫头鹰"的智慧已经无能进入"东方之猫头鹰"的是禅定"大定"总持地能受觉和所受觉了，已无法回答，是究竟意义的是感性直观的是生命此在的，是具足禅定的"般若"的能受觉"实相"，若是需要代为作答，倒是可以据唐人以文言文译出的《心经》揭谛咒作结，"究竟究竟，到彼究竟，到彼齐究竟，菩提之毕竟"（按，还须指出，出乎同为"无为法"，有所殊途的共证"实相"，固然法法无碍，因是，较量禅定的"般若"，亦可以格义于老子所开示的禅定的"玄览"或禅定的"观复"）；亦因为，是出于这样的偏执"智慧"，黑格尔的哲学逻辑的"辩证法"体系，呈露的实则是"无人身的理性"的自我运动。

其四，居然能够这样宣告，成就于"有为法"范围之内的全部既有的西方哲学应该予以终结了：于哲学的思想圣殿，竟然是闪现出了已觉醒了的维特根斯坦，俨然的已是充任着敲钟者，已成为是无可奉告哲学神圣的"放黑烟"者。意欲从成就于"有为法"范围之内的全部既有的西方哲学建树再出发，历史沿革地再为续命西方哲学，以数学研究作加持，以精密逻辑作追问，维特根斯坦在其哲学研究的早期，则是笃信的予以论证出了：哲学即逻辑。而从逻辑即哲学的命题再出发，再为追问于能追问"实相"（即"能知"的"能指"）和所追问"实相"（即"所知"的"所指"），终其一生的是以宗教徒般的使命能作出体证的，精神特质的并且行为上不受羁绊的维特根斯坦，还是从其所谓的是生命此在的"生活形式"中觉醒了：自我否定了哲学即逻辑。反省以哲学意义的欲意作出"真理"意义的所能作出诠释，基于继续追问"真值"转向进而的予以追问"实相"，或说底色的实则是从"无为法"的，欲为消解是从"有为法"产生的有所造成了"生活形式"的"遮蔽"，维特根斯坦在其哲学研究的后程，则是转向了必为从日常生活的语言作出诠释，由此，则是予以揭示了当机者应该"止言"从而承载"沉默"，既为是生命此在的有所自我觉醒了，于"实相"的"本真"究竟是"不可言说"的；也即是，已然有所受觉或说有所受用，"实相"的"本真"乃是寓藏于日常生活的此在之人生。

从格义的转换来说，构成是应成追问"实相"的，探究维特根斯坦的当机者应该"止言"从而承载"沉默"，可以有趣地发现：

其一，若可格义于佛法的遮诠禅定的"般若"，以及若可格义于佛陀舍置不答的，是应之构成有所对治的生成了"十四无记"，从而呈现出当机的"默摈"（关联的，亦是涉及了康德的出于追问宇宙"本体"从而的宿因"二律背反"，而于康德，则是有所导出了于主体来说究竟是不可知的"物自体"）；

其二，若可格义于老子所遮诠的，生命的觉者是觉有情的基于守于"中"的具足了禅定的"玄览"或禅定的"观复"，以及若可格义于老子基于能认知实相"自然"的有所予以遮诠的"多闻数穷，不若守于'中'"（基于同为的有所追问宇宙"实相"，则亦是构成了，可以格义于康德的"物自体"：也即，若可格义于老子所遮诠的"道〔之〕可道，也〔可道〕〔之〕〔道〕非互道；名〔之〕可名，也〔可名〕〔之〕〔名〕非互名"，以及还可格义于老子所遮诠的"有状混成，先天地生；独立不改，寥兮寂兮"和所遮诠的"吾未知其名，强字之曰：道；……"以及"吾为之名，强〔名之〕曰：大；……"），以及还可格义于老子所遮诠的"今之善为士者，以'〔一〕'知古始，必非弱玄达，深不可识"；还有的，兼及的亦能索解出维氏所言及"遮蔽"其之实质，若可格义于老子所遮诠的"'前识者，道之华也而愚之首；夫礼者，忠信之薄也而乱之首'，是以大丈夫，'居其实〔也〕而不居其华；居其厚〔也〕不居其薄'，去彼而取此"。

其五，接下来的，也就顺势可以讨论曾经试图用德语予以翻译《道德经》的海德格尔以及其哲学了。海氏命出哲学的生命一期，服膺其自我回顾，有着寓意的给出宣说"道路——而非著作"，因为，生命本体的"在者"乃为生命瀑流而途"在"（举示其盛年时期的重要哲学建树，能追索于其《存在与时间》的，不难发现，其内质还有着亦是"操心"的执着于诉求"真理"，仍然深细地残存着不能容忍所谓的"非本真"。海氏于生命的后程，已是有所自觉地歇息了诉求于"真理"：可以随顺因缘和果报；应然走向独觉"天命"，达成慰藉生命"良心"）：

本质的在于寻找"存在"的"道路"，随之的也就可以着手消解危耸天际的"形而上"了，而其哲学的"路标"竟然是指向了"向死而生"，因是，愿力于能够安顿生命"畏"在（所由"暗"的"无"或"灭"），于晚年，海德格尔乃尔觉醒了：生命的哲学是可以从"语言"的"林中路"，借由敞开的"光明"回"家"的，生命的哲学是可以将"澄明"之"思"安住于能受觉的"诗意"之"世界"的；似乎，这就是"存在主义"的称之"此在"的灵魂之所，构成了乃是有所寻找"道路"的全部意义。

海氏意志解构先哲所抉择出的"存在"（或"理念"，或"物自体"，或"绝对理念"），应之是必为需要诉诸"形而上"的，根底于己的已是有所受觉了自身生命是"此在"的"向死而生"，触机蓦然回首的能从"惊异"作出发问，则是产生出了异质于先哲的另有其哲学新见解。循着哲学的"路标"行进在哲学的"道路"之上，出自异质的哲学新见解，势必难免的，海氏也就决绝地予以"悬置"了乃师胡塞尔所能发明的需要诉诸还原"现象"，因之海氏意以为，所为能还原出"现象"，实则难以直抵具有"此在"意义的呈现生命"实相"，海氏则是有所洞见了，生命瀑流的"在者"与"在"乃为同场的此时，故而，特质的是据哲学性质的意义于"时间"（可以指出，欲意追问未来却是为了觉知过去和此在，既"生"是绽放着"死"的内在规定性，而能格义的，于佛法则是给出了实相的"三心"不可得，即此在的当机的生命的觉者已是觉知了"应无所住而生其心"），于海氏，则是赋予了同场的"在者"具有本体意义的"在"，既是具有始源意义的从而建构了其基础本体论（而其哲学思想的核心，研究者是诉诸一般性的已然有所共识）：一者，人是被抛入这个世界的；二者，在与在者是此在的存在；三者，个体的存在既是世界的存在。

基于上述的既有的哲学讨论，进而的也就可以予以指出，海氏的"在"与"在者"是"此在"的"存在"，或说海氏所欲呈露的"此在存在的敞开状态"，在老子这里，则是早已达成了生命的觉者有所能够受觉客体与主体二分的物我是本质的同构，内在的亦是予以消解了两者的二元对立（所为能追索的，深在的乃是立基于当机者具足禅定"大定"总持地有所创觉了是高维时空与四维时空能成立互为让渡的宇宙"实相"，以及等价的有所觉知"复命"实相，有所觉知实相"自然"）：

追问客体与主体的相互关系，追问客观与主观的相互关系，转换为既是予以追问"在"与"在者"的相互关系，在老子这里，已是给出了

"在"是"在者"的"在"且"在者"是"在"的"在者";换言之,这正是生命的觉者具有主观能动性的所能反映,即基于具足了觉有情的能守于"中",从而的也就反映出了,是能等觉和能等持地有所能受觉"自相即他相;他相即自相",也即反映出了,有所能受觉"惚兮恍兮,〔守于〕'中',〔也而〕有象兮;恍兮惚兮,〔守于〕'中',〔也而〕有物兮;幽兮冥兮,〔守于〕'中',〔也而〕有情兮"。进而的,则是以当机的证果的生命的觉者"吾"老子,应机的给出了亦是能够给出无伪的勘验的判定,即判定了"其'情'甚真,其'中'有信:自今及古,其名不去,以顺众父"(可以顺为指出,若为从这个方向继续地予以探究康德其全新的认识论,收摄其主旨,从这个意义之上能作出格义的,则是颇为的能趋近于老子的旨趣了)。相与有应的,于全本的是作玄门建构的,进而转为是有所予以遮诠构成"天地创世纪"的宇宙"实相"的,以文言道所能反映,是以构成轴对称"镜伴"的呈现出互为"相位"且互为"位相"的文言能作出遮诠的,于老子,内在的亦是基于同场的既呈现为是构成实相的"此在",则是进而给出了判摄"互,曰:复命;知互,曰:明"(按,能够给出这样的判摄,实则是从认识论的本体论予以了导出,而构成其基底的,则是基于意义"在"的"域界"乃是"人择"的"域界"。故而,相应地,生命的觉者则是有所自觉,同场的诉诸意义生命"此在",应之出乎"人择"的可以为"域界"立法,则是秉承着应成守于"中",从而的有所同构了主体和客体,有所同构了"互道"和"互德",转为予以抉择出了"今之善为道者,执今之道,以御今之有〔德〕",既为归宗"孔德之容,惟道是从"),且给出了判摄"'中'〔之〕'域'有四大;'中'〔之〕'域'人居焉"(按,能够给出这样的判摄,实则是从本体论的认识论予以了导出,而构成其基底的,则是基于意义"在者"的"人择"乃是"域界"的"人择"。故而,相应地,生命的觉者则是有所自觉,同场的诉诸意义生命"此在",应之出乎"域界"的可以为"人择"立法,则是秉承着应成守于"中",从而的有所同构了主体和客体,有所同构了"互道"和"互德",转为予以抉择出了"故从事于德同道:得者同于得;失者同于失",既为归宗必为应成实践"〔圣〕人〔之〕道,法自然:〔法自然〕〔也而〕'法地;法道;法天'")。

乙 -2. 举示西方哲学诸子,收摄其哲学主旨,极为概要地作出了梳理，接下来的也就可以，是从格义的，进而是具有针对性的，予以辨析老子的是从"无为法"建构起来的构成体系性的内学范畴了。

其一，构成是从"形式因"作出追问的，于老子，则是给出了"互无"范畴与"互有"范畴构成是"两者同出"，进而的乃是"两者同出"于"象帝之先"，由此的，则是以构成是"状象的时空高维"的"奇点"，进而给出了"一"范畴；亦是从"形式因"作出追问的，转为追问宇宙演化（既追问构成"天地创世纪"的宇宙"实相"，即构成了乃是从第一义的有所予以追问，何以会生成了既构造了"域界"的"空间"和"时间"），于老子，则是给出了能觉知"互无"与"互有"是能成立互为让渡的，相应地也就导出了，是偏转以时空状态所能呈现的，则是演化于"玄之又玄"，还相应地给出了则是演化于"天地之根"，由此的，内在的是以"极限"作推导的（亦是予以建立了，是从认识论能反映出的，有所觉知是以高维时空从而构成了"无有入于无间"，以及有所觉知是以"天地创世纪"从而构成了"大成若缺，大盈若冲"），进而还给出了"大"范畴，进而的，是同构地还给出了"互"范畴和"全"范畴，而所为等价，则是从"实相"意义的是以"统一场"的还给出了"域"范畴。

构成是从"质料因"作出追问的，于老子，则是给出了"互无"范畴与"互有"范畴构成是"异名同谓"，进而的乃是"异名同谓"于"道"，由此的，则是以构成是"时空高维的状象"的"奇点"，进而给出了"一"范畴；亦是从"质料因"作出追问的，转为追问宇宙演化（既追问构成"天地创世纪"的宇宙"实相"，还必为予以追问"道"的"物创生"，即构成了乃是从第一义的有所予以追问，何以会生成了既构造了"域界"的"万物"是"此在"的呈现"并作"），于老子，则是给出了能觉知"互无"与"互有"是能成立互为让渡的，相应地也就导出了，是偏转以物质状态所能呈现的，则是演化于"众妙之门"，还相应地给出了则是演化于"玄牝之门"，由此的，内在的是以"极限"作推导的（亦是予以建立了，是从认识论能反映出的，有所觉知是以"道"从而构成了"天下之至柔，驰骋于天下之至坚"，以及有所觉知是以物"此在"从而构成了"其用不蔽，其用不穷"），进而还给出了"道"范畴，进而的，是同构地还给出了"复命"范畴和"一"范畴，而所为等价的，则是从"实相"意义的是以"统一场"的还给出了"域"范畴。

构成是从"动力因"作出追问的，于老子，则是予以揭示了互道道动内在的是以指称于"强"范畴与"弱"范畴的还发生着趋势性演化：反映出生命的觉者是物我同构地有所觉知"复命"实相，基于实则的乃是从人类的最高价值出发而作出判定，亦是反映出了，有所觉知人类社会"复命"实质上乃为生命衍存，是实相"此在"的呈露"自然"；转换来说，构成是既对治而应成的，则是抉择出了应成圣人之道必为同构于天之道，从而的，也就得以应成了既是构成天下有道，既为必为归宗"孔德之容，惟道是从"，内在的是能达成"人"与"道"和"物"全面的觉悟的"和解"的，老子则是予以抉择出了是构成同构地"损益"之道和"修正"之德。

构成是从"目的因"作出追问的，于老子，则是予以揭示了互道道动内在的是以指称于"弱"范畴与"强"范畴的还发生着随机性演化：反映出生命的觉者是物我同构地有所觉知"复命"实相，基于实则的乃是从人类的最高价值出发而作出判定，亦是反映出了，有所觉知人类社会"复命"实质上乃为生命衍存，是实相"此在"的呈露"自然"；转换来说，构成是既对治而应成的，则是抉择出了应成圣人之道必为同构于天之道，从而的，也就得以应成了既是构成天下有道，既为必为归宗"孔德之容，惟道是从"，内在的是能达成"人"与"道"和"物"全面的觉悟的"和解"的，老子则是予以抉择出了是构成同构地"泛成"之道和"玄同"之德。

其二，格义于是追问终极的"形而上"的"物自体"的，以及格义于是追问"存在"的"纯无"即"纯有"与"存在"的"纯思"的是出乎反思的从而构成是"思存同一"的相互关系的，以及格义于是追问具有本体意义的以"此在"既呈现"存在"的：于老子，基于对治是以四维时空作为认知背景的边见的认知，则是从"形式因"的给出了"无"范畴和"有"范畴，以及相与对应的，则是从"质料因"的给出了"人"与"物"是构成本质同构地既具有先验性质的"始"范畴和"母"范畴；基于有所创觉了是高维时空与四维时空能成立互为让渡的宇宙"实相"，或说基于禅定"大定"总持地，是觉有情的具足了能守于"中"的，或说基于是具足主观能动的出于"欲以观"，则是从"形式因"的给出了"互无"范畴和"互有"范畴，以及相与对应的，则是从"质料因"的给出了"道"和

"物"与"人"是构成本质同构地"妙"范畴和"所徼"范畴。

其三,格义于是追问此在的"形而下"的,或说既为是构成了必为追问人类社会最根本价值之"真"(即"在"的"美",既诉诸"人之物")与"信"(即"在者"的"善",既诉诸"物之人")的相互关系的,是以追问同场的"在"与"在者"的相互关系所能反映的,于老子,则是从当机者从生命的觉者,相应地给出了具有觉有情意义的"中"范畴,以及给出具有"实相"意义的,是已然予以同构了主体和客体的"自然"范畴:基于已然等持了本体论、认识论以及方法论,从而的,则是给出了最具胜义地判定,人类社会必为归宗应成"**孔德之容**(即从实然意义的可以转为指称于'互德'),**惟道是从**(即从实然意义的可以转为指称于'互道')",相与有应的,构成义理一贯地,则是有所不限于予以启示了"多闻数穷,不若守于'中'",以及有所不限于予以启示了"天地不仁,以万物为刍狗;圣人不仁,以百姓为刍狗",则是有所予以抉择了,于器世间的天下,必为应成实践"〔圣〕人〔之〕道,法自然:〔法自然〕〔也而〕法地;法道;法天"。

其四,格义于是追问"存在"乃至"理念"或是"物自体"的,若是据当机者有所能受觉"实相"作格义,则是可格义于佛法的"般若"范畴,乃至"涅槃"范畴,亦可格义于老子的最具核心意义的"自然"范畴(可以从人类能够自觉其愿力,从这个角度,予以索解老子的"自然"范畴其内在规定性:内在的已是达成了实相"应然"和实相"实然"是互为统一的)。**转换来说**,继续地予以索解"自然"范畴其内在规定性,亦反映出了,乃是当机者是具有主观能动的已然具足了是守于"中"的有所能够证"实相",也即具足禅定"大定"总持(既是禅定的"观复"及禅定的"玄览")的,从而能等觉和能等持地有所受觉了,是主客体同构地呈现出了是构成"自相即他相;他相即自相"的实相:

以对治边见的认知所能反映,则是消解了是构成"有为法"的呈现客体与主体地二元对立,亦是消解了是构成"有为法"的呈现"唯物"(客观)与"唯心"(主观)的二元分立(按,典型如笛卡尔,有所判称"我思故我在":历史弥久地禁闭于高耸的"形而上",至"文艺复兴"时期,能够诉诸"改良"的,则是转向了,是从"我思"的怀疑出发,以"我在"的理性予以证明了绝对的普遍的上帝,显然的,极为善巧地也就为实证科学奠基了基础，科学是出于实证的"理性"），既消解了是以四维时空为认知背景的出于边见的认知（既为，有所或执着于"断灭见"的"断灭无"的"无"和或执着于"实有见"的"实性有"的"有"）；是以已然创觉了宇宙"实相"所能反映的，是构成"无为法"的具有"实相"意义的，则是反映出了生命的觉者有所觉知"互无"与"互有"是能成立互为让渡的。

【七】甲，按，这是《道德经玄门新证解析篇》的予以解析禅定"大定"总持地有所能受觉"致极虚；守极笃"且能受觉"没身不殆"的内容，意在把助读者能够把握其深刻地内涵，亦予以了转抄。

追索生命的觉者是何以从主观能动的创觉了宇宙"实相"（包括主客体同构地能觉知"复命"实相以及能觉知实相"自然"），反映出亦是因之当机者有所觉知了"域界"是"人择"的"域界"且"人择"是"域界"的"人择"：转为是以"人"觉有情的能守于"中"而能反映出的，即是有之，是能等觉和能等持地能同构客体与主体地，构成轴对称"镜伴"的有所能受觉"自相即他相；他相即自相"。

转换来说，生命的主体有所创觉了宇宙"实相"，亦构成了即出于"以'〔一〕'知古始"，相与有应的，则是反映出了乃是基于以老子"吾"当机的已然具足了禅定"大定"总持地有所能受觉"致极虚；守极笃"且能受觉"没身不殆"，进而相与有应的，转为是以出于主体地有所应成"欲以观"，则是反映出了是具有"实相"意义的有所觉知了"互无"与"互有"是能成立互为让渡的，既亦是，基于当机者是主观能动的已然具足了觉有情的出于能守于"中"，则反映出了是主客体同构地有所能受觉"实相"：

既为构成胜义地，则是反映出了，构成是主客体同构地有所能受觉"惚兮恍兮，〔守于〕'中'，〔也而〕有象兮；恍兮惚兮，〔守于〕'中'，〔也而〕有物兮；幽兮冥兮，〔守于〕'中'，〔也而〕有情兮"。

乙，接下来的，则是转向具体的予以解析，是构成禅定"大定"（守于"中"）总持地有所能受觉"致极虚；守极笃"且能受觉"没身不殆"，分别予以解析出其各自的内在规定性以及其诉诸禅定的意蕴：

其一，是偏转从"形式因"作出追问的，是主客体同构地偏转对应客体的：偏转从"还灭"的方向以意义于禅定的"观复"（进而有所分化的，则转向了以意义于"互"范畴）而能反映出的，对应能受觉"致极虚，守极笃"，即可指称能受觉"惚兮恍兮"；是偏转从"流转"的方向以意义于禅定的"观复"而能反映出的，对应能受觉"致极虚，守极笃"，即可指称能受觉"〔也而〕有象兮"。

是偏转从"质料因"作出追问的，是主客体同构地偏转对应客体的：偏转从"还灭"的方向以意义于禅定的"观复"（进而有所分化的，则是转向了以意义于"复命"范畴）而能反映出的，对应能受觉"没身不殆"，即可指称能受"恍兮惚兮"；是偏转从"流转"的方向以意义于禅定的"观复"而能反映出的，对应能受觉"没身不殆"，即可指称能受觉"〔也而〕有物兮"。

其二，当机者具足觉有情的能守于"中"，实则的既构成了，乃是出乎具足禅定"大定"总持地有所能受觉"致极虚；守极笃"且能受觉"没身不殆"，故而，实则的也就反映出了，于主体的，则是有所能受觉客体与主体是本质的同构，是能等觉和能等持地，有所呈现出了构成是"自相即他相；他相即自相"：偏转从"还灭"的方向予以反映出的，有所能受觉"惚兮恍兮"且能受觉"恍兮惚兮"，亦有所能受觉"幽兮冥兮"；亦偏转从"流转"的方向予以反映出的，有所能受觉"〔也而〕有象兮"且能受觉"〔也而〕有物兮"，亦即有所能受觉"〔也而〕有情兮"。

乙 -1-1. 予以遮诠"致"，反映出运动状态是方向性的从此往彼（！）作相对运动（按，从认知的亦能反映出：循迹着"玄之又玄"的丝束即循迹着同构于"莫比乌斯环带"的是构成"曲则全；枉则正"的曲面空间，作相对运动。亦隐喻着是禅定的有所能够受觉"督脉"的运化）：

追问宇宙"实相"，同场的是偏转从"人择"的"域界"此"相位"作出遮诠的，对应遮诠"致"，即指向了是循迹着象的"全"作相对运动，其运动状态则是呈现出"随其后"（构成轴对称"镜伴"的有所成立"位相"，则是以作相对运动的客体作为参照系）；

追问宇宙"实相"，同场的是偏转从"域界"的"人择"此"相位"作出遮诠的，对应遮诠"致"，即指向了是循迹着象的"全"作相对运动，其运动状态则是呈现出"逝，曰：远"（构成轴对称"镜伴"的有所成立"位相"，则是以作相对运动的主体作为参照系）。

乙 -1-2. 遮诠"致极虚"，同场的是偏转从"还灭"的方向予以作出追问的，追问既构成了是从三维空间进而让渡到高维时空的意义于构成"古始"的宇宙"实相"，则是偏转从空间态，以主体地有所能受觉"视之而弗见，名之曰：微"，予以了遮诠为即"无有入于无间"的"无有"，即反映出了于当机者的，则是有所能受觉"互无"非是"断灭见"的"断灭无"：

转为是以当机者有所能受觉既构成了是呈现高维时空的宇宙"实相"所能反映的：同场的以"形式因"的即指向了所遮诠的"随而不见其后"（以"域"范畴能显义地，亦对应"大，曰：逝"的"逝，曰：远"），且同场的以"质料因"的即指向了所遮诠的"惚恍"（以"域"范畴能显义地，亦对应"道"）；亦偏转指向了所遮诠的"有状混成，先天地生"；亦偏转指向了所遮诠的"以'一'知古始，必非弱玄达，〔必〕深不可识"的"必非弱玄达"；亦偏转指向了所遮诠的"孰能浊以静"；亦指向了所遮诠的既是构成高维时空的能由"其上不皦"让渡到"无状之状"，既反映为则是有之所遮诠的是出于"昔之得'一'者"的"神，得'一'以灵"。

乙-1-3. 予以遮诠"极"，基于内在的是以"极限"作推导的，构成是以当机者有所能够受觉呈现广域的宇宙"实相"，即显义于所遮诠的"大，曰：逝"（是从空间态的予以等持了无穷小和无穷大）：

转为偏转能显义于所遮诠的"曲则全"，内在的是以"极限"作推导的，则是反映出了有所能认知到同场的此在是既为"曲"且既为"全"；而所为等价的，以"奇点"的数的"一"即能显义于同场的此在是既为"恍兮惚兮"且既为"惚兮恍兮"（内在的是以"极限"作推导的，是可以从数学语义给出诠释的，即可描述为是既为"处处连续，处处不可导"且既为"处处不连续，处处可导"）。

乙-1-4. 遮诠"致极虚"，同场的是偏转从"流转"的方向予以作出追问的，追问既构成了是从高维时空进而让渡到三维空间的意义于构成"天地创世纪"的宇宙"实相"，则是偏转空间态，以主体地有所能受觉"〔天地有域〕"，予以了遮诠为"大成若缺"，即反映出了于当机者的，则是有所能受觉"互有"非是"实有见"的"实性有"：

转为是以当机者能受觉既构成了是呈现"天地创世纪"的宇宙"实相"所能反映的：内在的即反映出了，则是由"有状混成，先天地生"向着"孰能浊以静，将徐清"形成了让渡，亦即反映出了，则是由"惚兮恍兮"向着"〔也而〕有象兮"形成了让渡；换言之，即指向了则是有之有所能受觉"〔天地有域〕，夫唯弗盈"，由此的，即揭示了则是从主体地有所能创觉了"天地创世纪"，既反映为则是有之所遮诠的是出于"昔之得'一'者"的"天，得'一'以清"。

乙-2-1. 予以遮诠"守"，反映出运动状态是方向性的从彼往此（！）作相对运动（按，从认知的亦能反映出：循迹着"玄之又玄"的丝束，即循迹着同构于"莫比乌斯环带"的是构成"曲则全；枉则正"的曲面空间做相对运动。亦隐喻着是禅定的有所能够受觉"任脉"的运化）：

追问宇宙"实相"，同场的是偏转从"人择"的"域界"此"相位"作出遮诠的，对应遮诠"守"，即指向了是循迹着象的"全"作相对运动，其运动状态则是呈现出"迎其首"（构成轴对称"镜伴"的有所成立"位相"，则是以做相对运动的客体作为参照系）；

追问宇宙"实相"，同场的是偏转从"域界"的"人择"此"相位"作出遮诠的，对应遮诠"守"，即指向了循迹着象的"全"作相对运动，其运动状态则是呈现出"远，曰：返"（构成轴对称"镜伴"的有所成立"位相"，则是以做相对运动的主体作为参照系）。

乙-2-2. 遮诠"守极笃"，同场的是偏转从"还灭"的方向予以作出追问的，追问既构成了是从一维时间进而让渡到高维时空的意义于构成"古始"的宇宙"实相"，则是偏转从时间态，以主体地有所能受觉"听之而弗闻，名之曰：希"，予以了遮诠为即"无有入于无间"的"无间"，即反映出了于当机者的，则是有所能受觉"互无"非是"断灭见"的"断灭无"：

转为是以当机者有所能受觉既构成了是呈现高维时空的宇宙"实相"所能反映的：同场的以"形式因"的即指向了所遮诠的"迎而不见其首"（以"域"范畴能显义地，亦对应"大，曰：逝"的"远，曰：返"），且同场的以"质料因"的即指向了所遮诠的"惚恍"（以"域"范畴能显义地，亦对应"道"）；亦偏转指向了所遮诠的"独立不改，寥兮寂兮"；亦偏转指向了所遮诠的"以'一'知古始，必非弱玄达，〔必〕深不可识"的"〔必〕深不可识"；亦偏转指向了所遮诠的"孰能安以重"；亦指向了所遮诠的既是构成高维时空的能由"其下不昧"让渡到"无物之象"，既反映为则是有之所遮诠的是出于"昔之得'一'者"的"谷,得'一'以盈"。

乙-2-3. 予以遮诠"极",基于内在的是以"极限"作推导的,构成是以当机者有所能够受觉呈现广域的宇宙"实相",即显义于所遮诠的"大,曰:逝"(是从时间态的予以等持了无穷小和无穷大):

转为偏转能显义于所遮诠的"枉则正",内在的是以"极限"作推导的,则是反映出了有所能认知到同场的此在是既为"枉"且既为"正";而所为等价的,以"奇点"的数的"一",即能显义于同场的此在是既为"恍兮惚兮"且既为"惚兮恍兮"(内在是以"极限"作推导的,是可以从数学语义给出诠释的,即可描述为是既为"处处连续,处处不可导"且既为"处处不连续,处处可导")。

乙-2-4. 遮诠"守极笃",同场的是偏转从"流转"的方向予以作出追问的,追问既构成了是从高维时空让渡到了一维时间的意义于构成"天地创世纪"的宇宙"实相",则是偏转时间态的,以主体地有所能受觉"夫唯弗盈",予以遮诠为"大盈若冲",即反映出了于当机者的,则是有所能受觉"互有"非是"实有见"的"实性有":

转为是以当机者能受觉既构成了是呈现"天地创世纪"的宇宙"实相"所能反映的:内在的即反映出了,则是由"独立不改,寥兮寂兮"向着"孰能安以重,将徐生"产生了让渡,亦即反映出了,则是由"恍兮惚兮"向着"〔也而〕有象兮"产生了让渡;换言之,即指向了则是有之有所能受觉"〔天地有域〕,夫唯弗盈",由此的,即揭示了则是从主体地有所能创觉了"天地创世纪",既反映为则是有之所遮诠的是出于"昔之得'一'者"的"地,得'一'以宁"。

乙-3-1. 既已解析了禅定"大定"(守于"中")总持地有所能受觉"致极虚;守极笃",接下来的则是转向解析有所能受觉"没身不殆":

一者,既为能创觉宇宙"实相",构成基底的,则是反映出了已能觉知"互无"与"互有"是能成立互为让渡的:从而的,也就反映出了是偏转空间态的且偏转"形式因"的能受觉"致极虚"即对应于是偏转空间态的且偏转"质料因"的能受觉"没身",两者以"实相"的意义即构成了乃是本质的同构;换言之,内在的是以"极限"作推导的,两者则是形成了结构性的互为统一,既统一于是主客体同构地出于"以〔一〕'

知古始"，从而的，也就构成了可以给出判摄"互，曰：复命；知互，曰：明"。

二者，既为能创觉宇宙"实相"，构成基底的，则是反映出了已能觉知"互无"与"互有"是能成立互为让渡的；从而的，也就反映出了是偏转时间态的且偏转"形式因"的能受觉"守极笃"即对应于是偏转时间态的且偏转"质料因"的能受觉"不殆"，两者以"实相"的意义即构成了乃是本质的同构；换言之，内在的是以"极限"作推导的，两者则是形成了结构性的互为统一，既统一于是主客体同构地出于"以'〔一〕'知古始"，从而的，也就构成了可以给出判摄"互，曰：复命；知互，曰：明"。

乙-3-2.基于当机者禅定"大定"（守于"中"）总持地既为创觉了宇宙"实相"，于全本的是作玄门建构的：

其一，构成是偏转从"形式因"的予以偏转追问构成"状象的时空高维"的宇宙"实相"的，对应能受觉"致极虚；守极笃"，亦是偏转从"还灭"的方向能够予以反映出的，同场的此在的则是反映出了有所能受觉"随而不见其后，迎而不见其首"（内在的是以"极限"作推导的，亦是反映出了有所能受觉"无有入于无间"）；

构成是偏转从"质料因"的予以偏转追问构成"时空高维的状象"的宇宙"实相"的，对应能受觉"没身不殆"，亦是偏转从"还灭"的方向能够予以反映出的，同场的此在的则是反映出了有所能受觉"惚恍"（内在的是以"极限"作推导的，亦是反映出了有所能受觉"天下之至柔，驰骋于天下之至坚"）。

其二，构成是偏转从"形式因"的予以偏转追问构成"天地创世纪"的宇宙"实相"的，对应能受觉"致极虚；守极笃"，亦即偏转从"流转"的方向能够予以反映出的，同场的此在的则是反映出了有所能受觉"〔天地有域〕，夫唯弗盈"（内在的是以"极限"作推导的，亦是反映出了有所能受觉"大成若缺，大盈若冲"）；

构成是偏转从"质料因"的予以偏转追问构成"道"的"物创生"的宇宙"实相"的，对应能受觉"没身不殆"，亦是偏转从"流转"的方向能够予以反映出的，同场的此在的则是反映出了有所能受觉"是以能蔽〔也〕而〔能〕新成"（内在的是以"极限"作推导的，亦是反映出了有所能受觉"其用不蔽，其用不穷"）。

乙 -3-3. 基于当机者禅定"大定"（守于"中"）总持地既为有所创觉了宇宙"实相"，于全本的是作玄门建构：

一者，内在的是以"极限"作推导的，是偏转从"还灭"的方向作出追问的，则是亦为反映出了有所能受觉"惚恍"；而转为是偏转从"道"这个方向予以追问宇宙"实相"的，则是反映出了有所能受觉"寻寻兮，不可名；复归于无物"，亦反映出了有所能受觉"捪之而弗得，名之曰：夷"（而所为等价的，亦可指称于"夫唯弗盈"；而构成是从认知的能够予以反映出的，内在的是以"极限"作推导的，即亦指称于"洼则盈"）。

二者，内在的是以"极限"作推导的，是偏转从"流转"的方向作出追问的，则是亦为反映出了有所能受觉"是以能蔽〔也〕而〔能〕新成"（而构成是从认知的能够予以反映出的，内在的是以"极限"作推导的，即亦指称于"蔽则新"）；而转为是偏转从呈现出"万物并作"这个方向予以追问宇宙"实相"的，则是反映出了有之当机者应机的予以"万物并作，吾以观复"，从而的反映出了有所能受觉"'天下〔之物〕雲雲，各复其堇；各复其堇，曰：静'；是谓：复命"。

乙 -3-4. 遮诠当机者禅定"大定"（守于"中"）总持地能受觉"没身不殆"，能索解于主体地，则是有所觉知了生命之"复命"有之构成"实相"的意义，既为呈现"出生入死"；转换来说，内在的亦是以"极限"作推导的，即亦可反映出，则是有所觉知此在的生命瀑流，实则是刹那刹那地生灭不住且不住生灭：

一者，是偏转从"还灭"的方向能够予以揭示出是实相"出生入死"的：生命的觉者之所以能够觉知"互无"的内在规定性是"不生不灭"（即判为"互无"非是"断灭见"的"断灭无"，可以格义于佛法的有之遮诠"妙有真空"），既是出于有所能受觉"惚恍"；因是，亦反映出了生命的觉者已是有所觉知"人"与"道"实则是本质的同构，从而的也就反映出了，既是有所予以同构了是对应客体的能受觉"道生一"（具有"本体"意义的，即为构成了是"天下之物：生于无"）和是对应主体的能受觉"负阴抱阳"（具有"本义"意义的，即为构成了是"弱也者〔强〕，道之用"）。

二者，是偏转从"流转"的方向能够予以揭示出是实相"出生入死"

的：生命的觉者之所以能够觉知"互有"的内在规定性是"亦生亦灭"（即判为"互有"非是"实有见"的"实性有"，可以格义于佛法的有之遮诠"真空妙有"），既是出于有所能受觉"是以能蔽〔也〕而〔能〕新成"；因是，亦反映出了生命的觉者已是有所觉知"人"与"物"实则是本质的同构，从而的也就反映出了，既是有所予以同构了是对应客体的能受觉"一生二,二生三,三生万物"（具有"本体"意义的，即为构成了是"天下之物：生于有"）和是对应主体的能受觉"冲气以为和"（具有"本体"意义的，即为构成了是"反也者〔返〕，道之动"）。

《道经》第十七章"反动"道章

王弼本《道德经》下经第四十章

反也者返，道之动；弱也者强，道之用。

天下之物：生于有；生于无。

【校勘经文】

【一】甲，王本和傅奕本，皆是作"反者，道之动；弱者，道之用"。文本近同的，北大汉简本作"反者，道之动也；弱者，道之用也"。

两者文本相同：帛书甲本作"〔反也者〕，道之动也；弱也者，道之用也"；帛书乙本作"反也者，道之动也；〔弱也〕者，道之用也"。

楚简本甲组作"返也者，道動（道）也；弱（溺）也者，道之用（甬）也"（按，笔者推测：于前句，非是抄写遗漏，而是传抄者自主地裁夺了"之"字，原则上是据下一章的"进道如退"相应地作了改动；故而，则是取"返"字，而不取"反"字）。

以玄门建构为归导，先为导出，《道德经玄门新证校勘篇》有之新证，厘定祖本的文本，于祖本的应是作"反也者〔返〕，道之动；弱也者〔强〕，道之用"。

乙，按，帛书甲本、帛书乙本、楚简本甲组，皆是在文本的语句之中于"者"字之前存有"也"字。根据一致地存有"也"字，无疑地可以确证，这是祖本的文本所固有。基于早期的诸传抄本分别地存有"反也者"或"返也者"，以及存有"弱也者"，接下来可以进一步地加以校勘：

其一，推究王本、傅奕本、北大汉简本的文本，笔者推测，应该是其底本的传抄者或是其传抄者有所审定：若果写作"反也者"，以及写作"弱也者"，则于句义上存在文理不通，因此，自主地就裁夺了"也"字。

其传抄者无可自知，同时也就灭失了祖本固有的"也"字。

其二，独有楚简本甲组是写作"返"字，而对勘的其他诸传抄本皆是写作"反"字，这个确然呈现的构成互证的文本，颇具校勘价值：一者，实证了先秦时期这两个字还是通假字；二者，实证了早期的不同的传抄者是从各自所能理解做了文字的取舍。

其三，笔者转为寻求消解对勘的诸传抄本所存在的文本分歧。具体的涉及厘定文本，笔者还兼顾了两个原则：应当合于文理，能够促成语义通达；结合从全本的文本作审察，还须给出有效的验证，能契合全本的经义。由是，基于以玄门建构为归导，《道德经玄门新证校勘篇》有之新证：厘定了"反"字和"返"字皆必有，于祖本的本作"反也者〔返〕"；厘定了"弱"字和"强"字皆必有，于祖本的本作"弱也者〔强〕"。

其四，从校勘的还需加以追问，后来的传抄本何以会裁夺了底本的"返"字和"强"字？笔者有所推想：

春秋战国时期，天下裂变，时人皆披靡于诸侯假义征伐，时人皆裹挟于诸子争鸣相射，故而，家国安危已成大患，加之社会思潮激变，势必会催化出社会性的主流意识：赪业不容退进兼存；时势不待弱强同功。主流意识之投射，有所聚焦于文本的，及乎传抄者，已是难免意识同流：能推究于楚简本的，其传抄者或是其底本的传抄者，已是难以应心经义，本质的已是落入了边见的认知，于"道之动"已是无能体认"反也者返"，于"道之用"更是无能体认"弱也者强"。因此，进而可以推断，从考古出土的文本所能反映的（当今笔者能够有之新证，是触机于楚简本的文本亦存有两个"也者"和存有"返"字）：能见于楚简本甲组的，传抄之际，就已经裁夺了"反"字，还裁夺了"强"字；及至帛书甲、乙本，其传抄者则是据其底本的文本，未能加以审定，照旧作传抄。

按，还须再为指出，经笔者厘定的，祖本的文本之中多有使用"也"字，"也"字一律地皆是作为关联虚词来加以使用，没有一例是作为判断虚词来加以使用（按，校勘《道德经》全本的文本，过程之中，出于不无必要，笔者反复地有所给出辨析）。先秦时期共识的可以如是使用"也"字，后世已经失察：典型的如帛书甲、乙本，凡见底本的文本之中存有"也"字，其传抄者或其底本的传抄者，比附的往往还会于前项或后项的语句，不了义的增入"也"字，将"也"字作为判断虚词来加以使用，以及句读。至王弼本，出于自主"善本"，则是将全本的文本之中所存有的"也"字，武断地大多予以了裁夺。

【二】甲，王本传本作"天下万物生于有，有生于无"（按，检索王注，有注"天下之物，皆以有为生"，可知其初本不作"万物"）。

傅奕本、北大汉简本，皆是作"天下之物生于有，有生于无"。帛书乙本（甲本的该句已全部残损）作"天下之物生于有，有〔生〕于无"。

楚简本甲组，独有的是作"天下之物（勿）：生于有（又）；生于无（亡）"（按，检索楚简本竹简影印原迹，在"生于无"之下紧接着的，是从容地标注了分章的墨块。据此，原则上可以排除是漏抄了"有"字）。

乙，按，从校勘的须指出，于祖本的就不该有"有"字，非是后来传抄的错谬地写作"有生于无"，结合从全本的文本追索经义，无疑可以得到确证，"有"与"无"是对等的互为成立，非是构成派生（按，后来的传抄者，堕入了边见的认知，加之已习惯于以"顺读"作理解，则是自主地增入了'有'字），简言之：

一者，已明定了"互无"与"互有"是构成"两者同出（按，即'两者同出'于'象帝之先'），异名同谓（按，即'异名同谓'于'道'）"，已明定了两者是能成立互为让渡，亦是构成"玄之又玄（按，即构成是'无有入于无间'，以及构成是'大成若缺，大盈若冲'），众妙之门（按，即构成是'天下之至柔，驰骋于天下之至坚'，以及构成是'其用不蔽，其用不穷'）"，进而亦是构成"天地之根（按，即构成是'互无'的缘起无自性以能成俱足'互有'的无自性缘起以所成，亦为构成是'互无'与'互有'能成立互为让渡）；是谓：玄牝之门（按，即构成是'道'的能成就俱足'道'的所成就，亦为是以'物'此在的'复命'实相能显义的，即构成是既为是'互无'的'不生不灭'且既为是'互有'的'亦生亦灭'：构成义理一贯，则是有之构成既为'生于无'且既为'生于有'）"。

二者，转为是以"器成之"的"物"此在能显义两者的相互关系的，已明定了"当其有"的"有"与"当其无"的"无"是对等的互为充任。

以玄门建构为归导，亦根据楚简本甲组的文本，《道德经玄门新证校勘篇》厘定祖本的文本，并句读作"天下之物：生于有；生于无"（按，于本章，是作玄门建构的，因之是偏转从"还灭"的方向追问宇宙"实相"，故而，相应地以行文语序则是写作"生于有；生于无"）。

【三】甲，已知《道德经》全本的共八十章整体地是作玄门建构。其中的涉及"反动"道章、"返成"道章、"复命"道章，《道德经玄门新证校勘篇》还原出了这三章的本然的于祖本全本的章序（若为详加了然祖本全本的章序，请读者转为参看序言部分的有关内容，笔者追溯至孤本的"修辑"本，已有给出全面的梳理，这里不再赘述），要之：

是将王本的《道德经》的第四十章、第四十一章、第四十二章，这三章，修订了其章序：次第的分别相对应的，即更正为是《道德经玄门新证校勘篇》本的《道经》的第十七章"反动"道章、第十八章"返成"道章、第十九章"复命"道章。

乙-1. 按，已知是偏转从道体分证同构的"互道"与"互德"的，于全本的是作玄门建构的，相应地则是以构成中轴的"真信"道章作为总分证章，而分证总分证章的：

则是转为基于守于"中"的是能等觉和能等持的分证于构成轴枢的"观复"道章；则是转为基于守于"中"的是能等觉和能等持的分证于构成轴枢的"善法"道章。

其一，对应轴枢的"观复"道章，于全本的是作玄门建构的，则有着：

构成其左半轴的，是以"自然"道章作为中轴之章，其上半轴为"始纪"道章，其下半轴为"母成"道章；

构成其右半轴的，是以"返成"道章作为中轴之章，其上半轴为"反动"道章，其下半轴为"复命"道章。

其二，对应轴枢的"善法"道章，于全本的是作玄门建构的，则有着：

构成其左半轴的，是以"从事"道章作为中轴之章，其上半轴为"全归"道章，其下半轴为"无割"道章；

构成其右半轴的，是以"建德"道章作为中轴之章，其上半轴为"互明"道章，其下半轴为"大制"道章。

转换来说：一者，基于是共为偏转追问构成高维时空的宇宙"实相"的，则"始纪"道章亦对应于"反动"道章，于全本的是作玄门建构的，两者亦共为对应于是偏转从道性作分证的"象帝"道章；

二者，基于是共为偏转追问构成"天地创世纪"以及"道"的"物创生"的宇宙"实相"的，则"母成"道章亦对应于"复命"道章，于全本的是作玄门建构的，两者亦共为对应于是偏转从道性作分证的"神谷"道章；

三者，基于是偏转追问"万物并作"的呈现"此在"的"复命"实相的，则"反动"道章和"复命"道章，于全本的是作玄门建构的，两者亦共为对应于轴枢的"观复"道章。

乙-2. 既已明晰了相关的各章于全本的是作玄门建构，接下来也就可以有针对性地梳理各章的是构成对文的文本。

乙-2-1. 是偏转从"互有"向"互无"的方向作追问的（既为是偏转从"还灭"的方向作追问），以主体禅定"大定"（守于"中"）总持地能创觉构成高维时空的宇宙"实相"所能反映：

其一，偏转从道性作分证的：同场的是偏转从"形式因"作追问的，基于"两者同出"，则有着遮诠"象帝之先；吾不知其谁之子"；同场的是偏转从"质料因"作追问的，基于"异名同谓"，则有着遮诠"道（按，亦对文'象帝之先'）；冲而〔用〕，用之有弗盈（按，亦对文'吾不知其谁之子'）"。

偏转从道体作分证的（是偏转具有"本体"意义的有所作追问）：同场的是偏转从"形式因"作追问的，基于"两者同出"，亦是基于当机者能"以'〔一〕'知古始"，则有着遮诠"随而不见其后，迎而不见其首；是谓：惚恍"；同场的是偏转从"质料因"作追问的，基于"异名同谓"，亦是基于当机者能"以'〔一〕'知古始"，则有着遮诠"反也者〔返〕，道之动；弱也者〔强〕，道之用。天下之物：生于有；生于无"。

偏转从道体作分证的（是偏转具有"认知"意义的有所作追问）：同场的是偏转从"形式因"作追问的，则有着遮诠"独立不改，寥兮寂兮"（按，亦为对应客体是构成"本体"的"'一'者"，本质上等价于能认知"域"范畴，进而则是给出了"吾为之名，强〔名之〕曰：大"）；同场的是偏转从"质料因"作追问的，则有着遮诠"有状混成，先天地生"（按，亦为对应主体是构成"本体"的"混而为'一'"，本质上等价于能认知"域"范畴，进而则是给出了"吾未知其名，强字之曰：道"）。

其二，结合既有的已梳理了文本，基于主体禅定"大定"（守于"中"）总持地能创觉构成高维时空的宇宙"实相"，进而还可以再为索解构成对文的文本：

一者，互为显义的，对应遮诠"象帝之先；吾不知其谁之子"，以对文即遮诠"随而不见其后，迎而不见其首（按，即对文'象帝之先'）；是谓：惚恍（按，即对文'吾不知其谁之子'）"。

二者，互为显义的，对应遮诠"道；冲而〔用〕，用之有弗盈"，以对文即遮诠"反也者〔返〕，道之动（按，即对文'冲而〔用〕'）；弱也者〔强〕，道之用（按，即对文'用之有弗盈'）"。

三者，互为显义的，对应遮诠"随而不见其后，迎而不见其首；是谓：惚恍"：亦构成对文"反也者〔返〕，道之动；弱也者〔强〕，道之用"（按，是从"还灭"的方向构成了有所对文"是谓：惚恍"）；亦构成对文"天下之物：生于有；生于无"（按，是从"还灭"的方向构成了有所对文"随而不见其后，迎而不见其首"）。

四者，互为显义的：遮诠同场的呈现运动状态既是"随其后"且既是"迎其首"，偏转"流转"的方向即可对文"反也者〔返〕，道之动"；遮诠同场的呈现运动状态既是"不见其后"且既是"不见其首"，内在的是以"极限"作推导的，转为以"奇点"的"一"则反映为既是"惚恍"，偏转"还灭"的方向即可对文"弱也者〔强〕，道之用"。

乙-2-2. 基于以主体禅定"观复"的能受觉"万物并作"地呈现"此在"的"复命"实相，对应遮诠"天〔下之〕物雲雲，各复其堇；各复其堇，曰：静"，转为同场的从"物"之"此在"意义以及从"道"之"本体"意义能作追索的，则反映为：

一者，偏转从"流转"的方向遮诠"天〔下之〕物雲雲"，内在的是以"互有"的内在规定性"亦生亦灭"所规定的，即反映为是"天下之物"的"生于有"，亦反映为是"一生二，二生三，三生万物"，以及反映为是"冲气以为和"；同时地，是以"道"之"本体"意义能显义"复命"实相的，进而遮诠"各复其堇"，即转为能追索于"反也者〔返〕，道之动（按，由此，则是构成了'复'的内在规定性）；弱也者〔强〕，道之用（按，由此，则是构成了'堇'的内在规定性）"。

二者，偏转从"还灭"的方向遮诠"曰：静"，内在的是以"互无"的内在规定性"不生不灭"所规定的，即反映为是"天下之物"的"生于无"，亦反映为是"道生一"，以及反映为是"负阴抱阳"；同时地，是以"道"之"本体"意义能显义"复命"实相的，进而遮诠"各复其堇"，即转为能追索于"反也者〔返〕，道之动；弱也者〔强〕，道之用"。

【四】按，这是本章的于《道德经玄门新证解析篇》的内容，意在挹助读者能深入地理解老子从"道"之"本体"意义所抉择出的"弱"与"强"这对内学范畴，则是转抄了其中的内容。

解析《道德经》全本的文本，最难解析老子所遮诠的"弱也者〔强〕，道之用"。以胜义地能判摄"弱也者〔强〕"，老子何以能够给出？老子何以必为给出？以下从三个层面递进地给出解析（按，笔者这里只转抄了第一个层面的内容）。

其一，先从文字解析同时呈现的"弱"字，《说文》"弱，桡也。上象，桡曲；彡象，毛氂。桡，弱也"。"桡"字，《说文》"曲木；从木，尧声"。"彡"字：《说文》"毛饰画文也，象形"；《广韵》"长毛也"。"氂"字，《说文》"犛牛尾也"。

先从文字解析同时呈现的"强"字：《说文》"强，弓有力也"；《广韵》"健也"。转向辨析古人造"强"字：取象"弓"，指事弓箭被拉弯"曲"用的产生张力；取象"臂膀"，指事状若"厶"以臂力引弓"曲"用的产生张力；取象"小虫"，指事小虫蠕动"曲"用而产生张力。

结合文本从语义解析"弱"字。工具性的是"器成之"的弯弓能"曲"用而产生张力，而以双弓集合张力，则是表征显著的力量大，寓意"强"的力大。动物尾部的是"物形之"的长毛能"曲"用的产生张力，而以集束的软毛集合张力，则是表征显著的力量小，寓意"弱"的力小。由此可知，古人造"弱"字赋了意义，即指事张力状态乃是由"表征显著的力量大"向"表征显著的力量小"发生转化，若论及具有"道"之"本体"意义，则是可以追索于老子的"〔强〕也者弱"。

结合文本从语义解析"强"字。工具性的是"器成之"的弯弓能"曲"用而产生张力，而以臂力施加于弯弓集合张力，则是表征显著的力量大，寓意"强"的力大。昆虫的是"物形之"的小虫（按，古人存贮粮食，黄小米里会寄生细小的蠕虫）能"曲"用而产生张力，而以小虫的蠕动集合张力，则是表征显著的力量小，寓意"弱"的力小。由此可知，古人造"强"字赋予了意义，即指事张力状态乃是由"表征显著的力量小"向"表征显著的力量大"发生转化，若论及具有"道"之"本体"意义，则是可以追索于老子的"弱也者〔强〕"。

《道经》第十八章"返成"道章

王弼本《道德经》下经第四十一章

上士闻道，董能行于其"中"；

中士闻道，若失道也而若无德；

下士闻道，大笑之为道者。

是以《建言》有之：

"明道若孛；进道若退；夷道若纇"；

"太白若黝；质真若渝"；

"上德若谷；建德若窬；广德若足"。

大方无隅；大器曼成；大音希声；大象无形。

道隐无名；夫唯道，善始且善成。

【校勘经文】

【一】甲，王本作"上士闻道，勤而行之；中士闻道，若存若亡；下士闻道，大笑之。不笑，不足以为道"。

傅奕本作"上士闻道，而勤行之；中士闻道，若存若亡；下士闻道，而大笑之。不笑，不足以为道"。

北大汉简本作"上士闻道，董能行；中士闻道，若存若亡；下士闻道，大笑之。弗笑，不足以为道"。

帛书乙本作"上〔士闻〕道，董能行之；中士闻道，若存若亡；下士闻道，大笑之。弗笑，〔不足〕以为道"（**按，甲本全章的文本几近全损，**

道德经玄门新证 校勘篇

只在尾句残存了相邻的"道"和"善"字）。

楚简本乙组作"上士闻（昏）道，堇能行于其'中'；中士闻（昏）道，若闻（昏。按，对勘的，至其他诸传抄本，于底本的则是据'亡'字进而自主地改出'存'字，从而顶戴了'闻'字。而于祖本的，经笔者推定，本然的应是作'失'字，而不作'闻'字。后面还有跟进的校勘）若无（亡。按，从校勘的可以指出：楚简本乙组，这里的写作'亡'字，于祖本的，本字则是'无'字，能验证于楚简本甲组的，一律地皆是如此；而本字的'亡'字，能验证于楚简本甲组的，则是写作上'亡'下'贝'组字。换言之，故而，于楚简本乙组的，加之以文本约义，无疑地应该隶定是'无'字）；下士闻（昏）道，大笑之。弗大笑，不足以为道矣"。

以玄门建构为归导，先为导出，《道德经玄门新证校勘篇》有之新证，厘定祖本的文本，于祖本的应是写作"上士闻道，堇能行于其'中'；中士闻道，若〔失〕〔道〕〔也而〕若无〔德〕；下士闻道，大笑之为道者"。

乙，按，对勘诸传抄本的文本，可以指出：一者，至王本和傅奕本，祖本旧有的"堇"字被裁改成了"勤"字，而其他诸传抄本，皆是作"堇"字（按，关联的，在"神谷"道章，已有给出校勘，于本章，不再赘述）。又，祖本以倒装句是写作"堇能行"，即今的可理解作"能行堇"；推究其意义，互为显义的，即"上士"能体认到"〔今之〕〔能〕保此道者，〔其〕不欲尚盈"。

二者，楚简本乙组独有的，乃为祖本旧有的，是作"于其'中'"。后世的传抄者已不解经义，故而，见于其他诸传抄本的，皆流变地裁夺了"于其"两字，不止于此，还将前项的"中"字裁并，归为后项的"中士"之"中"字。于老子的至为重要的"中"范畴，后世的传抄者已罕有能上诉胜义，故而，无怪乎已无能体认祖本的"行于其'中'"。若为从思想根源深究，已是拘束于世俗的儒家的"中庸"而不知有之胜义的老子的守于"中"。

丙，按，对勘诸传抄本的文本，可以指出：一者，审察楚简本乙组的"若闻若无（亡）"以及其他诸传抄本的一致地"若存若亡"，笔者推测，于早期的同源的底本，大概率地就已经残缺了祖本的"〔失道〕"和"〔也而〕"，故而，后来的传抄者则是主观地据前文，武断地增入了

"闻"字，还裁夺了"〔德〕"字，改写作"若闻若无（亡）"，所改出的文本，不但失之语焉不详，而且已出离了祖本的经义。

转换来说，基于既有的校勘，进而可以指出，已知，于全本的是作玄门建构的，中轴的"自然"道章（按，亦转为对应于中轴的"从事"道章）即对应于中轴的"返成"道章（按，亦转为对应于中轴的"建德"道章），故而，转为以构成对文的文本能作审察的，则是可以将"若闻若无（亡）"与业已厘定的"今之善为道者，执今之道，以御今之有〔德〕"加以对勘，加之结合对勘业已厘定的"互德"章的文本（按，为免于繁复引述，转抄文本从略），由此，笔者受到启示，也就得以推定，于祖本语义切要地应是作"若〔失〕〔道〕〔也而〕若无〔德〕"。

二者，还需追问，后世传抄何以会裁夺了祖本的"德"字？合理地推测，早期的传抄者已是顺从主流的社会认知，已执意闻道者"若闻"，则无所"若无德"，故而，能见于楚简本乙组的，则是裁作"若闻若无（亡）"，已然滑向狭义的理解文本，以为只是于"道"不可确知。

转换来说，基于既有的校勘，还已知，于全本的是作玄门建构的，基于归宗"孔德之容，惟道是从"，有所能够同构"互道"与"互德"的，则是有所应成"今之善为道者，执今之道，以御今之有〔德〕"，构成"互映对称成就"的，亦是有所应成"从事于德同道：得者同于得；失者同于失"：

于全本的乃是构成经义贯通的，即有所应成"上德〔之〕〔有德〕，〔有德〕〔也〕〔以其〕不失德，是以有德"的构成应成"〔上德之不失德〕，〔不失德〕〔也而〕〔以其同于道〕"（按，即对文"同于道者，道亦乐得之；〔也而〕同于德者，德亦乐得之"，既为构成了是"从事于德同道"的"得者同于得"），亦是有所应成"太上，知有之"的构成应成"上〔之〕德，无为而无以为"；

还有，即有所对治"下德〔之〕无德，〔无德〕〔也〕〔以其〕失德，是以无德"的构成对治"〔下德之失德〕，〔失德〕〔也而〕〔以其不同于道〕"（按，即对文'失于道者，道亦乐失之；〔也而〕失于德者，德亦乐失之'，既为构成了是'从事于德同道'的'失者同于失'），故失道〔也〕而失德，失德而后仁，失仁而后义，失义而后礼"，亦是有所对治"其次，亲〔之〕誉之；其次，畏之；其下，侮之"的构成对治"上〔之〕

仁，〔有〕为而无以为；上〔之〕义，〔有〕为而有以为；上〔之〕礼，莫之则〔之〕，应也攘臂而扔之"。

丁，按，对勘诸传抄本的文本，可以指出：对勘的诸传抄本，文本近同的皆是存有作夹注的"弗大笑，不足以为道矣"（按，从校勘的可以指出："大笑"是否定性的态度，而"为道"是肯定性的实践，彼时的作夹注者，未审其作夹注，存在前后项的语义不相应，或说前言不搭后语）：早期的能见于楚简本的，已是自主地裁割了底本的文本，以兼及作夹注而留存；至其他诸传抄本的，则是据底本的文本照旧作传抄。

接下来，还需要辨明"下士闻道"何以会"大笑"，以及辨明"大笑"的对象性是什么。相较"中士闻道"（按，不言而明的，当机的"中士"已是失之不能"董能行于其'中'"了），至"下士闻道"，非但已是"若〔失〕〔道〕〔也而〕若无〔德〕"，更是为"物欲"异化，异化的走向了是"资货有余"的"觊华"的"非道"，故而，这就构成了是"下士闻道"之所以会"大笑"。

由此可知，"大笑"以对象性即对应于"上士闻道，董能行于其'中'"：因为，"上士"，既作为"今之善为道者"，亦为是"唯有道者"，同构于应成的"圣人"，所获得的却是"为而弗有，成而弗居；若此，其不欲现贤"。若为进而追索"董能行于其'中'"，基于归宗"孔德之容，惟道是从"，则是指向应成同构"互道"与"互德"（内在的则是能达成"人"与"道"和"物"全面的觉悟的"和解"）：既为能同构"明道若孛；进道若退；遗道若纇"和"上德若谷；建德若窬；广德若足"，而所能给出勘验的，即反映出"上士"乃是有所应成"太白若'黮'；质真若鍮"，亦是有所应成"视素保朴"，亦为能实践"被褐而怀玉"。

综上既有的校勘，笔者删除了传抄本的文本之中所留存的是作夹注的语句，厘定祖本的文本，于祖本语义切要地应是写作"下士闻道，大笑之为道者"。

【二】甲，王本作"故建言有之"。傅奕本作"故建言有之，曰"。北大汉简本以及帛书乙本，皆是作"是以建言有之，曰"。楚简本乙组作"是以建言有（又）之"。

以玄门建构为归导，同于《道德经玄门新证校勘篇》业已厘定的"其

《贵言》〔有之〕"，则是写作"是以《建言》有之"。

【三】甲，王本作"明道若昧；进道若退；夷道若纇。上德若谷；大白若辱；广德若不足；建德若偷；质真若渝"。

傅奕本作"明道若昧；进道若退；夷道若纇。上德若谷；大白若黗；广德若不足；建德若媮；质真若输"。

北大汉简本作"明道如沫；进道如退；夷道如纇。上德如谷；大白如辱；广德如不足；健德如榆；挃真如输"。

帛书乙本作"明道如费；进道如退；夷道如类。上德如浴；大白如辱；广德如不足；建德如〔？〕；质〔？〕"。

楚简本乙组作"明道如（女）孛；夷（遟）道〔？〕；〔？〕道若退。上德（惪）如（女）浴；大白如（女）辱；广德（惪）如（女）不足；建德（惪）如〔？〕；〔？〕贞如愉"。

以玄门建构为归导，《道德经玄门新证校勘篇》厘定了祖本的文本，还原出了祖本的行文语序和文本结构，并句读作"明道若孛；进道若退（读 tèi）；夷道若纇"；"太白若黗；质真若输"；"上德若谷；建德若窬（读 rú）；广德若足"。

乙，按，对勘诸传抄本的文本，可以指出：于祖本的，"明道若孛"即对文"上德若谷"，以本质同构的还共为对文居中的"太白若黗"；中间的"进道若退"即对文"建德若窬"，以本质同构的还共为能显义是"堇能行于其'中'"；"夷道若纇"即对文"广德若足"，以本质同构的还共为对文居中的"质真若输"（按，对应本章的文本，构成关联的，在"建德"道章，针对辨析祖本的文本结构，已有给出验证，这里不再赘述）。

按，校勘各四字句之中所涉相异的取字，基于不违经义，兼及便于当今见字熟识，分别的有所厘定：

对勘"昧""费""孛"三字（按，"孛"者，本义指称非是突现彗星的天文现象：不可预见的突现天文异象，浩瀚宇宙呈现星宿耀斑，进而产生变化，转为灭迹，从而隐没），厘定于祖本的应是作"孛"字。对勘"纇""纇""类"三字，今校勘的，则是取"纇"字。

对勘"谷""浴"二字，据"孔德之容"能作推理的，今校勘的，则是取"谷"字。对勘的诸传抄本皆是作"不足"，楚简本甲组的文本有之"知足之为足，此互足矣"，据之亦能作推理的，笔者删除了后世增入的"不"字，厘定于祖本语义切要地应是作"若足"（按，前有"视素"的"若谷"，后有"保朴"的"若足"，无所矫情"若不足"）。对勘"偷""媮""榆"三字，据"孔德之容"能作推理的，笔者进而推测，构成符应"孔"字的，于祖本语义切要地应是作"窬"字（按，由此可知，至王本，于底本的，大概率地是据"窬"字，联想到"穿窬探篋，没命而盗"，进而武断地改出了"偷"字；至王弼，已不能确知其义，则是硬性的强解，"偷，匹也"）。

　　对勘的诸传抄本皆是作"大白"，今校勘，厘定于祖本的应是作"太白"，意义白中之最白（按，便于理解构成对立统一的以黑垢为背景从而显出"太白"，别致之处，可以借鉴于水墨山水画）。对勘的诸传抄本，皆是写作"大"字，笔者推测，于底本的，应该是一顺地对应下文的文本齐用了"大"字。对勘"黰""辱"二字，取傅奕本的"黰"字，其于义胜（按，宋范应元本亦同字）。对勘"渝""输""辒""愉"四字，据"被褐而怀玉"能作推理的，今校勘，则是取"辒"字。

　　【四】甲，王本和傅奕本，皆是作"大方无隅；大器晚成；大音希声；大象无形"。北大汉简本作"大方无隅；大器勉成；大音希声；天象无形（刑）"。

　　帛书乙本作"大方无隅（禺）；大器免成；大音希声；天象无形（刑）"。楚简本乙组作"大方无（亡）隅（禺）；大器曼成；大音希（祇）声（圣）；天象无（亡）形（坓）"。

　　以玄门建构为归导，先为导出，《道德经玄门新证校勘篇》，厘定祖本的文本（至于详为解析，请读者转为参看《道德经玄门新证解析篇》的内容），于祖本的应是作"大方无隅；大器曼成；大音希声；大象无形"。

　　乙，按，对勘诸传抄本的文本，可以指出：由"免成"以及"曼成"向后传抄，之所以会产生流变，推测其成因，应该是出于顺从主流的社会认知，则是出现了或改写作"勉成"，或改写作"晚成"。转向对勘"免成"和"曼成"，何者为是？甲骨文"免"字，"冕"本字，《玉篇》："免，去也，止也，脱也"。"曼"字：本义"展望"；引申义叠加状态的"延展"。据"高，〔也〕下之相埵"以及据与之构成对文的"九成之台，作于累土"能作推理的，今校勘的，则是取"曼成"。

按，"大象"和"天象"，何者为是？已知这里所能给定的文本，内在的乃是基于以"极限"作推导，故而，一律地是使用了"大"字：于祖本语义切要地应是作"大象无形"。

兼及参考"隐利"道章和"藏用"道章的文本，分别的业已厘定了祖本的文本，于祖本的乃是写作"设〔天〕象，天下往，往而不害（按，即对文'邦利器，〔而利器〕不可以示人'）；乐〔予〕饵，过〔饵〕止，〔止而〕安平（按，即对文'〔渔乎鱼〕，〔而〕鱼不脱于渊'）"。因是，进而可知，所涉及的诸传抄本，在本章，溯及于底本的，其传抄者则是阴错阳差地将祖本的本作"大象"武断地改成了"天象"，而相应地，其传抄者则是阴错阳差地将祖本的本作"设〔天〕象"武断地改成了"设大象"。

【五】甲，王本作"道隐无名；夫唯道，善贷且成"（按，对勘的，傅奕本所异，"唯"作"惟"字）。北大汉简本作"道殷无名；夫唯道，善貣且成"。

帛书乙本作"道褒无名；夫唯道，善始且善成"（按，甲本只残存了相邻的"道"和"善"字两个字）。楚简本乙组，于尾句，只残存了句首的"道"字一个字。

以玄门建构为归导，先为导出，《道德经玄门新证校勘篇》，厘定祖本的文本，于祖本的应是写作"道隐无名；夫唯道，善始且善成"。

乙，按，从校勘的可以直接指出：一者，据构成对文的"吾未知其名，强字之曰：道"，还推及"有状混成"，内在的是以"极限"作推导的，基于未违经义，加之便于今人直了经义，笔者则是厘定作"道隐无名"（按，笔者推测，极有可能的，于祖本的就是作"殷"字，其语义甚古，结合从全本的经义作审察，可释为"必非弱玄达"：至王本，基于意义"无形"，则是改作通假字的"隐"字；至帛书乙本，基于意义"广大"，则是改作"褒"字）。二者，据构成对文的"〔道〕，可以为天下〔之物〕〔之〕母"，还推及"先天地生"，内在的是以"极限"作推导的，厘定于祖本语义切要地应是作"夫唯道，善始且善成"。

《道经》第十九章"复命"道章

王弼本《道德经》下经第四十二章

道生一；一生二，二生三，三生万物。

负阴抱阳；冲气以为和。

【校勘经文】

【一】甲，王本作"道生一；一生二，二生三，三生万物。万物负阴而抱阳，冲气以为和"，由此，转向相应地对勘其他诸传抄本的文本：

傅奕本所异的，是作"万物负阴而襄阳，冲气以为和"；北大汉简本所异的，是作"万物负阴抱阳，中气以为和"；帛书甲本所异的（按，是据北大汉简本的文本补出了已残损的文本），是作"〔万物负阴抱阳〕，中气以为和"；帛书乙本所异的（按，是据帛书甲本的文本补出了已残损的文本），是作"〔万物负阴抱阳，中气〕以为和"。

乙，按，基于既有的校勘，已知的，应之是禅定"大定"（守于"中"）总持的是偏转从"还灭"的方向予以追问"道"的"物创生"，构成是能等觉和能等持的能同构客体和主体地：

对应客体的，则是遮诠"道生一（按，即对文'天下之物'的'生于无'：即'是谓：惚恍'）"；对应主体的，则是遮诠"负阴抱阳（按，即对文'弱也者〔强〕，道之用'）"（按，由此可知，追溯至早期的同源的底本，彼时的传抄者，出于以"顺读"作理解，照应前句的"三生万物"，加之不明经义，则是自主地增入了"万物"，错谬地写作"万物负阴抱阳"。至王本和傅奕本，进而还增入了"而"字，流变地写作"负阴而抱（襄）阳"）。

基于既有的校勘，已知的，应之是禅定"大定"（守于"中"）总持的是偏转从"流转"的方向予以追问"道"的"物创生"，构成是能等觉和能等持的能同构客体与主体地：

对应客体的，则是遮诠"一生二，二生三，三生万物（按，即对文'天下之物'的'生于有'：'是以能蔽〔也〕而〔能〕新成'）"；对应主体的，则是遮诠"冲气以为和（huó）（按，即对文'反也者〔返〕，道之动'）"（按，至王本，以简化字的写作"冲"字，本字是写作"沖"字，具有"对流"之义。于祖本的，不应当写作"中"字，进而训作"盅"字，倒向歧义的"平衡"之义，沦为俗识，已是出离了祖本的经义。按，这里的写作"气"或"氣"字，即道家的从实修的写作"炁"字，进而能追溯的是见于楚简本甲组的，笔者推定，亦是祖本旧有的，应是写作"燹"字）。

按，从校勘的可以先为指出（这里不展开给出全面的解析，请读者转为参看《道德经玄门新证解析篇》的相关内容），简言之：有若动态的阴阳"双鱼"，"负阴"之所"负"者即为"阳"（按，等价于"强"），"抱阳"之所"抱"者即为"阴"（按，等价于"弱"），两者乃是构成了动态的互为让渡，即为构成"是谓：玄牝"，亦为构成"互无离"，而具有"本体"意义的，亦为构成"是谓：惚恍"；换言之，"阳"与"阴"即构成轴对称"镜伴"的呈现为"自相即他相；他相即自相"。

以玄门建构为归导，《道德经玄门新证校勘篇》有之新证，厘定祖本的文本，并句读作"道生一；一生二，二生三，三生万物。负阴抱阳；冲气以为和"。

【二】甲，王本作"人之所恶，唯孤、寡、不谷，而王公以为称。故物：或损之而益；或益之而损。人之所教，亦我教之：强梁者不得其死，吾将以为教父"。

傅奕本作"人之所恶，惟孤、寡、不穀，而侯王以自称也。故物：或损之而益；或益之而损。人之所以教我，亦我之所以教人：强梁者不得其死，吾将以为学父"。

北大汉简本作"人之所恶，唯孤、寡、不穀，而王公以自命也。是故：物或损而益；或益而损。人之所教，亦我而教人：故强梁（梁）者不得死，吾将以为学父"。

帛书甲本作"天下之所恶，唯孤、寡、不〔穀〕，而王公以自名也。

物（勿）或损之〔而益〕；〔益〕之而损。故人〔之所教〕，夕议而教人：故强梁（良）者不得死，我〔将〕以为学父"。

帛书乙本作"人之所恶（亚），〔唯孤〕、寡、不穀，而王公以自〔名也〕。〔物或〕〔益之而〕损（云）；损（云）之而益。〔？〕，吾将以〔为学〕父"。

乙，按，在序言部分，笔者已有指出，自祖本的《道德经》从周天子的内廷流出之后（按，笔者有之合理地推测，大概率地是出于同期的政治事件，发生了王子姬朝奔楚，伴随的还产生了文化事件：周守藏室的不限于《道德经》的不少典籍，因此的也就流出了内廷），随后的，也就发生了简册散裂，由此的，也就演变出了孤本的"修辍"本。具体来说，于"修辍"本完成修辍之际，最初的整理者，是这样整理仍未能得到复原的坠简：出于慎重，加之迫于时势不安而无暇细究，最初的整理者处置这些坠简，则是暂且将其归集于一处，归置在了"复命"道章的文本之中，有待将来妥为复原。进一步来说，笔者还有所推测，最初的整理者予以如此归置，是有其妥帖之处的：因之此章的文本至简，加之此章的经义具有显豁的特质，一般地不易被混淆，故而，相应地，所归集的这些经句，也就以经义有之显著的不同从而得以有所区别的暂为妥存（彼时的整理者所未能料到的，竟然是原封不动的"暂为妥存"了逾两千五百年之久，下愚何其有幸，代为完成了"修辍"坠简）。

按，基于《道德经玄门新证校勘篇》本业已明晰了老子是如何予以编纂和编撰全本《道德经》的文本的，进而的，也就得以具体的能厘定这些坠简，还原出各自的于祖本的所应归属：

其一，厘定于祖本的应是作"天下人之所恶，唯孤、寡、不穀，而王公以自名"，将其还原的归属于"弱益"道章（再为厘定文本，转至此章还有跟进的校勘，这里不再繁复引述），自此，所还原出的文本也就得以构成了"榫卯相投"：同为的能构成对文"是故圣人之言正言，若反〔也〕云曰：……；……；……"此句的，句义完足的应是作"天下人之所恶，唯孤、寡、不穀，而王公以自名"。

其二，厘定于祖本的应是作"是故：物或损之而益；或益之而损"，将其还原的归属于"损益"道章（再为厘定文本，转至此章还有跟进的校勘，这里不再繁复引述），自此，所还原出的文本也就得以构成了"榫卯相投"：是承接"天之道，损有余而益不足"此句的，句义完足的应是作"是故：物或损之而益；或益之而损"。

其三，厘定于祖本的应是作"〔昔之〕人之所教，亦夕议而教人，我将以为教父：〔……〕强梁者，不得其死"，将其还原的归属于"强损"道章（再为厘定文本，转至此章还有跟进的校勘，这里不再繁复引述），自此，所还原出的文本也就得以构成了"榫卯相投"：句义完足的应是作"〔昔之〕人之所教，亦夕议而教人，我将以为教父：'木强则兢，柔弱居上；兵强则不胜，强大居下'；'强梁者，不得其死；〔好胜者，必遇其敌〕'"。

按，笔者所厘定的上述文本，能构成对文的，亦对应"从事"道章的文本。因之，若为置身于器世间之实境，则是必能得到实证，既构成了，则是有所对文"〔旷兮〕，〔其〕《希言》〔有之〕：〔既而知乎〕天地'飘风不终朝；暴雨不终日'，〔其致之〕〔天之道〕〔也谓〕：〔天地〕自然"，于主体从中的，也就有所得到了启示，或说有所验证了"教父"（按，对勘诸传抄本的文本，自此，也就得以豁然释疑，何以帛书甲本独异的是写作"夕议"：因之老子自有其深在的用意，由来有应的，予以揭示了生命的觉者"从事于德同道"进而能成为"有道者"，则是根底于有所能够认知到"损益"之道：比德于道的具有"本义"意义的，内在的乃是予以同构了"天之道"和"天下之道"，进而转为予以对治"人之道"）。

还有，出于"损益"之道，以之为统御，进而分别地予以阐发经义，则是生成了有所构成对文的文本：对应所厘定的"……故曰：柔弱者，生之徒；坚强者，死之徒"此经句，构成对文的则是对应经句"……水柔之胜坚，也〔而〕弱之胜强；天下〔人〕莫之弗知，也而莫之能行"。

按，出于"损益"之道，以之为统御，进而分别地予以阐发经义，则是生成了有所构成对文的文本：对应所厘定的"〔昔之〕人之所教，亦夕议而教人，我将以为教父……"此整句，从校勘的可以予以指出，简言之，共为具有"本体"意义的，亦是构成了对文"弱益"道章的"是故圣人之言正言，若反〔也〕云曰……"此整句（按，于全本的是作玄门建构的，与之亦构成对文的，内在的是能同构"互道"与"互德"的，则是转为有所对文"建德"道章其全章的文本，进而相与有应的，亦是有所能够予以验证"返成"道章的构成"《建言》有之"的全部文本）。

《道经》第二十章"强损"道章

"人之生也柔弱，其死也筋朋坚强；草木之物之生也柔脆，其死也枯槁"，故曰：柔弱者，生之徒；坚强者，死之徒。

昔之人之所教，亦夕议而教人，我将以为教父：

"木强则兢，柔弱居上；兵强则不胜，强大居下"；

"强梁者，不得其死；好胜者，必遇其敌"。

【校勘经文】

【一】甲，王本作"人之生也柔弱，其死也坚强。万物草木之生也柔脆，其死也枯槁"（按，傅奕本所异的，无"万物"两字，应该是出于修正病句，自主地予以了裁夺）。

北大汉简本作"人之生也柔弱，其死也筋（倰）伸（信）坚强。万物草木之生也柔脆（弱），其死也枯（苦）槁（蒿）"。

帛书甲本作"人之生也柔弱，其死也筋（菹）朋（仞）坚（贤）强。万物草木之生也柔脆，其死也枯（柠）槁（竟）"。

帛书乙本作"人之生也柔弱，其死也筋（髋）伸（信）坚强。万〔物草〕木之生也柔脆（榨），其死也枯（柠）槁"。

以玄门建构为归导，先为导出，《道德经玄门新证校勘篇》，厘定祖本的文本，于祖本语义切要地应是写作"人之生也柔弱，其死也筋朋坚强；草木〔之〕物之生也柔脆，其死也枯槁"。

乙，按，除了傅奕本，于其他诸传抄本的皆是存有"万物"两字。因之，若为是与"柔脆"构成对文，则会产生语义未为周延，况且"万物"与"草木"不可并举，故而，原则上可以推定这是传抄的增入。

进一步地作校勘，简言之，于全本的是作玄门建构的，已知"强损"道章与"不道"德章亦是构成互为建构，相与有应的，则是转为可以索解于"物壮即老，是谓：不道；不道，早已"，据此，笔者也就得以推定：于祖本语义切要地应是作"草木〔之〕物之生也柔脆"。笔者另有推测，早期的传抄者，不仅是比照了"人之生也柔弱"，可能还迂曲地对参了"三生万物"和"万物方作"，则是自主地改写了底本的文本，写出了语义夹杂的"万物草木之生也柔脆"。

按，对勘诸传抄本的文本，兼及参考高明校注帛书《老子》有所引得《管子·心术下》有作"筋肕而骨强"，《管子·内业》有作"筋伸（信）而骨强"，亦可以索解于业已厘定的"〔比于赤子〕，骨弱筋柔而捉固"，今校勘，笔者厘定于祖本语义切要地应是作"人之生也柔弱，其死也筋肕坚强"。

【二】甲，王本作"故坚强者，死之徒；柔弱者，生之徒"。

傅奕本和北大汉简本，皆是作"故坚强者，死之徒也；柔弱者，生之徒也"。

帛书乙本作"故曰：坚强，死之徒也；柔弱，生之徒也"（按，对勘的，该本无"者"字，已被传抄者裁夺）。

帛书甲本作"故曰：坚强者，死之徒也；柔弱微细，生之徒也"（按，对勘的，加之据文理作约束，显然可知，"微细"两字是传抄者自主地增入，因为从"微细"不可导出"生之徒"）。

乙，按，对勘诸传抄本的文本，进而据文理作约束，笔者推定，于祖本的应是作"故曰"，于文本的两处应该皆是有"者"字。因为，乃是构成物我本质同构的有所觉知了生命一期的"复命"实相，相应地有所予以揭示了实相的"出生入死"，本质上是无可违逆于互道道动的：既为无可违逆于"物壮即老，是谓：不道；不道，早已"的"不道"。今校勘，笔者厘定了祖本的行文语序，且厘定了语义切要地应是写作"故曰：柔弱者，生之徒；坚强者，死之徒"。

【三】甲，王本作"是以兵强则不胜，木强则兵。强大处下，柔弱居上"。

傅奕本作"是以兵强者则不胜，木强则并。故坚强处下，柔弱处上"。

北大汉简本作"是以兵强则不胜，木强则椆。故强大居下，柔弱居上"。

帛书乙本作"〔是〕以兵强则不胜（朕），木强则兢。故强大居下，柔弱居上"。

帛书甲本作"兵强则不胜，木强则恒。强大居下，柔弱微细居上"（按，这里重出的"微细"，亦是传抄者自主地增入）。

乙，按，以玄门建构为归导，还结合对勘乃是构成对文的"〔其〕《希言》〔有之〕：……，……"此整句，以及"〔昔之〕人之所教，亦夕议而教人，我将以为教父：……；……"此整句，还从文理上加以约束文本，《道德经玄门新证校勘篇》，厘定了祖本的文本以及厘定了祖本的行文语序，并句读作"……：'木强则兢，柔弱居上；兵强则不胜，强大居下'；'……；……'"。

按，另需指出，对勘文本，可知唯独于帛书甲本的是没有"是以"，据此，亦佐证了于祖本的就不该有"是以"。笔者推测其成因，应该是底本的传抄者，意在照应到前章（按，即传抄本的是构成前章的"忘生"德章）的文本之中排比的有之三个"是以"，故而于本章亦一顺地自主地有所增入。

【四】甲，在"复命"道章，关涉的已同步的校勘了应归属于本章的文本，厘定了应归属于本章的文本，于祖本句义完足的应是作"〔昔之〕人之所教，亦夕议而教人，我将以为教父：'木强则兢，柔弱居上；兵强则不胜，强大居下'；'强梁者，不得其死；〔好胜者，必遇其敌〕'"。

从校勘的进而还需指出，对应这部分的文本，构成是既对治而应成的：

一者，反映出乃是有所对治人之道异化出了意志用强的"非道"，潜在的亦是转为有所能验证于应成"是以圣人：为而弗有；成而弗居；若此，其不欲现贤"，既为构成了是"孰能有余而有以取奉于天下？唯有道者"（按，于全本的是作玄门建构的，内在的乃是予以同构了"损益"之道和"修正"之德，构成"互映对称成就"的，对应"损益"道章的，则是比德于道的有所阐发于"修正"德章）。

二者，构成义理一贯地，对应"强损"道章的，则是比德于道的有所阐发于"非道"德章，以文本所能反映，既为有所对治异化的走向是"资货有余"的"觇华"的"非道"，而构成典型的，即异化出了人类社会的最高阶的"有争"，异化出了付诸血腥暴力的发动"战争"。故而，相与有应的，则是必为予以告诫"'木强则兢，柔弱居上；兵强则不胜，强大居下'；'强梁者，不得其死；〔好胜者，必遇其敌〕'"。

乙，按，补充来说，出乎构成对文的"……〔既而知乎〕天地'飘风不终朝；暴雨不终日'……"，故而，也就反映出对境客体，从当机者来说则是产生了有所能够给出勘验的"亦夕议"：

之一，简言之，具有"本体"意义的，出于共为对治人之道"损不足而奉有余"的意志用强，当机的有所见证了"飘风不终朝"，则是相因相待的转为予以勘验了"木强则兢，柔弱居上"，继而从对治的从警示的则是转为予以譬喻了"强梁者，不得其死"。

之二，简言之，具有"本体"意义的，出于共为对治人之道"损不足而奉有余"的意志用强，当机的有所见证了"暴雨不终日"，则是相因相待的转为予以勘验了"兵强则不胜，强大居下"，继而从对治的从警示的则是转为予以譬喻了"〔好胜者，必遇其敌〕"。

丙，按，基于以玄门建构为归导，具体的还结合从全本的经义作审察，笔者还有推定，于本章，若为得以满足经义完足，对文经句"强梁者，不得其死"，应该还必有是与之构成对偶的经句。于祖本的文本之中是不可缺少的，且从校勘的有之合理地推测，另据记载着周王朝政治格言的《金人铭》，引得《金人铭》载有的"强梁者，不得其死；好胜者，必遇其敌"，《道德经玄门新证校勘篇》补出了于祖本的是必然有之的经句"〔好胜者，必遇其敌〕"。

《道经》第二十一章"损益"道章

天之道，损有余而益不足，是故：物或损之而益；或益之而损。

人之道，则不然：损不足而奉有余。

天下之道，犹张弓者："有余者，损之；不足者，补之"；"高者，抑之；下者，举之"。

孰能有余而有以取奉于天下？唯有道者。

是以圣人：为而弗有，成而弗居；若此，其不欲现贤。

【校勘经文】

【一】甲，王本作"天之道，其犹张弓（按，对勘的，该本和帛书乙本，于此处，皆没有'者'字）与？高者，抑之；下者，举之。有余者，损之；不足者，补之"。

傅奕本作"天之道，其犹张弓者与？高者，抑之；下者，举之。有余者，损之；不足者，补之"（按，至王本和傅奕本，于底本的，是增入了"其"和"与"字，笔者推测，不排除传抄者主观地有所效拟"天地之间，其犹橐籥与"。而对勘的其他诸传抄本，皆没有上述的两个字）。

北大汉简本作"天之道，犹张弓者也。高者，抑之；下者，举之。有余者，损之；不足者，补（辅）之"。

帛书乙本作"天之道，犹（酉）张弓也。高者，抑（印）之；下者，举之。有余者，损（云）之；不足者，〔补之〕"。

帛书甲本作"天下（按，对勘的，独有该本，于此处，是有'下'字，颇具校勘价值！）〔之道〕，〔犹张弓〕者也。高者，抑（印）之；下者，举之。有余者，损（敚）之；不足者，补之"（按，笔者推测，于祖本的应是作"印"字和"敚"字：甲骨文的"印"字是"抑"的本字，"敚"字是"损"的异体字）。

以玄门建构为归导，先为导出，《道德经玄门新证校勘篇》有之新证，厘定祖本的文本以及厘定祖本的行文语序，并句读作"天下之道，犹张弓者：'有余者，损之；不足者，补之'；'高者，抑之；下者，举之'"。

乙，按，对勘诸传抄本的文本，除去帛书乙本和王本，于傅奕本、北大汉简本、帛书甲本的，皆是作"张弓者"有"者"字，兼及据下文有"者"字，则可以推定，乃为祖本旧有。由此的，则还可以推定，于"张弓者"之后不当有"也"字。笔者厘定于祖本语义切要地应是作"犹张弓者"。

按，对勘诸传抄本的文本，唯独帛书甲本是作"天下〔之道〕"，而其他诸传抄本皆是作"天之道"，究竟何者为是？《道德经玄门新证校勘篇》推定，于祖本的本然的应是作"天下之道，犹张弓者"。基于以玄门建构为归导，具体的还结合从全本的文本作审察，以下次第地给出辨析：

其一，基于主客体同构的能认知"复命"实相，能认知实相"自然"，简言之：是偏转对应客体的，具有"本体"意义的，既为有所觉知互道道动内在的是有着以"强"与"弱"呈现趋势性演化（以胜义判为"互道"的"不道"），则有着等持的偏转从"互道"相应地予以揭示"天之道"；是偏转对应主体地，比德于道的亦具有"本体"意义的，则有着等持的偏转从"互德"相应地予以揭示"天下之道"。而同时地，构成是既对治而应成的：则是有所转向对治异化的"非道"，从而相应地予以揭示"人之道"；则是有所转向抉择应成"有道者"，从而相应地予以揭示"圣人之道"。进一步来说，若为实践"有道者"，则是反映出了乃是有所实践"圣人之道"，比德于道的亦具有"本体"意义的，乃是构成了能够应成的实践"天下之道"，既为从而是能够同构于"天之道"的，以胜义地既为归宗应成"孔德之容，惟道是从"。

其二，出于已知的，已知"损益"道章与"修正"德章两者乃是构成轴对称"镜伴"的作玄门建构，故而，相应地则是可以据构成对文的文本作审察，进而助益厘定本章的文本：

之一，对应等持的是从"互道"的有所遮诠"天之道，损有余而益不足，是故：物或损之而益；或益之而损"，比德于道的亦具有"本体"意义的，以对文是从"互德"的即遮诠"善〔修〕者，建不拔；善休者，抱不脱"。

之二，对应等持的是从"互德"的有所遮诠"天下之道，犹张弓者：'有余者，损之；不足者，补之'；'高者，抑之；下者，举之'"，比德于道的亦具有"本体"意义的，以对文是从"互德"的即遮诠"子孙以其祭祀，〔子孙〕不屯"。

之三，对应遮诠应成"孰能有余而有以取奉于天下？唯有道者"，比德于道的亦具有"本体"意义的，以对文是从"互德"的即遮诠"吾是以知〔子孙〕之然，〔也而〕〔子孙〕挚以此：修之身，其德乃正；〔其德乃正〕，〔则〕修之家，其德乃有余；〔其德乃有余〕，〔则〕修之乡，其德乃长（zhǎng）；〔其德乃长〕，〔则〕修之邦，其得乃有奉；〔其德乃有奉〕，〔则〕修之天下，其德乃溥"。

之四，对应遮诠应成"有道者"，从而予以遮诠应成"是以圣人：为而弗有，成而弗居；若此，其不欲现贤"，比德于道的亦具有"本体"意义的，以对文是从"互德"的即遮诠"吾〔是以〕知天下〔有道〕：以〔修之〕身观〔修之〕身〔之家〕；以〔修之〕家观〔修之〕家〔之乡〕；以〔修之〕乡观〔修之〕乡〔之邦〕；以〔修之〕邦观〔修之〕邦〔之天下〕；以〔修之〕天下观天下〔有道〕"。

其三，对应转为对治异化的"非道"，进而遮诠"人之道，则不然：损不足而奉有余"，比德于道的亦具有"本体"意义的，则是转为对文"非道"德章的全章的文本，即遮诠"有知也使我挈：大道甚夷，人甚好解；行于大道，唯迆是畏"（按，转为入世做对治的能给出验证的，则是反映出"天下有道，却走马以粪；天下无道，戎马生于郊"），亦是揭示了人为"物欲"所异化，意志用强的愿力于"损不足而奉有余"，则是以"人之道"，从而异化出了"'服文采，厌饮食，带利剑；朝甚涂，仓甚虚，田甚芜'，资货有余；是谓：赀华；赀华，非道"。

丙，按，综上既有的辨析，还得以厘定了本章的文本结构，以及还得以厘定了于祖本本有的行文语序。

具体来说，已知的，本应归属于"损益"道章的文本，即经句"是故：物或损之而益；或益之而损"，因之坠简，则是被"修辍"本的整理者归置在了"复命"道章的文本之中。因此而成为诱因，加之后来的传抄者已习惯于以"顺读"作理解，故而，相应地还改动了"损益"道章的文本结构，还改动了底本的行文语序：改动后的文本面貌，见于对勘的诸传抄本的，于底本的是将"天下之道，犹张弓者……"此整句以行文语序前置，改写成了是作为本章的首句，接续首句的则是写作"天之道，损有余而益不足"。

【二】甲，王本、傅奕本，皆是作"天之道，损有余而益（补）（按，对勘的，至该两本，于底本的是据上文的有'补'字自主地改出，顶戴了祖本的'益'字）不足。人之道，则不然：损不足而（以）（按，是据下文的有'以'字自主地改出，顶戴了祖本的'而'字）奉有余"。

北大汉简本作"天之道，损有余而益（奉）（按，对勘的，至该本，是据下文的'奉'字自主地改出，顶戴了祖本的'益'字）不足。人之道，则不然：损不足而奉有余"。

帛书乙本作"〔故天之道〕，损（云）有余而益不足；人之道，损（云）不足而奉有（又）余"（按，对勘的，笔者推测，应之句式齐整，加之错解了经义，其传抄者则是自主地裁夺了"则不然"）。

帛书甲本作"故天之道，损（敚）有〔余而益不足〕。〔人之道〕，〔则〕不然：损（敚）〔不足而〕奉有余"。

乙，按，即如帛书乙本的，祖本旧有的应是作"天之道，损有余而益不足"，正是构成句义无间地转接下顺的经句"是故：物或损之而益；或益之而损"。以玄门建构为归导，先前的在"复命"道章，关涉的已同步的予以校勘了，进而厘定了应归属于本章的文本，于祖本句义完足的应是写作"天之道，损有余而益不足，是故：物或损之而益；或益之而损。人之道，则不然：损不足而奉有余"。

按，从校勘的还需指出（至于详为解析，请读者转为参看《道德经玄门新证解析篇》的内容），解析老子所判摄的"天之道"，若为转向从万物演化作追索，格义于博物学是从实证科学所得出的认知，以要义的则可概括为：

有所遮诠"损有余而益不足"，则可概括为是构成万物演化的意义于"物竞天择"；进而的，有所遮诠"物或损之而益（按，可以据具有'实相'意义的'刍狗'能给出诠释'复命'实相的：则构成了是物'此在'的既为是'退废'而'用进'）；或益之而损（按，可以据具有'实相'意义的'刍狗'能给出诠释'复命'实相的：则构成了是物'此在'的既为是'用进'而'退废'）"，则可概括为是构成万物演化的意义于"适者生存"。

【三】甲，王本作"孰能有余以奉天下？唯有道者"。傅奕本作"孰能有余而奉不足于天下者，其惟有道者乎？"。

北大汉简本作"孰能有余而有（又）取奉于天者（按，从校勘的可以指出，追溯至早期的同源的底本，此'者'字，以及见于帛书甲本的'乎'字，是彼时的传抄者兼及作夹注的所增入）？唯有道者也"。

帛书乙本作"夫孰能有（又）余而〔有（又）以〕取奉于天下者，唯有（又）道者乎？"。帛书甲本作"孰能有余而有以取奉于天下者乎？〔唯有道者〕"。

以玄门建构为归导，先为导出，《道德经玄门新证校勘篇》，厘定祖本的文本，应是写作"孰能有余而有以取奉于天下？唯有道者"。

乙，按，有所倡明"孰能有余而有以取奉于天下？唯有道者"，构成"互映对称成就"的，比德于道的亦具有"本体"意义的，则正是反映为"天下之道，犹张弓者：'有余者，损之；不足者，补之'；'高者，抑之；下者，补之'"。

追溯至早期的同源的底本，进而可知，彼时的传抄者还改动了祖本的行文语序，而合于文理的：

于祖本的应是写作"天下之道，犹张弓者：'有余者（按，是同构于：高者），损之（按，是同构于：抑之）；不足者（按，是同构于：下者），补之（按，是同构于：举之）'（按，以'天下之道'即对文'天之道'，是比德于道的有所应成'损有余而益不足'）；'高者，抑之；下者，举之'（按，以'犹张弓者'即对文'有道者'，而转为有所对治'人之道，则不然：损不足而奉有余'，则是对治人为'物欲'所异化的异化出自性'有私'而'有欲'，有所表征为异化出意志用强的'厌下'而'争上'）"。

【四】甲，王本作"是以圣人：为而弗（不）恃，功成而弗（不）处，其不欲现（见）贤"。

傅奕本作"是以圣人：为而弗（不）恃（按，对勘的，至该本和王本，于底本的是错谬地将'有'字改作'恃'字：自主地顺应'复德'章的文本），功成而弗（不）居。其不欲现（见）贤耶（邪）"。

北大汉简本作"是以圣人：为而弗有，成功（按，对勘的诸传抄本，于底本的，或是写作'功成'，或是写作'成功'，关涉的，笔者结合从全本的文本已有作审察，其中的是对应主体地，厘定于祖本语义切要地应是写作'成'字，意义'事成'）而弗居。其不欲现（见）贤也"。

帛书甲本和帛书乙本，皆是作"是以圣人：为而弗有（又），成功而弗居也；若此（按，对勘的，至其他诸传抄本，于底本的则是自主地裁夺了'若此'），其不欲现（见）贤也"。

以玄门建构为归导，《道德经玄门新证校勘篇》，厘定祖本的文本，并句读作"是以圣人：为而弗有（按，可以验证于'圣人无积'的'既以为人，己愈有'），成而弗居（按，可以验证于'圣人无积'的'既以予人，己愈多'）（按，即对文'孰能有余而有以取奉于天下'）；若此，其不欲现贤（按，可以验证于'天之道，利而不害；圣人之道，为而不争'）（按，即对文'唯有道者'）"。

【五】甲，已知《道德经》全本的共八十章整体地是作玄门建构。其中的涉及"强损"道章、"损益"道章、"弱益"道章，《道德经玄门新证校勘篇》还原了这三章的本然的于祖本全本的章序（若为详加了然祖本全本的章序，请读者转为参看序言部分的有关内容，笔者追溯至孤本的"修辑"本，已有全面的梳理，这里不再繁复引述），要之：

是将王本的《道德经》的第七十六章、第七十七章、第七十八章，这三章，修订了其章序：次第的分别相对应的，即更正为《道德经玄门新证校勘篇》的《道经》的第二十章"强损"道章、第二十一章"损益"道章、第二十二章"弱益"道章。

乙，按，构成是既对治而应成的，对治异化的"人之道"，相应地则是抉择了应成"圣人之道"，而所为等价的，比德于道的亦具有"本体"意义的，即抉择了是同构于"天之道"的有所应成"天下之道"，内在的即能达成"人"与"道"和"物"全面的觉悟的"和解"，以胜义地既为归宗"孔德之容，惟道是从"。而深在的，则是基于老子相应地揭示了互道道动内在的有着是以"强"与"弱"呈现趋势性演化和随机性演化：

其一，基于相应地揭示了互道道动内在的有着是以"强"与"弱"呈现趋势性演化，应之具有"本体"意义的有所能守于"中"的同构了"互道"与"互德"，老子则是能等觉和能等持的抉择了构成本质同构的"损益"之道和"修正"之德，简言之：于全本的是作玄门建构的，"强损"道章即对应"非道"德章；"损益"道章即对应"修正"德章；"弱益"道章即对应"不道"德章。

其二，基于相应地揭示了互道道动内在的有着是以"强"与"弱"呈现随机性演化，应之具有"本体"意义的有所能守于"中"的同构了"互道"与"互德"，老子则是能等觉和能等持的抉择了构成本质同构的"泛成"之道和"玄同"之德，简言之：于全本的是作玄门建构的，"泛成"道章即对应"玄同"德章；"隐利"道章即对应"天均"德章；"藏用"道章即对应"微明"德章。

《道经》第二十二章"弱益"道章

王弼本《道德经》下经第七十八章

天下之柔弱者莫柔弱于水，以其无以易之；以其无以易之，也而攻坚强者莫之能先：水柔之胜坚，也而弱之胜强；天下人莫之弗知，也而莫之能行。

是故圣人之言正言，若反也云曰：

受邦之垢，是谓：社稷之主；

天下人之所恶，唯孤、寡、不穀，而王公以自名；

受邦之不祥，是谓：天下之王。

【校勘经文】

【一】甲，王本传本作"天下莫柔弱于水，而攻坚强者莫之能胜，其无以易之（按，检索王注，其初本应是写作'以其无以易之'）"。

傅奕本作"天下莫柔弱于水，而攻坚强者莫之能先，以其无以易之也"。

北大汉简本作"天下莫柔弱于水，而攻（功）坚强者莫之能失（按，笔者推测，应该是由'先'讹作了'失'字）也，以其无以易之也"。

帛书甲本作"天下莫柔〔弱于水〕，〔而攻〕坚强者莫之能〔？〕也，以其无〔以〕易〔之也〕"。

帛书乙本作"天下莫柔弱于水，〔而攻坚强者莫之能〕〔？〕〔也〕，以其无以易之也"。

以玄门建构为归导，先为导出，《道德经玄门新证校勘篇》本有之新证，厘定祖本的文本以及厘定祖本的行文语序，并句读作"天下〔之〕〔柔弱者〕莫柔弱于水，〔以其无以易之〕；以其无以易之，也而攻坚强者莫之能先……"。

乙-1. 按，通常的校勘，会根据于下文的有"胜"字，认定应是作"莫之能胜"，而笔者未能认同，以下给出两个理由：

之一，据前项的"以其无以易之"倒推（按，"易"者，引申义"替代"），则后项的宜作"莫之能先"，因为相待的它物无可超越于水能表征道，即"几于道"的水能表征亘道道动的运动特质，能表征亘道是构成"天下之至柔，驰骋于天下之至坚"，亦能表征亘道是构成"反也者〔返〕，道之动；弱也者〔强〕，道之用"。

之二，于全本的是作玄门建构的，即对应比德于道的是予以阐发遮诠"上善，若水几于道"的文本的，构成互为显义的：偏转从应成的给出遮诠的，反映出之所以是有之"水〔之〕善利万物，〔也〕而〔以其〕有静……"，本质的正是因之"天下〔之〕〔柔弱者〕莫柔弱于水，〔以其无以易之〕；以其无以易之，也而攻坚强者莫之能先"；偏转从对治的给出遮诠的，反映出之所以是有之"……〔有静〕〔也而〕居〔下〕〔而〕〔不〕争，众人之所恶"，本质的正是因之"水柔之胜坚，也〔而〕弱之胜强；天下〔人〕莫之弗知，也而莫之能行"。

乙-2. 按，综上既有的校勘，进而将笔者业已厘定的文本与对勘的诸传抄本的文本对勘，转为追溯至早期的同源的底本，则不难发现：一者，彼时的传抄者，已是将底本的文本节略地改写作是"天下莫柔弱于水"，裁夺了"〔之〕〔柔弱者〕"，殊不知，所改写出来的文本，已是沦为了病句。二者，彼时的传抄者，已习惯于以"顺读"来理解，则是将于祖本的本来是双出的"以其无以易之"，武断地裁作了是单出，不只于此，还以行文语序是将其易后，予以了改写，殊不知，所改写出来的文本，已是有乖祖本的经义。

【二】甲，王本作"弱之胜强，柔之胜刚；天下莫弗（不）知，莫能行"。

傅奕本作"柔之胜刚，弱之胜强；天下莫弗（不）知，而莫之能行"。

北大汉简本作"故水之胜刚，弱之胜强；天下莫弗知（智），而莫能居，莫能行"。

帛书乙本作"水之胜（朕）刚也，弱之胜（朕）强也，天下莫弗知也，而〔莫之能行〕也"。

帛书甲本作"〔水之胜刚〕，〔弱之胜〕强，天〔下莫弗知也〕，〔而莫之能〕行也"。

以玄门建构为归导，先为导出，《道德经玄门新证校勘篇》，厘定祖本的文本，并句读作"水柔之胜坚，也〔而〕弱之胜强；天下〔人〕莫之弗知，也而莫之能行"。

乙，按，对勘的诸传抄本，传抄流变地皆是写作了"刚"字。构成轴对称"镜伴"的是对应本章的文本的，转向对勘"强损"道章的文本，以两者之间是构成关联的文本作审察，于该章的则是以"柔"对文"坚"字，且以"弱"对文"强"字，而见于本章的首句的，语义贯通的亦是如此的构成对文，因是，也就得以推定，无疑地，于祖本语义切要地应是写作"坚"字。从校勘的还可以顺为指出，帛书乙本的"朕"字是"勝"的本字，而另外的，"腥"字是"胜"的本字，因之于近代是实施了简化字改革，也就演变出了是将"勝"字改写作"胜"字。

【三】甲，王本作"是以圣人云：受国之垢，是谓：社稷主；受国不祥，是为天下王。正言若反"。

傅奕本作"故圣人之言云：受国之垢，是谓：社稷之主；受国之不祥，是谓：天下之主。正言若反也（按，对勘的，至该本，独有的，是自主地增入了'也'字）"。

北大汉简本作"故圣人之言云：受国之询，是谓：社稷之主。受国之不恙，是谓：天下之王。正言若反"。

帛书乙本作"是故圣人之言，云曰：受邦（国）之询，是谓（胃）：社稷之主；受邦（国）之不祥，是谓（胃）：天下之王。正言若反"。

帛书甲本作"故圣人之言，云曰：受邦之询；是谓（胃）：社稷之主；受邦之不祥，是谓（胃）：天下之王。正言若反"。

以玄门建构为归导，先为导出，《道德经玄门新证校勘篇》有之新证，厘定祖本的文本以及厘定祖本的行文语序，并句读作"是故圣人之言正言，若反〔也〕云曰：受邦之垢，是谓：社稷之主；天下人之所恶，唯孤、寡、不穀，而王公以自名；受邦之不祥，是谓：天下之王"。

乙－1. 按，笔者推测，于早期的同源的底本，应该是写作"诟"字，后来的传抄者进而是改成了"询"字（按，两字以金文写出，字形极相似。这就成为诱因）。推究其成因，还不排除意在照应到"正言若反"，传抄者有所臆断，有所根据意义"询事，考言乃言"（按，引得《尚书·舜典》，有之"帝曰：格，汝舜，询事，考言乃言，底可绩，三载，汝陟帝位"）从而改出。接下来，转向拣择"垢"字与"诟"字。两字构成是通假字，有"耻辱"之义，相应地能验证于文本的，兼及追索于彼时的社会文化观念，可指向构成对文的"孤、寡"。另外的亦构成对文的"不榖"，则是指向"不祥"。便于今人直了经义，且不违经义，笔者厘定，宜写作"垢"字（按，引得《庄子·天运》，有之"人皆取先，己独取后，曰：受天下之垢"；以及引得《左传·宣公十五年》，有之"国君含垢"）。

按，对勘的诸传抄本，一致地已是写作了"正言若反"，转为追溯至早期的同源的底本，不难发现，彼时的传抄者，已不甚了然经义，加之已习惯于以"顺读"作理解，则是自主地裁割了祖本的文本，以四字句裁出了"正言若反"，还将其改写作是本章的尾句。经笔者详为校勘，无疑地可以厘定，于祖本，合于文理且句义完足的应是写作"是故圣人之言正言，若反〔也〕云曰……"。

乙－2. 先前的在"复命"道章，关涉的已同步的校勘了，进而厘定了应归属于本章的文本，简言之，于祖本句义完足的应是写作"是故圣人之言正言，若反〔也〕云曰：受邦之垢，是谓：社稷之主；天下人之所恶，唯孤、寡、不榖，而王公以自名；受邦之不祥，是谓：天下之王"。

丙，一贯地，若为验证笔者所厘定的文本，结合从全本的文本作审察，以下可以给出有效的验证（至于详为解析，请读者转为参看《道德经玄门新证解析篇》的内容）。

其一，对应遮诠"受邦之垢，是谓：社稷之主"，于全本的是作玄门建构的，以对文即遮诠"知其雄，守其雌，为天下溪；为天下溪，亘德不离；亘德不离，复归于婴儿"；

对应遮诠"天下人之所恶，唯孤、寡、不榖，而王公以自名"，于全本的是作玄门建构的，以对文即遮诠"知其白，守其�，为天下式；为天下式，亘德不忒；亘德不忒，复归于〔有道〕"；

对应遮诠"受邦之不祥，是谓：天下之王"，于全本的是作玄门建构的，以对文即遮诠"知其〔上〕，守其〔下〕，为天下浴；为天下浴，互德乃足；互德乃足，复归于朴"。

其二，对应遮诠"是以圣人：退其身〔也〕而身先"（按，即比德于道的对应有所应成"居善地"有之能"居下"，进而转为有所应成"言善信；政善治"），转为亦能给出勘验的，以对文即遮诠"受邦之垢（按，对文'退其身'），是谓：社稷之主（按，对文'〔也〕而身先'）"；

对应遮诠"是以圣人：外其身〔也〕而身存"（按，即比德于道的对应有所应成"予善天"有之能"不争"，进而转为有所应成"事善能；动善时"），转为亦能给出勘验的，以对文即遮诠"受邦之不祥（按，对文'外其身'）；是谓：天下之王（按，对文'〔也〕而身存'）"；

还需另为指出，对应遮诠"持而盈之，不若其已；湍而群之，不可长保"，以及遮诠"贵富而骄，自遗罪；金玉盈室，莫能守"（按，即比德于道的对应有所应成"心善渊"有之能"有静"，进而转为有所应成"夫唯不争，故无尤"，既为构成了有所对治"居〔下而不〕争，众人之所恶"），转为亦能给出勘验的，以对文即遮诠"天下人之所恶，唯孤、寡、不穀，而王公以自名（按，深在的从对治的则是有所予以戒示'贵富而骄，自遗罪；金玉盈室，莫能守'，从应成的则是有所予以启示'持而盈之，不若其已；湍而群之，不可长保'。这就构成了既是'夫唯不争，故无尤'的意义之所在，而具有'本体'意义的，以胜义地乃是有所觉知到'天之道：功遂；身退也载'）"。

《道经》第二十三章"真信"道章

孔德之容，惟道是从。

惚兮恍兮，守于"中"，也而有象兮；

恍兮惚兮，守于"中"，也而有物兮；

幽兮冥兮，守于"中"，也而有情兮。

其"情"甚真，其"中"有信：自今及古，其名不去，以顺众父。

吾知众父之然也以此。

【校勘经文】

【一】甲，王本和傅奕本，皆是作"孔德之容，惟道是从"。北大汉简本、帛书甲本、帛书乙本，皆是作"孔德之容，唯道是从"。

乙，按，基于既有的校勘，已知的，生命的觉者能创觉宇宙"实相"，即能觉知"复命"实相，亦是能觉知实相"自然"，相应地既是反映出了有所能认知到"互德"与"互道"乃是本质的同构，换言之，实则的即基于守于"中"的，出于有所具足了能等觉和能等持的能认知"实相"，从而的，也就有所认知到了，本体论实则是认识论的本体论（既构成了"域界"是"人择"的"域界"），且认识论实则是本体论的认识论（既构成了"人择"是"域界"的"人择"），而相应地转为是从生命的觉者能给出验证的，则是反映为：应成"惟道是从"，是以"互道"能显义的，则是等持的予以了遮诠"明道若昧；进道若退；夷道若纇"；应成

"孔德之容",是以"互德"能显义的,则是等持的予以了遮诠"上德若谷;建德若窬;广德若足"(而所为能回向于"上士"的,则是自觉地必为应成"太白若黥;质真若鞔",既为"被褐而怀玉")。

综上辨析,进而可以推定,于祖本的宜作"惟"字,意义"必为的只此",《道德经玄门新证校勘篇》,厘定祖本的文本,语义切要地应是作"孔德之容,惟道是从"(按,至于详为解析,请读者转为参看《道德经玄门新证解析篇》的相关内容)。

【二】甲,王本作"道之为物,惟恍惟惚"。傅奕本作"道之为物,惟芒惟芴"(按,对勘的,至该本和王本,皆是增入了'为'字)。北大汉简本作"道之物,唯証唯没"。帛书甲本作"道之物,唯望唯忽"。帛书乙本作"道之物,唯望唯沕"。

乙,按,从校勘的可以直接指出,此句是夹注。早期的传抄者,因应阐发文本之中所遮诠的"惚兮恍兮"以及"恍兮惚兮",则是从自己所能理解的予以了作夹注,以同源的底本传抄审并。今校勘,《道德经玄门新证校勘篇》则是将此错谬的作夹注予以了删除。结合从全本的经义作审察,进一步地还可以予以指出:

一者,偏转从"还灭"的方向予以追问构成高维时空的宇宙"实相",则有着予以遮诠"象帝之先"和"道"(按,则是构成了"渊兮,似万物之宗"):之一,等持的是偏转从道体作追问的,是从认识论作出遮诠的,则是给定了"有状混成,先天地生"和给定了"独立不改,寥兮寂兮",是从本体论作出遮诠的,则是给定了"随而不见其后,迎而不见其首;是谓:惚恍"和给定了"反也者〔返〕,道之动;弱也者〔强〕,道之用",以及则是给定了"道生一"和给定了"负阴抱阳"(按,即构成了是"天下之物"的"生于无",归结"互无");之二,等持的是偏转从道性作追问的,相与对应的,分别的则是给定了"象帝之先;吾不知其谁之子"和给定了"道;冲而〔用〕,用之有弗盈",以及则是给定了"神谷不死;是谓:玄牝"。

二者,偏转从"流转"的方向予以追问构成"天地创世纪"的亦是构成"道"的"物创生"的宇宙"实相",则有着予以遮诠是于四维时空所呈现的"物"此在(按,则是构成了"湛兮,似〔万物〕〔之〕域存"):之一,等持的是偏转从道性作追问的,则是给定了"绵绵兮,若存;用之不堇”；之二，等持的是偏转从道体作追问的，则是给定了“孰能浊以静，将徐清；孰能安以重，将徐生”和给定了“〔天地有域〕，夫唯弗盈；是以能蔽〔也〕而〔能〕新成”，以及则是给定了“一生二，二生三，三生万物”和给定了“冲气以为和”（按，即构成了是“天下之物”的“生于有”，归结“互有”）。

综上辨析，进而可知，传抄者针对自说的“惟（唯）恍（望）惟（唯）惚（沕）”，有所自话的写作“道之物”或写作“道之为物”（按，后世的传抄者出于修正病句，至王本和傅奕本，于底本的则是增入了“为”字），显然的，如此作夹注，实则纯属杜撰，彼时的传抄者不自知的已是将“互无”的“道”与“互有”的“物”混为了一谈，已是不解经义地陷入了臆想，根本不通于义理。

【三】甲，王本作“惚兮恍兮，其中有象；恍兮惚兮，其中有物；窈（按，对勘的，该本同于帛书乙本，于底本的皆是作‘窈’字）兮冥兮，其中有精”。

傅奕本作“芴兮芒兮，其中有象；芒兮芴兮，其中有物；幽兮冥兮，其中有精（按，对勘的，至该本和王本，于底本的，于各句的后项，以四字句为齐整，皆裁夺了‘兮’字）”。

北大汉简本作“没旖訨旖，其中有象旖（按，‘旖’字，通假‘兮’字）；訨旖没旖，其中有物旖；幽旖冥旖，其中有请旖”（按，对勘的，至该本、王本、傅奕本，于底本的已是增入了三个“其”字，写作“其中”，也就彻底地掩没了老子所开显的“中”范畴）。

帛书乙本作“沕呵望呵，‘中’，有（又）象呵；望呵沕呵，‘中’，有物呵；窈（幼）呵冥呵，其（按，对勘的，所不同的，帛书甲本于此处是没有‘其’字）‘中’，有请呵”。

帛书甲本作“〔忽呵望〕呵，‘中’，有象呵；望呵忽呵，‘中’，有物呵；幽呵冥（鸣）呵，‘中’，有请（按，对勘的：至北大汉简本、帛书乙本、帛书甲本，于底本的是由祖本的‘情’讹作‘请’字；至王本和傅奕本，于底本的是由祖本的‘情’讹作‘精’字）呵（呬）”。

以玄门建构为归导，先为导出，《道德经玄门新证校勘篇》有之新证，厘定祖本的文本，并句读作“惚兮恍兮，〔守于〕‘中’，〔也而〕有象兮；恍兮惚兮，〔守于〕‘中’，〔也而〕有物兮；幽兮冥兮，〔守于〕

'中'，〔也而〕有情兮"。

乙，按，因缘考古复出，多有华夏文化历史遗珍应时而"复命"，沉睡了逾两千年的帛书甲、乙本有幸得以问世，至今已逾半个世纪。结合对勘帛书甲、乙本的此章的文本，颇能助益学术新发现，未料学界一直以来的，却是徒然地自陷学术"迟钝"：

笔者唯恐孤陋寡闻，寻遍相关的学术论著，结果难免失望，学界普遍的了无新意，一贯地沉湎于"考据癖"，一再的失察错谬弥久地讹作"其中"。不止于此，颇有学术大家，竟然附会域外神话思绪，"口数他家宝"另为的转向了，予以攀缘轨解"沕兮望兮"。笔者难掩惊异，何以学界一直未能自省"王顾左右而言他"，不觉华夏文化"初乳"能够给养道家的，至极宝贵的正是给养了构成禅定"大定"总持的守于"中"，难为不知，贯通全本《道德经》的，老子之所以能够予以阐发"亙道"与"亙德"乃是本质的同构，予以抉择出必为归宗"孔德之容，惟道是从"，正是根底此至为胜义地"中"范畴（按，"中"范畴，乃为华夏文化最根本之内核：以"绝地天通"为宰制，以"巫王一体"为表征，以"天子"为当机，见于周初的《保训》，既已有之文化传承——告诫后嗣必为保"中"。显见的，绝非后来的儒家所能发明和专有，更不是儒家不了义渐为浅薄的所能训诂和阐扬，历史事实的构成滥觞的，已然致使黄种的后世子孙，历史弥久地愈发地心力不逮，不觉精神何其孱弱，仍旧昏庸于儒家所倡导的"中庸"之道）。

按，从校勘的可以予以直接指出，于全本的是作玄门建构的（至于详为解析，请读者转为参看《道德经玄门新证解析篇》的内容）。

一者，分证于"观复"道章的，构成要义的（按，构成了是从本体论的进而给出了判摄"亙，曰：复命；知亙，曰：明"）：同场的，对应遮诠"惚兮恍兮，〔守于〕'中'，〔也而〕有象兮；恍兮惚兮，〔守于〕'中'，〔也而〕有物兮"，基于"〔守于〕'中'"，即对文遮诠禅定"大定"总持的能受觉"致极虚；守极笃"；同场的，构成是主客体同构的，对应遮诠"幽兮冥兮（按，即同构了'惚兮恍兮'和'恍兮惚兮'），〔守于〕'中'，〔也而〕有情兮（按，即同构了'〔也而〕有象兮'和'〔也而〕有物兮'）"，基于"〔守于〕'中'"，即对文遮诠禅定"大定"总持的能受觉"没身不殆"。

二者，分证于"善法"道章的，构成要义的（按，构成了是从认识论的进而给出了判摄"'中'〔之〕'域'有四大；'中'〔之〕'域'人居焉"）：同场的，对应遮诠"惚兮恍兮，〔守于〕'中'，〔也而〕有物兮"（按，还包括了对应遮诠"幽兮冥兮，〔守于〕'中'，〔也而〕有情兮"），基于"〔守于〕'中'"，即对文遮诠禅定的能受觉"有状混成，先天地生"，以及对文，进而遮诠能创觉宇宙"实相"的能觉知"吾未知其名，强字之曰：道；〔道〕，可以为天下〔之物〕〔之〕母"；同场的，对应遮诠"恍兮惚兮，〔守于〕'中'，〔也而〕有象兮"（按，还包括了对应遮诠"幽兮冥兮，〔守于〕'中'，〔也而〕有情兮"），基于"〔守于〕'中'"，即对文遮诠禅定的能受觉"独立不改，寥兮寂兮"，以及对文，进而遮诠能创觉宇宙"实相"的能觉知"吾为之名，强〔名之〕曰：大；'大，曰：逝；逝，曰：远；远，曰：返'"。

按，以玄门建构为归导，对勘诸传抄本的文本，详为校勘分歧多有的文本，《道德经玄门新证校勘篇》有所厘定祖本的文本：

一者，根据王弼本的文本，厘定于祖本的应是作"惚兮恍兮"，以及应是作"恍兮惚兮"。还有，根据帛书甲、乙本的文本，转为有所关涉的对勘"从道"德章的文本，笔者从校勘的有之合理地推定，相应地厘定了祖本的文本，于祖本语义切要地应是作"望兮，其未央"，以及应是作"沕兮，其无止"。

二者，接下来，转向辨析诸传抄本何以会出现由祖本本有的"情"字进而讹作"精"和"请"字。笔者从校勘的还有之合理地推测：之一，"请"与"情"字，于彼时，不排除还构成通假字。而出现讹作"精"字，则是后世传抄进而衍生出了歧义，大概率地应该是根据"黄法道家"的意义于"修真"，从而篡改（按，旁及"不道"德章的，笔者业已厘定了于祖本的应是作"情之至"，传抄流变地则是被篡改作"精之至"）。之二，是确凿的能构成佐证的，能见于《庄子•大宗师》的文本之中的，即有所写作"夫道，有情有信，无为无形"。

三者，出于不无必要，笔者还补出了对勘的诸传抄本早已缺失了的字词，于整句的各项，相应地分别地予以补出了"〔守于〕"两字，以及予以补出了"〔也而〕"两字，由是，遂还祖本的文本能够完备语义贯通且经义完足。转换来说：

之一，予以补出"〔守于〕"，则是基于以玄门建构为归导：相应地能追索于"守中"道章其文本的，则是有所予以遮诠"多闻数穷，不若守于'中'"，构成义理一贯地，相应地能追索于"返成"道章其文本的，则是有所予以遮诠"上士闻道，堇能行于其'中'"。

之二，予以补出"〔也而〕"，则是可以完全符应全本的经义，进而语义显豁的能从本质上显明禅定"大定"总持的"〔守于〕'中'"其内在规定性，既为揭示了生命的觉者之所以是主客体同构的能认知"实相"，乃是因之觉有情的具足了能等觉和能等持，从胜义地有所觉知了"互无"与"互有"是能成立互为让渡的（按，构成关联的，前置的在"观复"道章，结合解析禅定的"致极虚；守极笃"以及禅定的"没身不殆"，已有结合从全本的文本从整体地给出了解析，兼及相应地还须验证文本，亦给出了有效的验证，回到本章，出于节省篇幅，这里不再繁复引述）。

【三】甲，王本作"其精甚真；其中有信：自古及今（按，对勘的，该本已是改写了底本的'自今及古'），其名不去，以阅众甫。吾何以知众甫之状（按，至该本，是由'然'讹作'状'字）哉？以此"。

傅奕本作"其精甚真；其中有信：自今及古，其名不去，以阅众甫（按，对勘的，至该本和王本，于底本的则是由'父'改作'甫'字，已浅出了祖本的语义）。吾奚以（按，对勘的，至该本，出于兼顾既有的上文，则是自主地将'何以'改作了'奚以'）知众甫之然哉？以此"。

北大汉简本作"其请甚真，其中有信：自今及古，其名不去，以说（shuì）众父。吾何以知众父之然哉（按，对勘的，至该本、王本、傅奕本，于底本的皆是增入了'哉'字）？以此"。

帛书乙本作"其'请'甚真，其'中'有信：自今及古，其名不去，以顺众父。吾何以知众父之然也（按，对勘的，只有该本于此处是存有'也'字，若合于文理，显明的，于祖本的，此句则是应句读作'吾知众之然也以此'）？以此"。

帛书甲本作"其'请'甚真，其'中'〔有信〕：自今及古，其名不去，以顺（按，对勘的，于祖本的应是作'顺'字，构成语义一贯地，见于'立德'德章的，则是有之遮诠'大顺'。不当写作'阅'或是'说'字）众父（仪）。吾何以知众父（仪）之然？以此"。

以玄门建构为归导，先为导出，《道德经玄门新证校勘篇》，厘定祖本的文本，并句读作"其'情'甚真，其'中'有信：自今及古，其名不去，以顺众父。吾知众父之然也以此"。

乙，按，于全本的是作玄门建构的，对勘业已厘定的"今之善为道者，执今之道，以御今之有〔德〕"，以及对勘业已厘定的"古之善为士者，以'〔一〕'知古始；是谓：《道纪》"和业已厘定的"今之善为士者，〔以'一'知古始〕，必非弱玄达，深不可识；是以为之颂"，构成义理一贯地，则是转为可以予以验证本章的文本，无疑地，乃为祖本旧有的，应是写作"其'情'甚真，其'中'有信：自今及古，其名不去，以顺众父"。

按，对勘诸传抄本的文本，不难发现，于早期的同源的底本，彼时的传抄者，于尾句兼及作夹注，还自主地改动了祖本的文本，添植了"何以"两字。今校勘，《道德经玄门新证校勘篇》，厘定祖本的文本，于祖本的应是写作"吾知众父之然也以此"（按，此处的"然"字，即指代首句的正是相与有应的予以抉择出来的"孔德之容，惟道是从"）。

《道经》第二十四章"全归"道章

王弼本《道德经》上经第二十二章

曲则全；枉则正。洼则盈；蔽则新。少则得；多则惑。

古之所谓"曲全"者，诚全归之；是以圣人：

执"一"以为天下；天下牧。

不自见者，故明；不自是者，故彰。不自伐者，故有功；不自矜者，故能长。

【校勘经文】

【一】甲，王本作"曲则全；枉则直（*按，对勘的，于祖本语义切要地应是作'正'字*）。洼则盈；敝则新。少则得；多则惑"。

傅奕本作"曲则全；枉则正。洼（漥）则盈；敝则新。少则得；多则惑"。

北大汉简本作"曲则全；枉则正。洼则盈；敝则新。少则得；多则惑（或。*按，该字是以借字写出*）"。

帛书乙本作"曲则全，枉（汪。*按，是以讹字写出*）则正。洼则盈；敝（㡀）则新。少则得；多则惑"。

帛书甲本作"曲则全；枉则定（*按，对勘的，于祖本语义切要地应是作'正'字*）。洼则盈；敝则新。少则得；多则惑"。

以玄门建构为归导，先为导出，《道德经玄门新证校勘篇》，厘定祖本的文本，并句读作"曲则全；枉则正。洼则盈；蔽则新。少则得；

道德经玄门新证 校勘篇

多则惑"。

乙，按，从校勘的可以予以直接指出（至于详为解析，请读者转为参看《道德经玄门新证解析篇》的内容），简言之：之所以能够给定上述的文本，乃是基于内在的是以"极限"作推导，进而是以意义于有若黎曼几何的而非只是欧几里得几何的能"认知""实相"予以了导出，因是，也就得以确知，基于能"认知""实相"，则是无所可以判称"枉则直"或判称"枉则定"，则是有所可以判称"枉则正"以及所对应的"曲则全"（按，可以有趣地发现，基于本质的亦是从空间几何能作追问，于今证之数学的命题测量海岸线总长，也就可以察觉到，古今以能"认知""实相"则是构成了同理）。按，这里的写作"敝"字，根据业已厘定的"是以能蔽〔也〕而〔能〕新成"作约束，于全本构成语义一贯地则是应该改写作"蔽"字。

按，从校勘的可以予以直接指出，于全本的是作玄门建构的，从"形式因"的予以遮诠能认知"曲则全；枉则正"（按，基于禅定"大定"总持的能守于"中"，有所具足了能等觉和能等持，构成义理贯通的，亦是反映为能受觉"致极虚；守极笃"），即同构于从"质料因"的予以遮诠能认知"洼则盈；蔽则新"（按，基于禅定"大定"总持的能守于"中"，有所具足了能等觉和能等持，构成义理贯通的，亦是反映为能受觉"没身不殆"），简言之：

内在的是以"极限"作推导的，偏转从"还灭"的方向作追问，诉诸"互无"的，相应地能互为显义的，亦是不限于反映为有所能受觉"随而不见其后，迎而不见其首；是谓：惚恍"，以及有所能认知"无有入于无间；天下之至柔，驰骋于天下之至坚"；

内在的是以"极限"作推导的，偏转从"流转"的方向作追问，诉诸"互有"的，相应地能互为显义的，亦是不限于反映为有所能受觉"〔天地有域〕，夫唯弗盈；是以能蔽〔也〕而〔能〕新成"，以及有所能认知"大成若缺，大盈若冲；其用不蔽，其用不穷"。

还有，从校勘的可以予以直接指出，于全本的是作玄门建构的，予以遮诠能认知"少则得；多则惑"，简言之：

基于是主客体同构的有所能"认知""实相"，相应地能达成"人"与"道"和"物"全面的觉悟的"和解"，从而有所同构了"互道"与

"互德"（按，意义深在的既为是生命的觉者，有所觉知了自性的"互无"的缘起无自性以能成俱足自性的"互有"的无自性缘起以所成），则亦是反映为，相应地有所能觉知"〔今之〕〔能〕保此道者，〔其〕不欲尚盈"，以及有所能认知到"知足不辱，知止不殆；可以长久"和有所能认知到"知足之为足，〔知止之为足〕；此互足矣"。

【二】甲，王本作"是以圣人抱'一'（按，对勘的，唯有该本，意在修正病句，于此处，是裁夺了'此'字）为天下式"。

傅奕本作"（按，对勘的，唯有该本，意在修正病句，是保留了后项的'以'字，从而裁夺了'是以'）圣人抱（按，对勘的，不同于该本和王本，其他诸传抄本，皆是作'执'字，乃为祖本旧有）'一'，以为天下式（按，对勘的，不同于该本和王本，其他诸传抄本，皆是作'牧'字，乃为祖本旧有）"。

北大汉简本作"是以圣人执'一'，以为天下牧"，文本类同的，帛书甲、乙本，皆是作"是以聖（按，甲本作'声'字，乙本作'耵'）人执'一'，以为天下牧"。

以玄门建构为归导，先为导出，《道德经玄门新证校勘篇》有之新证，厘定祖本的文本以及厘定祖本的行文语序，并句读作"……，……；是以圣人：执'一'以为天下；〔天下〕牧"。

乙，按，除了王本，其他诸传抄本皆是存有"以"字，足证这是祖本旧有，未料的，是以呈现病句的从而留存于全句。今校勘，笔者推定，补出了于祖本是以重文号写出的"天下"，病句既得以修正：于祖本语义切要地应是写作"是以圣人：执'一'以为天下；〔天下〕牧"。

接下来的，以下可以给出有效的验证，简言之，于全本的是作玄门建构的，对应所厘定的文本，构成是既对治而应成的，即对文"朴散则为成器，〔人〕用则为官长（按，即对文应成'古之所谓曲全者，诚全归之'）；圣人〔则〕〔归于朴〕（按，即对文应成'是以圣人'），夫大制（按，即对文'执一以为天下'）〔则〕无割（按，即对文'〔天下〕牧'）"。

【三】甲，王本和傅奕本，皆是作"不自见，故明；不自是，故彰。不自伐，故有功；不自矜，故长"（按，于"无割"道章，以对文的则是作"自见者，不明；自是者，不彰。自伐者，无功；自矜者，不长"）。

北大汉简本作"不自见，故明；不自视，故章。不自发，故有功；弗矜，故长"（按，于"无割"道章，以对文的则是作"自见者，不明；自视者，不章。自发者，无功；自矜者，不长"）。

帛书甲本作"不〔自〕示，故明；不自是，故章。不自伐，故有功；弗矜，故能长"（按，于"无割"道章，以对文的则是作"自示者，不章；〔自〕见者，不明。自伐者，无功；自矜者，不长"）。

帛书乙本作"不自示，故章；不自见，故明。不自伐，故有功；弗矜，故能长"（按，于"无割"道章，以对文的则是作"自示者，不章；自见者，不明。自伐者，无功；自矜者，不长"）。

乙，按，以玄门建构为归导，《道德经玄门新证校勘篇》并为校勘是作轴对称建构的这两章的文本，基于既为构成共核"从事于德同道：得者同于得；失者同于失"，基于既为构成共核"今之善为道者，执今之道，以御今之有〔德〕"，相应地予以厘定了这两章的文本：

于"全归"道章，是从应成的给出遮诠的，于全本的是作玄门建构的，亦是构成了有所应成"〔上德之不失德，不失德也而以其同于道〕"，既为能验证于"得者同于得"的有之"同于道者，道亦乐得之；〔也而〕同于德者，德亦乐得之"，亦为能验证于"少则得"，即转为从生命的主体，进而是从认识论的给出了遮诠"不自见者（按，即'无私'），故明（按，即'言善信'）；不自是者（按，即'无为'），故彰（按，即'政善治'）。不自伐者（按，即'无欲'），故有功（按，即'事善能'）；不自矜者（按，即'无以为'），故能长（按，即'动善时'）"。

于"无割"道章，是从对治的给出遮诠的，于全本的是作玄门建构的，亦是构成了有所对治"〔下德之失德，失德也而以其不同于道〕，故失道〔也〕而失德，失德而后仁，失仁而后义，失义而后礼"，既为能验证于"失者同于失"的有之"不同于道者，道亦乐失之；〔也而〕不同于德者，德亦乐失之"，亦为能验证于"多则惑"，即转为从生命的主体，进而是从认识论的给出了遮诠"自见者（按，即'有私'），不明；自是者（按，即'有为'），不彰（按，即构成了'不知矣，妄'，相应地诉诸异化的典型，则是能够验证于'贵富而骄，自遗罪'）。自伐者（按，即'有欲'），无有功；自矜者（按，即'有以为'），不能长（按，即构成了'妄作，凶'，相应地诉诸异化的典型，则是能够验证于'金玉盈室，莫能守'）"。

【四】甲，对勘的诸传抄本，文本类同的：王本作"夫唯不争，故天下莫能与之争"；傅奕本作"夫惟不争，故天下莫能与之争"；北大汉简本作"夫唯无争，故天下莫能与之争"；帛书甲、乙本，皆作"夫唯不争，故莫能与之争"。

乙，按，从校勘的可以予以直接指出，此句是夹注。追溯至早期的同源的底本，不难发现，出于意在阐发"不自见者，故明；不自是者，故彰。不自伐者，故有功；不自矜者，故能长"，彼时的传抄者，从自己的所能理解，则是自主地引用了"取下"德章的文本，于本章予以作夹注，后世传抄窜并。今校勘，《道德经玄门新证校勘篇》则是将此夹注予以删除。

【五】甲，王本作"古之所谓'曲则全'者，岂虚言哉！诚全而归之"。傅奕本作"古之所谓'曲则全'者（按，对勘的，至该本和王本，于底本的皆是增入了'则'字），岂虚言也哉！诚全而归之（按，对勘的，至该本和王本，于底本的皆是增入了'而'字）"。

北大汉简本作"古之所谓'曲全'者，几语耶（邪）？诚全归之也"。帛书乙本作"古之所谓（胃）'曲全'者，几语才？诚全归之"，帛书甲本作"古〔之所谓'曲全'者〕，〔几〕语才（按，'才'通假'哉'字）？诚全归之"。

乙，按，对勘诸传抄本的文本，不难发现：一者，至北大汉简本、帛书甲本、帛书乙本，皆是写作"'曲全'者"，乃为祖本旧有，向后传抄，后来有所流变，至王本和傅奕本，诱因想当然地照应"曲则全"，则是改成了"'曲则全'者"。二者，帛书甲、乙本的写作"几语哉（才）"，因之语义不甚明了，至北大汉简本，则是改成了"几语耶？"，至王本和傅奕本，于底本的则是改成了"岂虚言（也）哉"。

基于既有的校勘，可以予以直接指出，彼时的传抄者，于此句，兼及作夹注，还有改动了祖本的文本，以及改动了祖本的行文语序，添植了"几语才"。显然的，出于自主地理解，传抄者则是意在强调，若为"诚全归之"于"古之所谓'曲全'者"，还需要付诸社会性的实践，归为应成"事理不二"。

按，基于既有的校勘，加之已知的，在"始纪"道章与"全归"道章之间，此两章亦是作玄门建构，据此，进而还厘定了祖本的文本以及厘定了祖本的行文语序，简言之：

一者，于祖本的应是作"古之所谓'曲全'者"，以同为当机的觉者，亦构成对文"古之善为士者"；下顺的，于祖本的应是作"诚全归之"，以同为当机的觉者，即亦构成对文"以'〔一〕'知古始；是谓：《道纪》"。 二者，相与有应的，亦是构成对文的，对应"古之所谓'曲全'者，诚全归之"，转为是以当机的觉者能够给出验证的，即亦转为对文"是以圣人：执'一'以为天下；〔天下〕牧"。

《道经》第二十五章"从事"道章

王弼本《道德经》上经第二十三章

〔旷兮〕，其《希言》有之：既而知乎天地"飘风不终朝；暴雨不终日"，其致之天之道也谓：天地自然。

故从事于德同道：得者同于得；失者同于失。

同于道者，道亦乐得之；也而同于德者，德亦乐得之。

不同于道者，道亦乐失之；也而不同于德者，德亦乐失之。

道德经玄门新证 校勘篇

【校勘经文】

【一】甲，王本作"希言自然。故飘风不终朝；骤雨不终日。孰为此者？天地。天地尚不能久，而况人乎"。

傅奕本作"稀言自然。故飘风不崇朝；骤雨不崇日。孰为此者？天地也。天地尚不能久，而况于人乎"。

北大汉简本作"希言自然。故飘（剽）风不终朝；骤（趮）雨不终日。孰为此？天地弗能久，而况（兄）于人虖"。

帛书乙本作"希言自然。飘（飙）风不终（冬）朝；暴雨不终（冬。按，'冬'与'终'是通假字）日。孰为此？天地而弗能久，又况（兄）于人乎"。

帛书甲本作"希言自然。飘风不终（冬）朝；暴雨不终（冬）日。孰

二一七

为此？天地〔而弗能久〕，〔又况〕于人乎"。

乙 -1. 按，前置的在"自然"道章，笔者同为校勘了本章的是构成对文的文本，业已厘定了本章的首句，这里不再繁复引述，简言之：

基于以玄门建构为归导，《道德经玄门新证校勘篇》有之新证，厘定祖本的文本，并句读作"〔旷兮〕，〔其〕《希言》〔有之〕：〔既而知乎〕天地'飘风不终朝；暴雨不终日'，〔其致之〕〔天之道〕〔也谓〕：〔天地〕自然"。

按，从校勘的还需给出必要的交代：一者，据构成对文的"悠兮"，则是从猜想地予以补出了"〔旷兮〕"。二者，据其文意，则是从"袭互"德章找出了可以写作"既知"，兼及溯及于《互先》的有之可以写作"既而"，还兼及出于圆成当下应有的语气，则是予以补出了"〔既而知乎〕"。三者，进而相应地，据其文意，则是从"归道"章找出了可以写作"其致之……也谓"，则是从"损益"道章找出了可以写作"天之道"，合之两者，则是予以补出了"〔其致之〕〔天之道〕〔也谓〕"。四者，据构成对文的"我自然"，则是予以补出了"〔天地〕自然"。

乙 -2. 按，将笔者业已厘定的文本与对勘的诸传抄本的文本对勘，转为追溯至早期的同源的底本，不难发现，甚至是早在"修辍"本之际，该章的文本就已经发生了严重的残损。换言之，因此而成为诱因，随之的也就产生了：一者，彼时的传抄者，则是将孤存的"希言"以及亦是孤存的"自然"予以了归并，遂写成了呈现四字句的"希言自然"。二者，因于已是语句严重残缺不全的文本，原于句义跳空致使经义陷入晦涩不明的文本，也就引发了传抄者则是予以了作夹注，意在效应阐发经义。

按，从校勘的可以予以直接指出（至于详为解析，请读者转为参看《道德经玄门新证解析篇》的内容），于全本的是作玄门建构的，亦是对应于"强损"道章的文本的，应之比德于道的有所遮诠"〔昔之〕人之所教，亦夕议而教人，我将以为教父：'木强则兢，柔弱居上；兵强则不胜，强大居下'；'强梁者，不得其死；〔好胜者，必遇其敌〕'"，转为入世作对治，相应地是能够给出勘验的，也就构成了则是勘验于有所遮诠的"飘风不终朝（按，具有'本体'意义的，基于主体能感通于客体，则是予以启示了'木强则兢，柔弱居上'，则是进而予以譬喻了'强梁者，不得其死'）；暴雨不终日（按，具有'本体'意义的，基于主体能感通于客体，则是予以启示了'兵强则不胜，强大居下'，则是进而予以譬喻了'〔好胜者，必遇其敌〕')"。

丙，按，对勘诸传抄本的文本，文本类同的皆是存有"孰为此？天地弗能久，而况于人乎？"，从校勘的可以予以直接指出，此句是夹注。出于意在予以阐发"天地'飘风不终朝；暴雨不终日'"，彼时的传抄者，基于自己的所能理解，则是予以了作夹注，以底本的文本传抄窜并。今校勘，《道德经玄门新证校勘篇》则是将此语义浮泛且不得要领的夹注予以了删除。

【二】甲，王本作"故从事于道者，道者同于道。德者同于德（按，检索王注，其初本是两个'得'字，至其传本，就变成了两个'德'字）；失者同于失。同于道者，道亦乐得之；同于德者，德亦乐得之；同于失者，失亦乐得之"。

傅奕本作"故从事于道者，道者同于道。从事于得者（按，对勘的，显见的，此项是该本自主增入的），得者同于得；从事于失者（按，对勘的，显见的，此项是该本自主增入的），失者同于失。于道者，道亦得之；于得者，得亦得之；于失者，失亦得之"。

北大汉简本作"故从事而道者同于道。得者同于得（德），失者同于失。故同于道者，道亦得之；同于失者，道亦失之"。

帛书乙本作"故从事而道者同于道。德者同于德（按，对勘的，显见的，帛书甲、乙本皆是由两个'得'讹作两个'德'字），失者同于失。同于德者，道亦德之。同于失者，道亦失之"。

帛书甲本作"故从事而道者同于道。德者同于德，失（者）者同于失。同德〔者〕，道亦德之。同于〔失〕者，道亦失之"。

乙，按，将笔者业已厘定的文本与对勘的诸传抄本的文本对勘，转为追溯至早期的同源的底本，不难发现，大概率地于底本之际，就已经严重地发生了多有残损语句，因此而成为诱因，亦有之主观上的原因，彼时的传抄者已是无能明白经义，也就导致了后来传抄的文本是从全章的层出病句，呈现出于语义上是左支右绌，导致经义晦涩不彰；转换来说，也就导致了后来的传抄者传抄文本，或是据底本的文本照旧作传抄，或是据底本的文本自主地予以"翻样"语句，从而了事传抄。还基于已知的，在"自然"道章与"从事"道章之间，两者实则是作玄门建构，间接的得益于

道德经玄门新证 校勘篇

二一九

此，《道德经玄门新证校勘篇》也就得以厘定了祖本的文本，简言之：

一者，于祖本的应是写作"故从事于德同道：得者同于得；失者同于失"，构成"互映对称成就"的，即对文业已厘定的"今之善为道者，执今之道，以御今之有〔德〕"，换言之，基于是共为的归宗"孔德之容，惟道是从"，则是反映出了，既为达成了"互德"与"互道"乃是本质的同构。

二者，基于既有的校勘，还结合从上下文作推导，进而还厘定了下顺的文本，是分别的转向予以分证的文本：

之一，诉诸是偏转从应成的予以分证"从事于德同道"的"得者同于得"（亦构成了则是能够予以验证"少则得"），无疑地也就可以推定，于祖本的，构成句义贯通且经义完足的则应是写作"同于道者，道亦乐得之；〔也而〕同于德者，德亦乐得之"（按，进而是等持的转至了"全归"道章，还有再为给出分证）。

之二，诉诸是偏转从对治的予以分证"从事于德同道"的"失者同于失"（亦构成了则是能够予以验证"多则惑"），无疑地也就可以推定，于祖本的，构成句义贯通且经义完足的则应是写作"不同于道者，道亦乐失之；〔也而〕不同于德者，德亦乐失之"（按，进而是等持的转至了"无割"道章，还有再为给出分证）。

丙，按，一贯地，还须验证笔者所厘定的文本，结合从全本的文本作审察，以下可以给出有效的验证：

其一，于全本的是作玄门建构的，对应"互德"章的遮诠"上德〔之〕〔有德〕，〔有德〕〔也以其〕不失德，是以有德"，进而遮诠"〔上德之不失德，不失德也而以其同于道〕"，基于归宗"孔德之容，惟道是从"，相应地予以作出分证的，则是有所抉择了"故从事于德同道"，进而相应地，也就反映出了则是有所应成于"得者同于得"，即构成了则是对文于所遮诠的"同于道者，道亦乐得之；〔也而〕同于德者，德亦乐得之"；还有，对应"互德"章的遮诠"下德〔之〕〔无德〕，〔无德〕〔也以其〕失德，是以无德"，进而遮诠"〔下德之失德，失德也而以其不同于道〕，故失道〔也〕而失德，失德而后仁，失仁而后义，失义而后礼"，基于归宗"孔德之容，惟道是从"，相应地予以作出分证的，则是有所抉择了"故从事于德同道"，进而相应地，也就反映出了则是有所对治于

"失者同于失"，即构成了则是对文于所遮诠的"不同于道者，道亦乐失之；〔也而〕不同于德者，德亦乐失之"。

其二，于全本的是作玄门建构的，对应"互德"章的进而遮诠"上〔之〕德，无为而无以为（按，即对文'太上，知有之'）；上〔之〕仁，〔有〕为而无以为（按，即对文'其次，亲〔之〕誉之'）；上〔之〕义，〔有〕为而有以为（按，即对文'其次，畏之'）；上〔之〕礼，莫之则〔之〕，应也攘臂而扔之（按，即对文'其下，侮之'）"，基于归宗"孔德之容，惟道是从"，相应地予以作出分证的，则是有所抉择了"今之善为道者，执今之道，以御今之有〔德〕"，而有所构成是既对治而应成的，即构成了则是对文于所遮诠的"太上，知有之；其次，亲〔之〕誉之；其次；畏之；其下，侮之"。

【三】王本是存有"信不足焉，有不信焉"，傅奕本是存有"信不足，焉有不信"，北大汉简本是存有"信不足，安有不信"，而于帛书甲、乙本，皆是没有此句。

按，因之直接关涉本章的文本，前置的在"自然"道章，亦予以校勘了本章的文本，这里不再繁复引述，简言之：

于本章的，之所以会文本类同的再有出现"信不足焉，焉有不信"此经句，若为追究其原因，亦不难发现，传抄者不知是作夹注的该句，先前的就已经是出现在了"自然"道章的文本之中，而后来的传抄者，出于意在阐发经义，于本章作夹注，则是自主地予以了引用。今校勘，《道德经玄门新证校勘篇》则是将此夹注予以删除。

《道经》第二十六章 "无割" 道章

王弼本《道德经》上经第二十四章

跨者不若行；炊者不立馀。

其在有道者，有道也曰：

赘行，有欲者弗居；馀食，物或恶之。

自见者，不明；自是者，不彰。自伐者，无有功；

自矜者，不能长。

朴散则为成器，人用则为官长；

圣人则归于朴，夫大制则无割。

【校勘经文】

　　【一】甲，王本和傅奕本，皆是呈现对出的作"企者不立；跨者不行"。北大汉简本、帛书甲本、帛书乙本，皆是呈现单出的作"炊者不立"，皆是没有"跨者不行"。

　　乙-1.按，对勘诸传抄本的文本，笔者有之推定：一者，原则上应是写作"炊者不立"，非是传抄流变地写作"企者不立"，因为，若作"企者不立"，则是重义于"跨者不行"。还有，因之以对文则是进而言及"馀食"，故而，笔者也就予以补出了"馀"字，厘定于祖本语义完足的应是写作"炊者不立〔馀〕"。二者，因之以对文则是进而言及"赘行"，据此，无疑地亦可以推定，于祖本是必有"跨者不行"，笔者还相应地补出了"若"字，厘定于祖本语义完足的应是写作"跨者不〔若〕行"。

　　按，基于以玄门建构为归导，兼及既有的校勘，《道德经玄门新证校

道德经玄门新证　校勘篇

二二二

勘篇》有之新证，厘定祖本的文本以及厘定祖本的行文语序，应是写作"跨者不〔若〕行；炊者不立〔馀〕"。

乙 -2. 按，一贯地，还须验证笔者所厘定的文本，以下可以给出有效的验证，简言之：于全本的是作玄门建构的，对应"遂退"道章的遮诠"持而盈之，不若其已；湍而群之，不可长保"，构成互为显义的，即对文遮诠"跨者不〔若〕行；炊者不立〔馀〕"。

结合从全本的文本作审察，从校勘的还可以指出，于全本的乃是构成经义贯通的，简言之：

一者，于全本的是作玄门建构的，对应遮诠"持而盈之，不若其已"（按，比德于道的即转为构成对文"贵富而骄，自遗罪"，进而即对文"甚爱必大废"，亦是构成对文"驰骋田腊，使人之心发狂"和对文"人宠辱，若惊"），即对文遮诠"跨者不〔若〕行"（按，比德于道的即转为构成对文"其在〔有〕道〔者〕，〔有〕道也曰"的言及"赘行，有欲者弗居"）；

二者，于全本的是作玄门建构的，对应遮诠"湍而群之，不可长保"（按，比德于道的即转为构成对文"金玉盈室，莫能守"，进而即对文"厚藏必多亡"，亦是构成对文"难得之货，使人之行妨"和对文"贵身，若大患"），即对文遮诠"炊者不立〔馀〕"（按，比德于道的即转为构成对文"其在〔有〕道〔者〕，〔有〕道也曰"的言及"馀食，物或恶之"）。

【二】甲，王本作"其在道也（按，对勘的，从其全本的文本来看，罕有的是保留了'也'字）曰：'馀食、赘行。'物或恶之，故有道者不处"（按，对勘的，傅奕本所异的，是作"不处也"）。

北大汉简本作"其在道也〔曰〕：'馀（斜）食、赘（叕）行。'物或恶之，故有欲者弗居"。

帛书乙本作"其在道也曰：'稌食、赘行。'物或恶之，故有欲者弗居"。

帛书甲本作"其在道（按，对勘的，独有该本，于此处是无'也'字），曰：'馀食、赘行。'物或恶之，故有欲者〔弗〕居（按，对勘的，至王本和傅奕本，于底本的，出于照应前项的'其在道也'，下顺的则是流变地改作'有道者不处'，已是有乖祖本的句义）"。

乙，按，基于以玄门建构为归导，加之已知的，在"母成"道章与"无割"道章之间，两者亦是作玄门建构（按，同理的，在"始纪"道章与"全归"道章之间，两者亦是作玄门建构），据此，也就助益了《道德经玄门新证校勘篇》可以确切地厘定本章的文本，简言之：

一者，补出了对勘的诸传抄本是于底本的就已经缺失的"有"和"者"字，厘定于祖本语义切要地应是写作"其在〔有〕道〔者〕"，相应地可以给出确切地验证的，即构成对文"〔今之〕〔能〕保此道者"；还明晰了于祖本的成其本然的行文语序，厘定于祖本的应是写作"〔有〕道也曰：赘行，有欲者弗居；馀食，物或恶之"，相应地可以给出确切地验证的，即构成对文"〔其〕不欲尚盈"。

二者，进而还得以厘定了祖本的成其本然的文本结构。以首句，则应该是写作"跨者不〔若〕行；炊者不立〔馀〕"，构成语势贯通的，以顺次地下句，则应该是写作"其在〔有〕道〔者〕，〔有〕道也曰：赘行，有欲者弗居；馀食，物或恶之"。

【三】前置的在"全归"道章，亦予以厘定了本章的是构成对文的文本，这里不再繁复引述，简言之：《道德经玄门新证校勘篇》厘定了祖本的文本，并句读作"自见者，不明；自是者，不彰。自伐者，无有功；自矜者，不能长"。

【四】甲，从校勘的还需先为给出交代。见诸《道经》的是偏转从道体作出分证的，诉诸所作玄门建构，已知的，其中的是对应于构成轴枢的"善法"道章的：成其左半轴的，则是以"从事"道章作为中轴章，进而是作轴对称建构的，成其上半轴的则是"全归"道章，成其下半轴的则是"无割"道章；成其右半轴的，则是以"建德"道章作为中轴章，进而是作轴对称建构的，成其上半轴的则是"互明"道章，成其下半轴的则是"大制"道章。

甲-1. 据此，进而可知，至帛书甲、乙本，一致地皆是排错了祖本本有的章序：是次第接续地抄出了"无割"道章，"全归"道章，"从事"道章。由此，亦可以推定，有别于对勘的其他诸传抄本，帛书甲、乙本应该还另有同源的底本。

甲-2. 据此，进而可知，对勘的诸传抄本，一致地皆是排错了祖本本有的章序：是次第接续地抄出了"善法"道章，"静重"道章，"互明"

道章，"建德"道章，"大制"道章（而于祖本的，诉诸章序，本然的则是应该呈现为："善法"道章，"互明"道章，"建德"道章，"大制"道章，"静重"道章，"善果"道章，"军争"道章，"知止"道章，"自胜"道章）。

甲 -3. 据此，进而可知，对勘的诸传抄本，一致地还错置了祖本的文本：本属于"无割"道章的文本，则被早期的传抄者以作夹注错置在了"建德"道章；文本类同的，还被谬解经义地改写作"朴散则为成器，圣人用则为官长，夫大制无割"。

乙，王本传本作"朴散则为器，圣人用之则为官长，故大制不（按，检索王注，可知于其初本的是写作'无'字）割"（按，对勘的，傅奕本所异的，无"故"字）。

北大汉简本作"朴散则为成器，圣人用则为官长"，以及作"大制无界（畍）"（按，于该本，此句是被下顺地归在了"大制"道章，写作首句。对勘的，该本独有的是作"成器"，语义完足）。

帛书乙本作"朴散则为器，圣人用则为官长，夫大制无割"。文本类同的，帛书甲本作"朴（樸）散〔则为器〕，〔圣〕人用则为官长，夫大制无割"。

以玄门建构为归导，先为导出，《道德经玄门新证校勘篇》有之新证，厘定祖本的文本以及厘定祖本的行文语序，并句读作"朴散则为成器，〔人〕用则为官长；圣人〔则〕〔归于朴〕：夫大制〔则〕无割"。

乙 -1. 对勘诸传抄本的文本，转为追溯至早期的同源的底本，不难发现，意在阐发"建德"道章的经句"互德乃足，复归于朴"，彼时的传抄者，则是引用了上述的文本，以篡改过的文本予以作夹注。目前所见到的该文本，实则是竟然逆反地错解了经义，以致造成"害经惑众"。

试问，何以在"无割"道章的文本之中会没有此经句？笔者有之合理的推测，大约存在着两个方面的原因：之一，于今实证的，早期的于底本的，相续的"从事"道章和"无割"道章，其文本都存在着文字多有残损，此经句也是随之而残损。之二，限于孤章理解文本，后来的传抄者一贯地已然确信，此经句是属于"建德"章的，故而未能作出深究。

乙 -2. 出于不无必要，笔者有之合理的猜想，《道德经玄门新证校勘篇》予以补出了"圣人〔则〕〔归于朴〕"，遂还祖本的文本句义完足。与之关联的，还厘定了于祖本的应是写作"朴散则为成器，〔人〕用则为官长"（按，出于有所对治人之道，故而遮诠"人用"，而与之构成对文的则是言及"将欲取天下而为之"，故而遮诠"朴散"）。随之的，从校勘的也就得以了然，于帛书甲、乙本所存有的"夫"字，是确有其所指的。

按，一贯地，还须验证笔者所厘定的文本，结合从全本的文本作审察，以下可以给出有效的验证（至于详为解析，请读者转为参看《道德经玄门新证解析篇》的内容）：

其一，于全本的是作玄门建构的，简言之，对应偏转从对治的遮诠"朴散则为成器，〔人〕用则为官长；圣人〔则〕〔归于朴〕：夫大制〔则〕无割"，正是经义显豁的即对文偏转从应成的遮诠"古之所谓'曲全'者，诚全归之（按，即对文'朴散则为成器，〔人〕用则为官长'）；是以圣人（按，即对文'圣人〔则〕〔归于朴〕'）：执'一'以为天下（按，即对文'夫大制'）；〔天下〕牧（按，即对文'〔则〕无割'）"（按，简言之，对应"全归"道章的此文本，相与有应的，即转为对文"互明"道章的遮诠"是以圣人：互善逮人，人无弃人；互善逮物，物无弃物。是谓：妙要"）。

其二，于全本的是作玄门建构的，简言之，对应偏转从对治的遮诠"朴散则为成器，〔人〕用则为官长；圣人〔则〕〔归于朴〕：夫大制〔则〕无割"，相与有应的，即转为对文遮诠"将欲取天下而为之（按，即构成对文'朴散则为成器'），吾见其弗得已（按，即构成对文'〔人〕用则为官长'）：为之者，败之；执之者，失之。天下也夫〔若〕神器，非可为者（按，即构成对文'圣人〔则〕〔归于朴〕'）：〔神器〕〔之〕物（按，即构成对文'夫大制'），'或行，或随；或炅，或吹。或培，或堕；或强，或剉'（按，即构成对文'〔则〕无割'）"。

其三，于全本的是作玄门建构的，简言之，对应偏转从应成的遮诠"不自见者，故明；不自是者，故彰。不自伐者，故有功；不自矜者，故能长"，相与有应的，即转为对文遮诠"不善人师善人，资善人，虽智乎大迷；不上其师，不贵其资。是谓：曳明"；

还有，于全本的是作玄门建构的，简言之，对应偏转从对治的遮诠"自见者，不明；自是者，不彰。自伐者，无有功；自矜者，不能长"，相与有应的，即转为对文遮诠"是以圣人：无为，故无败；无执，故无失"（按，构成义理一贯地，亦同为的转为对文遮诠"为之者，败之；执之者，失之"）。

其四，于全本的是作玄门建构的，简言之，构成是既对治而应成的，对应遮诠"跨者不〔若〕行；炊者不立〔馀〕（按，即意义于'去甚'）。其在〔有〕道〔者〕，〔有〕道也曰：赘行，有欲者弗居（按，即意义于'去泰'）；馀食，物或恶之（按，即为意义于'去奢'）"，相与有应的，即转为对文遮诠"是以圣人：去泰；去甚；去奢"。

《道经》第二十七章"善法"道章

有状混成，先天地生；独立不改，寥兮寂兮。

吾未知其名，强字之曰：道；

道，可以为天下之物之母。

吾为之名，强名之曰：大；

"大，曰：逝；逝，曰：远；远，曰：返。"

天大；地大；道大；人亦大。

"中"之"域"有四大；"中"之"域"人居焉。

圣人之道，法自然：法自然也而"法地；法道；法天"。

【校勘经文】

【一】甲，王本作"有物混成，先天地生。寂兮寥兮，独立不改，周行而不殆，可以为天下母"（按，对勘的，傅奕本所异的，是作"独立而不改"）。

北大汉简本作"有物纶成，先天地生。肃觉，独立而不孩，遍（偏）行而不殆，可以为天地母"。

帛书甲本作"有物昆成，先天地生。绣呵缪呵（按，取"天网"以物象而兴象），独立〔而不改〕，可以为天地母"。帛书乙本作"有物昆成，先天地生。萧呵漻呵，独立而不㥉，可以为天地母"。

楚简本甲组作"有（又）牆蟲成，先天地生，敚繆，獨（蜀）立不亥，可以为天下母"。

乙，**按**，楚简本甲组独有的是写作"有（又）牆"，对勘的其他诸传抄本皆是写作"有物"，若为作校勘，一般地可以厘定是写作"有物"。基于以玄门建构为归导，具体的还结合从全本的文本作审察，《道德经玄门新证校勘篇》有之新证：

一者，已知所生成的文本乃为遮诠是构成"先天地生"的即构成"时空高维的状象"的宇宙"实相"，据此则可以排除是基于四维时空的"〔天地有域〕"才能呈现出的是作"有物"。二者，若是结合从关联的文本加以索解此文本其确切的语义，亦可以给出有效的验证。是对应该文本的，于全本的是作玄门建构的，即转为构成对文遮诠"孰能浊以静，将徐清"，以及亦构成对文遮诠"恍兮惚兮，〔守于〕'中'"，乃至于亦构成对文遮诠"复归于无物"的"惚恍"。有所等持的，是对应遮诠"先天地生"的，则是构成对文遮诠"状象的时空高维"的是有之"无状之状，无物之象"的导归"随而不见其后，迎而不见其首"。由是，也就得以推定，于祖本语义切要地应是作"有状（狀）"。转向搜寻学界释读"有牆"，其中确有见地的，裘锡圭和李零亦释读是"有狀"。综上辨析，《道德经玄门新证校勘篇》厘定祖本的文本，并句读作"有状混成，先天地生"。

按，于今已知的，所生成的文本特质的是具有构成轴对称"镜伴"的结构性关系，那么根据先已厘定的"有状混成，先天地生"（按，乃是偏转从"质料因"的且偏转从"还灭"的方向，相应地予以遮诠出来的），以之约束接下来的文本，兼及顺应今人能直了经义，于笔者，则是据王本的文本，厘定于祖本的应是写作"独立不改，寥兮寂兮"（按，乃是偏转从"形式因"的且偏转从"还灭"的方向，相应地予以遮诠出来的）。基于既有的校勘，进而可知，本着是构成宇宙混沌状态的既是"奇点"的亦是"古始"的范畴"一"，老子应当是这样来生成文本的：等持的"独立"即对文"有状"，等持的"不改"即对文"混成"；转换来说，亦是对等的予以生成文本的，"寥兮"（按，亦对文"独立"）是以"天"即对文"先天地生"，"寂兮"（按，亦对文"不改"）是以"地"即对文"先天地生"。

同理的，既厘定了于祖本的应是作"独立不改，寥兮寂兮"，亦可以给出有效的验证。是对应该文本的，本质的是据构成"状象的时空高维"予以作出遮诠的，即转为构成对文遮诠"孰能安以重，将徐生"，以及亦构成对文遮诠"惚兮恍兮，〔守于〕'中'"。有所等持的，是对应遮诠"寥兮寂兮"的，则是构成对文遮诠"状象的时空高维"的是有之"无状之状，无物之象"的导归"随而不见其后，迎而不见其首"。

　　丙，按，综上既有的辨析，接下来梳理对勘的诸传抄本的既有的文本，也就得以分别的厘定了后项的文本：

　　一者，至王本、傅奕本、北大汉简本，于底本的，传抄流变地则是添植了"周（遍）行而不殆"。遮诠"天地创世纪"前夜的是构成高维时空的宇宙"实相"，以"奇点"的"一"，既已给定了"先天地生"且给定了"寥兮寂兮"，相应地也就是并不具有是基于呈现出"〔天地有域〕"的能以质的"物"作相对运动相应地能给出描述宇宙运行状态的参照系，试问，何来由矛盾冲突的进而能给出判定是"周（遍）行而不殆"？传抄者不自觉知，委实的是错解了经义，不过是堕入了主观的臆想。另为能给出佐证的，对勘的，而帛书甲、乙本以及楚简本甲组的文本，一致地则是没有此句。

　　二者，对勘诸传抄本的文本，转为追溯至早期的同源的底本，不难发现，彼时的传抄者，已不甚了然经义，加之已习惯于以"顺读"作理解，还自主地改动了祖本的行文语序，将本属于后句的是构成其后项的语句"可以为天下母"予以了裁出（按，先为指出，于祖本的，本然语义完足的应是写作"吾未知其名，强字之曰：道；〔道〕，可以为天下〔之物〕〔之〕母"。后面还有跟进的校勘），然后将其以行文语序前置。因此而成为诱因，也就引发了后来的传抄者进而自主地予以添植了"周（遍）行而不殆"。

　　【二】甲，王本作"吾不知其名，字之曰道，强为之名，曰大。大曰逝，逝曰远，远曰反"。

　　傅奕本作"吾不（按，对勘的，至该本、王本、北大汉简本，是由'未'流变地改作'不'字，失之语义切要）知其名，故强字之曰道，强为之名，曰大。大曰逝，逝曰远，远曰返"（按，对勘的，该本独有的是写作"返"字）。

北大汉简本作"吾不知（智）其名，其字曰道。吾强为之名，曰大。大曰逝（澨），逝（澨）曰远，远曰反"。

帛书乙本作"吾未知其名也，字之曰道。吾强为之名，曰大。大曰逝（筮），逝（筮）曰远，远曰反"。

帛书甲本作"吾未知其名，字之曰道。吾强为之名，曰大。〔大〕曰逝（筮），逝（筮）曰〔远〕，〔远曰反〕"。

楚简本甲组作"未（末）知（智）其名，（羿）之曰道，吾强为之名，曰大。大曰潫，（同于相邻的前字）曰（連），（同于相邻的前字）曰反"。

以玄门建构为归导，先为导出，《道德经玄门新证校勘篇》有之新证，厘定祖本的文本以及厘定祖本的行文语序，并句读作"吾未知其名，强字之曰：道；〔道〕，可以为天下〔之物〕〔之〕母。吾为之名，强〔名之〕曰：大；'大，曰：逝；逝，曰：远；远，曰：返'"。

乙，按，其一，基于既有的辨析，从校勘的进而可以予以直接指出，对应遮诠"有状混成，先天地生"，相与有应的，于祖本是能构成语义贯通且经义完足的，即对文遮诠"吾未知其名，强字之曰：道；〔道〕，可以为天下〔之物〕〔之〕母"。

笔者之所以能够确定于祖本的应是写作"吾未知其名，强字之曰：道；〔道〕，可以为天下〔之物〕〔之〕母"（按，出于不无必要，笔者有之合理地推定，补出了脱漏的"〔道〕"字，以及"〔之物〕"和"〔之〕"字。对勘既有的文本，转为追溯至早期的同源的底本，笔者推测，大概率地于底本的，现今笔者所补出的文字就已经残缺了），还因为，具体的结合从全本的文本作审察，亦能给出有效的验证：

一者，对应该句，于全本的是作玄门建构的，即对文遮诠"道隐无名（按，即对文'吾未知其名，强字之曰：道'）；夫唯道，善始且善成（按，即对文'〔道〕，可以为天下〔之物〕〔之〕母'）"（按，还已知的，对应"守中"道章的该句，构成互为显义的，即亦构成对文"反动"道章的遮诠"天下之物：生于有；生于无"）。

二者，能厘定于祖本的应是作"〔道〕，可以为天下〔之物〕〔之〕母"，而不作语义不明的"可以为天下母"，亦不作歧义经义的"可以为天地母"，结合从全本的文本作审察，亦能够给出有效的验证：

之一，则是可验证于"反动"道章的"天下之物：生于有（按，即对文'一生二,二生三,三生万物'）；生于无（按，即对文'道生一'）"，构成义理一贯地，亦可验证于"袭亙"德章的"天下〔之〕无〔也〕以始；天下〔之〕有〔也〕以母"。

之二，则是亦可验证于"天大；地大；道大；人亦大"，具有"实相"意义的，既构成了是"'中'〔之〕'域'有四大；'中'〔之〕'域'人居焉"；转换来说，有所遮诠"四大"，以生命的觉者基于守于"中"的能认知宇宙"实相"所能反映，既构成了是"昔之得'一'者"有所"以'一'知古始"相应地能认知宇宙"实相"，从而是能等觉和能等持的有所同构了"四大"，换言之，所为能给定"四大"，内在的是以"极限"作推导的，也就是以实则是从认识论所导出的"域"范畴为统御从而予以了同构。因是，也就明白无误地得以了然，其中的"形式因"的"天"与"地"非是"质料因"的"道"所派生，实则是对等的互为而成立。

从校勘的还需另为指出，于王本、傅奕本、楚简本甲组的皆是作"可以为天下母"，而于帛书甲本、帛书乙本、北大汉简本的则皆是作"可以为天地母"，若为探究其成因，不外乎是出于想当然地顺应"先天地生"，随之的则是自主地予以改动了于底本既有的"可以为天下母"，彼时的传抄者深不自知，实则是错解了经义（按，笔者亦需作出检讨，早年校勘该章的文本，亦是不自觉地就落入了想当然，难逃同病。当切记，校勘古籍，秉持"近古存真"，确然有其意义，但是，这并不构成绝对的普遍）。

其二，基于既有的辨析，从校勘的进而可以予以直接指出，对应遮诠"独立不改，寥兮寂兮"，相与有应的，于祖本是能构成语义贯通且经义完足的，即对文遮诠"吾为之名（按，依据匹对'吾未知其名'，于此，还能转为追索至遮诠'吾不知其谁之子'，因之诉诸内质则是本乎'道；冲而〔用〕，用之有弗盈'），强〔名之〕曰（按，依据匹对'强字之曰：道'，于此，还能转为追索至遮诠'象帝之先'，以及对等的给定'道'）：大；'大，曰：逝；逝，曰：远；远，曰：返（按，同理的，则是匹对'〔道〕，可以为天下〔之物〕〔之〕母'）'"。

笔者之所以得以厘定上述的文本，还因为，具体地结合从全本的文本作审察，亦能给出有效的验证：

一者，对应该句，于全本的是作玄门建构的，内在的亦是以"极限"作推导的（按，既反映出，亦是有所能认知"无有入于无间"，相与有应的，亦是反映出有所能认知"曲则全；枉则正"），即对文遮诠"大方无隅；大器曼成；大音希声；大象无形"。

二者，构成义理一贯地，即转为能验证于是构成对文的有所遮诠"随而不见其后（按，即意义于'大，曰：逝'的'逝，曰：远'），迎而不见其首（按，即意义于'大，曰：逝'的'远，曰：返'）"（按，据此，还结合从全本的经义作审察，于笔者，进而还得以厘定了文本之中的所取字，于祖本的，是能够符应"全"范畴其语义的，似宜写作"逝"字，似宜写作"远"字，似宜写作"返"字）。

另为指出，根据楚简本甲组的文本，廖明春则是将"速"训作"转"字，还有，裘锡圭和廖明春则是将"潜"训作"衍"字，结合起来能给出释读的，即释读作"大曰衍，衍曰转，转曰返（反）"。如是释读，或无不可，备此一说。

【三】甲，王本作"故道大；天大；地大；王亦大"。傅奕本作"道大；天大；地大；人（按，对勘的，至该本，独有的是自主地改作'人'字）亦大"。帛书甲、乙本，皆是作"道大；天大；地大；王亦大"。

对勘的，行文语序有所不同的，北大汉简本，楚简本甲组，皆是作"天大；地大；道大；王亦大"。

乙，按，对勘诸传抄本的文本，若为作校勘，一般地可以厘定是写作"王亦大"，至《道德经玄门新证校勘篇》则是有之新证，判定于祖本的本然的应是作"人亦大"（与"王亦大"是根本的意义不同）。

结合从全本的经义作追索，既作为《道德经》宗纲的即见于"归道"章的，老子开宗明义地就予以阐扬了"侯王，得'一'以为正"，既为应成"故必高矣而以下为基；必贵〔矣〕而以贱为本：〔是故〕不致数誉，至无誉；是故不欲禄禄若玉，硌硌若石"，亦为构成了，比德于道的则是既是同构于"泛成"之道的予以抉择出了必为应成"玄同"之德，换言之，构成是既对治而应成的，则是予以抉择出了，必为消解，是出于私有制社会的表征为"夫礼者"的，有所实施宗法制度从而形成的社会性的阶级差序，也就是，必为消解随之而产生出来的亲与疏、利与害、贵与贱（按，顺为指出，对应遮诠"圣人之能成大，〔能成大〕也以其不为大，是以能成大"，于全本的是作玄门建构的，即构成对文遮诠"〔是〕故：〔圣人之道〕〔乃〕为天下贵"）。试问，老子何来由会有所冲突其主旨，竟然会予以转向显扬阶级高致的"王亦大"？写作"王亦大"，无疑地乃是出自传抄者反动的篡改：不只是错会了本章的"大"字其本义，出于用心趋奉"宰制天下"的"人主"，则是曲成了"王亦大"。

综上既有的解析，结合对勘是构成对文的文本"'知互，〔乃〕容；容，乃公；公，乃全'；'全，乃天〔地〕；天〔地〕，乃道；道，乃〔一〕'"，《道德经玄门新证校勘篇》厘定祖本的文本以及厘定祖本的行文语序，并句读作"天大；地大；道大；人亦大"。

【四】甲，王本作"域中有四大，而王居其一焉"，傅奕本作"域（按，笔者推测，至该两本，于底本的应该是据'郙'字写作'域'字）中有四大，而王处其一尊（按，是主观地有所理解'人亦大'）"。

北大汉简本作"域（或。按，该本的'或'字，即后来的写作'郙'字，亦是'域'字）中有四大，而王居一焉"。

帛书甲、乙本，皆是作"國中有四大，而王居一焉"。楚简本甲组作"國（固。按，对勘的，于楚简本乙组，于'啬备'德章的则是写作'郙'字，而不是写作'國'字）中有（又）四大焉（安），王居（凥）一焉（安）"。

乙，按，从校勘的可以指出，前体的金文"或"字，文字有之向后的演变，是分化出了写作"國""郙""域"字〔按，能构成佐证的，引得周成王或是周康王之际的《何尊》，其青铜铭文之中即有写出"宅兹中或（國）"〕。笔者从校勘的有之合理地推定，于祖本的应是写作"郙"字（按，亦能验证于是先于《道德经》问世的《互先》，即写作"有郙"。据此亦可以推定，两处"郙"字，其语义并同），构成语义一致地则是移至了"域"字，也即，文本之中的"域"字，应之老子建构本体论的认识论，则是成为其无为法的核心范畴。还有，检索楚简本甲组竹简影印原迹，见出该本是写作"固"，原则上可以认定，该字乃是"國"字的异体字。

按，基于以玄门建构为归导，结合对勘是构成对文的文本"互，曰：复命（按，即对文'中〔之〕域有四大'）（按，构成主客体同构的，具有'本体'意义的，即转为对文'天门启阖，能若为雌'）；知互，曰：

明（按，即对文‘中〔之〕域人居焉’）（按，构成主客体同构的，具有‘本体’意义的，即转为对文‘涤除玄览，能毋有疵’）”，兼及对勘亦是构成对文的文本“爱民栝域，能毋以智；明白四达，能毋以为”，不只于此，还兼及结合从校勘的已知，之所以能够给定文本，因之构成胜义地乃是立基于生命的觉者是禅定“大定”总持的能“〔守于〕‘中’”，由是，至《道德经玄门新证校勘篇》也就有之新证：

厘定祖本的文本，于祖本句义贯通且经义完足的应是作“‘中’〔之〕‘域’有四大（按，即对文‘互，曰：复命’）（按，主客体同构的从而是具有‘认知’意义的，即转为对文‘明白四达，能毋以为’）；‘中’〔之〕‘域’人居焉（按，即对文‘知互，曰：明’）（按，主客体同构的从而具有‘认知’意义的，即转为对文‘爱民栝域，能毋以智’）”（按，对勘诸传抄本的文本，转为追溯至早期的同源的底本，不难发现，出于照应“四”字，兼及彰显“王亦大”，彼时的传抄者，则是自主地增入了“一”字）。

【五】甲，不限于上述对勘的诸传抄本，遍及笔者所能见到的其他传抄本，集合历来既有的文本对勘，行文语序并同的几乎都已是写成了“人法地，地法天，天法道，道法自然”。

以玄门建构为归导，先为导出，《道德经玄门新证校勘篇》有之新证，厘定祖本的文本以及厘定祖本的行文语序，并句读作“〔圣〕人〔之〕道，法自然：〔法自然〕〔也而〕‘法地；法道；法天’”。

乙，按，结合从全本的经义作审察，显然的，笔者所厘定的文本已触及了老子全本的经旨。何以会有之新证，笔者未敢泥古，不吝愚见，以下给出必要的交代：

一者，于今遍及道家洞天福地的，大多会出现是以文言的“道法自然”来表道，四字句的“道法自然”，已然是化作了文化通识，以社会性的文化符号而长久固化。不得不指出，据“道法自然”来表道，委实的是不通于文理，更是义理乖舛，任运历代的方家百般地予以阐释，本质上的皆是陷入了强为的欲成自圆其说（按，从客体的“道”是无法导出具有主体意义的“法”于“自然”的，实则的，已是落入了对象性的错位）。不限于此，回到原出的文本，延及索解“地法天”以及索解“天法道”，亦是同病的共存。故而，另有先贤则是别裁文本，尝试着另为句读作“人法地地；法天天；法道道；法自然"，而其效果，也不过是"出乎旧病却转为生发了新疾"，仍然跳不出于语义上依旧是左支右绌，有乖究竟的义理，以致学界后来少从。

二者，追溯至早期的同源的底本，笔者有之合理地推测，彼时的传抄者，大概率地是根据于底本的已残脱了"〔圣〕"字和已残脱了"〔法自然〕（按，于祖本的，此三字，亦是以重文号写出）〔也而〕"此句的文本，是写作"人之道法自然法地法道法天"的文本，兼及自忖的还须溯及"道可以为天下母"，故而，势必的，则是倒向了断章取义，竟然是武断地裁出了"道法自然"，还增入了"地"和"天"两字，相应地，进而是将"四大"的"人、地、天、道"作了位阶上推的排序，自主文本作顶针修辞，从整体篡改了底本的文本。其不自知，出自杜撰出来的文本，其后果是实在恶劣，以致沦为"害经惑众"。

三者，因之直接关涉本章的文本，在"上善"道章，结合从全本的文本作对勘，笔者同步的亦予以厘定了本章的文本，这里不再繁复引述，简言之：

之一，对应遮诠"〔圣〕人〔之〕道，法自然：〔法自然〕〔也而〕'……；……；……'"，构成"互映对称成就"的，即对文遮诠"上善（按，即对文'〔圣〕人〔之〕道'：是主客体同构的从'应然'的既为同构了'天地不仁'和'圣人不仁'），若水几于道（按，即对文'法自然'：是主客体同构的从'实然'的既为同构了'以万物为刍狗'和'以百姓为刍狗'）：〔若水几于道〕〔也而〕'……；……；……'"。

转入下顺的文本，则是等持的予以作出分述，简言之：对应遮诠"法地"，即对文遮诠"居善地"（按，以"形式因"从而构成了是居"左"；对应遮诠"法道"，即对文遮诠"心善渊"（按，以"质料因"从而构成了是居"中"）；对应遮诠"法天"，即对文遮诠"予善天"（按，以"形式因"从而构成了是居"右"）。

之二，对应遮诠"〔圣〕人〔之〕道，法自然：〔法自然〕〔也而〕'法地；法道；法天'"，于全本的乃是构成经义贯通的，即亦转为对文遮诠"道之尊也〔而〕德之贵：夫莫之爵，也而互自然"：从而的，也就反映出了，生命的觉者基于守于"中"，已是有所觉知了，主体与客体乃是本质的同构，具有"本体"意义的，即能等觉和能等持的予以同构了主体地实相"我自然"和客体的实相"天地自然";而转为从社会性的实践相应地能给出勘验的,既为能达成"人"与"道"和"物"全面的觉悟的"和解",则是反映出有所应成实践亦是"为无为"的"弗能为,能辅万物之自然",既为以生命的觉者当机,从而是同构了"互德"与"互道",以胜义地则是构成了既为归宗"孔德之容,惟道是从"。

《道经》第二十八章"互明"道章

善行者，无迹徹；善言者，无瑕适；善数者，不以筹析。

善闭者，无关楗而不可启；善结者，无绳约而不可解。

不善人师善人，资善人，虽智乎大迷；

不上其师，不贵其资。是谓：曳明。

是以圣人：互善述物，物无弃物；互善述人，人无弃人。是谓：妙要。

【校勘经文】

【一】甲，王本作"善行无辙迹，善言无瑕谪，善数不用筹策，善闭无关楗而不可开，善结无绳约而不可解"。

傅奕本作"善行者无徹迹，善言者无瑕谪，善数者无筹策，善闭者无关楗而不可开，善结者无绳约而不可解"。

北大汉简本，与傅奕本对勘，所异的，分别对应的，是作"斲"字，作"適"字，作"不用檮筴"，作"无关键不可启"，作"不可解"。

帛书乙本，与傅奕本对勘，所异的，分别对应的，是作"達"字，作"適"字，作"不用檮筴"，作"无关（闠）而不可启也"，作"无纆约而不可解也"。

帛书甲本，与傅奕本对勘，所异的，分别对应的，是作"斲"字

（按，笔者推测，于祖本的应是写作"无迹犫"。今校勘，以通假字取傅奕本的"徼"字，引申义，意义"通达"。于今可读作"徼无迹"），作"适"字（按，笔者推测，于祖本的应是写作"适"字，至王本和傅奕本，于底本的是由"适"武断地改作"谪"字，自主地取词"瑕谪"。"适"者，引申义，意义思辨"缜密"，言语"有条有理"。于今可读作"适无瑕"），作"不以檮薪"（按，笔者推测，于祖本的即如此写出。"檮"者，今校勘，取"筹"字，古人所使用的木质的算术工具。"薪"者，今校勘，取"析"字，意义算术"运算"。于今可读作"析不以筹"），作"无（闿）籥而不可启也"，作"〔无绳〕约而不可解也"。

乙，按，便于今人直了经义，且未违经义，兼取诸传抄本的用字，笔者厘定了是呈现差别存在的若干用字：一者，有无"者"字，于句义则是根本的不同，还结合从行文语势对勘下文，分别于每项，厘定于祖本的应有"者"字；二者，厘定宜作"徼"字；宜作"适"字；宜作"筹"字，以及"析"字；宜作"关楗"，宜作"启"字；宜作"绳约"。

综上既有的校勘，《道德经玄门新证校勘篇》厘定祖本的文本，并句读作"善行者，无迹徼；善言者，无瑕适；善数（shǔ）者，不以筹析（按，构成典型的，已是异化出了有之可'师'的见诸种种'分别智'，既为予以表征，已是异化出了自性'有私'转向付诸自性'有为'）。善闭者，无关楗而不可启；善结者，无绳约而不可解（按，构成典型的，已是异化出了有之可'资'的见诸种种'有所得'，既为予以表征，已是异化出了自性'有欲'转向付诸自性'有以为'）"。

【二】甲，王本作"是以圣人：常善救人，故无弃人；常善救物，故无弃物。是谓：袭明"。傅奕本作"是以圣人：常善救人，故人无弃人；常善救物，故物无弃物。是谓：袭明"。

北大汉简本作"故圣人恒善救人，而无弃人，物无弃财；是谓：欲明（明）"。

帛书乙本作"是以圣人，恒善㤹人，而无弃人，物无弃财；是谓（胃）：曳明"。帛书甲本作"是以圣人，恒善俅人，而无弃人，物无弃财；是谓（胃）：恨明"。

以玄门建构为归导，先为导出，《道德经玄门新证校勘篇》有之新证，厘定祖本的文本以及厘定祖本的行文语序，并句读作"是以圣人：亙善述物，物无弃物；互善述人，人无弃人。是谓：妙要"。

乙，按，从校勘的还需予以指出，笔者之所以能够有之新证，因之还得益于已了然，老子编撰全本《道德经》的文本是基于作玄门建构，进而还得益于从全本的文本能够得到索解：

其一，已知的，在"始纪"道章与"全归"道章之间，两者亦是作玄门建构，故而，也就构成了，是对应"古之善为士者，以'〔一〕'知古始；是谓《道纪》"的，是以当机者能给出验证的，即构成对文"古之所谓'曲全'者，诚全归之；是以圣人：执'一'以为天下；〔天下〕牧"（按，相与有应的，转为能给出验证的，即亦构成对文"是以圣人：互善述物，物无弃物；互善述人，人无弃人。是谓：妙要"）；

已知的，在"母成"道章与"无割"道章之间，两者亦是作玄门建构，故而，也就构成了，是对应"〔今之〕〔能〕保此道者，〔其〕不欲尚盈"的：之一，偏转对治人之道意志"损不足而奉有余"从而异化出了为"物欲"所异化，是以当机者能给出验证的，即构成对文"其在〔有〕道〔者〕，〔有〕道也曰：赘行，有欲者弗居；馀食，物或恶之"（按，相与有应的，转为能给出验证的，即亦构成对文"是以圣人：去泰；去甚；去奢"）；之二，偏转对治人之道付诸"有为而有以为"从而异化出了异化认知"事成"，是以当机者能给出验证的，即构成对文"朴散则为成器，〔人〕用则为官长；圣人〔则〕〔归于朴〕；夫大制〔则〕无割"（按，相与有应的，转为能给出验证的，即亦构成对文"将欲取天下而为之，吾见其弗得已：为之者，败之；执之者，失之。天下也夫〔若〕神器，非可为者：〔神器〕〔之〕物，'或行，或随；或炅，或吹。或培，或堕；或强，或剉'"）。

还已知的，在"反动"道章与"互明"道章之间，两者亦是作玄门建构，故而，也就构成了，是对应"反动"道章的文本的（为免于篇幅繁复，文本转抄从略），具有"本体"意义的，乃是反映出了有所能认知构成《道德经》宗纲的"互无，欲以观其妙；互有，欲以观其所徼"，亦是基于能认知实相"自然"，进而反映出了有所能认知"天地不仁，以万物为刍狗；圣人不仁，以百姓为刍狗"，是以当机者能给出验证的，即亦构成对文"是以圣人：互善述物，物无弃物；互善述人，人无弃人。是谓：妙要"；

还已知的，在"复命"道章与"大制"道章之间，两者亦是作玄门建构，故而，也就构成了，是对应"复命"道章的文本的（为免于篇幅繁复，文本转抄从略），具有"本体"意义的，乃是反映出了有所能认知构成《道德经》宗纲的"互无，欲以观其妙；互有，欲以观其所徼"，亦是基于能认知"复命"实相，进而反映出了有所能认知"天之道：功遂；身退也哉"，是以当机者能给出验证的，即亦构成对文"将欲取天下而为之，吾见其弗得已：为之者，败之；执之者，失之。天下也夫〔若〕神器，非可为者：〔神器〕〔之〕物，'或行，或随；或炅，或吹。或培，或堕；或强，或剉'"。

其二，综上既有的辨析，转为追溯至早期的同源的底本，不难发现，彼时的传抄者在所难免的，已是堕入了"见知障"，故而，则是自主地改写了祖本的文本，而且还改动了祖本的行文语序，将改写过的文本以行文语序前置，能见于帛书甲、乙本的，已是将意义于必为应成实践"〔圣〕人〔之〕道，法自然"的"是以圣人：互善逑物，物无弃物；互善逑人，人无弃人"，改写成了，是意义于自性"有为而有以为"的（按，彼时的传抄者已是堕入了错谬的自解文本，意以为，乃是出于"圣人"的教化，从而教化出了上文所言及的有之五个方面的"善"）有之诸"善"，而诸"善"乃是出于"是以圣人，恒善俅（救）人，而无弃人，物无弃财"，传抄者不自觉知，已是违逆了祖本的经义。

按，传抄的将"物"改作"财"字，乃是出于照应到"资"字，传抄者望文生义地错解了"资"字其语义进而予以改出（而老子于本章，非是狭义的需要予以阐发"资货"或"资财"，包括，非是关联的还需要予以褒扬"世智辩聪"。早期的传抄者乃至后来的传抄者，一众的已是逆反地错解了老子的文本，歧义是必为"上其师"和"贵其资"）。还有，笔者从校勘的有之合理地推测，于祖本的应是作"逑"字，不排除彼时的手迹之字与字形相似之字容易混淆，加之传抄者出于自解，至帛书甲本的则是写成了"俅"字，至帛书乙本的则是写成了"㥄"字，至其他诸传抄本是于底本的则是进而改写作"救"字。

按，"逑"者：《说文》"敛聚也"，以文本约义，指称是平等相待的是齐同自在的共同存在；能构成佐证的，引得《诗经·民劳》，有之写作"惠此中国，以为民逑"。"俅"者，《尔雅》"戴也"。"㥄"者，通假"救"字。

【三】甲，王本作"故善人者，不善人之师；不善人者，善人之资。不贵其师，不爱其资，虽智大迷；是谓：要妙（按，对勘的，是颠倒的写出'妙要'）"（按，对勘的，傅奕本所异的，是作"此谓"）。

北大汉简本作"善人，不善人之师也；不善人，善人之资也。不贵其师，不爱其资，唯智必大迷；此谓：眇要"。

帛书乙本作"故善人，善人之师；不善人，善人之资也。不贵其师，不爱其资，虽知乎大迷；是谓（胃）：眇要"。

帛书甲本作"故善〔人，不善人〕之师；不善人，善人之资也。不贵其师，不爱其资，唯（按，对勘的，至该本和北大汉简本，于底本的皆是由'虽'裁作'唯'字）知乎大眯；是谓（胃）：眇要"。

以玄门建构为归导，先为导出，《道德经玄门新证校勘篇》有之新证，厘定祖本的文本以及厘定祖本的行文语序，并句读作"不善人师善人，资善人，虽智乎大迷；不上其师，不贵其资。是谓：曳明"。

乙，按，从校勘的还须指出，从胜义地能生成上述的是于祖本所应有的文本，基底的乃是出于有所对治"多闻数穷"予以抉择了应成"不若守于'中'"，而早期的同源的底本其传抄者，则是错解了祖本的经义，倒向了逆义，已是执意世俗化的观念，那是必为"上其师"和"贵其资"的，或说那是必为"为学者日益"的，唯有如此，才能成就上文所言及的有之五个方面的"善"（按，先贤已然观念上顽固，今人犹然不让，同为堕入"见知障"，错解祖本的经义。当今学界解读文本，顺此迷途，已是越走越远，普遍的未觉，实则是在"诌经"），故而，随之的也就篡改了祖本的文本，还改动了祖本的行文语序。

发端于此宗文牍底事，还因之彼时的传抄者改写文本未为彻底，也就产生出了所改写出来的整句还存在着文本"夹生"，衍生出了病句，还存在着不通于文理，故而：之一，见于帛书乙本的，是据底本的文本抄写作"虽智（知）乎大迷"，见于帛书甲本的，是改写作"唯智（知）乎大眯"，皆是还残留了"乎"字（按，出于主观地欲据整句的句义予以修正"虽智乎大迷"：至北大汉简本，则是裁作"唯"字，则是裁作"必"字，改作"唯智必大迷"；至王本和傅奕本，则是直接地删除了"乎"字，改作"虽智大迷"）。之二，祖本的分属两处的"是谓：曳明"以及"是谓：眇要"，彼时的传抄者应该是出于疏忽，改写文本之际，未作一并改动，其结果，则是互为错置了文本，随之的也就被分别的并入了已被改动了行文语序的文本。于今来说，因缘此宗文牍底事，倒是助益了笔者能够有之新证。

丙，按，基于帛书甲、乙本皆存有"乎"字，笔者得以推定，"虽智乎大迷"乃为祖本旧有，由是，进而助益《道德经玄门新证校勘篇》从反向地推定了祖本的文本：于祖本的，构成句义无间地应是作"不善人师善人，资善人，虽智乎大迷"。

按，对勘的诸传抄本，皆是写作"不贵其师，不爱其资"，若为作校勘，一般地应无疑义，基于既有的校勘，笔者未敢认同，《道德经玄门新证校勘篇》有之新证，厘定于祖本的应是写作"不上其师，不贵其资"。关涉的，结合从全本的文本亦能得到索解，验证于业已厘定的"不上贤，使民不争；不贵资，使民不〔觊〕；不现可欲，使民不乱"，验证于业已厘定的"绝巧弃利，民利百倍；绝智弃辨，民无觊测；绝伪弃虑，民复慈孳"，则可以根据"不上贤"，厘定于祖本语义切要地应是作"不上其师"，则可以根据"不贵资"，厘定于祖本语义切要地应是作"不贵其资"。

按，笔者厘定于祖本语义切要地应是作"曳明"，其语义甚古，非是传抄流变地写作"袭明"。"曳"者：本义"牵引"，引得《楚辞·怨思》，有之写作"曳彗星之皓旰兮"；以文本约义，意义导正的能予以"挽回"。

按，顺为指出，于全本的是作玄门建构的，对应偏转从应成的遮诠"不自见者，故明；不自是者，故彰。不自伐者，故有功；不自矜者，故能长"，相与有应的，转为能给出验证的，即亦构成对文遮诠"不善人师善人，资善人，虽智乎大迷；不上其师，不贵其资。是谓：曳明"。顺为指出，于全本的是作玄门建构的，对应偏转从对治的遮诠"自见者，不明；自是者，不彰。自伐者，无有功；自矜者，不能长"，相与有应的，转为能给出验证的，即亦构成对文遮诠"是以圣人：无为，故无败；无执，故无失"。

按，顺为指出，综上既有的校勘，进而还得以了然，于全本的乃是构成经义贯通的，简言之：

一者，既为判作"是谓：曳明"，若为进而索解其根本义，则是构成轴对称"镜伴"的亦能显义于"大制"道章的"是以圣人：无为，故无败；无执，故无失"。

二者，既为判作"是谓：妙要"，若为进而索解其根本义，则是构成轴对称"镜伴"的亦能显义于"大制"道章的"是以圣人：去泰；去甚；去奢"。

而合之"曳明"与"妙要"，所能追问其根本义的，即亦反映于"将欲取天下而为之，吾见其弗得已：为之者，败之；执之者，失之。天下也夫〔若〕神器，非可为者：〔神器〕〔之〕物，'或行，或随（按，意义是由'混沌'状态向着'协同'状态发生着演化）；或炅，或吹（按，意义是由'混沌'状态向着'突变'状态发生着演化）。或培，或堕（按，意义是由'协同'状态向着'耗散'发生着演化）；或强，或剉（按，意义是由'突变'状态向着'耗散'状态发生着演化）'"（按，于今来说，可以格义于实证科学的，已是触及了物理学的热力学第一定律以及第二定律或说熵增定律）。

《道经》第二十九章"建德"道章

王弼本《道德经》上经第二十八章

知其雄，守其雌，为天下溪；为天下溪，互德不离；互德不离，复归于婴儿。

知其白，守其黥，为天下式；为天下式，互德不忒；互德不忒，复归于有道。

知其上，守其下，为天下浴；为天下浴，互德乃足；互德乃足，复归于朴。

【校勘经文】

【一】甲，王本和傅奕本，皆是作"知其雄，守其雌，为天下谿；为天下谿，常德不离，复归于婴儿"。

北大汉简本作"知（智）其雄，守其雌，为天下谿；为天下谿，恒德不离，（按，对勘的，至该本、王本、傅奕本，于此处，皆是漏抄了重出的'恒德不离'。于下顺的两句，同病的亦漏抄）复归于婴儿"。

帛书乙本作"知其雄，守其雌，为天下鸡；为天下鸡，恒德不离；恒德不离，复〔归于婴儿〕"。

帛书甲本作"知其雄，守其雌，为天下溪；为天下溪，恒德不离（鸡）；恒德不离（鸡），复归婴儿"。

以玄门建构为归导，先为导出，《道德经玄门新证校勘篇》厘定祖本的文本，并句读作"知其雄，守其雌，为天下溪；为天下溪，互德不离；互德不离，复归于婴儿"。

乙，按，笔者从校勘的有之合理地推测，追溯至早期的同源的底本，大概率是写作"鷄"字，即应之遮诠"知其雄，守其雌"，彼时的传抄者狭义地执取于具象之物（按，不排除还有所联想到"蓄人"德章的遮诠"牝互以静，〔牝〕胜牡，为其静也为下"），则是自主地改动了祖本的所取字，由此可知：

至帛书乙本，则是据底本的文本照旧作传抄；至帛书甲本，则是改出了两个"溪"字，而书写下顺的语句，其传抄者未觉思绪掉举，还"回转"地抄出了两个"鷄"字（按，被顶戴的，则是缺失了两个本属的"离"字），于全句还漏抄了"于"字（按，从其全本的文本作审察，不限于只是在本章，帛书甲本的传抄者，于抄经之际是常出思绪掉举）；至其他诸传抄本，于底本的则是改作了"谿"字（于祖本的究竟是写作何字，已不可确知，若据构成对文的"浴"字作约束，不排除是写作"谿"字，今校勘，以"溪"字为直了）。

按，先为指出，对勘诸传抄本的文本，还有发现：王本和傅奕本，顺次地皆是写作"复归于婴儿""复归于无极""复归于朴"；北大汉简本，以及帛书甲、乙本，顺次地皆是写作"复归于婴儿""复归于朴""复归于无极"。何顺次是祖本旧有？王本和傅奕本为是。后面还有跟进的校勘，进而还结合从全本的文本作审察，随之的亦可给出有效的验证。

【二】甲，王本和傅奕本，皆是作"知其白，守其黑，为天下式；为天下式，常德不忒，复归于无极"。

北大汉简本作"知（智）其白，守其黑，为天下式（武）；为天下式（武），恒德不貣，复归于无极"。

帛书乙本作"知其白，守其黑，为天下式；为天下式，恒德不貣（贷）；恒德不貣（贷），复归于无极"。

帛书甲本作"知其〔白〕，守其黑，为天下式；为天下式，恒德不忒（貣）；恒德不忒（貣。按，'忒'与'貣'字是通假字），复归于无极"。

以玄门建构为归导，先为导出，《道德经玄门新证校勘篇》有之新证，厘定祖本的文本，并句读作"知其白，守其黰，为天下式；为天下式，互德不忒；互德不忒，复归于〔有道〕"。

乙，按，于全本的是作玄门建构的，对勘构成对文的业已厘定的文本"太白若黰；质真若輸"，相与有应的，则可以厘定祖本的文本（按，后面还有跟进的校勘），于祖本语义切要地应是作"知其白，守其黵"。

按，对勘诸传抄本的文本，一致地皆是写作"无极"，若为作校勘，一般地不会有疑义，而笔者一直以来未敢认同，直至目前，基于既有的校勘，《道德经玄门新证校勘篇》有之新证：

之一，文本之中的写作"无极"，实则无理无据（按，笔者有之合理地推测："无极"两字，不排除或是早期的作夹注的留存；写作"无极"两字，亦不排除，或是彼时的传抄者，欲为补出于底本就已经缺失了的文本，故而杜撰），更是无从关涉"黄法道家"的"太极"以及"无极"（按，此两者，虽然可以勉强的格义于老子的"一"范畴，乃至"道"范畴）。

之二，出于须要修正面临的文本"硬伤"，结合从全本的经义作审察，笔者则是从猜想地予以补出了"〔有道〕"两字。老子既为言及"复归于〔有道〕"，实则的亦是基于当机的生命的觉者有所同构了"互道"与"互德"，构成是针对构成对文的遮诠"上士闻道，董能行于其'中'；中士闻道，若〔失〕道〔也而〕若无〔德〕；下士闻道，大笑之为道者"的，亦是针对应成实践"《建言》"的，转为需要予以验证，也就予以生成了则是应成"互德不忒"，从而构成了则是"复归于〔有道〕"；换言之，言及"复归于〔有道〕"，既为构成了，实则是比德于道的有所应成自觉"太白若黵；质真若輸"（按，构成义理一贯地，亦为构成了是比德于道的有所自觉"视素保朴"，亦为构成了是比德于道的有所应成实践"被褐而怀玉"）。

三者，反言之，若作语义不明的"无极"，则是出离了祖本的经义，灭失了构成是既对治而应成的实则是意义于必为实践"〔圣〕人〔之〕道，法自然：〔法自然〕〔也而〕'法地；法道；法天'"：转换来说，相与有应的，出自构成结构性的互为匹对，既为能"复归于〔有道〕"，则是出于有所应成"法道"，亦是构成比德于道的出于有所应成"心善渊"。

【三】甲，王本和傅奕本，皆是作"知其荣，守其辱，为天下谷；为天下谷，常德乃足，复归于朴"。

北大汉简本作"知（智）其白，守其辱，为天下谷；为天下谷，恒德乃足，复归于朴"。

帛书乙本作"〔知〕其白，守其辱，为天下浴；为天下浴，恒德乃足；恒德乃足，复归于朴"。

帛书甲本作"知其白，守其辱，为天下浴；为天下〔浴〕，恒德乃〔足；恒德乃足，复归于朴〕"。

以玄门建构为归导，先为导出，《道德经玄门新证校勘篇》有之新证，厘定祖本的文本，并句读作"知其〔上〕，守其〔下〕，为天下浴；为天下浴，互德乃足；互德乃足，复归于朴"。

乙，按，对勘诸传抄本的文本，转为追溯至早期的同源的底本，笔者有之合理地推测，大概率地于底本的就已经残缺了"知其〔上〕，守其〔下〕"，由此的，也就得以了释疑：

之一，于早期的同源的底本之际，出于需要补齐已残缺的文本，彼时的传抄者，根据独存的"知其白，守其黰"，则是同时地改出了"知其白，守其黑"和改出了"知其白，守其辱"。而其结果，则是反致不逮祖本的经义：写出"知其白，守其黑"，并不构成语义无间地能够照应到"为天下式；为天下式，互德不忒"，已浅出了祖本的句义；欲为是以"知其白，守其辱"的能够照应到"为天下浴；为天下浴，互德乃足"，显然的，困于语义突兀，已是意义难称，反而歧义了祖本的句义。之二，至帛书甲、乙本，以及至北大汉简本，其各自的传抄者皆未作审察，或说亦是难以审定句义之究竟义，则是各自的据其底本的文本照旧作传抄。之三，还有，至王本以及傅奕本，于底本的，则是据对文"辱"字想当然地转为生成"荣"字，以"荣"字替换了既有的"白"字。

按，出于不无必要，笔者从猜想地予以补出了相宜的文本，《道德经玄门新证校勘篇》有之新证，于祖本语义切要地应是写作"知其〔上〕，守其〔下〕"。若为验证笔者所厘定的文本，一贯地还须给出有效的验证，具体的交代如下：

其一，对应遮诠"知其雄，守其雌"，基于比德于道，则是寓意着应成"知其强，守其弱"，亦为寓意着应成"居下而不争"，是以构成轴对称"镜伴"的文言作出遮诠的，即对文遮诠"知其〔上〕（按，即对应'知其雄'），守其〔下〕（按，即对应'守其雌'）"。换言之，两者皆是构成了，有所应成"从事于德同道：得者同于得；失者同于失"，亦为应成"今之善为道者，执今之道，以御今之有〔德〕"，从而的，亦是构成了有所能够应成实践《建言》，具有"本体"意义的，亦是构成了有所能够应成实践"损益"之道。

其二，于全本的是作玄门建构的，构成要义的，乃是有所同构了"互道"与"互德"，既为归宗"孔德之容，惟道是从"，相应地有所应成实践"《建言》"，简言之：

之一，对文遮诠"知其雄，守其雌"此整句，相与有应的：构成了则是予以验证"是以圣人：退其身〔也〕而身先"（按，亦是构成了比德于道的有所应成"居下"的应成"居善地"，亦为应成"法地"）；构成了则是予以验证"是故圣人之言正言，若反〔也〕云曰"的"受邦之垢；是谓：社稷之主"；比德于道的亦是予以验证有所同构了是构成"互道"的应之"进道若退"进而有之的"明道若孛"与是构成"互德"的应之"建德若窬"进而有之的"上德若谷（按，可谓是具足了自性的'互无'）"（按，深在的意义于应成实践"〔圣〕人〔之〕道，法自然"的有所应成"法地"）。

之二，对文遮诠"知其白，守其黮"此整句，相与有应的：构成了则是予以验证"夫唯不争，故无尤"，以及予以验证"天之道：功遂；身退也载"（按，以对治的则是反映为"〔有静〕〔也而〕居〔下而不〕争，众人之所恶"，以应成的则是反映为"心善渊"，亦为应成"法道"）；构成了则是予以验证"是故圣人之言正言，若反〔也〕云曰"的"天下人之所恶，唯孤、寡、不穀，而王公以自名"；比德于道的亦是予以验证有所同构了是构成"互道"的"进道若退"与是构成"互德"的"建德若窬（按，可谓是俱足了自性的'互无'与自性的'互有'是能成立互为让渡的）"（按，深在的意义于应成实践"〔圣〕人〔之〕道，法自然"的有所应成"法道"）。

之三，对文遮诠"知其〔上〕，守其〔下〕"此整句，相与有应的：构成了则是予以验证"是以圣人：外其身〔也〕而身存"（按，亦是构成了比德于道的有所应成"不争"的应成"予善天"，亦为应成"法天"）；构成了则是予以验证"是故圣人之言正言，若反〔也〕云曰"的"受邦之不祥；是谓：天下之王"；比德于道的则是予以验证有所同构了是构成"互道"的应之"进道若退"从而有之的"夷道若纇"与是构成"互德"的应之"建德若窬"从而有之的"广德若足（按，可谓是具足了自性的'互有'）"（按，深在的意义于应成实践"〔圣〕人〔之〕道，法自然"

的有所应成"法天")。

【四】甲，对勘的诸传抄本，文本类同的皆是存有文本"朴散则为成器，圣人用则为官长，夫大制无割"。

按，在"无割"道章，关联的已有详为校勘，这里不再繁复引述，简言之：一者，厘定于祖本的应是写作"朴散则为成器（按，即对文'将欲取天下而为之'），〔人〕用则为官长（按，即对文'吾见其弗得已'）（按，即亦共为对文'为之者，败之；执之者，失之'）；圣人〔则〕〔归于朴〕（按，即对文"天下也夫〔若〕神器，非可为者"），夫大制〔则〕无割（按，即对文"〔神器〕〔之〕物，'或行，或随；或炅，或吹。或培，或堕；或强，或剉'）"，将此经句还原其本来，是归置在了"无割"道章。二者，结合从全本的文本作审察，基于已然给出了有效的验证，由是，也就得以推定，无疑地，此经句原本就并不属于"建德"道章的文本，而是作夹注传抄窜并，今校勘将其删除。

《道经》第三十章"大制"道章

王弼本《道德经》上经第二十九章

将欲取天下而为之，吾见其弗得已：为之者，败之；执之者，失之。

天下也夫若神器，非可为者：神器之物，"或行，或随；或炅，或吹。或培，或堕；或强，或剉"。

是以圣人：无为，故无败；无执，故无失。

是以圣人：去泰；去甚；去奢。

【校勘经文】

【一】甲，王本作"将欲取天下而为之，吾见其不得已。天下神器，不可为也。为者败之，执者失之"。

傅奕本作"将欲取天下为之者，吾见其不得已。夫天下神器，不可为也。为者败之，执者失之"。

北大汉简本作"将欲取天下而为之，吾见其不得已。天下神器，非可为：为之者，败之；执之者，失之"。

帛书乙本作"将欲取〔天下而为之，吾见其弗〕得已。夫天下，神器也，非可为者也。为之者，败之；执之者，失之"。

帛书甲本作"将欲取天下而为之，吾见其弗（按，对勘的，该本是写作'弗'字，以文本约义，语义切要，乃为祖本旧有）〔得已。夫天下，神〕器也，非可为者也。为者败之，执者失之"。

乙，作对勘的下列文本，于祖本的原本的就属于"大制"道章的文

道德经玄门新证 校勘篇

本，于早期的同源的底本之际就已经缺失了。因缘作夹注传抄窜并，该文本则是阴错阳差的得以"备份"在了"善终"德章的文本之中，今校勘，笔者将其迁回了"大制"道章，至此，遂还祖本的文本得以句义贯通且经义完足（按，对勘的，唯独的，北大汉简本是没有这个文本）。

王本和傅奕本，皆是作"为者败之，执者失之。是以圣人：无为，故无败；无执，故无失"。

帛书乙本作"为之者，败之；执者，失之。是以圣人：无为〔也，故无败也；无执也，故无失也〕"。

帛书甲本作"〔为之者，败之；执者，失之。是以圣人：无为〕也，〔故〕无败〔也〕；无执也，故无失也"。

楚简本甲组作"为之者，败之；执之者，远之。是以圣人：无（亡）为，故（古。按，'古'与'故'是通假字）无（亡）败；无（亡）执，故（古）无（亡）失"。

楚简本丙组作"为之者，败之；执之者，失之。圣人无为，故无败也；无执，故（古）〔按，此处是残损三个字〕"。

丙，基于以玄门建构为归导，具体的还结合从全本的文本作审察，《道德经玄门新证校勘篇》有之新证，厘定祖本的文本以及厘定祖本的行文语序，并句读作"将欲取天下而为之，吾见其弗得已：为之者，败之；执之者，失之。天下也夫〔若〕神器（按，出于不无必要，于该项，是比照'三宝'德章的文本，笔者予以补出了'〔若〕'字），非可为者：〔神器〕〔之〕物（按，于该项，从全句的依据句义，予以补出了'〔神器〕〔之〕'这三个字），'……；……。……；……'。是以圣人：无为，故无败；无执，故无失"。

【二】甲，王本作"故（按，对勘的，至该本，意在衔接上文，则是自主地增入了'故'字）物：或行，或随；或歔（按，对勘的，至该本，已是自主地据'吹'字不了义的改作'歔'字。笔者推定，于祖本的宜作帛书甲本的'炅'字，因之语义切要，显义热源是来自太阳），或吹。或强，或剉（羸）；或培（挫），或堕（隳。按，'隳'通假'堕'字）"。

傅奕本作"凡（按，对勘的，至该本，意在衔接上文，则是自主地增入了'凡'字）物：或行，或随；或嘘（按，对勘的，至该本，已是自主地据'吹'字不了义的改作'嘘'字），或吹。或强，或剉；或培，或堕"。

北大汉简本作"物：或行，或随；或炅（热），或吹（炊）。或强，或剉（挫）；或培（伓），或堕（隋）"。

帛书乙本作"〔？〕物：或行，或隋；或炅（热），〔？〕。〔？〕，或剉（硈）；或培，或堕"。

帛书甲本作"物：或行，或随；或炅（jiǒng），或〔吹〕。〔或强，或？〕；或培（坏），或堕（椭）"。

乙，按，以玄门建构为归导，《道德经玄门新证校勘篇》梳理全章的文本，进而结合审察上下文，出于不无必要，则是予以补出了"〔神器〕〔之〕"此三个字，厘定祖本的文本以及厘定祖本的行文语序，并句读作"……，……：〔神器〕〔之〕物，'或行，或随；或炅，或吹。或培，或堕；或强，或剉'"。

【三】甲，王本、傅奕本、北大汉简本，皆是作"是以圣人：去甚；去奢；去泰"。帛书乙本作"是以圣人：去甚；去大；去奢（诸）"。帛书甲本作"是以圣人：去甚；去大；去奢（楮）"。

乙，按，以玄门建构为归导，《道德经玄门新证校勘篇》厘定祖本的文本以及厘定祖本的行文语序，并句读作"是以圣人：去泰（按，即转为构成对文是出于'其在〔有〕道〔者〕，〔有〕道也曰'的'赘行，有欲者弗居'，亦为意义于导归'为天下溪'从而'居下'）；去甚（按，即转为构成对文'跨者不〔若〕行；炊者不立〔馀〕'，亦为意义于导归'为天下式'从而'有静'）；去奢（按，即转为构成对文是出于'其在〔有〕道〔者〕，〔有〕道也曰'的'馀食，物或恶之'，亦为意义于导归'为天下浴'从而'不争'）"。

按，辨析文本的所取字，反映出乃是有所对治人之道为"物欲"所异化，有所对治人之道异化出意志用强的愿力于"损不足而奉有余"（按，若为追索最高阶的"泰；甚；奢"，构成典型的，以当机者则是指向了"将欲取天下而为之"的"万乘之王"，既为反映出，进而是异化出了"欲以兵强于天下"，走向"觊华，非道"），若为进而追索其本质的意义，则是还能从异化的"觊华，非道"得到索解：

遮诠"泰"（按，今校勘，笔者厘定于祖本语义切要地宜写作"泰"字，意义高居阶级统治的上位），所能反映出的，即从人之道异化出了"上贤"，相应地，即见诸"服文采"而"朝甚涂"；

遮诠"甚"，所能反映出的，即从人之道异化出了"贵资"，相应地，即见诸"资货有余"，乃至来自发动战争的掠夺天下财富，既见诸"带利剑"而"田甚芜"；

遮诠"奢"，所能反映出的，即从人之道异化出了"现可欲"，相应地，即见诸"厌饮食"而"仓甚虚"。

《道经》第三十一章"静重"道章

王弼本《道德经》上经第二十六章

静为趮君；重为轻根。

是以君子：

不为官长终日行，不远其辎重；虽有環馆，燕处则昭若。

若何万乘之王：

以万乘之王而轻身，以身轻于天下？

趮则失君；轻则失本。

【校勘经文】

【一】王本作"重为轻根；静为躁君"。傅奕本作"重为轻根；靖为躁君"。北大汉简本作"重为轻根；静为趮（按，古同'躁'字）君"。

帛书甲本作"〔重〕为輕（坙）根；静（清）为趮君"。帛书乙本作"重为輕（轻）根，静为趮君"。

以玄门建构为归导，《道德经玄门新证校勘篇》厘定祖本的文本以及厘定祖本的行文语序，应是作"静为趮君；重为轻根"。

【二】甲，王本作"是以圣人（按，对勘的，只有该本是流变地改作'圣人'）：终日行，不离辎重；虽有荣观，燕处超然"。

傅奕本作"是以君子：终日行，不离其辎重；虽有荣观，宴（按，对勘的，至该本，是主观地由'燕'改作'宴'字）处超然"。

北大汉简本作"是以君子：终日行，而不远其辎重；唯有荣馆，燕

道德经玄门新证 校勘篇

二五五

处超然"。

帛书甲本作"是以君子：终（众）日行，不离其辎（甾）重；唯（按，对勘的，至该本和北大汉简本，于底本的皆是由'虽'改作'唯'字，反映出已是歧义祖本的经义）有環官，燕处〔则昭〕若"。

帛书乙本作"是以君子：终（冬）日行，不远（按，对勘的，北大汉简本和该本，皆是作'不远'，而其他诸传抄本，皆是作'不离'）其辎（甾）重；虽有環官，燕处则昭若"。

乙，按，笔者厘定，祖本旧有的乃是作"君子"：于全本的是作玄门建构的，从当机者能作追索的，即转为构成对文"以道佐人主者，不欲以兵强于天下"的"佐人主者"，亦是转为构成对文"兵者，非君子之器"的"君子"。

笔者推定，于祖本语义切要地应是作"不远"，而不作"不离"。结合从整句的句义作审察，可以反映出，"君子"乃尔无所"远徙"，即构成了是"〔不为官长〕终日行"，无所贪求身外的为"物欲"所异化的"资货有余"（按，构成"赀华，非道"，乃为至极之典型的，从对治的可以反映出，从人之道则是异化出了"人主"欲为成就"万乘之王"，相与有应的，既为异化出了，不但是"将欲取天下而为之"，而且更是"欲以兵强于天下"）。

对勘文本，试问，"荣观""荣馆""環官"，何者为是？笔者从校勘的有之合理地推定，简言之，乃为祖本旧有，应是写作"環官"（按，即后世作为行政设施的"官驿"），便于今人直了语义，今校勘，厘定宜写作"環馆"，进而厘定祖本的文本，宜写作"虽有環馆"，即构成对文"〔不为官长〕终日行"。还有，构成句义关联的，见于帛书甲本的，厘定后项的语句应是写作"燕处则昭若"。又及，写作倒装句的"燕处则昭若"，以之作譬喻，以"君子"当机，即构成对文"不远其辎重"。

试问，见于诸传抄本的，何以会流变地写出了"君子"需要"终日行"？基于以玄门建构为归导，具体的还结合从全本的文本作审察，构成义理一贯地，根据是构成对文的"朴散则为成器，〔人〕用则为官长"，以及根据是构成对文的"将欲取天下而为之，吾见其弗得已"，相应地予以作辨析，随之的也就得以确知，"君子"之化身，构成是既对治而应成的，则是转为构成"佐人主者"，亦为构成"官长"。不限于此，还根据笔者业已厘定的"无学"德章和"无尤"德章的文本（为免于篇幅繁复，文本转抄从略），以全本的经义作约束，显然的，于经义，于文理，本章的"君子"以当机者则是不构成有所需要"终日行"，反倒是日常主持行政的"官长"确为构成有所需要"终日行"。

按，综上辨析，《道德经玄门新证校勘篇》，予以补出了对勘的诸传抄本于早期的同源的底本就已经缺失的"〔不为官长〕"，厘定于祖本语义切要地应是写作"〔不为官长〕终日行"，相应地，也就得以句义无间地即构成对文"虽有環馆"。

接下来，结合梳理上下文，相应地予以辨析笔者所厘定的文本，还可以得到确切地验证，简言之：

对应遮诠"静为趮君"，是能给出勘验的，即构成对文"〔不为官长〕终日行"，进而转为对文"虽有環馆"（按，"君子"已觉知"复命"实相，不为"资货有余"所动，则是消解了为"物欲"所异化）；对应遮诠"重为轻根"，是能给出勘验的，即构成对文"不远其辎重"，进而转为对文"燕处则昭若"（按，"君子"已觉知实相"自然"，有所同构了实相"我自然"和实相"天地自然"，相应地即达成了"不失其所者"，亦是"死而不亡者"，能自在自为地安住于"小邦寡民"）。

以玄门建构为归导，《道德经玄门新证校勘篇》，厘定祖本的文本，于祖本句义贯通且经义完足的应是写作"是以君子：〔不为官长〕终日行，不远其辎重；虽有環馆，燕处则昭若"。

【三】甲，王本作"奈何万乘之主，而以身轻天下？"，傅奕本作"如之何万乘之主（按，对勘的，至该本和王本，于底本的，是由'王'改作了'主'字），而以身轻（按，对勘的，至该本和王本，于此处，于底本的，是裁夺了'于'字）天下"。

北大汉简本作"奈何万乘之王，而以身轻于天下？"。帛书乙本作"若何万乘之王，而以身輕于天下？"。帛书甲本作"若何万乘之王，而以身輕（至）于天下？"。

以玄门建构为归导，先为导出，《道德经玄门新证校勘篇》，厘定祖本的文本，于祖本句义贯通且经义完足的应是作"若何万乘之王：〔以〕〔万乘之王〕而〔轻身〕，以身轻于天下？"。

乙，按，基于前面关联的已给出了辨析，为免于繁复，简言之：构成是既对治而应成的，则"万乘之王"以"人主"即构成了是对文"君子"；下顺的文本，是对应"若何万乘之王"的，以对治的则是呈现为"〔以〕〔万乘之王〕而〔轻身〕"，进而是有之"以身轻于天下"，是对应"是以君子"的，以应成的则是呈现为"〔不为官长〕终日行，不远其辎重"，进而是有之"虽有環馆，燕处则昭若"。

按，从校勘的还需指出，出于修正病句，至傅奕本，则是将其底本的"若何"或是"奈何"自主地修改成了"如之何"。转换来说，若为追溯至早期的同源的底本，亦不难发现，于全本的已然成为通病，彼时的传抄者传抄之际，大概率地则是将祖本的以重文号写出的"万乘之王"和"身轻"，还有"以"字，自主地予以了裁夺，节略地改写了祖本的文本。

接下来，结合上下文梳理笔者所厘定的文本，亦可以得到确切地验证，简言之，于全章的是构成同理的：对应遮诠"趮则失君"，是能给出勘验的，即对文"〔以万乘之王〕而〔轻身〕"；对应遮诠"轻则失本"，是能给出勘验的，即对文"以身轻于天下"。

【四】甲，王本和傅奕本，皆是作"轻则失本；躁则失君"。

帛书甲本作"輕（𡍙）则失本；躁则失君"。北大汉简本和帛书乙本，皆是作"轻则失本；趮则失君"。

以玄门建构为归导，先为导出，《道德经玄门新证校勘篇》，厘定祖本的文本以及厘定祖本的行文语序，应是写作"趮则失君；轻则失本"。

乙，按，有研究者认为，若是据构成对文的文本予以推定，则应该是作"根"字，而不作"本"字，似乎应如是。从校勘的需指出，一般地于"物"则是予以言于"根"，因之是出于对治"人主"，还兼及追问"将欲取天下而为之"，故而，则是转为予以言于"本"。结合从全本的文本作追索，构成经义直接关联的，具有"本体"意义的，深在的则是出于已然有所觉知了"将欲取天下而为之，吾见其弗得已：为之者，败之；执之者，失之。天下也夫〔若〕神器，非可为者：〔神器〕〔之〕物，'或行，或随；或炅，或吹。或培，或堕；或强，或剉'"。

按，从校勘的可以先为指出，于全本的乃是构成义理贯通的，简言之：一者，之所以能够生成文本"静为趮君；重为轻根"，构成胜义地乃是根据意义于"上善，若水几于道"的有所遮诠"水〔之〕善利万物，〔也〕而〔以其〕有静"，比德于道的由此而能导出；二者，之所以能够生成文本"趮则失君；轻则失本"，构成胜义地乃是根据意义于"上善，若水几于道"的有所遮诠"〔有静〕〔也而〕居〔下而不〕争，众人之所恶"，比德于道的由此而能导出。

【五】按，基于以玄门建构为归导，具体的还结合从全本的文本已作了校勘，这里不再赘述，《道德经玄门新证校勘篇》还原出了本章的于全本的章序：于全本的章序，是排在"大制"道章之后；于全本的章序，是排在"善果"道章之前。

彼时的传抄者何以会改动本章的章序？若为追问其动因，笔者从校勘的有之推测，追溯至早期的同源的底本，彼时的传抄者，出于意在照应到"善法"道章的构成相关的文本（按，能见于早期的传抄本的，其文本之中则是有之遮诠"天大，地大，道大，王亦大。國中有四大焉，王居一焉"），故而，所为对应的，其传抄者则是意以为，这正是接下来的有所需要予以针砭构成是"王居一焉"的"万乘之王"。

《道经》第三十二章"善果"道章

王弼本《道德经》上经第三十章

以道佐人主者，不欲以兵强于天下：

其事好还；师之所居，荆棘生之。

善用兵者，果而已：

不以取强焉；果而弗得以居。

果而弗伐，果而弗骄，果而弗矜；是谓：果而不强。

【校勘经文】

【一】甲 -1. 王本传本和傅奕本，皆是作"以道佐人主者（按，对勘的，同于楚简本甲组，皆是有'者'字），不以兵强天下，其事好还。师之所处，荆棘生焉；大军之后，必有凶年"（按，王注"以道佐人主，尚不可以兵强于天下，况人主躬于道者乎"。又，王注"为治者务欲立功生事，而有道者务欲还返无为，故云'其事好还'也"，可见，王弼已不甚了然文本的经义。又，另外的未见其注解"大军之后，必有凶年"）。

北大汉简本作"以道佐人主，不以兵强于天下：其事好還；师之所居，楚棘生之"。

帛书乙本作"以道佐人主，不以兵强于天下：其〔事好還；师之所居，楚〕棘生之"。

帛书甲本作"以道佐人主，不以兵强〔于〕天下：〔其事好還；师之〕所居，楚朸生之"。

道德经玄门新证 校勘篇

楚简本甲组作"以道佐（差）人主（宝）者，不欲（谷）以兵强于天下：〔按，对勘的，于此处，该本没有'师之所居，楚棘生之'〕"，在本章，另以尾句的有作"其事好〔长？〕"。

甲－2. 按，涉及因为作校勘而产生争议的"长"字，于楚简本甲组，则是读入在下一章，即写作"长古之善为士者"。于今可以推想，若是言及"战争"的"用兵"，则不会说"其事好"，若是言及"果而不强"，则宜说"其事好长"。结合检索楚简本竹简影印原迹，由此可以推定，大概率地是出于笔误，原则上应该是作"其事好长"。又，辨析"其事好长"与"其事好还"，显然的，两者意义不共。相关的，有研究者迂曲"长"可以通假"还"字，笔者未敢认同。

笔者另有猜想，可备一说，祖本的或是作"互"字，亦是意义互为反转的"转还"。能找出援例，于"善终"德章，是结合对勘楚简本丙组的文本从而厘定的，有作"人之从事互于其成事，且成也败之"，同时地，是结合对勘楚简本甲组的文本从而厘定的，行文是作前后接续的，有作"临事之纪'慎终若始'，则〔之〕无败事"。因此，笔者也就有之推想，对待本章的于底本既有的"互"字，不排除彼时的传抄者，出于各自的所能理解，则是各有作改：于楚简本甲组的，进而是裁作了"长"字；而于其他诸传抄本的，诉诸同源的底本之际，进而是裁作了"还"字。

乙，按，笔者从校勘有之合理地推定，于祖本的应是作"以道佐人主者"，是能给出验证的，对应当机的"佐人主者"，即转为对文前章以及后章的所涉及的当机的"君子"。

按，顺为指出，不限于只是在本章，楚简本甲组的传抄者，亦只是作摘要的有所抄录了本章的文本。据既有的文本能作追索的，证之以行文语序已然改动了的文本，证之以尾句的写作"其事好"或拟议的写作"其事好长"，都暴露出了其传抄者已是错解了本章的经义，难免不是个军事外行。

按，对勘诸传抄本的文本，基于既有的文本，《道德经玄门新证校勘篇》，厘定文本，应是写作"其事好还（hào，xuán）"。揭示于"用兵"之际往往存在着"其事好还"，以文本约义，即意在予以揭示于"用兵"之际，往往军事态势是不以军事主将的主观意志为转移的，当机的乃尔具有着"吉与凶互为倚伏"，而从胜义地能作索解的，深在的乃是因由互道道动内在的有着是以"强"与"弱"呈现出随机性演化，既为构成了，这即"微明"的内在规定性。故而，相与有应的，则是有所给出了判摄"夫用兵以奇〔也〕〔以正〕"。进而能够作出追索的，有所广延其根本义，已是转向广泛地从社会性的实践出发，给出了具有实证意义的判摄，则是反映出了，有所认知到"福，祸之所倚；祸，福之所伏：'正复为奇；其无正也孰知其极'；'善复为妖；人之迷也其日固久矣'"。

按，笔者从校勘的有之推定，于祖本的应是写作"楚棘"（按，能起到佐证的，引得《管子·地员》是有之"楚棘"，引得《晏子春秋·杂下十三》是有之"楚棘"，引得《淮南子·人间训下》是有之"故师之所处，生以棘楚"），顺应一般性的语义，今校勘，厘定作"荆棘"。

按，试问，"大军之后，必有凶年"于祖本是否该有？仅就本句来说，可以予以指出，从前提的"大军之后"不必然地就可以导出"必有凶年"，构成转言的，倒是可以导出"多有荒年"（按，顺为检索《汉书·卷六十四上》，其中的《严助传》部分，其中言及淮南王刘安上书朝廷，有之两处远隔的不直接关联的文本：之一，"臣闻'军旅之后，必有凶年'，……"；之二，"臣闻长老言，……，于是山东之难始兴。此老子所谓'师之所居，荆棘生之'者也。……"。据此，原则上亦能起到佐证，"大军之后，必有凶年"非是老子的文本，乃是夹注）。回到本章的文本继续予以辨析，简言之：应之揭示"其事好还"，则是予以举示了会产生"师之所居，荆棘生之"，是构成对文的，则是转为予以揭示了"夫兵者，不祥之器"，则是转为给出了必为应成"不得已而用之，铦袭为上"；换言之，举示"师之所居"，即出于对治持久用兵的"以兵强于天下"，因为，这往往会发生逆转的导致"荆棘生之"（穷兵黩武，民生凋敝，动摇国本），即语义切要地则是转为构成对文必为应成"不得已而用之（按，予以回应'师之所居'），铦袭为上（按，予以回应'荆棘生之'）"，既是强调，出于迫于不得已才能实施军事用兵，而且是必为"用兵贵在速战速决"。反过来说，若是再为予以举示"大军之后"，进而浮泛地加以强调"必有凶年"，根据本章的乃至全本的经义作审察，已是倒向了衍生歧义。

基于以玄门建构为归导，兼及既有的辨析，《道德经玄门新证校勘篇》，厘定祖本的文本，并句读作"以道佐人主者，不欲以兵强于天下：

其事好还；师之所居，荆棘生之"。

【二】甲，王本作"善有果而已，不敢（按，对勘的，至该本和傅奕本，于底本的，是增入了'敢'字。该本，出于执取四字句，还裁夺了'以'字）取强。果而勿矜，果而勿伐，果而勿骄，果而不得已，（按，对勘的，于此处，是漏抄了'是谓'），果而勿强"。

傅奕本作"故善者果而已矣，不敢以取强焉。果而勿矜，果而勿伐，果而勿骄。果而不得已，是（按，对勘的，于此处，是漏抄了'谓'字）果而勿强（彊）"（按，对勘的，至王本和该本，于底本的文本之中，各项之中的"勿"字是从"毋"字改出）。

北大汉简本作"善者果而已，不以取强。故果而毋矜，果而毋骄，果而毋伐（發），果而毋不得已"（按，对勘的，至该本，是漏抄了"是谓：果而不强"）。

帛书甲、乙本，皆是作"善者果而已矣，毋以取强焉。果而毋骄，果而毋（按，甲本所异的，于此处，是写作'勿'字）矜，果〔而毋〕伐，果而毋得以居；是谓（胃）：果而不强"。

楚简本甲组作"善者果而已，不以取强，（按，对勘的，该本于此处，是漏抄了'果而弗得以居'）。果而弗伐（發），果而弗嬌（喬），果而弗矜（稱）；是谓（胃）：果而不强"。

以玄门建构为归导，先为导出，《道德经玄门新证校勘篇》，厘定祖本的文本以及厘定祖本的行文语序，并句读作"善〔用兵〕者，果而已：不以取强焉；果而弗得以居。果而弗伐，果而弗骄，果而弗矜；是谓：果而不强"。

乙，按，先为指出，能够厘定上述的文本，基于以玄门建构为归导，具体的还予以对勘了"藏用"道章的文本。于全本的乃是构成经义贯通的，老子广为阐发经义，深在的还必为予以勘验已然揭示出的"泛成"之道，而典型之所在，则是聚焦于人类社会的战争（按，同理的，亦必为予以勘验已然揭示出的"损益"之道，而典型之所在，则是聚焦于人类社会的实践性"从事"），由此可知：一者，这也就构成了，在"善果"道章与"藏用"道章之间，乃是构成经义贯通的有之互为生成文本，以对文的构成了能够予以勘验"藏用"之道；二者，这也就构成了，在"知止"道章与"隐利"道章之间，乃是构成经义贯通的有之互为生成文本，以对文的构成了能够予以勘验"隐利"之道。

按，从校勘的还需指出，针对底本的写作"善者果而已"，因之存在语义不当，故而，至王本，则是改写成了"善有果而已"。笔者从校勘的有之合理地推定，补出了"用兵"两字，于祖本语义切要地应是写作"善〔用兵〕者，果而已"。

能给出确切地验证的，对应已厘定的该句，则是可以语义切要地构成对文"以道佐人主者（按，即构成对文'善〔用兵〕者'），不欲以兵强于天下（按，即构成对文'果而已'）"，还有，这里先为给出交代，则是进而可以语义切要地构成对文"不以取强焉（按，即构成对文'善〔用兵〕者'，即亦构成对文'其是好还'）；果而弗得以居（按，即构成对文'果而已'，即亦构成对文'师之所居，荆棘生之'）"。

按，基于对勘本章与"藏用"道章的文本（为免于繁复，转至后面跟进的校勘有所予以抄录），得以互为助益地厘定了各章的文本：

厘定于祖本的应是作"善〔用兵〕者，果而已：不以取强焉；果而弗得以居（按，即构成对文'将欲弱之，必固强之'）。果而弗伐（按，即构成对文'将欲翕之，必固张之'），果而弗骄（按，即构成对文'将欲去之，必固举之'），果而弗矜（按，即构成对文'将欲夺之，必固予之'）；是谓：果而不强（按，即构成对文'是谓：微明'）"。

按，综上既有的校勘，进而还需指出：一者，对勘楚简本甲组的文本，该本则是写作"果而弗伐，果而弗骄，果而弗矜；（按，对勘的，于此处，则是没有改写祖本的文本，进而予以植入'果而弗得以居'，亦是于上文漏抄了该句）是谓：果而不强"，基于既有的校勘，无疑地得以确证，乃为祖本旧有。亦得以确证，该本写作"弗"字语义切要，因为，内在的乃是有所能认知到"其事好还"，由是，相应地也就得以扫清了传抄流变地纷呈的写作"毋"字，写作"勿"字，写作"不"字（按，因之与此事相关，笔者不得不指出，颇有研究者居于泥古，认定楚简本甲组既有的文本乃是老子全章的文本，基于既有的校勘，无疑地得以确证，此论断不能成立，不过是主观地武断）。二者，历代研究老子《道德经》，已然是积习了学术上的坏风气，不限于反映在解释"藏用"道章的文本（按，至该章，从全本的，还结合校勘"功夫论"的"配天"德章和"舍慈"德章的文本，据全本的经义已有给出完整的校勘），颇有学术盟主"贡高我慢"，偏执孤章的解经，据以诬枉老子竟然有之"道术用阴"，但凡此类"口业"于今宜休矣！下愚无有兴趣参与辩论，不欲予以过多的批判，惟有恳请后世子孙，面对《道德经》，一体地加倍惭愧。

【三】甲，王本作"物壮则老，是谓：不道；不道，早已"（按，对勘的，傅奕本所异的，是将"不道"改作了"非道"，混淆地使用这两者。顺为指出，于祖本的，这两者其义理是本质的不同）。

北大汉简本作"物壮则老，谓之不道；不道，早（蚤）已矣"。

帛书甲、乙本，皆是作"物壮而老，是谓（胃）之不道；不道，早（蚤）已"。

乙，按，从校勘的可以直接予以指出，这是作夹注，以底本的文本传抄窜并。转为追溯至早期的同源的底本，不难发现，彼时的传抄者，出于意在予以阐发"是谓：果而不强"，则是引用了"不道"德章的文本（按，顺为指出，笔者业已厘定了该章的文本，于祖本的应是写作"物壮即老，是谓：不道；不道，早已"。是对应该句的，于全本的是作玄门建构的，简言之，即构成对文"天之道：功遂；身退也载"，亦构成对文"'天〔下之〕物云云，各复其堇；各复其堇，曰：静'；是谓：复命"），不了义的于本章予以了作夹注，今校勘，笔者则是将其删除。

《道经》第三十三章 "军争" 道章

王弼本《道德经》上经第三十一章

兵者，非君子之器：

夫兵者，不祥之器；不得已而用之，铦袭为上。

用兵弗美，美之是乐杀人；夫乐杀人，不可以得志于天下。

吉事上左，凶事上右；君子居则贵左，用兵则贵右：

是以偏将军居左，上将军居右；"杀人，则以哀悲莅之；战胜，则以丧礼处之"。

【校勘经文】

【一】甲，王本作"夫佳兵者，不祥之器。物或恶之，故有道者不处。君子居则贵左，用兵则贵右。兵者，不祥之器，非君子之器，不得已而用之，恬淡为上"。

傅奕本作"夫佳（按，对勘的，至该本、王本、北大汉简本，于底本的，是据'物'字武断地增入了'佳'字）兵者，不祥之器。物或而恶之，故有道者不处。是以君子居则贵左，用兵则贵右。兵者，不祥之器，非君子之器，不得已而用之，以恬憺为上，故不美也"。

北大汉简本作"夫佳（觟）美，不祥（恙）之器也。物或恶之，故有欲者弗居也。是以（按，对勘的，至该本、王本、傅奕本，于底本的是增入了'是以'两个字）君子居则贵左，用兵则贵右。兵者，非君子之器

道德经玄门新证 校勘篇

二六六

也，不祥（恙）之器也，不得已而用之，恬偻为上，弗美"。

帛书乙本作"夫兵者，不祥之器也。物或恶（亚）〔之，故有欲者弗居〕。〔君子〕居则贵左，用兵则贵右。故兵者，非君子之器。兵者，不祥〔之〕器也，不得已而用之。銛（恍）为上，勿美也"。

帛书甲本作"夫兵者，不祥之器〔也〕。物或恶之，故有欲者弗居。君子居则贵左，用兵则贵右。故兵者，非君子之器也。〔兵者〕，不祥之器也，不得已而用之，銛袭为上，勿美也"。

楚简本丙组（按，分别抄写文本，于楚简本甲组，是另为抄写了"善果"道章的文本）作"君子居则贵左，用（甬）兵则贵右。故（古）曰：兵者〔？？不〕得已而用（甬）之。銛纆为上，弗美（娩）也"。

乙，按，基于以玄门建构为归导，顺次地还结合对勘"善果"道章的文本，得以互为助益地厘定了各章的文本：

其一，已知应是对文"以道佐人主者，不欲以兵强于天下"的，则相应地厘定了本章的文本，于全本的乃是构成经义贯通的，应是作"兵者（按，即构成对文'以道佐人主者'），非君子之器（按，即构成对文'不欲以兵强于天下'）"。

其二，已知应是对文"其事好还；师之所居，荆棘生之"的，则相应地厘定了本章的文本，于全本的乃是构成经义贯通的，应是作"夫兵者，不祥之器（按，即构成对文'其事好还'）；不得已而用之，銛袭为上（按，即构成对文'师之所居，荆棘生之'）"。

基于既有的校勘，《道德经玄门新证校勘篇》，厘定祖本的文本以及厘定祖本的行文语序，应是写作"兵者，非君子之器：夫兵者，不祥之器；不得已而用之，銛袭为上"。

丙，按，楚简本丙组除外，其他诸传抄本，文本类同的，皆是存有"物或恶之，故有欲（道）者弗居（不处）也"。从校勘的可以予以直接指出，这是作夹注，以底本的文本传抄窜并。转为追溯至早期的同源的底本，不难发现，彼时的传抄者，出于意在予以阐发"夫兵者，不祥之器"，则是引用了"无割"道章的已是错杂的文本（按，已知的，于该章的，于祖本的应是写作"其在〔有〕道〔者〕，〔有〕道也曰：赘行，有欲者弗居；馀食，物或恶之"），不了义的于本章予以了作夹注，今校勘，笔者则是将其删除。

按，对勘的诸传抄本，皆是以单句的写出"君子居则贵左，用兵则贵右"。综上既有的校勘，进而可知，早期的同源的底本其传抄者，出于意在予以着重强调"君子"之志，则是自主行文语序，改写了其底本的文本，即将本属于后句的此文本，从整句之中武断地予以离析了出来，然后将其以行文语序是改作语句前置。

丁，按，从校勘的还需予以追问，应该是在王本其底本之际，就已经是传抄流变地写作"恬淡"，何以会生出如此的乖谬？笔者有之推测，不外乎是自病凿枘的"君子"之志，昏暗兵家的"死生之地，存亡之道"，异生了于腐儒的竟然是有之"眼中金屑"。推及同病，至傅奕本已是讹作"恬憺"，推及前疾，至北大汉简本已是讹作"恬偻"。于本章，王弼被乖谬的"恬淡"所困惑，故而则是全般地予以否定了该章的文本，作注"疑此非老子之作也"。

按，对勘楚简本丙组、帛书甲本、帛书乙本的文本，笔者辨析其相应地所取词，则是首推语义显豁的"銛袭"：据全章的文本予以约束其语义，写作"銛袭为上"，确为简明扼要，意义"用兵贵在速战速决"。

【二】甲，王本作"胜而不美，而美之者，是乐杀人；夫乐杀人者，则不可以得志于天下矣"。

傅奕本作"……，故不美也。若美必乐之，乐之者是乐杀人也。夫乐人杀人者，不可以得志于天下矣"。

北大汉简本作"……，弗美。若美之，是乐之；乐之，是乐杀人；乐杀人，不可以得志于天下"。

帛书甲、乙本，皆是作"……，勿美也。若美之，是乐杀人也；夫乐杀人，不可以得志于天下矣"。

楚简本丙组作"……，弗美（媺）也。美（媺）之，是乐杀人；夫乐〔杀人，不可〕以得志于天下"。

乙，按，基于以玄门建构为归导，顺次地还结合对勘"善果"道章的文本，得以互为助益地厘定了各章的文本：

已知应是对文"善〔用兵〕者，果而已：不以取强焉；果而弗得以居"的，则相应地厘定了本章的文本（按，是承接前句的，亦同为补出了"用兵"两字），于全本的乃是构成经义贯通的，应是作"〔用兵〕弗美，美之是乐杀人（按，构成是既对治而应成的，即构成对文'善〔用兵〕

者，果而已'）；夫乐杀人，不可以得志于天下（按，构成是既对治而应成的，即构成对文'不以取强焉；果而弗得以居'）"。

【三】甲，王本（于上文的是作"君子居贵左，用兵则贵右"），作"吉事尚左，凶事尚右。偏将军居左，上将军居右，言以丧礼处之。杀人之众，以哀悲泣之。战胜，以丧礼处之"。

傅奕本（于上文的是作"是以君子居则贵左，用兵则贵右"），作"故吉事尚左，凶事尚右；是以偏将军处左，上将军处右，言居上势，则以丧礼处之。杀人众多（按，对勘的，增入'多'字，至王本，还增入'之'字），则以悲哀泣之。战胜者，则以丧礼处之"。

北大汉简本（于上文的是作"是以君子居则贵左，用兵则贵右"），作"是以吉事上左，丧事上右。偏（偏）将军居左，上将军居右，言以丧礼居之。杀人众，则以悲哀立之。战胜（勝），以丧礼居之"。

帛书乙本（于上文的是作"〔君〕子居则贵左，用兵则贵右"），作"是以吉事〔尚左，凶事尚右〕；是以偏将军居左，而上将军居右，言以丧礼居之也。杀〔人众，以悲哀〕莅〔之。战〕胜（朕）而以丧礼处之"（按，对勘的，帛书甲本的文本完整无残缺。所异的，是作"便将军"，是作"悲依立之"，是作"勝"字，以及下顺的无"而"字）。

楚简本丙组（于上文的是作"君子居则贵左，用（甬）兵则贵右"），作"故（古）吉事上左，凶事上右。是以偏（卞）将（酒）军居左，上将（按，同前字）军居右，言以丧礼（豊）居之也。故（古）〔按，此处是缺失两个字〕则以愄悲位之，战胜（勅）则以丧礼（豊）居之"。

乙，按，基于以玄门建构为归导，顺次地还结合对勘"知止"道章的文本，得以互为助益地厘定了各章的文本：

已知应是对文"始制有名，名亦既有；〔夫名亦既有，亦将知止〕；夫亦将知止，所以不殆"的，则相应地厘定了本章的文本，于全本的乃是构成经义贯通的，应是作"吉事上左，凶事上右；君子居则贵左，用兵则贵右（按，即构成对文'始制有名，名亦既有'）：是以偏将军居左，上将军居右（按，即构成对文'〔夫名亦既有，亦将知止〕'）；'杀人，则以哀悲莅之；战胜，则以丧礼处之'（按，即构成对文'夫亦将知止，所以不殆'）"。

按，基于既有的校勘，《道德经玄门新证校勘篇》，厘定了祖本的若干所取字：之一，取"上"字，不取"尚"字，因之是出于"始制有名"，有之先在的符应天之道的规制：简言之，深在的乃是出于"设〔天〕象，天下往，往而不害"。之二，取语义显豁的"哀悲"，以及取语义切要地"莅"字，要之，乃是有所施行诉诸兵道的军事准则：简言之，深在的乃是出于"邦利器，〔而利器〕不可以示人"。之三，于祖本语义切要地应是作"杀人"，据本章的经义作审察，绝非因为"杀人众""则以哀悲莅之"，无疑地，"众"字乃是后来传抄的增入。之四，早在楚简本丙组之际，皆是作"则以"，结合上下文来看，确为语义切要，乃为祖本旧有。之五，取"处"字，不取"居"字，因之构成对文亦是作为动词使用的"莅"字，故而，构成语义一贯地，应是作"处"字，亦能给出佐证的，于帛书甲、乙本，皆是写作"处"字。

　　丙，按，对勘的诸传抄本，文本类同的，一致地皆是存有"言以丧礼居之也"。基于既有的校勘，进而可知，无疑地，这是作夹注传抄窜并，今校勘，笔者则是予以删除。

《道经》第三十四章 "知止" 道章

王弼本《道德经》上经第三十二章

道弗臣天地，天地唯萋萋；侯王若能守之，万物将自宾：

天地相合，以逾甘露；民莫之命，天自均焉。

始制有名，名亦既有；夫名亦既有，亦将知止；夫亦将知止，所以不殆。

侯王之在天下为天下卑，犹道之与天地，也犹百浴之与江海。

【校勘经文】

【一】甲，王本作"道，常无名，朴，虽小，天下莫能臣也。侯王若能守之，万物将自宾。天地相合，以降甘露，民莫之令而自均"（按，对勘的，该本和傅奕本，一贯地是自"恒"流变地改作"常"字。另外的，至该本和傅奕本，于底本的是将"唯"改成了"虽"字）。

傅奕本作"道，常无名，朴，虽小，天下莫能（按，对勘的，至该本和王本，于底本的是改动了'弗敢'）臣。侯王若能守，万物将自宾。天地相合，以降甘露，民莫之令，而自均焉"。

北大汉简本作"道，恒无名，朴，唯小，天下弗敢臣。侯王若能守之，万物将自宾。天地相合，以逾（俞）甘露，民莫之令，而自均安"。

帛书乙本作"道，恒无名，朴，唯小，而（按，对勘的，该本于此处是增入了'而'字）天下弗敢臣。侯王若能守之，万物将自宾。天地相

道德经玄门新证（校勘篇）

二七一

合，以逾（俞）甘洛，〔民莫之〕令，而自均焉"。

帛书甲本作"道，恒无名，樸（榿），唯〔小，□天下弗敢臣。侯〕王若能守之，万物将自宾。天地相合（谷），以逾（俞）甘洛，民莫之〔令，而自均焉〕"。

楚简本甲组作"道，亙（按，写作'亙'字，乃为祖本旧有）无（亡）名，樸（僕），唯妻（妻。按，对勘的，其他诸传抄本，则是主观地据尾句改成了'小'字），天地（按，对勘的，该本独有的是写作'天地'，乃为祖本旧有，而其他诸传抄本，则是主观地据尾句改成了'天下'）弗敢臣。侯王如（女）能守（獸）之，万物（勿）将（牆）自賓（賓）。天地相合也（按，对勘的，该本于此处，是不当的增入了'也'字），以逾甘露（露。按，对勘的，由此可知，至帛书甲、乙本，进而是写成了'洛'字）；民莫之命，天（按，对勘的，该本独有的是写作'天'字，乃为祖本旧有，而其他诸传抄本，则是主观地着相'民'字从而改成了'而'字）自均焉（安）"。

乙，按，基于以玄门建构为归导，顺次地还结合对勘"善果"道章的以及"隐利"道章的文本（按，何以还会构成对文"隐利"道章的文本，关联的在"善果"道章，从校勘的已有交代，这里不再赘述。要之，出于构成予以验证"泛成"之道，相应地，则是等持的予以了，偏转诉诸验证"隐利"之道），得以互为助益地厘定了各章的文本：

其一，已知应是对文业已厘定的"以道佐人主者，不欲以兵强于天下（按，不限于构成对文'兵者，非君子之器'）：其事好还；师之所居，荆棘生之（按，不限于构成对文'夫兵者，不祥之器；不得已而用之，銛襲为上'）"的，则相应地厘定了本章的文本，于全本的乃是构成经义贯通的，应是作"道弗臣天地，〔天地〕唯妻妻；侯王若能守之，万物将自宾（按，深在的，乃是出于当机者有所认知到——以胜义地根底'泛成'之道的'道；泛兮，其可左右'，则是等持的既为生成了共在的'隐利'之道和'藏用'之道。故而，胜义能达的，也就形成了，则亦构成对文'以道佐人主者，不欲以兵强于天下'）：天地相合，以逾甘露；民莫之命，天自均焉（按，简言之，同理的，故而，胜义能达的，也就形成了，则亦构成对文'其事好还；师之所居，荆棘生之'）"。

其二，已知应是对文业已厘定的"故道之出，〔出〕言也曰：淡兮，其无味（按，即构成对文'天地相合，以逾甘露'）；视之不足见，听之不足闻，用而足可既（按，即构成对文'民莫之命，天自均焉'）"的，则相应地厘定了本章的文本，于全本的乃是构成经义贯通的，应是作"天地相合，以逾甘露；民莫之命，天自均焉"。

丙，按，基于既有的校勘，笔者也就得以豁然释疑，对勘的诸传抄本何以会出现文本错杂，以下给出具体的交代：

于本章的文本之中，之所以会出现语义不明且不通于文理的病句，能见于楚简本甲组的，就已经是写作了"道，亘无名，朴，唯妻，天地弗敢臣"，若为予以追溯至早期的同源的底本，可知是自有其诱因的，主要的是因之作夹注传抄窜并，加之复杂的还是以字词残缺的作夹注混入，进而混入了亦是字词残缺的正文，从而的，则是以互为夹杂的文本有所留存。

具体来说，转为追溯至早期的同源的底本，不难发现，彼时的传抄者，出于意在予以阐发本章的文本（按，即笔者业已厘定的经句"道弗臣天地，〔天地〕唯蔓蔓；侯王若能守之，万物将自宾"），则是引用了"执道"道章的文本（按，即引用了笔者业已厘定的经句"道，亘无名，〔名之朴〕：侯王若能守之〔亘无名〕，万物将自化；〔侯王若能守之〕名之朴，〔万物将自定〕"其前项），于本章予以了作夹注。由此，进而可知，后世的传抄者，大概率地是根据混杂了作夹注的文本，既根据已经是字词残缺不全的是于底本的文本，还结合自主地所能理解，进而改写了于底本的文本，然后是各自的予以了传抄：能见于楚简本甲组的，加之已习惯于以"顺读"作理解，则是流变地改写作"道，亘无（亡）名，楃（僕），唯蔓（妻），天地弗敢臣"；能见于帛书甲、乙本的，则是再为传抄流变，进而改写作"道，恒无名，朴（楃），唯小，而天下弗敢臣"。

按，从校勘的还需指出，后世传抄流变地改写祖本的文本，写作"天地弗敢臣"，实则是病句（按，还包括，是根据尾句的有作"天下"，继而改写作"天下弗敢臣"，亦是病句）。基于既有的校勘，笔者有之合理地推定，能够符应本章的经义，且能合于文理的，于祖本的应是作"道弗臣天地"。

若为辨析楚简本甲组已是写作"唯妻"，显见的，彼时的传抄者就已经是不知其究竟义了（按，因此而成为诱因，也就引发了后来的传抄者，则是根据"小浴"进而改作"唯小"）。考古出土的诸传抄本皆是写作

"唯"字，众多的研究者至今不察，仍然武断地隶定是即如王本的"雖"字。笔者据"妻"字有之合理地推定，于祖本之际，以叠字的应是写作"萋萋"（按，"萋萋"：意为草木生长呈现出茂盛状态，引得《诗经·周南》有之"维叶萋萋"；《尔雅·释训》"萋萋，尽力也"；若以文本约义，可以指称，得益于"天地相合，以逾甘露"，从而的，则是呈现出了构成是意义于"万物自宾"的有之"万物自化"和"万物自定"），随之的还有推定，于祖本句义完足的应是写作"〔天地〕唯萋萋"。

转换来说，进而结合上下文作审察，亦能给出有效的验证：于前项的，是对应"道弗臣天地，〔天地〕唯萋萋"的，遂能句义无间地构成对文"侯王若能守之，万物将自宾"；合此两句，进而转为分别的对应后项的经句，遂能句义无间地构成对文"天地相合，以逾甘露；民莫之命，天自均焉"。

【二】甲，王本、傅奕本、帛书乙本，皆是作"始制有名，名亦既有，夫亦将知止，知止所以不殆"（按，检索王注，可知于王本传本的则是写作"可以"）。

北大汉简本作"始制（正）有名，名亦既有，夫亦将知（智）止，知（智）止所以不殆"。帛书甲本（据乙本补出）作"始制有〔名，名亦既〕有，夫〔亦将知止，知止〕所以不〔殆〕"。

楚简本甲组作"始（訂）制（折）有（又）名，名亦既有（又），夫亦将（牆）知（智）止，知（智）止所以不殆（訂）"。

乙，按，基于以玄门建构为归导，顺次地还结合对勘"军争"道章的文本，得以互为助益地厘定了各章的文本：

已知应是对文业已厘定的"吉事上左，凶事上右；君子居则贵左，用兵则贵右（按，即构成对文'始制有名，名亦既有'）：是以偏将军居左，上将军居右（按，即构成对文'〔夫名亦既有，亦将知止〕'）；'杀人，则以哀悲莅之；战胜，则以丧礼处之'（按，即构成对文'夫亦将知止，所以不殆'）"的，则相应地厘定了本章的文本（按，随之的还得以补出了遂能句义无间地构成是作顶针修辞的文本），于全本的乃是构成经义贯通的，应是写作"始制有名，名亦既有；〔夫名亦既有，亦将知止〕；夫亦将知止，所以不殆"。

按，从校勘的还需指出，先秦时期，应该有之已然成熟的文牍通例：

源于是在简册上书写文本，故而则是致节约，若有文本涉及是重文，以文牍通例则是以重文号予以写出。于本章来说，笔者是据此作校勘的从而予以补出了"〔夫名亦既有，亦将知止〕"，彼时的应该亦是以重文号写出。基于既有的校勘，根据楚简本甲组的文本作审察，亦能得到确证，于其底本之际，大概率地就已然缺失了所补出的文本，因此而成为诱因。故而，传抄者则是自主地不了义的增入了"知止"两字，写作"知止所以不殆"。

【三】甲，王本作"譬道之在天下，猶川谷之与江海"（按，检索王注，可知于王本传本的，是写作"于"字）。傅奕本作"譬道之在天下，猶川谷之与江海也"。

北大汉简本作"避道之在天下，猶小谷之与江海"。

帛书乙本作"卑〔道之〕在天下也，猷小浴之与江海也"。帛书甲本作"俾道之在〔天下也，猷小〕浴之与江海也"。

楚简本甲组作"卑道之在（才。按，'才'通假'在'字）天下，也猷少浴之与江海（湼）"。

以玄门建构为归导，先为导出，《道德经玄门新证校勘篇》有之新证，补出了对勘的诸传抄本于底本的就已然缺失的字词，厘定祖本的文本以及厘定祖本的行文语序，并句读作"〔侯王〕之在天下〔为天下〕卑，〔猶〕道〔之与天地〕，也猶百浴之与江海"。

乙，按，基于既有的校勘，对勘接下来的诸传抄本其尾句的文本，笔者得以厘定了祖本的所取字，简言之：

之一，写作"譬"（按，通假"避"，本字是"辟"字）字，可以排除，因为，这是传抄者主观地仅据后项的"猶"字，以对文进而改出。写作"避"字，亦可以排除，因为，这是传抄者仅据"卑"或"俾"字，望文生义地进而改出。祖本旧有的乃是作"卑"字（按，"卑"者，以文本约义，意义"取下位"，即比德于道的有所应成"居下而不争"：相与有应的，可证之"弱益"道章的文本，有所遮诠"是故圣人之言正言，若反〔也〕云曰：……；……；……"的文本；而构成广义的，可证之"归道"章的文本，有所遮诠"侯王，得'一'以为正"的进而遮诠"故必高矣而以下为基，必贵〔矣〕而以贱为本：……；……"）。之二，笔者推定祖本旧有的应是作"猷"字，可以写作后来生成的"猶"字。之三，对勘业已厘定的"取下"德章的文本（按，后面还有跟进的校勘，有所抄出全章的文本），构成相与有应的，笔者从校勘的有之合理地推定，于本章的，于祖本语义切要地应是作"百浴"（按，"百"者，引申义指称是分形的共在的众多），而不作传抄的显然是不了义的"少浴"，以及讹作"小浴"，乃至讹作"川谷"（期待地不爱宝，将来或有考古新发现，能够佐证笔者的推定）。

按，基于既有的校勘，将笔者业已厘定的文本与对勘的诸传抄本的文本对勘，不难发现，彼时的于底本的，全章的文本断断续续地就已经多有残缺字词，因此而成为诱因，也就致使了彼时的传抄者，无可全然地明了经义，则是转向了自主地予以改写文本，而能得到验证的，早先的能见于楚简本甲组的，就已经是改写作了"卑道之在天下"，显然的，其传抄者不自觉知，已是浅出了甚至是出离了祖本的经义。

转换来说，笔者之所以能够厘定于祖本语义切要地应是写作"〔侯王〕之在天下〔为天下〕卑"，不限于结合上下文作辨析，进而依据文理，以及依据全本的经义从而得以推定，还因为，结合从全本的文本亦能找出援例，能见于"互心"德章的，则是写作"圣人之在天下为天下浑心，〔浑心〕也歙歙焉：百姓皆属其耳目焉；圣人皆孩之"。从校勘的进而还须指出，若为辨析楚简本甲组的改写作"卑道之在天下"（按，出于避免有违文理，则是将"卑"字移植到了句首）：若据合于文理作审察，显见的只是写成了"半截"语，句义不完整；若据符应经义作审察，显见的于经义亦不通，因为，基于"实境"（按，即"之在天下"），是不可言称有之构成主体地"卑""道""之在天下"的，转为结合上下文再予以审察，确当的只可言称是有之构成主体地"〔侯王〕""之在天下""〔为天下〕卑"。

进一步来说，笔者之所以能够厘定于祖本句义贯通且经义完足的应是写作"〔侯王〕之在天下〔为天下〕卑，〔犹〕道〔之与天地〕，也犹百浴之与江海"，还因为，进而结合从全本的文本作审察，亦能够给出有效的验证。具体来说：

一者，基于归宗"孔德之容，惟道是从"（按，于全本的乃是构成经义贯通的，具有"本体"意义的，构成比德于道的是能从胜义作出抉择的，则是有所抉择了：既为抉择了"上善，若水几于道：〔若水几于道〕

〔也而〕'居善地；心善渊；予善天'"，构成"互映对称成就"的，则是抉择了"〔圣〕人〔之〕道，法自然：〔法自然〕〔也而〕'法地；法道；法天'"），于全本的乃是构成经义贯通的，也就构成了，则是必为有所转向对治已是走向了"觊华，非道"的"万乘之王"，对治人类社会最高阶的"有争"，对治异化出的战争，从而的，则是抉择了诉诸消解战争的解决之道。因此，构成是既对治而应成的，也就进而给出了解决之道：相与有应的，至本章，基于比德于道的有所应成"居下而不争"，则是从而给出了"〔侯王〕之在天下〔为天下〕卑，〔犹〕道〔之与天地〕，也犹百浴之与江海"。

二者，于全本的是作玄门建构的，若是据"功夫论"的文本，予以验证本章的文本，则显见的，对应上述所厘定的文本，构成"互映对称成就"的，即亦构成对文"取下"德章其全章的文本"江海之能为百浴王，〔也以其能为百浴后〕，也以其能为百浴下，是以能为百浴王。是以圣人：在民前也以身后之，在民上也以言下之；民无害也其在民前，民无厚也其在民上。天下乐进而毋厌也〔以其不争〕，以其不争也天下莫能与之争"。

按，综上既有的辨析，接下来的，则是转向予以梳理笔者业已厘定了的本章的文本，亦能得到确切地验证（按，若为索解所生成的文本其经义，内在的基于比德于道的有所应成"居下而不争"，亦是反映出了既为能达成"人"与"道"和"物"全面的觉悟的"和解"）：

对应遮诠"侯王若能守之，万物将自宾"，是以对文的再为能给出阐发的，则是予以了遮诠"〔侯王〕之在天下〔为天下〕卑"；对应遮诠"道弗臣天地，〔天地〕唯萋萋"，是以对文的再为能给出阐发的，则是予以了遮诠"〔犹〕道〔之与天地〕"；对应遮诠"天地相合，以逾甘露；民莫之命，天自均焉"，是以对文的再为能给出阐发的，则是予以了遮诠"也犹百浴之与江海"。

《道经》第三十五章"自胜"道章

王弼本《道德经》上经第三十三章

知人者，智；自知者，明。胜人者，有力；自胜者，能强。

自明者，足富；自强者，行有志。

不失其所者，久；死而不亡者，寿。

【校勘经文】

【一】甲，王本作"知人者，智；自知者，明。胜人者，有力；自胜者，强。知足者，富；强行者，有志。不失其所者，久；死而不亡者，寿"。

傅奕本作"知人者，智也；自知者，明也。胜人者，有力也；自胜者，强也。知足者，富也；强行者，有志也。不失其所者，久也；死而不亡者，寿也"。

北大汉简本作"知（智）人者，智；自知（智）者，明（明）。勝人者，有力；自勝者，强。知（智）足者，富；强行者，有志。不失其所者，久；死而不亡者，寿"（按，对勘的，该传本是将此章的文本合并抄写在了前章）。

帛书乙本作"知人者，智（知。按，帛书甲、乙本皆是作'知'字，结合从全本的文本作辨析，于此处，于祖本的应是作'智'字）也；自知，明也。勝（朕）人者，有力也；自勝（朕）者，强也。知足者，富也；强行者，有志也。不失其所者，久也；死而不亡者，寿也"。

帛书甲本作"知人者，智（知）也；自知〔者，明也。胜人〕者，有力也；自胜者，〔强也。知足者，富〕也；强行者，有志也。不失其所者，久也；死不亡者，寿也"。

以玄门建构为归导，先为导出，《道德经玄门新证校勘篇》有之新证，厘定祖本的文本，并句读作"知人者，智；自知者，明。胜人者，有力；自胜者，〔能〕强。〔自明〕者，足富；〔自〕强者，行有志。不失其所者，久；死而不亡者，寿"。

乙，按，对勘的诸传抄本，文本类同的，皆是写作"知足者，富（也）"，而于笔者，则是一直存有疑义，未为认同（按，不排除因之于底本之际就已有字词残损，故而，彼时的传抄者，则是自主地予以补出了于今所能见到的文本）。若为结合从全本的文本，进而结合从全本的经义作审察，显见的：

写作社会性通识的"知足者，富"，一般来说，那是没有问题的，若是将其置于全章的文本之中，是构成对文的，予以衔接前句的"知人者，智（按，亦可谓是'自见者，不明；自是者，不彰'，出于自性'有私'而'有为'）；自知者，明（按，亦可谓是'不自见者，故明；不自是者，故彰'，出于自性'无私'而'无为'）"，予以衔接后句的"不失其所者，久（按，能见诸呈现实然的'小邦'的，则是呈现出了乃尔有之'邻邦相望，鸡狗之声相闻'）"，诉诸句义上必为无间于义理，显见的，与这两者，则是皆截断了应当成其互为构成语义通达，已是前后的不相照应。若为弥补既有的文本"硬伤"，能够符应全章的经义，衔接上下文亦能做到合于文理，笔者由之推定，于祖本语义切要地应是写作"〔自明〕者，足富（按，则是出于'虚其心，实其腹'，亦为意义于'美其服，甘其食'）"。

按，对勘的诸传抄本，文本类同的，皆是写作"自胜者，强（也）"，以及写作"强行者，有志（也）"，若为作校勘，一般地应无疑义，而于笔者，则是一直存有疑义，未为认同。于今的，笔者有之新证，推定于祖本语义切要地应是写作"自胜者，〔能〕强"，以及应是写作"〔自〕强者，行有志"。接下来作出具体的交代：

将写成"执取强"的"强"与写成"不以取强"的"能强"置于全章的文本之中，比对地加以辨析，显见的，两者于意义上实则是本质的不同。结合从全本的经义能够得到索解的，已知的，有所比德于道的予以遮诠"〔有静〕〔也而〕居〔下而不〕争，众人之所恶"，相应地，则是有所予以遮诠"水柔之胜坚，也〔而〕弱之胜强；天下〔人〕莫之弗知，也而莫之能行"，既为构成了，则是有所予以启示——"应成能守于柔弱则是固然的有所对治执取于坚强"，故而，胜义之所达，若为诉诸当机的"佐人主者"或说"君子"，则亦可反映出：一者，构成是出于对治的，既构成了则是有之"知人者，智"，以及则是有之"胜人者，有力（按，亦可谓是'自伐者，无有功；自矜者，不能长'，出于自性'有欲'而'有以为'）"；二者，构成是出于应成的，即构成了则是有之"自知者，明"，以及则是有之"自胜者，〔能〕强（按，亦可谓是'不自伐者，故有功；不自矜者，故能长'，出于自性'无欲'而'无以为'）"。而与之构成"互映对称成就"的，是同为的从主体地"佐人主者"或说"君子"能够给出验证的，则亦可反映出：既为有所觉知了"善〔用兵〕者，果而已：不以取强焉；果而弗得以居"，亦是既为有所觉知了"〔用兵〕弗美，美之是乐杀人；夫乐杀人，不可以得志于天下"。

结合既有的辨析，进而亦予以比对的加以辨析写成"强行者，有志"与写成"〔自〕强者，〔行〕有志"，显见的，两者于意义上实则是本质的不同。简言之，亦是构成义理一贯地，应成"〔自明〕者，足富"，以及应成"〔自〕强者，行有志（按，则是出于'弱其志，强其骨'，亦为意义于'乐其俗，安其居'）"，与之构成"互映对称成就"的，是同为的从主体地"佐人主者"或说"君子"亦能够给出验证的，则亦可反映出：既为有所觉知了"果而弗伐，果而弗骄，果而弗矜；是谓：果而不强"，亦是既为有所觉知了"吉事上左，凶事上右；君子居则贵左，用兵则贵右：是以偏将军居左，上将军居右；'杀人，则以哀悲莅之；战胜，则以丧礼处之'"。

丙，按，从校勘的进而还须予以指出，于全本的是作玄门建构的（至于详为解析，请读者转为参看《道德经玄门新证解析篇》的内容）：

其一，简言之，要之，出于对治人类社会的战争（即异化的最高阶的"有争"），于全本的构成是意义直接关联的，转为从应成的是能验证于"君子"的，针对"君子"有所呈现出"静为趮君；重为轻根。是以君子：〔不为官长〕终日行，不远其辎重；虽有環馆，燕处则昭若"，转为以当机的"佐人主者"或说"君子"能给出验证的：

一者，也就反映出了，则是有所觉知了"知人者，智；自知者，明。胜人者，有力；自胜者，〔能〕强"，以及则是有所觉知了"〔自明〕者，足富；〔自强〕者，行有志"；也相与有应的，具有"本体"意义的，既为有所觉知了"自见者，不明；自是者，不彰。自伐者，无有功；自矜者，不能长"，以及有所觉知了"不自见者，故明；不自是者，故彰。不自伐者，故有功；不自矜者，故能长"，亦是构成了，则是有所觉知了"跨者不〔若〕行；炊者不立〔馀〕。其在〔有〕道〔者〕，〔有〕道也曰：赘行，有欲者弗居；馀食，物或恶之"，以及则是有所觉知了"是以圣人：去泰；去甚；去奢"；也相与有应的，具有"本体"意义的，基于生命的觉者是主客体同构的有所能认知实相"我自然"，有所归宗"孔德之容，惟道是从"，则是有所觉知了"是以圣人之治：虚其心；实其腹。弱其志；强其骨"，以及则是有所觉知了"不上贤，使民不争；不贵〔资〕，使民不〔觊〕；不现可欲，使民不乱"，以及则是有所觉知了"互使民无私、无欲；使〔民〕知不〔智〕，弗为而已；〔使民〕为无为，则〔之〕无不治"。

二者，也就反映出了，则是有所觉知了"不失其所者（按，即构成对文'〔自明〕者'），久（按，即构成对文'足富'）"（按，能见诸呈现实然的'小邦'的，则是呈现出了乃尔有之'邻邦相望，鸡狗之声相闻'），以及则是有所觉知了"死而不亡者（按，即构成对文'〔自〕强者'），寿（按，即构成对文'行有志'）（按，能见诸呈现实然的'寡民'的，则是呈现出了乃尔有之'民不相往来，〔民〕至老而死'）"；进而从全本的文本能给出验证的，乃是从人类社会的终极意义能给出验证的，则是指向了有之呈现实然的"小邦寡民"，既为呈现出了乃尔有之"邻邦相望，鸡狗之声相闻；民不相往来，〔民〕至老而死"。

其二，简言之，要之，出于对治人类社会的战争（即异化的最高阶的"有争"），于全本的构成是意义直接关联的，转为从对治的能验证于"万乘之王"的，针对"万乘之王"有所呈现出"若何万乘之王：〔以万乘之王〕而〔轻身〕，以身轻于天下？趮则失君；轻则失本"，转为以当机的即作为"人主"的"侯王"能给出验证的：

一者，也就反映出了，则是有所觉知了"道弗臣天地，〔天地〕唯萋萋；侯王若能守之，万物将自宾：天地相合，以逾甘露；民莫之命，天自均焉"，以及则是有所觉知了"始制有名，名已既有；〔夫名亦既有，亦将知止〕，夫亦将知止，所以不殆"；也相与有应的，具有"本体"意义的，则是有所觉知了"将欲取天下而为之，吾见其弗得已：为之者，败之；执之者，失之。天下也夫〔若〕神器，非可为者：〔神器〕〔之〕物，'或行，或随；或炅，或吹。或培，或堕；或强，或剉'"，以及则是有所觉知了"朴散则为成器，〔人〕用则为官长；圣人〔则〕〔归于朴〕；夫大制〔则〕无割"；也相与有应的，具有"本体"意义的，基于生命的觉者是主客体同构的有所能认知实相"天地自然"，有所归宗"孔德之容，惟道是从"，则是有所觉知了"道，亘无名，〔名之朴〕：侯王若能守之〔亘无名〕，万物将自化；〔侯王若能守之〕名之朴，〔万物将自定〕"，以及则是有所觉知了"〔万物将〕自化而欲作，吾将正之以亘无为，夫亦将知足以静；万物将自定〔而欲居〕，吾将正之以无以为，〔夫亦将〕〔知止以无事〕"。

二者，也就反映出了，则是有所觉知了"〔侯王〕之在天下〔为天下〕卑，〔犹〕道〔之与天地〕，也犹百浴之与江海"；也进而从全本的文本能给出验证的，乃是从人类社会的终极意义能给出验证的，则是有所觉知了"圣人无积：既以为人，己愈有；既以予人，己愈多"，以及则是有所觉知了"天之道，利而不害；圣人之道，为而不争"。

《道经》第三十六章 "泛成" 道章

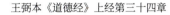
王弼本《道德经》上经第三十四章

道；泛兮，其可左右：

万物归焉而弗为主，则之互无名，也可名于小；

万物归焉而弗为主，则之名之朴，也可名于大。

圣人之能成大，能成大也以其不为大，是以能成大。

【校勘经文】

【一】甲，王本作 "大道；泛兮，其可左右"，以及作 "万物恃之而生而不辞，功成不名有（按，从校勘的可以先为指出，此两项乃是作夹注传抄窜并的留存）：衣养万物而不为主（按，出于照应到上文，则是自主地改写了底本的文本：于祖本的则是写作'万物归焉而弗为主'），常无欲，可名于小；万物归焉而不（按，对勘的，至该本和傅奕本，于底本的则是将'弗'字改作了'不'字）为主，可名于大"。

傅奕本作 "大（按，对勘的，至该本和王本，于底本的已是增入了'大'字）道；汎汎兮，其可左右"，以及作 "万物恃之以生而不辞，功成而不居（按，从校勘的可以先为指出，此两项乃是作夹注传抄窜并的留存）：衣被万物而不为主，故常无欲，可名于小矣；万物归之而不知主（按，对勘的，独有该本，是将'焉'改作了'之'字，是将'为'改作了'知'字），可名于大矣"。

北大汉简本作 "道；泛兮（旖）（按，可以见出诸传抄本虽是取词多般，而语义则是大体相近，相比较来说，该本可称语义显豁），其可左右"，以及作"万物作而生弗辞，成功而弗名有（按，从校勘的可以先为指出，此两项乃是作夹注传抄窜并的留存）：爱利万物而弗为主（按，对勘的，至傅奕本、王本、该本，纷呈的皆是不了义的改写了祖本的文本。而祖本旧有的，即如帛书甲、乙本的，则是写作两出的'万物归焉而弗为主'），故恒无欲矣，可名于小；万物归焉而弗为主，可名于大"。

帛书乙本作"道；沨呵，其可左右也，成功遂〔事而〕弗名有也"，以及作"万物归焉而弗为主，则恒无欲也，可名于小；万物归焉而弗为主，可名（命）于大"。

帛书甲本作"道；〔沨呵，其可左右也〕，〔成功〕遂事而弗名有也（按，对勘的，帛书甲、乙本的文本并同，此后项乃是作夹注传抄窜并的留存）"，以及作"万物归焉而弗为主，则恒无欲也，可名于小；万物归焉〔而弗〕为主（按，对勘的，能验证于帛书甲、乙本的，所生成的文本，基于内蕴'其可左右'，随之的则是构成了对等的两出），可名于大"。

以玄门建构为归导，先为导出，《道德经玄门新证校勘篇》有之新证，厘定祖本的文本，并句读作"道；泛兮，其可左右：万物归焉而弗为主，则〔之〕亘〔无名〕，也可名于小；万物归焉而弗为主，〔则之〕〔名之朴〕，〔也〕可名于大"。

乙，按，笔者能够厘定本章的文本，非是在短期之内能够完成。对勘歧义纷呈的文本，其间难免需要经历反复的追索。基于以玄门建构为归导，至具体的能够厘定本章的文本，主要的还是得益于在先的就业已厘定了"执道"道章的文本，以及相应地，进而得以厘定了"知止"道章的文本，还得益于同步的亦予以校勘了"玄同"德章的文本，换言之，得益于实则是经义贯通的能够旁通的综采上述的各章，加之持久地予以详审文本，直到目前，才得以确切地厘定了本章的文本。

乙-1. 按，从校勘的首先的需要予以指出，追溯至早期的同源的底本，转向辨析是以之向后分流然后形成的底本，笔者从校勘的有之合理地推定，也即，出于钩沉文牍底事，进而有所发现，于本章，历史上特殊的是有过两次作夹注，此后，传抄流变地进而还有改写过作夹注的文本，简言之：

一者，先是有之作夹注"成功遂事而弗名有也"（按，该夹注是一致地留存在了帛书甲、乙本的文本之中）；二者，之后，是增入了作夹注"万物作，生而弗辞，为而弗恃，成功而弗居"（按，此后，就有了裁并两次作夹注的改写作夹注的文本，简言之：已是各自的改写了作夹注的文本，以语义纷呈的文本，分别留存在北大汉简本、王本、傅奕本的文本之中，这里免于分别的转抄；转换来说，此述的各传抄本，其后来存有的已是改写了作夹注的文本，与帛书甲、乙本其先前存有的是作夹注的文本，没有同期的交集，以文牍底事，乃是诸传抄本的传抄者，自主地于不同的历史时期各自作解，从而予以写出了语义纷呈的文本）。学界于此宗文牍底事，一直以来未得明辨。学界针对本章的文本，固然不乏详为校勘，但是，阈限泥古不化，还兼具着学术上的武断，则其校勘的结果，也就大多的，仍旧越不出旧有的文本，也只不过是做足了这样的功夫，"打上补丁兼作绣花"，无功于厘定本文本，而且解读文本已是多有陷入迂曲的强解。今校勘，笔者则是将上述诸传抄本的皆是作夹注的文本，一概地予以了删除。

乙-2. 按，从校勘的还需予以指出，能见于帛书甲、乙本的，并同的皆是两出的写出"万物归焉而弗为主"，乃为祖本旧有。转换来说，若为索解其本质上的意义，乃是出于生命的觉者已是有所觉知"道；泛兮，其可左右"（按，根底于当机者是守于"中"的已是有所创觉了宇宙"实相"，转为有所予以揭示出了，互道道动是无量的随机的充遍的，既是予以揭示出了，互道道动内在的有着是以"强"与"弱"呈现随机性演化），而所为等价的，亦是出于生命的觉者已是有所觉知"互德"乃是"玄同"于"互道"（按，根底于是主客体同构的已是有所觉知了实相"自然"，以及已是有所觉知了"复命"实相，即反映出，已是有所觉知了"互无"与"互有"是能成立互为让渡的，也已是有所觉知了"互无"的缘起无自性以能成俱足"互有"的无自性缘起以所成；而所为等价的，内在的是以"极限"作推导的，亦是反映出了，已是有所认知到"互无"之"小"与"互有"之"大"是能成立互为让渡的），故而，则是能等觉和能等持的是以构成轴对称"镜伴"的文言作遮诠，给出了是呈现两出的文本。

综上既有的辨析，进而根据是构成对文的业已厘定的"道，互无名，〔名之朴〕；侯王若能守之〔互无名〕，万物将自化；〔侯王若能守之〕名之朴，〔万物将自定〕"，亦根据是构成对文的业已厘定的"挫其锐；解其纷；和其光；同其尘"（按，简言之，构成比德于道的则是同构于"万物归焉而弗为主，则〔之〕亘〔无名〕，也可名于小"：因之乃是出于有所根底的"玄同"，既为出于有所根底的"道；泛兮，其可左右"，合之两者，则是导归于"道，亘无名，〔名之朴〕"），亦根据是构成对文的业已厘定的"方而不割；廉而不刺；光而不眺；〔置〕而不绁"（按，简言之，构成比德于道的则是同构于"万物归焉而弗为主，〔则之〕〔名之朴〕，〔也〕可名于大"：因之乃是出于有所根底的"玄同"，既为出于有所根底的"道；泛兮，其可左右"，合之两者，则是导归于"道，亘无名，〔名之朴〕"），于全本的乃是构成经义贯通的，故而，相应地也就得以厘定了本章的文本，于祖本的应是写作"万物归焉而弗为主，则〔之〕亘〔无名〕，也可名于小（按，即构成对文'侯王若能守之〔亘无名〕，万物将自化'）；万物归焉而弗为主，〔则之〕〔名之朴〕，〔也〕可名于大（按，即构成对文'〔侯王若能守之〕名之朴，〔万物将自定〕'）"。

乙 -3. 按，将笔者业已厘定的文本与对勘的诸传本的文本对勘，进而还得以了然，显然的，早于帛书甲、乙本，于同源的底本之际：

祖本的其中的写作"则〔之〕亘〔无名〕，也可名于小"，就已经被篡改了，还被错误地句读作"则恒无欲也，可名于小"（按，大概率地是出于生吞活剥了亦是篡改出的"恒无欲也，以观其妙"）；祖本的其中的写作"〔则之〕〔名之朴〕，〔也〕可名于大"，其中的"〔则之〕〔名之朴〕，〔也〕"，则是传抄流变地已被裁夺（按，亦不排除于底本之际就已经缺失了）。

【二】甲，王本作"（按，对勘的，至该本，于句首，已裁夺了其他诸传抄本皆有的是文本相似的'是以圣人之能成大'），以其终（按，对勘的，至该本和傅奕本，于底本的，是增入了'终'字。笔者推测其成因，乃是生吞活剥了'善始'德章的尾句）不自为大（按，对勘的，至该本和傅奕本，于底本的，是增入了'自'字），故能成其（按，对勘的，至该本和傅奕本，于底本的，是不了义的增入了'其'字）大"。

傅奕本作"是以圣人能成其〔大〕也，以其终不自（按，对勘的，至该本，还裁夺了'为'字）大，故能成其大"。

北大汉简本作"是以圣人（按，对勘的，至该本和傅奕本，不同于帛书甲、乙本的皆是有'之'字，乃为祖本旧有，于此处，已是裁夺了'之'字。有无'之'字于句义是根本的不同。按，'是以'两字，于底本的，是被传抄者从尾句之中裁出，进而予以行文前置）能成大也，以其不为大，故能成大"。

帛书甲、乙本，皆是作"是以（按，对勘的，帛书甲本，于此处，是残脱了'以'字）圣人之能成大也，以其不为大也（按，对勘的，至帛书甲、乙本，于此处，于底本的，是不了义的增入了'也'字，这已是该两本所特有的通病），故能成大"。

以玄门建构为归导，先为导出，《道德经玄门新证校勘篇》有之新证，厘定祖本的文本，并句读作"圣人之能成大，〔能成大〕也以其不为大，是以能成大"。

乙，按，笔者之所以能够厘定祖本的文本，因之还得益于从全本的文本之中亦能找出确凿的援例，举示如下：

之一，能见于"亙德"章的，笔者业已厘定，于祖本句义完足的应是写作"上德〔之〕有德，〔有德〕〔也以其〕不失德，是以有德；下德〔之〕无德，〔无德〕〔也以其〕失德，是以无德"。

之二，能见于"取下"德章的，笔者业已厘定，于祖本句义完足的应是写作"江海之能为百浴王，〔也以其能为百浴后〕，也以其能为百浴下，是以能为百浴王"。

之三，能见于"病己"德章的，笔者业已厘定，于祖本句义完足的应是写作"知不知，上；不知知，病。圣人之不病，〔不病〕也以其病病，是以不病"。

之四，能见于"善生"德章的，笔者业已厘定，于祖本句义完足的应是写作"人之饥，〔饥〕也以其上取食税之多，是以饥；百姓之不治，〔不治〕也以其上〔上〕之有以为，是以不治；民之轻死，〔轻死〕也以其上求生之厚，是以轻死"。

之五，能见于"知亙"道章的，笔者业已厘定，于祖本句义完足的应是写作"天地之能长且久，〔能长且久〕〔也〕以其不自生，〔是以〕能长〔且久〕"，以及应是写作"〔圣人之能成其私〕，〔能成其私〕〔也〕以其无私、〔无欲〕，〔是以〕能成其私"。

按，一贯地，还须验证笔者所厘定的文本，具体的还结合从全本的文本作审察，亦能给出确切地验证：

于全本的乃是构成经义贯通的，对应遮诠"圣人之能成大，〔能成大〕也以其不为大，是以能成大"，构成"互映对称成就"的：一者，简言之，即构成对文是于"玄同"德章所遮诠的"〔是〕故：〔圣人之道〕〔乃〕为天下贵"。二者，简言之，即亦构成对文是于"三宝"德章所遮诠的"天下〔人〕皆谓，我道〔之道〕大，大而不肖：其细也夫若肖矣；夫唯〔道〕大而不肖，能成大久矣"。因是，也就还有着，进而是构成结构性的予以分别的作出分证的文本：之一，构成对文是于"进道"德章所遮诠的"道者，万物之注：善人之所宝；也不善人之所保"；之二，构成对文是于"善始"德章和是于"善终"德章（按，该两章，内在的是以"慎终若始"为共核）所遮诠的"为大乎于其细，〔也〕图难乎于其易；天下之大事作于细，〔也〕天下之难事作于易"，以及所遮诠的"其脆也易判，其微也易散；其未兆也易谋，其安也易持：为之于其无有，〔也〕治之于其未乱"。

《道经》第三十七章"隐利"道章

设天象，天下往，往而不害；乐予饵，过饵止，止而安平。

故道之出，出言也曰：

淡兮，其无味；视之不足见，听之不足闻，用而足可既。

【校勘经文】

【一】甲，王本作"执（按，对勘的，至该本、傅奕本、帛书甲本、帛书乙本，于底本的，是由'埶'讹作'执'字）大（按，对勘的诸传抄本，于底本的，已皆是由'天'篡改作'大'字）象，天下往，往而不害，安平太（按，对勘的，该本是由"大"改作'太'字），乐与饵，过客止"。

傅奕本作"执大象者（按，对勘的，至该本，出于需要满足通读既有的文本，则是自主地增入了'者'字），天下往，往而不害，安平泰（按，对勘的，该本是由"太"改作'泰'字），乐与饵，过客止"。

帛书乙本作"执大象，天下往，往而不害，安平大（按，先为指出，于早期的同源的底本，已是自主地据前文，不了义的增入了'大'字），乐与〔饵〕，过格止"，帛书甲本作"执大象，〔天下〕往，往而不害，安平大，乐与饵，过格〔按，对勘的，该两本，于底本的，是由'客'篡改作'格'字。笔者推测其成因，不排除其传抄者面对文本有所思想《尚书·君奭》，兼及取用该文有之的'天寿平（bēng）格'，转用其义而作改〕止"。

北大汉简本作"設（埶 shì。按，是'势'的古体字，以文本约义，当训作'設'字。该本同于楚简本丙组，皆是作'埶'字。后面还有跟进的校勘）大象，天下往，往而不害，安平大，乐与饵，过客止"。

楚简本丙组作"設（埶）大象，天下往，往而不害，安平（坪。按，对勘的，笔者有之推测：至该本，其传抄者应该是出于自己的所能理解，不了义的由'平'改作'坪'字；亦不排除，于彼时的，两者是通假字。按，'平'者，以文本约义，如《广韵》的应当训作'正也'。按，从校勘的可以先为指出，互为匹对的，前项的'往而不害'对文后项的'〔止而〕安平'，转换来说，深在的乃是内蕴着'利'与'害'是当机的互为倚伏。故而，对应言及'安平'的，以转义的即构成言及'不害'）大，乐与饵，过客（怎）止"。

以玄门建构为归导，先为导出，《道德经玄门新证校勘篇》有之新证，厘定祖本的文本以及厘定祖本的行文语序，并句读作"設〔天〕象，天下往，往而不害；乐〔予〕饵，过〔饵〕止，〔止而〕安平"。

乙，按，需要先为指出的，针对有所遮诠的"道；泛兮，其可左右"，基于内蕴"其可左右"，转向进一步地需要予以阐发互道道动内在的有着是以"强"与"弱"呈现随机性演化，故而的，则是反映出了，也就生成了可以等价的转为依据"〔则之〕〔名之朴〕，〔也〕可名于大"和依据"则〔之〕互〔无名〕，也可名于小"，对等的以具象之"物"（按，即同场的乃尔有之是"也可名于大"的"設〔天〕象"和有之是"也可名于小"的"乐〔予〕饵"），相应地予以阐发互道道动的规律。

从校勘的还需予以直接指出，结合从全本《道德经》的文本作辨析，已知的，于全本的是作玄门建构的，基于守于"中"的既已同构了"互道"与"互德"，应之具有"本体"意义的需要予以广为的阐发互道道动的规律，老子则是能等觉和能等持的予以抉择出了实则是构成同构的"泛成"之道与"玄同"之德，相与有应的，进而则是予以抉择出了实则是构成同构的"隐利"之道与"天均"之德，进而则是予以抉择出了实则是构成同构的"藏用"之道与"微明"之德。故而的，若为能够厘定构成直接关联的上述各章的于祖本的文本，则需从这个角度来作校勘，相应地，予以厘定的文本，随之的亦能够从中得到有效的验证，简言之：

之一，于全本的是作玄门建构的，进而是能够予以阐发胜义地（按，既为有所需要予以阐发互道道动内在的有着是以"强"与"弱"呈现随机性演化；而所为等价的，则是表征为有之"利"与"害"是当机的互为倚伏，亦是能够予以诉诸胜义地，因之乃是本质于互道道动实则是无量的随机的充遍的），则是等价的应之以"也可名于大"，转为予以了遮诠"设〔天〕象，天下往，往而不害"（按，出于实则的亦是必为应成"从事于德同道"，即构成对文"邦利器，〔而利器〕不可以示人"）：

基于既是同构于"互道"的转为能从"互德"进而给出验证的，出于有所能够认知到"福"（等价于"利"，乃至于"吉"）与"祸"（等价于"害"，乃至于"凶"）是当机的互为倚伏，故而，构成义理一贯地，构成对文的，则是有所遮诠"福，祸之所倚；祸，福之所伏"，则是进而有所遮诠"正复为奇；其无正也孰知其极"（按，深在的、内在的亦是以"极限"作推导的，则是予以等持了"大"与"小"，也就反映出了，则是有所认知到互道道动实则是无量的随机的充遍的：既为指归"道；泛兮，其可左右"），也构成对文的，则是有所遮诠"邦利器，〔而利器〕不可以示人"（按，简言之，进而能给出验证的，构成对文遮诠"〔有道〕之邦，吾知其然也以正"的有之遮诠"以〔互〕无事〔而〕取天下"；相与有应的，亦构成对文遮诠"其政察察，其邦夬夬；其政闷闷，其民偆偆"）。

之二，于全本的是作玄门建构的，进而是能够予以阐发胜义地（按，既为有所需要予以揭示互道道动内在的有着是以"强"与"弱"呈现随机性演化；而所为等价的，则是表征为有之"利"与"害"是当机的互为倚伏，亦是能够予以诉诸胜义地，因之乃是本质于互道道动实则是无量的随机的充遍的），则是等价的应之以"也可名于小"，转为予以了遮诠"乐〔予〕饵，过〔饵〕止，〔止而〕安平"（按，出于实则的亦是必为应成"从事于德同道"，即构成对文"〔渔乎鱼〕，〔而〕鱼不脱于渊"）：

基于既是同构于"互道"的转为能从"互德"进而给出验证的，因之有所能够认知到"福"（等价于"利"，乃至于"吉"）与"祸"（等价于"害"，乃至于"凶"）是当机的互为倚伏，故而，构成义理一贯地，构成对文的，则是有所遮诠"福，祸之所倚；祸，福之所伏"，则是进而有所遮诠"善复为妖；人之迷也其日固久矣"（按，深在的、内在的亦是以"极限"作推导的，则是予以等持了"大"与"小"，也就反映出了，有所认知到互道道动实则是无量的随机的充遍的：既为指归"道；泛兮，其可左右"），也构成对文的，则是有所遮诠"〔渔乎鱼〕，〔而〕鱼不脱于渊"（按，简言之，进而能给出验证的，即构成对文遮诠"〔有道〕之邦，吾知其然也以正"的有之遮诠"夫用兵以奇〔也以〕〔正〕"，亦构成对文遮诠"其政察察，其邦央央；其政闷闷，其民偆偆"）。

丙，按，综上既有的辨析，也就得以厘定了祖本的文本所取字，以及还得以厘定了祖本的行文语序，简言之：

之一，按，裘锡圭有之卓识，解读出"埶"字可以通假"設"字（按，此不赞，读者可以自行参看是写于其《老子今研》的有关内容），笔者从之。兼及从全本的文本亦能得到验证的，《道德经玄门新证校勘篇》，厘定于祖本语义切要地应是作"設"字，而不作"埶"字。因之，构成要义的，基于当机者是守于"中"的能等觉和能等持的有所同构了主体和客体，故而：等持的偏转对应主体地，则是予以阐发了"邦利器，〔而利器〕不可以示人"（按，亦构成了既是诉诸"期天"的出于"設〔天〕象，天下往，往而不害"）；等持的偏转对应客体的，则是予以阐发了"天地相合，以逾甘露；民莫之命，天自均焉"（按，亦构成了既是表征于"設〔天〕象，天下往，往而不害"）。

按，进一步地还需指出，对勘的诸传抄本并同的皆是作"大象"，笔者有之新证，于祖本的应是作"〔天〕象"，而不作"大象"。笔者有之推测：不排除于早期的同源的底本之际，此"〔天〕"字就已经缺失了，亦不排除彼时的传抄者则是据"大象无形"，武断地改出了"大象"（按，在"返成"道章，关涉的，笔者已有指出，能见于帛书甲本、帛书乙本、北大汉简本、楚简本乙组的，追溯至底本之际，其传抄者，应该是据本章的于祖本的"設〔天〕象"，进而自主地将"大象"篡改作了"天象"，进而是写作"天象无形（型）"。于今经校勘已能明了，对勘"隐利"道章以及"返成"道章的文本，显见的，传抄之际，则是出现了互为错位的或说阴错阳差的予以改写了祖本的文本：已是错谬的写成了"天象无形（型）"；已是错谬的写成了"設大象"）。

按，若为予以验证笔者所厘定的文本，结合从全本的文本作审察，亦可给出有效的验证：对应诉诸意义于"正"的予以遮诠"設〔天〕象，天下往，往而不害"，以及遮诠"邦利器，〔而利器〕不可以示人"，同场的，则是必为亦有着诉诸意义于"奇"的予以遮诠"期天多讳，而民弥叛

（按，基于自觉应成'也以正'，则是构成对文'我好静，而民自正'）；邦多利器，而民滋昏（按，基于自觉应成'也以正'，则是构成对文'我无为，而民自化'）。苛事多起，而民滋〔伪〕智（按，出于应对'期天多讳，而民弥叛'，是再为的产生异化。按，基于自觉应成'也以正'，则是构成对文'我无事，而民自福'）；法物多彰，而〔民〕滋觊觎（按，出于应对'邦多利器，而民滋昏'，是再为的产生异化。按，基于自觉应成'也以正'，则是构成对文'我欲不欲，而民自朴'）"。

之二，根据实则是构成对文的有所遮诠"〔渔乎鱼〕，〔而〕鱼不脱于渊"加以审察本章的文本，相与有应的，也就得以厘定了于祖本语义切要地应是作"予"字，而不作"与"字，无疑地应是写作"乐〔予〕饵（按，既为构成对文'〔渔乎鱼〕'）"。随之，也就得以排除了后来篡改出来的写作"客"字，乃至写作"格"字。由是，基于既有的校勘，欲为纠正既往的曲解文本，亦得以消解了出自臆想的有之悦耳之"乐"，亦得以阻绝了出自浮想的有之香饵之"饵"，随之的，也就得以排除了是后来篡改出来的有之主体地"客"者，转换来说，而实则的，此在的有所付诸"乐〔予〕饵"，当机的已是倚伏着"善复为妖"的欲意"〔渔乎鱼〕"，而所为能够予以化解的，则是"过〔饵〕止，〔止而〕安平（按，既为构成对文'〔而〕鱼不脱于渊'）"，这也就构成了正是相因相待的予以遮诠"〔渔乎鱼〕，〔而〕鱼不脱于渊"其本来意。

之三，追溯至早期的同源的底本，亦不难发现，彼时的传抄者，已是错解了底本的文本，加之已习惯于以"顺读"作理解，则是自主地改动了底本的行文语序，于"安平"之后武断地增入"大"字，是将'安平大'以行文语序改作语句前置，接续的予以写在了"往而不害"之后。还反映出，彼时的传抄者，诱因已是无有可能穿透"乐〔予〕饵（按，即构成了是对应于'设〔天〕象'），过〔饵〕止（按，即构成了是对应于'天下往'），〔止而〕安平（按，即构成了是对应于'往而不害'）"其句义，以至于的，则是错谬地予以篡改出了"乐（yuè）与饵，过客止"。

之四，综上既有的校勘，出于不无必要，笔者从校勘的有之合理地推定，予以补出了"止而"两字，《道德经玄门新证校勘篇》，厘定于祖本句义完足的应是写作"〔止而〕安平"。

由是，进而可知，祖本的"平"字，若为予以追索其本义，显然的，如《广韵》的应当训作"正也"。而后世传抄，能见于对勘的诸传抄本的，于底本的已是将"安"与"平"予以了联用，还武断地增入了"大"字（按，因此而成为诱因，也就引发了，则是出现了不一而足的予以攀缘轨解，迂曲之典型，于20世纪初，未料思想开明的严复转为依傍西学，竟然是将"安平太"释读为"安，自繇；平，平等；太，合群也"，已是出离了祖本的经义）。

从校勘的进而还需指出：一者，能见于楚简本丙组的，应该是于其底本的，出于顺应自主地可以"安平"于"往而不害"，则是武断地予以增入了"大"字；二者，能见于王本以及傅奕本的，根据"安平大"，再为流变地则是将"大"改作"太"字，乃至于改作"泰"字。

【二】甲，王本作"道之出口（按，对勘的，至该本，出于顺应后项的'淡'字，则是自主地将'言'改作'口'字）：淡乎（按，对勘的，至该本，是由'兮'讹作'乎'字）其无味；视之不足见；听之不足闻；用之不足（按，对勘的，笔者有之合理地推测：至该本，出于顺应前项的'足'字，针对底本的已是谬误的增入了'不'字的写作'不足可'，则是自主地将'可'字予以了删除，谬误写作'不足'；而见于其他的诸传抄本的，所不同的，一致地则是自主地将'足'字予以了删除，谬误写作'不可'。后面还有跟进的校勘）既"。

傅奕本作"道之出言（按，对勘的，于此处，该本和王本，于底本的已是裁夺了祖本旧有的'也曰'两个字）：淡兮，其无味；视之不足见，听之不足闻，用之不可既"。

北大汉简本作"（按，对勘的，于此处，至该本、王本、傅奕本，大概率地应是以合于文理作约束，以为与上文不构成句义上有所转折，于底本的则是裁夺了'故'字，而帛书甲本、帛书乙本、楚简本丙组，则是皆有'故'字。后面还有跟进的校勘）道之出言，曰：淡兮（旖），其无味；视之不足见，听之不足闻，用之不可既也"。

帛书甲、乙本，皆是作"故道之出言也，曰：淡（按，对勘的，于帛书甲本的，则是讹作'谈'字）呵，其无味也；视之，不足见也；听之，不足闻也；用之，不可既也"。

楚简本丙组作"故（古。按，'古'与'故'是通假字）道〔按，检索竹简影印原迹，于此处，是残脱了三个字：是写作'之出言'？〕：淡

兮（可。按，'可'与'分'是通假字），其无味也；视之不足见，聽
（聖）之不足闻（䎽），（按，笔者推测，应该是于其底本的，于此处，就
已经缺失了'用'字）而不可既也"。

以玄门建构为归导，先为导出，《道德经玄门新证校勘篇》，厘定祖
本的文本，并句读作"故道之出，〔出〕言也曰：淡兮，其无味（按，这
是诉诸'设天象'，以此在的"甘露"之物所能给定）；视之不足见，听
之不足闻（按，这是偏转从'形式因'的所能给定），用而足可既（按，
这是偏转从'质料因'的所能给定）"。

乙，按，基于以玄门建构为归导，具体的还结合对勘"知止"道章的
文本，得以互为助益地厘定了各章的文本：

已知应是构成对文业已厘定的"道弗臣天地，〔天地〕唯蔂蔂；侯
王若能守之，万物将自宾：天地相合，以逾甘露；民莫之命，天自均焉"
的，于全本的乃是构成经义贯通的，则相应地得以厘定了本章的文本，
于祖本的应是作"故道之出，〔出〕言也曰（按，亦构成对文'道弗臣
天地，〔天地〕唯蔂蔂；侯王若能守之，万物将自宾'）：淡兮，其无味
（按，亦构成对文'天地相合，以逾甘露'）；视之不足见，听之不足闻，
用而足可既（按，亦构成对文'民莫之命，天自均焉'）"。

按，基于既有的校勘，进而可以确知，于祖本语义贯通且句义完足
的应是写作"故道之出，〔出〕言也曰"。换言之，于祖本的，对应下句
的遮诠"故道之出，〔出〕言也曰"，构成同义的转语，即对文上句的遮
诠"设〔天〕象，天下往，往而不害"。还有，对应遮诠"设〔天〕象，
天下往，往而不害"，构成对文的，则是亦有之遮诠"天地相合，以逾甘
露；民莫之命，天自均焉"，构成义理一贯地，亦是构成同义的转语，即
对文遮诠"故道之出，〔出〕言也曰"的进而有所遮诠"淡兮，其无味
（按，亦构成对文'天地相合，以逾甘露'：意义于'设〔天〕象，天下
往'）；视之不足见，听之不足闻，用而足可既（按，亦构成对文'民莫
之命，天自均焉'：意义于'往而不害'）"。

基于既有的辨析，进而可以确知，彼时的传抄者传抄文本之际，已是
将祖本的是以重文号写出的"出"字自主地裁为单出，其不自觉知，已是
改出了病句，已是有乖祖本的经义。还有，显见的，对应遮诠"淡兮"，
以同义的转语，则是予以遮诠"其无味"，若合于文理，不当后缀"也"

字，因之后面跟进的则是另有给出阐发其义。

对勘诸传抄本的文本，所不同的，楚简本丙组独有的只是存有"而"字，而见于其他诸传抄本的，则是并同的只存有"用之"两字，笔者从校勘的有之合理地推定，于祖本语义切要地应是写作"用而足可既"（按，即构成对文遮诠"天自均焉"：见诸普降"甘露"）。还需指出，若为予以辨析何以会使用到"既"字（按，能索解于甲骨文的，本义指事主人面对丰盛的食物，自食之际，亦能够主动地施予他人，意愿同为饱食：意义能够自觉地付诸自利亦利他。其引申义，即意义自此向彼是本质一体地可以产生转化），以文本约义，见出是以"甘露"能作隐喻的，也就意蕴着，本质于"道；泛今，其可左右"的出于"设天象"，则是必为有所呈现出"天自均焉"。故而，无疑地，不当写作"不可既"，亦不当写作"不足既"，于祖本的应是写作"足可既"。间接地亦能起到佐证的，构成义理一贯地，见于"齐同"德章的，亦有使用到了"既"字，即写作"圣人无积：既以为人，己愈有；既以予人，己愈多"。

《道经》第三十八章 "藏用" 道章

邦利器，而利器不可以示人；渔乎鱼，而鱼不脱于渊。

将欲弱之，必固强之：

"将欲翕之，必固张之；将欲去之，必固举之；将欲夺之，必固予之"；是谓：微明。

【校勘经文】

【一】甲，王本作"将欲歙之，必固张之；将欲弱之，必固强之；将欲废之，必固舉（興）之；将欲夺之，必固予（与）之；是谓：微明。柔弱胜刚强"（按，对勘的，傅奕本所异的："歙"字写作"翕"字；"柔弱胜刚强"写作"柔之胜刚，弱之胜强"）。

北大汉简本作"将欲欲之，必固（古）张之；将欲弱之，必固（古）强之；将欲废之，必固（古）舉之；将欲夺之，必固（古）予之；是谓：微明。奠弱勝强"。

帛书乙本作"将欲（擒）之，必固（古）张之；将欲弱之，必固（古）强之；将欲去之，必固（古）舉（與）之；将欲夺之，必固（古）予〔之〕；是谓：微明。柔弱勝（朕）强"。

帛书甲本作"将欲欲（拾）之，必固（古）张之；将欲弱之，必固（古）〔强之〕；将欲去之，必固（古）舉（與）之；将欲夺之，必固（古）予之；是谓：微明。柔（友）弱胜强"（按，对勘的，北大汉简本、帛书甲本、帛书乙本，于整句的各项，皆是写作'古'字，于底本的，应该以借字写出，至王本，则写作'固'字，用字允当）。

以玄门建构为归导，先为导出，《道德经玄门新证校勘篇》，厘定祖本的文本以及厘定祖本的行文语序，并句读作"将欲弱之，必固强之：'将欲翕之，必固张之；将欲去之，必固举之；将欲夺之，必固予之'；是谓：微明"。

乙，按，基于以玄门建构为归导，具体的还结合对勘"善果"道章的文本，得以互为助益地厘定了各章的文本：

已知应是构成对文业已厘定的"善〔用兵〕者，果而已：不以取强焉；果而弗得以居。果而弗伐，果而弗骄，果而弗矜；是谓：果而不强"的，于全本的乃是构成经义贯通的，则相应地厘定了本章的文本，于祖本的应是作"将欲弱之，必固强之（按，即构成对文'善〔用兵〕者，果而已：不以取强焉；果而弗得以居'）：'将欲翕之，必固张之（按，即构成对文'果而弗伐'）；将欲去之，必固举之（按，即构成对文'果而弗骄'）；将欲夺之，必固予之（按，即构成对文'果而弗矜'）'；是谓：微明（按，即构成对文'是谓：果而不强'）"。

按，从校勘的还需指出，转向对治人类社会的战争，出于意在予以阐发胜义，则是反映出了，简言之：偏转予以验证"泛成"之道的有之"隐利"之道，于全本的是作玄门建构的，则是在"隐利"道章与"知止"道章之间，予以建构了互为生成文本；偏转予以验证"泛成"之道的有之"藏用"之道，于全本的是作玄门建构的，则是在"藏用"道章与"善果"道章之间，予以建构了互为生成文本。

综上既有的解析，进而从校勘的还需指出，转向从社会性的实践出发，有所再为对治人类社会的战争，基于再为予以阐发的"〔有道〕之邦，吾知其然也以正"亦必为诉诸"夫用兵以奇〔也〕〔以正〕"，进而是转至"功夫论"这一块，再为的予以了阐发，于全本的乃是构成经义贯通的，亦予以建构了互为生成文本：

其一，简言之，要之，对应遮诠"果而弗伐，果而弗骄，果而弗矜；是谓：果而不强"，转向从社会性的实践，进而是从军事"用兵"能给出勘验的，即构成对文遮诠"〔是故用兵有言〕，'善为士者弗武（按，即构成对文'果而弗伐'）；善战者弗勇（按，即构成对文'果而弗骄'）；善胜者弗与（按，即构成对文'果而弗矜'）'，〔乃〕善用〔兵〕者

〔能〕为之下（按，即构成对文'是谓：果而不强'）"。

其二，简言之，要之，对应遮诠"将欲弱之，必固强之：'将欲翕之，必固张之；将欲去之，必固举之；将欲夺之，必固予之'；是谓：微明"，转向从社会性的实践，进而是从军事"用兵"能给出勘验的，即构成对文遮诠"是故用兵有言，'吾不敢为主而为客；吾不敢进寸而退尺'（按，即构成对文'将欲弱之，必固强之'），是谓：'行无行（按，即构成对文'将欲翕之，必固张之'）；攘无臂（按，即构成对文'将欲去之，必固举之'）；执无兵（按，即构成对文'将欲夺之，必固予之'）'，乃无敌矣（按，即构成对文'是谓：微明'）"。

其三，综上既有的辨析，进而可知，于全本的乃是构成经义贯通的，于全本的是作玄门建构的，则还有着：对应遮诠"〔是故用兵有言〕，'善为士者弗武；善战者弗勇；善胜者弗与'，〔乃〕善用〔兵〕者〔能〕为之下"，进而作出分证的，即构成对文遮诠"是故用兵有言，'吾不敢为主而为客；吾不敢进寸而退尺'（按，亦构成对文'勇于敢，则〔之〕败；勇于不敢，则〔之〕栝：此两者，孰知其故？天之所恶，或利〔而〕或害'），是谓：'行无行（按，即构成对文'善为士者弗武'）；攘无臂（按，即构成对文'善战者弗勇'）；执无兵（按，即构成对文'善胜者弗与'）'，乃无敌矣（按，即构成对文'〔乃〕善用〔兵〕者〔能〕为之下'）"。

按，综上既有的校勘，还得以厘定了祖本的文本所取字，简言之：

之一，笔者推测，于祖本的应是作"欱（hé）"字，至傅奕本，则是取通假字的"翕"字，今校勘从之。"翕（xī）"者，本义"闭合；收拢"。追索其取词，引得《荀子·议兵》，是写作"伐翕伐张"。又，能起到佐证的，引得《韩非子·喻老》，是写作"将欲翕之，必固张之"。

之二，以经义作约束，可知王本和傅奕本将"古"训作"固"字（通假"姑"字）是确当的，今校勘从之。另有研究者将"古"牵强地训作"姑"字，若将其置于文本之中比对的作辨析，势必会产生歧义，愈加的附会了历代的甚为鄙俗的错解经义（按，典型的有若宋儒的朱熹，未觉老子之胜义，自矜博综古今，已是堕入了"见知障"，指责老子兼蓄道术用阴）。"固"者，有"本来；本然"之义。遮诠"必固"，意即所呈现的事态当机的就已然是相逆的存在着互为倚伏（按，所为能索解的，可谓是当机的就存在着"正复为奇"以及"善复为妖":深在的,因之互道道动内在的有着是以"强"与"弱"呈现随机性演化,也即因之互道道动实则是无量的随机的充遍的),从而的,也就反映出了,有之"利"("福";"吉")与"害"("祸";"凶")实则是当机的互为倚伏。

之三,结合对勘是构成对文的"果而弗骄"以及"攘无臂",则可以推定,于祖本语义切要地宜作"将欲去之,必固舉之"(按,较之"废"字以"去"字为允当)。结合对勘是构成对文的"果而弗矜"以及"执无兵",则可以推定,于祖本的应是作"将欲夺之,必固予之"。

按,对勘的诸传抄本文本类同的皆是存有"柔弱胜刚强",从校勘的可以予以直接指出,于底本的,这是作夹注传抄窜并(按,彼时的传抄者作夹注,实则的已是堕入了不知究竟义,还衍生出了歧义,无所能够增益了然"将欲弱之,必固强之"),今校勘,笔者则是将其删除。

按,结合对勘"善果"道章的文本,也就得以互为助益地厘定了本章的于祖本的行文语序,应是写作"将欲弱之,必固强之(按,本然的乃是作为整句的首项):'……,……,……';是谓:微明"。

【二】甲,王本作"鱼不可脱于渊;国之利器不可以示人"。

傅奕本作"鱼不可(按,对勘的,至该本、王本、北大汉简本,帛书乙本,于底本的,是比附后项,不了义的增入了'可'字)挩(按,'挩'与'脱'是通假字)于渊;邦之(按,对勘的,至该本,王本、北大汉简本,于底本的,是增入了'之'字)利器不可以示人"。

北大汉简本作"鱼不可脱(説)于渊;國之利器不可以示(视)于(按,对勘的,至该本,独有的是增了'于'字)人"。

帛书乙本作"鱼不可脱于渊;國利器不可以示人"。

帛书甲本作"鱼不脱于渊(瀟);邦(按,据此,无疑地可以确证,祖本旧有的乃是作'邦'字)利器不可以示(视)人"。

以玄门建构为归导,先为导出,《道德经玄门新证校勘篇》有之新证,厘定祖本的文本以及厘定祖本的行文语序(按,需指出,于祖本的,本然的乃是作为本章的首句),于祖本经义贯通且句义完足的应是写作"邦利器,〔而利器〕不可以示人;〔渔乎鱼〕,〔而〕鱼不脱于渊"。

乙,按,基于以玄门建构为归导,不限于具体的还结合对勘了"天均"德章和"微明"德章的文本,得以互为助益地厘定了本章的文本:

其一，根据是构成对文"〔有道〕之邦，吾知其然也以正：以〔互〕无事〔而〕取天下；夫用兵以奇〔也〕〔以正〕"的：

一者，对应遮诠"以〔互〕无事〔而〕取天下（按，相与有应的，已是转向了需要予以验证'取天下也互无事；及其〔有事〕，有事也又不足以取天下'）"，出于内蕴"也以正"，故而所为对应的，构成轴对称"镜伴"的予以互为生成文本的，则是有之遮诠"设〔天〕象，天下往，往而不害"（按，构成是转向予以验证或说对治"将欲取天下而为之，吾见其弗得已"的，则是构成对文已是呈现异化的"期天多讳，而民弥叛"，以及已是呈现异化的"苛事多起，而民滋〔伪〕智"），则是有之遮诠"邦利器，〔而利器〕不可以示人"（按，构成是转向予以验证或说对治"朴散则为成器，〔人〕用则为官长"的，则是构成对文已是呈现异化的"邦多利器，而民滋昏"，以及已是呈现异化的"法物多彰，而民滋觊觎"）；

二者，对应遮诠"夫用兵以奇〔也〕〔以正〕（按，相与有应的，聚焦于作为"国之大事"的军事用兵，已是转向了需要予以验证'以道佐人主者，不欲以兵强于天下：其事好还；师之所居，荆棘生之'）"，出于内蕴"也以正"，故而所为对应的，构成轴对称"镜伴"的予以互为生成文本的，则是有之遮诠"乐〔予〕饵，过〔饵〕止，〔止而〕安平"（按，收摄于已是有所觉知了"微明"，亦构成是转向了需要予以验证"以道佐人主者，不欲以兵强于天下：其事好还；师之所居，荆棘生之"的，具有实践性意义的，即构成对文"吾不敢为主而为客；吾不敢进寸而退尺"），则是有之遮诠"〔渔乎鱼〕，〔而〕鱼不脱于渊"（按，收摄于已是有所觉知了"微明"，亦构成是转向了需要予以验证"以到佐人主者，不欲以兵强于天下：其事好还；师之所居，荆棘生之"，具有实践性意义的，即构成对文"勇于敢，则〔之〕败；勇于不敢，则〔之〕栝：此两者，孰知其故？天之所恶，或利〔而〕或害"）。

其二，于全本的是作玄门建构，构成互为显义的，简言之，对应遮诠"将欲弱之，必固强之：'……；……；……'；是谓：微明"，出于内蕴"也以正"，故而所为对应的，即构成对文遮诠"福，祸之所倚；祸，福之所伏（按，于全本的乃是构成义理贯通的，亦是出于内蕴'微明'，相应地有所予以阐发胜义地，即构成对文遮诠'以〔互〕无事〔而〕取天下；夫用兵以奇〔也〕〔以正〕'）：'正复为奇；其无正也孰知其极（按，既是能够致之觉知——其无正也孰知其极，则是有所应成的意义于：邦利器，〔利器〕不可以示人。也就是，既是能够致之觉知——正复为奇，则是有所应成的意义于：设〔天〕象，天下往，往而不害）'；'善复为妖；人之迷也其日固久矣（按，既是能够致之觉知——人之迷也其日固久矣，则是有所应成的意义于：〔渔乎鱼〕，〔而〕鱼不脱于渊。也就是，既是能够致之觉知——善复为妖，则是有所应成的意义于：乐予饵，过〔饵〕止，〔止而〕安平）'"。

丙，按，结合既有的校勘，将笔者业已厘定的文本与对勘的诸传抄本的文本对勘，转为追溯至早期的同源的底本，不难发现，彼时的传抄者，出于自主地所能理解，则是予以节略地改写了底本的文本，传抄流变地已是写成了"鱼不脱于渊；邦利器不可以示人"，还武断地将其改成了是本章的尾句。而所改写出来的文本，已是有乖祖本的经义。

按，从校勘的可以先为指出，简言之（至于详为解析，请读者转为参看《道德经玄门新证解析篇》的相关内容）：

实则的亦是构成予以诠释"〔渔乎鱼〕"的，则是宛然生动地予以勾勒出了，那也就是"将欲弱之，必固强之；将欲翕之，必固张之；将欲去之，必固举之；将欲夺之，必固与之"，转为予以指向了"乐〔予〕饵"；实则的亦是构成予以索解"〔而〕鱼不脱于渊"的，则是能够诉诸胜义地予以了判摄"是谓：微明"，转为予以指向了"过〔饵〕止，〔止而〕安平"。

《道经》第三十九章"御德"道章

王弼本《道德经》上经第三章

不上贤，使民不争；不贵资，使民不觊；不现可欲，使民不乱。

互使民无私，无欲；使民知不智，弗为而已；使民为无为，则之无不治。

是以圣人之治：虚其心，实其腹；弱其志，强其骨。

【校勘经文】

【一】甲，王本和傅奕本，皆是作"不尚（按，对勘的，至王本和傅奕本，于底本的，是将'上'改作'尚'字）贤，使民不争；不贵难得之货，使民不为盗；不现（见）可欲，使民心（按，对勘的，至王本、傅奕本、北大汉简本，于底本的，是增入了'心'字）不乱"。

北大汉简本作"不上贤，使民不争；不贵难得之货，使民不为盗；不现（见）可欲，使心不乱"。

帛书乙本作"不上贤，使民不争；不贵难得之货，使民不为盗；不现（见）可欲，使民不乱"。

帛书甲本作"不上贤，〔使民不争；不贵难得之货，使〕民不为〔盗〕；不〔现（见）可欲，使民〕不乱"。

以玄门建构为归导，先为导出，《道德经玄门新证校勘篇》有之新证，厘定祖本的文本，并句读作"不上贤，使民不争；不贵〔资〕，使民不〔觊〕；不现可欲，使民不乱"。

乙，按，已知的，在《道经》的"御德"道章与《德经》的"孔德"德章之间，两者构成是作玄门建构，所呈现出的文本，乃是构成互为生成文本，换言之，特质的是以构成轴对称"镜伴"的文言作出遮诠。据此，得以互为助益地厘定了各章的文本：

已知应是构成对文业已厘定的"绝巧弃利，民利百倍（按，既为应成'少私寡欲'）；绝智弃辨，〔民〕无觊测（按，既为应成'视素保朴'）；绝伪弃虑，民复慈〔孳〕（按，既为应成'无学无尤'）"的，于全本的乃是构成经义贯通的，得以厘定了本章的文本（按，出于意在达成"复德"，是偏转对治的有所诉诸"行不言之教"，两者则是构成了结构性的互为转化），于祖本的应是作"不上贤（按，即构成对文'绝巧弃利'），使民不争（按，即构成对文'民利百倍'）；不贵〔资〕（按，即构成对文'绝智弃辨'），使民不〔觊〕（按，即构成对文'〔民〕无觊测'）；不现可欲（按，即构成对文'绝伪弃虑'），使民不乱（按，即构成对文'民复慈〔孳〕'）"。

按，综上既有的校勘，进而还得以确切地厘定了祖本的文本所取字，简言之：

之一，结合从全本的文本检索老子所取字，能见于其他几章的，皆是写作"上"字，据此得以厘定，于本章的写作"上"字，亦为祖本旧有，而王本和傅奕本，于全本的凡是写作"尚"字，乃是出于"上"与"尚"字是通假字。

之二，从校勘的可以直接予以指出，本章的于祖本的文本已被早期的传抄者篡改过（按，此宗文牍底事应该是发生在楚简本之后。实证的根据楚简本既有的文本，已足以还原出历史的真相，祖本的文本由是得以"复命"）：于祖本的应是写作"不贵〔资〕"，是被篡改作了"不贵难得之货"；继起的，于祖本的应是写作"使民不〔觊〕"，是被悖谬地篡改作了"使民不为盗"。如此做出恶改，若为追究其性质和所带来的后果，已经不仅仅是错解了经义那么简单，势必会波及老子本人，导致老子随之也就被诬枉了，竟然会将百姓之生民污名化。

若为继续的予以追索此宗文牍底事，显见的，不限于本章，遍及全本的，同病的还有篡改祖本的文本，故而，从校勘的还须指出，古之"仁兄"所做恶改，已是一贯地毫不手软：一者，于本章的，顺势还改动了祖本的行文语序，扭曲"圣人之治"化作是对外的专"治"于"民"（后面还有跟进的校勘）；二者，于"孔德"德章的，于祖本的应是写作"〔民〕无觊觎"，是被篡改作了"盗贼无有"；三者，于"天均"德章的，于祖本的应是写作"法物多彰，而〔民〕滋觊觎"，是被篡改作了"法物滋彰，而盗贼多有"；四者，于"自在"德章的，已是将祖本的"〔使民不智毋觊觎〕"直接地予以了裁夺，只留存了现今所能见到的"复结绳而用之"；五者，于"非道"德章的，于祖本的应是写作"……，资货有余，是谓：〔觊华〕；〔觊华〕，非道"，其中的"觊华"是被篡改作了"盗华"（之后的，或是讹作了"盗芋（杅）"，或是讹作了"盗夸"）；六者，于"立德"德章的，于祖本的应是写作"以智知邦，邦之〔觊〕"，是被篡改作了"以智知邦，邦之贼"。

之三，于祖本的应是作"不乱"，而不作"心不乱"（按，何以会增入"心"字，大约逃不出浸淫于儒家教下的"正心诚意"）。又，于祖本的应是作"不争""不〔觊〕""不乱"，此三者，皆是针对外在的行为予以作出遮诠，非为追摄内在的动机予以作出遮诠。又，诸传抄本皆是写作"见"字，于今的可以将其写作"现"字。

【二】甲，从句读入手予以作出审察，梳理对勘的诸传抄本的文本，可以反映出，已是呈现别差的各有自解句义。

王本作"……。'是以圣人之治：虚其心，实其腹；弱其志，强其骨'；常使民无知、无欲，使夫智者（按，对勘的，至该本和傅奕本，于底本的，是增入了'者'字以及后面的'为'字）不敢为也。为无为，则无不治（按，对勘的，至傅奕本，则是恶改地写作'无不为'）"。

傅奕本作"……；是以圣人治也。……；……。常使民无知、无欲，使夫知者不敢为，为无为，则无不为矣"。

北大汉简本作"……；是以圣人治也。……；……。恒使民无知（智）、无欲，使夫知（智）不敢，弗为，则无不治矣"。

帛书乙本作"……；是以圣人之治也。'虚其心，实其腹；弱其志，强其骨'；恒使民无知、无欲也。使夫知不敢，弗为而已，则无不治矣"。

帛书甲本作"……；是以圣人之治也。'虚其心，实其腹；弱其志，强其骨'；恒使民无知、无欲也。使〔夫知不敢，弗为而已，则无不治矣〕"。

以玄门建构为归导，先为导出，《道德经玄门新证校勘篇》有之新证，厘定祖本的文本，并句读作"亙使民无〔私〕，无欲；（按，从校勘的需指出，于祖本的以文牍通例，于此处是省略了'亙'字）使〔民〕知不智，弗为而已；（按，从校勘的需指出，于祖本的以文牍通例，于此处是省略了'亙'字）〔使民〕为无为，则〔之〕无不治"。

乙，按，已知的，在《道经》的"御德"道章与《德经》的"孔德"德章之间，两者构成是作玄门建构，所呈现出的文本，乃是构成互为生成文本，换言之，特质的是以构成轴对称"镜伴"的文言作出遮诠。据此，得以互为助益地厘定了各章的文本：

已知应是构成对文业已厘定的"三言以为使〔民〕；不足或命之〔三言〕，或乎属：少私寡欲；视素保朴；无学无尤"的，于全本的乃是构成经义贯通的，得以厘定了本章的文本（按，出于意在达成"复德"，是偏转应成的有所诉诸"居无为之事"，两者则是构成了结构性的互为转化），于祖本的应是作"亙使民无〔私〕，无欲（按，构成是既对治而应成的，亦为意蕴着构成是'或乎属'，即构成对文'不上贤，使民不争'）（按，即构成对文于应成'少私寡欲'。转为从社会性的实践能够作出勘验的，亦构成对文'使民十百人之器毋用，有舟车无所乘之'）；使民知不〔智〕，弗为而已（按，构成是既对治而应成的，亦为意蕴着构成是'或乎属'，即构成对文'不贵〔资〕，使民不〔觊〕'）（按，即构成对文于应成'视素保朴'。转为从社会性的实践能够作出勘验的，亦构成对文'〔使民不智毋觊测〕，复结绳而用之'）；〔使民〕为无为，则〔之〕无不治（按，构成是既对治而应成的，亦为意蕴着构成是'或乎属'，即构成对文'不现可欲，使民不乱'）（按，即构成对文于应成'无学无尤'。转为从社会性的实践能够给出勘验的，亦构成对文'使民重死〔毋〕远徙，有甲兵无所陈之'）"。

按，综上既有的校勘，进而还得以确切地厘定了祖本的文本所取字，简言之：

之一，于全本的，不限于本章，构成义理一贯地，于祖本的应是作"亙"字（按，其语义甚古，以要义的：目的付诸"应然"的从而能够达成"实然"，即意义于，构成是既对治而应成的，能够达成是导于"正"的"转还"。所为能追索的，则是反映出了生命的觉者，基于守于"中"

的是能等觉和能等持的是主客体同构的有所创觉了宇宙"实相"，从而的，则是有所能够认知到实相"自然"，亦为有所能够认知到"复命"实相，故而，能够自觉地诉诸胜义地，则是必为应成归宗"孔德之容，惟道是从"），而不作是由"亙"字未经正义"月"与"日"字进而加以混用了的"亘"字，亦不作是由"亘"字进而流变出的"恒"字，亦不作是出于应时而用的予以替换了"恒"字的"常"字。

之二，于祖本的，本然的应是作"无私"，而不作"无知"。笔者从校勘的有之合理地推定，显然的，彼时的传抄者，建立在实则是不自知错谬的自解"虚其心，实其腹"，兼及出于意在照应到"无欲"（按，既认定是出于"实其腹"），故而，接下来的，则是将祖本的"无私"篡改成了是作"无知"（按，既认定是出于"虚其心"）。同病的，建立在实则是不自知错谬的自解"弱其志，强其骨"，故而，也就产生出了自以为的，下顺的则是印证于"知不敢"（按，既认定是出于"弱其志"），下顺的则是印证于"弗为而已"（按，既认定是出于"强其骨"）。

之三，据全章的文本作辨析，能合于文理的，于顺次地各项，应该都会有其当机者，故而，针对全句的各项，笔者则是予以补出了复用的"使民"，相应地删除了是增入的"夫"字，厘定于祖本句义完足的应是作"亙使民无〔私〕、无欲；使〔民〕知不〔智〕，弗为而已；〔使民〕为无为，则〔之〕无不治"。

之四，基于既有的校勘，进而可知，彼时的传抄者，出于意在照应到"使民不为盗"，下顺的则是进而将祖本的"不智"悖谬地篡改成了是作"不敢"。又，因之得益于对勘是构成对文的"无学无尤"，相应地也就得以了确证，见于王本的写作"为无为，则无不治"，文本之中存有"为无为"，无疑地乃为祖本旧有。

【三】甲，从句读入手予以作出审察，梳理对勘的诸传抄本的文本，可以反映出，已是呈现别差的各有自解句义。

王本作"……；……；不见可欲，使民心不乱。'是以圣人之治：虚其心，实其腹；弱其志，强其骨'；常使民无知、无欲，使夫智者不敢为也。……，……"。

傅奕本和北大汉简本，句读并同的皆是作"'……；……；不见可欲，使民心不乱'；是以圣人之治也。虚其心，实其腹；弱其志，疆其骨。……，……，……"。

帛书甲、乙本，句读并同的皆是作"'……；……；不见可欲，使民不乱'；是以圣人之治也。'虚其心，实其腹；弱其志，强其骨'；恒使民无知、无欲也。……，……，……"。

乙，以玄门建构为归导，《道德经玄门新证校勘篇》，厘定祖本的文本以及厘定祖本的行文语序（于今的，已能还原出于祖本的此整句本然的是作为本章的尾句），并句读作"是以圣人之治：虚其心（按，则是能够予以验证于'美其服'；亦反映出，则是有之'邻邦相望'），实其腹（按，则是能够予以验证于'甘其食'；亦反映出，则是有之'鸡狗之声相闻'。既构成了，则是有所应成自性'无私'而'无为'）（按，亦构成对文'去彼而取此'的'为腹'）；弱其志（按，则是能够予以验证于'乐其俗'；亦反映出，则是有之'民不相往来'），强其骨（按，则是能够予以验证于'安其居'；亦反映出，则是有之'〔民〕至老而死'。既构成了，则有所应成自性'无欲'而'无以为'）（按，亦构成对文'去彼而取此'的'不为目'）"。

丙，按，基于以玄门建构为归导，兼及对勘"孔德"德章的文本，随之的也就得以确知，彼时的传抄者，不但是从整体地篡改了祖本的文本，还从整体地改动了祖本的行文语序，简言之，则是将祖本的作为尾句的"是以圣人之治"此整句，以行文语序予以了前置，而互为易位的，则将"互使民无私、无欲"此整句，以行文语序予以了后置。

《道经》第四十章"执道"道章

王弼本《道德经》上经第三十七章

道，亘无名，名之朴：

侯王若能守之亘无名，万物将自化；

侯王若能守之名之朴，万物将自定。

万物将自化而欲作，吾将正之以亘无为，夫亦将知
足以静；

万物将自定而欲居，吾将正之以无以为，夫亦将知
止以无事。

【校勘经文】

【一】甲 -1. 王本传本作"道，常无为，而无不为。侯王若能守之，
万物将自化。化而欲作，吾将镇之以（按，检索王注，可知于其初本的，
于此处无'以'字）无名之朴。无名之朴，夫亦将不（无）欲。不欲以
静，天下将自定"。

傅奕本作"道，常无为，而无不为（按，对勘的，至该本和王本，于
底本的，增入了'而无不为'）。王侯若能守（按，该本于此处，裁夺了
'之'字），万物将自化。化而欲作，吾将镇之以无名之朴。无名之朴，
夫亦将不欲。不欲以静（靖），天下将自正"。

北大汉简本作"道，恒无为。侯王若能守之，万物将自化。化而欲
作，吾将真（zhì，置）之以无名之朴。无名之朴（按，对勘的，能见于帛
书甲、乙本的，此项写作'阗之以无名之朴'，至该本、王本、傅奕本，

于同源的底本之际，转为以'顺读'作理解，自主顶针修辞，已是节略地改作'无名之朴'，推及其成因，因之已不解，何以会重出的存有'〔吾〕将阗之以无名之朴'），夫亦将不辱。不辱以静，天地将自正"。

帛书乙本作"道，恒无名。侯王若能守之，万物将自化。化而欲作，吾将阗（tián）之（按，对勘的，该本于此处，漏抄了'以'字）无名之朴。阗之以无名之朴，夫（按，对勘的，帛书甲、乙本，于此处，皆漏抄了'亦'字）将不辱。不辱以静，天地将自正"。

帛书甲本作"道，恒无名。侯王若（按，对勘的，该本，于此处，漏抄了'能'字）守之，万物将自化（悫）。化（悫）而欲〔作〕，〔吾将阗〕之以无名之朴（楻）。〔阗之以〕无名之朴（楻）（按，从校勘的可以先为指出，于祖本的此项写在下一句，于底本的，传抄者则自主地将其以行文语序予以前置。后面还有跟进的校勘），夫将不辱。不辱以静（情），天地将自正"。

楚简本甲组作"道（衜），亘无（亡）为也。侯王（按，对勘的，该本于此处，裁夺了'若'字）能守之，而（按，对勘的，该本于此处，增入了'而'字）万物（勿）将（牾）自化（愇）（按，笔者有之推测，不排除彼时的传抄者面对既有的已是残缺不全的文本，改写文本之际，还生吞活剥了'天均'德章的这个文本：'我无为，而民自化；我好静，而民自正；我无事，而民自福；我欲不欲，而民自朴'）。化（愇）而欲（雒）作（复），（按，对勘的，该本于此处，无疑地漏抄了'吾'字）将（牾）贞之以无（亡）名之朴（斀）。夫亦将知（智）足（按，可以先为指出，于祖本的应写作'夫亦将知足以静'：至帛书甲本、乙本和北大汉简本，皆写作'不辱，不辱以静'，从校勘的有之推测，不排除早先的于同源的底本，因之存有夹注'知足不辱'，其传抄者则是自主地裁作'不辱，不辱以静'。此后，至王本和傅奕本，于底本的，则是进而修改作'不欲，不欲以静'。而楚简本甲组，独有的，则是自主地裁作'知足，知足以静'。后面还有跟进的校勘），知（智）〔足〕以静（束），万物（勿）将自定"。

甲-2.因为直接地关涉本章的文本，故而，同步的还需对勘见于诸传抄本的是于"知止"道章还存有的类似的文本：

楚简本甲组作"道，亘无（亡）名，朴（僕），唯妻，天地弗敢臣。

侯王如（女）能守（獸）之，万物（勿）将自賓（宜）"。

帛书甲本作"道，恒无名，楃（樨），唯〔小，而天下弗敢臣也〕。〔侯〕王若能守之，万物将自宾"。

帛书乙本作"道，恒无名，朴，唯小，而天下弗敢臣也。侯王若能守之，万物将自宾"。

北大汉简本作"道，恒无名，樸。唯小，天下弗敢臣。侯王若能守之，万物将自宾"。

傅奕本作"道，常无名，朴，雖小，天下莫能臣。侯王若能守之，万物将自宾"（按，对勘的，王本所异的，写作"天下莫能臣也"）。

以玄门建构为归导，先为导出，《道德经玄门新证校勘篇》有之新证，予以补出了对勘的诸传抄本于底本的就已然缺失了的字词，厘定祖本的文本以及厘定祖本的行文语序，并句读作"道，互无名，〔名之朴〕：侯王若能守之〔互无名〕，万物将自化；〔侯王若能守之〕名之朴，〔万物将自定〕。〔万物将自〕化而欲作，吾将正之以互无为，夫亦将知足以静；万物将自定〔而欲居〕，吾将正之以无以为，〔夫亦将〕〔知止以无事〕"。

乙，按，便于读者能够理路清晰的审察笔者是如何作出校勘的，需要先为有所交代。基于既已厘定了祖本的文本，还结合详为的予以对勘了诸传抄本的文本，由此的，则是可以作出反向地推测。笔者有之推测，于最早期的同源的底本之际，其文本就已经是字句参差的残缺不全，大概率地其文本面貌即呈现为"道互无名〔□□□〕侯王若能守之〔□□□〕万物将自化〔□□□□□□〕名之朴〔□□□□□□〕〔□□□□〕化而欲作吾将正之以互无为夫亦将知足〔按，于此处，是作夹注的早已存有'知足不辱'〕以静万物将自定〔□□□〕吾将正之以〔□□〕为〔□□□□〕〔□□□□□〕"。

丙，按，若为能够验证笔者所厘定的文本，还须结合从全本的文本作审察，与之同步的，笔者还深入地予以辨析了对勘的诸传抄本的文本，以下详为地给出交代。

丙-1.按，其一，对勘诸传抄本的文本，可以见出，只有王本和傅奕本皆是存有"而无不为"（按，同病的，在全本的文本之中，一贯地还有写作"而无不为"），可以指出，这是传抄者出于作夹注的增入，意在予以阐发"道，常（恒）无为"，显然的，实则是自主地妄语（按，彼时的传抄者，已是堕入了"见知障"，若为追索其成因，应该出自"黄法道家"的思想。关涉的，在"无尤"德章，还有再为给出辨析，内容详实，构成无可疑义，也就彻底地予以清算了乃是后世杜撰出来的"无不为"），因之已是完全违逆了全本的经旨，首先的就予以排除。

其二，从校勘的进而还需予以归纳对勘的文本：一者，见于帛书甲、乙本的，皆写作"道，亘（恒）无名"（按，参考前面的既有的推测，原则上可以推定，乃为祖本旧有）；二者，而见于其他诸传抄本的，早先的是见于楚简本甲组的，皆写作"道，亘（恒；常）无为"（按，从校勘的可以直接予以指出，这是病句，不仅不通于文理，而且还有乖全本的经义：对应客体的或说本体的"道"，是无法相应地给出只具有主体意义的应成"亘（恒）无为"的，传抄者所不自知的，已是落入了对象性的错位，实则是自主地妄语。参考前面的既有的推测，原则上进而还可以给出推定，于祖本的，"亘无为"大概率地应该是写在下文的文本之中）。

其三，对勘的诸传抄本，于下文的文本之中，还一致地皆是存有"无名之朴"（按，参考前面的既有的推测，加之根据前面的既有的辨析，原则上进而可以推定，若合于文理，"名之朴"，于祖本的应当是构成重出，先是写在首句的文本之中："道"的"亘无名"实则出于"亘无"，以要义的则是构成"天下之物：生于无"——显义于"道生一"，转换来说，若为予以揭示所具有的"实相"义，则转为诉诸主体，相应地作出了阐发，既为构成物我同构的能认知到"万物将自化"；亦"道"的"名之朴"实则是出于"亘有"，以要义的则是构成"天下之物：生于有"——显义于"一生二，二生三，三生万物"，转换来说，若为予以揭示所具有的"实相"义，则转为诉诸主体，相应地作出了阐发，既为构成物我同构的能认知到"万物将自定"）。

其四，结合对勘见于诸传抄本的是于"知止"道章还存有的类似的文本，经笔者整理，还可以发现，对勘的诸传抄本，皆是存有"道，亘（恒）无名，朴"。据此，亦能佐证前面的推定，于祖本句义完足的应是写作"道，亘无名，〔名之朴〕"。

按，综上既有的推测和辨析，还根据全本的经义作约束，笔者从校勘的也就有之合理地推定：

一者，无疑地，能够符应经义且合于文理的，于祖本的应是写作

"道，互无名，〔名之朴〕"。

二者，于下文的文本之中，于祖本的应该写有"互无为"，转换来说，能够追溯至最早期的底本的，彼时的就已经是被其传抄者错位的予以了替换，已写作"无（按，此'无'字，应该是传抄者主观地增入，实则无理）名之朴"（按，接下来的跟进的校勘，将会予以确证）。

三者，追溯至早期的同源的底本，加之参考前面的既有的推测，亦不难发现，客观上于底本之际，全章的文本就已经是字词参差的残缺不全，因此而成为诱因，也就导致了，传抄者会从整体地予以改写底本的文本，采取"头面作改换，身段作移植"的加以了改写，随之的也就产生了，所改写出来的文本势必是歧义多有：

之一，于首句，见于诸传抄本的，皆未补出已然缺失了的"〔名之朴〕"。之二，见于诸传抄本的，于底本的，是将下文的文本之中还残存的"名之朴"，结合对参"互无名"，从主观地进而予以了改写，转为是写作"无名之朴"，然后，则是以之替换了本处其位的"互无为"，换言之，也就是改写出了实则是句义不通的"吾将正之以无名之朴"。之三，至后来的，能见于楚简本甲组的，是将首句改写作"道，互无为也"（按，相应地以文牍底事，随之的则是灭失了'互无名'），能见于帛书甲、乙本的，据底本既有的文本，则是抄写作"道，互（恒）无名"（按，相应地以文牍底事，随之的则是灭失了"互无为"）。之四，至后来的，能见于帛书甲、乙本的，于底本的，是将尾句的文本之中还残存的"吾将阒之以无名之朴"，以行文语序改为前置，呈现出是重出的是连续的予以抄出。而于楚简本甲组的，于尾句的已然没有了该句，无疑地，乃是传抄之际就予以了裁夺。之五，早先的，能见于楚简本甲组的，限于文牍底事之既有（于底本的，已是将本来是分属于两句的"夫亦将知足，〔知足不辱〕以静"与"万物将自定"予以了裁并，是写作一句），故而，出于为了满足是语义连贯的能够通读全句，则是需要予以改写文本，从而的，兼及予以改写了"知足不辱"，则是自主地进而改成了"夫亦将知足，知足以静，万物将自定"。于今的，随之既已还原出了早已隐没了的文牍底事，也就得以了然，去之祖本的文本，则是衍生出了呈现多般"变异"的文本，也就是说，全部的各种文本，已是几近于完全的出离了祖本的经义。

按，基于先已厘定了首句的前项，于祖本句义完足的应是写作"道，亙无名，〔名之朴〕”，下顺的，则可以进而厘定乃是进而予以作出阐发的文本，简言之：

一者，是对应予以遮诠“道”的是出自“质料因”的是出于“亙无”的“亙无名”的，是基于能等觉和能等持的，同场的偏转从“还灭”的方向，进而是诉诸主体予以作出阐发的，于祖本的是能够构成句义无间地，是构成对文的，则是写作“侯王若能守之〔亙无名〕，万物将自化”；二者，是对应予以遮诠“道”的是出自“质料因”的是出于“亙有”的“名之朴”的，是基于能等觉和能等持的，同场的偏转从“流转”的方向，进而是诉诸主体予以作出阐发的，于祖本的是能够构成句义无间地，是构成对文的，则是写作“〔侯王若能守之〕名之朴，〔万物将自定〕”。

按，对勘诸传抄本的文本，皆是句式一致地写作“化而欲作，吾将……之以无名之朴”。从校勘的还须予以指出，若为结合从整句的句义作辨析，则所改写出来的文本，实则的亦是病句，有乖全本的经义：

之一，对应前项的“欲作”（按，已知的，即予以对治是出于自性“有为而有以为”的有所异化出“有事”：指向从人之道的已是异化出了“不知亙，妄；妄作，凶”），是无法相应地进而给出“吾将……之以无名之朴”的，因之同病的，亦是落入了对象性的错位，实则的亦是自主地妄语。

之二，对应后项的“知足”（按，从对勘文本的角度来说，还包括或是“不辱”，或是“不欲”），显然的亦是同病，根据“吾将……之以无名之朴”是无法相应地进而予以导出的，两者之间，实则的已是语义不相应，亦是在因与果的关系上不相应。

之三，综上既有的辨析，则可以进而转向，予以明晰构成关联的所取字。出于对治前项的“欲作”，还呈现出了别差的或是写作“贞”字，或是流变地改作“阗”字，或是流变地改作“寘”字，乃至或是想当然地改作“镇”字，详审其语义，本质上的仍是程度不同的出于“有事”，实则皆是未能符应构成经旨的应成“亙无为”，未能符应构成经旨的应成“居无为之事”。故而，笔者从校勘的有之合理地推定，构成是既对治而应成的，于祖本语义切要地应是写作“正”字（按，能见于楚简本甲组的，则是以通假字的“贞”字写出。按，相与有应的，进而结合从全本的经义作审察，亦能够得到确证，既为构成归宗即构成《道德经》宗纲的应成“侯王，得‘一’以为正”）。

综上偏向从归谬的所作辨析，相应地则可以转向从正向的予以追索于祖本的所应有的文本。出于不无必要，笔者从猜想地予以补出了，于对勘的诸传抄本就已经缺失了的文本，是能够符应经义且合于文理的，笔者得以厘定了此整句，于祖本句义贯通且经义完足的应是写作“〔万物将〕自化而欲作，吾将正之以互无为，夫亦将知足以静（按，构成是既对治而应成的，诉诸‘正之’，则构成了，是对应‘知足’的，即构成对文‘欲作’，而相与有验的，诉诸‘互无为’，则构成了，是对应‘以静’的，即构成对文‘万物将自化’）；万物将自定〔而欲居〕，吾将正之以无以为，〔夫亦将〕〔知止以无事〕（按，构成是既对治而应成的，诉诸‘正之’，则构成了，是对应‘〔知止〕’的，即构成对文‘欲居’，而相与有验的，诉诸‘无以为’，则构成了，是对应‘〔以无事〕’的，即构成对文‘万物将自定’）”。

按，将笔者业已厘定的文本与对勘的诸传抄的文本对勘，还结合参考既有的校勘，亦不难发现：

之一，于祖本的是两出的写作“吾将正之以互无为（〔无以为〕）”，而向后作传抄，已是有之流变：至帛书甲、乙本，是于底本的，抄写之际已是有之漏抄字，但是大体上还能反映出，该句从文本的结构上是构成对等的两出；所不同的，至楚简本甲组，包括向后的还能见于王本、傅奕本、北大汉简本的，是于底本的，已是自主地裁为单出。

之二，因之客观上于底本之际，全章的文本就已经是字词参差的残缺不全，因此而成为诱因，也就引发了各个时期的传抄者则是根据自己的所能理解，进而自主地改写了于底本所既有的文本，故而，于祖本的是写作“万物将自定”（按，经校勘于今已知的，是被彼时的传抄者错谬地改写成了是作为全章的句尾），向后作传抄，则是产生了流变：至王本，则是自主地改写作“天下将自定”；至傅奕本，则是自主地改写作“天下将自正”；至北大汉简本、帛书甲本、帛书乙本，于底本的，则是自主地改写作“天地将自正”；至楚简本甲组，还能据底本的文本照旧作传抄，则是写作“万物将自定”。

丙-2.按，基于以玄门建构为归导，具体的还结合从全本的文本作审察，亦能验证笔者所厘定的文本：

其一，欲为从具有"实相"意义的予以阐发——"道"是偏转从"还灭"的方向以"互无"则是构成"互无名"，则是予以阐发了"侯王若能守之〔互无名〕，万物将自化"，而所为能对应的，于全本的是作玄门建构的，构成"互映对称成就"的，是构成回文的（按，乃尔出于"其可左右"），即构成对文"万物归焉而弗为主，则〔之〕互〔无名〕，也可名于小"；欲为从具有"实相"意义的予以阐发——"道"是偏转从"流转"的方向以"互有"则是构成"〔名之朴〕"，则是予以阐发了"〔侯王若能守之〕名之朴，〔万物将自定〕"，而所为能对应的，于全本的是作玄门建构的，构成"互映对称成就"的，是构成回文的（按，乃尔出于"其可左右"），即构成对文"万物归焉而弗为主，〔则之〕〔名之朴〕，〔也〕可名于大"。

其二，是对应"侯王若能守之〔互无名〕，万物将自化"的，于全本的是作玄门建构的，构成"互映对称成就"的，即亦构成对文"万物〔自化〕〔也〕而弗〔欲〕作"，即亦构成对文是出于有所应成"玄德"的即构成物我同构的有所应成"生而弗有"；是对应"〔侯王若能守之〕名之朴，〔万物将自定〕"的，于全本的是作玄门建构的，构成"互映对称成就"的，即亦构成对文"〔万物自定〕〔也〕而弗〔得以〕居"，即亦构成对文是出于有所应成"玄德"的即构成物我同构的有所应成"长而弗宰"。

是对应"〔万物将自〕化而欲作，吾将正之以互无为，夫亦将知足以静（按，所为对应的，则是进而予以分证应成'侯王若能守之〔互无名〕，万物将自化'，即主体相待于客体，于生命的觉者则是可以消解为'物欲'所异化的异化认知"事成"，则是可以具足自性'无私'而'无为'，而与之构成互为显义的，即亦构成对文有之生命的觉者'……。众人皆有余，而我独若遗；我之心也愚人，无所归'）；万物将自定〔而欲居〕，吾将正之以无以为，〔夫亦将〕〔知止以无事〕（按，所为对应的，则是进而予以分证应成'〔侯王若能守之〕名之朴，〔万物将自定〕'，即主体相待于客体，于生命的觉者则是可以消解为'物欲'所异化的异化认知"事成"，则是可以具足自性'无欲'而'无以为'，而与之构成互为显义的，即亦构成对文有之生命的觉者'……。众人皆有以，而我欲独异于人；我独顽〔也〕似俚，贵食母'）"的，于全本的是作玄门建构的，构成"互映对称成就"的，即亦构成对文"〔万物自宾〕〔也〕而弗志

〔于〕〔能〕为”，亦构成对文是出于有所应成“玄德”的即构成物我同构的有所应成“为而弗恃”。

其三，是对应“道，亘无名，〔名之朴〕”的（按，亦构成对文的，则是反映出生命的觉者有所能受觉“天地之间，其犹橐籥；虚而不屈，动而愈出”），以及是对应“侯王若能守之〔亘无名〕，万物将自化；〔侯王若能守之〕名之朴，〔万物将自定〕”的，于全本的是作玄门建构的，构成“互映对称成就”的，即亦反映出，于生命的觉者来说，已是能够有所觉知“天地不仁，以万物为刍狗；圣人不仁，以百姓为刍狗”。还有，是对应“……，……，夫亦将知足以静；……，……，〔夫亦将〕〔知止以无事〕”这一段文本的，于全本的是作玄门建构的，构成“互映对称成就”的，即亦反映出，于生命的觉者来说，已是能够有所觉知“多闻数穷，不若守于‘中’”，构成义理一贯地，是以当机的生命的觉者能给出验证的，已是能够有所自觉地实践“上士闻道，堇能行于其‘中’”。

其四，是对应“道，亘无名，〔名之朴〕：……，……；……，……”这一段文本的，于全本的是作玄门建构的，构成“互映对称成就”的，是转为从社会性的实践亦能给出验证的，即亦反映出，于生命的觉者来说，已是能够有所觉知“天之道，利而不害；圣人之道，为而不争”。还有，是对应“……，……，夫亦将知足以静；……，……，〔夫亦将〕〔知止以无事〕”这一段文本的，于全本的是作玄门建构的，构成“互映对称成就”的，是转为从社会性的实践亦能给出验证的，即亦反映出，于生命的觉者来说，已是能够有所自觉地实践“圣人无积：既以为人，己愈有；既以予人，己愈多”。

丁，按，校勘完毕《道经》部分的全部文本，兼及需要发明老子是如何编纂和编撰全本《道德经》的文本的，则是结合着，予以辨明《道经》终篇之两章，亦能从中探得其津要：一者，所为生成“御德”道章的文本，意在劝进应然实践“今之善为道者，执今之道，以御今之有〔德〕”，目的于必为具足“上〔之〕德，无为而无以为”；二者，所为生成“执道”道章的文本，意在劝进应然实践“从事于德同道：得者同于得；失者同于失”，目的于必为具足“侯王，得‘一’以为正”。

德经

《德经》第一章"亘德"章

王弼本《道德经》下经第三十八章

上德之有德，有德也以其不失德，是以有德；下德之无德，无德也以其失德，是以无德：

"上德之不失德，不失德也而以其同于道；下德之失德，失德也而以其不同于道，故失道也而失德，失德而后仁，失仁而后义，失义而后礼"；"上之德，无为而无以为；上之仁，有为而无以为；上之义，有为而有以为；上之礼，莫之则之，应也攘臂而扔之"。

"前识者，道之华也而愚之首；夫礼者，忠信之薄也而乱之首"，是以大丈夫："居其实也而不居其华；居其厚也而不居其薄"，去彼而取此。

道德经玄门新证 校勘篇

【校勘经文】

【一】甲-1. 王本、傅奕本、北大汉简本，以及帛书乙本皆是作"上德不德，是以有德；下德不失德，是以无德"。

帛书甲本，据帛书乙本补出的，应该是作"〔上德不德，是以有德；下德不失德，是以无〕德"。

甲-2. 王本传本作"上德，无为而无以为；下德，为之而有以为"

三二〇

〔按，王注"是以上德之人，唯道是用，不德其德。又，此部分作注确当，因之归宗'孔德之容，惟道是从'），无执无用，故能有德而无不为（按，此部分作注，已沦为戏论）"，可证于其初本的应是作"无不为"，而不作"无以为"，即同于傅奕本〕。傅奕本作"上德，无为而无不为；下德，为之而有以为"。北大汉简本作"上德，无为而无以为；下德，为之而无（按，这里是将'有'误写作'无'字）以为"。帛书甲、乙本皆是作"上德，无为，而无以为也"（按，对勘的，此两本皆没有后一句，即没有其他诸传抄本的"下德，为之而有以为"）。

甲-3. 王本和傅奕本皆是作"上仁，为之而无以为；上义，为之而有以为；上礼，为之而莫之应，则攘臂而扔之"（按，对勘的，于北大汉简本，所异的，于"扔"是讹作"乃"字。另，于帛书乙本亦是讹作"乃"字）。

帛书甲本作"上仁，为之，〔而无〕以为也；上义，为之，而有以为也；上礼，〔为之，而莫之应也，则〕攘臂而扔之"。

帛书乙本作"上仁，为之，而无以为也；上义（德），为之，而有以为也；上礼，为之，而莫之应也，则攘臂而扔（乃）之"（按，对勘的，至王本、傅奕本、北大汉简本，则皆是裁夺了于帛书甲、乙本皆有的"也"字，换言之，传抄流变地已是形成了，以两种角度来判读文本，其语义已不相同）。

甲-4. 王本，傅奕本，以及北大汉简本，皆是作"故失道而後德，失德而後仁，失仁而後义，失义而後礼"。

帛书甲本作"故失道。失道矣而後德，失德而後仁，失仁而後义，〔失〕义而〔後礼〕"（按，对勘的，于该本之所以会另有写出"失道矣"，推及成因，溯及于底本的，是出自作夹注窜并）。

帛书乙本作"故失道而後（按，该本于此处，溯及于底本的，确凿的是写作'後'字）德，失德而句（按，溯及于底本的，下顺地则是以金文的借'句'字写出'司'字。又，虽然'司'字与'后'字以金文是构成通假字，但是'後'字与'句'字并不构成通假字。因是，也就是说，至帛书乙本，乃是照旧传抄了其底本的文本，未有作出改动，并非帛书乙本将'後'字讹作了'句'字。通过辨析相关的诸字，可以确然的见出其底本来源甚古，间接地亦反映出了，此传抄者早已是从有为法来理解立德，惟树儒家之教化是其正宗：若能'司'之仁、义、礼、智、信、忠、勇，若可补救世间渐渐地失去了道义，得以转还筑基政治统治，规范人伦纲常）仁，失仁而句义，失义而句礼"。

乙-1. 按，从校勘的可以直接予以指出，对勘诸传抄本的文本，凡文本之中存有"下德，为之而有以为"，乃是其底本的传抄者错解经义的增入了文本，大概率地亦是以作夹注而留存。因之不难理解，之所以有所以总称的判定是"下德"，乃是出于对治异化地人之道所能给定，也就是说，从人之道乃是渐次地产生了"上〔之〕仁""上〔之〕义""上〔之〕礼"，故而的，也就并不构成一概地都是出自"为之而有以为"。今校勘，则是将其删除。

按，论及于王本和傅奕本的何以皆会是写作"上德，无为而无不为"，推及成因，应该是出于意在照应到前章（即"执道"道章）的文本，乃是夹杂了"黄法道家"思想的"道常无为而无不为"，一贯地加以移用或说加以篡改。

按，帛书甲、乙本于整句地相应地各项，皆是使用了"之"字，还使用了"也"字，从整句作出审察，这两个字乃是其底本的传抄者所增入，而从其动机来看，其传抄者已是堕入了着相——那是可以成就"上德""上仁""上义""上礼"的，实则已是错会了祖本的句义。

还有，对勘诸传抄本的文本，还反映出了，倒是一致地写作"上德，无为而无以（或'不'）为"，都是没有"之"字，也就得以确知，于祖本之际本就不作"无为之"。据此，进而从校勘的亦可以推定，构成义理一贯地，于整句的各后项，于祖本之际亦不会写有"之"字，换言之，这是早期的同源的底本其传抄者错谬地增入。转换来说，于各后项皆有"之"字，皆是写作"为之"，已是背离了祖本的句义，因为，祖本的此整句乃是意在从本质上予以揭示，是自"无（！）为而无（！）以为"渐次的异化到了"有（！）为而有（！）以为"，既于全章是构成义理一贯地，亦是意在从本质上予以揭示，是自"同于道"（呈现"不失德"的"有（！）德"）渐次异化到了"不同于道"或说"失道〔也〕而失德"（呈现"失德"的"无（！）德"）。补充来说，根据《道德经》的宗纲亦能得到研判（从生命的觉者出发，基于既已觉知了"互道"与"互德"以胜义的乃是构成本质的同构，故而的，构成能等觉和能等持的，诉诸是以文言作出遮诠的，则是予以生成了是构成互为显义语义的文本）：等持的予以诉诸"互德"章的，则是从最一般意义上的需要予以追问"德"之"有"与"德"之"无"，而所为等价的，也就构成了，亦是需要予以追问"同于道"与"不同于道"的"有"德之"得"与"无"德之"失"；等持的予以诉诸"互道"章的，则是从最一般意义上的需要予以追问"名"之"有"与"名"之"无"，而所为等价的，也就构成了，亦是需要予以追问"道"之"互有"与"道"之"互无"。

还有，从校勘的还需特为指出，于祖本的，应是分别地写作"上〔之〕德""上〔之〕仁""上〔之〕义""上〔之〕礼"。这里的四个"上"字则是作为动词来加以使用（按，如有之的是写作"不上贤，使民不争"），还有，前面的对应"下德"的"上德"其"上"字则是作为名词来加以使用（按，合之两者，如有之的是写作"百姓之〔不治〕，不治也以其上〔上〕之有以为，是以不治"。按，从校勘的还需予以指出，于老子之际，于全本的文本之中，许多的单字，有时候是作为名词，有时候是作为动词，此不赘，读者阅读文本之际宜留意，自行予以辨别）。举例来说，于祖本的本是写作"上〔之〕仁，〔有〕为而无以为"，而传抄之际，诱因比照首句的是写作"上德"，则是被错谬地改写作"上仁，为之，而无以为也"。反过来说，至诸传抄本，已是一致地皆写作"上德""上仁""上义""上礼"，于今作校勘，若是将其置之全句之中从整句作出审察，不难发现，反而是衍生出了病句，造成了于语义上已是不能贯通：这是彼时的传抄者所未能料到的，"始则移东补西，继则左支右绌"。

按，从校勘的可以直接予以指出，经笔者厘定，无疑地于祖本语义贯通且经义完足地应是写作"上德〔之〕〔有德〕，〔有德〕〔也以其〕不〔失〕德，是以有德；下德〔之〕〔无德〕，〔无德〕〔也以其〕失德，是以无德"。

将笔者业已厘定的文本与对勘的诸传抄本的文本对勘，转为追溯至早期的同源的底本，不难发现，彼时的传抄者已不甚了然经义，亦不知于老子已是特质的一贯地自有其行文理则（按，诉诸构成是既对治而应成地能够达成"知行合一"，是能够给出验证的能够达成"事理不二"且"表里如一"，相应地转为是能够予以诉诸文言道的，则是具有若佛法出于

"因明"逻辑的法味：根柢直觉的"现量"，诉诸思维的"比量"，乃尔的则是可以转作，以文言来作出遮诠和表诠；实则的，乃是基于生命的觉者，是主观能动的已然具足了"正遍知"，既为基于守于"中"的已然具足了能等觉和能等持，相应地有所能够受觉到既构成是"自相即他相；他相即自相"），故而，则是将文本予以节略地改写作"上德不德，是以有德；下德不失德，是以无德"（按，不止于此，彼时的传抄者，还将前项的"不〔失〕德"是篡改作了"不德"，还将后项的"失德"是篡改作了"不失德"，以文牍底事而隐蔽），而所改写出来的文本，已是违逆了祖本的经义。

补充来说，若为从全本《道德经》的文本之中予以广为地寻出援例，亦能够得到充分的验证：

之一，能见于"立德"德章的，于祖本的应是写作"今之善为道者：非以明〔明民〕，民也将以愚〔愚〕之；民之难治〔也以其知〕，〔知〕也以其智"。

之二，能见于"病已"德章的，于祖本的应是写作"知不知，上；不知知，病。圣人之不病，〔不病〕也以其病病，是以不病"。

之三，能见于"善生"德章的，于祖本的应是写作"人之〔饥〕，饥也以其〔上〕取食税之多，是以饥；百姓之〔不治〕，不治也以其上〔上〕之有以为，是以不治；民之〔轻死〕，轻死也以其〔上〕求生之厚，是以轻死"。

之四，能见于"取下"德章的，于祖本的应是写作"江海之能为百浴王，〔也〕〔以其能为百浴后〕，也以其能为百浴下，是以能为百浴王"。

之五，能见于"天均"德章的，于祖本的应是写作"〔有道〕之邦，吾知其然也以正：以〔互〕无事〔而〕取天下；夫用兵以奇〔也〕〔以正〕"。

之六，能见于"畏自"德章的，于祖本的应是写作"民之不畏畏，则大畏将至：毋〔自〕狭其所居，毋〔自〕压其所生；夫唯无〔所畏〕，是以无〔大畏〕。是以圣人：'自知〔也〕而不自见；自爱〔也〕而不自贵'，去彼而取此"。

之七，能见于"用人"德章的，于祖本的应是写作"治〔之〕大邦，其鬼不神；以道立天下，若〔可〕享〔之〕小鲜"。

之八，能见于"互道"章的，于祖本的应是写作"道〔之〕可道，也〔可道之道〕非互道；名〔之〕可名，也〔可名之名〕非互名"。

之九，能见于"泛成"道章的，于祖本的应是写作"圣人之能成大，〔能成大〕也以其不为大，是以能成大"。

之十，能见于"知互"道章的，于祖本的应是写作"天地之能长且久，〔能长且久〕也以其不自生，是以能长〔且〕〔久〕"，以及应是写作"〔圣人之能成其私〕，〔能成其私〕〔也〕以其无私、〔无欲〕，〔是以〕能成其私"。

乙-2.按，便于校勘文本，予以先为导出，《道德经玄门新证校勘篇》有之新证，厘定于祖本语义贯通且经义完足地应写作"〔上德之不失德〕，〔不失德也而以其同于道〕；〔下德之失德〕，〔失德也而以其不同于道〕，故失道〔也〕而失德，失德而后仁，失仁而后义，失义而后礼"，以及语句并联的应是写作"上〔之〕德，无为而无以为；上〔之〕仁，〔有〕为而无以为；上〔之〕义，〔有〕为而有以为；上〔之〕礼，莫之则〔之〕，应也攘臂而扔之"。

按，将笔者业已厘定的文本与对勘的诸传抄本的文本对勘，转为追溯至早期的同源的底本，不难发现，彼时的传抄者已不甚了然经义（构成诱因的，不排除于底本之底本的就已有文本残缺），亦不知于老子已是特质的一贯地自有其行文理则，故而，则是将文本予以节略地改写作"故失道而后德，失德而后仁，失仁而后义，失义而后礼"，还进而将改写过的此句后置，改动了祖本的行文语序（按，不止于此，还将祖本的首项的"失德"，以比附各后项皆是有"後"字，进而改写作"后德"，至此，则是顿生语义"有漏"。因此而成为诱因，也就引发了能见于帛书甲本的会有所作夹注）。同病的，还将祖本的文本是篡改作"上德，无为，而无以为也；上仁，为之，而无以为也；上义，为之，而有以为也；上礼，为之，而莫之应也，则攘臂而扔之"（按，基于不自知的是从有为法的错会了祖本的句义，彼时的传抄者：一者，于每一前项，则是裁夺了祖本的"之"字；二者，于整句的各后项，则是裁夺了祖本的"有"字，错谬地增入了"之"和"也"字。又，从校勘的还可以予以指出，于首项的"无为"，因之无可措手，也就未遭篡改），而所改写出来的文本，已是语义结节的不通，而且还有乖祖本的经义（按，因此而成为诱因，也就引发了后来的传抄者进而会增入不了义的文本）。

　　按，综上校勘，一贯地，还须进而予以验证笔者所厘定的文本。基于以玄门建构为归导，已知的，是对应"自然"道章的遮诠"太上，知有之；其次，亲〔之〕誉之；其次，畏之；其下，侮之"的，于全本的是作玄门建构的，简言之，即构成对文本章的遮诠"上〔之〕德，无为而无以为（按，即构成对文'太上，知有之'）；上〔之〕仁，〔有〕为而无以为（按，即构成对文'其次，亲之誉之'）；上〔之〕义，〔有〕为而有以为（按，即构成对文'其次，畏之'）；上〔之〕礼，莫之则〔之〕，应也攘臂而扔之（按，即构成对文'其下，侮之'）"（按，从校勘的还需予以指出，对应此整句，内在的构成是既对治而应成地，深在的乃是基于归宗"孔德之容，惟道是从"，亦转为构成对文该章的遮诠"今之善为道者，执今之道，以御今之有〔德〕"）。

　　还有，基于以玄门建构为归导，已知的，是对应"从事"道章的遮诠"'同于道者，道亦乐得之；〔也而〕同于德者，德亦乐得之'；'不同于道者，道亦乐失之；〔也而〕不同于德者，德亦乐失之'"的，于全本的是作玄门建构的，简言之，即构成对文本章的遮诠"〔上德之不失德〕，〔不失德也而以其同于道〕（按，即构成对文'同于道者，道亦乐得之；〔也而〕同于德者，德亦乐得之'）；〔下德之失德〕，〔失德也而以其不同于道〕，故失道〔也〕而失德，失德而后仁，失仁而后义，失义而后礼（按，即构成对文'不同于道者，道亦乐失之；〔也而〕不同于德者，德亦乐失之'）"（按，从校勘的还需予以指出，对应此整句，内在的构成是既对治而应成地，深在的乃是基于归宗"孔德之容，惟道是从"，亦转为构成对文该章的遮诠"故从事于德同道：得者同于得；失者同于失"。按，对应"从事"道章的此句，于全本的是作玄门建构的，构成"互映对称成就"的，即亦构成对文"自然"道章的遮诠"今之善为道者，执今之道，以御今之有〔德〕"）。

　　乙-3. 按，从校勘的还需予以指出，将笔者业已厘定的文本作出梳理，亦同样的能够给出有效的验证，简言之：

　　一者，是对应宗领的"上德〔之〕〔有德〕，〔有德〕也以其〕不〔失〕德，是以有德"的，于祖本的构成语义贯通且经义完足地，即构成对文是予以作出分证的"〔上德之不失德〕，〔不失德也而以其同于道〕"，进而即转为构成对文是予以作出分证的"上〔之〕德，无为而无以为"，还有，进而转为归结于是能成就"大丈夫"的，以应成地则是构成对文乃尔应然"取此""居其实〔也〕而不居其华；居其厚〔也〕而不居其薄"。

二者，是对应宗领的"下德〔之〕〔无德〕，〔无德〕〔也以其〕失德，是以无德"的，于祖本的构成语义贯通且经义完足地，即构成对文是予以作出分证的"〔下德之失德〕，〔失德也而以其不同于道〕，故失道〔也〕而失德，失德而后仁，失仁而后义，失义而后礼"，进而转为构成对文是予以作出分证的"上〔之〕仁，〔有〕为而无以为；上〔之〕义，〔有〕为而有以为；上〔之〕礼，莫之则〔之〕，应也攘臂而扔之"，还有，进而转为归结于是能成就"大丈夫"的，以对治的则是构成对文乃尔应然"去彼""前识者，道之华也而愚之首；夫礼者，忠信之薄也而乱之首"。

【二】甲 -1. 王本传本作"夫礼者，忠信之薄而乱之首；前识者，道之华而愚之始"（按，检索王注，可证于其初本的是作"道之华而愚之首"）。

傅奕本作"夫礼者，忠信之薄，而乱之首也；前识者，道之华，而愚之始也"。

北大汉简本作"夫礼（按，于此处，是漏抄了'者'字），忠信之薄（浅），而乱之首也；前识者，道之华，而愚之首也"。

帛书乙本作"夫礼者，忠信之薄（泊）也，而乱之首也；前识者，道之华也，而愚之首也"。

帛书甲本作"〔夫礼者，忠信之薄（泊）也〕，而乱之首也；〔前识者〕，道之华也，而愚之首也"。

甲 -2. 王本作"是以大丈夫：处其厚，不居其薄；处其实，不居其华。故去彼取此"（按，对勘的，傅奕本所异，于全句的四项皆是作"处"字）。

北大汉简本作"是以大丈夫：居其厚，不居其薄；居其实，不居其华。故去彼（被）取此"。

帛书甲本作"是以大丈夫：居其厚，而不居其薄（泊）；居其实，不居其华。故去彼（皮）取此"。

帛书乙本作"是以大丈夫：居〔其厚，而不〕居其薄（泊）；居其实，而不居其华。故去彼（罢）而取此"。

乙-1. 按，帛书甲、乙本，以及北大汉简本，于整句地两处皆是作"首"字，乃为祖本旧有。按，于帛书甲、乙本的，之所以皆是写作"泊"字，从校勘的有之合理的推测，于其底本的，可能是出自其传抄者，自主应该照应到"从道"德章的"我泊焉"，故而于本章的，则是有所沿用，实则不了义。

按，结合前面的所作校勘，进而可知，彼时的传抄者，还基于以"顺读"作理解，进而还有改动祖本的行文语序，换言之，而于祖本的，"前识者，道之华也而愚之首"本然的是作为该整句地前项，相应地，"夫礼者，忠信之薄也而乱之首"本然的是作为该整句地后项。

按，以玄门建构为归导，《道德经玄门新证校勘篇》，厘定祖本的文本以及厘定祖本的行文语序，并句读作"'前识者，道之华也而愚之首；夫礼者，忠信之薄也而乱之首'，是以大丈夫：'居其实〔也〕而不居其华；居其厚〔也〕而不居其薄'，去彼而取此"。

乙-2. 按，从校勘的可以直接予以指出，于全本的是作玄门建构的，简言之：

一者，对应本章的尾句，同为构成《道德经》的宗纲，构成互为显义的，即构成对文"复德"章的遮诠"天下皆知〔美〕，美之为美也恶已（按，即构成对文'前识者，道之华也而愚之首'）；天下皆知善，〔善之为善也〕不善已（按，即构成对文'夫礼者，忠信之薄也而乱之首'）"；还有，对应本章的尾句，转作是以"大丈夫"当机的，构成"互映对称成就"的，即构成对文"祛身"道章的遮诠"爱以身为天下，若可以寄天下（按，即亦构成对文'居其实〔也〕而不居其华'）；贵为身于为天下，若可以托天下（按，即亦构成对文'居其厚〔也〕而不居其薄'）"。

二者，对应本章的尾句，是转为相应地进而给出分证或说勘验的，即构成对文"孔德"德章的遮诠"大道废，智慧出；有仁义，有大伪：亲不和，邦昏乱；有孝子，有贞臣"（按，即构成对文"前识者，道之华也而愚之首；夫礼者，忠信之薄也而乱之首"）；还有，对应本章的尾句，构成互为显义的，是比于应成"大丈夫"的转作是以"侯王"当机的，即构成对文"归道"章的遮诠"故必高矣而以下为基（按，亦构成对文'爱以身为天下，若可以寄天下'）"和遮诠"〔是〕故〔不〕致数誉，〔至〕

无誉（按，亦构成对文'我之心也愚人，无所归'）"（按，即亦构成对文"居其实〔也〕而不居其华"），以及遮诠"必贵〔矣〕而以贱为本（按，亦构成对文'贵为身于为天下，若可以讬天下'）"和遮诠"是故不欲禄禄若玉，硌硌若石（按，亦构成对文'我独顽〔也〕似俚，贵食母'）"（按，即亦构成对文"居其厚〔也〕而不居其薄"）。

道德经玄门新证 校勘篇

《德经》第二章 "归道" 章

王弼本《道德经》下经第三十九章

昔之得 "一" 者：

天，得 "一" 以清；地，得 "一" 以宁；神，得 "一" 以灵；谷，得 "一" 以盈；侯王，得 "一" 以为正。

其致之 "中" 之 "域" 也谓：

天，毋已清将恐裂；地，毋已宁将恐发；神，毋已灵将恐歇；谷，毋已盈将恐竭；侯王，毋已正将恐蹶。

故必高矣而以下为基；必贵矣而以贱为本：

是故不致数誉，至无誉；是故不欲禄禄若玉，硌硌若石。

【校勘经文】

【一】甲，王本和傅奕本，皆是作 "昔之得 '一' 者：天，得 '一' 以清；地，得 '一' 以宁；神，得 '一' 以灵；谷，得 '一' 以盈；万物，得 '一' 以生；侯王，得 '一' 以为天下贞"。

北大汉简本作 "昔得 '一' 者：天，得 '一' 以清（精）；地，得 '一' 以宁；神，得 '一' 以灵；谷，得 '一' 以盈；侯王，得 '一' 以为正"。

帛书甲本作"昔之得'一'者：天，得'一'以清；地，得'〔一〕'以宁；神，得'一'以灵（霝）；谷（浴），得'一'以盈；侯〔王，得'一'〕而以为正"。

帛书乙本作"昔得'一'者：天，得'一'以清；地，得'一'以宁；神，得'一'以灵（霝）；谷，得'一'以盈；侯王，得'一'以为天下正"。

乙，按，对勘诸传抄本，只有王本和傅奕本，是写有"万物，得'一'以生"，以及以对文的还写有"万物，无以生将恐灭"。从校勘的可以予以指出，这是其底本的传抄者出于主观地实则是不了义的添植。

出于不无必要，从校勘的还须予以直接指出，基于禅定"大定"（守于"中"）总持的既已具足了"正遍知"，故而，于全本的是作玄门建构的，也就有着，是对应本章的"昔之得'一'者：……"此整句地，则是深在的还构成对文从道体作出分证的"互，曰：复命（按，即构成对文'中之域有四大'）；知互，曰明（按，即构成对文'中之域人居焉'）"此文本，也即反映出了，老子以《道德经》的宗纲为约束，从而相应地予以创制了文本，同为的予以阐发了生命的觉者是何以能够受觉宇宙"实相"的，实则的乃是诉诸"以'〔一〕'知古始"，从而的，则是有所创觉了是构成"天地创世纪"的宇宙"实相"（按，还有，简言之，构成义理一贯地，接下来的，是对应本章的"其致之〔'中'之'域'〕也谓：……"此整句的，则是深在的还构成对文从道体作分证的"'中'之'域'有四大；'中'之'域'人居焉"此文本，也即反映出了，老子以《道德经》的宗纲为约束，从而相应地予以创制了文本，同为的予以阐发了生命的觉者是何以能够觉知实相"自然"的，实则的乃是诉诸是主客体同构的有所觉知了——是呈现出"'中'之'域'有四大；'中'之'域'人居焉"）。故而，以《道德经》的宗纲为约束，见于"归道"章的，则是无所涉及需要予以遮诠此在的"万物"，更是无所延义于有所遮诠的"道，互无名，〔名之朴〕：侯王若能守之〔互无名〕，万物将自化"（按，至于详为解析，请读者转为参看《道德经玄门新证解析篇》的相关内容，此不赘。要之，是对应此句的，以谕旨的则是构成对文"归道"章的"〔是〕故不致数誉，〔至〕无誉"，也即构成比德于道的，诉诸应成有所能够觉知"互无名"，则是指向了"从道"德章的"我之心也愚人，无所归"，亦为反映出了，是既为指归于应成自性"无为"的既为构成应成自性"视素"，从而的，则是有所能够应成自性"少私"和应成自性"无学"），以及无所延义于有所遮诠的"道，亘无名，〔名之朴〕：〔侯王若能守之〕名之朴，〔万物将自定〕"（按，要之，是对应此句的，以谕旨的则是构成对文"归道"章的"是故不欲禄禄若玉，珞珞若石"，也即，构成比德于道的，诉诸应成有所能够觉知"名之朴"，则是指向了"从道"德章的"我独顽〔也〕似俚，贵食母"，亦为反映出了，是既为指归于应成自性"无以为"的既为构成应成自性"保朴"，从而的，则是有所能够应成自性"寡欲"和应成自性"无尤"。按，进而还须予以指出的，于全本的乃是构成经义贯通地，实则的乃是出于必为归宗"孔德之容，惟道是从"，也就有着：要之，对应"亘德"章的言及"居其实〔也〕而不居其华"，以谕旨的则是构成对文"御德"道章的言及"圣人之治"的有所应成"虚其心，实其腹"，亦为指向了"孔德"德章的，是既为指归于应成自性"无为"的既为构成应成自性"视素"，从而的，则是有所能够应成自性"少私"和应成自性"无学"；要之，对应"亘德"章的言及"居其厚〔也〕而不居其薄"，以谕旨的则是构成对文"御德"道章的言及"圣人之治"的有所应成"弱其志，强其骨"，亦为指向了"孔德"德章的，是既为指归于应成自性"无以为"的既为构成应成自性"保朴"，从而的，则是有所能够应成自性"寡欲"和应成自性"无尤"）。

按，对勘诸传抄本的文本，只有王本和傅奕本以底本的皆是写作"贞"字。"贞"虽有"正"的意义，而"贞"亦具有卜筮的气息，在意勘验事后的真伪，位列是出于有为法的《周易》的"元、亨、利、贞"其四者之一，换言之，取"贞"字，就本章来说，已不合经义。能见于其他的诸传抄本的，则皆是写作"正"字，语义切要，乃为祖本旧有。按，帛书甲、乙本，于其底本的不作"谷"字，而是作"浴"字，已是不自知的落入了执取于具象，而于祖本的，语义切要地应是作"谷"字，即构成对文"神谷不死"。

按，对勘诸传抄本的文本，只有北大汉简本是写作"侯王，得'一'以为正"，语义切要，于整句能够形成语势前后贯通，乃为祖本旧有。于帛书甲本的是写作"而以为正"，多余地增入了"而"字。至帛书乙本、王本、傅奕本，皆是增入了"天下"两字（笔者推测，于底本的，其传抄者或是主观地据"保朴"德章的有之"清静，可以为天下正"，相应地有所移用），已是溢出了本章的经义。

以玄门建构为归导，《道德经玄门新证校勘篇》，厘定祖本的文本，并句读作"昔之得'一'者：天，得'一'以清；地，得'一'以宁；神，得'一'以灵；谷，得'一'以盈；侯王，得'一'以为正"。

【二】甲，王本作"其致之：天，无以清将恐裂；地，无以宁将恐发；神，无以灵将恐歇；谷，无以盈将恐竭；万物，无以生将恐灭；侯王，无以贵高将恐蹶"〔按，对勘的，傅奕本所异的：有作"其致之，'一'也"，是自主地予以增入了"一"字（笔者早年间作校勘，亦是想当然地就认为是缺失了"一"字，于今来看，实则武断）；有作"侯王，无以为贞而贵高将恐蹶"。按，于祖本的于各项的是作"毋已"，至王本和傅奕本皆是讹作"无以"，至北大汉简本是讹作"毋以"〕。

北大汉简本作"其致之也。天，毋已（以）清（精）将恐裂（列）；地，毋已（以）宁将恐发（废）；神，毋已（以）灵将恐歇；谷，毋已（以）盈将恐竭（渴）；侯王，毋已（以）贵以高将恐蹶（厥）"。

帛书乙本作"其至也谓（胃）：天，毋已清将恐裂（莲）；地，毋已宁将恐发；神，毋〔已灵（霝）将〕恐歇；谷，毋已〔盈〕将恐竭〔渴〕；侯王，毋已贵以高将恐蹶（欮）"。

帛书甲本作"其致之也。谓（胃）天，毋已清将恐〔？〕；谓（胃）地，毋〔已宁〕将恐〔？〕；谓（胃）神，毋已灵（霝）将恐歇；谓（胃）谷（浴），毋已盈将恐竭（渴）；谓（胃）侯王，毋已贵〔以高将恐蹶〕"（按，对勘诸传抄本的文本，笔者据王本的所取字统一厘定了诸字，是写作"裂、发、歇、竭、蹶"。于祖本的，有可能不是作"发"字，而是作"揭"字，备此一说）。

以玄门建构为归导，先为导出，《道德经玄门新证校勘篇》有之新证，厘定祖本的文本，并句读作"其致之〔'中'之'域'〕也谓：天，毋已清将恐裂；地，毋已宁将恐发；神，毋已灵将恐歇；谷，毋已盈将恐竭；侯王，毋已正将恐蹶"。

乙，按，笔者从校勘的有之合理的推定，见于帛书甲本的，于整句的各项之所以皆会写有"谓"字，因之在其底本之际就已没有了"中之域"，故而，多所于后面的各项皆增入"谓"字，乃是意在由此促成语义贯通。换言之，对勘诸传抄本的文本，进而能够予以追溯的，亦可以给出推定，因之于早期的同源的底本之际就已没有了"中之域"，不排除还因之其传抄者极易将于祖本的是作为范畴来使用的"域（'或''鄩'）"字混同于"或"字，关联地亦不知于祖本的是作为范畴来使用的还有使用到"中"字，进而根据此整句是以肯定的语气作陈述。故而的，则是自主地予以了裁夺，也就反映彼时的传抄者已无能领会祖本的"其致之〔'中'之'域'〕也谓"其语义了。

还有，得益于业已厘定了"其致之〔'中'之'域'〕也谓"此整句，相应地，也就得以了然：已知的，于全本的是作玄门建构的，乃是对应构成《道德经》宗纲的"归道"章的，则是以"从道"德章予以作出总分证，故而的，构成义理一贯地，于其文本之中，则是相与有应地予以生成了是以"望今，其未央"为宗领的文本和予以生成了是以"沕今，其无止"为宗领的文本，既为构成"互映对称成就"的进而予以作出总分证。

按，基于既已厘定了"侯王，得'一'以为正"，随之的，也就得以厘定了是构成对文的文本，厘定于祖本的应是写作"侯王，毋已正将恐蹶"。因是，也就得以了然，于早期的同源的底本之际，其传抄者已是不了义的据下文还自主地予以增入了"贵以高"，进而改写了既有的文本。

【三】甲，王本作"故贵以贱为本，高以下为基。是以侯王自谓孤、寡、不谷。此非以贱为本耶（邪）？非乎？故致数舆无舆。不欲琭琭如玉，硌硌如石"。

傅奕本作"故贵以贱为本，高以下为基。是以王侯自谓孤、寡、不穀，是其以贱为本也，非歟？故致数譽无譽，不欲碌碌若玉，落落若石"。

北大汉简本作"是故必贵以贱为本，必高以下为基。是以侯王自谓孤、寡、不穀，此其贱之本耶（邪）？非也。故致数舆无舆。不欲禄禄如玉，〔硌硌如石〕"。

帛书乙本作"故必贵（按，于此处，是漏抄了'矣而'两个字）以贱为本，必高矣而以下为基。夫是以侯王自谓（胃）孤、寡、不穀，以其贱之本舆？非也。故至数舆无舆。是故不欲禄禄若玉，硌硌若石"。

帛书甲本作"故必贵（按，于此处，是漏抄了'矣'字）而以贱为本，必高矣而以下为基。夫是以侯王自谓（胃）〔曰〕孤、寡、不穀，此其贱〔之本〕與？非〔也〕。故致数與无與。是故不欲〔禄禄〕若玉，硌〔硌若石〕"。

以玄门建构为归导，先为导出，《道德经玄门新证校勘篇》，厘定祖本的文本以及厘定祖本的行文语序，并句读作"故必高矣而以下为基；必贵〔矣〕而以贱为本：〔是〕故〔不〕致数誉，〔至〕无誉；是故不欲禄禄若玉，硌硌若石"。

乙，按，从校勘的可以直接予以指出，早期的同源的底本其传抄者，乃是引用了于"修辍"本之际的是归置在"复命"道章的文本（经校勘于今得以厘定的，于祖本的乃是归属于"弱益"道章的文本），还于本章予以作夹注，呈现文本类同的是写作"夫是以侯王自谓孤、寡、不穀，此其贱之本與？非也"。于今作校勘，则是将其删除。

按，以玄门建构为归导，具体的还得益于，还予以对勘了业已厘定的是构成对文的"爱以身为天下，若可以寄天下；贵为身于为天下，若可以讬天下"，还予以对勘业了业已厘定的是构成对文的"我之心也愚人，无所归"此整句，以及是构成对文的"我独顽〔也〕似俚，贵食母"此整句，遂得以厘定了本章的文本：

于全本的是作玄门建构的，厘定于祖本的应是写作"故必高矣而以下为基（按，即构成对文'爱以身为天下，若可以寄天下'）；必贵〔矣〕而以贱为本（按，即构成对文'贵为身于为天下，若可以讬天下'）：〔是〕故〔不〕致数誉，〔至〕无誉（按，即构成对文'我之心也愚人，无所归'）；是故不欲禄禄若玉，硌硌若石（按，即构成对文'我独顽〔也〕似俚，贵食母'）"。

按，傅奕予以勘合文本，能够厘定是作"誉"字，而不作"與"字，确然见地，乃为祖本旧有。转换来说，何以对勘的其他诸传抄本皆会是作"與"字？从校勘的有之合理的推测，追溯至早期的同源的底本，彼时的传抄者已不甚了然经义，还限于主观猜测字迹，故而的，则是滑向了错误地辨识底本的字迹。

补充来说：索解应成"不致数誉"，构成延义的，以对治的则是指向了，已然异化出了"天下皆知美（按，即构成对文'前识者'），美之为美（按，即构成对文'道之华'）也恶已（按，即构成对文'也而愚之首'）"（按，以隐喻的亦可指称是"不欲禄禄若玉"），构成关联地，索解应成"不欲禄禄若玉"，构成延义的，以对治的则是指向了，已然异化出了"天下皆知善（按，即构成对文'夫礼者'），善之为善（按，即构成对文"忠信之薄"）也不善已（按，即构成对文'也而乱之首'）"；转为予以索解应成"〔至〕无誉"和应成"硌硌若石"，构成延义的，则是导归"居其实也而不居其华；居其厚也而不居其薄"（按，即可以转为构成对文应成"我之心也愚人，无所归"以及应成"我独顽也似俚，贵食母"）。

《德经》第三章"孔德"德章

王弼本《道德经》上经第十八、第十九章

大道废，智慧出；有仁义，有大伪：

亲不和，邦昏乱；有孝子，有贞臣。

"绝巧弃利，民利百倍；绝智弃辨，民无觊觎；绝伪弃虑，民复慈孝"，三言以为使民，不足或命之三言，或乎属：

少私寡欲；视素保朴；无学无尤。

【校勘经文】

【一】甲，王本传本作"大道废，有仁义；慧智出，有大伪。六亲不和，有孝慈；国家昏乱，有忠臣"（按，检索王注，可证于其初本的是作"智慧出"）。

傅奕本作"大道废，焉有仁义；智慧出，焉有大伪。六亲不和，有孝慈；国家昏乱，有贞臣"（按，对勘的，其传抄者将底本所增入的"安"字流变地改成了"焉"字）。

北大汉简本作"故大道废，安有仁义；智慧（惠）出，安有大伪。六亲不和，安有孝兹；国家昏（捂）乱，安有贞臣"（按，对勘的，其传抄者，是将于传抄本的本是分作第十七、第十八、第十九的共三章归并成了是作为一章。按，其"惠"字，通假"慧"字）。

帛书甲本作"故大道废，案有仁义；知快出，案有大伪；六亲不和，案有畜兹；邦家昏（闵）乱，案有贞臣"（按，其"案"字不可训作"安"

道德经玄门新证 校勘篇

字，其"快"字不可训作"慧"字，其"畜兹"不可训作"孝慈"）。

帛书乙本作"故大道废，安有仁义；智（知）慧出，安有〔大伪〕；六亲不和，安又（按，其'又'字不可训作'有'字）孝慈；邦家昏（阍）乱，安有贞臣"。

楚简本丙组作"故（古。按，通假'故'字）大道废（發），安有仁（愳）义。六亲（新）不和，安有孝挚（孯）；邦家（家）昏（緍）〔？〕，〔安〕又正臣"（按，此处"又"字不可训作"有"字。又，结合对勘诸传抄本的文本，不难发现，除了王本，其他诸传抄本，文本类同的，皆是从有为法出发以所谓的正面意义来理解人伦纲常，已是逆反了祖本的经义，而于老子，实则的乃是予以证伪了异化地人之道。关联地，笔者先前已有指出，楚简本的保有者乃是儒家之"士"，这也就反映出了，之所以能够接受于底本的就已然分别地予以增入了"安"字的文本，正是顺从了儒家的道德教化）。

以玄门建构为归导，先为导出，《道德经玄门新证校勘篇》有之新证，厘定祖本的文本以及厘定祖本的行文语序，并句读作"大道废，智慧出；有仁义，有大伪：亲不和，邦昏乱；有孝子，有贞臣"。

乙，按，需要予以先为指出的，有不少的研究者，对勘所能见到的诸传抄本的文本，根据唯独于楚简本的是没有"智慧出，（安）有大伪"，就武断这是后世所添植。既判其武断，因之拒知，有所言及"大道废，智慧出"即予以分证"前识者（按，即构成对文'大道废'），道之华也而愚之首（按，即构成对文'智慧出'）"，因之拒知，有所言及"有仁义，有大伪"即予以分证"夫礼者（按，即构成对文'有仁义'），忠信之薄也而乱之首（按，即构成对文'有大伪'）"，因之进而还拒知，是从胜义的能够予以追索是何以产生异化的，则是反映出了，此两者乃是出自"故失道〔也〕而失德，失德而后仁，失仁而后义，失义而后礼"。

按，笔者早年间研读文本，不经意地亦认同于祖本的以行文语序应该写作"大道废，有仁义；智慧出，有大伪"。及至校勘"保朴"德章的文本，进而未料到的，若是予以认同类同的行文，竟然会衍生出无法予以周延地释读于全本的构成对文的文本，转向求诸多端的设问，也就问出了问题之所在，下愚与历来的传抄者皆是同病于"见知障"。

进一步来说，基于以玄门建构为归导，具体的因之还得益于对勘"始纪"道章与"母成"道章的文本，还得益于对勘"视素"德章的文本，转至校勘"保朴"德章的文本。故而的，也就得以最终厘定了文本，于祖本的以行文语序应是写作"大成若缺，大盈若冲〔按，即构成对文'（天地有域），夫唯弗盈'。又，亦是同为对应'无有入于无间'的，即亦构成对文'随而不见其后，迎而不见其首'〕；其用不蔽，其用不穷〔按，即构成对文'是以能蔽（也）而（能）新成'。又，亦是同为对应'天下之至柔，驰骋于天下之至坚'的，即亦构成对文'是谓：惚恍'〕"。因是，基于相同的行文理则，转至校勘本章的文本，也就得以最终厘定了文本，于祖本的以行文语序应是写作"大道废，智慧出；有仁义，有大伪"，下顺地，亦得以最终厘定了于祖本的行文语序以及厘定了于祖本的文本，应是写作"亲不和（按，基于比德于道的是互为能给出勘验的，即构成对文'大道废'，亦构成对文'有孝子'），邦昏乱（按，简言之，即构成对文'智慧出'，亦构成对文'有贞臣'）；有孝子（按，简言之，即构成对文'有仁义'，亦构成对文'大道废'），有贞臣（按，简言之，即构成对文'有大伪'，亦构成对文'智慧出'）"。

按，从校勘的还须指出，单独地言称"六亲不和"以及言称"邦家昏乱"，这是没有问题的，但是，如果与之对应的转为予以判称是"有孝子"，以及与之对应的转为予以判称是"有贞臣"，于义理上则是倒向了"出漏"。因为，严格意义的，据"有孝子"只能是倒推出"亲不和"（也就是，不可延义的予以统摄于"六亲"），据"有贞臣"只能是倒推出"邦昏乱"（也就是，不可延义的予以统摄于"邦家"）。显见的，乃是后世传抄错谬地予以增入了"六"以及"家"字，推究其诱因，不外乎已是病于执念儒家的教义。今校勘，笔者则是将"六"和"家"字皆予以删除。

按，试问，"忠""贞""正"三字，何者是祖本旧有？可以予以指出，对文"忠信"，从分证的正是对应"贞"字（皆是异化地是出自有为法的产物），也就是说，诉诸"有为而有以为"，实则已是构成了"大伪"（已是异化地进而有所冒领着"忠信"之"信"），即反映出了，则是有所冒领着"真"之"贞"。由此可知：至王本，已是主观地不了义的改作"忠"字；至楚简本丙组，出于自解，因之先决的既已肯定了儒家的"有仁义"，故而的，则是自主存"正"，从而妄自作改（按，楚简本之"士"

已不知，在老子这里，"正"是自有其内在规定性的，基于生命的觉者是守于"中"的能认知实相"自然"，构成是既对治而应成地，则是有所阐发予以导于"正"：出于对治异化地是非"正"的非内"真"亦非外"信"，则是诉诸应然，目的在于回归实然）。

按，对勘诸传抄本的文本，还可以发现，另见于楚简本甲组的是有之写作"孝子"，据此亦可佐证，与本句构成关联地，于祖本的乃是写作"有孝子"。而后世传抄，先贤已是错解了经义，因此而成为诱因，随之的也就产生了诸传抄本（包括楚简本甲组），则是从各自作取舍的改写了祖本的文本。

【二】甲，王本作"绝圣去智，民利百倍；绝仁弃义，民复孝慈；绝巧弃利，盗贼无有"（按，对勘的，傅奕本所异，是作"绝圣弃知"）。

北大汉简本作"绝圣弃智，民利百倍；绝仁弃义，民复孝兹；绝巧弃利，盗贼无有"。

帛书甲本作"绝圣（声）弃知，民利百倍（负）；绝仁弃义，民复畜兹；绝巧弃利，盗贼无有"。

帛书乙本作"绝圣（耶）弃知，而民利百倍；绝仁弃义，而民复孝兹；绝巧弃利，盗贼无有"（按，对勘的，上述诸传抄本已是一致地篡改作"绝仁弃义"，以及篡改作"绝圣弃智（知）"，而于祖本的，如楚简本甲组的，应作"绝伪弃虑"，以及应作"绝智弃辨"）。

楚简本甲组作"绝智弃辨（卞），民利百倍（怀）；绝巧弃利，觊测无（亡）有（又）；绝伪（愲）弃虑（按，该本予以组字，有所不同的，中间的'田'是作'且'字。学界是训作'虑'字，允当），民复孝（季）子"（按，据全本的经义作约束，还结合既已对勘了文本，无疑地，于祖本的应该写作"慈孳"。从校勘的进而可以作出推测，有同于丙组的，甲组的传抄者，很可能亦是见到了于上文的是写有"孝孳"，也就自主地予以改成了"孝子"）。

以玄门建构为归导，先为导出，《道德经玄门新证校勘篇》有之新证，以楚简本甲组的文本为底本，厘定祖本的文本以及厘定祖本的行文语序，并句读作"绝巧弃利，民利百倍；绝智弃辨，〔民〕无觊测；绝伪弃虑，民复慈孳"。

乙，按，出于齐之其他诸传抄本的皆是作"盗贼"，学术界普遍将楚简本甲组的"覛测"想当然地就予以隶定是作"盗贼",实在是失之学术轻率:学术界难道不知?老子之所以会给出遮诠"覛测",正是根底乃是构成《道德经》宗纲的必为付诸"行不言之教",以对文的进而需要予以对治是构成"道之华"的"智慧出"!转换来说,是对应判称"前识者,道之华也而愚之首"的,构成对文的即指向了"大道废,智慧出",而所为能够予以消解的:以对治的则是进而构成对文"绝智弃辨,〔民〕无覛测";以应成地则是进而构成对文"视素保朴"。

补充来说:一者,诉诸乃是阈限于边见的"覛测",而从实践上已是被证伪了的,则是异化出了"智慧出",也就是说,而于本质上的,则"智慧出"也只不过是呈现为"道之华",实则为妖出,为"非道"。故而的,若为予以消解乃是出自"智慧出"的实则是"不知互,妄"的执取于自性"有为",则是转向了有所自觉的应成自性"视素",进而的,则是诉诸应成"吾是以知无为之有益;无为之〔有〕益,天下希能及之",既为构成了,也就是导归于自觉的应成自性"无为"。二者,诉诸乃是阈限于边见的"覛测",而从实践上已是被证伪了的,则是异化出了"智慧出",也就是说,而于本质上的,则"智慧出"也只不过是呈现为"道之华",实则为妖出,为"非道"。故而的,若为予以消解乃是出自"智慧出"的实则是"妄作,凶"的执取于自性"有以为",则是转向了有所自觉的应成自性"保朴",进而的,则是诉诸应成觉知"大直若屈;大巧若拙;大盛若诎;大赢若绌",归为应成"'趮胜寒;静胜热',〔吾是以知清静〕;清静,可以为天下正",既为构成了,也就是导归于自觉的应成自性"无以为"。

按,基于以玄门建构为归导,具体的还得益于对勘业已厘定的"御德"道章的文本,是对应"不上贤,使民不争;不贵〔资〕,使民不〔覛〕;不现可欲,使民不乱"的,得以互为助益的彻底地厘定了本章的文本,于全本的乃是构成经义贯通地,于祖本的应是写作"绝巧弃利(按,即构成对文'不上贤'),民利百倍(按,即构成对文'使民不争');绝智弃辨(按,即构成对文'不贵〔资〕'),〔民〕无覛测(按,即构成对文'使民不〔覛〕');绝伪弃虑(按,即构成对文'不现可欲'),民复慈孳(按,即构成对文'使民不乱')"。

补充来说,对勘诸传抄本的文本,转为追溯至孤本的"修辍"本,进而可以发现，修辑祖本之际，其传抄者则是自主地予以改动了章序，于祖本的是作玄门建构的文本逐遭裂解。转换来说，早于楚简本的，就已经形成了是呈现两个方面的流变：一者，是将"孔德"德章的文本，予以裁分成了是作为两章的文本（即今共识的是分成了第十八章和第十九章）。还将本章的"无学无尤"（已是讹作"绝学无忧"）以错误地句读，是将其归入了第二十章。二者，结合对勘诸传抄本的文本，还可以从反向地予以推测出，甚至是在修辑祖本之际，大概率地就已经改动了于祖本的行文语序，故而的，则是呈现出了，对勘的诸传抄本乃是以错乱的行文语序而几近相同。

【三】甲，王本传本作"此三者，以为文不足，故令有所属：见素抱朴；少私寡欲"，以及于下章的是作"绝学无忧"（按，检索王注，推测于其初本的或是作"此三者，以为文而未足，故令人有所属"）。

傅奕本作"此三者，以为文而未足也，故令有所属：见素襄朴；少私寡欲"，以及于下章的是作"绝学无忧"（按，对勘的，该本和王本以底本的皆是改作"三者"，于祖本的则是作"三言"）。

北大汉简本作"此三（参）（按，先秦时期，'三'与'参'字是通假字）言，以为文未足，故令之有所属：见素抱朴；少私寡欲"，以及于下章的是作"绝学无憂"。

帛书甲本作"此三言也，以为文未足，故令之有所属：见素抱〔朴；少私寡欲〕"，以及于下章的是作"〔绝学无憂〕"。

帛书乙本作"此三言也，以为文未足，故令之有所属：见素抱朴，少私而寡欲"，以及于下章的是作"无学无憂"。

楚简本甲组作"三言以为使（叟，即作'使'字。按，于甲组的，以同字，已有厘定作'心使气，曰：〔能〕强'），不足或命之，或乎（虖）属（豆）：视素（索）保樸（僕）；少私（'厶'字。按，通假'私'字）寡（须）欲"，以及另有存于乙组的于下章的是作"绝学无（亡）憂"。

以玄门建构为归导，先为导出，《道德经玄门新证校勘篇》有之新证，以楚简本甲组的文本为底本，厘定祖本的文本以及厘定祖本的行文语序，并句读作"'……，……；……，……；……，……'，三言以为使〔民〕，不足或命之〔三言〕，或乎属：少私寡欲；视素保朴；无学无尤"。

乙，按，基于以玄门建构为归导，具体的还得益于对勘业已厘定的"御德"道章的文本，是对应"互使民无私，无欲；使〔民〕知不智，弗为而已；〔使民〕为无为，则〔之〕无不治"的，得以互为助益的厘定了本章的文本，于全本的乃是构成经义贯通地，于祖本的应是写作"三言以为使〔民〕，不足或命之〔三言〕，或乎属：少私寡欲（按，即构成对文'互使民无私，无欲'，即亦构成对文'不上贤，使民不争'）（按，构成对文'绝巧弃利，民利百倍'）；视素保朴（按，即构成对文'使〔民〕知不智，弗为而已'，即亦构成对文'不贵〔资〕，使民不〔觎〕'）（按，构成对文'绝智弃辨，〔民〕无觎测'）；无学无尤（按，即构成对文'〔使民〕为无为，则〔之〕无不治'，即亦构成对文'不现可欲，使民不乱'）（按，构成对文'绝伪弃虑，民复慈孝'）"。

按，今校勘，以楚简本甲组的文本为底本，笔者还予以补出了于诸传抄本就已缺失了的字词，简言之：一者，于"觎测无有"，是予以厘定作"〔民〕无觎测"；二者，于"三言以为使"，是予以厘定作"三言以为使〔民〕"（按，楚简本以降，其他的诸传抄本则是望文生义，据"言"而歧出"文"字，相应地则是顶戴了"使"字）；三者，于"不足或命之"，是予以厘定作"不足或命之〔三言〕"（也就构成了，则是"命之""少私寡欲；视素保朴；无学无尤"这"〔三言〕"）。

按，对勘的诸传抄本皆是写作"绝学无忧"，似乎可以予以认定乃为祖本旧有，而笔者未敢认同。笔者从校勘的有之合理的推定，若为追溯至早期的同源的底本，则不难发现，其传抄者应该是根据"绝伪弃虑"，不了义的以同义词，进而是改成了"绝学无忧"，已是浅出了祖本的经义。今校勘，笔者另有厘定：一者，兼及是能验证于构成对文"为无为"的，厘定于祖本语义切要的应是写作"无学"；二者，兼及是能验证于构成对文"则〔之〕无不治"的，厘定于祖本语义切要地应是写作"无尤"（按，于全本的乃是构成经义贯通地，则是还可以证之于"夫唯不争，故无尤"，以及还可以证之于"妄作，凶"）。补充来说，亦可以见出，老子启造文本之际确然用字精当：有所予以使用"绝"与"弃"字，乃是出于对治的所能给定；有所予以使用"少"与"寡"字，以及"无"字，乃是出于应成地所能给定。

《德经》第四章 "从道" 德章

王弼本《道德经》上经第二十章

唯与诃,相去几何?美与恶,相去何若?

人之所畏,亦不可以不畏。

望兮,其未央:

众人熙熙,若飨太牢,若春登台;

我泊焉未兆,若婴儿未咳。

众人皆有余,而我独若遗;我之心也愚人,无
所归。

沕兮,其无止:

鬻人昭昭,我独昏昏;鬻人察察,我独闷闷。

众人皆有以,而我欲独异于人;我独顽也似鄙,贵
食母。

【校勘经文】

【一】甲,王本传本作"唯之与阿,相去几何?善之与恶,相去若
何?人之所畏,不可不畏"(按,检索王注,可证于其初本的应是作"美
之与恶,相去何若")。

傅奕本作"唯之与阿,相去几何?美之与恶,相去何若?人之所畏,
不可不畏"。

三四四

道德经玄门新证 校勘篇

北大汉简本作"唯与何，其相去几何？美与恶，其相去何若？人之所畏，不可以不畏人"。

帛书甲本作"唯与诃，其相去几何？美与恶，其相去何若？人之〔所畏〕，亦不〔可以不畏人〕"。

帛书乙本作"唯与呵，其相去几何？美与恶（亚），其相去何若？人之所畏，亦不可以不畏人"。

楚简本乙组作"唯与呵（可），相去几何（可）？美（岂）与恶（亚），相去何（可）若？人之所畏（禩），亦不可以不畏（按，同前字）"。

以玄门建构为归导，先为导出，《道德经玄门新证校勘篇》，厘定祖本的文本，应是写作"唯与呵，相去几何？美与恶，相去何若？人之所畏，亦不可以不畏"。

乙，按，检索楚简本竹简影印原迹，可以发现，在"亦不可以不畏"的"畏"字之下，抄写者写作分章号的画一短横，而接续地予以抄写下章的，于首句的，即抄写作"人宠辱若惊，贵大患若身"。因是，也就得以确证了，于楚简本的非写作"畏人"。也就是说，与此整句是构成互为显义的，乃是意在予以强调或说警示，若为应成"侯王，得'一'以为正"，那是必为"畏"之已是归结为"夫代大匠斫者，则稀有不伤其手"的"所畏"的，构成相与有应地，亦可证之于构成对文的"民之不畏畏，则大畏将至：毋〔自〕狭其所居，毋〔自〕压其所生；夫唯无〔所畏〕，是以无〔大畏〕"，绝非狭义的意在予以强调必为"畏人"，换言之，流变地能见于帛书乙本和北大汉简本的，则皆是不了义的予以增入了"人"字。

按，笔者是出于自忖的有之猜测，备此一说：于祖本的或写作"唯与呵，相去几何？〔也夫若乎〕美与恶，相去何若？〔也夫若乎〕〔善与不善，相去何若〕？〔是故侯王〕：〔既而知乎〕人之所畏，亦不可以不畏"。

【二】甲，王本传本作"荒兮，其未央哉！众人熙熙，如享太牢，如春登台。我独泊兮，其未兆，如婴儿之未孩。儽儽兮，若无所归。众人皆有余，而我独若遗，我愚人之心也哉！"（按，检索王注，可证于其初本的或作"无形无兆"）。

傅奕本作"荒兮，其未央。众人熙熙，若享太牢，若春登台。我独魄兮，其未兆，若婴儿之未咳。儡儡兮，其不足，以无所归。众人皆有余，我独若遗，我愚人之心也哉！"。

北大汉简本作"荒（芒）乎（虖），未央哉！众人熙熙（熙熙），若飨（郷）太（大）牢而春（蓍）登台。我泊兮（旖），未兆，若婴儿之未咳（胲）。累（纍）兮（旖），似（台）无所归。众人皆有余，而我独（蜀）遗（匮），我愚人之心也"。

帛书乙本作"望呵，其未央哉（才）！众人熙熙（熙熙），若飨（郷）于太（大）牢而春登台。我博焉，未垗（按，即指称祭坛之内壤），若婴儿未咳。累呵，似（佁）无所归。众人皆有（又）余。我愚人之心也"。

帛书甲本作"〔望呵，其未央哉〕！众人熙熙（熙熙），若飨（郷）于太（大）牢而春登台。我泊焉，未佻，若〔婴儿未咳〕。累呵，如〔无所归〕。〔众人〕皆有余，我独遗。我愚（禺）人之心也"。

以玄门建构为归导，先为导出，《道德经玄门新证校勘篇》有之新证，厘定祖本的文本以及厘定祖本的行文语序，并句读作"望兮，其未央：众人熙熙，若飨太牢，若春登台；我泊傈傈，〔若形〕未兆，若婴儿未咳。众人皆有余，而我独若遗；我之心也愚人，无所归"。

乙，按，从校勘的可以予以指出，予以遮诠"若飨太牢"，则是反映出了，百姓之所以会是诉诸以"太牢"来祭祀天地神灵和祖先，乃出于以期感通于神祇，目的于庇佑后嗣子孙能够达成"深根固柢"，而意义深在的，亦可索解于遮诠"益生，曰：祥"；予以遮诠"若春登台"，则是反映出了，百姓之所以会是诉诸以"登台"来祭祀天地神灵和祖先，乃出于以期祈福于神祇，目的于遂愿后嗣子孙能够达成"长生久视"，而意义深在的，亦可索解于遮诠"心使气，曰：〔能〕强"。

予以遮诠"若形未兆"（按，即构成对文'若飨太牢'），具有本体意义的，则是隐喻着，生命的觉者既已觉知了"实相"（按，即为构成了，乃出自有所能够受觉"营魄抱一，能互毋离"），故而相应地，则是有所能够自觉的应成自性"少私"，无所意愿于需要通过祭祀以卜筮来获得启示，以期满足自性"有私"，而意义深在的，亦可索解于遮诠"知〔之〕情〔之至〕，曰：迵"；予以遮诠"若婴儿未咳"（按，即构成对文'若春登台'），具有本体意义的，则是隐喻着，生命的觉者既已觉知了"实相"（按，即为构成了，乃是出自有所能够受觉"抟气致柔，能若婴儿"），故而相应地，则是有所能够自觉的应成自性"寡欲"，无所意愿于需要通过祭祀以卜筮来获得启示，以期满足自性"有欲"，而意义深在的，亦可索解于遮诠"知〔之〕和〔之至〕，曰：明"。

按，予以遮诠"众人皆有余"，即构成对文"众人熙熙，若飨太牢，若春登台"，具有本体意义的，则是隐喻着，是从人之道的已异化出了愿力于"损不足以奉有余"；予以遮诠"而我独若遗"，即构成对文"我泊焉儽儽，若形未兆，若婴儿未咳"，具有本体意义的，则是隐喻着，生命的觉者既作为"有道者"，则有所自觉的应成"今之能保此道者，其不欲尚盈"。

按，于祖本的本是写作"我之心也愚人"，对勘诸传抄本的文本，转为追溯至早期的同源的底本，则不难发现，彼时的传抄者，因于已不甚了然经义，加之已习惯于是以"顺读"来理解文本，则是写作"我愚人之心也"，已浅出了祖本的句义。进而从校勘的还可以予以指出，简言之，对应"我之心也愚人，无所归"的，进而是予以作出分证的，于全本的是作玄门建构的，即构成对文"圣人互无心（按，即构成对文'我之心也愚人'），〔也〕以百姓之心为心（按，即构成对文'无所归'）"。

按，对勘诸传抄本的文本，转为追溯至早期的同源的底本，亦不难发现，彼时的传抄者，出于意在予以阐发本章的经义，则是引用了"母成"道章的文本（是引用了"混兮，其若浊；澹兮，其若海。飂兮，其若无所止"这些字句），于本章的予以了作夹注（按，关联地，涉及校勘"母成"道章的文本，已有给出辨析，此不赘）。因此而成为诱因，也就引发了后来的传抄者，传抄文本之际，夹杂在文本之中的，还予以增入了诸如"累呵""涾涾呵"等字词，其后果不良，是再为混乱了祖本的文本。

【三】甲，王本传本作"沌沌兮！俗人昭昭，我独昏昏；俗人察察，我独闷闷。淡兮，其若海；飂兮，若无止。众人皆有以，而我独顽似鄙；我独异于人，而贵食母"（按，检索王注，可证于其初本的应是作"顽且鄙"，以及应是作"我独欲异于人"）。

傅奕本作"沌沌兮！俗人皆昭昭，我独若昏；俗人皆察察（詧詧）（按，两者是通假字），我独若闵闵。淡兮，其若海；飘兮，似无所止。众人皆有以，我独顽且嵒；吾独欲异于人，而贵食母"（按，对勘的，该本和王本于底本的，是将"以"改作了"且"字）。

北大汉简本作"屯屯乎（虏）！猷人昭昭，我獨（蜀）若昏；猷人计计，我獨昏昏。没兮（旖），其如晦；荒（芒）兮（旖），其无所止。众人皆有以，而我獨顽（抚）以鄙；我欲獨异于人，而唯贵食母"。

帛书乙本作"淙淙（按，通'浑'字）呵。鬻人昭昭，我独若昏（闾）呵；鬻人察察，我独闽闽呵。沕呵，其若海；望呵，若无所止。众人皆有以，我独门元以鄙；吾欲独异于人，而贵食母"。

帛书甲本作"惷惷（按，义'愚'）呵。鬻〔人昭昭，我独若〕昏（冒）呵；鬻人察察（蔡蔡），我独闷闷（闾）呵。忽呵，其若〔海〕；望呵，其若无所止。〔众人皆有以，我独顽〕以俚（悝）；吾欲独异于人，而贵食母"。

以玄门建构为归导，先为导出，《道德经玄门新证校勘篇》有之新证，厘定祖本的文本以及厘定祖本的行文语序，并句读作"沕兮，其无止：鬻人昭昭，我独昏昏；鬻人察察，我独闷闷。众人皆有以，〔而〕我欲独异于人；我独顽〔也〕似俚，贵食母"。

乙，按，于祖本的乃是写作"鬻人"（按，至于详为解析，请读者转为参看《道德经玄门新证解析篇》的相关内容），后世传抄流变地，或是改作"猷人"，乃至或是改作"俗人"。以经义作审察，老子或是当机的"我"既已证"实相"，何来由还会生出分别心，起念众生是"俗人"？换言之，于全本的是作玄门建构的，则是可以证之"是以圣人：互善逑物，物无弃物；互善逑人，人无弃人"，亦可以证之"信者乎信之，不信者乎亦信之，〔也而〕德〔之〕信；善者乎善之，不善者乎亦善之，〔也而〕德〔之〕善"。

按，笔者从校勘的有之合理的推定：遮诠"望兮"，即构成对文遮诠"其未央"；遮诠"沕兮"，即构成对文遮诠"其无止"。应之作出总分证的予以作出这样的遮诠，于全本的是作玄门建构的，即构成对文是遮诠"昔之得'一'者"的全部文本（按，即亦构成对文遮诠"望兮"和遮诠"沕兮"），以及构成对文是遮诠"其致之〔'中'之'域'〕也谓"的全部文本（按，即亦构成对文遮诠"其未央"和遮诠"其无止"），也就是说，以生命的觉者当机，相应地则是能够给出勘验。

按，笔者从校勘的有之合理的推定，于祖本的应是作"我独顽〔也〕似俚"（按，传抄之际，出于比附于前项的是作"以"字，则是将祖本的

"似"改成了"以"字，并裁夺了"也"字），即构成对文"我之心也愚人"。帛书甲本是作"悝"字，推测于祖本的或是作里人的"里"字，今校勘是写作"俚"字。

补充来说，简言之：对应遮诠"众人皆有余（寓意自性'有私'），而我独若遗（寓意自性'少私'）"，即构成对文遮诠"众人皆有以（寓意自性'有欲'），而我欲独异于人（寓意自性'寡欲'）"；对应遮诠"我之心也愚人，无所归（寓意自性'见素'，亦为寓意自性'无为'）"（按，构成互为显义的，既反映出了，则是有所自觉的应成"〔是〕故〔不〕致数誉，〔至〕无誉"），即构成对文遮诠"我独顽〔也〕似俚，贵食母（寓意自性'保朴'，亦为寓意自性'无以为'）"（按，构成互为显义的，既反映出了，则是有所自觉的应成"是故不欲禄禄若玉，硌硌若石"）。

补充来说，简言之：是对应遮诠"望兮，其未央"的全部文本的，相应地是偏转从"德体"予以作出分证的，于全本的是作玄门建构的，则有着转为是以"亙心"德章和"玄德"德章作出分证，而构成要义的，既反映出了，生命的觉者已是有所能够自觉的应成实践"〔圣〕人之道，法自然：〔法自然〕〔也而〕'法地；法道；法天'"；是对应遮诠"沕兮，其无止"的全部文本的，相应地是偏转从"德体"予以作出分证的，于全本的是作玄门建构的，则有着转为是以"袭亙"德章和"执生"德章作出分证，而构成要义的，既反映出了，生命的觉者已是有所能够自觉的应成实践"上善，若水几于道：〔若水几于道〕〔也而〕'居善地；心善渊；予善天'"。

《德经》第五章 "视素" 德章

王弼本《道德经》下经第四十三章

无有入于无间；天下之至柔，驰骋于天下之至坚。吾是以知无为之有益；无为之有益，天下希能及之。

【校勘经文】

【一】甲，王本作"天下之至柔，驰骋天下之至坚。无有入无间"。

傅奕本作"天下之至柔，驰骋天下之至坚。出于无间，入于无有"。

北大汉简本作"天下之至柔，驰骋于天下之至坚。无有入于无间"。

帛书乙本作"天下之至〔柔〕，驰骋乎天下〔之至坚〕。〔无有入于〕无间"。

帛书甲本作"天下之至柔，〔驰〕骋于天下之至（致）坚。无有入于无间"。

以玄门建构为归导，先为导出，《道德经玄门新证校勘篇》，厘定祖本的文本以及厘定祖本的行文语序，并句读作"无有入于无间；天下之至柔，驰骋于天下之至坚"。

乙，按，对勘的诸传抄本，于本章的行文语序则是并无不同，通常的，似乎可以予以认定于祖本的即如是。基于以玄门建构为归导，笔者另有新校勘，转为追溯至早期的同源的底本，不难发现，彼时的传抄者是从自己所能理解，不了义的予以改动了祖本的行文语序。接下来，结合全本的文本予以辨析，可以给出有效的验证，简言之：

其一，于今已知的，于全本的是作玄门建构的，是对应遮诠"无有入于无间"的：一者，构成是偏转从"还灭"的方向予以追问高维时空的宇宙"实相"的，是偏转从"形式因"所能给定的，即构成对文是作为《道德经》宗纲的有所遮诠的"两者同出（按，转为是予以索解于'象帝之先；吾不知其谁之子'）"以及"玄之又玄（按，转为是予以索解于'天地之根'）"；二者，内在的是以"极限"作推导的，既为构成是偏转从"互有"向"互无"的方向予以追问宇宙"实相"的，亦构成对文是从道体作追问的文本，即构成对文"始纪"道章的有所遮诠的"随而不见其后，迎而不见其首"。

于今已知的，于全本的是作玄门建构的，是对应遮诠"天下之至柔，驰骋于天下之至坚"的：一者，构成是偏转从"还灭"的方向予以追问高维时空的宇宙"实相"的，是偏转从"质料因"所能给定的，即构成对文是作为《道德经》宗纲的有所遮诠的"异名同谓（按，转为是予以索解于'道；冲而〔用〕，用之有弗盈'）"以及"众妙之门（按，转为是予以索解于'玄牝之门'）"；二者，内在的是以"极限"作推导的，既为构成是偏转从"互有"向"互无"的方向予以追问宇宙"实相"的，亦构成对文是从道体作追问的文本，即构成对文"始纪"道章的有所遮诠的"随而不见其后，迎而不见其首"的"是谓：惚恍"。

其二，于今已知的，于全本的是作玄门建构的，是对应遮诠"随而不见其后，迎而不见其首"（按，即亦构成对文'无有入于无间'）；是谓：惚恍（按，即亦构成对文'天下之至柔，驰骋于天下之至坚'）"的，于全本的是作玄门建构的，即构成对文遮诠"〔天地有域〕，夫唯弗盈（按，即亦构成对文'大成若缺，大盈若冲'）；是以能蔽〔也〕而〔能〕新成（按，即亦构成对文'其用不蔽，其用不穷'）"。

【二】甲，王本作"吾是以知无为之有益。不言之教，无为之益，天下希及之"。

傅奕本和北大汉简本，皆是作"吾是以知无为之有益也。不言之教，无为之益，天下希及之矣"。

帛书乙本作"吾是以〔知无为之有益〕也。不〔言之教，无为之益，天下希能及之〕矣"。

帛书甲本作"吾（五）是以知无为〔之有〕益也。不〔言之〕教，无为之益，〔天〕下希能及之矣"。

以玄门建构为归导，先为导出，《道德经玄门新证校勘篇》有之新证，厘定祖本的文本，并句读作"吾是以知无为之有益；无为之〔有〕益，天下希能及之"。

乙，按，结合前面的既有校勘，进而对勘诸传抄本的文本，转为追溯至早期的同源的底本，亦不难发现，彼时的传抄者，意在予以阐发本章的经义，则是引用了"复德"章的"不言之教"，将其夹注于本章。不止于此，至后来的传抄者，出于需要兼顾能将"不言之教"融入文本，且不违语义连贯，则是裁夺了复用的"无为之有益"的"有"字，写作"不言之教，无为之益"，以文牍底事而隐蔽。今校勘，笔者则是将"不言之教"予以删除。

按，一贯地，针对笔者所厘定的文本亦须给出验证，于全本的是作玄门建构的，简言之：

是对应"视素"德章的遮诠"无有入于无间；天下之至柔，驰骋于天下之至坚"的，从当机的生命的觉者出发，内在的是基于禅定"大定"总持的能够作出生命体证的（按，即能够体证到广域的"能量"传导，或说能够体证到是禅定的"缘〔任〕督以为经"——转为能印证于是在《应帝王》篇所遮诠的'体尽无穷，而游无朕'"，而以胜义的，即等价于庄子所遮诠的"脂穷于为薪，火传也，不知其尽也"。此句以胜义的则是予以关锁了《养生主》的全篇），相应地，则是转为构成对文"保朴"德章的遮诠"趮胜寒；静胜热"（按，所为等价的，于庄子的，则是有所遮诠"火传也"）；下顺地，应之是对应遮诠"吾是以知无为之有益；无为之〔有〕益，天下希能及之"的，则是转为构成对文遮诠"〔吾是以知清静〕（按，即构成对文'吾是以知无为之有益'）；清静（按，即构成对文'无为之〔有〕益'），可以为天下正（按，即构成对文'天下希能及之'）"。

《德经》第六章 "保朴" 德章

王弼本《道德经》下经第四十五章

大成若缺，大盈若冲；其用不蔽，其用不穷。

大直若屈；大巧若拙；大盛若诎；大赢若绌。

"趮胜寒；静胜热"，吾是以知清静；清静，可以
为天下正。

【校勘经文】

【一】甲，王本作"大成若缺，其用不蔽（弊）；大盈若冲，其用
不穷"。

傅奕本作"大成若缺，其用不蔽（敝）；大满若冲（盅），其用
不穷"。

北大汉简本作"大成如缺，其用不蔽（敝）；大盈如冲（沖），其用
不穷"。

帛书乙本作"〔大成如缺，其用不蔽（敝）；大〕盈如冲（沖），其
〔用不穷〕"。

帛书甲本作"大成若缺，其用不蔽（幣）；大盈若冲（浧），其用不
窘（窮）"。

楚简本乙组作"大成若缺（夬），其用（甬）不蔽（弊）；大盈（浧）
若冲（盅），其用（甬）不穷（穷）"。

以玄门建构为归导，先为导出，《道德经玄门新证校勘篇》，厘定祖
本的文本以及厘定祖本的行文语序，并句读作"大成若缺，大盈若冲；其
用不蔽，其用不穷"。

乙，按，因之得益于对勘业已厘定的文本"〔天地有域〕，夫唯弗盈；是以能蔽〔也〕而〔能〕新成"，相应地，也就得以厘定了本章的文本，以及得以厘定了其行文语序，于祖本的应是写作"大成若缺，大盈若冲（按，即构成对文'〔天地有域〕，夫唯弗盈'）；其用不蔽，其用不穷（按，即构成对文'是以能蔽〔也〕而〔能〕新成'）"。

【二】甲，王本作"大直若屈；大巧若拙；大辩若讷"。

傅奕本作"大直如屈；大巧如拙；大赢如绌（chù）"。

北大汉简本作"大直如诎；大巧如拙；大盛如绌"。

帛书乙本作"〔大直如诎；大〕巧如拙；〔大□如〕绌"。

帛书甲本作"大直如诎；大巧如拙；大赢如炳"。

楚简本乙组作"大巧（攷）若仳；大成若诎（qū）；大直（植）若屈"。

以玄门建构为归导，先为导出，《道德经玄门新证校勘篇》，厘定祖本的文本以及厘定祖本的行文语序，并句读作"大直若屈；大巧若仳（按，这前两项，皆是据楚简本的文本予以厘定的）；大盛若诎（按，是据楚简本和北大本的文本予以厘定的）；大赢若绌（按，是据傅奕本和帛书甲、乙本的文本予以厘定的）"（按，于正文的，于今的仍是以业已熟知的"拙"替代"仳"字）。

乙，按，对勘诸传抄本的文本，显见的，能够得到确证的，于祖本的应是作"大直若屈"。接下来，需要予以辨析于祖本的是否该有"大辩若讷"，关联地，还需要予以辨析于祖本的是否就是作"大巧若拙；大成若诎；大赢若绌"。

其一，据于全本的是作玄门建构的文本作辨析，结合对勘业已厘定的文本"大方无隅；大器曼成；大音希声；大象无形"，以及结合对勘业已厘定的是构成"玄同"的文本"挫其锐；解其纷；和其光；同其尘"和文本"方而不割（按，即构成对文'挫其锐'。合之两者，内在的亦是以'极限'作推导的，有所予以等持了是构成能够成立互为让渡的'大'与'小'，即亦构成对文'大方无隅'）；廉而不刺（按，即构成对文'解其纷'。即亦构成对文'大器曼成'）；光而不眺（按，即构成对文'和其光'。即亦构成对文'大音希声'）；〔置〕而不绁（xiè）（按，即构成对文'同其尘'。即亦构成对文'大象无形'）"，相应地也就得以推定：

之一，构成义理一贯地：是构成对文"大方无隅"的，则是有所生成了"大直若屈"；是构成对文"大器曼成"的，则是有所生成了"大巧若拙"；是构成对文"大音希声"的，则是有所生成了"大盛若诎"；是构成对文"大象无形"的，则是有所生成了"大赢若绌"。

之二，转至予以辨析本章的文本，还可以得到索解：是对应"大成若缺"的，具有"实相"意义的，以隐喻的亦可构成对文"大直若屈"，亦可显义于"挫其锐"以及"方而不割"；是对应"大盈若冲"的，具有"实相"意义的，以隐喻的亦可构成对文"大巧若拙"，亦可显义于"解其纷"以及"廉而不刺"；是对应"其用不蔽"的，具有"实相"意义的，以隐喻的亦可构成对文"大盛若诎"，亦可显义于"和其光"以及"光而不眺"；是对应"其用不穷"的，具有"实相"意义的，以隐喻的亦可构成对文"大赢若绌"，亦可显义于"同其尘"以及〔置〕而不绌"。

其二，综上既有的校勘，进而从校勘的还须予以指出：

之一，楚简本的写作"大巧若拙"应是祖本旧有，后世传抄，以对文"巧"字则是流变地生成了"拙"字，予以替用了"拙"字，虽然未违经义，但是失之押韵。按，"拙"者，《广韵》"短貌"，意义失之出短而不得齐整。

之二，于王本独有的是写有"大辩若讷"，笔者从校勘的有之合理的推测，能够溯及其传抄者的，大概率地是将于底本的亦如楚简本有之的"大成若诎"，从自己所能理解，予以改成了"大辩若讷"。相关联地，进而亦可以得到释疑，于楚简本和王本的，于其文本之中，之所以皆是没有了"大赢若绌"，推及原因，应该是于早期的同源的底本之际，就已没有了此项。按，"诎"者，《广韵》"辞塞"，亦有尽、穷尽之义，通假"屈"字。"讷"者，《说文》"言难也"，言语迟钝，寡言少语。

之三，于北大汉简本的何以会是写作"大盛如绌"？笔者从校勘的有之合理的推测，若为论及其成因，乃是基于底本多源，以"杂交"而遂成：据于底本的有如楚简本有之的"大成若诎"，不取"若诎"，只取"大成"，予以写成"大盛"；另据于底本的有如帛书甲本有之的"大赢如炳"以及乙本有之的"大〔？〕如绌"，只取"如绌"。

之四，对勘帛书甲、乙本的文本，转为能够溯及于其底本的，进而可知：于其底本之际，应该就已经没有了有如楚简本有之的"大成若诎"，但是，还另存有文本，乃是楚简本以及王本所没有的或是写作"大〔？〕如绌"或是写作"大赢如炳"的文本（按，笔者另有存疑，于祖本的有可能是写作"大炳若绌"）。按，"赢"者，《广雅》"过也""益也"，有增长、盈满之义，与"缩"相对。"绌"者，意义"不足""退缩"。间接地可以寻出援例的，引得《荀子·非相篇》，于其文本之中则是有之写作"缓急赢绌"。

之五，于楚简本的是写作"大成若诎"，笔者推测，应该是于其底本的就如此，换言之，于其底本的，或是因为笔误，或是因为以通假字，就已是将"盛"写成了"成"字，而于祖本的则是写作"大盛若诎"。

【三】甲，王本作"躁胜寒，静胜热，清静为天下正"（按，对勘的，傅奕本所异，是作"清静可以为天下正"）。

北大汉简本作"躁勝寒，静勝热，清静为天下政"。

帛书乙本作"趮勝（朕）寒，〔静勝热，清静，可以为天下正〕"。帛书甲本作"趮胜寒，静（靓）胜热（炅），清（请）静（靓），可以为天下正"。

楚简本乙组作"趮（杲）胜（剩）蒼，青胜（剩）然，清清为天下定"。

以玄门建构为归导，先为导出，《道德经玄门新证校勘篇》有之新证，厘定祖本的文本以及厘定祖本的行文语序，并句读作"'趮胜寒；静胜热'，〔吾是以知清静〕；清静，可以为天下正"。

乙，按，证之于"天均"德章的有之写作"我好静，而民自正；我无为而民自化"，于全本的乃是构成经义贯通地，可知于祖本的应是写作"可以为天下正"。

按，在前章关涉的已有校勘，这里不再繁复引述。简言之，笔者从校勘的有之合理的推定，构成对文"吾是以知无为之有益"的，相应地，则得以补出了于对勘的诸传抄本皆已缺失了的"〔吾是以知清静〕"，即厘定于祖本语义贯通地应是写作"'趮胜寒；静胜热'，〔吾是以知清静〕"。

《德经》第七章"少私"德章

王弼本《道德经》下经第四十四章

名与身，孰亲？身与货，孰多？得与亡，孰病？

甚爱必大废；厚藏必多亡。

故知足不辱，知止不殆；可以长久。

【校勘经文】

【一】甲，王本和傅奕本，皆是作"名与身，孰亲？身与货，孰多？得与亡，孰病？是故：甚爱必大废；多藏必厚亡。知足不辱，知止不殆，可以长久"（按，对勘的，北大汉简本所异，作"故知（智）足不辱，知（智）止不殆，可以长久"）。

帛书甲本作"名与身，孰亲？身与货，孰多？得与亡，孰病？甚〔爱必大废；多藏必厚亡〕。故知足不辱，知止不殆，可以长久"（按，帛书乙本于全章的，只残存了"名与"两字）。

楚简本甲组作"名与身，孰（管）亲（新）？身与货，孰（管）多？得（賞）与亡（貝），孰（管）病（疖）？甚爱（悉）必大费（賿）；厚（后）藏（贀）必多亡（貝）。故（古）知（智）足不辱，知（智）止不殆（怠），可以长久（舊）"。

以玄门建构为归导，先为导出，《道德经玄门新证校勘篇》，厘定祖本的文本以及厘定祖本的行文语序，并句读作"名与身，孰亲？身与货，孰多？得与亡，孰病？甚爱必大废；厚藏必多亡。故知足不辱，知止不殆；可以长久"。

乙，按，对勘诸传抄本的文本，由此可知：之一，后世传抄已有流变文本，如王本，出于主观地认为是承接前句，则是增入了"是故"两字；

之二，楚简本独有的是作"厚藏必多亡"，其语义切要，乃为祖本旧有。

转换来说，由此可证，后世已不知，对应所遮诠的"甚爱必大废；厚藏必多亡"，于全本的是作玄门建构的，乃是构成对文"贵富而骄，自遗〔罪〕；金玉盈室，莫能守"，亦构成对文"人宠辱，若惊；贵身，若大患"。相应地，后世亦已不知，对应所遮诠的"名与身，孰亲？身与货，孰多？得与亡，孰病？"，于全本的是作玄门建构的，乃是构成对文"驰骋田猎，使人之心发狂（按，即构成对文'名与身，孰病？'）；贵难得之货，使人之行妨（按，即构成对文'身与货，孰多？'）"，以及构成对文"五色，使人之目盲；五味，使人之口爽；五音，使人之耳聋"（按，即构成对文"得与亡，孰病？"）。

丙，按，关涉的，还需另为指出，于全本的是作玄门建构的（按，若为需要加以了然，老子何以会是以这种方式来启造文本，转至《道德经玄门新证解析篇》，跟进的还有给出辨析，此处不赘）：对应遮诠"名与身，孰亲？"的，亦构成对文遮诠"罪莫厚乎贪欲"；对应遮诠"身与货，孰多？"的，亦构成对文遮诠"祸莫大乎不知足"；对应遮诠"得与亡，孰病？"的，亦构成对文遮诠"咎莫险乎欲得"。

【二】在序言部分笔者就已经有所指出，在孤本的"修辍"本之际，于全本的文本，其修辍者就已经有所改动了于祖本的章序。这里不再繁复引述，简言之：

之一，于全本的是作玄门建构的，厘定了"视素"德章与"保朴"德章于祖本的是作前后接续：应之从"德性"的予以分证或说阐发应成"视素保朴"的，则等持的予以生成了两者的文本，实则以构成轴对称"镜伴"的文言作出遮诠。

之二，于全本的是作玄门建构的，厘定了"少私"德章与"寡欲"德章于祖本的是作前后接续：应之从"德性"的予以分证或说阐发应成"少私寡欲"的，则等持的予以生成了两者的文本，实则以构成轴对称"镜伴"的文言作出遮诠。

之三，于全本的是作玄门建构的，厘定了"无学"德章与"无尤"德章于祖本的是作前后接续：应之从"德性"的予以分证或说阐发应成"无学无尤"的，则等持的予以生成了两者的文本，实则以构成轴对称"镜伴"的文言作出遮诠。

《德经》第八章 "寡欲" 德章

王弼本《道德经》下经第四十六章

天下有道，却走马以粪；天下无道，戎马生于郊。罪莫厚乎贪欲；祸莫大乎不知足；咎莫险乎欲得。知足之为足，知止之为足；此互足矣。

【校勘经文】

【一】甲，王本作"天下有道，却走马以粪；天下无道，戎马生于郊。祸莫大于不知足，咎莫大于欲得，故知足之足，常足矣"。

傅奕本作"天下有道，郤（xì）走马以播；天下无道，戎马生于郊。罪莫大于可欲，祸莫大于不知足，咎莫憯（cǎn）于欲得。故知足之足，常足矣"。

北大汉简本作"天下有道，郤走马以粪；天下无道，戎马生于郊（鄗）。故罪莫大于可欲，祸莫大于不知（智）足，咎莫憯（灊）于欲得。故知（智）足之足，恒足矣"。

帛书乙本作"〔有〕道，却走马〔以〕粪；无道，戎马生于郊。罪莫于大可欲，祸〔莫大于不知足，咎莫憯于欲得。故知足之足，恒〕足矣"。

帛书甲本作"天下有道，〔却〕走马以粪；天下无道，戎马生于郊。罪莫大于可欲，祸莫大于不知足，咎莫憯于欲得，〔故知足之足〕，恒足矣"。

楚简本甲组作"罪（皋）莫厚乎（虖）贪欲，咎莫险（佥）乎（虖）欲（谷）得，祸（化）莫大乎（虖）不知（智）足。知〔智〕足之为足，此互足矣"。

按，对勘的，唯独于楚简本甲组的，是没有抄录"天下有道，却走马以粪；天下无道，戎马生于郊"。从校勘的可以指出，学界不必一味的泥古，据以推定于祖本的是必无此句。后面还有跟进的校勘，会给出验证，能够确证乃为祖本固有。

按，从校勘的需指出，楚简本的整理者隶定是作"甚欲"，结合从全章的文本予以推究，若作"甚"字，则不免失之语义浮泛（传抄流变地还有另作"可欲"，更显语义浮泛）。检索楚简本竹简影印原迹，似宜训作"贪"字，若是据构成对文的"驰骋田腊"和"人宠辱"以及"贵富而骄"加以约束语义，笔者认同李零的校勘，可以训作"贪欲"，语义切要。

以玄门建构为归导，先为导出，《道德经玄门新证校勘篇》厘定祖本的文本以及厘定祖本的行文语序，并句读作"天下有道，却走马以粪；天下无道，戎马生于郊。罪莫厚乎贪欲；祸莫大乎不知足；咎莫险乎欲得。知足之为足，〔知止之为足〕；此互足矣"。

乙，按，对勘的，于王本的，唯独没有"罪莫大于可欲"。对勘的，于帛书甲本、帛书乙本、傅奕本、北大汉简本的，行文语序并同的，皆是次第地予以遮诠"罪""祸""咎"。对勘的，于楚简本甲组的，有所不同的，是次第地予以遮诠"罪""咎""祸"。关涉本章的，在"少私"德章的就已给出了校勘，不再繁复引述。简言之，祖本本有的以行文语序应是次第地予以遮诠"罪""祸""咎"。

另为指出，于楚简本甲组的，何以会改动了祖本的行文语序，笔者推测，因之其传抄者已习惯于以"顺读"作理解，加之意欲促成文本是作顶针修辞，故而的，则是自主地将"祸莫大乎不知足"置后，予以照应到尾句的"知足之为足，此互足矣"。

按，于楚简本甲组的，分别写作"厚乎""大乎""险乎"，具备语义切要，乃为祖本旧有。于其他诸传抄本的，已是传抄流变地大多予以改成了，或是写作"大于"，或是写作"憯于"，失之语义浮泛。而于祖本的，之所以会使用到"乎"字，于全本的是作玄门建构的，既构成了，乃是出于确有所指：已成其"厚乎"的，则是指向了"驰骋田腊，使人之心发狂"，以及构成关联的，则是亦指向了"人宠辱，若惊"；已成其"大乎"的，则是指向了"难得之货，使人之行妨"，以及构成关联地，则是亦指向了"贵身，若大患"；已成其"险乎"的，则是指向了"五色，使人之目盲；五味，使人之口爽；五音，使人之耳聋"，以及构成关联地，则是亦指向了"'……；……；……'，资货有余，是谓：觊华；觊华，非道"。

按，见于楚简本甲组的，独有的是写作"佥"字。而见于其他诸传抄本的，则皆是写作"憯"字（按，《说文》"憯，痛也"）。试问，何者是祖本旧有？李零校勘，将楚简本的此字是训作"险"字，笔者从之。于今能够给出验证的，是对应"险乎"的，深在的已是指向了"觊华，非道"，既为直指"有知也使我掣：大道甚夷，〔人〕甚好解；行于大道，唯迆（yǐ）是畏"（按，于全本的是作玄门建构的，而与之对应的，转为是能够给出勘验的，即构成对文"天下有道，却走马以粪；天下无道，戎马生于郊"），是以人之道所能反映的，已是异化地走向了既"解"且既"迆"的"非道"，确乎可称其"险"。

丙，以玄门建构为归导，《道德经玄门新证校勘篇》有之新证，以楚简本甲组的文本为底本，还予以补出了，于对勘的诸传抄本皆就早已缺失了的"〔知止之为足〕"，厘定于祖本经义完足地应是写作"知足之为足，〔知止之为足〕；此互足矣"。能够给出有效的验证的，是对应该句的，于全本的是作玄门建构的，即构成对文"故知足不辱，知止不殆（按，即构成对文'知足之为足，〔知止之为足〕'）；可以长久（按，即构成对文'此互足矣'）"。

按，补充来说：有所应成"知足不辱"，以对文的既是予以回应了有所追问的"得之若惊，失之若惊，〔或何惊〕？"，相应地则是转为，可以予以消解异化地"人宠辱，若惊"；有所应成"知止不殆"，以对文的既是予以回应了有所追问的"〔贵身〕，及亡身，或何患？"，相应地则是转为，可以予以消解异化地"贵身，若大患"。合之两者，即归结为，乃是有所自觉的应成"知足之为足，〔知止之为足〕"，既亦是构成了，乃是有所自觉的应成自性"少私寡欲"。

补充来说，有所应成"可以长久"，实则的，乃是出自予以消解了异化地"贵富而骄，自遗罪（按，乃是反噬的异化出了'甚爱必大废'）；金玉盈室，莫能守（按，乃是反噬的异化出了'厚藏必多亡'）"，即归结为，已是有所应成自性"少私寡欲"，从而的，则是有所应成"此互足矣"，既亦是构成了，乃是有所自觉的诉诸"是以圣人之治：为腹，不为目；去彼而取此"，乃至于有所自觉的诉诸"是以圣人之治：虚其心，实其腹；弱其志，强其骨"。

《德经》第九章 "无学" 德章

王弼本《道德经》下经第四十七章

出于户，以知天下；不窥于牖，已知天道：

其出也弥远，其知也弥少；其知天道也而知无事，

其知无事也而知天下。

是故圣人：弗行而知；弗见而明；弗为而成。

【校勘经文】

【一】甲，王本传本作"不出户，知天下；不窥牖，见天道。其出弥远，其知弥少。是以圣人：不行而知；不见而名；不为而成"（按，检索王注，可证于其初本的或是作"知天道"）。

傅奕本作"不出户，可以知天下；不窥牖，可以知天道。其出弥远，其知弥尠（xiǎn）（按，通假'鲜'字，义'少'，不排除于祖本的或是写作此字，今校勘，便于直了经义，仍取其他诸传抄本的写作'少'字）。是以圣人：不行而知；不见而名；不为而成"（按，对勘的，该本和王本，皆裁夺了两个"于"字。又，至王本，是裁夺了两个"以"字，而至傅奕本的，增入了两个"可"字，写作两个"可以"）。

北大汉简本作"不出于户，以知（智）天下；不窥（规）于牖，以知（智）天道。其出彌（彊）远（德），其知彌（彊）少。是以圣人：弗行而知（智），弗见而命；弗为而成"（按，对勘的，至王本和傅奕本，皆将三个祖本旧有的"弗"改成了"不"字，已不合于祖本的语义。可以顺为指出，鸠摩罗什译出《金刚经》，于文本之中，凡涉及使用"不"字，从严格意义的能格义于华文的，实则的是有之三种读音以及意义：通

'否'字，通"弗"字，本作"不"字）。

帛书甲本作"不出于户，以知天下；不窥（规）于牖，以知天道。其出也弥远，其知〔也弥少〕。〔是以圣人：弗行而知；弗见而命；弗〕为而〔成〕"。

帛书乙本作"不出于户，以知天下；不窥（䙂）于〔牖，以〕知天道。其出弥（筮）远者（按，增入'者'字，意在调和文义前后不相承），其知弥（按，同前字）〔少〕。〔是以圣人：弗行而知；弗见〕而名；弗为而成"。

以玄门建构为归导，先为导出，《道德经玄门新证校勘篇》有之新证，予以补出了于对勘的诸传抄本皆就已经缺失了的文本，厘定祖本的文本以及厘定祖本的行文语序，并句读作"出于户，以知天下；不窥于牖，〔已〕知天道；其出也弥远，其知〔也〕弥少；〔其知天道也而知无事〕，〔其知无事也而知天下〕。是〔故〕圣人：弗行而知；弗见而〔明〕；弗为而成"。

乙，按，对勘诸传抄本的文本，转为追溯至早期的同源的底本，从校勘的可以推定，彼时的传抄者是自祖本的"出于户"篡改出了"不出于户"，以对文的，即横生了重义于"不窥于牖"。所为篡改，是意在促成以两者分别地能对应于"以知天下"和"以知天道"。不只于此，于祖本的本是作"〔已〕知天道"，也被篡改，于祖本的"已"是被改作了"以"字。而其结果，势必进而横生病句，因之相与对应的皆是予以使用了"以"字，故而的，至傅奕本，出于需要修正病句，就迁回地修正作"可以"。进一步来说，篡改作"不出于户，以知天下"，由此还衍生出了新的问题，进而是混乱了祖本的经义，显明的，进而是冲突于作为后句的"其出也弥远（按，本然的应是构成对文'出于户'），其知〔也〕弥少（按，本然的应是构成对文'以知天下'）"；换言之，病于祖本的文本是被篡改了，也就在两者之间还横生了句义互乖。

是何缘由促使了早期的传抄者会篡改文本？笔者从校勘的有之合理的推测，除了因为传抄者主观上的就已是堕入了"见知障"，还另有客观上的诱因，于其底本的就已经是文本不全，已灭失了祖本的"〔其知天道也而知无事〕，〔其知无事也而知天下〕"。因此，从客观上的也就造成了早期的传抄者已经难以正确地解读文本，也就难免的会篡改既有的文本。

按，得益于见证了帛书甲本独有"也"字的是写作"其出也弥远"，转为校勘对句，笔者得以厘定了于祖本的应是写作"其知〔也〕弥少"，遂还祖本语义切要，乃至句义完足。

丙，按，综上既有的校勘，基于业已厘定了于祖本语义正确的应是写作"出于户，以知天下；不窥于牖，〔已〕知天道"，以及基于业已厘定了进而作出分证的"其出也弥远，其知〔也〕弥少"，出于不无必要，笔者从校勘的还作出了合理的猜想（亦是出于，意在予以拔除积弊弥久地陷在奇谈怪论，乃至乖张老子的经义，则是予以补出了，于对勘的诸传抄本就已没有了的，而于祖本的是还必有的亦是进而作出分证的经句），是予以补出了早已经灭失了的"〔其知天道也而知无事〕（按，即构成对文'不窥于牖'），〔其知无事也而知天下〕（按，即构成对文'〔已〕知天道'）"。试问，笔者是何以能够猜出此经句的？交代如下：

其一，基于以玄门建构为归导，笔者先前的就已经有所了然：一者，"视素"德章与"保朴"德章是构成轴对称"镜伴"的作玄门建构，既构成了，乃是对等的予以分证应成"视素保朴"；二者，"少私"德章与"寡欲"德章亦是构成轴对称"镜伴"的作玄门建构，既构成了，乃是对等的予以分证应成"少私寡欲"；三者，"无学"德章与"无尤"德章亦是构成轴对称"镜伴"的作玄门建构，既构成了，乃是对等的予以分证应成"无学无尤"。

其二，因是而起效应，转向绵密地予以再为对勘文本，乃尔遂成实效，得以协同地厘定了"无学"德章和"无尤"德章的文本，具体来说：

一者，对应所遮诠的"出于户，以知天下"，诉诸是同为能从当机者作解的，由此可知，则是转为构成对文先行就已厘定了的"为学者（按，即构成对文'出于户'），日益〔而〕〔日损〕（按，即构成对文'以知天下'）"；对应所遮诠的"不窥于牖，〔已〕知天道"，诉诸是同为能从当机者作解的，由此可知，则是转为构成对文先行就已厘定了的"为道者（按，即构成对文'不窥于牖'），日损〔而〕〔日益〕（按，即构成对文'〔已〕知天道'）"。

二者，对应所遮诠的"其出也弥远，其知〔也〕弥少"，以及对应笔者作猜想的是这样作出遮诠的"〔其知天道……?……？〕"，诉诸是同为能从当机者作解的，还基于所生成的文本亦内蕴着构成是既对治而应成地，由此可知，则是转为构成对文先行就已厘定了的"〔是故或〕益之

〔也而〕或损之；以至〔知无事〕，〔知无事〕也〔而〕无为而无以为"。转换来说，综上既有的推知，笔者也就得以进而猜测出了，是能够相宜于祖本的，应该还有之是写作"〔其知天道也而知无事〕〔其知无事也而知天下〕"的文本。

予以补出了已然缺失了的文本，一贯地，笔者从校勘的亦有给出有效的验证：应之对治"其出也弥远，其知〔也〕弥少"，具有本体意义的，以生命的觉者当机，则亦是可以比德于道的诉诸"〔是故或〕益之〔也而〕或损之"，从而的，也就构成了，则亦是目的于有所能够达成"以至〔知无事〕"；应之应成"〔其知天道也而知无事〕，〔其知无事也而知天下〕"，具有本体意义的，以生命的觉者当机，则亦是可以比德于道的诉诸"〔是故或〕益之〔也而〕或损之"，从而的，也就构成了，则亦是目的于有所能够达成"〔知无事〕也〔而〕无为而无以为"。

三者，既还原出了于祖本的是必有"其出也弥远，其知〔也〕弥少；〔其知天道也而知无事，其知无事也而知天下〕"，也就遂愿了作出校勘的目的，得以实效地予以弥合了历史以来一直就存在的"阙漏"经义：将所厘定的此句置之于全章，效应显然，是确然的能够起到担纲承上启下，是义理无间的既能够起到衔接首句亦能起到衔接尾句。

丁，按，综上既有的校勘，转向予以校勘尾句，笔者从校勘的还有之合理的推定：

其一，于祖本的应是作"是〔故〕"，而不作"是以"。因为，若作"是以"，置于全章，若据文理作约束，明显的则是不相契合于上下文。

其二，于祖本的应是作"弗见而〔明〕"，而不作"不见而名（命）"，因为，若为结合从整句地句义作出辨析，则显见的：能够应成是"弗行而知"，实则的，乃是因之生命的觉者已是有所具足了应成自性"少私寡欲"，已是能够有所"知"乎"知足不辱，知止不殆；可以长久"以及"知"乎"知足之为足，〔知止之为足〕；此互足矣"；能够应成是"弗见而〔明〕"，实则的，乃是因之生命的觉者已是有所具足了应成自性"视素保朴"，已是能够有所"明"乎"无为之〔有〕益，天下希能及之"以及"明"乎"清静，可以为天下正"；能够应成是"弗为而成"，实则的，乃是因之生命的觉者已是有所具足了应成自性"无学无尤"，已是能够有所"成"乎"取天下也互无事"。

《德经》第十章"无尤"德章

王弼本《道德经》下经第四十八章

为学者，日益而日损；为道者，日损而日益：

是故或益之也而或损之；以至知无事，知无事也而无为而无以为。

取天下也互无事；及其有事，有事也又不足以取天下。

【校勘经文】

【一】甲，王本作"为学日益；为道日损。损之又损，以至于无为，无为而无不为。取天下常以无事，及其有事，不足以取天下"（按，对勘的，至该本，出于以四字句为齐整，则是裁夺了两个"者"字。按，检索王注，是在"天均"德章的，推及于其初本的，则另有言及"上章云，其取天下者，常以无事，及其有事，又不足以取天下也"）。

傅奕本作"为学者，日益；为道者，日损。损之又损之，以至于无为，无为则无不为。将欲取天下者，常以无事，及其有事，又不足以取天下矣"。

北大汉简本作"为学者，日益；为道者，日损。〔损〕之有损之，至于无〔为，？？？〕。〔？？？〕无事，及其有事，有不足以取天下"（按，对勘的，至该本和傅奕本，则是改作叠用"损之"，以之接续"（以）至于无为"）。

帛书甲本作"为〔学者，日益；闻道者，日损。损之又损，以至于无为也，无为而无不为〕。取天下也，恒〔无事。及其有事也，又不足

道德经玄门新证 校勘篇

以取天下矣〕"。

　　帛书乙本作"为学者，日益；闻道者，日损（云）。损（云）之有损（云），以至于无〔为，无为而无不为〕。取天下，恒无事，及其有事也，〔又不〕足以取天〔下矣〕"（按，对勘的，以上的诸传抄本，皆是增入了"于"字。按，帛书甲、乙本所异的，是将祖本的"为道"不了义的改作了"闻道"）。

　　楚简本乙组作"（按，对勘的，唯独的，该本于这里的是没有'为'字）学者，日益；为道者，日损（員）。损（員）之或损（員）（按，对勘的，于该本的，独有的是作'或'字，可谓一字千金，颇具校勘价值），以至（按，对勘的，唯独的，该本于这里的是没有'于'字）无（亡）为也，无（亡）为而无（亡）不为（按，对勘的，可知，早于楚简本，对勘的诸传抄本同病的，以底本的已将于祖本的本作"无以为"是篡改作了'无不为'）"（按，对勘的，于楚简本乙组的，是没有抄录"取天下也互无事；及其〔有事〕，有事也又不足以取天下"。笔者推测，或是其传抄者，将此句判入了其他的经章，也不排除或是主观地就不予抄录）。

　　以玄门建构为归导，先为导出，《道德经玄门新证校勘篇》有之新证，予以补出了于对勘的诸传抄本皆就已经缺失了的字词，厘定祖本的文本以及厘定祖本的行文语序，并句读作"为学者，日益〔而〕〔日损〕；为道者，日损〔而〕〔日益〕：〔是故〕〔或〕益之〔也而〕或损之；以至〔知无事〕，〔知无事〕也〔而〕无为而无以为。取天下也互无事；及其〔有事〕，有事也又不足以取天下"。

　　乙，按，可以先为指出，笔者因之触及楚简本乙组的文本，见其独有"或"字的是写作"或损"而不是写作"又损"，以及见其独有的是写作"以至"而不是写作"以至于"，加之敏感的还联想到了业已厘定的"损益"道章的文本，由是韬然通汇，由是遂知，于全本的乃尔经义遍在，出于比德于道的根底应成实践"损益"之道，及至本章的，圆融之处亦必有之。故而的，也就得以猜测出了，还原于祖本的，能够合于经义的应是写作"〔是故〕〔或〕益之〔也而〕或损之"。

　　由是，也就得以消解了笔者一直以来的疑惑：于首句的，就不应当只是写作"日益"，因为，若为结合从全本的经义作出审察，显见的，则是有所冲突于"不善人师善人，资善人；虽智乎大迷：不上其师，不贵其资。

是谓：曳明"，则是有所冲突于"学不教，〔不〕复众人之所过"（按，内在的是以"慎终若始"为共核，即构成对文"事无事"），而从根本上的，则是有所冲突于付诸"绝智弃辨"的亦而付诸"绝巧弃利"且付诸"绝伪弃虑"，相应地，则是有所冲突于应成自性"视素保朴"的亦而应成自性"少私寡欲"且应成自性"无学无尤"，转换来说，殊不知，实则的，还原于祖本的，能够合于经义的应是写作"为学者，日益〔而〕〔日损〕"！还有，既明白了于祖本的应是写作"日益〔而〕〔日损〕"，诉诸乃尔亦当有之的，构成是既对治而应成的文本，也就明白了，于全句的后项，就不应当只是写作"日损"，殊不知，实则的，还原于祖本的，能够合于经义的应是写作"为道者，日损〔而〕〔日益〕"！

按，综上既有的校勘，笔者再为校勘文本，也就得以初步的还原出了于祖本的文本，是能够满足句义贯通地，应是写作"为学者，日益〔而〕〔日损〕；为道者，日损〔而〕〔日益〕：〔是故〕〔或〕益之〔也而〕或损之；以至……？……？"。

按，笔者未敢泥古，一直以来的就已存有质疑，随之的也就早有推定，于祖本的必不作"无为而无不为"，无疑地应是作"无为而无以为"。随之而来的，无可回避的，则是须要予以辨明后世传抄是何以篡改成谬的。截至目前，综合各方面的校勘成果，笔者可以给出研判，交代如下：

已知的，因之既是出自偏转从"德性"的予以分证"互德"，也就构成了，于全本的是作玄门建构的，相与有应地则是落实在"无尤"德章予以作出总结性的阐发，故而于祖本的，无疑地则应是写作"无为而无以为"。因是，也就得以确证了，正是有所归结为，必为自觉的应成自性"无为而无以为"（按，能见于对勘的诸传抄本的，已皆是写作"无为而无不为"，转为予以追溯至早期的同源的底本，则可以发现，早于楚简本乙组的，就已经是被篡改作了"无为而无不为"。于今来看，所为篡改文本，是有其目的的，换言之，既是出自有意而为之，从中的，也就暴露出了，其传抄者出于意志"有事"，已是堕入人行"狂慧"。殊不知，所为篡改文本，后果是极其严重的，历史弥久地广为"害经惑众"，时至当今，还能依然作祟）。既已知之于祖本的应是写作"无为而无以为"，加之见诸尾句的是写作"互无事"，还已知的乃是必为诉诸应成自性"无为而无以为"，兼及结合从全本的文本亦可给出有效的勘验，故而的，也就得以补出了于祖本的还应该有之相宜的文本，补出了于祖本的应是写作"以至〔知无事〕"。综合既有的校勘，进而的，笔者也就得以厘定了文本，还原于祖本的，能够合于经义的应是写作"以至〔知无事〕，〔知无事〕也〔而〕无为而无以为"。

按，既还原出了于祖本的实则的乃是写作"〔是故〕〔或〕益之〔也而〕或损之；以至〔知无事〕，〔知无事〕也〔而〕无为而无以为"，也就遂愿了作出校勘的目的，得以实效地予以弥合了历史以来一直就存在的"阙漏"经义：将所厘定的文本置之于全章，效应显然，是确然的能够起到担纲承上启下，是义理无间的既能够起到衔接首句亦能够起到衔接尾句。

丙，按，基于既有的校勘，转向校勘尾句的前项，笔者从校勘的还有之合理的推定，以帛书甲本的文本为底本，《道德经玄门新证校勘篇》，厘定了于祖本的文本，并句读作"取天下也互无事"（按，于该本的于此项，是存有"也"字）；还有，转向校勘尾句的后项，笔者从校勘的还有之合理的推定，以帛书乙本的文本为底本，《道德经玄门新证校勘篇》，予以补出了重出的"有事"，厘定了于祖本的文本，并句读作"及其〔有事〕，有事也又不足以取天下"（按，于该本的于此项，是存有"也"字）。

补充来说，既知之"无学"德章与"无尤"德章是构成轴对称"镜伴"的作玄门建构，也就反映出了（按，至于详为解析，请读者转为参看《道德经玄门新证解析篇》的相关内容）：

是对应"是〔故〕圣人：弗行而知；弗见而〔明〕；弗为而成"的，构成"互映对称成就"的，即构成对文"取天下也互无事（按，这是偏转从应成地予以作出了抉择）；及其〔有事〕，有事也又不足以取天下（按，这是偏转从对治的予以作出了抉择）"，合之两者，能够从胜义的再为予以阐发的，则是转至"天均"德章，有所"接着说"（按，转换来说：予以对治是从人之道的已然异化出了自性"有为而有以为"，内在的乃是基于比德于道的，则是予以阐发了是何以异化地产生"失道"的或说"无道"的；转为予以诉诸应成天下有道，内在的乃是基于比德于道的，则是予以阐发了是何以能够应成"有道"的，也就是予以阐发了，若为能够自觉的应成自性"无为而无以为"，则是转为可以达成"有道"）。

《德经》第十一章"亙心"德章

王弼本《道德经》下经第四十九章

圣人亙无心，也以百姓之心为心：

信者乎信之，不信者乎亦信之，也而德之信；

善者乎善之，不善者乎亦善之，也而德之善。

圣人之在天下为天下浑心，浑心也匦篋然：

而百姓皆属其耳目焉；圣人皆晐之。

【校勘经文】

【一】甲，王本传本作"圣人无常心，以百姓（按，对勘的，该本和傅奕本，于此处，皆是裁夺了'之'字）心为心。'善者，吾善之；不善者，吾亦善之'，德善。'信者，吾信之；不信者，吾亦信之'，德信。圣人在天下歙歙，为天下浑其心。圣人皆孩之"（按，检索王注，于其初本的或是作"是以圣人之于天下歙歙焉，为天下浑心焉：百姓皆注其耳目焉，吾皆孩之"。按，对勘的，该本和傅奕本，皆是错谬地改作"无常心"，已是有乖祖本的经义）。

傅奕本作"圣人无常心，以百姓心为心。'善者，吾善之；不善者，吾亦善之'，得善矣。'信者，吾信之；不信者，吾亦信之'，得信矣。圣人之在天下歙歙焉，为天下浑浑焉；百姓皆注其耳目，圣人皆咳之"（按，对勘的：王本和傅奕本，皆是不了义的增入了"吾"字，殊不知，"圣人"已无所自矜有"吾"；傅奕本，从"德"流变作"得"字，殊不知，"圣人"已无所自矜有其"得"；王本、傅奕本、帛书乙本，皆是从"属"不了义的流变作"注"字,堕入着相;除北大汉简本,其他诸传抄本,皆是从"然"流变作"焉"字;自北大汉简本的"晐"字,傅奕本讹作"咳"字,王本讹作"孩"字,而帛书甲、乙本皆已残损,不可确知)。

北大汉简本作"圣人亘(恒。按,于祖本的应是作'亘'字)无心,以百生(按,对勘的,不可训作'姓'字,于其底本的应如是,乃为照抄)之心为心。善者乎(虖)善之,不善者乎(虖)亦善之,德(直。按,可以通假'德'字)善也。信者乎(虖)信之,不信者乎(虖。按,对勘的,独有该本是存有四个'虖'字,于其底本的应如是)亦信之,德(直)信也。圣人之在天下也,医(qiè)医然,为天下浑〔心〕。而(按,对勘的,独有该本是存有'而'字,乃为祖本旧有)百姓皆属其耳目焉,圣人皆晐(gāi)之"。

帛书乙本作"〔圣〕人恒无心,以百省(xǐng)(按,对勘的,不可训作'姓'字,乃是其传抄者于文本有其自解,从而改出)之心为心。善〔者善之,不善者亦善之,德〕善也。信者信之,不信者亦信之,德信也。圣人之在天下也(按,对勘的,只有该本和北大汉简本,皆是存有'也'字),欲(hé)欲焉,〔为天下浑心〕,〔百〕姓(生。按,对勘的,此处是以借字写出)皆注其〔耳目焉,圣人皆?〕"。

帛书甲本作"〔圣人恒无心〕,〔也。按,对勘的,唯独的,该本于此处,是空缺出一个字,笔者从校勘的予以补出,应是'也'字〕以百〔姓〕之心为〔心〕。善者善之,不善者亦善〔之,德善也。信者信之,不信者亦信之,德〕信也。〔圣人〕之在天下,(撽)(憸)焉,为天下浑心,百姓皆属(按,对勘的,该本于此处,是漏抄了'其'字,见于其他诸传本的,是皆有此字)耳目焉,圣人皆〔?〕"。

以玄门建构为归导,先为导出,《道德经玄门新证校勘篇》有之新证,厘定祖本的文本以及厘定祖本的行文语序,并句读作"圣人亘无心,〔也〕以百姓之心为心:信者乎信之,不信者乎亦信之,〔也而〕德〔之〕信;善者乎善之,不善者乎亦善之,〔也而〕德〔之〕善。圣人之在天下为天下浑心,〔浑心〕也医篯然:而百姓皆属其耳目焉;圣人皆晐之"。

乙,按,笔者校勘本章的文本,是以北大汉简本的文本为底本,因为,该传抄本的此文本最接近祖本的文本。如此判定,何以为证?以下从几个方面给出辨析。

其一，对勘诸传抄本的文本，北大汉简本独有的是存有"虖"字，而且"德"字是写作"直"字。笔者已多有指出，北大汉简本自有其特质，每每的是将古本与近本的文本予以"杂交"，换言之，其底本确乎多源，还有来自古楚地的传抄本。仅从本章来说，显明的，还兼取了古楚地的传抄本。因为，能同见于楚简本的，"乎"字即写作"虖"字，"德"字（亦写作"悳"字），即写作"直"字〔按，可证之同是楚简的《唐虞之道》，即写作"上德（直）授（受）贤之谓（胃）"〕。还有，于北大汉简本的，是写作"善者乎（虖）善之，不善者乎（虖）亦善之；德（直）善"，以及是写作"信者乎（虖）信之，不信者乎（虖）亦信之；德（直）信"。其"虖"字正是指代首句的"百姓之心"，连带地，也佐证了"虖"字乃为祖本旧有。

转换来说，于全本的是作玄门建构的，对应"从道"德章的"我之心也愚人，无所归"，转为予以作出分证的，构成"互映对称成就"的，即构成对文"圣人互无心（按，即构成对文'我之心也愚人'），〔也〕以百姓之心为心（按，即构成对文'无所归'）"。

进一步来说，于全本的是作玄门建构的，转为进而是能够予以验证"圣人互无心，〔也〕以百姓之心为心"的，具有"实相"意义的，应之以"互"的意蕴即可反映为：

是能够予以验证"〔也〕以百姓之心为心"的，即构成对文"信者乎（虖）信之，不信者乎（虖）亦信之"（深在的亦是构成对文"众人熙熙，若飨太牢，若春登台；我泊傈傈，若形未兆，若婴儿未咳"，义理一贯地能够予以彰显其究竟义的，则是派生出了"〔也而〕德〔之〕信"），以及构成对文"善者乎（虖）善之，不善者乎（虖）亦善之"（深在的亦是构成对文"众人皆有余，而我独若遗"，义理一贯地能够予以彰显其究竟义的，则是派生出了"〔也而〕德〔之〕善"）；是能够予以验证"圣人互无心"的，即构成对文"〔也而〕德〔之〕信"，以及构成对文"〔也而〕德〔之〕善"（深在的亦是构成对文于"玄德"德章所遮诠的"道之尊也〔而〕德之贵：夫莫之爵，也而互自然"）。

其二，对勘诸传抄本的文本，北大简本独有的是作"匧箧（医）然"，以及独有的是作"圣人皆咳之"，这正是祖本旧有。转换来说，对勘诸传抄本的文本，随之的也就可以得到确证，于祖本的应是写作"圣人之在天下"，因之以行文语势作约束，无疑地，所接续地正是写作"为天下浑心"，进而构成句义完足地，则于祖本的正是写作"圣人之在天下为天下浑心，〔浑心〕也医箧然"。

进一步来说：是对应"〔也〕以百姓之心为心"的，转为是以生命的觉者能作出验证的，即构成对文"圣人之在天下为天下浑心"；是对应"圣人互无心"的，转为是出自相待百姓的亦能作出验证的，即构成对文"〔浑心〕也医箧（医）然"（按，此"然"字即指代"〔也〕以百姓之心为心"。按，见于其他诸传抄本的，则是流变地传抄作"焉"字，乃至流变地传抄作"歙歙焉"，已是失之语义浮泛，远不及于祖本的能够达乎譬喻生动且语义显豁。按，对勘诸传抄本的文本，转为追溯至早期的同源的底本，还不难发现，彼时的传抄者，已是将重出的"浑心"改为单出，放之从全本的文本作校勘来看，也反映出了这亦是一贯的通病）。

其三，北大汉简本独有的，语义完整地是写作"而百姓皆属其耳目焉，圣人皆咳之"，这正是祖本旧有。

进一步来说，于全本的是作玄门建构的，进而的，转为是能够予以验证"圣人之在天下为天下浑心，〔浑心〕也医〔箧〕然"的（按，是从胜义的能够作出追索的，则是反映出了，生命的觉者既为能受觉"望分，其未央"，则是进而还必为给出勘验。按，构成等持的，同理，生命的觉者既为能受觉"沕分，其无止"，则是进而还必为给出勘验，即转为构成对文于"袭互"德章所遮诠的"'……；……'：'用其光，复归其明；〔终其身〕，毋遗身殃'；是谓：袭互"），具有"实相"意义的，应之以"互"的意蕴即可反映为：

是能够予以验证"圣人之在天下为天下浑心"的，即构成对文"而百姓皆属其耳目焉"（深在的即转为能构成对文"悠分，其《贵言》有之：功遂〔犹〕〔事成〕；事成也而百姓曰：我自然"）；是能够予以验证"〔浑心〕也医箧然"的，即构成对文"圣人皆咳之"（深在的即转为能构成对文"'生而弗有；为而弗恃；长而弗宰'；是谓：玄德"）。

补充来说：既为能够呈现出是"而百姓皆属其耳目焉"，则亦是出自有所能够应成"信者乎信之，不信者乎亦信之"，以及应成"善者乎善之，不善者乎亦善之"；既为能够呈现出是"圣人皆咳之"，则亦是出自有所能够应成"〔也而〕德〔之〕信",以及应成"〔也而〕德〔之〕善"（按，传抄之际，"〔也而〕"以及"〔之〕"是被裁夺了，转为是以判断句的予以改作是"德信也"以及"德善也"，已浅出祖本的经义）。

丙，按，综上既有的校勘，笔者也就得以厘定了，于祖本的即写作"晐"字。本义指事日光是普照天下万物的本自兼覆，引申义是无所偏私的同为能感通的能够予以平等对待；《说文》"兼，晐也"；《博雅》"晐，咸也"，而"咸"者，《说文》"皆也"，有同心、感通之义；《玉篇》"晐，备也"。

按，综上既有的校勘，笔者也就得以厘定了于祖本的所取字，即写作"匧"字，以及有所联用的，即写作"箧"字：之一，"匧"字，《说文》"藏也"；《玉篇》"缄也"，而"缄"者，《说文》"缄，所以束箧也"。之二，"箧"字：小箱子，藏物之器具；其大者曰箱，其小者曰箧。

《德经》第十二章"玄德"德章

王弼本《道德经》下经第五十一章

道之尊也而德之贵：夫莫之爵，也而互自然。

道生之也而德蓄之，物形之也而器成之；

是以万物尊道也而人贵德：

"生之，蓄之；长之，育之"；"停之，蒉之；养之，覆之"。

"生而弗有；为而弗恃；长而弗宰"；是谓：玄德。

【校勘经文】

　　【一】甲，王本作"道生之，德畜之；物形之，势（按，对勘的，该本和傅奕本，皆是作'势'字。而于帛书甲、乙本的，皆是作'器'字，乃为祖本旧有）成之。是以万物莫不（按，对勘的，至该本和傅奕本，皆是增入了'莫不'）尊道而贵德。道之尊，德之贵，夫莫之命，而常自然"（按，对勘的，傅奕本所异，"命"作"爵"字），以及作"故道生之，德（按，与北大汉简本对勘，至该本和傅奕本，是增入了'德'字）畜之：长之、育之、停之、毒之、养之、覆之"（按，对勘的，傅奕本所异，"停"作"亭"字，"养"作"盖"字）。

　　北大汉简本作"道生之，德畜之；物形（刑）之，势（热）成之。是以万物尊（奠）道而贵德。道之尊（奠），德之贵，夫莫之爵，而恒自然。故（按，与帛书甲、乙本对勘，至该本，是增入了'故'字）道：生之、畜之、长之、遂（逐）之、停（亭）之、熟（孰）之、养之、复之"。

帛书甲本作"道生之而德畜之，物形（刑）之而器成之。是以万物尊道而贵〔德〕。〔道〕之尊（按，对勘的，于帛书乙本的于此处，是有'也'字），德之贵也，夫莫之爵（按，原字是'爵'字的下半部分）（按，对勘的，于帛书乙本的于此处，是有'也'字），而恒自然也。道（按，对勘的，至帛书甲、乙本，以底本的是不了义的增入了'道'字，其传抄者已不知，以下的文本，于祖本的，乃是以本质同构的'道'与'德'同时并举）：生之、畜之、长之、遂之、停（亭）之、〔毒〕之、〔养之、复之〕"。

帛书乙本作"道生之，（按，对勘的，于帛书甲本的于此处，是有'而'字）德畜之；物形（刑。按，这是以借字写出）之，而器成之。是以万物尊道而贵德。道之尊也，德之贵也，夫莫之爵也，而恒自然也。道：生之、畜〔之〕、〔长之、遂〕之、停（亭）之、毒之、养之、复〔之〕"。

以玄门建构为归导，先为导出，《道德经玄门新证校勘篇》有之新证，厘定祖本的文本以及厘定祖本的行文语序，并句读作"道之尊也〔而〕德之贵：夫莫之爵，也而互自然。道生之〔也〕而德蓄之，物形之〔也〕而器成之；是以万物尊道〔也〕而〔人〕贵德：'生之，蓄之；长之，育之'；'停之，蒉之；养之，覆之'"。

乙，按，帛书甲、乙本的传抄者，将祖本的实则是作为关联虚词的"也"字，皆武断成了是作为判断虚词（于老子祖本的，则是全面地避开作如是使用），故而，于文本之中，则是比附地进而或是增入"也"字，或是裁夺"也"字（不限于本章，是遍及全本的，已成为通病。成为通病，还不排除是在其底本之际就已有不同程度的存在）：显见的，于"德之贵"，皆是增入了"也"字；于"道之尊也"，于甲本的则是裁夺了"也"字；于祖本的"夫莫之爵，也而互自然"，则是将"也"与"而"字以句读予以断开，还于"然"字之后，皆是增入了"也"字。所带来的后果，往往招致歧义祖本的语义，致使句义顿亏。麻烦不止于此，于祖本语义切要地应是写作"道生之〔也〕而德蓄之，物形之〔也〕而器成之"（按，意在予以揭示，具有"实相"意义的，两者乃是本质的同构），这两个"〔也〕"字，传抄之际亦皆被裁夺，即"而"字则是被并入了后项，显见的，已是有乖祖本的句义；还有，于祖本语义切要地应是写作"是以万物尊道〔也〕而

〔人〕贵德"，此"〔也〕"字，传抄之际也被裁夺了（按，于祖本所应有的"〔人〕"字，笔者推测，应该是在底本之际此字就已缺失）。

按，综上校勘，也就得以厘定了于祖本的应是句读作"道之尊也〔而〕德之贵：夫莫之爵，也而互自然"。此句于祖本的应该是作为首句，转为追溯至早期的同源的底本，不难发现，于彼时的，其传抄者就已改动了祖本的行文语序。从校勘的可以予以指出，于全本的是作玄门建构的，是对应此句的，构成互为显义的，即构成对文于"互心"德章所阐扬的"〔也而〕德〔之〕信"以及"〔也而〕德〔之〕善"，亦为构成对文"圣人互无心，〔也〕以百姓之心为心"。补充来说，于祖本的应是作"爵"字，乃是意在以之譬喻共生的"道"与"德"，以及共生的其"尊"与其"贵"，即有如可以彰显尊贵的"爵"，是以三足共生得以立于"正"（再为隐喻的，则指向生命的觉者基于既为能认知实相"自然"，则是予以消解了有之自性的尊与贵，"是故不致数誉，至无誉；是故不欲禄禄若玉，硌硌若石"），是呈现对等的互为充任。

按，是出自自忖的，笔者有之猜想，备此一说：不排除于祖本的或是写作"道之尊也〔而〕德之贵：也夫〔若之爵〕〔而〕莫之〔以〕爵，也而互自然"。

按，综上既有的校勘，以帛书甲本的文本为底本，《道德经玄门新证校勘篇》，厘定祖本的文本，应是写作"道生之〔也〕而德蓄之，物形之〔也〕而器成之；是以万物尊道〔也〕而〔人〕贵德"。

丙，按，综上既有的校勘，《道德经玄门新证校勘篇》下顺地，进而还予以厘定了祖本的文本，并句读作"'生之，蓄之；长之，育之'（基于是主客体同构的既为能认知"复命"实相，亦为能认知实相"自然"，内在的是偏转从'流转'的方向予以作出遮诠的，即构成对文是出自'万物并作，吾以观复'的'天下之物云云，各复其堇'，亦构成对文'物壮即老，是谓：不道'）；'停之，蕈之；养之，覆之'（基于是主客体同构的既为能认知"复命"实相，亦为能认知实相"自然"，内在的是偏转从'还灭'的方向予以作出遮诠的，即构成对文是出自'万物并作，吾以观复'的'各复其堇，曰：静'，亦构成对文'不道，早已'）"。

补充来说，简言之：之所以是能等觉和能等持的能够认知到是"万物尊道〔也〕而〔人〕贵德"，也就反映出了，生命的觉者是主客体同构的既为能认知"复命"实相，亦为能认知实相"自然"：等持的予以阐发是出自"道生之"的"物形之"，则是实然的有所呈现出是"生之；长之"和"停之；养之"；等持的予以阐发是出自"德蓄之"的"器成之"，则是实然的有所呈现出是"蓄之；育之"和"菶之；覆之"。

按，基于既有的校勘，随之的也就得以厘定了文本的所取字，简言之：于传抄本的是写作"畜"字，厘定宜作"蓄"字；于传抄本的是写作"育"或"遂"字，厘定宜作"育"字；于传抄本的是写作"亭"字，厘定宜作"停"字；于传抄本的是写作"毒"或"熟"字，厘定宜作"菶"字；于传抄本的是写作"复"或"覆"字，厘定宜作"覆"字。

【二】甲，王本和傅奕本皆是作"生而不有，为而不恃，长而不宰；是谓：玄德"。

北大汉简本作"故生而弗有，为而弗恃（持），长而弗宰；是谓：玄德"。

帛书甲本作"〔生而〕弗有也，为而弗恃（寺）也，长而弗宰也，此之谓玄德"。

帛书乙本作"〔生而弗有，为而弗恃，长而〕弗宰；是谓〔胃〕：玄德"。

以玄门建构为归导，先为导出，《道德经玄门新证校勘篇》，厘定祖本的文本，并句读作"'生而弗有；为而弗恃；长而弗宰'；是谓：玄德"。

乙，按，综上既有的校勘，从校勘的可以直接予以指出，于全本的是作玄门建构的，简言之：

对应此整句地，构成"互映对称成就"的，即构成对文于"互心"德章所遮诠的"而百姓皆属其耳目焉（按，即亦构成对文'生而弗有；为而弗恃；长而弗宰'）；圣人皆咳之（按，即亦构成对文'是谓：玄德'）"；

对应此整句地，构成"互映对称成就"的，即亦构成对文是作为《道德经》宗纲的于"复德"章所遮诠的"是以圣人：万物自化也而弗欲作（按，即亦构成对文'生而弗有'）；万物自宾也而弗志于能为（按，即亦构成对文'为而弗恃'）；万物自定也而弗得以居（按，即亦构成对文'长而弗宰'）"，以及所遮诠的"夫唯弗得以居，是以弗去（按，即亦构成对文'是谓：玄德'）"。

《德经》第十三章"袭互"德章

王弼本《道德经》下经第五十二章

天下之无也以始；天下之有也以母：

既得其子之母，以知其子之始；

既知其子之始，复守其子之母。

闭其门，塞其兑，终身不堇；启其门，塞其事，终身不来：

"见小，曰：明；守柔，曰：能强"，"用其光，复归其明；终其身，毋遗身殃"；是谓：袭互。

【校勘经文】

【一】甲，王本作"天下有始，以为天下母。既得其母，以知其子；既知其子，复守其母，没身不殆"。

傅奕本作"天下有始，可以为天下母（按，对勘的，可以发现，出于意在予以补救存在句义不通，则是改作'可以'）。既得其母，以知其子；既知其子，复守其母，没身不殆"（按，对勘的，北大汉简本所异，"知"是作"智"字，"没"是作"殁"字）。

帛书甲本作"天下有始，以为天下母。既（慁）得其母，以知其〔子〕，复守其母，没身不殆"（按，对勘的，于其他诸传抄本的是皆有"既知其子"，而于帛书甲本的，则没有，或是漏抄，亦不可排除是予以了裁夺）。

帛书乙本作"天下有始，以为天下母。既得其母，以知其子；既知其子，复守其母，没身不殆（怡）”。

以玄门建构为归导，先为导出，《道德经玄门新证校勘篇》有之新证，厘定祖本的文本，并句读作“天下〔之无〕〔也以〕始；天下〔之〕有〔也〕以母：既得其〔子之〕母，以知其子〔之始〕；既知其子〔之始〕，复守其〔子之〕母”。

乙，按，对勘诸传抄本的文本，皆是句义一致地流变地传抄作“天下有始，以为天下母。既得其母，以知其子；既知其子，复守其母”。笔者从校勘的可以直接予以指出：一者，不难发现，这是病句，不通于义理，不止于此，若为溯及究竟义，还有乖全本的经旨（后面还有跟进的校勘），而历来的研究者，几乎无所质疑；二者，转为追溯至早期的同源的底本，可知其传抄者，出于主观地自解，兼及以“顺读”作理解，则是予以篡改了祖本的文本（后面还有跟进的校勘）。于今来看，其传抄者不自觉知，观念上既阈限于有为法，实则堕于边见。

转换来说，对勘诸传抄本的文本，笔者有所质疑既有的文本，还因之若是据全本的文本作出追索，无疑地亦能得到确证，本章的文本是被彼时的传抄者篡改了：

其一，能够索解于“互道”章的，是遮诠作“无，名万物之始；有，名万物之母”，既反映出了，是从“因地”作出遮诠的，此“无”与“有”，以及相与对应的此“始”与“母”，实则是构成对等的互为能成立，或说互为充任（构成关联地，转为是以能认知宇宙“实相”作出遮诠的，则是遮诠作“互无，欲以观其妙；互有，欲以观其所徼”，既反映出了，是从“果地”作出遮诠的，此“互无”与“互有”，以及相与对应的此“妙”与“所徼”，亦实则是构成对等的互为能成立，或说互为充任）；换言之，两两对出的此四者，它们之间，从根本上的，皆非构成从属的关系，皆非以从属的关系从而形成派生，因是，也就可以推定，构成义理一贯地能够反映在本章的，实则的已是有乖全本的经旨，无可遮诠作“天下有始，以为天下母”，而能够合于经义的，只可遮诠作“天下〔之无〕〔也以〕始；天下〔之〕有〔也〕以母”。

其二，能够索解于“象帝”道章的，是遮诠作“象帝之先；吾不知其谁之子”（按，已知的，即构成对文“随而不见其后，迎而不见其首；是谓：惚恍”），既反映出了，即构成对等的从此在的“其子”予以作出追问（按，是基于禅定"大定"总持的守于"中"，以主客体同构的能作出追问），而所为等价的，内在的是偏转从"还灭"的方向予以作出追问的，则是构成了有所追溯于"无"的"始"（既亦是有所追溯于"互无"的"妙"），内在的是偏转从"流转"的方向予以作出追问的，则是构成了有所追溯于"有"的"母"（既亦是有所追溯于"互有"的"所徼"）；换言之，因是，也就可以推定，构成义理一贯地能够反映在本章的，是能够顺承先已厘定的首句的，还原于祖本的，能够合于经义的应是写作"既得其〔子之〕母，以知其子〔之始〕（按，内在的是应之以'互'的意蕴，亦是偏转从'还灭'的方向，进而予以阐发'天下〔之无〕〔也以〕始'）；既知其子〔之始〕，复守其〔子之〕母（按，内在的是应之以'互'的意蕴，亦是偏转从'流转'的方向，进而予以阐发'天下〔之〕有〔也〕以母'）"（按，综上既有的校勘，起底文牍底事，也就得以了然于整句的各项何以皆会是写有"其"字，转换来说，也就得以还原出真相：内在的是应之以"互"的意蕴予以作出阐发的，这里的"始"与"母"实则的是作为大词，而构成对象性的"子"与"母"实则的是作为小词，已是合并地予以述作是"其子"）。

其三，能够索解于"反动"道章的，是遮诠作"天下之物：生于有；生于无"，既反映出了，即"生于有"与"生于无"，亦是构成对等的互为充任，而所为等价的，是以"物形之〔也〕而器成之"的此在之"物"能作出遮诠的，既反映出了，即"当其有"的"有"与"当其无"的"无"，亦是构成对等的互为充任；换言之，因是，也就可以推定，构成义理一贯地能够反映在本章的，既为是主客体同构的能认知到"始"与"母"是能成立互为让渡的，以胜义的即亦反映出了，则是有所自觉的应成"袭互"，而意义深在的，既是反映出了，生命的觉者已是有所觉知"互无"的缘起无自性以能成俱足"互有"的无自性缘起以所成（以胜义的即亦反映出了，生命的觉者已是有所觉知"互，曰：复命；知互，曰：明"）。

按，从校勘的还需予以指出，于全本的是作玄门建构的，简言之：对应"从道"德章的遮诠"汋兮，其无止"，转为予以作出分证的，即构成对文遮诠"天下〔之无〕〔也以〕始；天下〔之〕有〔也〕以母"；还有，对应"从道"德章的遮诠"我独顽〔也〕似俚，贵食母"，转为予以作出分证的，即构成对文遮诠"既得其〔子之〕母，以知其子〔之始〕；既知其子〔之始〕，复守其〔子之〕母"。

【二】甲，王本作"塞其兑，闭其门，终身不勤；开其兑，济其事，终身不救"，以及作"见小曰明，守柔曰强。用其光，复归其明，无遗身殃，是谓：习常"（按，对勘的，傅奕本所异，"习"作"袭"字）。

北大汉简本作"塞其兑（脱），闭其门，终身不僅；启其兑（脱），齐其事，终身不來。见小曰明（明），守柔曰强。用其光，复归其明（明），毋遗身殃，是谓：袭常"。

帛书甲本作"塞其（闷），闭其门，终身不堇；启其闷，济其事，终身〔不棘〕。〔见〕小曰〔明〕，守柔曰强。用其光，复归其明，毋遗（道）身殃（央），是谓（胃）：袭常"。

帛书乙本作"塞其兑，闭其门，终（冬）身不堇；启其兑，齐其〔事，终（冬）身〕不棘。见小曰明，守〔柔曰〕强。用〔其光，复归其明，毋〕遗身殃（央）；是谓（胃）：〔袭〕常"。

楚简本乙组作"闭（閟）其门，塞（赛）其兑（說），终身不（瞀）；启其兑（按，同前字），塞（赛）其事，终身不迷（lài）"（按，于本章，对勘的，能见于楚简本的，只抄录了这段文本，首句的以及后句的文本则未见。从整理出的楚简本来看，有所抄录文本，写成其前章的是予以抄录了"返成"道章，写成其后章的是予以抄录了"保朴"德章，皆是予以完整地抄录了全章的文本）。

以玄门建构为归导，先为导出，《道德经玄门新证校勘篇》有之新证，厘定祖本的文本以及祖本的行文语序，并句读作"闭其门，塞其兑，终身不堇；启其门，塞其事，终身不来：'见小，曰：明；守柔，曰：〔能〕强'，'用其光，复归其明；〔终其身〕，毋遗身殃'；是谓：袭互"。

乙，按，对勘诸传抄本的文本，以楚简本的文本为底本，《道德经玄门新证校勘篇》，厘定祖本的文本，合理的应是写作"闭其门，塞其兑，终身不堇；启其门，塞其事，终身不来"。

按，笔者从校勘的已有给出辨析，于祖本的于全本，无所使用到"勤"字，凡所见，还原于祖本的，能够合于经义的皆应是写作"堇"字。辨析"堇"字，若为予以追索其内在规定性，则是根底"弱也者强，道之用"。

是据"天门启阖，能若为雌"相应地能够给出验证的，于本章，构成经义贯通地，则应是写作"闭其门"与"启其门"（按，遮诠"闭其门"，即寓意自性"无私"；遮诠"启其门"，即寓意自性"有私"）。于楚简本的是写作"塞其兑"以及是写作"塞其事"，应是祖本旧有（按，于楚简本的，写作"启其兑"，应该是出于笔误，是将"门"写成了"兑"字）：遮诠"塞其兑"，即寓意自性"寡欲"，能够从行为上反映出来的，即无所意志用强的欲为"有事"；遮诠"塞其事"，即寓意自性"有欲"，能够从行为上反映出来的，即付诸意志用强的欲为"有事"，目的于求取自性"有所得"。

之所以是遮诠作"终身不来"，因之乃是有所诉诸"启其门，塞其事"，既反映出了，而于本质上的实则是"不知互，妄；妄作，凶"，故而的，则是进而言及"遗身殃"。

按，从校勘的还需予以指出，于全本的是作玄门建构的，简言之：对应"从道"德章的遮诠"鬻人昭昭，我独昏昏；鬻人察察，我独闷闷"，转为予以作出分证的，即构成对文遮诠"闭其门（以隐喻的既构成'我独昏昏'），塞其兑（以隐喻的即构成'我独闷闷'），终身不堇；启其门（以隐喻的既构成'鬻人昭昭'），塞其事（以隐喻的既构成'鬻人察察'），终身不来"。

丙，按，综上既有的校勘，笔者从校勘的还有之合理的推定，出于不无必要，《道德经玄门新证校勘篇》，予以补出了于对勘的诸传抄本皆就缺失了的"〔终其身〕"以及"〔能〕"字（有无"能"字，意义不同，以全本的经义作约束，应当是有"能"字），进而厘定了祖本的文本，并句读作"'见小，曰：明；守柔，曰：〔能〕强'，'用其光，复归其明；〔终其身〕，毋遗身殃'；是谓：袭互"（按，即可格义于庄子所遮诠的是禅定的"心斋"，有所能受觉"虚室生白，吉祥止止"，庄子于《人间世》有所对治出于"有事"的"坐驰"，则是予以导出了"心斋"）。

按，从校勘的还需予以指出，于全本的是作玄门建构的，简言之：对应"从道"德章的遮诠"众人皆有以，而我欲独异于人"，转为予以作出分证的，即构成对文遮诠"'见小，曰：明；守柔，曰：〔能〕强'，'用其光（与'见小'成互文），复归其明（与'曰：明'成互文）；〔终其身〕（与'守柔'成互文），毋遗身殃（与'〔能〕强'成互文）'；是谓：袭互"。

按，对勘诸传抄本的文本，文本类同的皆是存有"没身不殆"。从校勘的可以直接予以指出，转为追溯至早期的同源的底本，不难发现，彼时的传抄者，意在予以阐发本章的经义，则是引用了"观复"道章的文本，不了义的于本章予以作夹注，今校勘则是将其删除。

按，对勘诸传抄本的文本，一致地皆已是传抄流变地写作"常"字（按，对勘的诸传抄本，于"观复"道章，除了楚简本甲组是以作夹注的存有"互"字，见于其他诸传抄本的文本之中的，一致地皆已是传抄流变地写作"常"字）。笔者校勘"观复"道章的文本，就该章何以会是写作"常"字，已有给出辨析，为免于繁复，此不赘。至校勘本章的文本，今校勘，厘定于祖本的亦应是写作"互"字，进而厘定于祖本的应是写作"袭互"。

从校勘的还需予以指出，于全本的是作玄门建构的，简言之：若为予以追索应成"袭互"的究竟义，构成互为显义的，具有本体意义的，即构成对文于"不道"德章的所遮诠的"'〔知之〕情〔之至〕，曰：迵；知〔之〕和〔之至〕，曰：明'；'益生，曰：祥；心使气，曰：〔能〕强'"。

《德经》第十四章 "执生" 德章

王弼本《道德经》下经第五十章

出生入死：

"生之徒，十有三；死之徒，十有三"；

而民生生，动皆之死地之十有三。

盖闻善执生者，善执生无所至之死地：

毋使民涉于兕生之泽，兕无所椯其角；

毋使民行于虎生之陵，虎无所措其爪；

毋使民被甲革而入军，兵无所容其刃。

【校勘经文】

【一】甲，王本作"出生入死：生之徒，十有三；死之徒，十有三；人之生，动之死地，亦十有三。夫何故？以其生生之厚"。

傅奕本作"出生入死：生之徒，十有三；死之徒，十有三；而民之生生而动，动皆之死地，亦十有三。夫何故？以其生生之厚也"。

北大汉简本作"出生入死：生之徒，十有三；死之徒，十有三；而民生（姓）生焉，动皆之死地，十有三。夫何故也？以其生（姓）生也"。

帛书乙本作"〔出〕生入死：生之〔徒，十有三；死〕之徒，十又三；而民生生，动（僮）皆之死地之十有三。〔夫〕何故也？以其生生"。

帛书甲本作"〔出〕生〔入死：生之徒，十〕有〔三；死之〕徒十有三；而民生生，动皆之死地之十有三。夫何故也？以其生生也"。

以玄门建构为归导，先为导出，《道德经玄门新证校勘篇》，厘定祖本的文本，并句读作"出生入死：'生之徒，十有三；死之徒，十有三'；而民生生，动皆之死地之十有三"。

乙，按，先为指出，于全本的是作玄门建构的，是对应于"袭互"德章的所遮诠的"天下〔之无〕〔也以〕始；天下〔之〕有〔也以〕母：……，……；……，……"的，基于生命的觉者既为能认知"复命"实相（源于当机者已是有所应成"万物并作，吾以观复：'天下之物雲雲，各复其堇；各复其堇，曰：静'；是谓：复命"），也就可以反映为，具有"此在"意义的，亦是构成对文"出生入死"。

按，还有，从校勘的可以直接予以指出，于全本的是作玄门建构的，简言之：

之一，是构成对文遮诠"闭其门，塞其兑，终身不堇"的，则是转为有所予以遮诠"生之徒，十有三；死之徒，十有三"（按，转为是从本体意义的能够给出验证的，则是构成对文有所遮诠的"'人之生也柔弱，其死也筋仞坚强；草木之〔物〕之生也柔脆，其死也枯槁'，故曰：柔弱者，生之徒；坚强者，死之徒"），合之两者，转为是从本体意义的能够予以阐发"复命"实相的（按，既为是主客体同构的能认知"复命"实相，也就反映出了，所为抉择出的"损益"之道与"修正"之德实则是本质的同构），则是有所予以阐发了"物壮即老（按，即构成对文'天下之物雲雲'），是谓：不道（按，即构成对文'各复其堇'）（按，即构成对文'功遂'）；不道（按，即构成对文'各复其堇'），早已（按，即构成对文'曰：静'）（按，即构成对文'身退也载'）"。

之二，是构成对文遮诠"启其门，塞其事，终身不来"的，则是转为有所予以遮诠"而民生生，动皆之死地之十有三"（按，是从本体意义的能够给出验证的，则是构成对文有所遮诠的"水柔之胜坚，也〔而〕弱之胜强；天下〔人〕莫之弗知，也而莫之能行"），合之两者，转为是从本体意义的能够予以阐发"复命"实相的（按，既为是主客体同构的能认知"复命"实相，也就反映出了，所为抉择出的"损益"之道与"修正"之德实则是本质的同构），则是有所予以阐发了"有知也使我掣：大道甚夷，〔人〕甚好解；行于大道，唯迤是畏（按，即构成对文'天下有道，却走马以粪；天下无道，戎马生于郊'）"。

按，补充来说，历来予以诠释老子的三个"十有三"，限于笔者目前所见，鲜有不作迂曲强解，已是五花八门的各自作解，更有自作聪明者，煞有介事，还能另为寻出"十有一"。从校勘的可以直了地予以指出：历史早期的，约定成俗的，是可以用"十"数来表意成数之"满"数或说"全"数（寓意共在的"并作"。还包括"五"数），是可以用"三"数来表意不可确数的生数之"多"数或说"变"数（寓意此在的"生变"。还包括"七"数）。能够见出历史早期的已是有之文化取向的，亦可证之于"道生之也而器成之"的或说"天工人其代之"而"开物成务"的是制式"卅辐同毂"。

【二】甲，王本作"盖闻善摄生者，陆行不遇兕虎，入军不被甲兵：兕无所投其角；虎无所措其爪；兵无所容其刃。夫何故？以其无死地"（按，对勘的，傅奕本所异，作"夫何故也？以其无死地焉"）。

北大汉简本作"盖闻善摄（聶）生者，陵行不避兕（爲）虎，入军不被兵革：虎无所措（错）其爪（蚤），兕（按，同前字）无所楄其角，兵无所容其刃。夫何故也？以其无死地焉"。

帛书乙本作"盖闻善执生者，陵行不避（辟）兕虎，入军不被兵革：兕无〔所楄其角；虎无所措〕其爪（蚤）；兵〔无所容其刃〕。〔夫何故〕也？以其无〔死地焉〕"。

帛书甲本作"盖〔闻善〕执生者，陵行不〔避〕兕（矢）虎，入军不被甲兵：兕（矢）无所楄其角；虎无所措（昔）其爪（蚤）；兵无所容〔其刃〕。〔夫〕何故也？以其无死地焉"。

以玄门建构为归导，先为导出，《道德经玄门新证校勘篇》有之新证，厘定祖本的文本以及祖本的行文语序，并句读作"盖闻善执生者，〔善执生无所至之死地〕：〔毋使民涉于〕兕〔生之泽〕，兕无所楄（duǒ）其角；〔毋使民〕行〔于〕虎〔生之〕陵，虎无所措其爪（zhǎo）；〔毋使民〕被甲革〔而〕入军，兵无所容其刃"。

乙，按，对勘诸传抄本的文本，文本类同的皆已是传抄流变地写作"盖闻善执（或作'摄'）生者，陵（或作'陆'）行不避（或作'遇'）兕虎，入军不被甲兵（或作'兵革'）"，笔者早年间研读此章的文本，面对这种怪诞的文言，每每顿生疑云，直觉祖本的文本应该是被后世篡改了：老子必"不语怪力乱神"！

基于以玄门建构为归导，加之可以据构成对文的文本予以勘合既有的文本，还结合从上下文的文意来作理解，笔者从校勘的有之合理的推定，予以补出了于对勘的诸传抄本皆就缺失了的经句，还原于祖本的，能够合于经义的应是写作"盖闻善执生者，〔善执生无所至之死地〕"。

按，针对笔者所厘定的文本，若为能够得到学界的认可，一贯地，还须给出有效的验证，以下给出具体的交代：

之一，既厘定了该句，也就还原出了，是经义无间的能够衔接上前句的，即构成对文"而民生生（按，构成是既对治而应成地，则是构成对文'盖闻善执生者'），动皆之死地之十有三（按，构成是既对治而应成地，则是构成对文'〔善执生无所至之死地〕'）"。

之二，是对应该句的，于全本的是作玄门建构的，即亦构成对文于"善生"德章的所遮诠的"夫唯无以生为者（按，即亦构成对文'盖闻善执生者'），是贤贵生（按，即亦构成对文'〔善执生无所至之死地〕'）"。

之三，是对应该句的，于全本的是作玄门建构的，即亦构成对文于"不道"德章的所遮诠的"含德之厚者，比于赤子；〔比于赤子〕，骨弱筋柔而捉固（按，即亦构成对文'盖闻善执生者'）：情之至，也〔而〕未知牝牡之合而朘怒；和之至，也〔而〕终日号而不嗄（按，即亦构成对文'善执生无所至之死地'"。又，从校勘的还需予以指出，彼时的传抄者传抄文本之际，语涉"怪力乱神"，则是予以篡改出了，若可"陵行不避兕虎，入军不被甲兵：……；……；……"，不止于此，随之而来的，再为语涉"怪力乱神"，转为予以作夹注，则是杜撰出了，应许"赤子"具足怪力，若可"蜂蝎虺（yuán）蛇弗螫（shì），攫（jué）鸟猛兽弗搏"。）

之四，既厘定了该句，也就还原出了，是经义无间的能够衔接上后句的，即构成对文后面的文本（经校勘亦得以厘定了的文本。后面还有跟进的校勘，此不赘）。

之五，是对应该句的，构成"互映对称成就"的，诉诸是以生命的觉者能够给出体证的，即亦构成对文"'见小，曰：明；守柔，曰：〔能〕强'，'用其光，复归其明；〔终其身〕，毋遗身殃'；是谓：袭互"，合之两者，诉诸具有本体意义的，即亦构成对文"'〔知之〕情〔之至〕，曰：迵；知〔之〕和〔之至〕，曰：明'；'益生，曰：祥；心使气，曰：〔能〕强'"。

丙，按，既厘定了宗领的"盖闻善执生者，〔善执生无所至之死地〕"，接下来的，笔者从校勘的还有之合理的推定，予以补出了于对勘的诸传抄本皆就缺失了的文本，具体的予以分述如下：

之一，能还原于祖本的，构成句义完足地应是写作"〔毋使民涉于〕兕〔生之泽〕，兕无所椯其角"（按，从校勘的角度还需予以指出：兕即犀牛，其生存习性一般地是栖息于沼泽地带，高陵非其所宜；虎，其生存习性一般地是栖息于丛山高陵，沼泽地带非其所宜）。

之二，能还原于祖本的，构成句义完足地应是写作"〔毋使民〕行〔于〕虎〔生之〕陵，虎无所措其爪"（按，于今来说，需要予以追问的，老子何以须要言及抵死的兕和凶猛的虎？答曰：于兕，则是专为谋其皮，予以改性，将其制作成盾牌和护甲，作为军事装备以供"入军"；于虎，则是专为谋其皮，予以改性，将其制作成戎装，作为军事装备以供"入军"。按，至此，构成经义关联地，也就可以予以另为指出，冷兵器时代，于身份上则是异化出了这样的特权阶层，有之经济能是的"鬻人"，就是专营这些难得的"入军"装备的：利诱暴利无比，随之的，则是异化出了"而民生生，动皆之死地之十有三"）。

之三，能还原于祖本的，构成句义完足地应是写作"〔毋使民〕被甲革〔而〕入军，兵无所容其刃"（按，此"甲"，是民为"鬻人"所胁迫，求之"生生"，不得不以性命相搏而取之于兕；此"革"，是民为"鬻人"所胁迫，求之"生生"，不得不以性命相搏而取之于虎。故而，笔者兼取对勘的诸传抄本的文本，厘定于祖本的应是写作"甲革"，而不是写作"兵革"，亦不是写作"甲兵"。按，随之的也就得以了然，于三个后项的语句之中，之所以皆会出现言及"无所"，应是据必有的前言从而相应地予以生成了后语）。

按，从校勘的还需予以指出，于全本的乃是构成经义贯通地，诉诸是从生命本体的欲为消解是从人之道的异化出"不知互，妄；妄作，凶"，转为入世作对治的，构成是既对治而应成地：分别地予以落实于"袭互"德章的，以要义的则是予以阐发了必为应成"袭互"；分别地予以落实于"执生"德章的，以要义的则是予以阐发了必为应成"盖闻善执生者，〔执生无所至之死地〕"。

丁，对勘诸传抄本的文本，文本类同的皆是存有"夫何故也？以其生生之厚"，以及皆是存有"夫何故也？以其无死地焉"，这是出自作夹注的传抄窜并。从校勘的可以直接予以指出，转为追溯至早期的同源的底本，不难发现，彼时的传抄者，出于意在予以阐发本章的经义，则是自主地予以了作夹注，实则不明就里，徒增费辞，转增谬误。今校勘则是予以悉数删除。

《德经》第十五章"非道"德章

王弼本《道德经》下经第五十三章

有知也使我挈：

大道甚夷，人甚好解；行于大道，唯迤是畏。

"服文采，厌饮食，带利剑；朝甚涂，仓甚虚，田甚芜"，

资货有余；是谓："觊华；觊华，非道。"

【校勘经文】

【一】甲，王本作"使我介然有知：行于大道，唯施是畏；大道甚夷，而民好径"。

傅奕本作"使我介然有知：行于大道，惟施是畏；大道甚夷，而民好径"（按，至王本和傅奕本，于底本的，是增入了"然"字）。

北大汉简本作"使我介有知（智）：行于大道，唯迤（蛇。按，至该本，是由祖本的'迤'字讹作'蛇'字）是畏；大道甚夷，而民好街（按，不同于帛书甲、乙本的只写有'甚'字，至以上的三本，于底本的，传抄流变地是增入了'而'字，灭失了祖本的'甚'字）"。

帛书乙本作"使我介有知：行于大道，唯迤（他）（按，至该本，是由祖本的'迤'字讹作'他'字）是畏；大道甚夷，民甚好（俫）"（按，至帛书乙本和北大汉简本，于底本的，祖本的"挈"字是被改作了"介"字）。

帛书甲本作"使我挈（㩪），有知也（按，至该本，独有的还存有祖本的'也'字，颇具校勘价值）。〔行于〕大道，唯〔迤是畏；大道〕甚

夷，民甚好解”。

以玄门建构为归导，先为导出，《道德经玄门新证校勘篇》，厘定祖本的文本以及厘定祖本的行文语序，并句读作“有知也使我掣：大道甚夷，〔人〕甚好解；行于大道，唯迤是畏”。

乙，按，见于帛书甲本的是写作“使我掣，有知也”，而于祖本的则应是写作“有知也使我掣”，所为能追溯的，源于早期的同源的底本，其传抄者是出于以“顺读”作理解的改动了祖本的行文语序。可以先为指出（后面关联地还有给出辨析）：言及“有知”，即构成对文“大道甚夷，〔人〕甚好解”；言及“也使我掣”，即构成对文“行于大道，唯迤是畏”。

补充来说，“掣”者：《尔雅·释训》“曳也”，《玉篇》“牵也”；《易·睽卦》“见牛曳，其牛掣”，《注》“滞隔不进也”（按，从经验中可以见到，农夫使牛犁田耙地，口中会不停地发语“掣……掣……掣”，正是出于意在控制牛在行进中发力不致犁出斜垅。按，以全本的经义作约束，构成义理一贯地是能够照应到“今之善为道者，执今之道，以御今之有德”的，印证于是构成互文的“执”与“御”字，也就可以推定，转至本章的，以胜义的皆是出于意在予以导于“正”，于祖本语义切要地应是写作“掣”字）。“介”者，甲骨文，本义指甲衣，证之《礼记·曲礼上》“介者不拜”；引申义，同于“界”字，意义居中、分隔；还有引申义，意义特异、独立（后来的传抄者据此义，是将“掣”改作“介”字，进而予以改动文本，还裁夺了“也”字，是写作“使我介有知”，已浅出祖本的句义）。

按，校勘“执生”德章的文本，构成关联地已有给过辨析本章的首句，简言之，于全本的乃是构成经义贯通地，是对应“有知也使我掣：大道甚夷，〔人〕甚好解；行于大道，唯迤是畏”的，即亦构成对文“而民生生，动皆之死地之十有三”，即亦构成对文“水柔之胜坚，也〔而〕弱之胜强；天下〔人〕莫之弗知，也而莫之能行”，即亦构成对文“天下有道，却走马以粪；天下无道，戎马生于郊”。

按，据全本的经义作约束，予以辨别“施”“蛇”“他”这三个字，原则上可以厘定是作“迤”字，而笔者认为，于祖本的应是作“迤”（yǐ）字，其于义胜。“迤”者，本义地势是呈现斜向的延长，至后来，则是有所写作“迤逦”，《尔雅》注“旁行连延也”。“迤”，通假“迤”字。需指出，"迆"字，还寓意着是呈现多向度的"邪行"，构成表征的，既见诸已成斜出的是分化出了众多的小路（非是抄近的小径），而小路在方向上是游移不定的，故而无正（有若蛇逃逸的游走），以文本约义，则是判为"非道"。

即如帛书甲本的，于祖本的应是作"解"字，而不作（徯）字（后面关联地还有给出辨析），更不作"径"字（后世的传抄者，仅根据"道"字，出于自解的，以俗成的构成对文，则是改作"径"字，还有的，则是改作"街"字）。"解"者，甲骨文，本义剖开、裂分，《博雅》"迹也"，"散也"，以文本约义，构成隐喻的，可释作"裂解了平正的大道，已成斜出的是分化出了众多的小路"；换言之，"解"之状态亦同于"迆"之状态，两者之间构成互为表里。

按，基于以玄门建构为归导，笔者从校勘的有之合理的推定，于祖本的应是作"人"字，而不作"民"字，因为（后面关联地还有给出辨析）：一者，是直接关涉本章的文本的，于"伏心"道章，构成对文的正是写作"人"字；二者，异化出"觌华，非道"，相应地若为予以追问其当机者，显而易见的，应该是指向统治阶级的"人"，所为对应的乃是"服文采，厌饮食，带利剑"者，而非指向被统治阶级的"民"。

【二】甲，王本作"朝甚除，田甚芜，仓甚虚。服文彩，带利剑，厌饮食。财货有馀，是谓：盗夸。非道也哉"。

傅奕本作"朝甚除，田甚芜，仓甚虚。服文采，带利剑，厌饮食。货财有馀，是谓：道夸。盗夸，非道也哉"。

北大汉简本作"朝甚除，田甚芜，仓甚虚。服文彩，带利剑，厌食。资货有馀，是谓：盗芋，非道也"。

帛书乙本作"朝甚除，田甚芜，仓甚虚。服文采，带利剑，厌食（按，对勘的，至该本，还裁改了文本）而资（齎）财〔有馀，是谓〕：盗杅；〔盗杅〕，非〔道〕也"（按，《韩非子·解老》写作"盗芋"，北大汉简本亦写作"盗芋"）。

帛书甲本作"朝甚除，田甚芜，仓甚虚。服文采，带〔利剑，厌饮〕食。货〔财有馀，是谓：□□；□□，非道也〕"。

以玄门建构为归导，先为导出，《道德经玄门新证校勘篇》有之新证，厘定祖本的文本以及厘定祖本的行文语序，并句读作"'服文采，厌饮食，带利剑；朝甚涂，仓甚虚，田甚芜'，资货有余；是谓：'〔羡华〕；〔羡华〕，非道'"。

乙，按，从校勘的可以直接予以指出，于全本的是作玄门建构的，简言之：

是等持的进而予以阐发，从异化地人之道是如何见出"〔人〕甚好解"的，转为对应后句的，既反映出了，私有制社会的贵族统治集团，诉诸意志用强的愿力于"损不足以奉有余"，则是异化出了"服文采，厌饮食，带利剑"，转为从本质上的再为予以阐发的，入世作对治的既构成实证，则是予以判作是"资货有余；是谓：〔羡华〕"；是等持的进而予以阐发，从异化地人之道是如何见出"唯迤是畏"的，转为对应后句的，既反映出了，私有制社会的贵族统治集团，诉诸意志用强的愿力于"损不足以奉有余"，则是异化出了"朝甚涂（按，是呈现反噬的予以验证了'服文采'），仓甚虚（按，是呈现反噬的予以验证了'厌饮食'），田甚芜（按，是呈现反噬的予以验证了'带利剑'）"，转为从本质上的再为予以阐发的，入世作对治的既构成实证，则是予以判作是"〔羡华〕，非道"。

转换来说，已知的，是对应业已厘定的"服文采，厌饮食，带利剑；朝甚涂，仓甚虚，田甚芜"的，于全本的乃是构成经义贯通地，即亦构成对文"五色（按，即亦构成对文'服文采'），使人之目盲（按，即亦构成对文'朝甚涂'）；五味（按，即亦构成对文'厌饮食'），使人之口爽（按，即亦构成对文'仓甚虚'）；五音（按，即亦构成对文'带利剑'），使人之耳聋（按，即亦构成对文'田甚芜'）"（也即入世作对治的既实证了，于生命自身来说，已是呈现反噬的被异化了）。按，因是，以文本约义，笔者厘定，于祖本的应是作"涂"字，而不作借字的"除"字，"涂"字，其于义胜。

基于既有的校勘结果，也就不难发现，早期的同源的底本其传抄者，已习惯于以"顺读"作理解，应之转接言及"资货有余"，进而从整体地还予以改动了祖本的行文语序。

丙，按，从校勘的还需追问，后世的传抄者何以会将祖本的"〔羡华〕"，或是改作"盗芋"，或是改作"盗杆"，乃至改作"盗夸"？笔者从校勘的有之合理推定：

之一，是早于帛书甲、乙本的，转为予以追溯至早期的同源的底本，不难发现，其传抄者，应该是根据文本"服文采，厌饮食，带利剑"，有之主观地自解：这正是相应地进而予以描述"强梁者不得其死"的，即予以描述社会"豪强"的。因此而成为诱因，故而的，不但是将"〔人〕胜好解"予以改成了"民甚好（俰）"，进而将"〔觊华〕"予以改成了"盗华"。

之二，随之的也就得以了然，何以于帛书乙本的会是写作"俰"字：此字，《集韵》释义"豪强貌"。另需指出，若为追问于帛书甲本的何以会是写作"解"字，从校勘的亦有之合理的推定，大概率地应该是改自"俰"字，非是另有底本，不过是文牍底事的凑巧，并不知道乃是还原了祖本的"解"字。

之三，转向予以追溯是写作"盗華"的"華"字是如何发生流变的，从校勘的还有之合理的推测，于彼时的，有可能是据通假字的"花"字，进而是写成了异体字的"荂"（fū）字。进一步来说，传抄之际，由于字形相近，亦不排除于底本的"荂"字就已经是字迹不清，故而的，也就被其传抄者出于自解的目的改写成了"芌"字。再为传抄流变地，随之也就衍生出了，或是改作"杅"字，或是改作"夸"字。

按，试问，能够厘定于祖本的应是写作"〔觊华〕"的"觊"字，有何依据？交代如下，简言之：

之一，已知的，于《道德经》的宗纲，诉诸道本体的，已是有之判摄"故失道〔也〕而失德"，相应地转为予以诉诸认知意义的，则是有所判摄"前识者，道之华也而愚之首"，进而予以作出分证或说阐发的，即反映出了，于本质上的，实则是产生于异化地"大道废，智慧出"，进而的，即亦反映出了，针对异化出"觊测"，出于对治的，则是有所付诸"绝智弃辨"。转换来说，既判作是实则是非实的"觊华"，即构成了，实则是出自"大道废，智慧出"的"道之华也而愚之首"，也就是说，所为能给出隐喻的，是有着这样的意味，有违物候的出现反季节性的开花，既为呈现状态妖异，则其预后往往不祥，将来不能成其坐果。

之二，据全本的文本作出审察，已知的：于祖本的应是写作"〔民〕无觊测"，传抄流变地则是被篡改作"盗贼无有"；于祖本的应是写作"而〔民〕滋觊测"，传抄流变地则是被篡改作"盗贼多有"；于祖本的应是写作"使民不〔觊〕"，传抄流变地则是被篡改作"使民不为盗"；于祖本的本是写作"〔使民不智毋觊测〕",进而是予以转接下文的"复结绳而用之"的,传抄之际,因之无可措手,则是武断地予以了裁夺。换言之,于今得以实证了的:凡于祖本的本作"觊"字,传抄之际,皆是被篡改作"盗"字;凡于祖本的本作"测"字,传抄之际,皆是被篡改作"贼"字。

按,基于既有的校勘成果,从校勘的也就可以进而予以指出(至于详为解析,请读者转为参看《道德经玄门新证解析篇》的相关内容):

老子有所遮诠实则是非实的"觊华",意义深在的既为隐喻着,出于满足自性"有私",付诸意志用强的愿力于"损不足以奉有余",而所呈现出来的其结果,貌似繁盛的"资货有余"也只不过是虚幻的表象,也就是说,而于本质上的,以异化地人之道所能反映的,实则的乃是出自异化地"不知互,妄",即可以反映在,已是异化出了"服文采,厌饮食,带利剑",既为构成是"〔人〕甚好解";而"觊华"转为是以被判为"非道"所能反映的,意义深在的既为隐喻着,出于满足自性"有欲",付诸意志用强的愿力于"损不足以奉有余",而所呈现来的其结果,貌似繁盛的"资货有余"也只不过是不祥的结果恶逆,也就是说,而于本质上的,以异化地人之道所能反映的,实则的乃是出自异化出的"妄作,凶",即可以反映在,已是反噬的异化出了"朝甚涂,仓甚虚,田甚芜",既为构成是"唯迤是畏"。

《德经》第十六章"修正"德章

王弼本《道德经》下经第五十四章

善修者，建不拔；善休者，抱不脱：

子孙以其祭祀，子孙不屯。

吾是以知子孙之然，也而子孙孳以此：

修之身，其德乃正；其德乃正，则修之家，其德乃有余；其德乃有余，则修之乡，其德乃长；其德乃长，则修之邦，其德乃有奉；其德乃有奉，则修之天下，其德乃溥。

吾是以知天下有道：

以修之身观修之身之家；以修之家观修之家之乡；以修之乡观修之乡之邦；以修之邦观修之邦之天下；以修之天下观天下有道。

【校勘经文】

【一】甲，王本作"善建者不拔，善抱者不脱，子孙以祭祀不辍"，傅奕本作"善建者不拔，善袞者不脱，子孙祭祀不辍"（按，至该两本，于底本的，是自主地据"不脱"，以互文是改作"不辍"）。

北大汉简本作"善建不拔，善抱不脱，子孙以其祭祀不绝"（按，对勘的，于该本，是分别地裁夺了两个"者"字）。

帛书乙本作"善建者〔不拔，善抱者不脱〕，子孙以祭祀不绝"。帛书甲本作"善建〔者不〕拔，〔善抱者不脱〕，子孙以祭祀〔不绝〕"。

楚简本乙组作"善建者不拔，善休（按，于该本的，是写作'休'字，颇具校勘价值）者不脱（兑），子孙以其祭祀不屯"（按，对勘的，于楚简本和北大汉简本的，于底本的，皆是写作"以其"）。

按，于楚简本的是写作"乇"（tuō）字，楚简本的整理者隶定是"屯"（zhūn）字，笔者从之。因是，则可以厘定于祖本的应是写作"〔子孙〕不屯"，意义"子孙长养不会招致艰难、困顿"，换言之，也就寓意着，后嗣子孙代代繁衍，若能守于"正"，那是可以达成"深根固柢，长生久视"的。"屯"者，甲骨文，取象草木初生所呈现出的卷曲包裹之形，《玉篇》"万物始生也"，本义艰难、困顿，引申义聚集、积蓄。"乇"者，本义草木从土壤中萌发，引申义寄托、委托。笔者从校勘的有之合理的推测，见于北大汉简本和帛书甲、乙本的，溯及底本的，应该是据其底本的"不乇"，以为存在病句，则是予以改作"不绝"。

以玄门建构为归导，先为导出，《道德经玄门新证校勘篇》有之新证，厘定祖本的文本，并句读作"善〔修〕者，建不拔；善休者，抱不脱：子孙以其祭祀；〔子孙〕不屯"。

乙，按，已知的，老子所抉择的"损益"之道与"修正"之德乃为本质的同构，即反映出了，生命的觉者是主客体同构的能认知实相"自然"，亦为能认知"复命"实相，深在的既为能认知到互道道动内在的有着是以"强"与"弱"呈现趋势性演化。故而，基于构成义理一贯地，内在的既为诉诸比德于道的，则有着是从全本的作玄门建构：予以同构的建构了"强损"道章和"非道"德章；予以同构的建构了"损益"道章和"修正"德章；予以同构的建构了"弱益"道章和"不道"德章。

转换来说，也就进而可以了然：于本章，之所以会有所遮诠"善〔修〕者，建不拔；善休者，抱不脱"，即意在予以阐扬生命的觉者（以当机者则是转作后嗣的"子孙"），于器世间天下，若为能实践"从事于德同道"，则亦是构成"事理不二"的能够体证到"天之道"，即相应地从事社会性的劳动实践，亦能够体证到"天之道，损有余而益不足，故物：或损之而益；或益之而损"。转换来说，简言之，可谓是"道不远人"，于社会性的实践之中，是能够见出"事理不二"的：一者，对象性的建筑"物"（如祭坛、神社）既呈现为是"建不拔"，相应地也就予以验证了，于主体的"人"来说，则可以称作是"善〔修〕者"，也即，善"修"的本质意义正是体现在，因之主体的"人"于在"建"之际，已然是诉诸比德于道的就能够自觉地实践"损有余而益不足"（按，而所为等价的，以"唯有道者"来说，则是能够自觉地实践"有余者，损之；不足者，补之"），故而，既为能够得益于"故物：或损之而益；或益之而损"，相应地则是能够做到"建不拔"（按，基于比德于道的还构成延义的，也就意味着，亦是得益于导于"正"）。二者，对象性的搬运"物"（如祭坛、神社所用之大型物件）既呈现为是"抱不脱"，相应地也就予以验证了，于主体的"人"来说，则可以称作是"善休者"，也即，善"休"的本质意义正是体现在，因之主体的"人"于在"抱"之际，已然是诉诸比德于道的就能够自觉地实践"损有余而益不足"（按，而所为等价的，以"唯有道者"来说，则是能够自觉地实践"高者，抑之；下者，举之"），故而，既为能够得益于"故物：或损之而益；或益之而损"，相应地则是能够做到"抱不脱"（按，基于比德于道的还构成延义的，也就意味着，亦是应成导于"正"）。

按，综上既有的辨析，从校勘的也就可以直接予以指出：有所遮诠"子孙以其祭祀"，即构成对文上文的"善〔修〕者"和"善休者"，寓意诉诸胜义的已是能够自觉地实践"损有余而益不足"（因是，则是予以补出了"修"字），而转为予以再为阐发的，即亦构成对文下文的"〔吾是以知子孙〕之然"；有所遮诠"〔子孙〕不屯"，即构成对文上文的"建不拔"和"抱不脱"，寓意于社会性的实践之中已是能够致之导于"正"（因是，则是予以补出了"子孙"两字），而转为予以再为阐发的，即亦构成对文下文的"〔也而子孙〕蛰以此"。

【二】甲，王本传本作"修之于身，其德乃真；修之于家，其德乃馀；修之于乡，其德乃长；修之于国，其德乃豐；修之于天下，其德乃普"（按，检索王注，可知于其初本的，于整句地各项皆是没有"于"字）。

傅奕本作"修之身，其德乃真；修之家，其德乃馀；修之乡，其德乃长；修之邦，其德乃豐（按，对勘的，该本和王本，于底本的，是由'奉'讹作"丰"字，随之的是从"丰"改作'豐'字）；修之天下，其德乃溥"。

道德经玄门新证 校勘篇

北大汉简本作"修之身，其德乃真；修之家，其德有馀；修之乡，其德乃长；修之国，其德乃逢（按，对勘的，该本是由'奉'讹作'逢'字）；修之天下，其德乃溥（薄）"。

帛书乙本作"修之身，其德乃真；修之家，其德有余（按，对勘的，该本、帛书甲本、楚简本，于底本的，是有'有'字，而无'乃'字）；修之乡，其德乃长；修之国，其德乃夅（按，对勘的，帛书甲、乙本，于底本的，是由'奉'讹作'夅'字）；修之天下，其德乃溥（博）"。

帛书甲本作"〔修之身，其德乃真；修之家，其德有〕余；修之〔乡，其德乃长；修之邦，其德乃夅；修之天下，其德乃溥〕"（按，于祖本的应是作"余"字，而不作"馀"字）。

楚简本乙组作"修（攸）之身，其德（惪）乃正（貞）；修（攸）之家（豪），其德（惪）有（又）余（舍）；修（攸）之乡（向），其德（惪）乃长；修（攸）之邦，其德（惪）乃奉（按，对勘的，独有该本是作'奉'字，颇具校勘价值，乃为祖本旧有）；修（攸）之天〔下，其德乃溥〕"。

以玄门建构为归导，先为导出，《道德经玄门新证校勘篇》有之新证，厘定祖本的文本以及厘定祖本的行文语序，并句读作"〔吾是以知子孙〕之然，〔也而〕〔子孙〕挚以此：修之身，其德乃正；〔其德乃正〕，〔则〕修之家，其德乃有余；〔其德乃有余〕，〔则〕修之乡，其德乃长；〔其德乃长〕，〔则〕修之邦，其德乃〔有〕奉；〔其德乃有奉〕，〔则〕修之天下，其德乃溥"。

乙，按，从校勘的可以直接予以指出，于祖本的应是作"正"字，而传抄流变地，至楚简本是由"正"讹作"貞"字，至其他诸传抄本以底本的是由"貞"讹作"真"字。换言之，递推的由"貞"或"真"进而是无法导出"有余"乃至"有奉"的，而递推的由"正"进而是可以导出"有余"乃至"有奉"的，也就是说，构成是既对治而应成地，对治寓意是"非正"的异化地走向"非道"（既为应然"行于大道，唯迤是畏"），于本质上的则是有所对治"人之道，则不然：损不足而奉有余"；应成"天下有道"，则是有所应成"修之身，其德乃正"，于本质上的既为有所应成，是能够同构于"天之道"的能够付诸"损有余而益不足"（诉诸比德于道的，以胜义的则是予以阐发了"孰能有余而有以取奉于天下？唯有道者")。还有，据《道德经》宗纲的"侯王，得'一'以为正"约义，那么构成义理一贯地，于本章的则应是作"正"字。相应地亦能起到佐证作用的，是对应"天均"德章的首句的，于祖本的即写作"〔有道〕之邦，吾知其然也以正：……；……"。

按，对勘诸传抄本的文本，可以发现，能见于楚简本、北大汉简本、帛书甲本、帛书乙本的，一致地皆是写作"其德有余（馀）"，亦可以验证于有所遮诠的"孰能有余而有以取奉于天下？唯有道者"，故而，无疑地也就得以推定，于祖本的应是写作"其德乃有余"。

既厘定了于祖本的应是写作"其德乃有余"，那么关涉的，无疑地也就得以推定，于楚简本的作"奉"字，应是祖本旧有。换言之，进而亦可以推定，构成是对应"其德乃有余"的，则于祖本语义切要地应是写作"其德乃〔有〕奉"，而不是写作"其德乃奉"。综上既有的校勘，也就得了然，于祖本的作"奉"字：至帛书甲、乙本，于底本的则是讹作"夆"字；至北大汉简本，则是讹作"逢"字；至王本和傅奕本，大概率地是出于意在照应到"余"字，则是据"丰"字（于底本之际，则是讹作"丰"字），不了义的进而是改作"豐"字。

还有，据整句的句义作出审察，可知于祖本的，构成经义贯通地应是作"溥"字（按，通假"普"字）。"溥"者，本义广大，引申义周遍、广布，《说文》"大也"，可证之《礼记·祭仪》"溥之而横乎四海"，可证之《诗经·小雅·北山》"溥天之下，莫非王土"。

按，审察于对勘的诸传抄本所呈现出的此整句，不难发现，其行文若"堆砌"，其句义晦涩不彰。笔者从校勘的有之合理的推定（跟进的后面还有给出校勘），予以补出了于对勘的诸传抄本皆就缺失了的文本，还原于祖本的，构成语义贯通且经义完足地应是写作"修之身，其德乃正；〔其德乃正〕，〔则〕修之家，其德乃有余；〔其德乃有余〕，〔则〕修之乡，其德乃长；〔其德乃长〕，〔则〕修之邦，其德乃〔有〕奉；〔其德乃有奉〕，〔则〕修之天下，其德乃溥"。

后世传抄何以会失之行文结节不畅，灭失了祖本本有的是作顶针修辞的文本？笔者从校勘的有所推测，诱因固然已不甚了然经义，亦不排除还有客观上的诱因，于早期的同源的底本之际就已有文本残缺，还加之于全句之中有所重出的语句，彼时的是以重文号写出（往往会被传抄者所忽视），其传抄者则是节略地予以改写了文本。

按，从校勘的还需予以指出，所生成的文本，内在的是有着这样的文本结构：进而是予以分证"〔吾是以知子孙〕之然（按，已知的，即构成对文上文的'子孙以其祭祀'，相与有应地，既为本乎应成是'善〔修〕者'和'善休者'）"的，即见诸是次第地有所应成"修之身""〔则〕修之家""〔则〕修之乡""〔则〕修之邦""〔则〕修之天下"；进而是予以分证"〔也而〕〔子孙〕挈以此（按，已知的，即构成对文上文的'〔子孙〕不屯'，相与有应地，既为本乎应成是'建不拔'和'抱不脱'）"的，即见诸是次第地有所应成"其德乃正""其德乃有余""其德乃长""其德乃〔有〕奉""其德乃溥"。

【三】甲，王本作"故以身观身，以家观家，以乡观乡，以国观国，以天下观天下。吾何以知天下然哉？以此"。

傅奕本作"故以身观身，以家观家，以乡观乡，以邦观邦，以天下观天下。吾奚以知天下之然哉？以此"。

北大汉简本作"以身观身，以家观家，以乡观乡，以国观国，以天下观天下。吾何以知（智）天下然哉？以此"。

帛书乙本作"以身观身，以家观〔家，以国观〕国，以天下观天下。吾何〔以〕知天下之然兹？以〔此〕"（按，该本独有的作"兹"字，于祖本的以本字应是作"挈"字）。

帛书甲本作"以身〔观〕身，以家观家，以乡观乡，以邦观邦，以天〔下〕观〔天下〕。〔吾何以知天下之然兹？以此〕"。

楚简本乙组作"〔以身观身，以家观〕家（彖），以乡（向）观乡（向），以邦观邦，以天下观天下。吾（虘）何（可）以知（智）（按，接下来的，是缺了五个字）"。

以玄门建构为归导，先为导出，《道德经玄门新证校勘篇》有之新证，厘定祖本的文本以及厘定祖本的行文语序，并句读作"吾〔是〕以知天下〔有道〕：以〔修之〕身观〔修之〕身〔之家〕；以〔修之〕家观〔修之〕家〔之乡〕；以〔修之〕乡观〔修之〕乡〔之邦〕；以〔修之〕邦观〔修之〕邦〔之天下〕；以〔修之〕天下观天下〔有道〕"。

乙，按，审察于对勘的诸传抄本所呈现出的文本，可以见出，相较前整句，至此后整句，亦是同病，其行文亦若"堆砌"，其句义亦晦涩不彰。换言之，于整句的各项，笔者予以补出的"〔修之〕""〔之家〕""〔之乡〕""〔之邦〕""〔之天下〕""〔有道〕"，这些于祖本的几乎是以重文号写出的字词，彼时的传抄者，或是厌其繁复，亦不排除还有客观上的诱因，于底本之际，参差不齐的就已有残缺，则是节略地予以改写了文本。

彼时的传抄者殊不知，所改写出来的文本已是沦为断章取义，遮蔽了祖本的经义：所为"祭祀"，其意义深远，诉诸胜义的就是要让后嗣子孙能够从中得到启示，从事社会性的实践，若为诉诸比德于道的能够遵循"天之道"则为能够成就"天下有道"（按，顺为指出，所为"祭祀"，具有广泛的社会文化属性：先觉传灯于后觉，"吾道一以贯之"；效应是本质同构的齐之不齐，不齐以齐。因是，则是有所次第地推及身、家、乡、邦、天下）。

按，综上既有的校勘，兼及能够验证于，是构成对文的"是以圣人：为而弗有，成而弗居；若此，其不欲现贤"，相与有应地，齐之同为生命的觉者，笔者于本章，还予以补出了"吾〔是〕以知天下〔有道〕"。补出的该句，正是语势连贯且经义贯通地能构成对文先已补出的"〔吾是以知子孙〕之然，〔也而〕〔子孙〕挈以此"。于今作出审察，可知彼时的传抄者，是将分属前后两句的文本，以兼及作夹注，裁作了是作为一句，彻底地予以篡改了祖本的文本。其后果不良，导致全章的文本是出现了"断层"，经义本然前后贯通却为之幡然阻绝。

丙，按，彼时的传抄者，予以篡改了祖本的文本，能见于帛书乙本的，已是徒留"套话"，写作"吾何以知天下之然兹？以此"，彼时的传抄者恐怕自己亦不甚了然其究竟义。

补充来说，是关乎"〔吾是以知子孙〕之然，〔也而〕〔子孙〕挈以此"的，于祖本的那是自有其本然的行文语序的：一者，于全章，是承前启后的同时地能关锁首句和尾句，以及同时地能关锁转为作出分述的后项。二者，于全本的是作玄门建构的，即构成对文于"损益"道章的所遮诠的"天下之道"的全部文本（文本转抄从略），也就是说，构成"互映对称成就"的，于本章，相与有应地也就予以生成了该文本，也就予以生成了相应地是作出分述的文本。三者，前面已有指出，该句还转为构成对文尾句的前项，即构成对文"吾〔是〕以知天下〔有道〕"。

按，顺为指出，学界周知，儒家的《大学》有所阐扬修身齐家治国平天下，于本质上的乃是出自有为法的产物，而老子的《道德经》别致地早有阐扬"修正"之德，于本质上的乃是出自无为法的产物。推究两家的主旨，研究者切莫将其混为一谈，固然文化同脉，出乎同为关怀"天下"，故而能见于文本的，势必会多有貌似之处，而两者于究竟的义理，则是根本性的决绝不共。在《道德经玄门新证解析篇》，针对《大学》，出于不无必要，笔者有所作出批判。

《德经》第十七章 "不道" 德章

王弼本《道德经》下经第五十五章

含德之厚者，比于赤子；比于赤子，骨弱筋柔而捉固：

情之至，也而未知牝牡之合而朘怒；

和之至，也而终日号而不嗄。

"知之情之至，曰：迥；知之和之至，曰：明"；

"益生，曰：祥；心使气，曰：能强"。

物壮即老，是谓：不道；不道，早已。

【校勘经文】

【一】甲，王本传本作"含德之厚，比于赤子。蜂虿（chài）虺（huī）蛇不螫（shì），攫（jué）鸟不搏。骨弱筋柔而握固。未知牝牡之合而全作，精之至也。终日号而不嗄（shà），和之至也"（按，检索王注，可知于其初本的应是作"含德之厚者"）。

傅奕本作"含德之厚者，比之于赤子也。蜂虿不螫，猛兽不据（jù），攫鸟不搏（按，至该本，是将夹注予以归入正文，虽然不知这是夹注窜并；于今作出审察，所为勘合文本，实则同样无聊）。骨弱筋柔而握固。未知牝牡之合而朘（zuī）作，精之至也。终日号而不嗌（yì）（歎），和之至也"。

北大汉简本作"含德之厚者，比于赤子。蜂（蠭）（按，此虫飞行，互为交接之际，习性是作'8'字形盘旋，古人确然深敏，能够为之妙拟。

道德经玄门新证 校勘篇

此字甚古，间接地亦可起到佐证，所作夹注已是早有）虿虮（yuán）蛇不螫（赫），猛兽攫（擢）鸟弗搏（薄）。骨弱筋柔而抠固。未知（智）牝牡之合而狻（suān）怒，精之至也。终日号而不幽，和之至也”。

帛书乙本作“含德之厚者，比于赤子。蜂虿虫蛇弗螫（赫），据鸟猛兽弗捕。骨筋弱柔而握固。未知牝牡之会（按，对勘的，只有该本是写作‘会’字）而朘怒，精之至也。终（冬）日号而不嗄，和〔之至也〕”。

帛书甲本作“〔含德〕之厚〔者〕，比于赤子。蜂（逢）（䗛）（螺）蛇（地）弗螫，攫鸟猛兽弗搏。骨弱筋柔而握固。未知牝〔牡之合而朘怒〕，精〔之〕至也。终日（曰）号而不嗄（发），和之至也”。

楚简本甲组作“含德之厚者，比于赤子。（螝）（蠆）虫蛇（它）弗（蠚），攫鸟猛兽弗扣。骨弱（溺）筋（堇）柔（秫）而捉固。未知（智）牝牡（戊）之合朘（家）怒（惹），精（按，对勘的，可知不晚于楚简本，已是将祖本的‘情’篡改作‘精’字，而其后果不良，以致沦为‘害经惑众’）之至也。终日呼（虐）而不忧（惪），和之至也”。

以玄门建构为归导，先为导出，《道德经玄门新证校勘篇》有之新证，厘定祖本的文本以及厘定祖本的行文语序，并句读作“含德之厚者，比于赤子；〔比于赤子〕，骨弱筋柔而捉固：情之至，也〔而〕未知牝牡之合而朘怒；和（huó）之至，也〔而〕终日号而不嗄”。

乙，按，笔者从校勘的有之合理的推定，结合验证于，是构成对文的“天下〔之柔弱者〕莫柔弱于水，以其无以易之；〔以其无以易之〕，也而攻坚强者莫之能先”，予以补出了于祖本的是重出的“〔比于赤子〕”。另为指出，于楚简本的是写作“捉固”，即赤子是自发地攥紧手指，老子所为刻画颇为生动，应为祖本旧有。而流变地写作“握固”，已是有意识地攥起手指。

按，转为追溯至早期的同源的底本，不难发现，其传抄者，不仅改动了祖本的文本，还改动了祖本的行文语序。原因何在？笔者从校勘的有之合理的推测，主要的是出自这两个方面的原因：之一，从全本的文本作出审察，已是通病，已习惯于以“顺读”作理解，还兼及自发地判读文本，能见于楚简本甲组的，则是裁夺了是作连读的“也而”的“〔而〕”字。之二，已习惯于以“顺读”作理解，出于意在还可以照应到后面的语句，则是予以改动了祖本的行文语序。

转换来说，从校勘的可以直接予以指出，所生成的文本，内在的是有着这样的文本结构（跟进的后面还有给出校勘）：

一者，所为能表征"情"，是构成对文的即见诸"牝牡之合"，进而言及"情之至"，是构成对文的即见诸赤子"朘怒"；所为能表征"和"，是构成对文的即见诸"终日号"，进而言及"和之至"，是构成对文的即见诸赤子"不嗄"。

二者，对应上文的言及"含德之厚者，比于赤子"（具有本体意义的，当机的既作为生命的觉者，则可以指称是"善执生者"，已然具足能认知"复命"实相），转为进而予以作出阐发的，则有着：构成对文言及"情之至"，进而构成对文言及"〔知之〕情〔之至〕，曰：迵"；构成对文言及"和之至"，进而构成对文言及"知〔之〕和〔之至〕，曰：明"。

三者，对应上文的言及"〔比于赤子〕，骨弱筋柔而捉固"（具有本体意义的，当机的既作为生命的觉者，则可以指称是"善执生者"，已然具足能认知"复命"实相），转为进而予以作出阐发的，则有着：构成对文言及"也〔而〕未知牝牡之合而朘怒"，进而构成对文言及"益生（按，即亦构成对文言及'牝牡之合'），曰：祥（按，即亦构成对文言及'朘怒'）"；相应构成对文言及"也〔而〕终日号而不嗄"，进而构成对文言及"心使气（按，即亦构成对文言及'终日号'），曰：〔能〕强（按，即亦构成对文言及'不嗄'）"。

四者，综上既有的辨析，显见的，所生成的文本，既构成顺理成章，则于义理亦必为构成是互为贯通地（至于详为解析，请读者转为参看《道德经玄门新证解析篇》的相关内容）：对应言及"〔知之〕情〔之至〕"，则亦是构成对文言及"益生"，以及对应言及"曰：迵"，则亦是构成对文言及"曰：祥"；对应言及"知〔之〕和〔之至〕"，则亦是构成对文言及"心使气"，以及对应言及"曰：明"，则亦是构成对文言及"曰：〔能〕强"。

按，对勘诸传抄本的文本，文本类同的一致地是写有"蜂虿虺蛇弗螫，攫鸟猛兽弗搏"。关联地在"执生"德章，从校勘的已有所指出，这是早期的同源的底本其传抄者，再为自许"赤子"具足"神力"，故而有所予以作夹注。今校勘则是将其删除。

【二】甲，王本作"知和曰常（按，对勘的，至该本和傅奕本，于底本的，是增入了'知'字），知常曰明（按，对勘的，至该本和傅奕本，以及帛书乙本，于底本的，是从'和'改作了'常'字）。益生曰祥，心使气曰强。物壮则老，谓之不道，不道早已"（按，对勘的，傅奕本所异，是作"则彊"）。

北大汉简本作"和曰常，知（智）和曰明（明）。益生曰祥（详），心使气曰强。物壮则老，谓之不道，不道早（蚤）已"（按，对勘的，至该本、帛书甲本、楚简本甲组，于底本的，是作"知和，曰明"）。

帛书乙本作"〔和曰〕常，知常曰明。益生〔曰〕祥，心使气曰强。物〔壮〕则老，谓（胃）之不道，不道早（蚤）已"（按，对勘的，至该本、王本、傅奕本，于底本的，是作"知常"）。

帛书甲本作"和曰常，知和曰明。益生曰祥，心使气曰强。〔物壮〕即老，谓（胃）之不道，不〔道早已〕"（按，可以予以指出，帛书甲本作"即"字，具有实相是"此在"的意义，乃为祖本旧有，而其他诸传抄本，皆是改作"则"字）。

楚简本甲组作"和曰迵（棠，dòng）（按，如是造字，颇能显义虽为性分却成'交感'。'迵'者，意义'通达'。按，对勘的，只有该本是作'迵'字，而不作'常'字），知和曰明。益（賹）生曰祥（羕，yàng），心使（叟）气（髮。按，如是造字，颇能显义生物做功）曰强（弻）。物（勿）壮（臷）则老，是谓（胃）不道"（按，对勘的，唯独于楚简本的是没有"不道，早已"。检索竹简影印原迹，于"不道"之下，是写有分章号，由此可证，非是漏抄。按，可以予以指出，楚简本作"是谓"，是从本质的能作出判摄，乃为祖本旧有，而其他诸传抄本，皆是不了义的改作"谓之"，意义已不逮）。

以玄门建构为归导，先为导出，《道德经玄门新证校勘篇》有之新证，厘定祖本的文本，并句读作"'〔知之〕情〔之至〕，曰：迵；知〔之〕和〔之至〕，曰：明'；'益生，曰：祥；心使气，曰：〔能〕强'。物壮即老，是谓：不道；不道，早已"。

乙，按，基于前面从校勘的已有给出辨析，至此，也就可以直接予以指出，早期的同源的底本其传抄者，着意顺承"精之至也"和"和之至也"，传抄之际，下顺地则是节略地予以改动了祖本的文本：

一者，是对应"精之至也"的，因之彼时的传抄者已不解经义（按，论及诱因，出乎意淫"赤子"具足"神力"，仍有余绪，进而则是将祖本的"情"字篡改作"精"字。老子其全本的文本之中无有乖谬的意义于"精"可以安立：基于禅定"大定"总持的具足能受觉和所受觉，则是以感应而能称名具足"觉有情"，也就是说，若为诉诸第一义，究竟了无实性，何来由意义于"精"），亦无意于杜撰作"精，曰：週"，故而的，能见于楚简本的，则是篡改作"和，曰：週"，遮蔽了于祖本语义切要地本是写作"〔知之〕情〔之至〕，曰：週"；二者，是对应"和之至也"的，彼时的传抄者出于意在能够兼顾前项与后项，进而是据前项的文本作递推，则是节略地予以改作"知和，曰：明"，混淆了于祖本语义切要地本是写作"知〔之〕和〔之至〕，曰：明"。

经由篡改出来的文本，给后来的传抄者带来了麻烦。一者，其中的是对应"知和，曰：明"的：至帛书乙本，其传抄者固执全本之中以先例的已有写作"知常，曰：明"，则是改作"知常，曰：明"；至王本和傅奕本，则是从整体地改作"知（按，增入'知'字）和，曰：常；知常，曰：明"。二者，其中的是对应"和，曰：週"的：至帛书甲、乙本，以及北大汉简本，一致地则是改作"和，曰：常"。麻烦不绝，于今作校勘，广为对勘诸传抄本的文本，面对多歧的文本，研究者仍旧是各执所解，莫衷一是。

按，基于以胜义的是能够溯及"反也者〔返〕，道之动；弱也者〔强〕，道之用"的，笔者据以分别地厘定了有关的文本：于"自胜"道章的，则是厘定作"胜人者，有力；自胜者，〔能〕强"；于"袭亙"德章的，则是厘定作"见小，曰：明；守柔，曰：〔能〕强"；于"不道"章的，则是厘定作"益生，曰：祥；心使气，曰：〔能〕强"。

丙，颇有研究者泥古，仅仅根据唯独于楚简本甲组的是没有"不道，早已"，就武断这是后来传抄的增入，非是祖本旧有。从校勘的可以给出有效的验证，于全本的是作玄门建构的，构成互为显义的是具有"实相"意义的，简言之：

一者，即构成对文"天之道：功遂（按，即构成对文'物壮即老，是谓：不道'）；身退也载（按，即构成对文'不道，早已'）"；二者，即亦构成对文"万物并作，吾以观复：'天下之物雲雲，各复其堇（按，即构成对文'物壮即老，是谓：不道'）；各复其堇，曰：静（按，即构成对文‘不道，早已’）’；是谓：复命”。

按，笔者厘定于祖本的应是写作"〔知之〕情〔之至〕"，以及应是写作"知〔之〕和〔之至〕"，于各句之中，不无必要的有所予以补出"知之"以及"〔之至〕"，试问，其依据何在？答曰：于全本的乃是构成经义贯通地，既言及"之至"，内在的亦是基于以"极限"作推导，则反映出了，"含德之厚者"乃是有所能认知"复命"实相，换言之，因为，若为追索所言及的"週"其内在规定性，以本质意义的则是指向了，乃是有所觉知"互，曰：复命"（同理的，若为追索所言及的"明"其内在规定性，以本质意义的则是指向了，乃是有所觉知"知互，曰：明"）。

《德经》第十八章"玄同"德章

王弼本《道德经》下经第五十六章

"挫其锐；解其纷；和其光；同其尘"；是谓：玄同。

是故：不可得而亲，亦不可得而疏；不可得而利，亦不可得而害；不可得而贵，亦不可得而贱。

是故：圣人之道乃为天下贵。

【校勘经文】

【一】甲，王本作"知者不言，言者不知。塞其兑，闭其门。挫其锐，解其纷；和其光，同其尘。是谓：玄同"（按，对勘的，傅奕本所异，"言"和"知"之后是各有"也"字）。

北大汉简本作"知（智）者弗言，言者弗知（智）。塞其兑（脱），闭其门。和其光，同其畛；挫其锐（兑），解其纷。是谓：玄同"。

帛书乙本作"知者弗言，言者弗知。塞其兑（垸），闭其门。和其光，同其尘；挫（铿）其锐（兑）而解其纷。是谓（胃）：玄同"。

帛书甲本作"〔知者〕弗言，言者弗知。塞其闷，闭其〔门〕。〔和〕其光，同其尘（堃）；挫（坐）其锐（阅），解其纷。是谓（胃）：玄同"。

楚简本甲组作"知（智）之者弗言，言之者弗知（智）。闭（閟）其兑（逡），塞（赛）其门。和其光，同（迵）其尘（斩），挫（劀）其锐（颛），解其纷。是谓（胃）：玄同"。

以玄门建构为归导，先为导出，《道德经玄门新证校勘篇》有之新证，厘定祖本的文本以及厘定祖本的行文语序，并句读作"'挫其锐；解其纷；和其光；同其尘'；是谓：玄同"。

乙，按，对勘诸传抄本的文本，文本类同的皆存有"知者不（弗）言，言者不（弗）知。塞其兑，闭其门"。从校勘的可以直接予以指出，这是早期的同源的底本其传抄者作夹注，不了义的分别地引用了"齐同"德章以及"袭互"德章的经句，相应地夹注于本章。今校勘将其删除。从校勘的可以另为指出：于"齐同"德章的，已厘定了于祖本的应是写作"〔知者不言，言者不知〕；知者不博，博者不知。信言不美，美言不信；〔信不足焉，焉有不信〕。善者不多，多者不善；〔善者不责，责者不善〕"；于"袭互"德章的，已厘定了于祖本的应是写作"闭其门，塞其兑，终身不堇；启其门，塞其事，终身不来"。

按，对勘诸传抄本的文本，可以见出存在两种不同的行文语序：王本和傅奕本，其行文语序相同；帛书甲本、帛书乙本、北大汉简本、楚简本，其行文语序相同。何者为是？答曰：前者为是。已知的，予以分证"玄同"德章，是等持的以"天均"德章和"微明"德章作出分证，因是，也就可以了然：应成归宗"玄同"，是对应"挫其锐；解其纷；和其光；同其尘"的，构成"互映对称成就"的，即构成对文"方而不割（按，互文'挫其锐'）；廉而不刺（按，互文'解其纷'）；光而不眺（按，互文'和其光'）；〔置〕而不绁（按，互文'同其尘'）"。

按，补充来说，于全本的是作玄门建构的，简言之，相应地亦是能够予以验证"是谓：玄同"的，是以生命的觉者能作出验证的，也就反映出了，诉诸比德于道的，既为构成是"'生而弗有（按，亦是有所应成'不可得而亲，亦不可得而疏'，意义应成自性'无私'而'无为'）；为而弗恃（按，亦是有所应成'不可得而利，亦不可得而害'，意义应成守于'正'而'互自然'）；长而弗宰（按，亦是有所应成'不可得而贵，亦不可得而贱'，意义应成自性'无欲'而'无以为'）'；是谓：玄德"。

按，补充来说，于全本的是作玄门建构的，简言之，既构成是比德于道的，是以生命的觉者能够广为地作出验证的：对应遮诠"万物归焉而弗为主，则〔之〕互无名，也可名于小"的，构成对文遮诠"挫其锐；解其纷；和其光；同其尘"；对应遮诠"万物归焉而弗为主，〔则之名之朴，也〕可名于大"的，构成对文遮诠"方而不割；廉而不刺；光而不眺；〔置〕而不绁"。

【二】甲，王本传本作"故不可得而亲，不可得而疏；不可得而利，不可得而害；不可得而贵，不可得而贱。故为天下贵"（按，检索王注，可知于其初本的，于整句的各项是皆无"不"字。按，对勘的，至王本，于全句的各项是裁夺了"亦"字，已浅出祖本的经义）。

傅奕本作"（按，对勘的，唯独该本此处，起首是没有'故'字）不可得而亲，亦不可得而疏；不可得而利，亦不可得而害；不可得而贵，亦不可得而贱。故为天下贵"。

帛书乙本作"故不可得而亲也，亦〔不可〕得而〔疏〕；〔不可〕得而利，〔亦不可〕得而害；不可得而贵，亦不可得而贱。故为天下贵"（按，对勘的：帛书甲本所异，无"也"字，其"贱"作"浅"字；北大汉简所异，亦无"也"字）。

楚简本甲组作"故（古）不可得而（天）亲（新），亦不可得而疏（疋 shū）；不可得而利，亦不可得而害；不可得而贵，亦不可得而贱（戋 jiàn）。故（古）为天下贵"。

以玄门建构为归导，先为导出，《道德经玄门新证校勘篇》，厘定祖本的文本，并句读作"〔是〕故：不可得而亲，亦不可得而疏；不可得而利，亦不可得而害；不可得而贵，亦不可得而贱。〔是〕故：〔圣人之道〕〔乃〕为天下贵"。

乙，按，从校勘的可以直接予以指出（据此，亦可以相应地验证笔者所厘定的文本），于全本的是玄门建构的，简言之：

其一，是对应本章的"〔是〕故：……；……；……"此文本的（转抄从略），即构成对文"互心"德章的前半部分的文本，也就是说，相应地则亦是予以验证了，是出于"圣人互无心，〔也〕以百姓之心为心"的，则是有所应成"信者乎信之，不信者乎亦信之，〔也而〕德〔之〕信；善者乎善之，不善者乎亦善之；〔也而〕德〔之〕善"。亦构成对文"自然"道章的相应地文本，也就是说，相应地则亦是予以验证了，有所应成圣人之道，既为应然消解是从人之道的渐次地异化出"其次，亲之誉之（按，构成是既对治而应成地，亦构成对文'不可得而亲，亦不可得而疏'，而转为予以作出分证的，即有所应成'我好静，而民自正；我无为，而民自化'）；其次，畏之（按，亦构成对文'不可得而利，亦不可得而害'，而转为予以作出分证的，即有所应成'〔有道〕之邦，吾知其然也以正：……；……'，以及有所觉知'其政察察，其邦夬夬；其政闷闷，其民偆偆'）；其下，侮之（按，亦构成对文'不可得而贵，亦不可得而贱'，而转为予以作出分证的，即有所应成'我无事，而民自福；我欲不欲，而民自朴'）"。

其二，是对应本章的"〔是〕故：〔圣人之道〕〔乃〕为天下贵"的，即构成对文"互心"德章的后半部分的文本，也就是说，相应地则亦是予以验证了，是出于"圣人之在天下为天下浑心，〔浑心〕也医篡然"的，则是有所应成"而百姓皆属其耳目焉；圣人皆晐之"。还有，即亦构成对文"泛成"道章的相应地文本，也就是说，相应地则亦是予以验证了，构成"互映对称成就"的，则是有所应成"圣人之能成大，〔能成大〕也以其不为大，是以能成大"。

按，对勘诸传抄本的文本，转为追溯至早期的同源的底本，可以发现，于彼时的就已缺失了祖本的字词。基于以玄门建构为归导，笔者从校勘的有之合理的推定，出于不无必要，相应地予以补出了所缺失了的字词，分别地厘定了于祖本的应是写作"〔是〕故：……；……；……"（按，于全本的是作玄门建构的，简言之，转为是从社会性的实践亦能够给出勘验的，诉诸比德于道的，亦构成对文"立德"德章的"立德，深矣远矣，〔亦楷（jiē）栻（shì）与物返道〕；与物返道矣，乃至大顺"），以及于祖本的应是写作"〔是〕故：〔圣人之道〕〔乃〕为天下贵"（按，于全本的是作玄门建构的，简言之，转为是从社会性的实践亦能够给出勘验的，诉诸比德于道的，亦构成对文"进道"德章的"道者，万物之注：也善人之宝；也不善人之所保"），至此，遂还祖本经义贯通且句义完足。

《德经》第十九章"天均"德章

王弼本《道德经》下经第五十七章

有道之邦，吾知其然也以正：

以亘无事而取天下；夫用兵以奇也以正。

期天多讳，而民弥叛；邦多利器，而民滋昏。

苛事多起，而民滋伪智；法物多彰，而民滋觊觎。

是以圣人之言有道，以正也曰：

我好静，而民自正；我无为，而民自化。

我无事，而民自福；我欲不欲，而民自朴。

【校勘经文】

【一】甲，王本作"以正治国，以奇用兵，以无事取天下。吾何以知其然哉？以此"，傅奕本作"以政治国，以奇用兵，以无事取天下。吾奚以知天下其然哉？以此"（按，对勘的，该本从"正"讹作"政"字。至王本和傅奕本，于底本的，从"之国"讹作"治国"，而于祖本的乃写作"之邦"。按，至王本和傅奕本，于底本的，比附有所传抄的能见于全本的文本的，增入了"以此"两字。诱因有此"以此"，也就引起了泥古不化者，则是从全本的文本之中罗列出援例，进而言之凿凿，论证乃为祖本旧有。殊不知，"似则全同"，不成其为学术先设，从严格意义上来说，至多也只能起到原则上可以构成佐证，不具备普遍的必然。下愚不免感叹，学界于"似则全同"在观念上竟成固化，学术思想随之而僵化，此为一斑）。

道德经玄门新证 校勘篇

北大汉简本作"以正之国，以倚用兵，以无事取天下。吾何以知（智）其然也？"（按，对勘的，该本和楚简本甲组，于底本的，是没有其他诸传抄本的乃是后来增入的"哉"字。按，"才"通假"哉"字）。

帛书乙本作"以正之国，以畸用兵，以无事取天下。吾何以知其然也哉（才）？"（按，对勘的，帛书甲本所异，"国"作"邦"字）。

楚简本甲组作"以正之邦，以奇（畸）用（甬）兵，以无（亡）事取天下。吾（虐）何（可）以知（智）其然（肰）也？"。

以玄门建构为归导，先为导出，《道德经玄门新证校勘篇》有之新证，厘定祖本的文本以及厘定祖本的行文语序，并句读作"〔有道〕之邦，吾知其然也以正：以〔互〕无事〔而〕取天下；夫用兵以奇〔也〕〔以正〕"。

乙，按，对勘诸传抄本的文本，转为追溯至早期的同源的底本，不难发现，其传抄者兼及作夹注，相应地，则是改动了祖本的文本，进而还改动了祖本的行文语序。何以会作出改动？笔者从校勘的有之合理推测，不仅是因之已不甚了然经义，还有客观上的诱因，应该是于底本之际，祖本的"〔有道〕之邦"的"〔有道〕"就已灭失，加之出于需要兼顾能连读下顺地"用兵"之句，故而的，也就予以改动了祖本的文本。

从校勘的进而可以予以指出，溯及于全本的是作玄门建构，也就可以反映出：对应"修正"德章的业已厘定的文本"吾〔是〕以知天下〔有道〕"的，构成义理一贯地转为能见于"天均"德章的，则相与有应地予以生成了，构成对文的"〔有道〕之邦，吾知其然也以正"此文本，两者之间既构成了，是能够互为作出验证的。

按，对勘诸传抄本的文本，纷呈的是写作"奇""倚""畸""戟"字。笔者推定，如楚简本甲组的，于祖本的应写作"戟"字，顺应今人业已熟用，则厘定作"奇"（jī）字。

对勘诸传本的文本，一致地皆是写作"以奇用兵"，一般地可以予以认定于祖本的即如是。笔者未敢认同，而是另有新证，不限于结合参看上下文，还参考了"微明"德章的文本，还兼及从全本的亦参考了老子多有阐发"用兵"的文本（按，这里不展开作出辨析，在关涉的经章，相应地陆续地会给出验证），也就得以推定，于祖本语义贯通且经义完足地应是写作"夫用兵以奇〔也〕〔以正〕"（按，这个"夫"字，传抄之际是被抄入了下文，能见于楚简本的，是写作"夫天多期諱（章）"。又，传抄之际，应之对应上文的乃是篡改出来的"以正之邦"，进而的，则是节略地篡改作"以奇用兵"，而所改写出来的文本，实则暗于用兵之道，已背离了祖本的经义）。补充来说，纯粹是从军事思想上作出追索，相应地亦能得到佐证。论及军事用兵，于一国政治大是来说，则是关联并举的上升到"国之大事，在祀与戎"（《左传·成公十三年》）。有所言及"戎"既为言及军事"用兵"：能见于作战战术上的，若为诉诸用兵"以戟"，则是有所生成了，会以"掎角之势"来用兵，而上升到军事战略上的，则是必为贯彻"凡战，以正合，以奇（jī）胜"，因为，实则的乃是出于这样的是至为深刻地军事思辨，"奇正相生，如循环之无端，孰能穷之？"（《孙子兵法·势篇》）。

　　按，对勘诸传抄本的文本，一致地皆是写作"以无事取天下"，笔者从校勘的可以直接予以指出，这是病句。因之显见的，可以追索于"无尤"德章的文本的，构成义理一贯地，反映为"取天下也互无事；及其〔有事〕，有事也又不足以取天下"（按，"取"字，以文本约义，不可理解作是有所作为的"进取"，乃是意义于应然"弗能为，能辅万物之自然"，导归于应成"为无为"，亦为应成"无为而无以为"）。由此可知，诉诸"也以正"，则生成了"〔互〕无事"与"取天下"乃为成立互为让渡，既为成其是"〔有道〕之邦"，因是，也就得以厘定了，于祖本语义切要地应是写作"以〔互〕无事〔而〕取天下"。

　　按，接下来的，则是转向从行文语序上作出厘定，笔者厘定于祖本的应是写作"……，……：以〔互〕无事〔而〕取天下（按，还需指出，于全本的是作玄门建构的，还转为予以阐发了，已是有所能够认知到'取天下也互无事；及其〔有事〕，有事也又不足以取天下'）；夫用兵以奇〔也〕〔以正〕（按，还需指出，于全本的是作玄门建构的，还转为予以阐发了，已是有所能够认知到'以道佐人主者，不欲以兵强于天下：其事好还；师之所居，荆棘生之'）"。其依据何在？答曰：其一，从"〔互〕无事"推及"有事"，所为能够反映出的，既以最高阶的"有争"则是推及"用兵"；其二，结合从全本的文本作出校勘，细致解读业已厘定的见于《德经》的"功夫论"的其"右半门"共八章的文本，亦可以充分地给出佐证，此不赘。

【二】甲，王本作"天下多忌讳，而民弥贫；民多利器，国家滋昏；人多伎（jì）巧，奇物滋起；法令滋彰，盗贼多有"。

傅奕本作"夫天下多忌讳，而民弥贫；民多利器，国家滋昏；民多智慧，而衺（mào）事滋起；法令滋彰（章），盗贼多有"〔按，于祖本的应是写作"叛（畔）"字，而传抄流变地则是写作"贫"字，究其原因，乃是出于意在予以照应到后句的"富"字，故而改出。于祖本的应是写作"福（禔）"字，而传抄流变地则是写作"富"字〕。

北大汉简本作"夫天多忌讳，而民彌（璽）贫；民多利器，而国（固）家滋（兹）昏；人多智，而苛物滋（兹）起；法物滋（兹）彰（章），而盗贼多有"。

帛书乙本作"夫天下多忌讳，而民弥贫；民多利器，〔而国家滋〕昏；〔人多智慧，而奇物滋起〕；〔法〕物滋（兹）彰（章），而盗贼〔多有〕"（按，于首句的已是有所作夹注，因此而成为诱因，早期的同源的底本其传抄者，随之的则是将"夫"字写入下文）。

帛书甲本作"夫天下〔多忌〕讳，而民弥贫；民多利器，而邦家滋（兹）昏；人多智（知），而苛（何）物滋（兹）〔起〕；〔法物滋（兹）彰（章），而〕盗贼多有"（按，对勘的，楚简本除外，之后的诸传抄本，进而皆是增入了"家"字）。

楚简本甲组作"夫天多期諱（韋），而民彌（爾）叛（畔）；民多利器，而邦滋（慈）昏（按，对勘的，独有的，于该本的是没有'家'字）；人多智（知）而（天）奇（虩）物（勿）滋（慈）起（记）；法物（勿）滋（慈）彰（章），覷測（惻）多有（又）"。

以玄门建构为归导，先为导出，《道德经玄门新证校勘篇》有之新证，厘定祖本的文本以及厘定祖本的行文语序，并句读作"期天多讳，而民弥叛；邦多利器，而民滋昏。苛事多起，而民滋〔伪〕智；法物多彰，而民滋覷測"。

乙，按，从校勘的可以直接予以指出：对应首句的"以〔互〕无事〔而〕取天下；夫用兵以奇〔也〕〔以正〕"，进而予以作出分证的，偏转对治是从人之道的已异化地走向"非道"，而所为能反映出的，即异化出了"期天多讳，而民弥叛；邦多利器，而民滋昏。苛事多起，而民滋〔伪〕智；法物多彰，而民滋覷測"。

按，综上既有的校勘，结合对勘诸传抄本的文本，进而可以确知，历史早期的这些传抄者已是不解经义，乃至滑向思想反动，各自的多有错抄文本，具体来说（后面跟进的还有给出校勘）：

其一，于祖本的应是写作"期天多讳"（按，予以揭露了，出乎"国之大事，在祀与戎"，贵族统治集团已是异化地在搞"卜筮"，奈何欲壑难填，已是不问"天道"而是转向求取鬼神之它力，自许受命于"天道"，转作施行"王道"而能诰誓天下，而实则已是诉诸"霸道"，已是炮制出了百般的威权禁忌。构成典型的，亦是有所反动于"用兵"，能见于《孙子兵法·用间篇》的，则是必当告诫"先知者，不可取于鬼神，不可象于事，不可验于度，必取于人，知敌之情者也"。按，从全本的文本能得到索解的，相与有应地，即异化地反动于"设天象，天下往，往而不害"。按，构成直接关联地，前置的在"隐利"道章和"藏用"道章，从校勘的已有从整体地给出辨析，此不赘）：至楚简本，则是错误地抄作"天多期諱（章）"；至北大汉简本，则是错误地抄作"天多忌讳"；至帛书甲本、帛书乙本、王本、傅奕本，于底本的，是增入了"下"字，则是错谬地改作"天下多忌讳"，至此，传抄流变的已是全失祖本的经义。

其二，于祖本的应是写作"邦多利器，而民滋昏"（按，简言之，相与有应地，即异化地反动于"邦利器，〔而利器〕不可以示人"）：至楚简本，下顺地及至其他诸传抄本，则皆是错谬地抄作"民多利器，而邦（或作'国家'）滋昏"，以致违逆祖本的经义。

其三，于祖本的应是写作"苛事多起，而民滋〔伪〕智"（按，出于不无必要，笔者予以补出了"伪"字。试问，其依据何在？答曰：出自全本的乃是构成经义贯通地，有所索解于"大道废，智慧出；有仁义，有大伪"，以及有所索解于"绝智弃辨，〔民〕无觊觎"，相应地，也就能够予以补出。按，于全句之内亦能得到验证，"滋〔伪〕智"即构成互文"滋觊觎"）：至楚简本，则是错误地抄作"人多智，而奇物滋起"；至北大汉简本，则是错误地抄作"人多智，而苛物滋起"；至帛书甲本，则是错误地抄作"人多智，而何物滋起"；至傅奕本，则是错误地抄作"民多智慧，而衺事滋起"；至王本，则是错误地抄作"人多伎巧，奇物滋起"，至此，传抄流变的已是全失祖本的经义（按，传抄之际，之所以会将"事"字是改作"物"字，究其原因，亦是构成通病，已习惯于以"顺读"作理解，加之出于意在能够照应到后项的"法物"，故而予以改出）。

其四，于祖本的应是写作"法物多彰，而民滋觊觎"（按，所谓"法物"，异化地专于"示人"的"利器"，人神共享的各类贵重的礼器即是，至其广泛的，可以称之是各类的"难得之货"）：至楚简本，则是错误地抄作"法物（勿）滋（兹）彰（章），觊觎（恻）多有（又）"；至帛书甲本、帛书乙本、北大汉简本，则皆是错谬地篡改作"法物滋（兹）彰（章），而盗贼多有"；至王本和傅奕本，则皆是错谬地进而篡改作"法令滋彰，盗贼多有"，至此，传抄流变的已是全失祖本的经义（按，从校勘的还需指出，检讨彼时的贵为"劳心者"，确然无意手软，于"劳力者"之贱"民"，已是每每恣意地转赠恶名，竟然谓之是"盗贼"。辨析贯穿全本的何以会篡改出"盗贼"，前置的在"非道"德章，亦有详为交代，此不赘，请读者自行"温故知新"）。

【三】甲，王本作"故圣人云：我无为，而民自化；我好静，而民自正；我无事，而民自富；我无欲，而民自朴"（按，检索王注，可知于其初本的应是写作"我欲无欲"）。

傅奕本作"故圣人云：我无为，而民自化；我好静（靖），而民自正；我无事，而民自富；我无欲，而民自朴"。

北大汉简本作"故圣人之言云（按，对勘的，至该本，是据多有的底本，予以写入了"云"字）：我无为，而民自化；我无事，而民自富；我好静，而民自正；我欲不欲，而民自朴"。

帛书乙本作"是以〔圣〕人之言，曰：我无为，而民自化；我好静，而民自正；我无事，而民自富；我欲不欲，而民自朴"。

帛书甲本，据帛书乙本补出，作"〔是以圣人之言，曰〕：我无为，而民自化；我好静，而民自正；我无事，而〔民自富〕；〔我欲不欲，而民自朴〕"。

楚简本甲组作"是以圣人之言，曰：我无事，而民自福（福）；我无（亡）为，而民自化（蠹）；我好静（青），而民自正；我欲（谷）不欲（谷），而民自朴"（按，对勘的，在行文语序上，该本不同于其他诸传抄本。试问，何者为是？答曰：都不是祖本所应有的行文语序。后面跟进的还有给出校勘）。

以玄门建构为归导，先为导出，《道德经玄门新证校勘篇》有之新

证，厘定祖本的文本以及厘定祖本的行文语序，并句读作"是以圣人之言
〔有道〕，〔以正〕〔也〕曰：我好静，而民自正；我无为，而民自化。我
无事，而民自福；我欲不欲，而民自朴"。

乙，按，从校勘的可以直接予以指出，于祖本经义贯通且句义完
足地应是写作"是以圣人之言〔有道〕，〔以正〕〔也〕曰"：构成对文
"〔有道〕之邦，吾知其然也以正"；也即，转为是从应成地进而予以阐发
"〔是〕故：〔圣人之道〕〔乃〕为天下贵"的，也就反映出了，亦有所自
觉地应成"也以正"。

按，从校勘的可以直接予以指出，于本章，构成义理一贯地，亦是以
构成轴对称"镜伴"的文言作出遮诠，简言之（至于详为解析，请读者转
为参看《道德经玄门新证解析篇》的相关内容）：

其一，有所对治是从人之道的异化出了"期天多讳，而民弥叛"，相
与有应地，内在的乃是转为诉诸应成"圣人之道"是能够同构于"天之
道"的（而所为等价的，既为构成是"天下有道"），则是有所应成"我
好静，而民自正（按，于全本的是作玄门建构的，简言之：相与有应地，
构成对文出乎应成'居善地'的有所应成'言善信'，亦构成对文已有所
觉知'天之道：不言而善应'；相与有应地，亦予以验证了，当机的'我'
已有所应成'涤除玄览，能毋有疵'）"；

有所对治是从人之道的异化出了"邦多利器，而民滋昏"，相与有应
地，内在的乃是转为诉诸应成"圣人之道"是能够同构于"天之道"的
（而所为等价的，既为构成是"天下有道"），则是有所应成"我无为，而
民自化（按，于全本的是作玄门建构的，简言之：相与有应地，构成对
文是出乎应成'居善地'的有所应成'政善治'，亦构成对文已有所觉知
'天之道：繟然而善谋'；相与有应地，亦予以验证了，当机的'我'已
是所应成'天门启阖，能若为雌'）"。

其二，有所对治是从人之道的异化出了"苛事多起，而民滋〔伪〕
智"，相与有应地，内在的乃是转为诉诸应成"圣人之道"是能够同构于
"天之道"的（而所为等价的，既为构成是"天下有道"），则是有所应成
"我无事，而民自福（按，于全本的是作玄门建构的，简言之：相与有应
地，构成对文是出乎应成'予善天'的有所应成'事善能'，亦构成对文
已有所觉知'天之道：不争而善成'；相与有应地，亦予以验证了，当机

的'我'已有所应成'爱民栝域，能毋以智'）"；

　　有所对治是从人之道的异化出了"法物多彰，而民滋觊测"，相与有应地，内在的乃是转为诉诸应成"圣人之道"是能够同构于"天之道"的（而所为等价的，既为构成是"天下有道"），则是有所应成"我欲不欲，而民自朴（按，于全本的是作玄门建构的，简言之：相与有应地，构成对文是出乎应成'予善天'的有所应成'动善时'，亦构成对文已有所觉知'天之道：不召而善来'；相与有应地，亦予以验证了，当机的'我'已有所应成'明白四达，能毋以为'）"。

《德经》第二十章"微明"德章

王弼本《道德经》下经第五十八章

其政察察，其邦夬夬；其政闷闷，其民偆偆。

福，祸之所倚；祸，福之所伏：

"正复为奇；其无正也孰知其极"；

"善复为妖；人之迷也其日固久矣"。

是以圣人：方而不割；廉而不刺；光而不眺；置而不绁。

【校勘经文】

【一】甲，王本作"其政闷闷，其民淳淳（chún）；其政察察，其政缺缺"。

傅奕本作"其政闵闵，其民偆偆（chǔn）；其政督督（chá。按，通假'察'字），其民缺缺"。

北大汉简本作"其政（正）昏昏，其民春春（蓍蓍）；其政（正）计计，其邦（国）夬夬（guài）"。

帛书乙本作"其政（正）闷闷（阌。叠用），其民屯屯（zhūn）；其政（正）察察，其〔？？？〕"。

帛书甲本作"〔其政（正）？？，其民？？〕；其政（正）察察，其邦夬夬"。

以玄门建构为归导，先为导出，《道德经玄门新证校勘篇》有之新证，厘定祖本的文本以及厘定祖本的行文语序，并句读作"其政察察，其邦夬夬；其政闷闷，其民偆偆”。

乙，按，针对对勘的诸传抄本存在各有取词，基于以玄门建构为归导，结合从全本的文本作出追索，相应地，也就得以厘定了本章的文本所取词：

其一，据王本、傅奕本、帛书甲本、帛书乙本的皆是写作“察察”（按，构成义理一贯地，亦构成对文“鬻人昭昭”和“鬻人察察”），厘定于祖本的应是写作“其政察察”。还有，据北大汉简本和帛书甲本的皆是写作“邦”字而不是写作“民”字，以及皆是写作“夬夬”而不是写作“缺缺”，厘定于祖本语义切要的应是写作“其邦夬夬”。

转换来说，于全本的是作玄门建构的：是构成对文遮诠“其政察察，其邦夬夬”的（按，溯及本质的：出自意志“有事”，目的于满足“损不足而奉有余”，以人之道所能反映的，乃是异化地走向“非道”，不可不谓，贵族统治集团意志“宰制万物，役使群众，岂人力也哉”，“民不畏畏，则大畏将至：毋〔自〕狭其所居，毋〔自〕压其所生；夫唯〔无所畏〕，是以〔无大畏〕”；亦因为，则是呈现反噬的将会招致“夫代大匠斲，是代大匠斲；夫代大匠斲者，则希有不伤其手”），构成是互为能给出验证的，也就反映出了，则是异化了的呈现出是“期天多讳，而民弥叛；邦多利器，而民滋昏；苛事多起，而民滋〔伪〕智；法物多彰，而民滋觊觎”。

其二，据王本的是写作“闷闷”（按，构成义理一贯地，亦构成对文“我独昏昏”和“我独闷闷”），厘定于祖本语义切要地应是写作“其政闷闷”。还有，据傅奕本的语义显豁的是写作“偆偆”（是自在自为的呈现生机盎然），厘定于祖本的应是写作“其民偆偆”。

转换来说，于全本的是作玄门建构的：是构成对文遮诠“其政闷闷，其民偆偆”的（按，溯及本质的：出自应然“以〔互〕无事〔而〕取天下；夫用兵以奇〔也〕〔以正〕”，目的于应成“〔有道〕之邦”，以圣人之道所能反映的，既以实然的“小邦寡民”所能反映出的，则是有所应成“功遂犹〔事成〕；事成〔也〕而百姓曰：我自然”；亦因为，诉诸比德于道的，乃是有所觉知“夫唯无以生为者，是贤贵生”，既为，出自有所觉知“天网恢恢，疏而不失”，则是有所觉知“夫天〔之〕道无亲，〔也而〕善互予人”），构成是互为能给出验证的，也就反映出了，则是有所应成

"是以圣人之言〔有道〕，〔以正〕〔也〕曰：我好静，而民自正；我无为，而民自化。我无事，而民自福；我欲不欲，而民自朴"。

丙，按，综上既有的校勘，进而可知：

一者，转为追溯至早期的同源的底本，不难发现，其传抄者，已习惯于以"顺读"作理解，则是主观地予以改动了祖本的行文语序，将前后项互为易位，是改作"其政闷闷，其民偆偆；其政察察，其邦夬夬"。

二者，祖本旧有的，即如帛书甲本的，本是写作"邦"字；至北大汉简本，则是改作"国"字；后世的如王本的传抄者，据对文的是作"民"字，想当然地齐之以"民"字，则是替换了"国"字。换言之，显见的：论及对治意志"有事"，若为追索出乎意志"有事"反而异生得"祸"，呈现的则是"其邦夬夬"，溯及"微明"之义，则是指向"正复为奇"和"善复为妖"；论及应然"上〔之〕德，无为而无以为"，则是有所应成"互无事"，若为追索出乎还政于民而化为自在自为的能得"福"，呈现的则是"其民偆偆"。

三者，于祖本的，之所以是写作"夬"字，是自有其意蕴的：出于意志"有事"，乃尔"代大匠斫"，所为目的"有果"，于异化地人之道来说，已是不知"微明"之义。"夬"者：《说文》"分决也"，意义呈现出是破坏的是互斥的决裂；《易•夬卦》象传释"夬，决也，刚决柔也"，意在告诫当机者应当自惧意志"用强"。

【二】甲，王本作"祸兮，福之所倚；福兮，祸之所伏。孰知其极？其无正。正复为奇，善复为妖，人之迷，其日固久"。

傅奕本作"祸兮，福之所倚；福兮，祸之所伏（按，对勘的，该本和王本，于底本的，是增入了两个'兮'字）。孰知其极？其无正衺（máo）。正复为奇，善复为祅（yāo），人之迷也，其日固久矣"。

北大汉简本作"福，祸之所倚；祸，福之所伏。夫孰知（智）其极？其无正。正复为奇（倚），善复为妖（芺），人之迷（廢），其日固久矣"。

帛书乙本作"福，〔祸〕之所伏，孰知其极？〔其〕无正也。正〔复为畸〕，善复为〔妖〕，〔人〕之迷（佚）也，其日固久矣"（按，于该本的，是漏抄了"祸，福之所倚"）。

帛书甲本，据帛书乙本补出，作"祸，福之所倚；福，祸之所伏。〔孰知其极？其无正也。正复为畸，善复为妖，人之迷也，其日固久矣〕"。

以玄门建构为归导，先为导出，《道德经玄门新证校勘篇》有之新证，厘定祖本的文本以及厘定祖本的行文语序，并句读作"福，祸之所倚；祸，福之所伏：'正复为奇；其无正也孰知其极'；'善复为妖；人之迷也其日固久矣'"。

乙，按，对勘诸传抄本的文本，北大汉简本独异地是写作"福，祸之所倚；祸，福之所伏"，笔者推定，乃为祖本旧有。予以辨析其句义，正合"微明"之旨：等持的予以遮诠"福，祸之所倚"，寓意着，"福"将会随着所生之"祸"而倾倒，也即，所生之"祸"实则无"福"能"倚"（也就是说，当机之际实则微几，莫恃其"福"而不觉其"祸"）；等持的予以遮诠"祸，福之所伏"，寓意着，"祸"将会随着所生之"福"而隐退，也即，所生之"福"实则有"祸"能"伏"（也就是说，当机之际实则微几，莫惧其"祸"而不觉其"福"）。

按，对勘诸传抄本的文本，进而作出追溯，可知早期的同源的底本其传抄者，已经不甚了然经义，加之已习惯于以"顺读"作理解，则是从整体地予以改动了祖本的文本：

一者，改动了于祖本的是作出分证的"正复为奇；其无正也孰知其极"，裁出其文本，并句读作"孰知其极？其无正也"，不止于此，还将此句与宗领的前句"福，祸之所倚；祸，福之所伏"是予以了整合，从行文语序上是改作前后相承。二者，随之的，则是想当然地予以归并了"正复为奇"与"善复为妖"，改写作以及是句读作"正复为奇，善复为妖，人之迷也，其日固久矣"。

按，从校勘的还需予以指出：于全本的是作玄门建构的：是对应遮诠"以〔互〕无事〔而〕取天下；夫用兵以奇〔也〕〔以正〕"的，即亦构成对文遮诠"福，祸之所倚；祸，福之所伏"，而转为进而予以作出分证的，即予以遮诠"'正复为奇；其无正也孰知其极'；'善复为妖；人之迷也其日固久矣'"。

丙，按，已知的，老子所抉择的"泛成"之道与"玄同"之德乃为本质的同构，即反映出了，生命的觉者是主客体同构的能认知实相"自然"，亦为能认知"复命"实相，深在的既为能认知到互道道动内在的有着是以"强"与"弱"呈现随机性演化。故而，基于构成义理一贯地，内在的既为诉诸比德于道的，则有着是从全本的作玄门建构：予以同构的建构了"泛成"道章和"玄同"德章；予以同构的建构了"隐利"道章和"天均"德章；予以同构的建构了"藏用"道章和"微明"德章。

转换来说，也就进而可以了然：其一，是从"泛成"之道作出阐发的，则是予以揭示了，所遮诠的"利"（"吉"）与"害"（"凶"）是当机的互为倚伏，而所为等价的，是从"玄同"之德作出阐发的，则是予以揭示了，所遮诠的"福"与"祸"是当机的互为倚伏。

其二，因是，也就反映出了，要之：是等持的对应"设天象，天下往，往而不害（按，即构成对文'邦利器，〔而利器〕不可以示人）；乐予饵，过〔饵〕止，〔止而〕安平（按，即构成对文'〔渔乎鱼〕，〔而〕鱼不脱于渊'）"的，且是等持的对应"邦利器，〔而利器〕不可以示人；〔渔乎鱼〕，〔而〕鱼不脱于渊"的，合之两者，基于比德于道的，即对等的构成对文"以〔互〕无事〔而〕取天下；夫用兵以奇〔也〕〔以正〕"，亦是对等的构成对文"福，祸之所倚；祸，福之所伏（按，诉诸胜义的，则是转为能索解于'是谓：微明'）：'正复为奇（按，则是转为能索解于'设天象，天下往，往而不害'）；其无正也孰知其极（按，则是转为能索解于'邦利器，〔而利器〕不可以示人'）'；'善复为妖（按，则是转为能索解于'乐予饵，过〔饵〕止，〔止而〕安平'）；人之迷也其日固久矣（按，则是转为能索解于'〔渔乎鱼〕，〔而〕鱼不脱于渊'）'"。

按，补充来说，归宗于胜义的，基于既为能够认知到"道；泛兮，其可左右"（按，实则的，即是有所能够认知到互道道动内在的有着是以"强"与"弱"呈现随机性演化，也即，有所能够认知到互道道动是无量的随机的充遍的），也就反映出了：基于既寓意着"其可左右"，相与有应地，也就予以阐发了，诉诸"事天"，乃尔当机的则是有之"正复为奇；其无正也孰知其极"；基于既寓意着"其可左右"，相与有应地，也就予以阐发了，诉诸"治人"，乃尔当机的则是有之"善复为妖；人之谜也其日固久矣"。

【三】甲，王本和傅奕本皆是作"是以圣人：方而不割，廉而不刿（guì），直而不肆，光而不耀"。

北大汉简本作"方而不割，廉而不刖（yuè），直而不肆，光而不耀"（按，此整句是被抄入了下一章，于下一章的是作为首句）。

帛书乙本作（按，于甲本的，此文本已全部残损）"是以：方而不割，廉（兼）而不刺，直而不绁，光而不眺"。

以玄门建构为归导，先为导出，《道德经玄门新证校勘篇》有之新证，厘定祖本的文本以及厘定祖本的行文语序，并句读作"是以圣人：方而不割；廉而不刺；光而不眺；〔置〕而不绁（xiè）"。

乙，按，基于既有的校勘成果，也就可以直接予以指出：于全本的是作玄门建构的，诉诸比德于道的应成归宗"玄同"，是对应遮诠'挫其锐；解其纷；和其光；同其尘"的（按，亦构成对文遮诠"万物归焉而弗为主，则之互无名，也可名于小"），即构成对文遮诠"方而不割（按，互文'挫其锐'）；廉而不刺（按，互文'解其纷'）；光而不眺（按，互文'和其光'）；〔置〕而不绁（按，互文'同其尘'）"（按，亦构成对文遮诠"万物归焉而弗为主，则之名之朴，也可名于大"）。

按，对勘的诸传抄本，已皆是写作"直"字，基于既有的校勘成果，笔者有所推定，于祖本合于文义的应是写作"置"字，究其原因，后世传抄大概率地由"置"字是讹作了"直"字。"置"者（按，通假"寘"字）：《玉篇》"立也"，《广韵》"设也"；以文本约义，意义"是均质的是无差别的共立"。"绁"者：《广雅》"索也"，搓绳成索；引申义还含有"松散、裂解"之义。

按，是出于笔者自忖的，备此一说：予祖本的或是作"和其兆"而不作"和其光"，或是作"兆而不眺"而不作"光而不眺"。若果如是，诉诸于全本的是全然地构成结构性匹对的：则不违于"大音希声"以及不违于"音，也声之相和"；则不违于"大盛若诎"；则不违于"其未兆也易谋"以及不违于"〔奏乐之器〕，〔始于损益〕"。

《德经》第二十一章 "进道" 德章

王弼本《道德经》下经第六十二章

道者，万物之注：也善人之宝；也不善人之所保。

立天子虽有珙之璧，置三卿虽以先驷马，不若坚而进道；

古之善为士者不谓"若之美可以言市，求以得；若之尊行可以贺人，有罪以免"，而谓"进道为天下贵"。

【校勘经文】

【一】甲，王本作"道者，万物之奥。善人之宝，不善人之所保。美言可以市，尊行可以加人。人之不善，何弃之有！故立天子，置三公，虽有珙（拱）（按，对勘的，该本和傅奕本，于底本的，应之以四字句为齐整，于此处，是裁夺了'之'字）璧，以先驷马，不如坐进此道。古之所以贵此道者何？不曰（按，对勘的，该本、傅奕本、北大汉简本，于底本的，则武断地由'谓'字改作'曰'字）以求得，有罪以免邪？故为天下贵"。

傅奕本作"道者，万物之奥也（按，该本和王本，于底本的，由'注'字讹作'奥'字）。善人之所宝，不善人之所保。美言可以于市，尊行可以加于人（按，对勘的，该本出于意在修正病句，分别地增入了'于'字）。人之不善，何弃之有！故立天子，置三公，虽有珙（拱）璧，以先驷马，不如进此道也（按，对勘的，该本和王本，于底本的，出于意在修正病句，未知返祖的是增入了'道'字。至该本的，是裁夺了于底本的'坐'字。按，祖本旧有的，即如帛书乙本的本是作'坚'字而不作'坐'字。于祖本的本是写作'不若坚而进道'。按，诱因是完全地错会了经义，自忖的据'朝贡'之义，则是篡改作'坐'字，从而予以改写作'不若坐而进此'，祖本的经义为之顿失，以致沦为'害经惑众'）。古之所以贵此道者何也？不曰求以得，有罪以免邪？故为天下贵"。

北大汉简本作"道者，万物之注（柱）也。善人之宝（葆），不善人之所保（葆）也。美言可以市，尊（奠）行可以贺人。人之不善，何弃之有！故立天子，置三公（按，对勘的，该本、王本、傅奕本，于底本的，传抄流变的则是改作'三公'，而祖本旧有的，是作出自'天子'内廷的'三卿'），虽（唯）有珙（共）之璧，以先驷（四）马，不如坐而进此。古之所以贵此者何也？不曰求以得，有罪以免乎（虖）？故为天下贵"。

帛书乙本作"道者，万物之注也。善人之宝（葆）也，不善人之所保（葆）也。美言可以市，尊行可以贺人。人之不善，何〔弃之有〕！〔故〕立天子，置三卿，虽有珙（共）之璧，以先驷（四）马，不若坚而进此。古〔之所以贵此者何也〕？不谓（胃）求以得，有罪有免与？故为天下贵"。

帛书甲本作"〔道〕者，万物之注也。善人之宝（葆）也，不善人之所保（葆）也。美言可以市，尊行可以贺人。人之不善也，何弃〔之〕有！故立天子，置三卿，虽有珙（共）之璧，以先驷（四）马，不善，坐而进此（按，北大汉简本同于该本，溯及底本的，是写作'坐而进此'。按，该本是篡改作'善'字）。古之所以贵此者何也？不谓（胃）求〔以〕得，有罪以免与？故为天下贵"（按，至帛书甲、乙本，于底本的，依然是特有的通病，应之错误地句读，比附已存有的两个"也"字，进而增入了"也"字，写作"所保也"）。

以玄门建构为归导，先为导出，《道德经玄门新证校勘篇》有之新证，厘定祖本的文本以及厘定祖本的行文语序，并句读作"道者，万物之注：也善人之宝；也不善人之所保。立天子虽有珙之璧，置三卿〔虽〕以先驷马，不若坚而进道；古之〔善为士〕者不谓'〔若之〕美可以言市，求以得；〔若之〕尊行可以贺人，有罪以免'，〔而谓〕'〔进道〕为天下贵'"。

乙，按，校勘《德经》的后半部分的文本，即"功夫论"的共二十章的文本，下愚不敏，能够从整体地还原出于祖本的章序，进而能够逐章地予以厘定了于祖本的文本，非在短期内完成。据业已厘定的全本《道德经》的文本作出回顾，于今已明，其中"功夫论"的共二十章：遍及每章，所传抄的文本已是错误颇多，其成因极复杂；于祖本的，本然的是作玄门建构的章序，历经传抄多有被改动过，以文牍底事而遮蔽，其成因也极复杂。

至于《德经》的"功夫论"的共二十章，于祖本的是如何作玄门建构的，在序言部分已有给出交代。便于读者审察笔者是如何具体地校勘"功夫论"的共二十章的，前置的还需另为给出交代：

其一，基于以玄门建构为归导，于今已知的，老子建构是作为方法论的"功夫论"，从整体上是用了共二十章：

一者，建构"功夫论"的中轴，亦是建构具有结构性的轴枢，是用了共两章（按，所为生成文本，内在的乃是基于归宗"孔德之容，惟道是从"，目的于有所能够付诸社会性的实践）：诉诸胜义的，有所作出总持的是以"三宝"德章和"配天"德章作为一对。

二者，建构其"左半门"，是用了共八章（按，所为生成文本，进而是予以作出分证或说阐发的文本，内在的乃是立基于偏转归宗"惟道是从"，目的于有所能够付诸社会性的实践）：起首的，是以"进道"德章和"立德"德章作为一对；下顺地，是以"啬备"德章和"用人"德章作为一对；再下顺地，是以"蓄人"德章和"取下"德章作为一对；收尾的，是以"善始"德章和"善终"德章作为一对。

另需指出，老子将此共八章作出如是的编撰，是自有其内蕴的，深在的已是具有"正遍知"的法味，也就是说，是以具有意义于"自相即他相；他相即自相"的"文言道"所能呈现出的，所为次第地予以阐发"功夫论"，相应地，从整体地也就构成了是互为能给出勘验的（按，至于详为解析，请读者转为参看《道德经玄门新证解析篇》的相关内容）：

之一，也就有着，"进道"德章、"啬备"德章、"蓄人"德章、"善始"德章，此位置相隔的共四章，亦成次第地一一转接，也是能够构成意义连贯地予以阐发"功夫论"；之二，也就有着，"立德"德章、"用人"德章、"取下"德章、"善终"德章，此位置相隔的共四章，亦成次第地一一转接，也是能够构成意义连贯地予以阐发"功夫论"。

三者，建构其"右半门"，是用了共八章（按，所为生成文本，进而是予以作出分证或说阐发的文本，内在的乃是立基于偏转归宗"孔德之容"，目的于有所能够付诸社会性的实践）：起首的，是以"大隐"德章和"病己"德章作为一对；下顺地，是以"舍恃"德章和"畏自"德章作为一对；再下顺地，是以"天网"德章和"大匠"德章作为一对；收尾的，是以"善恕"德章和"善生"德章作为一对。

另需指出，老子将此共八章作出如是的编撰，是自有其内蕴的，深在的已是具有"正遍知"的法味，也就是说，是以具有意义于"自相即他相；他相即自相"的"文言道"所能呈现出的，所为次第地予以阐发"功夫论"，相应地，从整体地也就构成了是互为能给出勘验的（按，至于详为解析，请读者转为参看《道德经玄门新证解析篇》的相关内容）：

之一，也就有着，"大隐"德章、"舍恃"德章、"天网"德章、"善恕"德章，此位置相隔的共四章，亦成次第地一一转接，也是能够构成意义连贯地予以阐发"功夫论"；之二，也就有着，"病己"德章、"畏自"德章、"大匠"德章、"善生"德章，此位置相隔的共四章，亦成次第地一一转接，也是能够构成意义连贯地予以阐发"功夫论"。

四者，于全本的是作玄门建构的，是以终篇予以关锁《德经》全本的，则有着是以"自在"德章和"齐同"德章作为一对。于今已知的："自在"德章是同为的有所对应于"御德"道章和"孔德"德章，"齐同"德章是同为的有所对应于"执道"道章和"从道"德章；也就是说，此共六章，既构成了，是共同的有所对应于是构成《道德经》宗纲的共四章（是这四章："互道"章；"复德"章；"互德"章；"归道"章）。

其二，笔者校勘"功夫论"的共二十章，先期得以厘定的，厘定了其"右半门"的共八章。

简言之，于今已明，应该是在"修辍"本之后，彼时的早期的同源的底本其传抄者：一者，将"舍恃"德章从章序上是作出了改动，将其前置，放在了"大隐"德章之前（按，何以会作出改动，转至该章，跟进的还有给出校勘）；二者，将"善恕"德章从章序上是作出了改动，将其后置，放在了"善生"德章之后（按，何以会作出改动，转至该章，跟进的还有给出校勘）。

在此基础之上，笔者从校勘的还有之合理的推定，既为本乎是守于

"中"的是能等觉和能等持的归宗"孔德之容，惟道是从"，那么于"功夫论"来说，则其"右半门"的共八章与其"左半门"的共八章，从整体上应该亦有之构成结构性的匹对。循此路径，兼及据老子所抉择出来的成其总持的"三宝"作约束，还兼及反复地对读这些文本，笔者进而得以初步地确定了其"左半门"的共八章的章序："大隐"德章是对应于"进道"德章，"病己"德章是对应于"立德"德章；"舍恃"德章是对应于"啬备"德章，"畏自"德章是对应于"用人"德章；"天网"德章是对应于"蓄人"德章，"大匠"德章是对应于"取下"德章；"善恕"德章是对应于"善始"德章；"善生"德章是对应于"善终"德章。

丙，按，校勘"功夫论"的共二十章的文本，先期的校勘成果，是从整体地予以厘定了其章序。若为能够真正地得以逐章地厘定于祖本的文本，此为筑基，至为重要，否则无从觅得正法，往往面对既有的文本，究竟难以凑手，结果大多只能是无功而返。正因为，乃是有所得益于此，予以对勘诸传抄本的文本，迟至"玄门新证"庶几"有果"：

其一，得益于既已明白了，"善恕"德章是对应于"善始"德章的，也就得以豁然释疑，何以于"善始"德章会怪异地写有"大小多少，抱怨以德"，此句于祖本的乃是"善恕"德章所本有！此句，于"主家"早已灭失，所幸的，却是以作夹注的还有留存在"客家"。可以先为指出，因之受益于此，及至校勘"善恕"德章的文本，笔者也就得以厘定了，于祖本经义贯通且句义完足地应是写作"有德司契，〔司契〕和大怨；无德司徹，〔司徹〕必有余怨。〔大小多少，抱怨以德〕；是以圣人，执左契而不以〔右契〕责于人。夫天〔之〕道无亲，〔也而〕善互予人"（按，顺为指出，此"右契"两个字，是据帛书甲本的文本予以寻回的）。

其二，既厘定了"功夫论"的其"左半门"的章序——有所确知"进道"德章和"立德"德章乃起首两章，还有，既厘定了"功夫论"的其"右半门"的章序——有所确知"大隐"德章和"病己"德章乃起首两章，也就进而得以确知：

一者，于"进道"德章的，所为生成文本，相与有应地：之一，乃进而转为予以分证"三宝"德章的文本（按，即构成对文有所遮诠"天下〔人〕皆谓，我道之道大，大而不肖：其细也夫若肖矣；夫唯〔道〕大而不肖，能成大久矣"的文本），于其主旨，构成是既对治而应成地，有所予以阐发；之二，亦是对应"非道"德章（以及，不限于亦是对应"天均"德章）的文本（按，即亦构成对文宗领的遮诠"有知也使我挈：大道甚夷，〔人〕甚好解；行于大道，唯迤是畏"，亦构成对文宗领的遮诠"〔有道〕之邦，吾知其然也以正"），于其主旨，转为是从实践的，构成是既对治而应成地，皆有所予以阐发。

于"立德"德章的，与"进道"德章构成是本质同构的（按，本乎归宗"惟道是从"，意义深在的，则是能够有所自觉地应成实践"从事于德同道：得者同于得；失者同于失"。按，还需另为指出，合之两章，亦是共为的对应"泛成"道章全章的文本和共为的对应"从事"道章全章的文本，于其主旨，转为是从实践的，构成是既对治而应成地，有所予以阐发），所为生成文本，相与有应地：之一，乃是进而转为予以分证"三宝"德章的文本（按，即构成对文遮诠"我互有'三宝'，持而宝之〔能成大〕：一曰：俭；二曰：慈；三曰：不为天下先"），内在的应之以"互"的意蕴，于其主旨，构成是既对治而应成地，有所予以阐发；之二，亦是对应"守中"道章全章（以及，亦是对应"互明"道章全章和对应"大制"道章全章）的文本，于其主旨，转为是从实践的，构成是既对治而应成地，皆有所予以阐发。

二者，于"大隐"德章的，所为生成文本，相与有应地：之一，是同于"进道"德章的，乃是进而转为予以分证"三宝"德章的文本（按，所述的内容，即见于"进道"德章的部分，转至本章，为免于繁复，不予转抄），于其主旨，构成是既对治而应成地，有所予以阐发；之二，亦是对应"返成"道章全章的文本，于其主旨，转为是从实践的，构成是既对治而应成地，有所予以阐发。

于"病己"德章的，与"大隐"德章构成是本质同构的（按，本乎归宗"孔德之容"，意义深在的，则是能够有所自觉地应成实践"今之善为道者，执今之道，以御今之有〔德〕"。按，还需另为指出，合之两章，亦是共为的对应"玄同"德章全章的文本和共为的对应"自然"道章全章的文本，于其主旨，转为是从实践的，构成是既对治而应成地，有所予以阐发），所为生成文本，相与有应地：之一，是同于"立德"德章的，乃是进而转为予以分证"三宝"德章的文本（按，所述的内容，即见于"立德"德章的部分，转至本章，为免于繁复，不予转抄），于其主旨，构成是既对治而应成地，有所予以阐发；之二，亦是对应"全归"道章全章的文本和对应"无割"道章全章的文本，于其主旨，转为是从实践的，构成是既对治而应成地，有所予以阐发。

其三，既厘定了"功夫论"的其"左半门"的章序——有所确知"啬备"德章和"用人"德章乃是接续地两章，还有，既厘定了"功夫论"的其"右半门"的章序——有所确知"舍恃"德章和"畏自"德章乃是接续的两章，也就进而得以确知：

一者，于"啬备"德章的，所为生成文本，相与有应地：之一，乃是进而转为予以分证"三宝"德章所抉择的"一曰：俭"（按，既为能够有所自觉地应成实践"夫〔有其〕俭，故能广"，指归"〔则之能〕成事长"），内在的应之以"互"的意蕴，于其主旨，从应成地有所予以阐发；之二，亦是对应"修正"德章（以及，亦是对应"损益"道章）的文本（按，即亦构成对文宗领的遮诠"善〔修〕者，建不拔；善休者，抱不脱：子孙以其祭祀；〔子孙〕不屯"，亦构成对文乃是有所诉诸比德于道的遮诠"孰能有余而有以取奉于天下？唯有道者"），于其主旨，转为是从实践的，从应成地皆有所予以阐发。

于"用人"德章的，与"啬备"德章构成是本质同构的（按，本乎归宗"惟道是从"，意义深在的，则是能够有所自觉地应成实践"从事于德同道：得者同于得；失者同于失"。按，还需另为指出，合之两章，亦是共为的对应"互心"德章全章的文本和共为的对应"玄德"德章全章的文本，于其主旨，转为是从实践的，从应成地皆有所予以阐发），所为生成文本，相与有应地：之一，乃是进而转为予以分证"三宝"德章所抉择的"一曰：俭"（按，既为构成了，亦是转为予以分证"配天"德章所判定的"是谓：用人"），于其主旨，从应成地有所予以阐发；之二，亦是对应"天均"德章（以及，亦是对应"微明"德章）的文本（按，即亦构成对文宗领的遮诠"〔有道〕之邦，吾知其然也以正：以〔互〕无事〔而〕取天下；夫用兵以奇〔也〕〔以正〕"，亦构成对文宗领的遮诠"其政察察，其邦央央；其政闷闷，其民偆偆"），于其主旨，转为是从实践的，从应成地皆有所予以阐发。

二者，于"舍恃"德章的，所为生成文本，相与有应地：之一，是同于"啬备"德章的，乃是进而转为予以分证"三宝"德章的文本（按，所述的内容，即见于"啬备"德章的部分，转至本章，为免于繁复，不予转抄），于其主旨，构成是既对治而应成地，有所予以阐发；之二，亦是对应"善果"道章的文本和对应"军争"道章的文本（按，即亦构成对文有所遮诠"是谓：果而不强"的文本，以及，即亦构成对文有所遮诠"〔用兵〕弗美"的文本），以及，亦是对应"配天"德章的文本（按，即亦构成对文有所遮诠"〔是故用兵有言〕"的文本），于其主旨，转为是从实践的，构成是既对治而应成地，有所予以阐发。

于"畏自"德章的，与"舍恃"德章构成是本质同构的（按，本乎归宗"孔德之容"，意义深在的，则是能够有所自觉地应成实践"今之善为道者，执今之道，以御今之有〔德〕"。按，还需另为指出，合之两章，亦是共为的对应"隐利"道章的文本和共为的对应"藏用"道章的文本，亦是共为的对应"强损"道章的文本和共为的对应"非道"德章的文本，于其主旨，转为是从实践的，构成是既对治而应成地，有所予以阐发），所为生成文本，相与有应地：之一，是同于"用人"德章的，乃是进而转为予以分证"三宝"德章的文本（按，既为构成了，则是转为予以对治是从人之道的异化出"今舍其俭，且广"，指归"〔则之〕必败"），于其主旨，构成是既对治而应成地，有所予以阐发；之二，亦是对应"从道"德章的文本（按，即亦构成对文有所遮诠"人之所畏，亦不可以不畏"的文本），亦是对应"知止"道章的文本（按，即亦构成对文有所遮诠"始制有名"的文本）和对应"自胜"道章全章的文本，于其主旨，转为是从实践的，构成是既对治而应成地，有所予以阐发。

其四，既厘定了"功夫论"的其"左半门"的章序——有所确知"蓄人"德章和"取下"德章乃是再接续的两章，还有，即厘定了"功夫论"的其"右半门"的章序——有所确知"天网"德章和"大匠"德章乃是再接续地两章，也就进而得以确知：

一者，于"蓄人"德章的，所为生成文本，相与有应地：之一，乃是进而转为予以分证"三宝"德章所抉择的"二曰：慈"（按，既为能够有所自觉地应成实践"〔有其〕慈，故能勇"，指归"〔则之能〕成事长"），内在的应之以"互"的意蕴，于其主旨，从应成地有所予以阐发；之二，亦是对应"不道"德章（以及，亦是对应"弱益"道章）的文本（按，即亦构成对文遮诠"含德之厚者"的全部文本，还包括进而是言及"'〔知之〕情〔之至〕，曰：週；知〔之〕和〔之至〕，曰：明'；'益生，曰：祥；心使气，曰：〔能〕强'"的文本，以及，即亦构成对文是有所诉诸比德于道的遮诠"是故圣人之言正言，若反〔也〕云曰：……；……；……"），于其主旨，转为是从实践的，从应成地皆有所予以阐发。

于"取下"德章的，与"蓄人"德章构成是本质同构的（按，本乎归宗"惟道是从"，意义深在的，则是能够有所自觉地应成实践"从事于德同道：得者同于得；失者同于失"。按，还需另为指出，合之两章，亦是共为的对应"建德"道章全章的文本，于其主旨，转为是从实践的，从应成地有所予以阐发），所为生成文本，相与有应地：之一，乃是进而转为予以分证"三宝"德章所抉择的"二曰：慈"（按，既为构成了，亦是转为予以分证"配天"德章所判定的"是谓：不争之德"），于其主旨，从应成地有所予以阐发；之二，亦是对应"知止"道章（以及，亦是对应"知互"道章）的文本（按，即亦构成对文遮诠"〔侯王〕之在天下〔为天下〕卑，也〔犹〕道〔之与天地〕，〔也〕犹百浴之与江海"，亦构成对文遮诠"是以圣人：退其身〔也〕而身先；外其身〔也〕而生存"），于其主旨，转为是从实践的，从应成地皆有所予以阐发。

二者，于"天网"德章的，所为生成文本，相与有应地：之一，是同于"蓄人"德章的，乃是进而转为予以分证"三宝"德章的文本（按，所述的内容，即见于"蓄人"德章的部分，转至本章，为免于繁复，不予转抄），于其主旨，构成是对治而应成地，有所予以阐发；之二，亦是对应"互明"道章全章的文本，于其主旨，转为是从实践的，构成是既对治而应成地，有所予以阐发。

于"大匠"德章的，与"天网"德章是构成本质同构的（按，本乎归宗"孔德之容"，意义深在的，则是能够有所自觉地应成实践"今之善为道者，执今之道，以御今之有〔德〕"。按，还需另为指出，合之两章，亦是共为的对应"天均"德章全章的文本和共为的对应"微明"德章全章的文本，于其主旨，转为是从实践的，构成是既对治而应成地，有所予以阐发），所为生成文本，相与有应地：之一，是同于"取下"德章的，乃是进而转为予以分证"三宝"德章的文本（按，既为构成了，则是转为予以对治是从人之道的异化出"今舍其慈，且勇"，指归"〔则之〕必败"），内在的应之以"互"的意蕴，于其主旨，构成是既对治而应成地，有所予以阐发；之二，亦是对应"大制"道章全章的文本，于其主旨，转为是从实践的，构成是既对治而应成地，有所予以阐发。

其五，既厘定了"功夫论"的其"左半门"的章序——有所确知"善始"德章和"善终"德章乃是收尾的两章，还有，既厘定了"功夫论"的其"右半门"的章序——有所确知"善恕"德章和"善生"德章乃是收尾的两章，也就进而得以确知：

一者，于此两章的，所为生成文本（按，两者之间，内在的乃是以"慎终若始"为共核，因是，也就呈现出了，是以构成轴对称"镜伴"的文言作出遮诠），相与有应地：之一，合之两章，乃是进而同为的转为予以分证"三宝"德章所抉择的"三曰：不为天下先"（按，也就构成了：同为的能够有所自觉地应成实践"〔有其〕不为天下先，故能为"，指归"〔则之能〕成事长"；同为的转为予以分证"配天"德章所判定的"是谓：配天，古之极"），内在的应之以"互"的意蕴，于其主旨，从应成地皆有所予以阐发（按，补充来说，内在的应之"曲全"的意蕴，也就意味着：有所践行"善始"，亦是"诚全归之"于践行"进道"；有所践行"善终"，亦是"诚全归之"于践行"立德"）；之二，是诉诸胜义的，亦是对应"善法"道章的文本（按，即亦构成对文遮诠"〔圣〕人之道，法自然：〔法自然〕〔也而〕'法地；法道；法天'"），于其主旨，转为是从实践的，从应成地有所予以阐发。

二者，于"善恕"德章的，所为生成文本，相与有应地：之一，是同于"善始"德章的，乃是进而转为予以分证"三宝"德章的文本（按，所述的内容，即见于"善始"德章并"善终"德章的部分，转到本章，免于繁复，不予转抄），内在的应之以"互"的意蕴，于其主旨，构成是既对治而应成地，有所予以阐发（按，补充来说，内在的应之"曲全"的意蕴，也就意味着：有所践行"善恕"，亦是"诚全归之"于践行"大隐"）；之二，亦是对应"袭互"德章全章的文本，于其主旨，转为是从实践的，构成是既对治而应成地，有所予以阐发。

于"善生"德章的，与"善恕"德章构成是本质同构的（按，本乎归宗"孔德之容"，意义深在的，则是能够有所自觉地应成实践"今之善为道者，执今之道，以御今之有〔德〕"。按，还需另为指出，合为两章，亦是共为的对应"上善"道章的文本，是有所遮诠"上善，若水几于道：〔若水几于道〕〔也而〕'居善地；心善渊；予善天'"的文本，于其主旨，转为是从实践的，构成是既对治而应成地，皆有所予以阐发），所为生成文本，相与有应地：之一，是同于"善终"德章的，乃是进而转为予以分证"三宝"德章的文本（按，既为构成了，则是转为予以对治是从人之道的异化出"舍其后，且先"，指归"〔则之〕必败"），于其主旨，构成是既对治而应成地，有所予以阐发（按，补充来说，内在的应之"曲全"的意蕴，也就意味着：有所践行"善生"，亦是"诚全归之"于践行"病己"）；之二，亦是对应"执生"德章全章的文本，于其主旨，转为是从实践的，构成是既对治而应成地，有所予以阐发。

丁，按，对勘诸传抄本的文本，文本类同的皆是写有"人之不善，何弃之有"。从校勘的可以直接予以指出，这是早期的同源的底本其传抄者，出于意在予以阐发"也善人之宝；也不善人之所保"，则是引用了"互明"道章的文本，不了义的予以作夹注。今校勘将其删除。

按，从校勘的可以直接予以指出，彼时的传抄者已是完全地错会了本章的经义，执迷制度性的封建"朝贡"，故而的，从整体地则是予以分解了祖本的文本，而其后果，势必导致"害经惑众"：

其一，于祖本的本是写作"〔若之〕美可以言市，求以得；〔若之〕尊行可以贺人，有罪以免"，被传抄者是分解为两部分，分别地，是予以改成了"美可以言市，尊行可以贺人"，是予以改成了"求以得，有罪以免"（按，是出自主观地理解为，若为臣服"朝贡"则为所能回报），祖本的经义为之顿失。

其二，于祖本的本是写作"立天子虽有珙之璧，置三卿〔虽〕以先驷马，不若坚而进〔道〕"，被谬为是接纳"朝贡"，则是改成了"立天子，置三卿，虽有珙之璧，以先驷马，不若坚而进〔道〕"，祖本的经义为之顿失。

其三，于祖本的本是写作"古之〔善为士〕者不谓"（按，于客观上的，不排除于底本之际就已有字词残损），被传抄者兼及作夹注，意在阐扬封建"朝贡"，进而是武断地改成了"古之所以贵此者何？不谓求以得，有罪以免与？"，已是出离了祖本的经义。

其四，于祖本的本是写作"〔而谓〕'〔进道〕为天下贵'"（按，于客观上的，不排除于底本之际就已有字词残损），被传抄者是改成了"故为天下贵"，已是出离了祖本的经义。

按，从校勘的还需予以指出：

其一，于祖本的应是作"注"字，而不作"奥"字，亦不作"主"字。"注"者：《说文》"灌也"，大器之水可以灌入小器，反之亦然；引申义从属、所适。可证之"道；泛兮，其可左右"，亦可证之"取下"德章的文本，亦可以以"其细也夫若肖矣"约义，亦可以以胜义的"无有入于无间；天下之至柔，驰骋于天下之至坚"约义。

其二，于祖本的应是作"三卿"，而不作"三公"。《礼记·王制》有言"大国三卿，皆命于天子"，孔颖达疏"崔氏云：三卿者，依周制而言，谓立司徒，兼冢宰（按，朝廷政务）之事；立司马，兼宗伯（按，宗庙祭祀）之事；立司空，兼司寇（按，刑事司法）之事"。补充来说：言及"立天子虽有珙之璧"，以隐喻的即可反映为是"朴散则为成器"；言及"置三卿〔虽〕以先驷马"，以隐喻的即可反映为是"人用则为官长"；言及"不若坚而进道"，以隐喻的即可反映为是"圣人〔则〕归于朴，夫大制〔则〕无割"。

其三，笔者厘定，于祖本的宜作"珙"字，而不作通假字的"拱"字，亦不作借字的"共"字。"珙"者，《说文》"玉名也"，《玉篇》"大璧也"，证之《左传·襄公三十一年》"窃其珙璧"。于祖本的宜作"驷"字，而不作数量词的"四"字。可证之《晏子春秋·内篇杂上》"其夫为相御，拥大盖，策驷马，意气扬扬，甚自得也"。于帛书乙本的是写作"坚"字，乃为祖本旧有，而后世传抄，武断地据"朝贡"之义，传抄流变地则是改作"坐"字。"坚"者，《集韵》"实也，固也，劲也"，以文本约义，意义内质"充实"。于祖本的应是作"贺"字，而不作通假字的"加"字。"贺"者，《广韵》"担也，劳也"，以文本约义，贵族的"三卿"以阶级特权则是享有着"刑不上大夫"，可以以有价之物即以自己广有的资财，能作出被判作是"有罪"的责任赔偿，反映出即"有罪以免"。于祖本的应是作"言市"（意义以公认的价值能够议价而成交），后世的传抄者，则是从主观地予以裁出"言"字，转为讹作"美言"。

其四，笔者厘定，于祖本的应是写作"古之〔善为士者〕"，从全本的文本亦可以得到验证：当机者的"古之善为士者"，即对应"古之善为士者，以‘一’知古始；是谓：《道纪》"的当机者。相应地，以意义于既已"坚而进道"，即转为对应"立德"德章的当机者"今之善为道者"（按，传抄之际，是从"今"篡改作"古"字。按，正是对应"今之善为道者，执今之道，以御今之有〔德〕"的当机者）。转换来说，溯及于全本的是作玄门建构的，也就反映出了：之一，"进道"德章的当机者"古之善为士者"，还对应"大隐"德章的当机者"圣人"，也就是说，有所齐之"人"之"吾（我）""民""士""君子""侯王""圣人"等的"天下人"，乃是有所应成归宗于"言有宗；事有君"（按，乃是有所"言"之于《建言》《贵言》《希言》；乃是有所"宗"之于《道纪》。乃是有所"事"之于"上士闻道，菫能行于其'中'"，以及有所"事"之于"今之善为道者，执今之道，以御今之有〔德〕"，有所"事"之于"从事于德同道：得者同于得；失者同于失"；乃是有所"君"之于"孔德之容，惟道是从"，乃至"君"之于"上善，若水几于道"，乃至"君"之于"〔圣〕人之道，法自然"）；之二，"立德"德章的当机者"今之善为道者"，还对应"病己"德章的当机者"圣人"，也就是说，应之以"互"的意蕴，构成是既对治而应成地，有所彼此相待的于"不知知"是能够自觉地应然"病病"的。

其五，笔者厘定，于祖本的应是写作"〔而谓〕'〔进道〕为天下贵'"，是能给出验证的，溯及于全本的是作玄门建构的，也就反映出了：构成对文"是以圣人，被褐而怀玉"，亦构成对文"立德，深矣远矣，〔亦楷（jiē）杙（shì）与物返道〕；与物返〔道〕矣，乃至大顺"；进而是以延义的，亦构成对文"是谓：深根固柢〔之道〕（按，互文'重积德，则无不克；无不克，则莫〔不〕知其互；莫〔不〕知其互，可以有域'）；是谓：长生久视之道（按，互文'有域，〔可以〕〔有〕母，可以长久'"。

戊，按，综上既有的校勘，笔者进而还有更合理的推测：

其一，应该是在"修辍"本之后，彼时的传抄者，不排除是出自刻意国祚，希冀"深根固柢，长生久视"，故而的，则是将"啬备"德章、"用人"德章、"蓄人"德章，此三章作前推，相应地，则是将"进道"德章和"立德"德章作后移。适巧的，还能以"进道"德章承接"蓄人"德章，使之两者构成前后延义——天下邦交应许践行封建"朝贡"。

其二，不止于此，于"善始"德章的已是存有"大小多少，抱怨以德"（按，彼时的传抄者，根本不知这是作夹注窜并），因此而成为诱因，另有彼时的传抄者，是出于自忖的，应之可以直接地照应到"不谓求以得，有罪以免与"，相应地，则是再为改动了"功夫论"的其"左半门"的章序：则是将"善始"德章和"善终"德章前推，顺次地予以接续在"进道"德章之后；至此，裁分出来的"立德"德章和"取下"德章，也就被排挤成了，是作为"功夫论"的其"左半门"的最后两章。

还需另为指出，至帛书甲本、乙本，溯及底本的，不同于王本、傅奕本、北大汉简本的，则是将"自在"德章和"齐同"德章予以接续在了"立德"德章和"取下"德章之后，究其成因，在"自在"德章的校勘部分，已有给出交代，此不赘。

《德经》第二十二章"立德"德章

王弼本《道德经》下经第六十五章

今之善为道者：

非以明明民，民也将以愚愚之；

民之难治也以其知，知也以其智。

故以智知邦，邦之贼；不以智知邦，邦之福：

知此两者乃楷栻，亦楷栻互知，此谓立德。

立德，深矣远矣，亦楷栻与物返道；与物返道矣，乃至大顺。

【校勘经文】

【一】甲，王本作"古之善为道者，非以明民，将以愚之。民之难治，以其智多。故以智治国，国之贼；不以智治国，国之福。知此两者，亦稽式。常知稽式，是谓：玄德。玄德，深矣远矣，与物反矣，然后乃至大顺"。

傅奕本作"古之善为道者，非以明民，将以愚之。民之难治，以其多知也。故以知治国，国之贼也；不以知治国，国之福也。常知此两者，亦稽式也。能知稽式，是谓：玄德。玄德，深矣远矣，与物反矣，乃复至于大顺"（按，对勘的，王本和傅奕本，于底本的，是将"知"字错谬地改作"治"字）。

北大汉简本作"古之为道者，非以明（明）民也，将以愚之也。民之难治，以其智也。故以智知（智）国，国之贼也；不以智知（智）国，国之德也。恒知（智）此两者，亦楷式（按，对勘的，独有该本，是写作"楷"字，可谓一字千金，颇具校勘价值。可以指出，该字，乃为祖本旧有，不作"稽"字，跟进的还有详尽地给出校勘），恒知（智）楷式，是谓：玄德。玄德，深矣远〔矣，与物反矣，乃至大顺〕"。

帛书乙本作"古之为道者（按，对勘的诸传抄本，一致地是作"古"字，可以先为指出，于祖本的应是作"今"字。笔者推测，溯及底本的，传抄之际，是篡改作"古"字，还裁夺了"善"字。亦不排除，溯及底本的，于彼时的就已缺失了"今之善"三个字，故而，传抄之际，能见于帛书甲本的，是自主地予以补出了"故曰"，能见于其他诸传抄本的，于底本的，是自主地予以补出了"古之"），非以明〔民也，将以愚〕之也。夫民之难治也，以其智（知）也。故以智（知）知国，国之贼也；不以智（知）知国，国之德也。恒知此两者，亦稽式也。恒知稽式，是谓（胃）：玄德。玄德，深矣远矣，〔与〕物反也，乃至大顺"。

帛书甲本作"古之（故曰）为道者，非以明民也，将以愚之也。民之难〔治〕也，以其智（知）也。故以智（知）知邦，邦之贼也；不以智〔知〕知邦，邦之德也。恒知此两者，亦稽式也。恒知稽式，此谓（胃）玄德。玄德，深矣，与〔物反〕矣，乃〔至大顺〕"（按，对勘的，该本没有"远矣"，究其原因，应该是出于意在照应到"玄德"，传抄之际予以了裁夺）。

以玄门建构为归导，先为导出，《道德经玄门新证校勘篇》有之新证，厘定祖本的文本以及厘定祖本的行文语序，并句读作"今之善为道者：非以明〔明民〕，民也将以〔愚〕愚之；民之难治〔也以其知〕，〔知〕也以其智。故以智知邦，邦之觋；不以智知邦，邦之福：知此两者〔乃〕楷杙，亦楷杙互知，此谓立德。立德，深矣远矣，〔亦楷杙与物返道〕；与物返〔道〕矣，乃至大顺"。

乙，按，基于业已厘定了"进道"德章的文本，回到本章作校勘，进而可以确知，本章的当机者应是作"今之善为道者"：之一，即构成对文"进道"德章的当机者"古之善为士者"。也就是说，"今之善为道者"既已"坚而进道"，有所能够认知宇宙"实相"，能够认知实相"自然"，相应地，则是能够转为对治是从人之道异化出的边见的认知（按，历史的于"今"的，从社会性的实践作出审察，具有典型意义的，也就反映出了，基于边见的认知，意志"损不足而奉有余"，诉诸"有为而有以为"的"有事"，已是异化出了"今舍其俭，且广；舍其慈，且勇；舍其后，且先"）。之二，即亦构成对文"病己"德章的当机者"圣人"。也就是说，应之以"互"的意蕴，构成是既对治而应成地，有所彼此相待的于"不知知"（按，先决的乃是基于以四维时空为认知背景，有所生起边见的认知：或是执着于"无"的"断灭见"的"断灭无"；或是执着于"有"的"实有见"的"实性有"）是能够自觉地应然"病病"的（按，所谓"病病"，既为构成是对治边见的认知，应之以"互"的意蕴，则是有所能够认知宇宙"实相"——是四维时空与高维时空能成互为让渡的宇宙"实相"，也就是说，则是有所能够认知到"互无"与"互有"是能成立互为让渡的，因是，相应地则是遮诠作"知不知"）。

按，将对勘的诸传抄本的文本与笔者业已厘定的文本对勘，显见的，在思想上是截然对立的，是本质的不共。从中不难发现，彼时的传抄者，一贯地思想反动，至本章，依然毫不手软，再为"害经惑众"，却是以篡改出来的文本予以顶戴了祖本的文本——从性质上来说，那是极其恶劣的，历史弥久地，竟然是以染污的文本进而污名了老子：老子站在统治阶级的立场之上，于思想上亦成同流合污，意在贯彻"愚民政策"。转换来说，作为生命的觉者，老子之所以是人我一体的（！）有所主张，以"愚"治"明"（按，即构成是出于"智"的"明"，于私有制社会，已是具有群体性地异化出"大道废，智慧出"，可称之是边见的智知），从而的，则是由伪"智"而返于"愚"（按，即构成是出于"绝智弃辨"的"愚"，既为导归"视素保朴"，可称之是正觉的互知），就是欲意从根本上能够予以消解，统治阶级历史弥久地在搞"愚民政策"——而异化地搞出"期天多讳，而民弥叛"，即为首恶。

彼时的传抄者，已无力吃透老子的主张，不排除还有主观上的情非所愿，故而，思想上既成反动，则是将祖本的"非以明〔明民〕（按，互文'民之难治〔也以其知〕'），民也将以愚〔愚〕之（按，互文'〔知〕也以其智'）；民之难治〔也以其知〕，〔知〕也以其智"，予以篡改作"非以明民也，将以愚之也。民之难治也，以其智也"（按，因之不但是武断地"硬改"文本，还浮泛地予以增入"也"字，也就导致了，所改写出的该整句已是沦为病句）。

按，对勘的诸传抄本，皆是作"贼"字，笔者推定，能还原于祖本的，合于经义的应是作"觌"字（按，要之，于全本的乃是构成经义贯通地，有所对治边见的认知，则是有所应然"不贵资，使民不〔觌〕"，既为应然"绝智弃辨，民无觌测"，转向是必为诉诸实然的，则是有所导归于"〔使民不智毋觌测〕，复结绳而用之"）。笔者从校勘的还有之猜测，能联系到上章的，不知彼时的传抄者是否还"生吞活剥"了《荀子·大略篇》，因之，于其文本之中，正是有所论及"天子即位，上卿进曰：'如之何忧之长也？能除患则为福，不能除患则为贼'"。

于王本和傅奕本的，皆是作"福"字，而于帛书甲、乙本和北大汉简本的，则皆是作"德"字，试问，何者是祖本旧有？笔者推定，能合于经义的应是作"福"字（按，之所以会是传抄流变地写作"德"字，究其原因，溯及底本的，乃是其传抄者，据后文的是写作"立（玄）德"，也就自主地予以改出）。溯及于全本的是作玄门建构的，也就反映出了：之一，于全本的乃是构成经义贯通地，相应地还可以从"天均"德章的文本得到索解，有所对治"苛事多起，而民滋〔伪〕智"，则是有所应成"我无事，而民自福"；之二，于全本的乃是构成经义贯通地，亦有之旁证，简言之，诉诸"若始"的"事无事"，以"慎终"的则是有所应然"学不教，〔不〕复众人之所过"（按，既判作是"〔不〕复众人之所过"，是因为，于本质上的，不过是出自边见的认知，既为"不善人师善人，资善人；虽智乎大迷"）。

按，见于对勘的诸传抄本的，皆是写作"玄德"，笔者未予采信，而是另有推定，于祖本的应是写作"立德"。作出如是的推定，其依据何在？简言之，可以给出三点依据：

一者，之所以会是传抄流变地改作"玄德"，究其原因，溯及底本的，其传抄者，诱因实则是不了义的附会"深矣远矣"，则是应之以意义于"玄"，还据已有成文的写作"玄德"，也就予以写作"玄德"。亦不排除，加之以手迹之字容易混淆了"立"与"玄"字，再出于意在照应到前文的"为道者"，则是裁作"玄德"。

二者，联系上下文来看，已知的，是对应"知此两者〔乃〕楷栻，亦楷栻互知"的（按，即由边见的"知"让渡到证"实相"的"互知"），有所诉诸比德于道的，即构成对文"深矣远矣，〔亦楷栻与物返道〕；与物返〔道〕矣（按，互文'深矣远矣'），乃至大顺（按，互文'〔亦楷栻与物返道〕'）"（按，即由"立德"让渡到"进道"），因是，则以"立德"为语义切要。按，"立"者：甲骨文，意义是其以"大"者（是以之表征当机的"觉者"）而居'一'（是以之表征具有本体意义的"道"），由此可知，其本义就是，主体的德与客体的道两者，实则的乃是构成互为表里，互为形质；引申义，意义建树、成就。

三者，于全本的是作玄门建构的，是构成"互映对称成就"的：有所应成"〔进道〕为天下贵"，而所为能给出勘验的，则是有所应成"立德"；有所应成"立德"，而所为能给出勘验的，则是有所应成"夫两相不伤〔人〕，故德交归焉"。

按，见于北大汉简本的，独有的是写作"楷式"，而见于其他诸传抄本的，则皆是写作"稽式"。笔者推定，能还原于祖本的，合于经义的应是写作"楷栻"。作出如是的推定，其依据何在？简言之，可以给出三点依据：

一者，因之关联到前章所言及的"驷马"之战车，先从此战车说起。"楷"（jiē）字：形声字，以材质而论，则是指称落叶乔木的黄连木，木材鲜黄色，材质坚硬致密，可供家具和细工用材；以功用而论，则是指称战车上的木构件，可称名战车上的"辀（輈）"（按，于牛车，则为"辕"），其功用是传导由马匹生成的生物做功。"栻"（shì）字（通假"式"字）：《博雅》"㮭（jū）也，㮭有天地，所以推阴阳，占吉凶，以枫子枣心木为之"，指称古代占卜用的器具，形状像罗盘；笔者从校勘的有之合理的推测，老子时期，对应"楷"字的"栻"字，应有其本义，以功用而论，则是指称战车上的木构件，可称名战车上的车轴（材质更加坚硬致密），其功用是作为战车上的传动装置，驱动马车作双轮滚行。转换来说，要之，由"驷马"的生物做功让渡到"驷马"的双轮滚行，即被称作是"楷栻"。

二者，老子是语义关联地借助能转化"物"做功的"楷栻"作出譬喻（按，能够作出追索的，具有本体意义的，正可谓是，是主客体同构的能够有所齐之以是构成质料因的数的"一"而能用之以是构成形式因的象的"全"），其方法可谓至为善巧，正是意在借此进而予以阐发极为深刻的义理（按，诉诸胜义的，正是指向应然"进道"）：

之一，由对治的"知"有若"楷栻"能传导地让渡到应成地"互知"，即为构成"立德"，而以生命的觉者能认知"实相"作出阐发，从"因地"来说，有所具足"立德"，构成是既对治而应成地，则是有所自觉地应然"不病也以其病病"（按，能给出格义的，亦若佛家的以胜义的"缘起"能作出阐发，则是有所开示"烦恼即菩提"——既为应成佛果的"般若"）。之二，由应然的"立德"有若"楷栻"能传导地进而让渡到实然的"大顺"（按，诉诸胜义的，正是指向应然"进道"），从"果地"来说，即反映出了，既达成了"人"与"道"和"物"全面的觉悟的"和解"，则具足"立德"，于本质上的，亦是有所觉知"夫天〔之〕道无亲，〔也而〕善互予人"（按，意义深在的，亦是有所觉知"天网恢恢，疏而不失"。与之构成互为显义的，以万物一系作观照，既反映出，乃是出于有所觉知"天下〔也夫若〕神器，非可为者"——从校勘的就已有指出，实则的，乃是服从于热力学第二定律熵增定律，已为生命的觉者老子所体证）。

三者，老子之际，能制造和使用"驷马"之战车，具有典型意义的，则是借此表征人之道的"〔知〕也以其智"，也就是说，以创造物而论，既为实证了当时的最高水平的社会生产力。需要指出，构成隐喻的，"驷马"之战车，已非是"行于大道"，而是异化地驰骋于"非道"，已是作为人类发动战争的工具，已成为"不祥之器"；转换来说，审视人之道异化地"以智知邦"，构成关联地，即可以实证于"不祥之器"的"驷马"之战车，不可不谓，"〔知〕也以其智"，也只不过是异化地"以智之邦，邦之贼"，即验证了，其于本质上的，也只不过是"正复为奇"和"善复为妖"。

按，对勘诸传抄本的文本，转为追溯至早期的同源的底本，可知其传抄者不仅是不了义，而且还着相，以"楷栻"为主词，是从整体地改动了祖本的文本：

一者，于祖本的本是写作"知此两者〔乃〕楷栻，亦楷栻互知，此谓立德"，溯及历史早期的，先是被传抄者改写作"互（按，传抄流变地是写作'恒''常'）知此两者，亦楷栻。互（按，传抄流变地是写作'恒''常'）知楷栻，此谓立德"，显见的，既生成了语义不通的此病句，也就遂致祖本的经义顿失。以此为底本，向后作传抄，祖本的"楷栻"，传抄流变地，进而或是被改写作"楷式"，或是被篡改作"稽式"（按，究其原因，笔者从校勘的有之猜测，不知彼时的传抄者是否还"生吞活剥"了《荀子·大略篇》，因之，于其文本之中，正是有所论及"平衡曰拜，下衡曰稽首，至地曰稽颡。大夫之臣，拜不稽首，非尊家臣也，所以辟君也"）。

二者，于祖本的本是写作"立德，深矣远矣，〔亦楷栻与物返道〕；与物返〔道〕矣，乃至大顺"，溯及历史早期的，先是被传抄者节略地改写作"立德，深矣远矣，与物反道矣，乃至大顺"，显见的，既生成了语义不通的此病句，也就遂致祖本的经义顿失。以此为底本，向后作传抄，文本之中应有的"道"字，或是进而残损，或是进而被裁夺了〔按，从校勘的可以予以指出，"道"字，若果是被裁夺了，而非残损，那么据此还可以作出猜测，不知彼时的传抄者是否还"生吞活剥"了《荀子·大略篇》，因之，于其文本之中，正是有所论及"凡物有乘而来，乘其出者，是其反也。流言灭之，货色远之，祸之所由生也，生自纤纤也。是故君子早（蚤）绝之"〕。

《德经》第二十三章"啬备"德章

事天治人，莫若啬；夫唯啬，是以早备，是谓：重积德。

"重积德，则无不克；无不克，则莫不知其亘；莫不知其亘，可以有域"；有域，可以有母，可以长久。

是谓：深根固柢之道；是谓：长生久视之道。

【校勘经文】

【一】甲，王本作"治人事天，莫若啬。夫唯啬，是谓：早服。早服，谓之重积德。'重积德，则无不克；无不克，则莫知其极；莫之其极，可以有国；有国之母，可以长久'，是谓：深根固柢，长生久视之道"。

傅奕本作"治人事天，莫若啬。夫唯（惟）啬，是以早服。早服，谓之重积德。'重积德，则无不克；无不克，则莫知其极；莫知其极，可以有国；有国之母，可以长久'，是谓：深根固柢，长生久视之道"。

北大汉简本作"治人事天，莫如啬。夫唯啬，是以早（蚤）服，早（蚤）服；是谓：重积德。'重积德，则无不克；无不克，则莫知（智）其极；莫知（智）其极，则可以有国；有国之母，可以长久'，是谓：深根固柢（抵），长生久视之道也"。

帛书乙本作"治人事天，莫若啬。夫唯啬，是以早（蚤）服，早（蚤）服，是谓（胃）：重积〔德〕。'重〔积德，则无不克；无不克，则〕

莫知其〔极〕；莫知其〔极，可以〕有国；有国之母，可〔以长久〕'，是谓（胃）：〔深〕根固柢（氐），长生久视之道也"。

　　帛书甲本，全章的文本残损过半，只存有"可以有国；有国之母，可以长久；是谓（胃）：深根（槿）固柢（氐），长〔生久视之〕道也"（按，笔者推定，该本的作"国"字应该是从"域"字改出。相应地能得到验证的，见于下顺的各章，则是另作"邦"字，不同于其他诸传抄本的皆是作"国"字）。

　　楚简本乙组，检索竹简影印墨迹，可知是连贯的写作"治（紿）人事天，莫若啬。〔按，未见抄写'夫唯啬'〕，是以早（杲），是以早（杲）（按，取象朝阳升至草木的叶尖）备（備）；是谓（胃）：〔按，未见抄写'重积德。重积德，则无'〕不〔按，未抄写'克；无不'〕克，则莫知（智）其互；莫知（智）其互，可以有（又）域（鄧）；有（又）域（鄧）之母，可以长〔按，未见抄写'久。是谓：深根固柢'〕。长生久（舊）视之道也"。

　　以玄门建构为归导，先为导出，《道德经玄门新证校勘篇》有之新证，厘定祖本的文本以及厘定祖本的行文语序，并句读作"事天治人，莫若啬；夫唯啬，是以早备，是谓：重积德。'重积德，则无不克；无不克，则莫〔不〕知其互；莫〔不〕知其互，可以有域'；有域，〔可以〕〔有〕母，可以长久。是谓：深根固柢〔之道〕；〔是谓〕：长生久视之道"。

　　乙，按，从校勘的可以直接予以指出，老子从社会性的实践出发，相应地有所抉择"啬"，此"啬"自有其内在规定性（按，至于详为解析，请读者转为参看《道德经玄门新证解析篇》的相关内容）：这是由"功夫论"的"三宝"之"俭"所派生。

　　补充来说，老子以"功夫论"有所抉择"三宝"，此"三宝"亦自有其内在规定性（按，至于详为解析，请读者转为参看《道德经玄门新证解析篇》的相关内容）：其"俭"，乃是由同构的"损益"之道和"修正"之德所派生；其"慈"，乃是由同构的"泛成"之道和"玄同"之德所派生；其"不为天下先"，乃是由同构的"上善，若水几于道"和"〔圣〕人〔之〕道，法自然"所派生。

　　可以指出，限于下愚所见，历代的研究者，凡涉诠释老子文言道的

"啬"，鲜有能够给出正解，多是望文生义，更有煞有介事者，进而陈言是"农夫"从事"稼穑"，笔者除了感叹之外，已无兴趣坐而论道，能够辨别出"农夫"是如何"稼穑"的。还可以指出，考古出土的《睡虎地秦墓竹简》，有所载名任用各类的"啬夫"，而学界于"啬夫"，从来虽已熟视，却依然缺乏学术敏感，未能追问其究竟的源流。窃以为，不必惊讶，大秦帝国诉诸"宰制天下，役使群众"，会非"无适"地运用到"啬"义，所根底的治国理念或说价值观，正是源流于老子的《道德经》〔按，关涉的，后觉的庄子已有其批判，于《养生主》已是隐有腹诽，隐喻老子所抉择的圣人之道已异化地流布于意志独霸天下的秦国："老聃死，秦轶（失）吊之，三号而出。"还有，韩非子入秦"事功"，出于欲谋"法家"能共轭大秦既有之"老学"，也就还有着心思兼用，于《说难》之先，早已另具"投名状"，有所《解老》和《喻老》。而尴尬之处，韩非子敢于"诐经"《老子》，其心机已"非子"之善类，司马迁非"巫咸"，焉能测度〕。

按，对勘诸传抄本的文本，可以发现，不晚于楚简本乙组，应是于底本的就没有了"夫唯啬"，还重复地书写了"是以早"，而且，于下顺地文本就已经是多有残缺字词。该本存有"邺"字，颇具校勘价值，据此也就可以厘定，于祖本合于经义的应是作"域"字；换言之，笔者从校勘的有之合理的推定，反向地若以"深根固柢"和"长生久视"作语义约束，则于祖本的，语义切要的应是作"域"字，不该作"邦"字，亦不该作"国"字。

按，推及乃是分别地构成对文"深根固柢"和"长生久视"，笔者也就得以厘定，于祖本的应是写作"事天（按，乃尔愿力于能够达成'深根固柢'）治人（按，乃尔愿力于能够达成'长生久视'）"，而不是写作"治人事天"。还有，相与有应地，结合从全本的文本亦能给出验证：之一，"事天"诉诸"莫若啬"（按，相应地，是诉诸客体的，则是有所觉知"天地不仁，以万物为刍狗"；亦是"祭祀"的意义之所在，转为是予以阐发于"用人"德章——"治〔之〕大邦，其鬼不神；以道立天下，若〔可〕享〔之〕小鲜"），以应成地，即构成对文意义于"进道"，而以对治的，即构成对文有所遮诠的"立天子虽有珙之璧"（按，已是呈现异化地"资货有余，是谓：觊华"）。之二，"治人"诉诸"莫若啬"（按，相应地，是诉诸主体的，则是有所觉知"圣人不仁，以百姓为刍狗"；亦是"祭祀"的意义之所在，转为是予以阐发于"用人"德章——"〔享之小鲜〕，非其鬼不神〔其神〕，其神不伤人；其神不伤人，亦若圣人不伤〔人〕；夫两相不伤〔人〕，故德交归焉"），以应成地，即构成对文意义于乃是等价于"进道"的"立德"，而以对治的，即构成对文有所遮诠的"置三卿〔虽〕以先驷马"（按，已是呈现异化地"觊华，非道"）。

按，楚简本的作"亘"字，乃为祖本旧有，后来的传抄者，已不甚了然其语义，从自己所能理解，进而流变地是改作"极"字。此两者的语义有所不同："莫〔不〕知其亘"，意义超出期望的会有所产生回馈；"莫知其极"，意义以为其然而结果却是茫然地不可确知。

按，对勘诸传抄本的后半部分的文本，可以发现，文本类同的，皆是以字词不全而成为病句。推及诱因，从楚简本的文本亦能间接地得到佐证，于早期的同源的底本，散布于全章的，就已有字词残损。因此，于文本之中会丛生病句，也就在所难免。

丙，按，综上既有的校勘，从校勘的还需予以指出：

其一，有所遮诠"事天治人，莫若啬"，简言之，以要义的，乃是有所对治于，诉诸"事天"进而是异化出了"立天子虽有珙之璧"，乃是有所对治于，诉诸"治人"进而是异化出了"置三卿〔虽〕以先驷马"；进而的，转为有所遮诠"夫唯啬，是以早备，是谓：重积德"，简言之，以要义的，若为有所应成"不若坚而进道"，既为有所应成"〔进道〕为天下贵"，那么应之以"亘"的意蕴，则是必为有所自觉地应成实践"重积德"，既构成了，则是能够有所自觉地应成实践"从事于德同道：得者同于得；失者同于失"。

其二，有所遮诠"重积德，则无不克；无不克，则莫〔不〕知其亘；莫〔不〕知其亘，可以有域"（按，顺为指出，转为可以从"修正"德章全章的文本得到索解），既为意义于"是谓：深根固柢〔之道〕"，也就是说，具有社会性的实践意义的，既为能够有所应成"进道"；有所遮诠"有域，〔可以有〕母，可以长久"（按，顺为指出，转而可以从"亘心"德章全章和"自然"德章全章的文本得到索解），既为意义于"〔是谓〕：长生久视之道"，也就是说，具有社会性的实践意义的，既为能够有所应成"立德"（按，若为予以追索"莫〔不〕知其亘"其法要，限于目前的校勘任务，不展开给出解析，简言之，意义深在的乃是根植于"深矣远矣，〔亦楷栻与物返道〕"。因为，诉诸胜义的，乃是出自有所觉知亙道道动内在的有着是以"强"与"弱"呈现趋势性演化；相应地，则是本质同构的有所能够自觉地应成实践"损益"之道和"修正"之德）。

《德经》第二十四章"用人"德章

王弼本《道德经》下经第六十章

治之大邦，其鬼不神；以道立天下，若可享之小鲜。

享之小鲜，非其鬼不伸其神，其神不伤人；其神不伤人，亦若圣人不伤人；夫两相不伤人，故德交归焉。

【校勘经文】

【一】甲，王本作"治大国，若烹小鲜。以道莅天下，其鬼不神。非其鬼不神，其神不伤人；非其神不伤人，圣人亦不伤人。夫两不相伤，故得交归焉"（按，对勘的，傅奕本所异，作"天下者"，不了义地增入了"者"字，"莅"作"（涖）"字。按，对勘的，王本和傅奕本，溯及底本的，将祖本旧有的本字"亯"字，即后来分化出来的"享"字，亦即是"亨"字，是讹作"烹"字。按，顺为指出："飨"是指称受用祭祀品；"亯"是指称供奉祭祀品）。

北大汉简本作"治大国，若享（亨）小鲜。以道立（位）天下，其鬼不神。非其鬼不神，其神不伤人；非其神不伤人也，圣人亦弗伤。夫两不相伤，故德交归焉"。

帛书乙本作"治大国，若享（亨）小鲜。以道立天下，其鬼不神。非其鬼不神也，其神不伤人也。非其神不伤人也，〔圣人亦〕弗伤也。夫两〔不〕相伤，故德交归焉"（按，对勘的：祖本旧有的是作"立"字，至王本是改作"莅"字；至王本和傅奕本，于"弗伤"的"伤"字后缀的是增入了"人"字）。

帛书甲本作"〔治大邦，若享（亨）小鲜〕。〔以道立〕天下，其鬼不神。非其鬼不神也，其神不伤人也。非其申不伤人也，圣人亦弗〔伤也〕。〔夫两〕不相伤，〔故〕德交归焉"（按，可以先为指出，该本独有的是存有"申"字，通假"伸"字，乃为祖本旧有，而学界校勘文本，是隶定作"神"字，难逃武断，失之治学严谨）。

以玄门建构为归导，先为导出，《道德经玄门新证校勘篇》有之新证，厘定祖本的文本以及厘定祖本的行文语序，并句读作"治〔之〕大邦，其鬼不神；以道立天下，若〔可〕享〔之〕小鲜。〔享之小鲜〕，非其鬼不伸〔其神〕，其神不伤人；其神不伤人，亦〔若〕圣人不伤人；夫两相不伤〔人〕，故德交归焉"。

乙，按，将笔者业已厘定的文本与对勘的诸传抄本的文本对勘，不难发现，文本貌似，经义却是本质的不共。对勘诸传抄本的文本，转为追溯至早期的同源的底本，不难发现，彼时的传抄者是自迷于其"鬼"，"神"志错乱，再为"害经惑众"。

其一，于祖本的本是作"治〔之〕大邦，其鬼不神；以道立天下，若〔可〕亨（高）〔之〕小鲜"，被彼时的传抄者所篡改，还改动了祖本的行文语序，是予以节略地篡改作"治大邦，若亨小鲜；以道立天下，其鬼不神"，祖本的经义为之顿失。至王弼本，自是滥觞的，再为传抄流变地则是篡改作"治大国，若烹小鲜"（按，实则的也就反映出了，于本质上的，仍然是脱不开"有事"，跌入有为法，从中找对策，意义政治作为应取从"少折腾"，此义已无关祖本的经义，乃尔纯属妄自的杜撰）。

从校勘的可以直接予以指出，对应从应成地有所遮诠"治〔之〕大邦，其鬼不神；以道立天下，若〔可〕享〔之〕小鲜"：构成对文是从对治地有所遮诠"期天多讳，而民弥叛；邦多利器，而民滋昏；苛事多起，而民滋〔伪〕智；法物多彰，而民滋觊测"，诉诸社会性的实践，予以消解异化地搞"淫祀"；亦构成对文是从应成地有所遮诠"事天治人，莫若啬；夫唯啬，是以早备，是谓：重积德"，再为予以阐发，诉诸社会性的实践，进而是能够给出验证的。

其二，于祖本的本是作"〔享之小鲜〕，非其鬼不伸（申）〔其神〕，其神不伤人；其神不伤人，亦〔若〕圣人不伤人"，被彼时的传抄者所篡改（按，究其原因，病于已习惯于以"顺读"作理解，出于自主地意在予以转接上文的"以道立天下，其鬼不神"，则是予以改动了后面的文本），还自主地增入"非"字，以及改作"弗"字，是予以节略地篡改作"非其鬼不申其神，其神不伤人；非其神不伤人，圣人亦弗伤"（按，所篡改出来的文本，语义左支右绌，已沦为"诌经"，恐怕只有自迷于其"鬼"的传抄者自己能受用。从某种程度上来说，所为篡改文本，既成实证，已是呈现反噬的出乎"伤人"也而"自伤"，精神之毒害亦可谓是"人之迷也其日固久矣"）。

　　还有，若为予以辨析传抄流变地是写作"非其神不伤人，圣人亦弗伤"的文本，未料的进而还可以发现，传抄本的所畏之"神"于"鬼"和所敬之"神"于"圣人"，竟然摇身一变，是可以同列"仙班"的："夫两不相伤，故德交归焉"。所篡改出来的文本，以意淫的同列"仙班"，也就招来了满纸的乌烟瘴气。

　　以此为底本，向后作传抄：之一，至帛书甲本（按，所幸的还留有"申"字，一字千金，颇具校勘价值。一贯地还增入了"也"字），进而是流变地传抄作"非其鬼不神也，其神不伤人也；非其申不伤人也，圣人亦弗伤也"。之二，至帛书乙本，其文本虽类同于帛书甲本的文本，而甲本留有的"申"字则是被改成了"神"字。之三，至王本和傅奕本，要点之处，是将违和的"弗"字改作"不"字，相应地还增入了"人"字，进而改作"圣人亦不伤人"。

　　从校勘的可以直接予以指出，对应从应成地有所遮诠"〔享之小鲜〕，非其鬼不伸（申）〔其神〕，其神不伤人；其神不伤人，亦〔若〕圣人不伤人"，转作是从当机者的圣人，是从生命的觉者能够给出验证的：以应成地即可反映为，则是"我好静，而民自正；我无为，而民自化。我无事，而民自福；我欲不欲，而民自朴"，换言之，从社会性的实践出发，以本质意义的所能反映，则是指向了乃尔构成胜义的"是谓：用人"，实则的乃是有所诉诸回归实然的"功遂〔犹〕〔事成〕；事成〔也〕而百姓曰：我自然"；亦构成对文是从应成地有所遮诠"重积德"的文本（为免于繁复，转抄文本从略），再为予以阐发，诉诸社会性的实践，进而是能够给出验证的。

　　按，于祖本的本是作"夫两相不伤〔人〕，故德交归焉"，被彼时的传抄者所篡改，是予以节略地篡改作"夫两不相伤，故德交归焉"（按，彼时的传抄者和后世的贵为天子的汉文帝，或已挤入"仙班"——"可怜夜半虚前席，不问苍生问鬼神"），祖本的经义为之顿失。

丙，按，从校勘的还需予以指出（按，至于详为解析，请读者转为参看《道德经玄门新证解析篇》的相关内容）：

若为予以追索本章之法要（为免于繁复，转抄文本从略），简言之，以要义的，意义深在的乃是根植于"与物返道矣，乃至大顺"。因为，诉诸胜义的，乃是出自有所觉知互道道动内在的有着是以"强"与"弱"呈现随机性演化，相应地，则是本质同构的有所能够自觉地应成实践"隐利"之道和"藏用"之道。也就是说：有所自觉地应成实践"治〔之〕大邦，其鬼不神；以道立天下，若〔可〕享〔之〕小鲜"，以要义的，乃是出自有所觉知"设天象，天下往，往而不害；乐予饵，过〔饵〕止，〔止〕而安平"，以及出自有所觉知"邦利器，〔而利器〕不可以示人；〔渔乎鱼〕，〔而〕鱼不脱于渊"。

按，顺为指出，溯及远古的先民，在那个"小邦寡民"的时代，天然地临水而居，以"小鲜"作为祭祀的用品，已是"其日固久矣"（按，若为"观复"仰韶人面鱼纹彩陶盆，那是可以激活文化记忆的），至于异化出"少牢"乃至"太牢"，以致是"期天多讳"的搞"淫祀"，正是需要予以对治的。已是反动于"用人"，竟然在同类之间则是搞出了反噬生命自身的"伤人"，所为对治，于今已知的，在不限于"畏自"德章和"大匠"德章的文本之中，可以见到至为深刻地对治或说批判；同为从终极关怀出发，格义于实则的亦是论及"用人"，还可以用到康德的道德批判作出总结，也就是，"因此，实践的命令式将是这样的：你要如此行动，即无论是你的人格中的人性，还是其他任何一个人的人格中的人性，你在任何时候都同时当作目的，绝不仅仅当作手段来使用"（引文来自《康德著作全集》第四卷，李秋林译，中国人民大学出版社2005年版，第437页）。

《德经》第二十五章"蓄人"德章

大邦下，流小邦，天下之牝：

牝互以静，牝胜牡，为其静也为下；故或下以取，或下而取。

大邦下，流小邦，天下之交：

故大邦以下，则取小邦；小邦以下，则取于大邦。

大邦不过欲，兼蓄人；小邦不过欲，入蓄人：

夫皆得其欲，则大邦宜为下。

【校勘经文】

【一】甲，王本传本作"大国者下流，天下之交，天下之牝。牝常以静胜牡，以（按，对勘的，该本、傅奕本、北大汉简本，于底本的，是作'以'字，而于祖本的，即如帛书甲、乙本的，是作'为'字。按，该本还裁夺了'其'字）静为下。故大国以下小国，则取小国；小国以下大国，则取大国。故或下以取，或下而取。大国不过欲，兼畜人；小国不过欲，入事人。夫两者各得其所欲，大者宜为下"（按，检索王注，可知于其初本的是作"各得其所欲，则大者宜为下"）。

傅奕本作"大国者，天下之下流，天下之交，天下之牝。牝常以静（靖）胜牡，以其静（靖），故为下也。故大国以下小国，则取于小国；小国以下大国，则取于大国。或下以取，或下而取。大国不过欲，兼畜人；小国不过欲，入事人。两者各得其所欲，故大者宜为下"。

北大汉简本作"大国者下游也，天下之牝也，天下之交也。牝恒以静胜牡，以其静也，故为下。故大国以下小国，则取小国；小国以下大国，则取于大国。故或下以取，或下〔而取〕。〔大国不过欲，兼畜人；小国不过欲，入事人。夫各得其欲，则大国宜〕为下"。

帛书乙本作"大国〔者，下流也，天下之〕牝也，天下之交也。牝恒以静胜（朕）牡，为其静也，故宜为下也。故大国以下〔小〕国，则取小国；小国以下大国，则取于大国。故或下〔以取，或〕下而取。故大国者不〔过〕欲，兼（并）畜人；小国不〔过〕欲，入事人。夫〔皆得〕其欲，则大国者宜为下"。

帛书甲本作"大邦者，下流也，天下之牝，天下之交（郊）也。牝恒以静（靓）胜牡，为其静（靓）〔也〕，〔故〕宜为下。大邦〔以〕下小〔邦〕，则取小邦；小邦以下大邦，则取于大邦。故或下以取，或下而取。〔故〕大邦者不过欲，兼畜人；小邦者不过欲，入事人。夫皆得其欲，〔则大邦者宜为下〕"。

以玄门建构为归导，先为导出，《道德经玄门新证校勘篇》有之新证，厘定祖本的文本以及厘定祖本的行文语序，并句读作"大邦下，流〔小邦〕，天下之牝：牝互以静，〔牝〕胜牡，为其静也为下；故或下以取，或下而取。〔大邦下，流小邦〕，天下之交：故大邦以下，则取小邦；小邦以下，则取于大邦。大邦不过欲，兼蓄人；小邦不过欲，入蓄人：夫皆得其欲，则大邦宜为下"。

乙，按，将笔者业已厘定的文本与对勘的诸传抄本的文本对勘，转为追溯至早期的同源的底本，不难发现，其传抄者，已习惯于以"顺读"作理解，加之已不甚了然祖本的经义，则是予以改写了祖本的文本，具体来说：

其一，于祖本的，以互文的分别写作"大邦下，流小邦，天下之牝"以及写作"大邦下，流小邦，天下之交"（按，顺为指出，以隐喻的意义于既"牝"且"交"，这是有所转为予以阐发"有域，〔可以有〕母，可以长久"，至于详为解析，那是《道德经玄门新证解析篇》的任务），被传抄者是予以节略地改写作"大邦者，下流也，天下之牝，天下之交也"（按，出自主观地，从单向度地是裁夺了"小邦"，还增入了"者"字以及"也"字。不期然，所改写出来的文本已成病句）。以此为底本，向后作传抄，其中的至王本和傅奕本，溯及底本的，进而再为改动了行文语序，已是改写作"大国者，〔天下之〕下流，天下之交，天下之牝"（按，能见于傅奕本的，出于意在予以修正底本的文本存在病句，则是予以增入了"〔天下之〕"）。

其二，对应宗领的"大邦下，流小邦，天下之牝"，进而予以作出分述的，于祖本的本是作"牝互以静，〔牝〕胜牡，为其静也为下；故或下以取，或下而取"，彼时的传抄者，已不甚了然其语义，则是将句义完足地此整句，予以分解成了两句：予以改写作"牝互以静胜牡，为其静也，故宜为下"（按，不期然，又改出了语义夹杂不清的病句）；相应地，则将离析出来的"故或下以取，或下而取"，以"顺读"作理解，写作另句，将其后置。

从校勘的可以直接予以指出，以玄门建构所能反映：对应从应成地有所遮诠"大邦下，流小邦，天下之牝：牝互以静，〔牝〕胜牡，为其静也为下；故或下以取，或下而取"，于全本的乃是构成经义贯通地，转为从社会性的实践能够给出勘验的，亦构成对文于"建德"道章的有所遮诠的"知其雄，守其雌，为天下溪；为天下溪，互德不离；互德不离，复归于婴儿"。

其三，对应宗领的"〔大邦下，流小邦〕，天下之交"，进而予以作出分述的，于祖本的本是作"故大邦以下，则取小邦；小邦以下，则取于大邦"，彼时的传抄者，自主地增入了"小邦"和"大邦"，予以改写作"故大邦以下小邦，则取小邦；小邦以下大邦，则取于大邦"（按，不期然，又改出了病句）。

从校勘的可以直接予以指出，以玄门建构所能反映：对应从应成地有所遮诠"〔大邦下，流小邦〕，天下之交：故大邦以下，则取小邦；小邦以下，则取于大邦"，于全本的乃是构成经义贯通地，转为是从社会性的实践能够给出勘验的，亦构成对文于"建德"道章的有所遮诠的"知其〔上〕，守其〔下〕，为天下浴；为天下浴，互德乃足；互德乃足，复归于朴"。

其四，于祖本的本是作"大邦不过欲，兼蓄（畜）人；小邦不过欲，入蓄人：夫皆得其欲，则大邦宜为下"，彼时的传抄者，亦作了改写，向后作传抄，其中的能见于帛书甲本的文本的（为免于繁复，转抄文本从略），是增入了"故"字和分别地增入了"者"字。

　　按，不止于此，能见于对勘的诸传抄本的文本的，一致地已是写作"入事人"，笔者未予采信，而是另有推定，能还原出于祖本的，合于经义的应是写作"入蓄人"。试问，作出如是的推定，其依据何在？可以给出三点依据：一者，之所以会是篡改作"入事人"，究其原因，历史早期的，是能够溯及"进道"德章的，不外乎，彼时的传抄者仍然有所执迷于封建的"朝贡"，则是予以篡改作"入事人"。二者，若作"入事人"，显见的，难免不涉嫌是以大邦之强而压迫小邦之弱，有着是出于被迫臣服的意味，已是有违"功夫论"的经旨——所为达成"蓄人"，正是回归生命天性的"有其慈"，能够遂愿是"百姓曰：我自然"。三者，既言之是"皆得"（按，据对勘的可以发现：于帛书甲本的，是写作"皆"字；至北大汉简本、王本、傅奕本的，溯及底本的，结合解读既有的文本，进而是予以改作"各"字），能合于文理的，那么相与有应地，于前文的则应当都是写作"蓄人"。

　　从校勘的可以直接予以指出，以玄门建构所能反映：对应从应成地有所遮诠"大邦不过欲，兼蓄人；小邦不过欲，入蓄人：夫皆得其欲，则大邦宜为下"，于全本的乃是构成经义贯通地，转为是从社会性的实践能够给出勘验的，亦构成对文于"建德"道章的有所遮诠的"知其白，守其黯，为天下式；为天下式，恒德不忒；恒德不忒，复归于〔有道〕"。

《德经》第二十六章 "取下" 德章

江海之能为百浴王，也以其能为百浴后，也以其能为百浴下，是以能为百浴王。

是以圣人：在民前也以身后之，在民上也以言下之；民无害也其在民前，民无厚也其在民上。

天下乐进而毋厌也以其不争；以其不争也天下莫能与之争。

【校勘经文】

【一】甲，王本作"江海所以能为百谷王者，以其善下之，故能为百谷王。是以欲上民，必以言下之；欲先民，必以身后之。是以圣人，处上而民不重，处前而民不害。是以天下乐推而不厌。以其不争，故天下莫能与之争"。

傅奕本作"江海（按，对勘的，于此处，该本、王本、帛书乙本、楚简本，皆是裁夺了'之'字，而帛书甲本、北大汉简本，则是皆有'之'字。可以先为指出，据于全本的已有的成文，从文理上作出推定，乃为祖本旧有）所以能为百谷王者，以其善下之也，故（按，对勘的，至该本、王本、北大汉简本，皆是改作'故'字，而祖本旧有的，即见于楚简本、帛书甲本、帛书乙本的，是作'是以'。据此，则可以还原出于祖本本有的文本）能为百谷王。是以圣人：欲上民，必以其言下之；欲先民，必以其身後之。是以圣人：处之上而民弗重；处之前而民弗害也。是以天下乐推而不厌。不以其不争？故天下莫能与之争"。

北大汉简本作"江海之所以能为百谷王者，以其善下之也，故能为百谷王。是〔以圣〕人：之欲高民也，必以其言下之；其欲先民也，必以其身後之。是以居上〔而〕民弗重，居前而民弗害也。是以天下乐推而弗厌也。不以其无争邪？故天下莫能与之争"。

帛书乙本作"江海所以能为百浴〔王者〕，〔以〕其〔善〕下之也，是以能为百浴王。是以圣人：之欲上民也，必以其言下之；其欲先民也，必以其身後之。故居上而民弗重也，居前而民弗害。天下皆乐推（谁）而弗厌（猒）也。不〔以〕其无争与？故天下莫能与争"。

帛书甲本作"〔江〕海之所以能为百浴王者，以其善下之，是以能为百浴王。是以圣人：之欲上民也，必以其言下之；欲先〔民也〕，必以其身後之。故居前而民弗害也，居上而民弗重也，天下乐进（隼）而弗厌（猒）也。非以其无争（浄）与？故〔天下莫能与〕争（浄）"。

楚简本甲组作"江海（洤）所以为百浴王，以其能为百浴下，是以能为百浴王。圣人之在（才）民前也，以身後之；其在（才）民上也，以言下之。其在（才）民上也，民弗厚也；其在（才）民前也，民弗害也。天下乐进而弗厌（詀），以其不争（静）也，故（古）天下莫能与之争（静）"。

以玄门建构为归导，先为导出，《道德经玄门新证校勘篇》，厘定祖本的文本以及厘定祖本的行文语序，并句读作"江海之能为百浴王，〔也〕〔以其能为百浴後〕，〔也〕以其能为百浴下，是以能为百浴王。是以圣人：在民前也以身后之，在民上也以言下之；民无害也其在民前，民无厚也其在民上。天下乐进而毋厌也〔以其不争〕；以其不争也天下莫能与之争"。

乙，按，将笔者业已厘定的文本与楚简本的文本对勘，不难发现，转为追溯至早期的同源的底本，可知其传抄者，兼及作夹注，还基于以"顺读"作理解（按，潜意识里，已是从单向度地以自居上位予以理解社会性的"圣人"与"民"其相互关系），是从整体地予以改动了祖本的文本，具体来说：

其一，于祖本的本是作"江海之能为百浴王，〔也〕〔以其能为百浴後〕，〔也〕以其能为百浴下；是以能为百浴王"。彼时的传抄者，兼及作夹注的是增入了"所以"，还有，从自己所能理解，只强调"下"却忽略了"后"，是将其裁夺了，还将重出的是以重文号写出的"以其能为百浴"改为单出，是节略地予以改写作"江海之所以能为百浴王，以其能为百浴下，是以能为百浴王"。自是滥觞，能见于对勘的其他诸传抄本的，再为传抄，也只是从修辞上作出了改进。

其二，于祖本的本是作"是以圣人：在民前也以身后之（按，有所诉诸比德于道的，即构成对文上文的'〔也〕〔以其能为百浴后〕'），在民上也以言下之（按，有所诉诸比德于道的，即构成对文上文的'〔也〕以其能为百浴下'）；民无害也其在民前，民无厚也其在民上（按，有所诉诸比德于道的，即构成对文上文的'是以能为百浴王'）"。彼时的传抄者，已不甚了然经义，加之已是病于着意突显"圣人"（等价圣贤之王）有所自主"贤德"，而不觉其已是有所轻乎"民"为至本，故而的，则是予以改动了祖本的文本，其中的能见于楚简本的，是裁夺了"是以"，相应地还增入"之"字，不了义的于整句地还增入"也"字，是改写作"圣人之在民前也，以身后之；其在民上也，以言下之。其在民上也，民弗厚也；其在民前也，民弗害也"（按，显见的，还兼及以"顺读"作理解，顺势地从整体地还予以改动了祖本的文本结构和祖本的行文语序）。

从校勘的还需予以指出：一者，于祖本的应是作"民无害"和"民无厚"，即"无"字不可改作"弗"字。使用"弗"字，只会导致错乱句义（这是出自传抄者妄自的裁改）。二者，于祖本的，即如楚简本的，应是作"厚"字，而不作"重"字。相与有应地转为能给出验证的（按，在"善生"德章，关联地还有给出校勘），从对治的则是异化出了"民之轻死，〔轻死〕也以其上求生之厚，是以轻死"。三者，自是滥觞，对勘的其他诸传抄本，传抄之际，非但思想顽固不化，而且然有介事，从要点地，进而增入了"欲""必"以及"居"字，巧为"润色"文本，用以赞化圣贤之王，典型的即见于帛书甲本的，是写作"之欲上民也，必以其言下之；欲先民也，必以其身后之。故居前而民弗害也，居上而民弗重也，天下乐进（隼）而弗厌也"，再为"害经惑众"。四者，是出自自忖的，笔者有之合理的猜测，备此一说，期待将来或有考古新发现：很有可能的，于祖本的，应是作生生之命的"命"字，而不作应该是后来篡改出来的"言"字（按，笔者推测，诱因歧义地是将"命"训作"训命"，故而篡改），能合于经义的乃是写作"在民上也以命下之"。

其三，于祖本的本是作"天下乐进而毋厌也〔以其不争〕（按，转为是进而能够给出验证的，即构成对文上文的'在民前也以身后之，在民上也以言下之'）；以其不争也天下莫能与之争（按，转为是进而能够给出验证的，即构成对文上文的'民无害也其在民前，民无厚也其在民上'）"。自此，从校勘的也就可以予以指出，简言之：一者，之所以是遮诠作"在民前也以身后之"（包括"在民上也以言下之"），因为，这是"知行合一"的必是无可作伪的所能呈现；换言之，这是"互知"的延义，构成了实则是能够给出验证的既为应成"事理不二"。进一步来说，进而是能够予以验证"在民前也以身后之"（包括"在民上也以言下之"）的，构成义理一贯地，既反映为是"民无害也其在民前"（包括"民无厚也其在民上"）。二者，之所以是遮诠作"民无害也其在民前"（包括"民无厚也其在民上"），因为，这是"知行合一"的必是无可作伪的所能呈现；换言之，这是"互知"的延义，构成了实则是能够给出验证的既为应成"表里如一"。

从校勘的还需予以指出：一者，彼时的传抄者，至尾句的，因之已不甚了然经义，还加之一贯地思想反动，则是裁夺了重出的"以其不争"，是节略地予以改作"天下乐进而弗厌，以其不争也，故天下莫能与之争"，祖本的经义为之顿失（按，流变地传抄至帛书甲本，还可以见出，已然不避假义，可以不厌饶舌："非以其无诤与？"）。二者，于祖本的应是作"乐进而毋厌"，即"毋"字不可改作"弗"字。使用"弗"字，只会导致错乱句义（这是出自传抄者妄自的裁改）。相与有应地转为能给出验证的，从对治的则是异化出了"民之不畏畏，则大畏将至：毋〔自〕狭其所居，毋〔自〕压其所生；夫唯无〔所畏〕，是以无〔大畏〕"。又，于祖本的应是作"进"字，向后作传抄，传抄流变地，已是讹作"推"字，乃至或是讹作"隼"字，或是讹作"谁"字。

丙，按，基于前置的在"进道"德章，从整体地已有给出梳理，已知的，至本章"取下"德章的，乃是转为予以阐发是构成"功夫论"的"是谓：不争之德" -- 内在的，亦是转为再为予以阐发是构成应成"立德"的"长生久视之道"（按，构成在意义上是互成发明的，至前章"蓄人"德章的，乃是转为予以阐发是构成"功夫论"的"有其慈，故能勇"——内在的，亦是转为再为予以阐发是构成应成"进道"的"深根固柢之道"。按，限于目前是任务于校勘文本，至于深度地予以索解联系两者的其内理，那是《道德经玄门新证解析篇》的任务了，此不赘），因是，从校勘的也就可以直接予以指出，以玄门建构所能反映（按，至于详为解析，请读者转为参看《道德经玄门新证解析篇》的相关内容）：

其一，对应从应成地有所遮诠"江海之能为百浴王，〔也〕〔以其能为百浴后〕，〔也〕以其能为百浴下，是以能为百浴王"，于全本的乃是构成经义贯通地，转为是从社会性的实践能够给出勘验的，即亦构成对文于"知止"道章的有所遮诠的"〔侯王〕之在天下〔为天下〕卑，〔也犹道之与天地〕，也犹百浴之与江海"。

其二，对应从应成地有所遮诠"是以圣人"的文本，于全本的乃是构成经义贯通地，转为是从社会性的实践能够给出勘验的，即亦构成对文于"弱益"道章的有所遮诠的"是故圣人之言正言，若反〔也〕云曰"的文本，也就是说：

一者，有所遮诠"在民前也以身后之"（按，已是具有社会性的实践意义，既成为是"受邦之垢"，既成为是"退其身"）且有所遮诠"民无害也其在民前"（按，已是具有着社会性的实践意义，既成为是"是谓：社稷之主"，既成为是"〔也〕而身先"），即亦构成对文遮诠"受邦之垢，是谓：社稷之主"（按，亦是构成对文遮诠"是以圣人：退其身〔也〕而身先"）。

二者，有所遮诠"在民上也以言下之"（按，已是具有着社会性的实践意义，既成为是"受邦之不祥"，既成为是"外其身"）且有所遮诠"民无厚也其在民上"（按，已是具有着社会性的实践意义，既成为是"是谓：天下之王"，既成为是"〔也〕而身存"。按，至此，也就可以指出，笔者有所猜测，于祖本的应是作"命"字，而不作"言"字，非凭空的想象，是自有其道理的），即亦构成对文遮诠"受邦之不祥，是谓：天下之王"（按，亦是构成对文遮诠"是以圣人：外其身〔也〕而身存"）。

三者，有所遮诠"天下乐进而毋厌也〔以其不争〕（按，已是具有社会性的实践意义，既成为是'天下人之所恶，唯孤、寡、不穀'，既成为是'夫唯不争'）；以其不争也天下莫能与之争（按，已是具有社会性的实践意义，既成为是'而王公以自名'，既成为是'故无尤'）"，即亦构成对文遮诠"天下人之所恶,唯孤、寡、不榖,而王公以自名"(按,亦是构成对文遮诠"夫唯不争,故无尤")。

《德经》第二十七章"善始"德章

味无味；事无事；为无为。

为大乎于其细，也图难乎于其易；

天下之大事作于细，也天下之难事作于易。

"夫轻诺必寡信，是以圣人：不为大，故终于能
成大"；

"夫多易必多难，是以圣人：犹难之，故终于能
无难"。

【校勘经文】

【一】甲，王本作"为无为；事无事；味无味。大小多少，报怨以德。图难于其易，为大于其细。天下难事必作于易，天下大事必作于细。是以圣人，终不为大，故能成其大。夫轻诺必寡信，多易必多难，是以圣人犹难之"。

傅奕本作"为无为；事无事；味无味。大小多少，报怨以德。图难乎于其易，为大乎于其细。天下之难事必作于易，天下之大事必作于细。是以圣人，终不为大，故能成其大。夫轻诺者必寡信，多易者必多难，是以圣人犹难之，故终无难矣"（按，对勘的，王本和傅奕本，皆是增入了"必"字）。

北大汉简本作"为无为；事无事；味无味。大小多少，报怨以德。图难乎（虖）其易也，为大乎（虖）其细也。天下之难事作于易，天下之大事作于细。是以圣人，终不为大，故能成大。夫轻诺（若）必寡信，多易者必多难，是以圣人犹难之，故终无难"（按，其"轻若"后面是无"者"字）。

帛书乙本作"为无为；〔事无事；味无味〕。〔大小多少，报怨以德〕。〔图难乎其易也，为大〕乎其细也。天下之〔难作于〕易，天下之大〔作于细〕，〔是以圣人，终不为大，故能成大〕。夫轻诺（若）〔必寡〕信，多易必多难，是以圣人〔犹难〕之，故〔终于无难〕"（按，对勘的，帛书甲、乙本，于底本的，是裁夺了"事"字）。

帛书甲本作"为无为；事无事；味无味（未）。大小多少，报怨以德。图难乎〔其易也，为大乎其细也〕。天下之难作于易，天下之大作于细，是以圣人，终（冬）不为大，故能〔成大〕。〔夫轻诺必寡信，多易〕必多难，是〔以圣〕人犹（猷）难之，故终（冬）于无难"。

楚简本甲组作"为无（亡）为，事无（亡）事，味（未）无（亡）味（未），大少之。多惕必多難（觀），是以圣人犹（猷）難（觀）之，故（古）终无（亡）难（觀）"（按，对照既有的文本，检索竹简影印墨迹，可以见出，于简册上所抄写出的这段文字，其行文是完整的，未有文字残损。由此可知，这是彼时的传抄者，据底本的文本结合心得，有所择要，其无意完整地予以转录全章的文本。还有，转向对照"善终"德章的文本，检索竹简影印墨迹，可以见出，于甲组的，是完整地予以转录了全章的文本，是简册分隔地抄写在两处。由此可知，彼时的传抄者亦同样不知，祖本的这两章，于本质上的是以"慎终若始"为共核，从而的，所为生成文本既构成互文）。

以玄门建构为归导，先为导出，《道德经玄门新证校勘篇》有之新证，厘定祖本的文本以及厘定祖本的行文语序，并句读作"味无味；事无事；为无为。为大乎于其细，也图难乎于其易；天下之大事作于细，〔也〕天下之难事作于易。'夫轻诺必寡信，是以圣人：不为大，故终〔于〕能成大'；'〔夫〕多易必多难，是以圣人：犹难之，故终于〔能〕无难'"。

乙，按，得益于结合对勘先已厘定的"善终"德章的文本，相与有应地，也就得以厘定了"善始"德章的文本：

其一，厘定了祖本的行文语序，应是写作"味无味（按，可以先为指出，内在的是以'慎终若始'为共核，构成互为显义的，即构成对文'是以圣人：欲不欲，不贵难得之货'）；事无事（按，简言之，同理的，即构成对文'学不教，〔不〕复众人之所过'）；为无为（按，简言之，同理的，即构成对文'弗能为，能辅万物之自然'）"。而对勘的诸传抄本，历史在期的其传抄者，因之已无能知晓此两章是作玄门建构，故而的，则是各据其底本的文本，传抄流变地皆是写作"为无为；事无事；味无味"。

其二，厘定了祖本的文本以及行文语序，应是写作"为大乎于其细，也图难乎于其易"（按，内在的是以"慎终若始"为共核，构成互为显义的，即构成对文"其脆也易判；其微也易散；其未兆也易谋；其安也易持：为之于其无有，也治之于其未乱"），以及是语句并联的，应是写作"天下之大事作于细，〔也〕天下之难事作于易"〔按，内在的是以"慎终若始"为共核，构成互为显义的，即构成对文"合抱之木，作于毫末（按，即亦构成对文：其脆也易判）；九成之台，作于累土（按，即亦构成对文：其微也易散）；〔奏乐之器，始于损益〕（按，此文本，是早于楚简本的，就已经缺失了，期待将来或有考古新发现。于目前的，出于不无必要，笔者是从猜想的予以补出了此文本）（按，即亦构成对文：其未兆也易谋）；百仞之高，始于足下（按，即亦构成对文：其安也易持）"〕。

其三，厘定了祖本的文本以及行文语序，应是写作"夫轻诺必寡信，是以圣人：不为大，故终〔于〕能成大"，以及是语句并联的，应是写作"〔夫〕多易必多难，是以圣人：犹难之，故终于〔能〕无难"（按，内在的是以"慎终若始"为共核，构成互为显义的：一者，溯及"夫轻诺必寡信"和"〔夫〕多易必多难"，即共为是以对治的构成对文"人之从事互于其成事，且成也败之"；二者，溯及"是以圣人：不为大，故终〔于〕能成大"和"是以圣人：犹难之，故终于〔能〕无难"，即共为是以应成地构成对文"临事之纪'慎终若始'，则〔之〕无败事"）。

按，对勘的诸传抄本，除了楚简本甲组，于底本的，一致地是存有"大小多少，报怨以德"（按，楚简本的传抄者，不知缘何触机，是这样的予以改写了该文本：从中自酿"大少之"，意在以之回应，若为能够达成"为无为，事无事，味无味"，乃尔应成"大少之"；从中自酿"多"，意在以之申明，若为能够"多惕"则是能够自觉"必多难"，故而，才会有之"是以圣人犹难之，故终无难"）。前置的在"进道"德章，从校勘的已有指出，这是早期的同源的底本其传抄者，有所引用"善恕"德章的文本，于本章作夹注，意在予以阐发本章所论及的"大"与"小"以及"难"与"易"其相互关系。今校勘，能还原于祖本的，则是将其从"客家"迁回了"主家"（按，转至"善恕"德章，跟进的还有给出校勘，此不赘）。

《德经》第二十八章"善终"德章

王弼本《道德经》下经第六十四章

其脆也易判；其微也易散；其未兆也易谋；其安也
易持：

为之于其无有，也治之于其未乱。

合抱之木，作于毫末；九成之台，作于累土；〔奏
乐之器，始于损益〕；百仞之高，始于足下。

人之从事互于其成事，且成也败之；临事之纪"慎
终若始"，则之无败事。

是以圣人：欲不欲，不贵难得之货；学不教，不复
众人之所过；弗能为，能辅万物之自然。

【校勘经文】

【一】甲，王本作"其安易持，其未兆易谋，其脆易泮，其微易散。
为之于未有，治之于未乱。合抱之木，生于毫末；九层之台，起于累土；
千里之行，始于足下"。

傅奕本作"其安易持，其未兆易谋，其脆易判，其微易散。为之乎其
未有，治之乎其未乱。合褒（bāo）之木，生于毫末；九成之台，起于累
土；千里之行，始于足下"。

北大汉简本作"其安易持也，其未兆易谋也，其脆（脆 cuì）易判也，
其微易散（膍）也。为之其无有也，治之其未乱也。合抱之木，作于毫

道德经玄门新证 校勘篇

（豪）末；九成之台，作于蔂（纍 lěi）土；百仞之高，始于足下”。

　　帛书乙本作“〔其安也，易持也。其未兆也，易谋也。其脆也，易判也。其微也，易散也。为之于其无有也，治之于其未乱也〕。〔合抱之〕木，作于毫末，九成之台，作于蔂（虆 lěi）土；百仞（千）之高，始于足下”。

　　帛书甲本作“其安也，易持也。〔其未兆也〕，易谋〔也〕。〔其脆也，易判也〕。〔其微也，易散也〕。〔为之于其无有，治之于其未乱也〕。〔合抱之木，作于〕毫末；九成之台，作于蔂（蠃 lěi）土；百仞（仁）之高，始（台）于足〔下〕”。

　　楚简本甲组（按，对勘的，于丙组的，未见抄写出这部分的文本）作“其安也，易持（峕）也。其未兆（苀）也，易谋（惐）也。其脆（脴）也，易判（畔）也。其微（幾）也，易散（俴 jiàn）也。为之于其无（亡）有（又）也，治（絧）之于其未乱。合〔按，残损六个字〕末；九成之台，甲〔按，残损三个字〕；〔按，残损六个字〕足下”（按，检索竹简影印墨迹，由此可知，“足下”两个字以起首的，是抄写在下一枚的竹简，于该枚竹简的是共抄写了二十九个字。前枚的竹简，残损字加计还存有的字，应该共抄写了三十一个字）。

　　以玄门建构为归导，先为导出，《道德经玄门新证校勘篇》有之新证，厘定祖本的文本以及厘定祖本的行文语序，并句读作“其脆也易判；其微也易散；其未兆也易谋；其安也易持：为之于其无有，也治之于其未乱。合抱之木，作于毫末；九成之台，作于累（lěi）土；〔奏乐之器，始于损益〕；百仞之高，始于足下”。

　　乙，按，从校勘的还可以直接予以指出，厘定于祖本的应是写作“合抱之木，作于毫末；九成之台，作于累土；〔奏乐之器，始于损益〕；百仞之高，始于足下”，而所为对应的，于全本的是作玄门建构的，转为从社会性的实践亦能给出勘验：

　　对应遮诠“合抱之木，作于毫末”（按，即亦构成互文：其脆也易判），即亦构成对文遮诠“长，也耑之相刑”；对应遮诠“九成之台，作于累土”（按，即亦构成互文：其微也易散），即亦构成对文遮诠“高，也下之相埋”；对应遮诠“〔奏乐之器，始于损益〕”（按，即亦构成互文：其未兆也易谋），即亦构成对文“音，也声之相和”；对应遮诠“百仞之高，始于足下"（按，即亦构成互文：其安也易持），即亦构成对文"先，也后之相堕"。

按，综上既有的校勘，结合对勘"善始"德章的文本，随之的也就得以确切地厘定了于祖本的文本所取字：

于祖本的应是作"作于毫末"，应是作"作"字（按，古人早有之"从事"种植经济性的林木，不可不知，莫自陷孤陋寡闻），而不作流变地"生"字。于祖本的应是作"作于累（蔂）土"，应是作"作"字（按，古人早有之"从事"版筑构筑物是使用人工制成的熟土，可以达到效用经久而不会过早地出现散坏，不可不知，莫自陷孤陋寡闻），而不作流变地"起"字。于祖本的应是作"百仞之高"，而不作流变地"千里之行"（已出离了祖本的原义）。于祖本语义切要地应是作"无有"，而不作流变地"未有"。又，于楚简本甲组的，独有的是存有"甲"字，学界不必泥古，不必自陷孤章而作能解，穷于"考据癖"，非要猜想是"筑"的借字。

按，综上既有的校勘，结合对勘"善始"德章的文本，随之的也就得以确切地厘定了祖本的文本以及行文语序，应是写作"其脆也易判；其微也易散；其未兆也易谋；其安也易持"（按，对勘诸传抄本的文本，由此可知，不晚于楚简本甲组，已是于整句地每项，皆比附祖本的有"也"字，还予以增入了"也"字，今校勘予以删除）。

【二】甲，王本作"为者败之，执者失之，是以圣：无为，故无败；无执，故无失。民之从事，常于几成而败之。慎终如始，则无败事。是以圣人：欲不欲，不贵难得之货；学不学，复众人之所过；以辅万物之自然，而不敢为"（按，检索王注，可证于其初本的应是作"以复众人之所过"，同于傅奕本）。

傅奕本作"为者败之，执者失之，是以圣人：无为，故无败；无执，故无失。民之从事，常于其几成而败之。慎终如始，则无败事矣。是以圣人：欲不欲，不贵难得之货；学不学，以复众人之所过；以辅万物之自然，而不敢为也"。

北大汉简本作"为者败之，执者失之，是以圣人：无为，故无败也；无执，故无失也。民之从事也，恒于其成事而败之。故慎终如始，则无败事矣。是以圣人：欲不欲，不贵难得之货；学不学，而复众人之所过；以辅万物之自然，而弗敢为"（按，于该本的，是将这部分的文本，予以单独地列为一章。与楚简本甲组、丙组作对勘，亦可佐证，该本与来源于古楚地的传抄本是有交集的，故而会单独地列为一章。按，对勘的，该本与帛书甲本皆是写作"成事"，乃为祖本旧有。而传抄流变地能见于王本和傅奕本的，于底本的，出于意在予以修正既有的文本存在病句，是改写作"几成"，已是出离了祖本的原义。另外，相应地皆是裁夺了祖本的"且成也"，是增入"而"字改作"而败之"）。

帛书乙本作"为之者，败之；执者，失之。是以圣（耵）人：无为〔也，故无败也；无执也，故无失也〕。民之从事也，恒于其成而败之，故曰：'慎终（冬）若始，则无败事矣'。是以圣（耵）人：欲不欲，而不贵难得之货；学不学，复众人之所过；能辅万物之自然，而弗敢为"。

帛书甲本作"〔为之者，败之；执之者，失之〕。〔是以圣人〕：〔无为〕也，〔故〕无败〔也〕；无执也，故无失也。民之从事也，恒于其成事而败之。故慎终若始，则〔无败事矣〕。〔是以圣人〕：欲不欲，而不贵难得之货（胁）；学不学，而（按，只有该本和北大汉简本，于底本的，是增入了'而'字。至王本和傅奕本，于底本的，是由'而'改作'以'字。按，可以先为指出，能还原于祖本的，是有'不'字，溯及早期的同源的底本，彼时的传抄者，不觉实则的已是病于边见的所能认知，传抄之际，则是将'不'字予以裁夺了）复众人之所过；能辅万物之自〔然，而〕弗敢为"。

楚简本甲组作（按，检索竹简影印原迹，远隔前半部分的文本，这后半部分的文本，是以另出的竹简予以抄写）"为之者，败之；执之者，远之。是以圣人：无（亡）为，故（古）无（亡）败；无（亡）执，故（古）无（亡）失（遊）。临事之纪，慎（誓）终（冬）如（女）始（忖），此无（亡）败事矣。圣人欲（谷）不欲（谷），不贵难得之货。教（爻）不教（爻），复众人之所过（甡）。是故（古）圣人，能辅（尃 fǔ）万物（勿）之自然（肰），而弗能为"（按，对勘的：该本没有抄写祖本的"人之从事互于其成事，且成也败之"；而该本独有的，却存有"临事之纪"，乃为祖本旧有）。

楚简本丙组作（按，于该本的，未抄写前半部分的文本，只抄写了这后半部分的文本）"为之者，败之；执之者，失（遊）之。圣人：无为，故

（古）无败也；无执，故（古）〔按，此处是残缺三个字〕。慎（斳）终若始（訋），则无败事矣（喜）。人之败也，互于其且（叔）成也败之（按，对勘的，可知至该本，以兼及作夹注，是予以改写了底本的文本。按，基于既有的校勘结果，笔者还有之推测，亦不排除，乃是据上师授课的讲义进而予以写出的。按，于该本的，是写作'互'字，而不是写作'恒'字，乃为祖本旧有，颇具校勘价值）。是以〔圣〕人：欲不欲，不贵难（戁）得之货。学不学（按，对勘的，于楚简本甲组的，独有的是写作'教不教'，而于其他诸传抄本的，一致地是写作'学不学'。笔者推定，于祖本能合于经义的应是写作'学不教'），复众人之所过（迖）。是以能辅（補）萬（壜）物（勿）之自然（肰），而弗敢为（按，对勘的，于楚简本甲组的，独有的是写作'弗能为'，而于其他诸传抄本的，一致地是写作'弗敢为'。笔者推定，于祖本能合于经义的应是写作'弗能为'）"。

以玄门建构为归导，先为导出，《道德经玄门新证校勘篇》有之新证，厘定祖本的文本以及厘定祖本的行文语序，并句读作"人之从事互于其成事，且成也败之；临事之纪'慎终若始'，则〔之〕无败事。是以圣人：欲不欲，不贵难得之货；学不教，〔不〕复众人之所过；弗能为，能辅万物之自然"。

乙，按，从校勘的可以直接予以指出（按，转至"三宝"德章，跟进的还有给出校勘），于祖本经义贯通且句义完足地应是写作"人之从事互于其成事，且成也败之；临事之纪'慎终若始'（按，是有所对治的，即构成对文'人之从事互于其成事'），则〔之〕无败事（按，是有所对治的，即构成对文'且成也败之'：也就是说，当机的，已是往往有所执念果之'成'，却昧于因之'败'；能格义的，佛家亦有之开示，是'众生畏果；菩萨畏因'）"。而相应地是能够给出验证的，基于内在的是以"慎终若始"为共核，也就有着，即构成对文是出于对治的"夫轻诺必寡信"和"〔夫〕多易必多难"（按，即构成对文"人之从事互于其成事，且成也败之"），即构成对文是出于应成地"是以圣人：不为大，故终〔于〕能成大"和"是以圣人：犹难之，故终于〔能〕无难"（按，即构成对文"临事之纪'慎终若始'，则〔之〕无败事"）。

按，对勘诸传抄本的文本，文本类同的皆是写有"为之者，败之；执之者，失之。是以圣人：无为，故无败；无执，故无失"。从校勘的可以直接予以指出，这是早期的同源的底本其传抄者，断章取义地引用了"大制"道章的文本，于本章作夹注，意在予以阐发本章所论及的"人之从事互于其成事，且成也败之"。今校勘，是将其从"客家"迁回了"主家"，即，于祖本经义贯通且句义完足地应是写作"将欲取天下而为之，吾见其弗得已：'为之者，败之；执之者，失之'"，以及应是写作"天下〔也夫若〕神器，非可为者；〔神器之〕物，'或行，或随；或炅，或吹。或培，或堕；或强，或剉'"，以及是分别地所为对应的，应是写作"是以圣人：无为，故无败；无执，故无失"和应是写作"是以圣人：去泰；去甚；去奢"。

按，对勘诸传抄本的文本，于楚简本甲组的，独有的写作"教不教"，而于其他诸传抄本的，则一致地写作"学不学"，试问，何者为是？笔者厘定，于祖本能合于经义的应是写作"学不教"。下顺地，笔者进而还补出了被裁夺了的"不"字，厘定于祖本能合于经义的应写作"〔不〕复众人之所过"。因为，构成义理一贯地是能够给出验证的，也就反映出了已是有所觉知，"不善人师善人、资善人，虽智乎大迷；不上其师，不贵其资。是谓：曳明"（按，是从社会性的实践亦能够给出勘验的，则是有所应成"学不教，〔不〕复众人之所过"）。综上校勘，进而可知，顺乎裁夺了"不"字，随之的也就篡改出了，或是改作"教不教"，或是改作"学不学"，已是完全地违逆了祖本的经义。

按，对勘诸传抄本的文本，于楚简本甲组的，独有的写作"弗能为"，而于其他诸传抄本的，则写作"弗敢为"，进而改作"不敢为"，试问，何者为是？笔者厘定，于祖本能合于经义的应是写作具有"互"的意蕴的"弗能为"（按，可以先为指出，究其原因，乃是比照"三宝"德章的文本——是增入了"敢"字的是篡改作"不敢为天下先"的文本，于本章的，则是篡改作"弗敢为"。转至该章，跟进的还有给出校勘）。进而还厘定了，于祖本的应是写作"弗能为，能辅万物之自然"。因为，构成义理一贯地是能够给出验证的，即反映出了：

前置的在"进道"德章，从校勘的已有指出，一者，合之"善始"德章和"善终"德章，乃是进而同为的转为予以分证"三宝"德章所抉择的"三曰：不为天下先"（按，也就构成了：同为的能够有所自觉地应成实践"〔有其〕不为天下先，故能为"，指归"〔则之能〕成事长"；同为的转为予以分证"配天"德章所判定的"是谓：配天，古之极"），内在的应之以"互"的意蕴，于其主旨，从应成地皆有所予以阐发（按，补充来说，内在的应之"曲全"的意蕴，也就意味着：有所践行"善始"，亦是"诚全归之"于践行"进道"；有所践行"善终"，亦是"诚全归之"于"立德"）；二者，是诉诸胜义的，亦是对应"善法"道章的文本（按，即亦构成对文遮诠"〔圣〕人之道，法自然：〔法自然〕〔也而〕'法地；法道；法天'"），于其主旨，转为是从实践的，从应成地有所予以阐发。

补充来说，限于目前任务于校勘文本，这里不展开给出解析，简言之（按，至于详为解析，请读者转为参看《道德经玄门新证解析篇》的相关内容）：

一者，诉诸意义于"慎终"的有所自觉地应成实践"欲不欲"（按，诉诸社会性的实践，是以"慎终若始"为自觉，应之以"互"的意蕴，即同构于意义于"若始"的"味无味"，而以异化地人之道所能反映的，已是至极地异化出了"人之饥，〔饥〕也以其上取食税之多，是以饥"）、有所自觉地应成实践"学不教"（按，简言之，同理的，应之以"互"的意蕴，即同构于意义于"若始"的"事无事"，而以异化地人之道所能反映的，已是至极地异化出了"百姓之不治，〔不治〕也以其上〔上〕之有以为，是以不治"）、有所自觉地应成实践"弗能为"（按，简言之，同理的，应之以"互"的意蕴，即同构于意义于"若始"的"为无为"，而以异化地人之道所能反映的，已是至极地异化出了"民之轻死，〔轻死〕也以其上求生之厚，是以轻死"），既为诉诸比德于道的，即可反映为，则是能够导归于"〔有其〕不为天下先，故能为"（按，构成总持的有所自觉地应成实践"不为天下先，故能为"：以对治的即可反映为，对治异化地争"先"既"舍其后，且先"，则是有所应然"不上贤""不贵资""不现可欲"；以应成地即可反映为，应成实然的"是谓：配天，古之极"的有之"先"，则是能够追溯到实然的有之"功遂〔犹〕事成；〔事成〕〔也〕而百姓曰：我自然"，以及实然的有之"〔既而知乎〕天地'飘风不终朝；暴雨不终日'，〔其致之天之道〕〔也谓〕：〔天地〕自然"）；

二者，诉诸意义于"慎终"的有所自觉地应成实践"不贵难得之货"、有所自觉地应成实践"〔不〕复众人之所过"、有所自觉地应成实践"能辅万物之自然"（按，诉诸胜义的，则是有所能够自觉地应成实践

"〔圣〕人之道，法自然：〔法自然〕〔也而〕'法地；法道；法天'"，因为，具有本体意义的，乃是主客体同构的有所能够觉知到"道之尊〔也而〕德之贵：夫莫之爵，也而互自然"），既为诉诸比德于道的，即可反映为，则是能够导归于"〔则之能〕成事长"。

《德经》第二十九章 "三宝" 德章

天下人皆谓，我道之道大，大而不肖：

其细也夫若肖矣；夫唯道大而不肖，能成大久矣。

我互有三宝，持而宝之能成大：

一曰：俭；二曰：慈；三曰：不为天下先。

"夫有其俭，故能广；有其慈，故能勇；有其不为天下先，故能为"，则之能成事长；"今舍其俭，且广；舍其慈，且勇；舍其后，且先"，则之必败。

【校勘经文】

【一】甲，王本作"天下皆谓我道大，似不肖。夫唯大，故似不肖。若肖，久矣，其细也夫。我有三宝，持而宝之：一曰慈；二曰俭；三曰不敢为天下先。慈，故能勇；俭，故能广；不敢为天下先，故能成器长。今舍慈，且勇；舍俭，且广；舍后，且先，死矣。夫慈，以战则胜，以守则固；天将救之，以慈卫之"（按，对勘的，该本独有的，出于意在予以修正病句，增入"道"字，改作"天下皆谓我道大"）。

傅奕本作"天下皆谓吾大，似不肖。夫惟大，故似不肖。若肖，久矣，其细也夫。吾有三宝，持而宝之：一曰慈；二曰俭；三曰不敢为天下先。夫慈，故能勇；俭，故能广；不敢为天下先，故能成器长。今捨其慈，且勇；捨其俭，且广；捨其后，且先，是谓入死门。夫慈，以陈则正，以守则固；天将救之，以慈卫之"（按，对勘的，该本独有的是作"吾"字，而于祖本语义切要地应是作"我"字。按，对勘的，于该本的，是溯及古兵法的发兵征战"出死门"，杜撰出了所谓的"入死门"）。

北大汉简本作"天下皆谓我大，似（以）不肖（宵）。夫唯大，故不肖（宵）。若肖（宵），久矣，其细也夫。我恒有三宝（葆），持（侍）而宝（葆）之：一曰慈（兹）；二曰俭（敛）；三曰不敢为天下先。慈（兹），故能勇；俭（敛），故能广；不敢为天下先，故能为，成器长。今舍其慈（兹），且勇；舍其俭（敛），且广；舍其后，且先，则死矣。夫慈（兹），以陈则正，以守则固；天之救之，若以慈（兹）卫之"（按，对勘的，王本和傅奕本，于底本的，已是改作"故能成器长"）。

帛书乙本作"天下〔皆〕谓（胃）我大，大而不肖（宵）。夫唯不肖（宵），故能大。若肖（宵），久矣，其细也夫。我恒有三宝（琛），持（市）而宝（琛）之：一曰慈（兹）；二曰俭（检）；三曰不敢为天下先。夫慈（兹），故能勇；俭（检），故（敢）能广；不敢为天下先，故能为，成器长。〔今〕舍其慈（兹），且勇；舍其俭（检），且广；舍其后，且先，则死矣。夫慈（兹），以戰（單）则胜（朕），以守则固；天将建之，如以慈（兹）垣之"（按，对勘的，该本独有的还存有"故能大"。按，"检""兹"皆是借字，而北大汉简本是改作"敛"字，已出离了祖本的原义）。

帛书甲本作"〔天下皆谓我大，不肖〕。夫唯〔大〕，故不肖（宵）。若肖（宵），细久矣。我恒有三宝（葆），之：一曰慈（兹）；二曰俭（检）；三曰〔不敢为天下先〕。〔夫慈（兹），故能勇；俭（检）〕，故能广；不敢为天下先，故能为，成事长。今舍其慈（兹），且勇；舍其后，且先，则必死矣。夫慈（兹），〔？？〕则胜，以守则固；天将建之，如（女）以慈（兹）垣之"（按，对勘的，该本是漏抄了"持而宝"，还漏抄了"舍其俭，且广"。又，该本独有的是作"事"字，乃为祖本旧有，而不作流变地"器"字。《韩非子·解老》亦是作"不敢为天下先，故能为，成事长"）。

以玄门建构为归导，先为导出，《道德经玄门新证校勘篇》有之新证，厘定祖本的文本以及厘定祖本的行文语序，并句读作"天下〔人〕皆谓，我〔道之道〕大，大而不肖：其细也夫若肖矣；夫唯〔道〕大而不肖，能成大久矣。我互有'三宝'，持而宝之〔能成大〕：一曰：俭；二曰：慈；三曰：不为天下先。'夫〔有其〕俭，故能广；〔有其〕慈，故能勇；〔有其〕不为天下先，故能为'，〔则之能〕成事长；'今舍其俭，且广；舍其慈，且勇；舍其后，且先'，则〔之〕必败"。

乙，按，对勘诸传抄本的文本，文本类同的皆是写作"天下皆谓我大，大而不肖（或是写作'似不肖'）"，据此，转为追溯至早期的同源的底本，也就可以发现：其传抄者，已不甚了然经义（按，不排除还有客观上的诱因，于底本之际就已有字词残损），不止于此，诱因已着相"不肖"，故而，下顺地进而还改写了祖本的文本，能够验之对勘的文本的（只有帛书乙本，虽然"伤筋"，所幸尚未"动骨"），同病的，其结果皆是倒向行文语序混乱，句义不免左支右绌。

按，从校勘的可以直接予以指出，于全本的是作玄门建构的（按，至于详为解析，请读者转为参看《道德经玄门新证解析篇》的相关内容）：

其一，内在的乃是基于归宗"孔德之容，惟道是从"，对应"善法"道章的是偏转从"认识论"的有所判摄"'中'〔之〕'域'有四大；'中'〔之〕'域'人居焉"，以及对应有所抉择"〔圣〕人之道，法自然：〔法自然〕〔也而〕'法地；法道；法天'"，转至是作为中轴的"三宝"德章，相应地是转为诉诸以"功夫论"再为作出阐发的，即可反映为，是具有社会性的实践意义的，是诉诸胜义的，则是有所遮诠"天下〔人〕皆谓，我〔道之道〕大，大而不肖：其细也夫若肖矣，大唯〔道〕大而不肖，能成大久矣"。

其二，内在的乃是基于应成归宗"孔德之容，惟道是从"，对应"观复"道章的是偏转从"本体论"的有所判摄"互，曰：复命；知互，曰：明"和判摄"不知互，妄；妄作，凶"，以及对应有所阐发"知互，〔乃〕容；容，乃公；公，乃全"和阐发"全，乃天〔地〕；天〔地〕，乃道，道，乃〔一〕"，转至是作为中轴的"三宝"德章，相应地是转为诉诸以"功夫论"再为作出阐发的，即可反映为，是具有社会性的实践意义的，是诉诸胜义的，则是有所遮诠"我互有'三宝'，持而宝之〔能成大〕：一曰：俭；二曰：慈；三曰：不为天下先"。

按，还需指出，已知的，对应总持的遮诠"天下〔人〕皆谓，我〔道之道〕大，大而不肖：其细也夫若肖矣；夫唯〔道〕大而不肖，能成大久

矣", 于全本的是作玄门建构的, 进而作出分证的, 简言之:

一者, 于其"左半门"的, 即是以"进道"德章(按, 以要义的, 则是有所应成"〔而谓〕'〔进道〕为天下贵'")和"立德"德章(按, 以要义的, 则是有所应成"立德, 深矣远矣, 〔亦楷栻与物返道〕; 与物返〔道〕矣, 乃至大顺")次第地作出分证; 于其"右半门"的, 即以"大隐"德章(按, 以要义的, 则是有所应然"是以圣人, 被褐而怀玉")和"病己"德章(按, 以要义的, 则是有所应然"圣人之不病, 〔不病〕也以其病病, 是以不病")次第地作出分证。

二者, 于其"左半门"的, 即是以一体的"善始"德章和"善终"德章次第地作出分证(按, 乃是以"慎终若始"为自觉, 应然"能辅万物之自然", 相应地作出分证), 诉诸社会性的实践, 以应成地则是指归"〔圣〕人之道, 法自然: 〔法自然〕〔也而〕'法地; 法道; 法天'"(按, 进而是诉诸胜义的, 既为能够认知到是"天之道, 利而不害"); 于其"右半门"的, 即以"善恕"德章(按, 以要义的, 则是有所应然觉知"夫天〔之〕道无亲, 〔也而〕善互予人")和"善生"德章(按, 以要义的, 则是有所应然觉知"夫唯无以生为者, 是贤贵生")次第地作出分证, 诉诸社会性的实践, 构成是既对治而应成地, 则是指归"上善, 若水几于道: 〔若水几于道〕〔也而〕'居善地; 心善渊; 予善天'"(按, 进而是诉诸胜义的, 既为能够认知到是"圣人之道, 为而不争")。

丙, 按, 笔者厘定, 于祖本的本是写作"我互有'三宝', 持而宝之〔能成大〕: 一曰: 俭; 二曰: 慈; 三曰: 不为天下先"。针对所作校勘, 以全本"功夫论"的经义作约束, 皆能得到验证:

其一, 结合上下文来看, 予以补出"〔能成大〕", 此三字于整句之中是不可或缺的, 前句和后句由是递还语势连贯, 经义为之完足(按, 亦不排除, 于早期的同源的底本之际, 此三字就已经缺失了)。

其二, 厘定了于祖本的"三宝"的其本来排序, 于祖本的应是写作"一曰: 俭; 二曰: 慈; 三曰: 不为天下先"(按, 因之祖本的《道德经》实则是以孤本的"修辍"本向后初传, 这也就导致了, 彼时的传抄者, 客观上已无法知道全本"功夫论"的共二十章是作玄门建构, 加之主观上已是着相第一义是"慈", 还兼及以"顺读"作理解, 故而的, 则是予以改动了于祖本的"三宝"的其本来排序。按, 亦因为已是着相第一义是

"慈"，进而的，则是武断经义，从整体地还篡改了"配天"德章全章的文本）。

其三，笔者推翻了既有的已是历史弥久的成见，删除了妄增的"敢"字（按，旁及的，予以追溯至《韩非子•解老》，可知于彼时的，已经是传抄流变地写作"不敢为天下先，故能为，成事长"），厘定于祖本能合于经义的应是作"不为天下先"，而不作错谬的"不敢为天下先"（按，跟进的还有给出校勘）。

按，关联到本章的，前置的在"进道"德章以及在"啬备"德章，从校勘的已有给出交代，交代了"三宝"的其各自的出处，回到本章，引述如下：

老子以"功夫论"有所抉择"三宝"，此"三宝"亦自有其内在规定性（按，至于详为解析，请读者转为参看《道德经玄门新证解析篇》的相关内容）：其"俭"，乃是由同构的"损益"之道和"修正"之德所派生；其"慈"，乃是由同构的"泛成"之道和"玄同"之德所派生；其"不为天下先"，乃是由同构的"上善，若水几于道"和"圣人之道，法自然"所派生。

丁，按，于祖本语义贯通地本是写作"'夫〔有其〕俭，故能广；〔有其〕慈，故能勇；〔有其〕不为天下先，故能为'，〔则之能〕成事长"，被彼时的传抄者所改动，于整句地各项皆裁夺了"〔有其〕"，以及还裁夺了"〔则之能〕"（按，不排除还有客观上的诱因，于底本之际就已是多有字词缺失），致使所改写出来的文本顿生语义晦涩。

于祖本语义贯通地本是写作"'今舍其俭，且广（按，即构成对文'夫〔有其〕俭，故能广'）；舍其慈，且勇（按，即构成对文'〔有其〕慈，故能勇'）；舍其后，且先（按，即构成对文'〔有其〕不为天下先，故能为'）'，则〔之〕必〔败〕（按，即构成对文'〔则之能〕成事长'）"，其中的"则〔之〕必败"，被彼时的传抄者是篡改作"则必死矣"。

按，从校勘的需要追问，彼时的传抄者何以会将"败"字是篡改作"死"字，以及关联地会妄增"敢"字？笔者从校勘的有之合理的推测，总结其成因，简述如下：

其一，转为追溯至早期的同源的底本，可知其传抄者，诱因已不甚了然经义，故而，不单是篡改了文本，还作出了错误地句读，句读作"不敢为天下先，故能为，成事长"（按，将"成事长"错误地写入了"三宝"的第三项），以及句读作"舍其后，且先，则必死矣"（按，将"则必死矣"错误地写入了"三宝"的第三项）。

其二，有所篡改文本，究其原因，其诱因是彼时的传抄者断章取义，生吞活剥了"舍恃"德章和"天网"德章的文本，然后反向地进而予以篡改了"三宝"德章和"配天"德章的文本。具体来说：

先为指出，笔者业已厘定了"舍恃"德章的文本，于祖本的应是写作"祸莫大于无适，无适近亡我（按，是不了义的改作'吾'字）〔之〕'〔三〕宝'；陈（按，是讹作'称'字）兵相若，则〔之〕（按，是增入了'哀'字，裁夺了'之'字）者〔能〕胜：〔是故〕用兵有言，'吾不敢为主而为客；吾不敢进寸而退尺'，'是谓：'行无行；攘无臂；执无兵'，乃无敌矣'"。

还有，业已厘定了"天网"德章的文本，于祖本的应是写作"勇于敢，则〔之〕败（按，是据'大匠'德章的文本，反向地篡改作'杀'字，还裁夺了'之'字）；勇于不敢，则〔之〕栝：此两者，孰知其故？天之所恶，或利〔而〕或害（按，即构成对文'吾不敢为主而为客；吾不敢进寸而退尺'）。天之道：不言而善应；繟然而善谋；不争而善成（按，是流变地改作'胜'）；不召而善（按，是流变地改作'自'字）来"。

还有，业已厘定了"配天"德章的文本，能还原于祖本的，应是写作"若以〔我之〕'〔三〕宝（按，是篡改作"慈"字，裁夺了"我之"和"三"字）'垣之，天将建之：是谓：用人；是谓：不争之德；是谓：配天，古之极。夫〔以我之〕'〔三〕宝（按，是篡改作"慈"字，是裁夺了"以我之"和"三"字）'〔垣之〕（按，亦是予以裁夺了。按，即亦构成对文：祸莫大于无适，无适近亡我〔之〕'〔三〕宝'），以陈则〔能〕正，以守则〔能〕固（按，即构成对文：陈兵相若，则之者〔能〕胜）：〔是故用兵有言〕（按，即构成对文：〔是故〕用兵有言），'〔……；……；……〕''〔……〕'（按，该有待进一步地予以寻出的文本，即不限于构成对文：吾不敢为主而为客；吾不敢进寸而退尺），'〔是谓〕："善为士者弗武（按，即构成对文：行无行）；善战者弗勇（按，即构成对文：攘无臂）；善胜敌者弗与（按，即构成对文：执无兵）"，

道德经玄门新证（校勘篇）

〔乃〕善用兵（按，是篡改作'人'字）者〔能〕为之下（按，即构成对文：乃无敌矣）'"。

也就是说，对勘上述业已厘定的文本，进而的，也就可以了然：一者，于"三宝"德章的，彼时的传抄者，进而妄增"敢"字，是篡改出了"不敢为天下先"；进而是裁夺了"败"字，代之以"死"字，即见于帛书甲本的，是篡改出了"则必死矣"（按，因之存在义理裂漏，至帛书乙本，则是予以改作"则死矣"）。二者，于"舍悖"德章的，彼时的传抄者，已是着相第一义是"慈"，故而的，则是节略地改作"吾宝"，失之语焉不详。三者，于"三宝"德章的（按，这两句是本属于"配天"德章的文本，被传抄者错谬地判为是"三宝"德章的文本。转至该章，跟进的还有给出校勘），于祖本的本是写作"若以〔我之〕'〔三〕宝'垣之，天将建之"，以及本是写作"夫〔以我之〕'〔三〕宝'〔垣之〕"，被节略地改写作"天将建之，如以'慈'垣之"，以及被节略地改写作"夫'慈'"（按，以之接续亦是被改动过的"以陈则正，以守则固"）。

戊，按，从校勘的还需予以指出，见于对勘的诸传抄本的，"三宝"德章的尾句，于祖本的是本属于"配天"德章的文本。今校勘，至《道德经玄门新证校勘篇》，是将其从"三宝"德章的文本之中移出。于此尾句，笔者将其纳入"配天"德章的文本之中，从整体地加以厘定，此不赘。

《德经》第三十章"配天"德章

若以我之"三宝"垣之,天将建之:

是谓:用人;是谓:不争之德;是谓:配天,古之极。

夫以我之"三宝"垣之,以陈则能正,以守则能固:

是故用兵有言,"'〔勿谓何伤,其祸将长;勿谓何残,其祸将然;勿谓何害,其祸将大〕',〔勿谓莫闻,天将伺人〕","〔是谓〕:'善为士者弗武;善战者弗勇;善胜敌者弗与',乃善用兵者能为之下"。

【校勘经文】

【一】甲,王本作"夫慈,以战则胜,以守则固;天将救之,以慈卫之",以及作"善为士者,不武;善战者,不怒;善胜者,不与;善用人者,为之下。是谓:不争之德;是谓:用人之力;是谓:配天,古之极"。

傅奕本作"夫慈,以陈则正,以守则固;天将救之,以慈卫之",以及作"古之善为士者,不武也。善战者,不怒;善胜敌者,不争;善用人者,为之下。是谓:不争之德;是谓:用人之力;是谓:配天,古之极也"（按，对勘的，王本和傅奕本，于底本的，是错谬地增入了"之力"。该本还自主地增入了"古之"）。

北大汉简本作"夫慈（兹），以陈则正（征），以守则固；天之救之，若以慈（兹）卫之"，以及作"善为士者，不武；善战者，不怒；善胜敌（适）者，弗与；善用人者，为之下。是谓：不争之德；是谓：用人；是谓：配（肥）天，古之极"。

帛书乙本作"夫慈（兹），以戰（單）则胜（朕），以守则固；天将建之，如以慈（兹）垣之"，以及作"故善为士者，不武；善戰（單）者，不怒；善胜（朕）敌者，弗与；善用人者，为之下。是谓（胃）：不争〔之〕德；是谓（胃）：用人；是谓（胃）：配（肥）天，古之极也"（按，对勘的，该本和北大汉简本，于底本的，是讹作"肥"字，祖本旧有的应是作"配"字。按，对勘的，于帛书甲、乙本的，皆是作"建之"和"垣之"，乃为祖本旧有，而于王本、傅奕本、北大汉简本的，于底本的，是错谬地改作"救之"和"卫之"）。

帛书甲本作"夫慈（兹），〔以戰□〕则胜，以守则固；天将建之，如（女）以慈（兹）垣之"，以及作"善为士者，不武；善战者，不怒；善胜敌者弗〔与〕；善用人者，为之下。〔是〕谓（胃）：不争（浄）之德；是谓（胃）：用人；是谓（胃）：天，古之极也"〔按，对勘的，于帛书乙本以及北大汉简本的，于底本的是有"肥"字（按，是从"俪"字讹出？若是，那么溯及早期的同源的底本的，是否是已存有作夹注的本是写作"不俪惪，配天，古之极"？也就是说，出于意在予以阐发"不争之德"，则是有所夹注"不俪惪"，而向后作传抄的，来自不同的传抄本，于底本的已是有所缺失了"惪"和"配"字，因此而成为诱因，也就衍生出了，则是讹谬地写作"肥天"），而于该本的则没有，笔者推测，应该是其传抄者不解其意且认定这是错字，传抄之际也就予以裁夺了〕。

以玄门建构为归导，先为导出，《道德经玄门新证校勘篇》有之新证，还原出了于祖本的是"配天"德章的文本，厘定祖本的文本以及厘定祖本的行文语序，并句读作——若以〔我之〕"〔三〕宝"垣之，天将建之：是谓：用人；是谓：不争之德；是谓：配天，古之极。夫〔以我之〕"〔三〕宝"〔垣之〕，以陈则〔能〕正，以守则〔能〕固：〔是故用兵有言〕，"〔按，特为需要指出的（按，转至'舍悋'德章，笔者跟进的还有给出校勘，此不赘），笔者有之推定，于此处，于祖本的应该还有文本；是笔者据《金人铭》寻出的，备此一说，有待学界达成共识，或是写作："勿谓何伤，其祸将长（zhǎng）；勿谓何残，其祸将然；勿谓何害，其祸将大"，勿谓莫闻，天将伺（sì）人〕"，"〔是谓〕：'善为士者弗武；善战者弗勇；善胜敌者弗与'，〔乃〕善用兵者〔能〕为之下"。

乙，按，将笔者业已厘定的文本与对勘的诸传抄本的文本对勘，不难发现，历史上历经当事者转辗传抄，文本难免会产生复杂地流变，已是积弊弥久，具体来说：

其一，前置的在"三宝"德章，笔者已有指出，客观上不排除于早期的同源的底本之际就已多有字词残损，加之传抄者已是着相第一义是"慈"，故而，连带地也就予以改动了祖本的"配天"德章全章的文本。换言之，于"配天"德章的，彼时的传抄者，应该是据"三宝"德章的"夫慈，故能勇"，以对文的还节略地改出了"夫慈，以陈则正，以守则固"，将其写作是整句的前项，还节略地改出了整句的后项，是写作"天将建之，若以慈垣之"，既以自主地行文语序，以整句，是改写作"夫慈，以陈则正，以守则固；天将建之，若以慈垣之"，还将该文本是予以判入了"三宝"德章，即今所见的，以文牍底事而隐蔽，就变成了是作为"三宝"德章的尾句。

还有，于"配天"德章的，彼时的传抄者，进而是以"顺读"作理解，再为改写了所余下的文本：一者，是将"是谓：用人；是谓：不争之德；是谓：配天，古之极"，以自主地行文语序改作是作为本章的尾句；二者，相应地，是将"善为士者不武；善战者不怒；善胜敌者弗与；善用人者为之下"，以自主地行文语序改作是作为本章的首句；三者，基于既有的所作改动，还将"是谓：不争之德"，是以"顺读"作理解，改作是作为尾句的首项。传抄流变地至此，遂致祖本的"配天"德章的经义近毁，已无法比肩"三宝"德章，可以共为担纲阐发总持的"功夫论"。

其二，综上既有的校勘，进而可知，于祖本能合于经义的应是写作"以陈则〔能〕正，以守则〔能〕固"，传抄流变地：一者，能见于傅奕本和北大汉简本的，溯及底本的，则是被改成了"以陈则正（征），以守则固"；二者，能见于帛书乙本和王本的，于底本的，其传抄者，据下文的有之"善战者"，望文生义，进而流变地改写作"以战则胜，以守则固"。

其三，综上既有的校勘，进而可知：一者，以经义作约束，于祖本的文本之中是不可或缺的，于上述的各项是必有"能"字，传抄之际，皆被裁夺了；二者，于祖本能合于经义的应是写作"弗武"和"弗勇"，是被错谬地改成了"不武"和"不怒"；三者，于祖本的应是写作"善用兵者"，是被错谬地改成了"善用人者"（按，彼时的传抄者，是自主地据"是谓：用人"从而妄改）；四者，于祖本的文本之中是不可或缺的，应该亦写有"〔是故用兵有言〕"，笔者推测，大概率地是在早期的同源的底本之际就已经缺失了。

补充来说，简言之：遮诠"善为士者弗武"，诉诸胜义的亦为导归应成"用人"；遮诠"善战者弗勇"，诉诸胜义的亦为导归应成"不争之德"；遮诠"善胜敌者弗与"，诉诸胜义的亦为导归应成"配天，古之极"；遮诠"〔乃〕善用兵者〔能〕为之下"，诉诸胜义的亦为导归应成"夫〔以我之〕'〔三〕宝〔垣之〕'，以陈则〔能〕正，以守则〔能〕固"。

丙，按，已知的，"三宝"德章和"配天"德章，本乎两者之间是作玄门建构，故而，两者所生成的文本，则亦构成对文（按，内在的乃是以是从实践的必为应成归宗"孔德之容，惟道是从"为共核）：

对应遮诠"我互有'三宝'，持而宝之〔能成大〕"，即构成对文遮诠"若以〔我之〕'〔三〕宝'垣之，天将建之"；对应遮诠"一曰：俭；二曰：慈；三曰：不为天下先"，即构成对文遮诠"是谓：用人（按，乃是有所诉诸比德于道的，既为应成'俭'）；是谓：不争之德（按，乃是有所诉诸比德于道的，既为应成'慈'）；是谓：配天，古之极（按，乃是有所诉诸比德于道的，既为应成'不为天下先'）"。

还有，既是从社会性的实践出发，以"功夫论"相应地予以抉择了总持的"三宝"，那么切近社会现实的，以"国之大事，在祀与戎"，或是以"天下有道，却走马以粪；天下无道，戎马生于郊"（按，既为有所觉知到"有知也使我挈：大道甚夷，〔人〕甚好解；行于大道，唯迤是畏"）来说，则是必为有所聚焦于构成人类顽疾的军事战争（按，具有典型意义的，质之于"今"的，则是可以至为深刻地从正反两个方面都能给出勘验，勘验是否践行了"三宝"。能以之相与佐证的，孙子于《孙子兵法》的《庙算》篇，开宗明义地就给出了定义——"兵者：国之大事，死生之地；存亡之道，不可不察也"，意义之所在，亦若克劳塞维茨于《战争论》，是从最一般地内在规定性给出了定义——"战争是政治的继续"），故而，相应地有所引用历史有验的兵家典籍，予以作出至为深刻地阐发，也就成其必然。

转换来说，既明了了老子的本怀，那么以总持的"功夫论"的文本所能反映的，构成是既对治而应成地，这就构成了，对应"配天"德章的遮诠"〔是故用兵有言〕"的有之遮诠"〔是谓〕：'善为士者弗武；善战者弗勇；善胜敌者弗与'，〔乃〕善用兵者〔能〕为之下"，是有所转为予以阐发"用兵"的，则亦构成是必为诉诸胜义的，即构成对文"三宝"德章的遮诠"'夫〔有其〕俭，故能广；〔有其〕慈，故能勇；〔有其〕不为天下先，故能为'，〔则之能〕成事长；'今舍其俭，且广；舍其慈，且勇；舍其后，且先'，则〔之〕必败"。

按，从校勘的进而还需予以指出：

其一，于全本的是作玄门建构的：一者，对应总持的遮诠"〔是故用兵有言〕"的有之遮诠"〔是谓〕'善为士者弗武；善战者弗勇；善胜敌者弗与'，〔乃〕善用兵者〔能〕为之下"，转为是以"舍恃"德章进而作出分证的，即构成对文遮诠——〔是故〕用兵有言，"吾不敢为主而为客；吾不敢进寸而退尺"（按，即构成对文：勇于敢，则〔之〕败；勇于不敢，则〔之〕栝：此两者，孰知其故？天之所恶，或利〔而〕或害。即亦构成对文：将欲弱之，必固强之。即亦构成对文：善用兵者，果而已：不以取强焉；果而弗得以居），"是谓：'行无行（按，即构成对文：善为士者弗武）；攘无臂（按，即构成对文：善战者弗勇）；执无兵（按，即构成对文：善胜敌者弗与）'，乃无敌矣（按，即构成对文：〔乃〕善用兵者〔能〕为之下）"。二者，对应总持的遮诠"夫〔以我之〕'〔三〕宝'〔垣之〕，以陈则〔能〕正，以守则〔能〕固"，转为是以"舍恃"德章进而作出分证的，即构成对文遮诠"祸莫大于无适，无适近亡我〔之〕'〔三〕宝'；陈兵相若，则〔之〕者〔能〕胜"。

其二，进一步来说，于全本的是作玄门建构的，转为是从社会性的实践能够作出勘验的，也就可以了然（按，至于详为解析，请读者转为参看《道德经玄门新证解析篇》的相关内容）：

一者，对应遮诠"〔是故用兵有言〕"的有之遮诠"〔是谓〕'善为士者弗武；善战者弗勇；善胜敌者弗与’，〔乃〕善用兵者〔能〕为之下"，即亦构成对文遮诠"'果而弗伐（按，即亦构成对文：善为士者弗武）；果而弗骄（按，即亦构成对文：善战者弗勇）；果而弗矜（按，即亦构成对文：善胜敌者弗与）'，是谓：果而不强（按，即亦构成对文：〔乃〕善用兵者〔能〕为之下）"。

二者，对应遮诠——〔是故〕用兵有言，"吾不敢为主而为客；吾不敢进寸而退尺"，"是谓：'行无行；攘无臂；执无兵'，乃无敌矣"，即亦构成对文遮诠"将欲弱之，必固强之（按，即亦构成对文：吾不敢为主而为客；吾不敢进寸而退尺。即亦构成对文：善用兵者，果而已：不以取强焉；果而弗得以居）：'将欲翕之，必固张之（按，即亦构成对文：行无行）；将欲去之，必固举之（按，即亦构成对文：攘无臂）；将欲夺之，必固予之（按，即亦构成对文：执无兵）'，是谓：微明（按，即亦构成对文：乃无敌矣）"。

按，从校勘的还可以直接予以指出，老子之所以会是在"功夫论"的"配天"德章，专为予以阐发"夫〔以我之〕'〔三〕宝'〔垣之〕，以陈则〔能〕正，以守则〔能〕固"，以玄门建构所能反映，从全本的文本能够得到索解的，还自有其更为切近现实意义的诉求，简言之：

一者，是有所对应"非道"德章的，这就构成了，转为是从社会性的实践再为予以阐发的，相与有应地，则是进而须要予以对治人类社会的最高阶的"有争"，对治是从人之道的异化出了乃至于是在同类发动战争，已是滑向穷兵黩武："'服文采，厌饮食，带利剑；朝甚涂，仓甚虚，田甚芜'，资货有余，是谓：〔觊华〕；〔觊华〕，非道。"

二者，是有所对应"天均"德章的，这就构成了，转为是从社会性的实践再为予以阐发的，相与有应地，则是进而须要予以阐发何以能够应成是"国之大事，在祀与戎"，既为予以阐发何以能够应成是"〔有道〕之邦，吾知其然也以正：以〔互〕无事〔而〕取天下；夫用兵以奇〔也〕〔以正〕"。

《德经》第三十一章"大隐"德章

王弼本《道德经》下经第七十章

言有宗；事有君。

"吾言甚易知，也而甚易行；天下人莫之能知，也而莫之能行"；"其唯无知，则知我者希；是以不我知，则我知贵"。

是以圣人，被褐而怀玉。

【校勘经文】

【一】甲，王本传本作"吾言甚易知，甚易行；天下莫能知，莫能行。言有宗；事有君。夫唯无知，是以不我知；知我者希，则我者贵。是以圣人，被褐怀玉"（按，检索王注，于其初本的应是作"莫之能知，莫之能行"。按，对勘的，该本增入"者"字，是错谬地改作"则我者贵"，已是违逆了祖本的原义）。

傅奕本作"吾言甚易知，甚易行；而人莫之能知，莫之能行。言有宗；事有主。夫唯（惟）无知，是以不我（吾）知也。知我者希，则我贵矣。是以圣人，被褐而怀玉"（按，对勘的，该本不作"君"字，而是自主地改作"主"字。按，该本同于帛书甲本，于底本的，皆是作"人"字，不作"天下"）。

北大汉简本作"吾言甚易知（智），甚易行；而天下莫之能知（智），莫之能行。言有宗；事有君。夫（天）唯无知（智），是以不我（吾）知（智）；知（智）我者希，则我贵矣。是以圣人，被褐而怀玉"。

帛书乙本作"吾言甚易知也，易行也；而天下莫之能知也，莫之能行也。夫言有（又）宗，事有（又）君。夫唯无知也，是以不我知；知者希，则我贵矣。是以圣（耵）人，被褐而懷（襄）玉"（按，对勘的，于该本的，是从主观地裁夺了"我"字，是改作"知者希，则我贵矣"。按，于该本的，是作"易行也"，无"甚"字）。

帛书甲本作"吾言甚易知也，甚易行也；而人莫之能知也，而莫之能行也。言有君；事有宗。其唯无知也，是以不〔我知；知我者希，则〕我贵矣。是以圣人，被褐而懷（襄）玉"（按，对勘的，可知该本是望文生义地改作"言有君；事有宗"，祖本旧有的应是作"言有宗；事有君"。又，帛书乙本于此句，是另为增入'夫'字，意在有助衔接下文。按，于该本的，独有的是作"其唯"，乃为祖本旧有，而于其他诸传抄本的，于底本的，则是望文生义地据"唯"字，将"其"字是改成了"夫"字。按，于祖本的应是作"天下人"，而于帛书甲本和傅奕本的，于底本的，是只取"人"字；而于其他诸传抄本的，于底本的，是只取"天下"两个字。按，可以先为指出，除去王本，于其他诸传抄本的，于底本的，诱因是据自主的行文语序，有所照应上文，随之的则是改作"则我贵矣"，已是有乖祖本的原义，而于祖本的，能合于经义的应是写作"则我〔知〕贵"）。

以玄门建构为归导，先为导出，《道德经玄门新证校勘篇》有之新证，厘定祖本的文本以及厘定祖本的行文语序，并句读作"言有宗；事有君。'吾言甚易知，也〔而〕甚易行；天下人莫之能知，也而莫之能行'；'其唯无知，〔则〕知我者希；是以不我知，则我〔知〕贵'。是以圣人，被褐而怀玉"。

乙，按，将笔者业已厘定的文本与对勘的诸传抄本的文本对勘，转为追溯至早期的同源的底本，不难发现，彼时的传抄者，已不甚了然经义，加之已习惯于以"顺读"作理解，故而的，则是主观地予以增字和删字，还予以改动了祖本的行文语序。具体来说：

其一，"言有宗；事有君"，于祖本的是写作首句。从校勘的笔者先前已有指出，以玄门建构所能反映：一者，遮诠"言有宗"（按，是具有实践意义的，"言有宗"既成为是"知"的内在规定性）：有所"言"之于《建言》《贵言》《希言》；有所"宗"之于《道纪》。二者，遮诠"事有君"（按，是具有实践意义的，"事有君"既成为是"行"的内在规定性）：有所"事"之于"上士闻道，堇能行于其'中'"，乃至本质同构的，亦有所"事"之于"今之善为道者，执今之道，以御今之有〔德〕"，亦有所"事"之于"从事于德同道：得者同于得；失者同于失"；有所"君"之于"孔德之容，惟道是从"，乃至本质同构的，亦有所"君"之于"上善，若水几于道"，亦有所"君"之于"圣人之道，法自然"。

其二，验证于业已厘定的遮诠"水柔之胜坚，也〔而〕弱之胜强；天下〔人〕莫之弗知，也而莫之能行"，构成义理一贯地，笔者厘定，于祖本的应是写作"吾言甚易知，也〔而〕甚易行；天下人莫之能知，也而莫之能行"。从校勘的可以直接予以指出，于祖本能合于经义的应该会写有"也而"两个字，即意在强调，"知"与"行"是一体的两面，两者是互为能给出验证的（按，能够溯源的，乃是源流于历史弥久的巫史文化，于老子则是有所扬弃糟粕而另为是从无为法的加以秉承宗风），即"知行合一"既构成是"事理不二"且"表里如一"（按，对勘诸传抄本的文本，典型的能见于帛书甲、乙本的，其传抄者已无能领会祖本的此层意蕴。从传抄的全本的文本作出审察，实则的乃尔阻绝于"见知障"，已成为诸传抄本的通病，还基于不知是错误地句读，进而的，或是增入或是裁夺了"也"字和"而"字，所改写出来的文本，已浅出祖本的经义）。

其三，于祖本的本是写作"其唯无知，〔则〕知我者希；是以不我知，则我〔知〕贵"。彼时的传抄者，已不甚了然经义，加之已习惯于以"顺读"作理解，推及能见于帛书乙本的，则是从主观地予以改写作"夫唯无知也，是以不我知；知者希，则我贵矣"（按，从校勘的还可以予以指出，若为辨析"则我〔知〕贵"与"则我贵矣"，可知两者于义理上是根本的不共，因为，既为应成"被褐而怀玉"，也就无有来由自相矛盾地还会自矜于"则我贵矣"）。

按，从校勘的进而可以直接予以指出：

一者，对应遮诠"其唯无知，〔则〕知我者希（按，有所应之以'互'的意蕴，即构成对文遮诠'吾言甚易知，也〔而〕甚易行'）"（按，是彼此的构成互为相待的，从能见诸外表的予以作出了阐发，指向主体性的"见知"），具有实践意义的，则是见诸圣人应成"被褐"；对应遮诠"是以不我知，则我〔知〕贵（按，有所应之以'互'的意蕴，即构成对文'天下〔人〕莫之能知，也而莫之能行'）"（按，是彼此的构成

四九七

互为相待的，从能见诸内质的予以作出了阐发，指向主体性的"作行"），具有实践意义的，则是见诸圣人应成"怀玉"。

二者，不排除笔者所补出的"〔则〕"字，于底本之际就已经残损了。不排除笔者所补出的"〔知〕"字，是被彼时的传抄者裁夺了。

三者，于全本的是作玄门建构的，对应遮诠"其唯无知，〔则〕知我者希；是以不我知，则我〔知〕贵"，构成互为显义的，即亦构成对文遮诠"是以圣人：自知〔也〕而不自见（按，即构成对文'其唯无知，〔则〕知我者希'。构成义理一贯地，亦是反映出了，圣人能够自觉地应成实践'被褐'）；自爱〔也〕而不自贵（按，即构成对文'是以不我知，则我〔知〕贵'。构成义理一贯地，亦是反映出了，圣人能够自觉地应成实践'怀玉'）"。

丙，其一，已知的，从全本的予以意义周延地进而阐发总持的"功夫论"，于全本的是作玄门建构的，其"左半门"的"进道"德章即亦对应其"右半门"的"大隐"德章，由此可知，简言之：

内在的乃是基于生命的觉者，诉诸比德于道的有所同构了"互道"与"互德"（按，既构成了，则是能够有所自觉地认知到是"上士闻道，堇能行于其'中'；中士闻道，若〔失〕道〔也而〕若无〔德〕；下士闻道，大笑之为道者"），相应地是转为诉诸社会性的实践的，也就有着：对文遮诠"道者，万物之注；也善人之宝；也不善人之所保"，相与有应地，则是有所遮诠"言有宗；事有君"；同理的，对文遮诠"立天子虽有珙之璧，置三卿〔虽〕以先驷马，不若坚而进道：古之〔善为士〕者不谓'〔若之〕美可以言市，求以得；〔若之〕尊行可以贺人，有罪以免'，〔而谓〕'〔进道〕为天下贵'"，相与有应地，则是有所遮诠"是以圣人，被褐而怀玉"（按，转为是从社会性的实践能够给出勘验的，也就反映出了，对应"上士"的有所应成是"太白若黥；质真若鞴"：那么有所应成圣人"怀玉"，也就构成了，既成"太白"亦既成"质真"；那么有所应成圣人"被褐"，也就构成了，既成"若黥"亦既成"若鞴"）。

其二，还有，于全本的是作玄门建构的，其"左半门"的"立德"德章即亦对应其"右半门"的"大隐"德章，由此可知，简言之：

内在的乃是基于生命的觉者，诉诸比德于道的有所同构了"互道"与"互德"（按，既构成了，则是能够有所自觉地认知到是"上士闻道，堇能行于其'中';中士闻道，若〔失〕道〔也而〕若无〔德〕；下士闻道，大笑之为道者"），相应地是转为诉诸社会性的实践的，也就有着：对文遮诠"今之善为道者：非以明〔明民〕，民也将以〔愚〕愚之；民之难治〔也以其知〕，〔知〕也以其智"，相与有应地，则是有所遮诠"'吾言甚易知，也〔而〕甚易行；天下〔人〕莫之能知，也而莫之能行'；'其唯无知，〔则〕知我者希；是以不我知，则我〔知〕贵'"。

《德经》第三十二章"病己"德章

知不知，上；不知知，病。

圣人之不病，不病也以其病病，是以不病。

【校勘经文】

【一】甲，王本作"知不知，上；不知知，病。夫唯病病，是以不病。圣人不病，以其病病，是以不病"（按，对勘的，该本和北大汉简本，于底本的，是写作"上"字，乃为祖本旧有，而于其他诸传抄本的，于底本的，应该是根据"上"与"尚"是通假字，则是改作"尚"字。按，于该本的，诱因着相"圣人"，裁夺了"之"字，是错谬地改作"圣人不病"）。

傅奕本作"知不知，尚矣；不知知，病矣（按，对勘的，除王本，于其他诸传抄本的，是皆有两个'矣'字，可以指出，此为增入，非但多余，而且障碍祖本的句义）。夫唯（惟）病病，是以不病。圣人之不病，以其病病，是以不吾病"（按，对勘的，于该本的，是错谬地增入了"吾"字）。

北大汉简本作"知（智）不知（智），上矣；不知（智）知（智），病矣。夫唯病病，是以不病。圣人〔之不〕病，以其不病〔病也，是以不病〕"（按，对勘的，应该是出自笔误，于该本的，是写有"不"字，是写成了"以其不病〔病也〕"）。

帛书乙本作"知不知，尚矣；不知知，病矣。是以圣（耵）人之不〔病〕也，以其病病也，是以不病"（按，对勘的，于帛书甲、乙本的，于底本的，是不了义的增入了"是以"，从而写作"是以圣人之不病"）。

帛书甲本作"知不知，尚矣；不知不知，病矣。是以圣人之不病，以其〔病病，是以不病〕"（按，对勘的，不同于其他诸传抄本，帛书甲、乙本皆没有"夫唯病病，是以不病"，从校勘的可以指出，这是另有底本的以夹注所留存。按，该本增入"不"字，是错谬地改作"不知不知"）。

以玄门建构为归导，先为导出，《道德经玄门新证校勘篇》有之新证，厘定祖本的文本，并句读作"知不知，上；不知知，病。圣人之不病，〔不病〕也以其病病，是以不病"。

乙，按，将笔者业已厘定的文本与对勘的诸传抄本的文本对勘，转为追溯至早期的同源的底本，不难发现，彼时的传抄者，已不甚了然经义，从主观地裁夺了重出的"不病"，兼及不自知的乃是错误地句读，是予以节略地改写作"是以圣人之不病也，以其病病，是以不病"，所改写出来的文本，已是浅出祖本的经义。因此而成为诱因，也就引发了，会有后来者需要作夹注。

按，顺为指出，能见于《韩非子·喻老》的，有所不同的是改写作"圣人之不病也，以其病病，是以无病"。韩非子还有所不知，自以为的"无病"，焉知已是折回了"不知知，病"，若为自诊，堕入"见知障"或是其病根；换言之，若为能够自觉地实践"〔不病〕也以其病病"，构成是既对治而应成地，倒有可能"是以不病"，莫念想还有之自以为的"是以无病"。笔者无意诉病先哲"有漏"，放眼当今，下愚也已难逃，同病犹深，自病犹甚。亦可谓是"咳嗽不已，说尽道理；说尽道理，咳嗽不已"。就正于至为自明而少言的"病己"德章，倒是应当自觉，不说也罢。

丙，其一，已知的，从全本的予以意义周延地进而阐发总持的"功夫论"，于全本的是作玄门建构的，其"左半门"的"立德"德章即亦对应其"右半门"的"病己"德章，由此可知，简言之：

内在的乃是基于生命的觉者，诉诸比德于道的有所同构了"互道"与"互德"（按，既构成了，则是能够有所自觉地认知到是"上士闻道，堇能行于其'中'；中士闻道，若〔失〕道〔也而〕若无〔德〕；下士闻道，大笑之为道者"），相应地是转为诉诸社会性的实践的，也就有着：对文遮诠"今之善为道者：非以明〔明民〕，民也将以〔愚〕愚之；民之难治〔也以其知〕，〔知〕也以其智"，相与有应地，则是有所遮诠"知不知，上；不知知，病”；还有，对文遮诠“故以智知邦，邦之觊；不以智知邦，邦之福：知此两者〔乃〕楷栻，亦楷栻互知，此谓立德”，相与有应地，则是有所遮诠“圣人之不病，〔不病〕也以其病病，是以不病”。

其二，基于既有的校勘，进而可知，于全本的是作玄门建构的，对文遮诠“是以圣人，被褐而怀玉”，相与有应地，则是有所遮诠“圣人之不病，〔不病〕也以其病病，是以不病”。

《德经》第三十三章"舍恃"德章

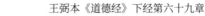
王弼本《道德经》下经第六十九章

祸莫大于无适，无适近亡我之"三宝"；

陈兵相若，则之者能胜：

是故用兵有言，"吾不敢为主而为客；吾不敢进寸
而退尺"，

"是谓：'行无行；攘无臂；执无兵'，乃无敌矣"。

【校勘经文】

【一】甲，王本传本作"用兵有言'吾不敢为主而为客；不敢进寸而退尺'，是谓：'行无行；攘无臂；扔无敌；执无兵'。祸莫大于轻敌，轻敌几丧吾宝。故抗兵相加，哀者胜矣"（按，检索王注，可知于其初本的：应是写作"执无兵；扔无敌"；应是作"无敌"而不作"轻敌"；应是作"几亡"而不作"几丧"；应是作"相若"而不作"相加"）。

傅奕本作"用兵有言，曰：'吾不敢为主而为客；不敢进寸而退尺'，是谓：'行无行；攘无臂；执无兵；仍无敌'。祸莫大于无敌，无敌则几亡吾宝。故抗兵相若，则哀者胜矣"（按，对勘的，祖本旧有的是作"乃"字：于王本的，应该是自主地另据"则攘臂而扔之"，由'乃'讹作"扔"字；于傅奕本的，则是讹作"仍"字）。

北大汉简本作"用兵有言，曰：'吾不敢为主而为客；不敢进寸而退尺'，是谓：'行无行；攘无臂；执无兵；乃无敌（适）'。祸莫大于无适，无适则几亡吾宝（葆）矣。故抗（亢）兵相若，则哀者胜矣"（按，对勘的，该本和帛书甲本，于底本的，是写作"无适"，乃为祖本旧有，而于其他诸传抄本的，于底本的，是错谬地改成了"无敌"）。

帛书乙本作"用兵有（又）言，曰：'吾不敢为主而为客；不敢进寸而退尺'，是谓（胃）：'行无行；攘无臂；执无兵；乃无敌'。祸莫大于无敌，无敌近亡吾宝（琛）矣。故抗兵相若，而依者胜（朕）〔矣〕"（按，于该本的，独有的是作"依者"，而不作"哀者"）。

帛书甲本作"用兵有言，曰：'吾不敢为主而为客；吾不进寸而退（芮）尺'，是谓（胃）：'行无行；攘（襄）无臂；执无兵；乃无敌矣'。祸（䄏）莫大（于）于无适，无适近（斤）亡吾（按，对勘的诸传抄本，溯及底本的，一致地是写作'吾'字，而于祖本的，能合于经义的应是写作'我'字。笔者已有指出，老子凡使用到'吾'和'我'，是作出严格区分的，此不赘。究其原因，彼时的传抄者，是不了义的据前文——已不知乃是出自老子有所引用古语的——是写作'吾'字，也就想当然地作改，深细之处不可不察）宝（葆）矣。故称兵相若，则哀者胜矣"（按，对勘的，于该本的，或是裁夺了或是漏抄了重出的"敢"字，独有的却是抄写出了重出的"吾"字，是写作'吾不进'。按，于该本，独有的是作"称兵"，而不作"抗兵"）。

以玄门建构为归导，先为导出，《道德经玄门新证校勘篇》有之新证，厘定祖本的文本以及厘定祖本的行文语序，并句读作——祸莫大于无适，无适近亡我〔之〕"〔三〕宝"；陈兵相若，则〔之〕者〔能〕胜：〔是故〕用兵有言，"吾不敢为主而为客；吾不敢进寸而退尺"，"是谓：'行无行；攘无臂；执无兵'，乃无敌矣"。

乙，按，关涉本章的，在总持的"配天"德章，相应地已有给出校勘，转至是作出分证的本章，引述如下：

其一，于全本的是作玄门建构的，对应总持的遮诠〔是故用兵有言〕"的有之遮诠"'善为士者弗武；善战者弗勇；善胜敌者弗与'，〔乃〕善用兵者〔能〕为之下"，是以"舍悌"德章作出分证的，即构成对文遮诠——〔是故〕用兵有言，"吾不敢为主而为客；吾不敢进寸而退尺"（按，即构成对文：勇于敢，则〔之〕败；勇于不敢，则〔之〕栝：此两者，孰知其故？天之所恶，或利〔而〕或害），"是谓：'行无行（按，即构成对文：善为士者弗武）；攘无臂（按，即构成对文：善战者弗勇）；执无兵（按，即构成对文：善胜敌者弗与）'，乃无敌矣（按，即构成对文：〔乃〕善用兵者〔能〕为之下）"。

其二，于全本的是作玄门建构的，对应总持的遮诠"夫〔以我之〕'〔三〕宝'〔垣之〕，以陈则〔能〕正，以守则〔能〕固"，是以"舍恃"德章作出分证的，即构成对文遮诠"祸莫大于无适，无适近亡我〔之〕'〔三〕宝'；陈兵相若，则〔之〕者〔能〕胜"。

补充来说：一者，转为是从社会性的实践能够作出验证的，对应遮诠"〔是故用兵有言〕"的有之遮诠"'善为士者弗武；善战者弗勇；善胜敌者弗与'，〔乃〕善用兵者〔能〕为之下"，于全本的是作玄门建构的，即亦构成对文遮诠"'果而弗伐（按，即亦构成对文：善为士者弗武）；果而弗骄（按，即亦构成对文：善战者弗勇）；果而弗矜（按，即亦构成对文：善胜敌者弗与）'，是谓：果而不强（按，即亦构成对文：〔乃〕善用兵者〔能〕为之下）"。

二者，转为是从社会性的实践能够作出验证的，对应遮诠——〔是故〕用兵有言，"吾不敢为主而为客；吾不敢进寸而退尺"，"是谓：'行无行；攘无臂；执无兵'，乃无敌矣"，于全本的是作玄门建构的，即亦构成对文遮诠"将欲弱之，必固强之（按，即亦构成对文：吾不敢为主而为客；吾不敢进寸而退尺）：'将欲翕之，必固张之（按，即亦构成对文：行无行）；将欲去之，必固举之（按，即亦构成对文：攘无臂）；将欲夺之，必固予之（按，即亦构成对文：执无兵）'，是谓：微明（按，即亦构成对文：乃无敌矣）"。

三者，综上既有的校勘，至此，笔者也就有之推测：于"配天"德章的，在"〔是故用兵有言〕"之后，于祖本的应该还写有一句，然后接续地才是写作"〔……？〕"，"〔是谓〕：'善为士者弗武；善战者弗勇；善胜者弗与'，〔乃〕善用兵者〔能〕为之下"；也就是说，这个于祖本的应该还有的文本，大概率地于早期的同源的底本之际就已经全部缺失了，期待地不爱宝，将来或有考古新发现，可以验证笔者的推测。

进一步来说，这个于祖本的应该还有之的文本，于全本的是作玄门建构的，于全本的乃是构成经义贯通地，简言之：构成对文遮诠"吾不敢为主而为客；吾不敢进寸而退尺"；亦构成对文"将欲弱之，必固强之"；亦构成对文"善用兵者，果而已：不以取强焉；果而弗得以居"；亦构成对文"勇于敢，则〔之〕败；勇于不敢，则〔之〕栝：此两者，孰知其故？天之所恶，或利〔而〕或害”。

再进一步来说，稽古钩沉，有所能够寻之于《金人铭》的（按，顺为指出，校勘“强损”道章的文本，笔者正是从《金人铭》的文本之中予以寻出了“好胜者，必遇其敌”，因是，也就得以补出了早已经缺失了的，于祖本是本有的文本，以互文的正是写作“强梁者，不得其死；〔好胜者，必遇其敌〕”），于其文本之中倒是写有“‘勿谓何伤，其祸将长（按，或是构成对文：善为士者弗武？）（按，是以对治的，或是亦构成对文：今舍其俭，且广？随之的，也就是予以阐发于‘畏自’德章？）；勿谓何残，其祸将然（按，或是构成对文：善战者弗勇？）（按，是以对治的，或是构成对文：舍其雌，且勇？随之的，也就是予以阐发于‘天网’德章？）；勿谓何害，其祸将大（按，或是构成对文：善胜者弗与？）（按，是以对治的，或是构成对文：舍其后，且先？随之的，也就是予以阐发于‘大匠’德章？）’，勿谓莫闻，天将伺（sì）人（按，或是构成对文：〔乃〕善用兵者〔能〕为之下？）（按，是以对治的，或是构成对文：则〔之〕必败？）（按，构成是既对治而应成地，或是亦构成互文：天将建之？随之的，也就是予以阐发于‘善恕’德章和‘善生’德章？）”，不知这是否就是——早已缺失了的于老子祖本是本有的 -- 文本，每令下愚不能不为之细想！

按，综上既有的校勘，转为予以梳理对勘的诸传抄本的文本，不难发现：

一者，于祖本的，能合于文理且句义完足地应该是写作“〔是故〕用兵有言”，即构成对文“配天”德章的写作“〔是故用兵有言〕”。显见的，传抄之际，增入“曰”字，实则妄增且不了义。

二者，于祖本的，语义切要地应是写作“陈兵相若，则〔之〕者〔能〕胜”，构成义理一贯地，即构成对文“配天”德章的写作“以陈则〔能〕正，以守则〔能〕固”。显见的，后来的传抄者，已不甚了然经义，已是从狭义的理解兵家之教义，还参考彼时的兵家之典籍，故而是改出了“称兵（或是改作‘抗兵’）相若，则哀（或是改作“依”）者胜”，所改写出来的文本，已出离了祖本的经义。

按，综上既有的校勘，转为追溯至早期的同源的底本，不难发现，彼时的传抄者：一者，客观上已无能知晓于全本的是作玄门建构，加之还有之主观上的意愿，出于意在能够前后相续地照应到"配天"德章的文本（按，已经是传抄本的文本了），故而，传抄之际，则是予以改动了本章的章序，是将"舍㤉"德章前置，承接在"配天"德章之后。二者，还结合自主地解读两章的文本，还基于是以"顺读"作理解，进而是从整体地予以改动了本章的行文语序，也就是，进而是将祖本的首句和尾句，以行文语序是改成互为易位。

丙，已知的，从全本的予以意义周延地进而阐发总持的"功夫论"，于全本的是作玄门建构的，其"左半门"的"啬备"德章即亦对应其"右半门"的"舍㤉"德章，由此可知，简言之：

对应是从应成地予以阐发"夫〔有其〕俭，故能广"，指向应成"〔则之能〕成事长"，相与有应地予以生成文本，转作是以"啬备"德章作出分证的，是诉诸胜义的，则是有所遮诠"事天治人，莫若啬；夫唯啬，是以早备，是谓：重积德"；对应是从对治的予以阐发"今舍其俭，且广"，指向导致"则〔之〕必败"，相与有应地予以生成文本，转作是以"舍㤉"德章作出分证的（按，从校勘的还需指出：从对治的所为生成文本，予以阐发总持的"功夫论"的其"右半门"的全部文本，内在的有着这样的理路，于老子的则从最高阶的"有争"从军事"用兵"一路向后地予以还原"实相"的作出追问，以导归实然的"小邦寡民"为归宿。明白了这一层内在的理路，也就可以从整体地能够了然其"右半门"的全部文本之宗趣），是诉诸胜义的，则是有所遮诠"祸莫大于无适，无适近亡我〔之〕'〔三〕宝'；陈兵相若，则〔之〕者〔能〕胜"。

《德经》第三十四章 "畏自" 德章

王弼本《道德经》下经第七十二章

民之不畏畏，则大畏将至：

毋自狭其所居，毋自压其所生；夫唯无所畏，是以无大畏。

是以圣人：

"自知也而不自见；自爱也而不自贵"，去彼而取此。

【校勘经文】

【一】甲，王本作 "民不畏威，则大威至。无狎其所居，无厌其所生。夫唯不厌，是以不厌。是以圣人：自知，不自见；自爱，不自贵。故去彼取此"。

傅奕本作 "民不畏威，则大威至矣。无狎其所居，无厌其所生（按，对勘的，于王本和该本的，于底本的，是由'毋'讹作'无'字，已出离了祖本的原义）。夫唯（惟）无厌，是以无厌。是以圣人：自知而不自见；自爱而不自贵。故去彼取此"。

北大汉简本作 "〔民〕不畏威，则大威至矣。毋柙（xiá）其所居，毋壓其〔所〕生。夫唯弗壓，是以不厭。是以圣人：自知（智）而不自见也；自爱而不自贵也。故去彼（被）取此"（按，对勘的，于该本，独有的是写作 "毋壓"，乃为祖本旧有，颇具校勘价值。按，以上的三个传抄本，皆是裁夺了 "之" 字，还着相 "畏" 和 "威" 构成通假字，不了义的改成了"民不畏威"。还有，皆裁夺了"将"字，不了义的或是改成了"则大威至"，或是改成了"则大威至矣"）。

帛书乙本作"民之不畏畏，则大畏将至矣。毋（仰）其所居，毋厌（猒 yàn）其所生。夫唯弗毋厌（猒），是以不毋厌（猒）。是以圣（耴）人：自知而不自见也；自爱而不自贵也。故去彼（罢）而取此"。

帛书甲本作"〔民之不〕畏畏，则〔大畏将至〕矣。毋（母）闸（zhá）其所居，毋厌（猒）（按，对勘的，于帛书甲本、乙本的，溯及底本的，是由'壓'字讹作'猒'字，已出离了祖本的原义）其所生。夫唯弗厌（猒），是〔以不厌〕。〔是以圣人：自知而不自见也；自爱〕而不自贵也。故去彼（被）〔而〕取此"。

以玄门建构为归导，先为导出，《道德经玄门新证校勘篇》有之新证，厘定祖本的文本以及厘定祖本的行文语序，并句读作"民之不畏畏，则大畏将至：毋〔自〕狭其所居，毋〔自〕压其所生；夫唯无〔所畏〕，是以无〔大畏〕。是以圣人：'自知〔也〕而不自见；自爱〔也〕而不自贵'，去彼而取此"。

乙，按，将笔者业已厘定的文本与对勘的诸传抄本的文本对勘，转为追溯至早期的同源的底本，不难发现，彼时的传抄者，已不甚了然经义（按，不排除于底本之际就已有字词残损，因此而成为诱因，从客观上的也就导致了，后来的传抄者已无法准确地释读既有的文本），加之是从自己所理解，则是横生歧义地予以改动了祖本的文本，具体来说：

其一，能见于帛书甲、乙本的（按，传抄之际，语义不当地是增入了"矣"字，与"将至"合用，殊不知实则反致横生语义违和），于祖本的本是写作"民之不畏畏，则大畏将至"，此为首句。对应首句进而作出阐发的，即反映为：

一者，追索何以会异化地产生"民之不畏畏"，老子是直抵本质地作出了批判，若为能够消解阶级对抗（按，对应下文的，既转为诉诸达成"夫唯无〔所畏〕"），统治阶级须要正视天下百姓是自在自为地呈现实然的"我自然"（按，构成延义的，是从"从道"德章的文本能够得到索解的，即反映为"唯与呵，相去几何？美与恶，相去何若？人之所畏，亦不可以不畏"），因为，生命本然的已触及了人人是"毋〔自〕狭其所居，毋〔自〕压其所生"的——本能的生命意志不可违。换言之，统治阶级异化地走向"非道",意志用强的愿力于"损不足而奉有余",已是异化出了"今舍其俭,且广",有所掠夺百姓的生产质料(按,即指称于"狭其所居",亦可谓是,所为"事天"已是异化地反动,致使小邦不得"深根固柢",势必伤及"国本")和压榨百姓的劳动所得(按,即指称于"压其所生",亦可谓是,"治人"已是异化地反动,致使寡民不得"长生久视",势必伤及"民生"),而其恶逆的后果,必然会招致天下百姓要作出本能的反抗,既直指"淫祀"的则是异化出了"期天多讳,而民弥叛",势必会反抗统治阶级无节制的"宰制天下,役使群众"。

二者,进一步来说,对应追索"民之不畏畏",内在的亦为构成"楷杕"意义的,老子转为追索何以会异化地产生"则大畏将至",是直抵本质的亦作出了批判,构成义理一贯地,既为阐发了"夫唯无〔所畏〕,是以无〔大畏〕"(按,于全本的是作玄门建构的,对应本章的,转至"大匠"德章,诉诸胜义的,老子还有再为作出深刻的批判)。

其二,综上既有的校勘,进而可知:一者,是构成对文"则大畏将至"的,于祖本的本是写作"夫唯无〔所畏〕,是以无〔大畏〕"。而能见于北大汉简本的,对应前项的"毋壓其所生",是以"顺读"作理解的,则是错谬地改出了"夫唯弗压(壓),是以不厌(厭)"。而能见于帛书乙本的,对应前项的"毋厌(猒)其所生",是以"顺读"作理解的,则是错谬地改出了"夫唯弗毋厌(猒),是以不毋厌(猒)"(而帛书甲本所异的,出于修正病句,是删除了"毋"字)。而能见于王本的,有所避讳"弗"字,则是错谬地改出了"夫唯不厌,是以不厌"。而能见于傅奕本的,则是错谬地改出了"夫惟无厌,是以无厌"。总的来说,对勘的诸传抄本所改写出来的这些文本,皆已沦为废词,各自的传抄者恐怕连自己都无法确知,所改写出来的文本究竟是何义。

二者,是构成对文"民之不畏畏"的,于祖本的本是写作"毋〔自〕狭其所居,毋〔自〕壓其所生",向后作传抄,于今所能见到的,于对勘的诸传抄本的,溯及底本的,是缺失了此句的这两个"自"字,因此而成为诱因,从客观上的也就导致了,后来的传抄者已无法准确地释读既有的文本。也就是说,面对陷入歧义的文本,则是各自地作解,进而是纷纷地予以改动了既有的文本,其结果不良,所有的文本,皆是共性的"旧疾"未去,再加上"新病"各有。从校勘的角度来说,于本章的首句有这两个

"自"字，于祖本是不可或缺的，显见的，既从全章的，也就得以彻底地消除了，于首句所存在的文本"硬伤"（按，顺为指出，受此文本"硬伤"困扰，学界于其"病根"一直未能确诊，于今还在"会诊"），随之的，亦得以照应到了本章的后句，遂还祖本的经义能够前后通达而无违，直抵"圣人"是既对治而应成地能够自觉"道通为一（按，即有所意义于应成'视素'；意义于应成'执一'）；群己一体（按，即有所意义于应成'保朴'；意义于应成'大制〔则〕无割'）"，亦是有所能够自觉地应成"是以圣人：'自知〔也〕而不自见；自爱〔也〕而不自贵'，去彼而取此"。

其三，转向对勘诸传抄本的所取字，予以辨析"闸""柙""伊""狎"字，笔者推测，大概率地皆是以借字出现，而于祖本的，或是作"陕"字（按，简言之，引申义指称农业上是贫瘠之地的荒郊野岭。以文本约义，井田制之下，良田被占为公田，则贱民也只得转向耕作贫瘠之地），意义相近的可通假"陕"或'狭'字。以经义作约束，便于今人直了经义，今校勘是厘定作"狭"字。

还有，即见于北大汉简本的，于祖本的本是作"压（壓）"字，向后作传抄，以字形相近容易导致猜错，加上还可以成为借字，还加之各个时期的传抄者已不甚了然本章的经义，从结果来看，即见于其他诸传抄本的，传抄之际，或是讹作"厌（厭）"字，或是讹作"猒"字。

其四，笔者厘定，于祖本的应是写作"是以圣人：'自知〔也〕而不自见；自爱〔也〕而不自贵'，去彼而取此"，内在的亦为构成"楷栻"意义的，即构成对文"圣人之不病，〔不病〕也以其病病，是以不病"，转至本章的，相应地亦能够给出勘验。从校勘的还需予以指出，若为诉诸胜义，亦是具有社会性的实践意义的：则"自知"与"不自见"既构成是一体的两面（按，以隐喻的，亦构成了乃是有所能够自觉地应成实践"被褐"）；则"自爱"与"不自贵"既构成是一体的两面（按，以隐喻的，亦构成了乃是有所能够自觉地应成实践"怀玉"）。

丙，已知的，从全本的予以意义周延地进而阐发总持的"功夫论"，于全本的是作玄门建构的，其"左半门"的"用人"德章即亦对应其"右半门"的"畏自"德章，由此可知，简言之：

对应是从应成地予以阐发"是谓：用人"（按，既为应成"夫〔有其〕俭，故能广"，相应地转为是从社会性的主体作出阐发），相与有应地予以生成文本，转作是以"用人"德章作出分证的，则是有所遮诠"治〔之〕大邦，其鬼不神；以道立天下，若〔可〕享〔之〕小鲜"（按，从"事天治人"作出审视，若为应成"莫若啬"，则是能够消解异化地搞"淫祀"，有所消解了统治阶级异化地借用祂力"将欲取天下而为之"）；对应是从对治的予以阐发"是谓：用人"〔按，既为对治"（今）舍其俭，且广"，相应地转为是从社会性的主体作出阐发〕，相与有应地予以生成文本，转作是以"畏自"德章作出分证的，则是有所遮诠"民之不畏畏，则大畏将至"（按，从"事天治人"作出审视，对治统治阶级意志"将欲取天而为之"，满足统治阶级"泰；甚；奢"，老子则是转为从社会性的实践作出批判，即批判了统治阶级企图假借祂力来强化阶级统治，其结果势必是"期天多讳，而民弥叛"，而出路也只能是"夫唯无〔所畏〕，是以无〔大畏〕"。还需指出，再为批判统治阶级已是背离了"以道立天下"，异化地搞强权统治，即反映为，其后果势必是"夫代大匠斫者，则希有不伤其手"）。

　　补充来说，统治阶级之所以祭祀天地鬼神要搞出"期天多讳"，无非的就是要炮制出，社会性的百姓之群体将会"畏"于祂力的"大畏"，然后假借异化的"大畏"以达目的，强化阶级统治（按，而于本质上的，也只不过是异化地"不知互，妄；妄作，凶"），而深在的则是人人是"毋〔自〕狭其所居；毋〔自〕压其所生"的，其后果势必招致反噬，将会异化出"民不畏畏，则大畏将至"，也就是必然地会异化出"而民弥叛"，正可谓是，早有之告诫"勿谓何伤，其祸将长（zhǎng）"！

《德经》第三十五章"天网"德章

王弼本《道德经》下经第七十三章

勇于敢，则之败；勇于不敢，则之栝：

此两者，孰知其故？天之所恶，或利而或害。

天之道：

"不言而善应；繟然而善谋。不争而善成；不召而善来"。

天网恢恢，疏而不失。

【校勘经文】

【一】甲，王本作"勇于敢则杀，勇于不敢则活。此两者，或利或害。天之所恶，孰知其故？是以圣人：犹难之。天之道：不争而善胜；不言而善应；不召而自来；繟（chǎn）然而善谋。天网恢恢，疏而不失"（按，对勘的，傅奕本所异，"繟然"作"默然"，"天网"作"天纲"。按，只有王本和傅奕本，溯及底本的，已是存有"是以圣人：犹难之"，从校勘的可以直接予以指出，这是夹注窜并）。

北大汉简本作"勇于敢则杀，勇于不敢则栝（枯）（按，是由'栝'讹作'枯'字。祖本旧有的是作'栝'字）。此两者，或利或害。天之所恶，孰知（智）其故？天之道：不争而善胜；不言善应；弗召自来；默（謘）（按，这两个字是通假字）然而善谋。天网（罔）恢恢（怪怪）（按，是由'经'讹作'怪'字），疏而不失"。

帛书乙本作"勇于敢则杀，勇于不敢则栝。〔此〕两者，或利或害。

天之所恶（亚），孰知其故？天之道：不战（单）而善胜（朕）；不言而善应；弗召而自来；战（单）而善谋。天网（罔）恢恢（'罡'字，叠用），疏而不失"。

帛书甲本作"勇于敢者〔则杀，勇〕于不敢者则栝。〔此两者，或利或害。天之所恶，孰知其故〕？〔天之道：不战而善胜〕；不言而善应；不召而自来；弹而善谋。〔天网恢恢，疏而不失〕"（按，对勘的，于该本的，是增入了"者"字）。

以玄门建构为归导，先为导出，《道德经玄门新证校勘篇》有之新证，厘定祖本的文本以及厘定祖本的行文语序，并句读作"勇于敢，则〔之〕败；勇于不敢，则〔之〕栝：此两者，孰知其故？天之所恶，或利〔而〕或害。天之道：'不言而善应；繟然而善谋。不争而善成；不召而善来'。天网恢恢，疏而不失"。

乙，按，从校勘的可以直接予以指出：一者，能见于帛书甲、乙本的，皆是作"栝"字，乃为祖本旧有，而传抄流变地，至北大汉简本的，则是讹作"枯"字，至王本和傅奕本的，则皆是讹作"活"字；二者，能见于对勘的诸传抄本的，一致地是作"杀"字，笔者据总持的"功夫论"其经义予以反推，目前能推定的，于祖本能合于经义的应是作"败"字（按，不排除，亦能合于经义的应是作"残"字：若果如是，则是有所照应到"〔勿谓何残，其祸将然〕"，转为予以作出阐发。能否作"伤"字？未为确当，相较于"残"，"伤"还不至于会影响到"栝"），也就满足了是义理无间的既构成对文"栝"字，期待将来或有考古新发现，可以验证笔者的推定。结合予以验证于业已厘定的文本，以下给出具体的辨析：

其一，追索从"三宝"的"慈"所派生出的"勇"，可以从两个方向索解其意义：

一者，已知的，基于生命的觉者能认知到互道道动内在的有着是以"强"与"弱"呈现随机性演化，相应地老子则是予以抉择了同构的"泛成"之道和"玄同"之德，而"功夫论"的"慈"，即由同构的"泛成"之道和"玄同"之德所派生。转换来说，那么有所意义于应成"慈"（按，是以诉诸具有最高意义的"益生"能够作出评价的，则是反映于能够应成"爱民栝域"的能够应成"蓄人"。按，是从生命个体的人格上能够作出评价的，则是指向了具足自性"无私、无欲"，意义于能够具足"玄同"之德），是能够诉诸本体意义的，即具有意义于"弱也者强"，而等价的以意义于主体所能反映的，以具象地，即可反映为是"牝互以静，〔牝〕胜牡，为其静也为下"，也就构成了，即从"弱"的态势会演化出"强"的结果，而当机的，也倚伏着即从"强"的态势会演化出"弱"的结果，因是，从这个意义上来说，这也就构成了乃是"有其慈，故能勇"的内在规定性；换言之，于生命的主体来说，亦是具有着力之所致的"勇"，以意义于主体而能作出审察的（则是有所发乎生命本能的"益生，曰：祥；心使气，曰：〔能〕强"），则当机的亦是倚伏着既为"弱也者强"亦既为"强也者弱"，具有这样的内在规定性（按，构成延义的，相与有应地转为是从价值判断作出追溯的，则是可以追溯到同构的"泛成"之道和"玄同"之德，也就反映出了：当机的亦是倚伏着"或利〔而〕或害"）。基于生命的主体已是具有这样的内在规定性，那么诉诸比德于道的，转为是从社会性的实践——也就是以"功夫论"——能够作出阐发的，相应地则有着，同时地能够是遮诠作"（夫）有其慈，故能勇"和是遮诠作"（今）舍其慈，且勇"，而于全本的是作玄门建构的，是能够再为予以作出阐发的，即可以反映为，亦有着能够是遮诠作"勇于敢，则〔之〕败；勇于不敢，则〔之〕栝：此两者，孰知其故？天之所恶，或利〔而〕或害"。

二者，综上既有的辨析，也就可以转为予以深入地辨析"勇于敢，则〔之〕败；勇于不敢，则〔之〕栝：此两者，孰知其故？天之所恶，或利〔而〕或害"，进而可知：

之一，是从对治的予以阐发"〔今〕舍其慈，且勇"，即可以反映为，则是反映于"勇于敢"（按，顺为指出：之一，"勇"者，其意义是特为指称"人"自身本能的有之力之所致的"用"，具有本体意义的，即可索解于老子的"益生，曰：祥；心使气，曰：〔能〕强"。之二，"敢"者，其意义是特为指称"人"自身本能的有之力之所致的需要处置"利"与"害"，从生命的意志上则是应机的或是会表现出"进取"或是会表现出"退却"，是具有两重的应机反映），构成义理一贯地，亦是反映为，既判定是"则〔之〕必败"，随之的，也就可以予以判定是"则〔之〕败（按，或是'残'）"；换言之，转为是诉诸比德于道的能作出审察的，既反映为，则是指称于"或利〔而〕或害"，因为，于本质上的，当机的乃是有所倚伏着"强也者弱"，而深在的则是指归"道；泛兮，其可左右"（按，故而，是构成物我同构的：能等觉和能等持的予以诉诸具有本体意义的，则是有所能够觉知到是"夫代〔大匠〕司杀，是代大匠斫；夫代大匠斫者，则稀有不伤其手"；予以诉诸具有主体意义的，则是有所能够觉知到是"夫唯无以生为者，是贤贵生"）。

之二，同理的，是从应成地予以阐发"（夫）有其慈，故能勇"，即可以反映为，则是反映于"勇于不敢"，构成义理一贯地，亦是反映为，既判定是"〔则之能〕成事长"，随之的，也就可以予以判定是"则〔之〕桰"；换言之，转为是诉诸比德于道的能作出审察的，既反映为，则是指称于"或害〔而〕或利"，因为，于本质上的，当机的乃是有所倚伏着"弱也者强"，而深在的则是指归"道；泛兮，其可左右"（按，故而，是构成物我同构的：能等觉和能等持的予以诉诸具有本体意义的，则有所能够觉知到是"天网恢恢，疏而不失"；予以诉诸具有主体意义的，则有所能够觉知到是"夫天〔之〕道无亲，〔也而〕善互予人"）。

其二，综上既有的辨析，进而可知：一者，彼时的传抄者，已不甚了然经义，已无法领会"则〔之〕桰"于本质上的乃是有所应成实践"能辅万物之自然"，可以表征于"〔则之能〕成事长"（按，在"内观"道章，从校勘的已有辨析"桰"字，此不赘）；也就是说，从"勇于不敢"，是并不能直接地予以判为是"则活"的，至多沦为武断，即由"桰"讹作"活"字，不过是传抄者的望文生义。二者，同病的，也就是说，从"勇于敢"，是并不能直接地予以判为是"则杀"的，至多沦为武断，即从"败"篡改作"杀"字，不过是传抄者的望文生义。还需指出，不排除还因之有所着相，是生吞活剥了"大匠"德章的文本，也就强化了其传抄者会篡改作"杀"字。

其三，于祖本的本是写作"此两者，孰知其故？天之所恶，或利〔而〕或害"。已知的，这是对应主体的，是构成物我同构的，转为是以具有本体意义的作出遮诠，从而给出启示。而彼时的传抄者，已无能领会祖本的此层意蕴，故而的，不自觉地仍旧是从主体出发，予以改动了祖本的行文语序，即改写作："此两者，或利或害。天之所恶，孰知其故？"而所改写出来的文本，已浅出了祖本的经义。

按，笔者厘定，于祖本能合于经义的应是写作"天之道：'不言而善应；繟然而善谋。不争而善成；不召而善来'"（按，可以先为指出，简言之，要之：前两项，即转为构成对文"天网恢恢"；后两项，即转为构成对文"疏而不失"）。能见于对勘的诸传抄本的，溯及早期的同源的底本的，彼时的传抄者，诱因已习惯于以"顺读"作理解，故而的，则是予以改动了祖本的行文语序，文本类同的皆是写作"天之道：不争（按，流变地或是篡改作'战'字）而善胜（按，溯及早期的同源的底本，已是由'成'篡改作'胜'字）；不言而善应；不（按，或是不了义的写作'弗'字）召而自（按，溯及早期的同源的底本，已是由'善'篡改作'自'字）来；繟（按，或是写作'默''戰''弹'等字）然而善谋"，也即，特为的是将"繟然而善谋"改作是作为最后一项，意在可以以之衔接尾句的"天网恢恢，疏而不失"。

丙，从校勘的还需指出，以玄门建构所能反映，对应上述业已厘定的遮诠"天之道"的文本：

一者，内在的乃是基于比德于道的，则是有所构成对文"天均"德章的遮诠"是以圣人之言〔有道〕，〔以正〕也曰（按，有所导归于'正'，即构成对文'天之道'）：'我好静，而民自正（按，即构成对文：不言而善应）；我无为，而民自化（按，即构成对文：繟然而善谋）。我无事，而民自福（按，即构成对文：不争而善成）；我欲不欲，而民自朴（按，即构成对文：不召而善来）'"。

二者，内在的乃是基于比德于道，亦是同为的构成对文"上善"道章的遮诠"〔是谓圣人之有道〕（按，诉诸归宗'孔德之容，惟道是从'，即构成对文'天之道'）：〔圣人之有道〕〔也而〕'言善信（按，即构成对文：不言而善应。即亦构成对文：我好静，而民自正）；政善治（按，即构成对文：繟然而善谋。即亦构成对文：我无为，而民自化），"（按，是诉诸比德于道的，即有所同构于应成"居善地"），以及同为的遮诠"事善能（按，即构成对文：不争而善成。即亦构成对文：我无事，而民自福）；动善时（按，即构成对文：不召而善来。即亦构成对文：我欲不欲，而民自朴）"（按，是诉诸比德于道的，即有所同构于应成"予善天"）。

按，综上既有的校勘，也就可以确切地厘定文本的所取字：一者，是能够据"天均"德章和"上善"道章的文本予以约义的，笔者认为，于祖本的应是作"不争而善成"，而不作"不戰而善胜"（按，殊不知，至本章，对治异化地"战争"，已是转向了，乃是诉诸本体意义的有所予以再追问）；二者，同样的，笔者认为，于祖本能合于经义的宜作"繟然"，不宜作语义浮泛的"默然"，亦不作实则是错谬地"戰然"或"弹然"；三者，同样的，笔者认为，于祖本的应是作"不召而善来"，而不作"弗召而自来"（按，殊不知，从"道"本体作出遮诠，无所能称"自"，于全本的乃是构成义经义贯通地，能够诉诸胜义的，则是有所遮诠"道隐无名；夫唯道，善始且善成"）。

丁，已知的，从全本的予以意义周延地进而阐发总持的"功夫论"，于全本的是作玄门建构的，其"左半门"的"蓄人"德章即亦对应其"右半门"的"天网"德章，由此可知，简言之：

内在的乃是基于生命的觉者，已是有所同构了"天下之道"和"天之道"，对文遮诠应成"天下之牝"既为"天下之交"，进而能够自觉地应成实践大邦"兼蓄人"和小邦"入蓄人"，以胜义的既构成了，亦是有所能够认知到"天之道"乃为"天网恢恢，疏而不失"；还有，对文遮诠应成"夫皆得其欲，则大邦宜为下"，以胜义的既构成了，亦是有所能够认知到"勇于敢，则〔之〕败；勇于不敢，则〔之〕栝。此两者，孰知其故？天之所恶，或利〔而〕或害"，正可谓是，早有之告诫"勿谓何残，其祸将然"！

《德经》第三十六章 "大匠" 德章

王弼本《道德经》下经第七十四章

若民互不畏死，且不畏死，奈何以杀惧之；

若民互必畏死，且必畏死，则互有大匠司杀。

孰敢而为畸者，则互有大匠司杀，若何代大匠将得而杀之？

夫代大匠司杀，是代大匠斫；

夫代大匠斫者，则希有不伤其手。

【校勘经文】

【一】甲，王本作"民（按，对勘的，该本于此处，是裁夺了'常'，即'恒'字，而于祖本的是作'互'字）不畏死，奈何以死惧之！若使民常畏死，而为奇者，吾得执（按，对勘的，该本于此处，是增入了'执'字）而杀之，孰敢？常有司杀者杀，夫代司杀者杀，是谓：代大匠斲（斫，zhuó）。夫代大匠斲者，希有不伤其手矣"。

傅奕本作"民常不畏死，如之何其以死懼之？若使民常畏死，而为奇者，吾得而杀之，孰敢也！常有司杀者杀，而代司杀者杀，是代大匠斲。夫代大匠斲者，稀不自（按，对勘的，该本于此处，是增入了'自'字）伤其手矣"。

北大汉简本作"民恒不畏死，奈何其以杀懼（戄）之也？若使民恒不畏死，而为畸者，吾得而杀之，夫孰敢矣？恒有司杀者，夫代司杀者杀，是代大匠斲也。夫代大匠斲者，希不伤其手矣"。

帛书乙本作"若民恒且不畏死，若何以杀惧（瞿）之也？使民恒且畏死，而为畸者，〔吾〕得而杀之，夫孰敢矣？若民恒且必畏死，则恒有（又）司杀者。夫代司杀者杀，是代大匠斫。夫代大匠斫，则希不伤其手"。

帛书甲本作"〔若民恒且不畏死〕，奈何以杀惧（愳）（按，该字有所取相，刻画宛然）之也？若民恒畏（是）死，则而为者，吾将得而杀之，夫孰敢矣？若民〔恒且〕必畏死，则恒有司杀者。夫代（伐）司杀者杀，是代（伐）大匠斫也。夫代（伐）大匠斫者，则〔希〕不伤其手矣"。

以玄门建构为归导，先为导出，《道德经玄门新证校勘篇》有之新证，厘定祖本的文本以及厘定祖本的行文语序，并句读作"若民互〔不畏死〕，且不畏死，奈何以杀惧之；若民互〔必畏死〕，且必畏死，则互有〔大匠〕司杀。孰敢而为畸者，〔则互有大匠司杀〕，若何〔代大匠〕将得而杀之？夫代〔大匠〕司杀，是代大匠斫；夫代大匠斫者，则希有不伤其手"。

乙，按，是以帛书乙本的文本为底本的，笔者厘定，于祖本句义完足地应是写作"若民互〔不畏死〕，且不畏死，奈何以杀惧之；若民互〔必畏死〕，且必畏死，则互有〔大匠〕司杀"。

将笔者业已厘定的文本与对勘的诸传抄本的文本对勘，转为追溯至早期的同源的底本，不难发现，彼时的传抄者，诱因已不甚了然经义，则是裁夺了于祖本的是重出的"不畏死"以及"必畏死"。以此为底本，向后作传抄：至帛书甲、乙本，还存有"若民互（恒）且必畏死，则互（恒）有司杀者杀"（按，于祖本的是作"大匠司杀"，是被错谬地篡改作"司杀者杀"），而于对勘的其他诸传抄本的，皆灭失了首句的此后项。另为指出，祖本的首句的前项，本是写作"若民互〔不畏死〕，且不畏死，奈何以杀惧之"，流变地传抄至王本，则是被断章取义地改作"民不畏死，奈何以死惧之"，相较祖本的文本，已是面目改容，精神不在。与之对勘，于傅奕本的，则是改写作"民恒（常）不畏死，如之何其以死惧之"（按，至王本，则是裁夺了"常"字。又，两者相同的，溯及底本的，主观地出于意在可以照应到前项的"死"字，则是由祖本的"以杀"讹作"以死"）。

按，是以帛书甲、乙本的文本为底本的，笔者厘定，于祖本句义完足地应是写作"孰敢而为畸者,〔则互有大匠司杀〕,若何〔代大匠〕将得而杀之"(按,笔者还有之猜测,备此一说,是有所照应到"天网"德章的文本的,不排除于祖本的或是写作"孰〔勇于〕敢而为畸者",期待将来或有考古新发现,可以验证笔者的猜测。于目前的,是厘定作"孰敢而为畸者")。

将笔者业已厘定的文本与对勘的诸传抄本的文本作对勘,转为追溯至早期的同源的底本,不难发现,彼时的传抄者,不但是改动了祖本的行文语序,而且还错解了祖本的经义,其结果,相较于祖本的,显明的,所篡改出来的文本,已是面目迥异,完全地背离了祖本的经义:

间接地能见于帛书乙本的,已是改写作"使民恒且畏死,而为畸者,〔吾〕得而杀之,夫孰敢?"(按,增入了是篡改出来的"(若)使民恒且畏死",而被顶戴的,则是裁夺了于祖本的是重出的"〔则互有大匠司杀〕"),将其以行文语序前置,夹在了首句的前后两项的中间;与之对勘,能见于帛书甲本的,已是改写作"若使民恒畏(是)死,则而为者,吾将得而杀之,夫孰敢矣"(按,或是漏抄或是裁夺了"畸"字。还存有祖本的"将"字);与之两者对勘,至北大汉简本的,已是改写作"若使民恒畏死,而为畸者,吾得而杀之,夫孰敢矣";与之三者对勘,至傅奕本的,已是改写作"若使民恒(常)畏死,而为畸(奇)者,吾得而杀之,孰敢也",文本类同的,至王本的,已是改写作"若使民恒(常)畏死,而为畸(奇)者,吾得执而杀之,孰敢"。

按,是以帛书甲、乙本为底本的,笔者厘定,于祖本语义切要地应是写作"夫代〔大匠〕司杀,是代大匠斫;夫代大匠斫者(按,即构成对文'夫代〔大匠〕司杀'),则希有不伤其手(按,即构成对文'是代大匠斫')(按,还需指出,笔者有之猜测,备此一说,于祖本的或是写作'则希有不〔害〕〔于〕其手',转为是能够验证于'执生'德章的,正是异化出了'人之饥;百姓之不治;民之轻死'。也就是说,其中的'伤'字本是作'害'字:若果如是,则是有所照应到'〔勿谓何害,其祸将大〕',转为予以作出阐发。也就是说,是溯及早期的同源的底本的,彼时的传抄者,乃是据'手'字予以武断地篡改作'伤'字,随之的,则是裁夺了'〔害于〕'两个字以及'有'字。期待将来或有考古新发现,可以验证笔者的推测)"(按,既构成句义连贯且经义贯通的是能承接前句的，即对应"孰敢而为畸者，〔则互有大匠司杀〕，若何〔代大匠〕将得而杀之"，进而是诉诸胜义的，有所给出批判）。

将笔者业已厘定的文本与对勘的诸传抄本的文本对勘，转为追溯至早期的同源的底本，不难发现，彼时的传抄者，仍然着相作为主体的统治者"司杀者"（按，因此的，于上一句的是错谬地予以增入了"吾"字），已无能领会老子所阐发的"大匠"（按，是诉诸比德于道的，既是应成"大制〔则〕无割"），再为篡改了祖本的尾句，而所改写出来的文本，已浅出了祖本的经义：

间接地能见于帛书乙本的，已是改写作"夫代司杀者杀，是代大匠斫。夫代大匠斫，则希不伤其手"；与之对勘，文本类同的，能见于帛书甲本的，已是改写作"夫代（伐）司杀者杀，是代（伐）大匠斫也。夫代（伐）大匠斫者，则〔希〕不伤其手矣"（按，于该本的，还存有祖本的"者"字。于底本的，不了义的是增入了"矣"）；与之两者对勘，至北大汉简本，已是再为流变地改写作"恒有司杀者，夫代司杀者杀，是代大匠斫也。夫代大匠斫者，希不伤其手矣"（按，是错谬地予以增入了"恒有司杀者"。又，同于帛书甲本的，亦存有"者"字。又，是裁夺了"则"字。按，"斫"与"斲"是通假字，今厘定宜作"斫"字）；与北大汉简本对勘，至王本，已是再为流变地改写作"恒（常）有司杀者，夫代司杀者杀，是谓：代大匠斲。夫代大匠斲者，希有不伤其手矣"（按，不了义的是增入了"谓"字，改作"是谓"。又，出于意在修正语句，是增入了"有"字），文本类同的，至傅奕本，已是再为流变地改写作"恒（常）有司杀者杀，而代司杀者杀，是代大匠斲。夫代大匠斲者，希（稀）不自伤其手矣"（按，不了义的将"夫"字是改成了"而"字。又，还不了义的是增入了"自"字）。

丙，已知的，从全本的予以意义周延地进而阐发总持的"功夫论"，于全本的是作玄门建构的，其"左半门"的"取下"德章即亦对应其"右半门"的"大匠"德章，由此可知，简言之：

对应是从应成地予以阐发"是谓：不争之德"（按，既是应成"〔有其〕慈，故能勇"，相应地转为是从社会性的主体予以作出阐发），相与有应地予以生成文本，转作是以"取下"德章作出分证的，则是有所遮诠"天下乐进而毋厌也〔以其不争〕；以其不争也天下莫能与之争"；对应是从对治的予以阐发"是谓：不争之德"〔按，既是对治"（今）舍其慈，且勇"，相应地转为是从社会性的主体予以作出阐发〕，相与有应地予以生成文本，转作是以"大匠"德章作出分证的，则是有所遮诠"夫代〔大匠〕司杀，是代大匠斫；夫代大匠斫者，则希有不伤其手"，正可谓是，早有之告诫"勿谓何害，其祸将大"！

《德经》第三十七章"善怨"德章

有德司契，司契和大怨；无德司彻，司彻必有余怨。

大小多少，报怨以德；是以圣人，执左契而不以右契责于人。

夫天之道无亲，也而善互予人。

【校勘经文】

【一】甲，王本作"和大怨，必有馀（按，对勘的，即见于帛书甲本的，于祖本的应是写作'余'字）怨。安可以为善？是以圣人，执左契而不责于人。有德司契，无德司彻。天道无亲，常与善人"。

傅奕本作"和大怨，必有馀怨。安可以为善？是以圣人，执左契而不责于人。故有德司契，无德司彻。天道无亲，常与善人"。

北大汉简本作"和大怨，必有馀怨。安可以为善？是以圣人，执左契而不以（按，对勘的，至王本和傅奕本，溯及底本的，出于修正语句，是裁夺了'以'字，而于其他诸传抄本的，皆是存有'以'字）责于人。故有德司契，无德司彻（肆）。天道无亲，恒与善人"。

帛书乙本作"和（禾）大〔怨，必有馀怨〕。〔安可以〕为善？是以圣（耵）人，执左契（芥）而不以责于人。故有（又）德司契（芥），无德司彻（薄）。〔夫天道无亲，恒与善人〕"（按，对勘的，于同句的相同的位置，于帛书甲本的，独有的是作"右"字，而不作"左"字，颇具校勘价值）。

帛书甲本作"和大怨，必有余怨。焉可以为善？是以圣，右契（介）而不以责于人。故有德司契（介），〔无〕德司徹（罽 chè）。夫天道无亲，恒与善人"（按，对勘的，于该本的，其传抄者常出掉举，是漏抄了"圣人"的"人"字，以及相邻的"执"字）。

以玄门建构为归导，先为导出，《道德经玄门新证校勘篇》有之新证，厘定祖本的文本以及厘定祖本的行文语序，并句读作"有德司契，〔司契〕和（huó）大怨；无德司徹，〔司徹〕必有余怨。〔大小多少，报怨以德〕；是以圣人，执左契而不以〔右契〕责于人。夫天〔之〕道无亲，〔也而〕善亙予人"。

乙，按，将笔者业已厘定的文本与对勘的诸传抄本的文本对勘，转为追溯至早期的同源的底本，不难发现，彼时的传抄者，已不甚了然经义，加之不排除于底本之际就已有字词残损，故而的，则是从整体地予以改写了祖本的文本，具体来说：

其一，笔者厘定，于祖本语义贯通且经义完足地应是写作"有德司契，〔司契〕和大怨；无德司徹，〔司徹〕必有余怨"。能见于对勘的诸传抄本的，于祖本的本是句义完整地首句，已被彼时的传抄者所分解，是改写成了不构成直接关联地两句（按，从校勘的还有之合理的推测，应该客观上还有其诱因，于祖本的"〔司契〕"和"〔司徹〕"乃是以重文号写出，于底本之际，不排除该重文号就已经缺失了）：一者，即予以改出了，有所拼接文本的"和大怨，必有余怨"，因之存在行文突兀且语焉不详，已沦为病句；二者，是增入了"故"字，即予以改出了，有所拼接文本的"故有德司契，无德司徹"，将其以行文语序后移。

其二，笔者厘定，于祖本语义贯通地应是写作"〔大小多少，报怨以德〕；是以圣人，执左契而不以〔右契〕责于人"，已厘定的此句，可以语势贯通且经义无间地照应到首句。从校勘的还有之合理的推定，彼时的传抄者，应该是写作"是以圣人，执左契而不以右契责于人"，以行文语序是将其前移了。

需指出，笔者所补出的"〔大小多少，报怨以德〕"，应该是于早期的底本之际就已经残损了，未料是以作夹注的得以留存了下来，是保存在了"善始"德章全章的文本之中。今校勘，笔者是将此句从"客家"迁回了"主家"。从校勘的还可以予以指出，此句于历史上的应该已是成语，为当时的社会大众所习用，老子从社会性的实践出发，相得益彰的也就有所加以引用。

　　还需指出，笔者能够补出于祖本的是应有"右契"，是基于以下的构成实证的文本之既有：一者，先前已指出，于帛书甲本的，独异地是作"右契"，而不作"左契"。二者，跟进的，予以对勘诸传抄本的文本，比对或是存有或是裁夺了"以"字，进而可以推断出，在"以"字后面，于祖本的应该还有残损的字词，故而，从原则上的，也就可以推定是残损了"右契"。三者，据全本的文本亦能得到佐证，涉及是从文化观念上亦能明辨"左"和"右"的，构成义理一贯地，还反映出了，则是有之取向"吉事上左，凶事上右；君子居则贵左，用兵则贵右"。补充来说，"契"者，《说文》"契，大约也。券，契也"。对等的言及"右契"，意义需兑现应尽的责任，到期应当偿还债务：可验之《礼记·曲礼》"献粟者执右契"；《战国策·韩策》"操右契而为公，责德于秦魏之王"。对等的言及"左契"，意义持有有待归还的债权，亦为在期的责权：可验之王弼所注，"左契，防怨之所由生也"，能得其义。

　　其三，对勘诸传抄本的文本，文本类同的皆是写有"安（焉）可以为善"，从校勘的可以直接予以指出，这是夹注窜并。从校勘的还有之合理的推定，在祖本的文本被改写之前，此夹注应该就早已存在，乃是出于予以夹注语义不明的"和大怨，必有余怨"（按，后来的传抄者，之所以会改动祖本的行文语序，此夹注亦构成诱因）。今校勘，则是将其删除。

　　按，结合验证于业已厘定的"天网恢恢，疏而不失"，已知的，于全本的是作玄门建构的，在两章之间还有之构成对文，故而，校勘本章的文本，笔者也就得以厘定了，于祖本句义完足地应是写作"夫天〔之〕道无亲，〔也而〕善互予人"。

　　将笔者业已厘定的文本与对勘的诸传抄本的文本对勘，转为追溯至早期的同源的底本，不难发现，彼时的传抄者，已不能理解祖本的经义，不排除还陷入了句读有误，故而的，则是予以裁夺了祖本的字词，进而还篡改了祖本的尾句，即错谬地改出了"夫天道无亲，互与善人"（按，对勘的，乃是贯穿全本的，传抄至帛书甲、乙本以及北大汉简本的，祖本的"互"字已是被流变地改成了"恒"字。至王本和傅奕本，此"恒"字则是被流变地改成了"常"字）。

《德经》第三十八章 "善生" 德章

王弼本《道德经》下经第七十五章

人之饥，饥也以其上取食税之多，是以饥；

百姓之不治，不治也以其上上之有以为，是以不治；

民之轻死，轻死也以其上求生之厚，是以轻死。

夫唯无以生为者，是贤贵生。

道德经玄门新证 校勘篇

【校勘经文】

【一】甲，王本作"民之饥，以其上食税之多，是以饥。民之难治，以其上之有为，是以难治。民之轻死，以其求生之厚，是以轻死。夫唯无以生为者，是贤于贵生"。

傅奕本作"民之饥者，以其上食税之多也，是以饥。民之难治者，以其上之有为也，是以难治。民之轻死者，以其上求生生之厚也，是以轻死。夫唯（惟）无以生为贵者，是贤于贵生也"（按，对勘的，该本不了义的是裁夺了"也"字，进而是分别地增入了三个"者"字，还增入了"贵"字，以及是叠用的还增入了"生"字。对勘的，于祖本的本是作"人之饥"，而该本和王本，溯及底本的，已是改作"民之饥"。祖本的本作"不治"，而该本和王本，溯及底本的，已是改作"难治"，语义已不同。于祖本的本是作"有以为"，而该本和王本，溯及底本的，已是改作"有为"，语义已不同）。

北大汉简本作"人之饥也，以其取食税（脱）之多也，是以饥。百姓之不治也，以上之有以为也，是以不治。民之轻死也，以其〔求〕生之厚也，是以轻死。夫唯无以生为，是贤〔于〕贵生也"（按，对勘的，于该本的：漏抄了"其"字，是写作"以上"；漏抄了"者"字，是写作"夫唯无以生为"）。

帛书乙本作"人之饥也，以其取食税（跷）之多，是以饥。百姓（生）之不治也，以其上之有以为也，〔是〕以不治。民之轻死，以其求生之厚也，是以轻死。夫唯无以生为者，是贤贵生"。

帛书甲本作"人之饥也，以其取食税（逡）之多也，是以饥。百姓之不治也，以其上有以为〔也〕，是以不治。民之轻（至）死，以其求生之厚也，是以轻（至）死。夫唯无以生为者，是贤贵生"（按，对勘的，于该本的，漏抄了"之"字，是写作"以其上有以为也"）。

以玄门建构为归导，先为导出，《道德经玄门新证校勘篇》有之新证，厘定祖本的文本，并句读作"人之〔饥〕，饥也以其上取食税之多，是以饥；百姓之〔不治〕，不治也以其上〔上〕之有以为，是以不治；民之〔轻死〕，轻死也以其上求生之厚，是以轻死。夫唯无以生为者，是贤贵生"。

乙，按，先为指出，予以对勘诸传抄本的文本，可以发现：一者，至傅奕本，其独有的，于首句的共三项的每一项，是均有"上"字。二者，至王本，于前两项，均有"上"字，于第三项，则没有"上"字。三者，所不同的，至北大汉简本以及帛书甲、乙本，只有中间的第二项是皆有"上"字。于每一项若是无"上"字，那么所呈现出的文本也就会横生句义逆反。

将笔者业已厘定的文本与对勘的诸传抄本的文本对勘，转为追溯至早期的同源的底本，不难发现，彼时的传抄者，非但已不能理解经义，而且还堕入了思想上的反动，具体来说：

一者，于祖本语义切要地本是写作"饥也以其上取食税之多"（按，于祖本的是以重文号写出的"饥"字，应读入前项，既为"人之〔饥〕"，后来则是变成了单出，是被传抄者错谬地裁作"人之饥也"），是被传抄者反动地篡改作"以其取食税之多"。

二者，于祖本语义切要地本是写作"轻死也以其上求生之厚"（按，于祖本的是以重文号写出的"轻死"，应读入前项，既为"民之〔轻死〕"，后来则是变成了单出，是被传抄者错谬地裁作"民之轻死也"），是被传抄者反动地篡改作"以其求生之厚"。

三者，同理的，还需另为指出，于祖本语义切要地本是写作"不治也以其上〔上〕之有以为"（按，需指出，于祖本的是重出的"上"字，是被裁为了单出），进而是被传抄者篡改作"以其上之有以为"（按，还需指出，笔者还有之猜测，不排除于祖本的或是写作"不治也以其上〔上〕之〔有为〕〔而〕有以为"，构成义理一贯地，既是予以指向了，是从人之道的异化出了"无德"——乃是出自"失道"的有所渐次的异化出了"上〔之〕仁，有为而无以为；上〔之〕义，有为而有以为；上〔之〕礼，莫之则〔之〕，应也攘臂而扔之"，备此一说，期待将来或有考古新发现，可以验证笔者的推定）。综上既有的校勘，进而可知，至傅奕本，其传抄者发现底本的文本存在语义反动，故而，于首句的第一项和第三项，均予以补出了"上"字。

按，从校勘的还需予以指出，能见于对勘的诸传抄本的：于王本的，已成学术流弊，自矜能为"善本"，则是将祖本本有的"也"字，连同后来增入的"也"字，一律地皆予以裁夺了，可谓是无知的武断；于其他诸传抄本的，自矜趋近"古意"，仍然是一贯地通病，基于实则的乃是作出了错误地句读（按，还另有客观上的诱因，因于既有的底本，其文本已被反动地篡改过），然后于首句的每项，比附祖本既有"也"字，进而是纷纷地予以增入"也"字，将"也"字，不了义的皆认作是作为判断虚词，错谬地加以使用。

丙，已知的，从全本的予以意义周延地进而阐发总持的"功夫论"，于全本的是作玄门建构的，其"左半门"的"善始"德章以及"善终"德章即亦分别地对应其"右半门"的"善恕"德章以及"善生"德章，由此可知，简言之：

其一，对应是从应成地予以阐发"是谓：配天，古之极"（按，既是应成"〔有其〕不为天下先，故能为"，相应地转为是从社会性的主体作出阐发），相与有应地予以生成文本，是以共核的"临时之纪'慎终若始'"相应地予以作出分证：

对等的转作是以"善始"德章作出分证的，则是有所遮诠"味无味；事无事；为无为"；对等的转作是以"善终"德章作出分证的，则是有所遮诠"欲不欲，不贵难得之货；学不教，〔不〕复众人之所过；弗能为，能辅万物之自然"。

其二，对应是从对治的予以阐发"是谓：配天，古之极"〔按，即对治"（今）舍其后，且先"，相应地转为是从社会性的主体作出阐发〕，相与有应地予以生成文本，则有着：

基于是以意义于"若始"的能够有所自觉地应成实践"味无味；事无事；为无为"，转为是以"善怨"德章作出分证的，以应成地则是有所遮诠"〔大小多少，抱怨以德〕；是以圣人，执左契而不以〔右契〕责于人"，以对治的则是有所遮诠"有德司契，〔司契〕和大怨；无德司徹，〔司徹〕必有余怨"，因为，诉诸比德于道的，即反映出了，则是有所能够认知到是"夫天〔之〕道无亲，〔也而〕善亘予人"（按，深在的既为反映出，生命的觉者有所能够认知到是"天之道"乃尔"天网恢恢，疏而不失"）；

基于是以意义于"慎终"的能够有所自觉地应成实践"欲不欲；学不教；弗能为"，转为是以"善生"德章作出分证的，以对治的则是有所予以对治"其上"是堕入了"（今）舍其后，且先"，意志用强的愿力于"损不足而奉有余"，构成"则〔之〕必败"，也就反映出了，则是异化出了"以其上〔上〕之有以为"〔按，乃为"（今）舍其后，且先"〕，进而予以证伪的，则是异化出了"以其上取食税之多"（按，满足于自性"有私"），则是异化出了"以其上求生之厚"（按，满足于自性"有欲"），而以应成地即反映出了，是以"善执生者"能给出勘验的，则是有所能够认知到是"夫唯无以生为者，是贤贵生"。因为，有所诉诸比德于道的，既反映出了，则是有所能够认知到是"夫代〔大匠〕司杀，是代大匠斫；夫代大匠斫者，则希有不伤其手"。

补充来说，构成是既对治而应成地有所自觉地应成实践"不为天下先，故能为"以及予以对治"（今）舍其后，且先"，既为意义于有所导归实然的"配天，古之极"，于"功夫论"的其"右半门"，还有所转为是以"善怨"德章和"善生"德章予以作出阐发的，以胜义的，则是有所能够认知到是"夫天〔之〕道无亲，〔也而〕善亘予人"（按，能等觉和能等持的，亦出乎有所能够认知到是"天网恢恢，疏而不失"），以及能够认知到是"夫唯无以生为者，是贤贵身"（按，能等觉和能等持的，亦出乎有所能够认知到是"夫代〔大匠〕司杀，是代大匠斫；夫代大匠斫者，则希有不伤其手"），正可谓是，早有之告诫"勿谓莫闻，天将伺（sì）人"！

《德经》第三十九章 "自在" 德章

使民十百人之器毋用，有车舟无所乘之；

使民不智毋觊测，复结绳而用之；

使民重死毋远徙，有甲兵无所陈之。

小邦寡民：

"美其服，甘其食；乐其俗，安其居"；

"邻邦相望，鸡狗之声相闻；民不相往来，民至老而死"。

【校勘经文】

【一】甲，王本作"小国寡民。使民有十百（什伯）之器而不用；使民重死而不远徙。虽有舟舆，无所乘之；虽有甲兵，无所陈之。使民（人）复结绳而用之。甘其食，美其服，安其居，乐其俗。邻国相望，鸡犬之声相闻，民至老死不相往来"（按，于祖本的，本是写作"十百人"，而于该本的，则是讹作"什伯"。"十人之器"即指称于"车"或"舆"；"百人之器"即指称于"舟"）。

傅奕本作"小国寡民。使民有十百（什伯）之器而不用也；使民重死而不远徙。虽有舟舆，无所乘之；虽有甲兵，无所陈之（按，对勘的，至该本和王本，皆增入了两个'虽'字）。使民复结绳而用之。至治之极，民各甘其食，美其服，安其俗，乐其业。邻国相望，鸡犬之声相闻，使民至老死，不相与往来"（按，于该本的，是增入了"至治之极"，还改出了"民各甘其食")。

北大汉简本作"小国寡民。使有十百（什佰）人之器（氣）而勿用；使民重死而远徙。有舟车无所乘；有甲兵无所陈之。使民复结绳而用之。甘其食，美其服，乐其俗，安其居。邻国相望，鸡狗之声（音）相闻，民至老而死，不相往来"（按，对勘的，于该本的，是写作"什伯人"，亦可证，其底本来源多有。该本有所见地，能合于经义的，是改写出了"民至老而死"）。

帛书乙本作"小国寡民。使有（按，对勘的，除帛书甲本，溯及底本的，皆是增入了此'有'字）十百人器而勿用（按，对勘的，只有该本是漏抄了'之'字。按，于祖本的，如帛书甲本的是作'毋'字，至帛书乙本和北大汉简本，皆是由'毋'讹作'勿'字，至王本和傅奕本，皆是讹作'不'字）；使民重死而（按，对勘的，溯及同源的底本，诱因是错解了句义，则是将'毋'篡改作'而'字，至王本和傅奕本的，于底本的，则是予以增入'不'字，以期能合于经义）远徙。有（又）舟（周）车无所乘之；有甲兵无所陈之。使民复结绳而用之。甘其食，美其服，乐其俗，安其居（按，对勘的，至王本，于底本的，以行文语序是改写作'安其居，乐其俗'）。邻（嬰）国相望，鸡犬之〔声相〕闻，民至老死不相往来"。

帛书甲本作"小邦寡民（按，对勘的，可知是自帛书甲本之后，其他诸传抄本皆是由'邦'改作'国'字）。使十百人之器毋用（按，对勘的，诸传抄本于'使'字之后，皆是漏抄了'民'字）；使民重死而远徙（送）。有车舟（周）（按，对勘的，该本是写作'有车舟'，于祖本的即如是，而于其他诸传抄本的，是改写作'有舟车'，未为严谨）无所乘之；有甲兵无所陈〔之〕。〔使民复结绳而〕用之。甘其食，美其服，乐其俗，安其居。邻（瓡）邦相望（璧），鸡狗（按，对勘的，该本和北大汉简本皆是作'狗'字，而不作'犬'字，以'狗'字为允当）之声相闻，民〔至老死不相往来〕"。

以玄门建构为归导，先为导出，《道德经玄门新证校勘篇》有之新证，厘定祖本的文本以及厘定祖本的行文语序，并句读作"使〔民〕十百人之器毋用，有车舟无所乘之；使民〔不智毋觊觎〕，复结绳而用之；使民重死〔毋〕远徙，有甲兵无所陈之。小邦寡民：'美其服，甘其食；乐其俗，安其居'；'邻邦相望，鸡狗之声相闻；〔民〕不相往来，民至老而死'"。

乙，按，是以帛书甲、乙本为底本的，笔者厘定，于祖本经义贯通且句义完足地应是写作"使〔民〕十百人之器毋用，有车舟无所乘之；使民〔不智毋觊测〕，复结绳而用之；使民重死〔毋〕远徙，有甲兵无所陈之"（按，还需指出，笔者还有之推测，不排除于祖本的或是写作"甲革"，是"〔毋使民被甲革而入军〕，兵无所容其刃"的"甲革"，备此一说，期待将来或有考古新发现，可以验证笔者的推测）。结合从全本的文本作校勘，接下来可以给出有效的验证，于全本的是作玄门建构的：

其一，简言之，转为是从社会性的实践能够作出勘验的，即构成对文"御德"道章的遮诠"不上贤，使民不争（按，即构成对文'使〔民〕十百人之器毋用，有车舟无所乘之'；亦是予以验证了有所应成是'弗行而知'）；不贵资，使民不〔觊〕（按，即构成对文'使民〔不智毋觊测〕，复结绳而用之'；亦是予以验证了有所应成是'弗见而〔明〕'）；不现可欲，使民不乱（按，即构成对文'使民重死〔毋〕远徙，有甲兵无所陈之'；亦是予以验证了有所应成是'弗为而成'）"，以及语句关联地遮诠"互使民无私、无欲（按，即构成对文'不上贤，使民不争'）；使〔民〕知不智，弗为而已（按，即构成对文'不贵资，使民不〔觊〕'）；〔使民〕为无为，则〔之〕无不治（按，即构成对文'不现可欲，使民不乱'）"。

其二，简言之，转为是从社会性的实践能够作出勘验的，即构成对文"孔德"德章的遮诠"绝巧弃利，民利百倍（按，即构成对文'不上贤，使民不争'；亦构成对文'使〔民〕十百人之器毋用，有车舟无所乘之'）；绝智弃辨，民无觊测（按，即构成对文'不贵资，使民不〔觊〕'；亦构成对文'使民〔不智毋觊测〕，复结绳而用之'）；绝伪弃虑，民复慈孳（按，即构成对文'不现可欲，使民不乱'；亦构成对文'使民重死〔毋〕远徙，有甲兵无所陈之'）"，以及语句关联地遮诠"三言以为使〔民〕，不足或命之〔三言〕，或乎属：少私寡欲（按，即构成对文'绝巧弃利，民利百倍'；亦构成对文'互使民无私、无欲'）；视素保朴（按，即构成对文'绝智弃辨，民无觊测'；亦构成对文'使〔民〕知不智，弗为而已'）；无学无尤（按，即构成对文'绝伪弃虑，民复慈孳'；亦构成对文'〔使民〕为无为，则〔之〕无不治'）"。

按，对勘诸传抄本的文本，笔者厘定，于祖本经义贯通且句义完足地应是写作"小邦寡民：'美其服，甘其食；乐其俗，安其居'；'邻邦相望（按，即构成对文'美其服'），鸡狗之声相闻（按，即构成对文'甘其食'）；〔民〕不相往来（按，即构成对文'乐其俗'），民至老而死（按，即构成对文'安其居'）'"。结合从全本的文本作校勘，接下来可以给出有效的验证，于全本的是作玄门建构的：

简言之，转为是从社会性的实践能够作出勘验的，即构成对文"御德"道章的遮诠"是以圣人之治：虚其心（按，即构成对文'美其服'），实其腹（按，即构成对文'甘其食'）（按，亦是构成对文'邻邦相望，鸡狗之声相闻'）；弱其志（按，即构成对文'乐其俗'），强其骨（按，即构成对文'安其居'）（按，亦是构成对文'〔民〕不相往来，民至老而死'）"。

按，综上既有的校勘，转为追溯至早期的同源的底本，不难发现，彼时的传抄者，已不甚了然经义，故而的，则是予以改动了祖本的行文语序，还武断地改动了乃至是篡改了祖本的文本，具体来说：

其一，笔者厘定，于祖本的，"小邦寡民"非是独立成句，后世的传抄者，将其从整句之中裁出，然后单独地予以改作是首句（按，跟进的还有给出校勘）。

其二，笔者厘定，于祖本的，能合于经义的应是写作"使民〔不智毋觊觎〕，复结绳而用之"。应该是自楚简本之后，彼时的传抄者，已根本无法理解其意义，进而是武断地裁夺了"〔不智毋觊觎〕"，是予以节略地篡改作"使民复结绳而用之"（按，从校勘的可以作出猜想，换个角度来说，彼时的传抄者，一贯地是将祖本的"觊觎"篡改作"盗贼"，至本章，已不容可以唐突地篡改作"不智毋盗贼"）。

其三，彼时的传抄者，还有硬性地裁割祖本的文本，是裁出了"有车舟无所乘之"，以及是裁出了"有甲兵无所陈之"，将裁出的这两项予以并联，是改成了另句，然后自主行文。

其四，彼时的传抄者，还有改动祖本的行文语序，于祖本的本是写作"〔民〕不相往来，民至老而死"，是被改写作"民至老死不相往来"，所改写出来的文本，已出离了祖本的原义。

补充来说，既予以厘定了祖本的文本，从全本的文本亦可以给出有效的验证（按，顺为指出，随之的也就得以验证了，于"功夫论"的其"右半门"，内在的是形成"合流"的，老子还有所聚焦于对治军事"用兵"——既是从社会性的实践予以对治人类社会的最高阶的"有争"——是有其终极的归宿的，正是有所导归于呈现实然的是自在自为的"小邦寡民"），于全本的是作玄门建构的，简言之：

一者，对应遮诠"美其服，甘其食"，以及对应遮诠"邻邦相望，鸡狗之声相闻"，是以呈现实然的意义于是能够达成"深根固柢"的"小邦"所能给出勘验的，即亦构成对文遮诠"自明者，足富"，以及构成对文遮诠"不失其所者，久"；

二者，对应遮诠"乐其俗，安其居"，以及对应遮诠"〔民〕不相往来，民至老而死"，是以呈现实然的意义于是能够达成"长生久视"的"寡民"所能给出勘验的，即亦构成对文遮诠"自强者，行有志"，以及构成对文遮诠"死而不亡者，寿"；

三者，对应遮诠三个"使民"的文本（为免于繁复，转抄文本从略），是以呈现实然的意义于是能够予以消解了呈现最高阶的"有争"的军事"用兵"的"小邦寡民"所能给出勘验的，即亦构成对文遮诠"知人者，智；自知者，明。胜人者，有力；自胜者，能强"。

其五，于祖本的本是写作"使民重死〔毋〕远徙"，彼时的传抄者，望文生义，进而是错谬地改写作"使民重死而远徙"（按，对勘的，至王本和傅奕本，于底本的，不了义的是增入了"不"字，从而是修正作"而不远徙"，虽为修正，仍然未逮祖本的原义）。

丙，按，对勘诸传抄本的文本，是有别于其他诸传抄本的，帛书甲、乙本另有同源的底本，于底本的，是将"自在"德章和"齐同"德章予以接续在了已是传抄本位次的"取下"德章之后。能够向上作出追溯的，笔者从校勘的有之合理的推定，应该是在孤本的"修辑"本之后，另有再为传抄的底本，其传抄者还有更动章序，也就是说，于彼时的，则是将"自在"德章和"齐同"德章予以接续在了"善始"德章和"善终"德章之后，目的在于能够使得后章的言及"小邦寡民"可以照应到前章的言及"弗能为，能辅万物之自然"（按，这正是构成了原因之所在，何以是要将"小邦寡民"予以析出，改作独立成句而且是写作首句）。而自此向后再作传抄的，所述之文牍底事随之的也就被隐蔽了，也即，再为传抄流变地，直至能见于帛书甲、乙本的，已然是呈现为，"取下"德章和"自在"德章以章序已是写作前后接续了。

转换来说，在序言部分已有指出，可以追溯到孤本的"修辍"本，可知其传抄者修辍简册散裂的祖本，从章序上次第地是作如是的排序："善恕"德章，"善生"德章，"自在"德章，"齐同"德章，"强损"道章，"损益"道章，"弱益"道章。还已知的，自孤本的"修辍"本向后作传抄，章序首次的有所发生流变，其传抄者从章序上次第地则是作如是的排序："善恕"德章，"善生"德章，"强损"道章，"损益"道章，"弱益"道章，"自在"德章，"齐同"德章（按，自此再向后作传抄的，再有传抄流变地改动章序，即今不限于能见于王本的，则是将"善恕"德章和"善生"德章以章序是作前后易位）。

《德经》第四十章"齐同"德章

王弼本《道德经》下经第八十一章

知者不言，言者不知；知者不博，博者不知。

信言不美，美言不信；信不足焉，焉有不信。

善者不多，多者不善；善者不责，责者不善。

圣人无积：既以为人，己愈有；既以予人，己愈多。

天之道，利而不害；圣人之道，为而不争。

【校勘经文】

【一】甲，王本作"信言不美，美言不信；善者不辩，辩者不善（按，对勘的，王本、傅奕本、北大汉简本，溯及底本的，是由'多'字武断地篡改作'辩'字，已出离了祖本的原义。而于祖本的，能见于帛书乙本的是作'多'字）；知者不博，博者不知。圣人不积（按，对勘的，于祖本的，应是作是诉诸实践而能呈现结果的'无积'，只有该本，是改作只呈现态度的'不积'，推究两者的意义，实则不同）：既以为人，己愈有；既以与人，己愈多。天之道，利而不害；圣人之道，为而不争"。

傅奕本作"信言不美，美言不信；善言不辩，辩言不善（按，对勘的，于该本的，比照前句，是自主地篡改出两个'言'字，予以顶戴了本然的两个'者'字，实属武断）；知者不博，博者不知。圣人无积：既以为人，己愈有；既以与人（按，对勘的，该本和王本，皆是讹作'与'字，而于祖本旧有的，能见于帛书乙本和北大汉简本的，语义切要地应是作'予'字），已愈多。天之道，利而不害；圣人之道，为而不争"（按，对勘的，于该本和王本的，皆是作"圣人之道"，而于其他诸传抄本的，皆是作"人之道"，跟进的还有给出校勘）。

北大汉简本作"信言不美，美言不信；知（智）者不博，博者不知（智）；善者不辩，辩者不善（按，对勘的，该本以行文语序是同于帛书甲、乙本，而以文本则是同于王本和傅奕本，病于望文生义，三者皆是由"多"篡改作'辩'字。即见于帛书乙本的，祖本旧有的应是作'善者不多，多者不善'）。圣人无积（责）：既（氣）以为人，己愈（俞）有；既（氣）以予人，己愈（俞）多（按，从校勘的还可以予以指出，于该本的，以借字于'既'是写作'氣'字，包括前章的以借字于'器'是写作'氣'字，以及以借字于"积"是写作'责'字，以及以借字于'愈'是写作'俞'字，以及'知'与'智'皆是写作'智'字，据此亦足证，其底本可谓来源多有，也即，原则上也就可以推定，其中的来源于古楚地的底本即如此写出。间接地亦能起到佐证的，于楚简本甲组，能见于'不道'德章的文本的，其'氣'字即写作上'既'加下'火'组字，别致地能够体现出古楚地的文化偏好，思想深刻）。天之道，利而弗害；人之道，为而弗争也（按，对勘的，该本和帛书乙本，溯及底本的，是错谬地将'不'改作'弗'字，有违祖本的原义）"。

帛书乙本作"信言不美，美言不信；知者不博，博者不知；善者不多，多者不善。圣（耵）人无积：既以为人，己愈（俞）有；既以予人矣，己愈（俞）多。故天之道，利而不害；人之道，为而弗争"（按，对勘的，该本和北大汉简本，皆是流变地改作"人之道"）。

帛书甲本作"〔信言不美，美言〕不〔信〕；〔知〕者不博，〔博〕者不知；善〔者不多，多〕者不善。圣人无〔积〕：〔既〕以为〔人，己愈有；既以予人，己愈多〕。〔故天之道，利而不害；人之道，为而弗争〕"（按，该本的文本已残损大半，是据帛书乙本的文本予以补出。而所残存的字词，颇具校勘价值，跟进的还有给出校勘）。

以玄门建构为归导，先为导出，《道德经玄门新证校勘篇》有之新证，厘定祖本的文本以及厘定祖本的行文语序，并句读作"〔知者不言，言者不知〕；知者不博，博者不知。信言不美，美言不信；〔信不足焉，焉有不信〕。善者不多，多者不善；〔善者不责，责者不善〕。圣人无积：既以为人，己愈有；既以予人，己愈多。天之道，利而不害；圣人之道，为而不争"。

乙-1.按，从校勘的可以直接予以指出：

其一，笔者厘定，于祖本经义贯通且句义完足地应是写作"〔知者不言，言者不知〕；知者不博，博者不知"。与之是作玄门建构的，是从社会性的实践亦能够给出勘验的，简言之：

构成对文"复德"章的遮诠"有，也无之相生；难，也易之相成"的文本（按，构成是既对治而应成地，则是转为有所应成"多闻数穷，不若守于'中'"，而诉诸胜义的，乃是有所追溯至"道〔之〕可道，也〔可道之道〕非互道；名〔之〕可名，也〔可名之名〕非互名"，亦是有所追溯至"其致之〔'中'之'域'〕，也谓"的文本），亦构成对文"归道"章的遮诠"昔之得'一'者：天，得'一'以清；地，得'一'以宁；神，得'一'以灵；谷，得'一'以盈；侯王，得'一'以为正"（按，既是构成有所对治"多闻数穷"，相与有应地，则是有所追溯至"道〔之〕可道"和与之等价的"名〔之〕可名"，即反映为，亦为有所对治是出乎边见的"无，名万物之始；有，名万物之母"；既是构成有所应成"守于'中'"，相与有应地，则是有所追溯至"也〔可道之道〕非互道"和与之等价的"也〔可名之名〕非互名"，即反映为，亦为有所应成是出乎能等觉和能等持的"互无，欲以观其妙；互有，欲以观其所徼"）。

其二，笔者厘定，于祖本经义贯通且句义完足地应是写作"信言不美，美言不信；〔信不足焉，焉有不信〕"。与之是作玄门建构的，是从社会性的实践亦能够给出勘验的，简言之：

构成对文"复德"章的遮诠"天下皆知美（按，即构成对文'信言不美，美言不信'；亦构成对文'前识者'），〔美〕之为美〔也〕恶已（按，即构成对文'〔信不足焉，焉有不信〕'；亦构成对文'道之华也而愚之首'）"，亦构成对文"互德"章的遮诠"前识者，道之华也而愚之首"（按，即反映为，则是异化出了"大道废，智慧出"，而转为能给出证伪的，则是异化出了"亲不和，邦昏乱"）。

其三，笔者厘定，于祖本经义贯通且句义完足地应是写作"善者不多，多者不善；〔善者不责，责者不善〕"。与之是作玄门建构的，是从社会性的实践亦能够给出勘验的，简言之：

构成对文"复德"章的遮诠"天下皆知善（按，即构成对文'善者不多，多者不善'；亦构成对文'夫礼者'），〔善〕之为善〔也〕不善已（按，即构成对文'〔善者不责，责者不善〕'；亦构成对文'忠信之薄也而乱之首'）"；亦构成对文"亘德"章的遮诠"夫礼者，忠信之薄也而乱之首"（按，即反映为，则是异化出了"有仁义，有大伪"，而转为能给出证伪的，则是异化出了"有孝子，有贞臣"）。

综上既有的校勘，转为追溯至早期的同源的底本，不难发现，客观上于底本之际就已有文本残缺（按，也就是即今从校勘得以补出的文本。笔者推测，于彼时的，不单是残缺了先已写出的字词，次第地还残缺了是以重文号写出的字词），因此而成为诱因，故而，彼时的传抄者也就是以残本的文本予以改写了文本：间接地能见于帛书甲、乙本的，溯及底本的，即予以改写作"信言不美，美言不信；知者不博，博者不知；善者不多，多者不善"，所改写出来的文本，已没有了"功夫论"的特质，缺失了是从社会性的实践亦必给出批判的意蕴，已浅出了祖本的经义。

乙 -2. 按，基于既有的校勘成果，从校勘的还需予以指出：

其一，于祖本句义完足地本是写作"〔知者不言，言者不知〕；知者不博，博者不知"，转作是从社会性的实践出发，相与有应地亦能给出批判的：一者，"知者不博"即构成对文"〔知者不言〕"，合之两者，从应成地亦可反映为乃是"知不知，上"；二者，"博者不知"即构成对文"〔言者不知〕"，合之两者，从对治的亦可反映为乃是"不知知，病"。换言之，于整句地，构成是既对治而应成地，亦可反映为，乃是有所应成是"圣人之不病，〔不病〕也以其病病，是以不病"。

今校勘，笔者之所以能够予以补出"〔知者不言，言者不知〕"，是因为，首先的，乃是得益于从全本的是以玄门建构为归导，还加之笔者已知的，此句是以作夹注的还能留存在"玄同"德章，也就是说，于今是能够作出追溯的：至楚简本甲组的，增入了"之"字，改写作"知（智）之者弗言，言之者弗知（智）"；至帛书甲、乙本的，则写作"知者弗言，言者弗知"（按，于北大汉简本的，于"知"是写作"智"字）；至王本和傅奕本的，将错谬地写作"弗"字予以改作"不"字，以至于还可以乃尔效应于"返祖"。今校勘，笔者将其从"客家"迁回了"主家"。

其二，于祖本句义完足地本是写作"信言不美，美言不信；〔信不足焉，焉有不信〕"，转作是从社会性的实践出发，相与有应地亦能给出批判的：一者，"〔信不足焉〕"即构成对文"信言不美"，合之两者，从应成地亦可反映为乃是"不以智知邦，邦之福"；二者，"〔焉有不信〕"即构成对文"美言不信"，合之两者，以对治的亦可反映为乃是"以智知邦，邦之贼"。换言之，于整句地，构成是既对治而应成，亦可反映为，乃是有所应成是"知此两者〔乃〕楷式，亦楷式互知，此谓立德。立德，深矣远矣，〔亦楷式与物返道〕，与物返〔道〕矣，乃至大顺"。

今校勘，笔者之所以能够予以补出"〔信不足焉，焉有不信〕"，是因为，首先的，乃是得益于从全本的是以玄门建构为归导，加之笔者已知的，此句是以作夹注的还能留存在"自然"道章，也就是说，于今是能够作出追溯的：至楚简本丙组的，以及至帛书甲、乙本和北大汉简本的，皆是写作"信不足，安有不信"（按，于帛书甲本的，于"安"是写作"案"字；于帛书乙本的，于"有"是写作"又"字）；至王本的，是写作"信不足焉，有不信焉"；至傅奕本的，是写作"故信不足，焉有不信"。今校勘，笔者是将其从"客家"迁回了"主家"。

其三，于祖本句义完足地本是写作"善者不多，多者不善；〔善者不责，责者不善〕"，转作是从社会性的实践出发，相与有应地亦能给出批判的：一者，"〔善者不责〕"即构成对文"善者不多"，合之两者，从应成地亦可反映为乃是"有德司契，〔司契〕和大怨"；二者，"〔责者不善〕"即构成对文"多者不善"，合之两者，从对治的亦可反映为乃是"无德司徹，〔司徹〕必有余怨"。换言之，于整句地，构成是既对治而应成，亦可反映为，乃是有所应成"〔大小多少，报怨以德〕；是以圣人，执左契而不以〔右契〕责于人"。

还需指出，基于既有的校勘，出于不无必要，笔者是从猜想的，还予以补出了于对勘的诸传抄本皆已缺失了的"〔善者不责，责者不善〕"（按，顺为指出，能够补出该句，非是一时之功，早先的所作猜想，笔者凭直觉，意向或是"善者不积，积者不善"），期待将来或有考古新发现，可以验证笔者的猜想。

按，从校勘的还需予以指出，于全本的是作玄门建构的，转为是从社会性的实践亦能够给出勘验的，简言之：

内在的乃是基于生命的觉者已然有所能够认知实相"自然"，亦为能够认知"复命"实相，也就有着，是对应遮诠"道，互无名，〔名之朴〕"的，构成互为显义的，即亦构成对文遮诠"〔知者不言，言者不知〕；知者不博，博者不知"；那么构成义理一贯地，是对应遮诠"侯王若能守之〔互无名〕，万物将自化"的，构成互为显义的，即亦构成对文遮诠"信言不美，美言不信；〔信不足焉，焉有不信〕"；那么构成义理一贯地，是对应遮诠"〔侯王若能守之〕名之朴，〔万物将自定〕"的，构成互为显义的，即亦构成对文遮诠"善者不多，多者不善；〔善者不责，责者不善〕"。

乙-3. 按，笔者厘定，于尾句的，应是写作"天之道，利而不害；圣人之道，为而不争"。之所以能够予以厘定文本，乃是建立在从全本的文本亦可以给出有效的验证，交代如下：

其一，能见于帛书乙本和北大汉简本的，皆是写作"人之道，为而不（弗）争"（按，不当写作"弗"字，会造成语义左支右绌，进而衍生歧义），若据全本的文本作判别，已是乖违祖本的经义，因为，异化地"人之道"，即构成了，乃尔出自意志用强的愿力于"损不足而奉有余"，已是异化出了"有争"，乃至于进而是异化出了构成人类顽疾的军事"用兵"，这正是老子一以贯之须要予以彻底对治的；换言之，于根本上的，也就无从论及是"人之道，为而不争"。笔者有所猜测，不排除于祖本的应是写作"天下之道，为而不争"（期待将来或有考古新发现，可以验证笔者的猜测），而向后作传抄的，彼时的传抄者，不了义的以为有所重义前项的"天之道"，故而的，则是错谬地改写作"人之道"。转向予以辨析"天下之道"和"圣人之道"，显见的，是能够诉诸胜义的，两者实则构成互为显义，没有本质上的不同，故而，目前仍从王本和傅奕本，是厘定作"圣人之道"。

其二，能见于王本和傅奕本的，皆是写作"圣人之道，为而不争"，若是从当机者的角度给出判别，"圣人"以应成地即反映为乃尔作为生命的觉者，则是有所能够自觉地应成实践归宗"孔德之容，惟道是从"，而转作是从社会性的实践亦能够给出勘验的，诉诸胜义的，既为有所能够自觉地应成实践"〔圣〕人之道，法自然：〔法自然〕〔也而〕'法地；法道；法天'"，既为有所能够自觉地应成实践"上善，若水几于道：〔若水几于道〕〔也而〕'居善地；心善渊；予善天'"，亦是有所能够自觉地应成实践"上〔之〕德，无为而无以为"，也就是说，基于生命的觉者既已达成了"人"与"道"和"物"全面的觉悟的"和解"，那么构成是主客体同构的，既为有所能够认知实相"自然"，亦为有所能够认知"复命"实相，亦是既为予以同构了"互道"与"互德"，则是有所能够自觉地应成实践"弗能为，能辅万物之自然"。

其三，从整句作出推理，能合于经义的应是写作"天之道，利而不害；圣人之道，为而不争"。因之从全本的文本亦能够得到有效的验证：

一者，遮诠"天之道，利而不害"，切近的还能从"功夫论"作出追索的，以对文的即可反映为，则是有所能够认知到是"天网恢恢，疏而不失"，以及有所能够认知到是"夫天〔之〕道无亲，〔也而〕善互予人"。遮诠"圣人之道，为而不争"，切近的还能从"功夫论"作出追索的，以对文的即可反映为，则是有所能够认知到是"夫代〔大匠〕司杀，是代大匠斫；夫代大匠斫，则希有不伤其手"，以及有所能够认知到是"夫唯无以生为者，是贤贵生"。

二者，之一，基于内在的乃是诉诸比德于道的有所同构了"互道"和"互德"，转作是从社会性的实践亦能够给出勘验的，则是有所启示是"天之道，利而不害"，亦可反映为，是能等觉和能等持的偏转对应客体的，相与有应的，则是有所能够认知到是"天地不仁，以万物为刍狗"，也就反映出了，亦为应成能够认知到是"道，互无名，名之朴：侯王若能守之〔互无名〕，万物将自化；侯王若能守之〔名之朴〕，万物将自定"。

之二，基于内在的乃是诉诸比德于道的有所同构了"互道"和"互德"，转作是从社会性的实践亦能够给出勘验的，则是有所启示是"圣人之道，为而不争"，亦可反映为，是能等觉和能等持的偏转对应主体的，相与有应的，则是有所能够认知到是"圣人不仁，以百姓为刍狗"，也就反映出了，亦为应成能够认知到是"〔万物将〕自化而欲作，吾将正之以互无为，夫亦将知足以静；万物将自定〔而欲居〕，吾将正之以无以为，〔夫亦将〕〔知止以无事〕"。

附 录

《道德经玄门新证校勘篇》业已厘定的文本

　　老子是作五卷本编纂《道德经》，构成其宗纲的文本，既作为祖本的第一卷（集合了后来是编入《道经》的第一章、第二章以及是编入《德经》的第一章、第二章的共四章的全部文本）：

　　《道经》的第一章"亙道"章

　　道之可道，也可道之道非亙道；

　　名之可名，也可名之名非亙名。

　　无，名万物之始；有，名万物之母。

　　亙无，欲以观其妙；亙有，欲以观其所徼。

　　两者同出，异名同谓；玄之又玄，众妙之门。

　　《道经》的第二章"复德"章

　　天下皆知美，美之为美也恶已；天下皆知善，善之为善也不善已。

　　有，也无之相生；难，也易之相成：

　　长，也尚之相刑；高，也下之相埕；

　　音，也声之相和；先，也后之相堕。

　　是以圣人："居无为之事；行不言之教"；"万物自化也而弗欲作；万物自宾也而弗志于能为；万物自定也而弗得以居"。

　　夫唯弗得以居，是以弗去。

　　《德经》的第一章"亙德"章

　　上德之有德，有德也以其不失德，是以有德；下德之无德，无德也以其失德，是以无德：

　　"上德之不失德，不失德也而以其同于道；下德之失德，失德也而以其不同于道，故失道也而失德，失德而后仁，失仁而后义，失义而后礼"；"上之德，无为而无以为；上之仁，有为而无以为；上之义，有为而有以为；上之礼，莫之则之，应也攘臂而扔之"。

"前识者，道之华也而愚之首；夫礼者，忠信之薄也而乱之首"，是以大丈夫："居其实也而不居其华；居其厚也而不居其薄"，去彼而取此。

《德经》的第二章"归道"章

昔之得"一"者：

天，得"一"以清；地，得"一"以宁；神，得"一"以灵；谷，得"一"以盈；侯王，得"一"以为正。

其致之"中"之"域"也谓：

天，毋已清将恐裂；地，毋已宁将恐发；神，毋已灵将恐歇；谷，毋已盈将恐竭；侯王，毋已正将恐蹶。

故必高矣而以下为基；必贵矣而以贱为本：

是故不致数誉，至无誉；是故不欲禄禄若玉，硌硌若石。

贰

老子是作五卷本编纂《道德经》，构成是等持的予以分证其宗纲的即分证其第一卷的文本的：于祖本以《道经》，则是编纂成了共两卷；于祖本以《德经》，则是编纂成了共两卷。

作为老子祖本的《道经》的第一卷，是集合了自第三章至第二十二章的共二十章的全部文本：

第三章"象帝"道章

象帝之先；吾不知其谁之子。

渊兮，似万物之宗；湛兮，似万物之域存。

道；冲而用，用之有弗盈。

第四章"守中"道章

天地不仁，以万物为刍狗；圣人不仁，以百姓为刍狗。

天地之间，其犹橐籥；虚而不屈，动而愈出。

多闻数穷，不若守于"中"。

第五章"神谷"道章

神谷不死；是谓：玄牝。

天地之根；是谓：玄牝之门。

绵绵兮，若存；用之不堇。

第六章"知互"道章

天地之能长且久，能长且久也以其不自生，是以能长且久。

圣人之能成其私，能成其私也以其无私、无欲，是以能成其私。

是以圣人：退其身也而身先；外其身也而身存。

第七章"上善"道章

水之善利万物，也而以其有静；有静也而居下而不争，众人之所恶。

上善，若水几于道：若水几于道也而"居善地；心善渊；予善天"。

是谓圣人之有道：圣人之有道也而"言善信；政善治。事善能；动善时"。

夫唯不争，故无尤。

第八章"遂退"道章

持而盈之，不若其已；湍而群之，不可长保：

贵富而骄，自遗罪；金玉盈室，莫能守。

天之道：功遂；身退也载。

第九章"玄览"道章

营魄抱一，能互毋离；抟气致柔，能若婴儿。

涤除玄览，能毋有疵；天门启阖，能若为雌。

爱民栝域，能毋以智；明白四达，能毋以为。

第十章"利用"道章

卅辐同毂，当其有；当其无，车之用。

埏埴为器，当其有；当其无，埴器之用。

凿牖为室，当其有；当其无，室之用。

故有之以为利；无之以为用。

第十一章"伏心"道章

驰骋田腊，使人之心发狂；难得之货，使人之行妨。

五色，使人之目盲；五味，使人之口爽；五音，使人之耳聋。

是以圣人之治：为腹，不为目；去彼而取此。

第十二章"袪身"道章

人宠辱，若惊；贵身，若大患。

得之若惊，失之若惊，或何惊？贵身，及亡身，或何患？

故爱以身为天下，若可以寄天下矣；

贵为身于为天下，若可以托天下矣。

第十三章"始纪"道章

视之而弗见,名之曰:微;

听之而弗闻,名之曰:希;

揎之而弗得,名之曰:夷:

三者不可至计,故混而为"一"。

"一"者:

"其上不皦,其下不昧;是谓:无状之状,无物之象";"寻寻兮,不可
名;复归于无物"。

随而不见其后,迎而不见其首;是谓:惚恍。

古之善为士者,以"一"知古始;是谓:《道纪》。

第十四章"自然"道章

悠兮,其《贵言》有之:

功遂犹事成;事成也而百姓曰:我自然。

太上,知有之;其次,亲之誉之;其次,畏之;其下,侮之。

今之善为道者,执今之道,以御今之有德。

第十五章"母成"道章

今之善为士者,以"一"知古始,必非弱玄达,深不可识;

是以为之颂:

豫兮,若冬涉水;犹兮,若四邻畏恶。

俨兮,若客容;涣兮,若凌释。

屯兮,若朴;沌兮,若谷。

浑兮,若浊;澹兮,若海。

飂兮,若无止;飉兮,若无久。

孰能浊以静,将徐清;孰能安以重,将徐生。

天地有域,夫唯弗盈;是以能蔽也而能新成。

今之能保此道者,其不欲尚盈。

第十六章"观复"道章

致极虚;守极笃。

万物并作，吾以观复：

"天下之物雲雲，各复其堇；各复其堇，曰：静"；是谓：复命。

亙，曰：复命；知亙，曰：明。

不知亙，妄；妄作，凶。"知亙，乃容；容，乃公；公，乃全"；"全，乃天地；天地，乃道；道，乃一"。

没身不殆。

第十七章 "反动" 道章

反也者返，道之动；弱也者强，道之用。

天下之物：生于有；生于无。

第十八章 "返成" 道章

上士闻道，堇能行于其 "中"；

中士闻道，若失道也而若无德；

下士闻道，大笑之为道者。

是以《建言》有之：

"明道若孛；进道若退；夷道若纇"；

"太白若黯；质真若输"；

"上德若谷；建德若窬；广德若足"。

大方无隅；大器曼成；大音希声；大象无形。

道隐无名；夫唯道，善始且善成。

第十九章 "复命" 道章

道生一；一生二，二生三，三生万物。

负阴抱阳；冲气以为和。

第二十章 "强损" 道章

"人之生也柔弱，其死也筋朋坚强；草木之物之生也柔脆，其死也枯槁"，故曰：柔弱者，生之徒；坚强者，死之徒。

昔之人之所教，亦夕议而教人，我将以为教父：

"木强则兢，柔弱居上；兵强则不胜，强大居下"；

"强梁者，不得其死；好胜者，必遇其敌"。

第二十一章"损益"道章

天之道，损有余而益不足，是故：物或损之而益；或益之而损。

人之道，则不然：损不足而奉有余。

天下之道，犹张弓者："有余者，损之；不足者，补之"；"高者，抑之；下者，举之"。

孰能有余而有以取奉于天下？唯有道者。

是以圣人：为而弗有，成而弗居；若此，其不欲现贤。

第二十二章"弱益"道章

天下之柔弱者莫柔弱于水，以其无以易之；以其无以易之，也而攻坚强者莫之能先：水柔之胜坚，也而弱之胜强；天下人莫之弗知，也而莫之能行。

是故圣人之言正言，若反也云曰：

受邦之垢，是谓：社稷之主；

天下人之所恶，唯孤、寡、不毂，而王公以自名；

受邦之不祥，是谓：天下之王。

作为老子祖本的《道经》的第二卷，是集合了自第二十三章至第四十章的共十八章的全部文本：

第二十三章"真信"道章

孔德之容，惟道是从。

惚兮恍兮，守于"中"，也而有象兮；

恍兮惚兮，守于"中"，也而有物兮；

幽兮冥兮，守于"中"，也而有情兮。

其"情"甚真，其"中"有信：自今及古，其名不去，以顺众父。

吾知众父之然也以此。

第二十四章"全归"道章

曲则全；枉则正。洼则盈；蔽则新。少则得；多则惑。

古之所谓"曲全"者，诚全归之；是以圣人：

执"一"以为天下；天下牧。

不自见者，故明；不自是者，故彰。不自伐者，故有功；不自矜者，故能长。

第二十五章"从事"道章

〔旷兮〕，其《希言》有之：

既而知乎天地"飘风不终朝；暴雨不终日"，其致之天之道也谓：天地自然。

故从事于德同道：得者同于得；失者同于失。

同于道者，道亦乐得之；也而同于德者，德亦乐得之。

不同于道者，道亦乐失之；也而不同于德者，德亦乐失之。

第二十六章"无割"道章

跨者不若行；炊者不立馀。

其在有道者，有道也曰：赘行，有欲者弗居；馀食，物或恶之。

自见者，不明；自是者，不彰。自伐者，无有功；自矜者，不能长。

朴散则为成器，人用则为官长；

圣人则归于朴，夫大制则无割。

第二十七章"善法"道章

有状混成，先天地生；独立不改，寥兮寂兮。

吾未知其名，强字之曰：道；

道，可以为天下之物之母。

吾为之名，强名之曰：大；

"大，曰：逝；逝，曰：远；远，曰：返"。

天大；地大；道大；人亦大。

"中"之"域"有四大；"中"之"域"人居焉。

圣人之道，法自然：法自然也而"法地；法道；法天"。

第二十八章"亙明"道章

善行者，无迹徹；善言者，无瑕适；善数者，不以筹析。

善闭者，无关楗而不可启；善结者，无绳约而不可解。

不善人师善人，资善人，虽智乎大迷；

不上其师，不贵其资。是谓：曳明。

是以圣人：亙善述物，物无弃物；亙善述人，人无弃人。是谓：妙要。

第二十九章"建德"道章

知其雄，守其雌，为天下溪；为天下溪，亙德不离；亙德不离，复归于婴儿。

知其白，守其黯，为天下式；为天下式，亙德不忒；亙德不忒，复归于有道。

知其上，守其下，为天下浴；为天下浴，亙德乃足；亙德乃足，复归于朴。

第三十章"大制"道章

将欲取天下而为之，吾见其弗得已：为之者，败之；执之者，失之。

天下也夫若神器，非可为者：神器之物，"或行，或随；或炅，或吹。或培，或堕；或强，或剉"。

是以圣人：无为，故无败；无执，故无失。

是以圣人：去泰；去甚；去奢。

第三十一章"静重"道章

静为趮君；重为轻根。

是以君子：

不为官长终日行，不远其辎重；虽有環馆，燕处则昭若。

若何万乘之王：

以万乘之王而轻身，以身轻于天下？

趮则失君；轻则失本。

第三十二章"善果"道章

以道佐人主者，不欲以兵强于天下：

其事好还；师之所居，荆棘生之。

善用兵者，果而已：

不以取强焉；果而弗得以居。

果而弗伐，果而弗骄，果而弗矜；是谓：果而不强。

第三十三章"军争"道章

兵者，非君子之器：

夫兵者，不祥之器；不得已而用之，铦袭为上。

用兵弗美，美之是乐杀人；夫乐杀人，不可以得志于天下。

吉事上左，凶事上右；君子居则贵左，用兵则贵右：

是以偏将军居左，上将军居右；"杀人，则以哀悲莅之；战胜，则以丧礼处之"。

第三十四章"知止"道章

道弗臣天地，天地唯娄娄；侯王若能守之，万物将自宾：

天地相合，以逾甘露；民莫之命，天自均焉。

始制有名，名亦既有；夫名亦既有，亦将知止；夫亦将知止，所以不殆。

侯王之在天下为天下卑，犹道之与天地，也犹百浴之与江海。

第三十五章"自胜"道章

知人者，智；自知者，明。胜人者，有力；自胜者，能强。

自明者，足富；自强者，行有志。

不失其所者，久；死而不亡者，寿。

第三十六章"泛成"道章

道；泛兮，其可左右：

万物归焉而弗为主，则之互无名，也可名于小；

万物归焉而弗为主，则之名之朴，也可名于大。

圣人之能成大，能成大也以其不为大，是以能成大。

第三十七章"隐利"道章

设天象，天下往，往而不害；乐予饵，过饵止，止而安平。

故道之出，出言也曰：

淡兮，其无味；视之不足见，听之不足闻，用而足可既。

第三十八章"藏用"道章

邦利器，而利器不可以示人；渔乎鱼，而鱼不脱于渊。

将欲弱之，必固强之：

"将欲翕之，必固张之；将欲去之，必固举之；将欲夺之，必固予之"；是谓：微明。

第三十九章"御德"道章

不上贤，使民不争；不贵资，使民不觊；不现可欲，使民不乱。

互使民无私，无欲；使民知不智，弗为而已；使民为无为，则之无不治。

是以圣人之治：虚其心，实其腹；弱其志，强其骨。

第四十章"执道"道章

道，互无名，名之朴：

侯王若能守之互无名，万物将自化；

侯王若能守之名之朴，万物将自定。

万物将自化而欲作，吾将正之以互无为，夫亦将知足以静；

万物将自定而欲居，吾将正之以无以为，夫亦将知止以无事。

作为老子祖本的《德经》的第一卷，是集合了自第三章至第二十章的共十八章的全部文本：

第三章"孔德"德章

大道废，智慧出；有仁义，有大伪：

亲不和，邦昏乱；有孝子，有贞臣。

"绝巧弃利，民利百倍；绝智弃辨，民无觊觎；绝伪弃虑，民复慈孝"，三言以为使民，不足或命之三言，或乎属：

少私寡欲；视素保朴；无学无尤。

第四章"从道"德章

唯与诃，相去几何？美与恶，相去何若？

人之所畏，亦不可以不畏。

望兮，其未央：

众人熙熙，若飨太牢，若春登台；

我泊傫傫，若形未兆，若婴儿未咳。

众人皆有余，而我独若遗；我之心也愚人，无所归。

沕兮，其无止：

鬻人昭昭，我独昏昏；鬻人察察，我独闷闷。

众人皆有以，而我欲独异于人；我独顽也似俚，贵食母。

第五章"视素"德章

无有入于无间；天下之至柔，驰骋于天下之至坚。

吾是以知无为之有益；无为之有益，天下希能及之。

第六章"保朴"德章

大成若缺，大盈若冲；其用不蔽，其用不穷。

大直若屈；大巧若拙；大盛若诎；大赢若绌。

"趮胜寒；静胜热"，吾是以知清静；清静，可以为天下正。

第七章"少私"德章

名与身，孰亲？身与货，孰多？得与亡，孰病？

甚爱必大废；厚藏必多亡。

故知足不辱，知止不殆；可以长久。

第八章"寡欲"德章

天下有道，却走马以粪；天下无道，戎马生于郊。

罪莫厚乎贪欲；祸莫大乎不知足；咎莫险乎欲得。

知足之为足，知止之为足；此互足矣。

第九章"无学"德章

出于户，以知天下；不窥于牖，已知天道：

其出也弥远，其知也弥少；其知天道也而知无事，其知无事也而知天下。

是故圣人：弗行而知；弗见而明；弗为而成。

第十章"无尤"德章

为学者，日益而日损；为道者，日损而日益：

是故或益之也而或损之；以至知无事，知无事也而无为而无以为。

取天下也互无事；及其有事，有事也又不足以取天下。

第十一章"互心"德章

圣人互无心，也以百姓之心为心：

信者乎信之，不信者乎亦信之，也而德之信；

善者乎善之，不善者乎亦善之，也而德之善。

圣人之在天下为天下浑心，浑心也医篒然：

而百姓皆属其耳目焉；圣人皆晐之。

第十二章"玄德"德章

道之尊也而德之贵：夫莫之爵，也而互自然。

道生之也而德蓄之，物形之也而器成之；

是以万物尊道也而人贵德：

"生之，蓄之；长之，育之"；"停之，蕔之；养之，覆之"。

"生而弗有；为而弗恃；长而弗宰"；是谓：玄德。

第十三章"袭亘"德章

天下之无也以始；天下之有也以母：

既得其子之母，以知其子之始；

既知其子之始，复守其子之母。

闭其门，塞其兑，终身不堇；启其门，塞其事，终身不来：

"见小，曰：明；守柔，曰：能强"，"用其光，复归其明；终其身，毋遗身殃"；是谓：袭亘。

第十四章"执生"德章

出生入死：

"生之徒，十有三；死之徒，十有三"；

而民生生，动皆之死地之十有三。

盖闻善执生者，善执生无所至之死地：

毋使民涉于兕生之泽，兕无所耑其角；

毋使民行于虎生之陵，虎无所措其爪；

毋使民被甲革而入军，兵无所容其刃。

第十五章"非道"德章

有知也使我掣：

大道甚夷，人甚好解；行于大道，唯迤是畏。

"服文采，厌饮食，带利剑；朝甚涂，仓甚虚，田甚芜"，

资货有余；是谓："觊华；觊华，非道"。

第十六章"修正"德章

善修者，建不拔；善休者，抱不脱：

子孙以其祭祀，子孙不屯。

吾是以知子孙之然，也而子孙孥以此：

修之身，其德乃正；其德乃正，则修之家，其德乃有余；其德乃有余，则修之乡，其德乃长；其德乃长，则修之邦，其德乃有奉；其德乃有奉，则修之天下，其德乃溥。

吾是以知天下有道：

以修之身观修之身之家；以修之家观修之家之乡；以修之乡观修之乡之邦；以修之邦观修之邦之天下；以修之天下观天下有道。

第十七章"不道"德章

含德之厚者，比于赤子；比于赤子，骨弱筋柔而捉固：

情之至，也而未知牝牡之合而朘怒；

和之至，也而终日号而不嗄。

"知之情之至，曰：迥；知之和之至，曰：明"；

"益生，曰：祥；心使气，曰：能强"。

物壮即老，是谓：不道；不道，早已。

第十八章"玄同"德章

"挫其锐；解其纷；和其光；同其尘"；是谓：玄同。

是故：不可得而亲，亦不可得而疏；不可得而利，亦不可得而害；不可得而贵，亦不可得而贱。

是故：圣人之道乃为天下贵。

第十九章"天均"德章

有道之邦，吾知其然也以正：

以互无事而取天下；夫用兵以奇也以正。

期天多讳，而民弥叛；邦多利器，而民滋昏。

苛事多起，而民滋伪智；法物多彰，而民滋觊觎。

是以圣人之言有道，以正也曰：

我好静，而民自正；我无为，而民自化。

我无事，而民自福；我欲不欲，而民自朴。

第二十章"微明"德章

其政察察，其邦夬夬；其政闷闷，其民偆偆。

福，祸之所倚；祸，福之所伏：

"正复为奇；其无正也孰知其极"；

"善复为妖；人之迷也其日固久矣"。

是以圣人：方而不割；廉而不刺；光而不眺；置而不绁。

作为老子祖本的《德经》的第二卷，是集合了自第二十一章至第四十章的共二十章的全部文本：

第二十一章"进道"德章

道者，万物之注：也善人之宝；也不善人之所保。

立天子虽有珙之璧，置三卿虽以先驷马，不若坚而进道；

古之善为士者不谓"若之美可以言市，求以得；若之尊行可以贺人，有罪以免"，而谓"进道为天下贵"。

第二十二章"立德"德章

今之善为道者：

非以明明民，民也将以愚愚之；

民之难治也以其知，知也以其智。

故以智知邦，邦之觊；不以智知邦，邦之福：

知此两者乃楷杴，亦楷杴互知，此谓立德。

立德，深矣远矣，亦楷杴与物返道；与物返道矣，乃至大顺。

第二十三章"啬备"德章

事天治人，莫若啬；夫唯啬，是以早备，是谓：重积德。

"重积德，则无不克；无不克，则莫不知其互；莫不知其互，可以有域"；有域，可以有母，可以长久。

是谓：深根固柢之道；是谓：长生久视之道。

第二十四章"用人"德章

治之大邦，其鬼不神；以道立天下，若可享之小鲜。

享之小鲜，非其鬼不伸其神，其神不伤人；其神不伤人，亦若圣人不伤人；夫两相不伤人，故德交归焉。

第二十五章"蓄人"德章
大邦下，流小邦，天下之牝：
牝互以静，牝胜牡，为其静也为下；故或下以取，或下而取。
大邦下，流小邦，天下之交：
故大邦以下，则取小邦；小邦以下，则取于大邦。
大邦不过欲，兼蓄人；小邦不过欲，入蓄人：
夫皆得其欲，则大邦宜为下。

第二十六章"取下"德章
江海之能为百浴王，也以其能为百浴后，也以其能为百浴下，是以能为百浴王。
是以圣人：在民前也以身后之，在民上也以言下之；民无害也其在民前，民无厚也其在民上。
天下乐进而毋厌也以其不争；以其不争也天下莫能与之争。

第二十七章"善始"德章
味无味；事无事；为无为。
为大乎于其细，也图难乎于其易；
天下之大事作于细，也天下之难事作于易。
"夫轻诺必寡信，是以圣人：不为大，故终于能成大"；
"夫多易必多难，是以圣人：犹难之，故终于能无难"。

第二十八章"善终"德章
其脆也易判；其微也易散；其未兆也易谋；其安也易持：
为之于其无有，也治之于其未乱。
合抱之木，作于毫末；九成之台，作于累土；〔奏乐之器，始于损益〕；百仞之高，始于足下。
人之从事互于其成事，且成也败之；临事之纪"慎终若始"，则之无败事。

是以圣人：欲不欲，不贵难得之货；学不教，不复众人之所过；弗能为，能辅万物之自然。

第二十九章"三宝"德章
天下人皆谓，我道之道大，大而不肖：
其细也夫若肖矣；夫唯道大而不肖，能成大久矣。
我亙有三宝，持而宝之能成大：
一曰：俭；二曰：慈；三曰：不为天下先。
"夫有其俭，故能广；有其慈，故能勇；有其不为天下先，故能为"，则之能成事长；"今舍其俭，且广；舍其慈，且勇；舍其后，且先"，则之必败。

第三十章"配天"德章
若以我之"三宝"垣之，天将建之：
是谓：用人；是谓：不争之德；是谓：配天，古之极。
夫以我之"三宝"垣之，以陈则能正，以守则能固：
是故用兵有言，"'〔勿谓何伤，其祸将长；勿谓何残，其祸将然；勿谓何害，其祸将大〕'，〔勿谓莫闻，天将伺人〕"，"〔是谓〕：'善为士者弗武；善战者弗勇；善胜敌者弗与'，乃善用兵者能为之下"。

第三十一章"大隐"德章
言有宗；事有君。
"吾言甚易知，也而甚易行；天下人莫之能知，也而莫之能行"；"其唯无知，则知我者希；是以不我知，则我知贵"。
是以圣人，被褐而怀玉。

第三十二章"病己"德章
知不知，上；不知知，病。
圣人之不病，不病也以其病病，是以不病。

第三十三章"舍恃"德章

祸莫大于无适，无适近亡我之"三宝"；

陈兵相若，则之者能胜：

是故用兵有言，"吾不敢为主而为客；吾不敢进寸而退尺"，

"是谓：'行无行；攘无臂；执无兵'，乃无敌矣"。

第三十四章"畏自"德章

民之不畏畏，则大畏将至：

毋自狭其所居，毋自压其所生；夫唯无所畏，是以无大畏。

是以圣人：

"自知也而不自见；自爱也而不自贵"，去彼而取此。

第三十五章"天网"德章

勇于敢，则之败；勇于不敢，则之栝：

此两者，孰知其故？天之所恶，或利而或害。

天之道：

"不言而善应；繟然而善谋。不争而善成；不召而善来"。

天网恢恢，疏而不失。

第三十六章"大匠"德章

若民亘不畏死，且不畏死，奈何以杀惧之；

若民亘必畏死，且必畏死，则亘有大匠司杀。

孰敢而为畸者，则亘有大匠司杀，若何代大匠将得而杀之？

夫代大匠司杀，是代大匠斫；

夫代大匠斫者，则希有不伤其手。

第三十七章"善恕"德章

有德司契，司契和大怨；无德司徹，司徹必有余怨。

大小多少，报怨以德；是以圣人，执左契而不以右契责于人。

夫天之道无亲，也而善亘予人。

第三十八章"善生"德章

人之饥，饥也以其上取食税之多，是以饥；

百姓之不治，不治也以其上上之有以为，是以不治；

民之轻死，轻死也以其上求生之厚，是以轻死。

夫唯无以生为者，是贤贵生。

第三十九章"自在"德章

使民十百人之器毋用，有车舟无所乘之；

使民不智毋觊测，复结绳而用之；

使民重死毋远徙，有甲兵无所陈之。

小邦寡民：

"美其服，甘其食；乐其俗，安其居"；

"邻邦相望，鸡狗之声相闻；民不相往来，民至老而死"。

第四十章"齐同"德章

知者不言，言者不知；知者不博，博者不知。

信言不美，美言不信；信不足焉，焉有不信。

善者不多，多者不善；善者不责，责者不善。

圣人无积：既以为人，己愈有；既以予人，己愈多。

天之道，利而不害；圣人之道，为而不争。